기초에서 실무 마스터를 위한

컴퓨터 활용

박세현 · 김춘희 · 김현숙 공저

대구대학교출판부

[저자소개]

박세현 - 대구대학교 정보통신대학 정보통신공학부 교수

김춘희 - 대구사이버대학교 컴퓨터·경영학과 교수

김현숙 - 대구대학교 기초교육원 초빙교수

발행일 | 2011년 8월 30일

지은이 | 박세현, 김춘희, 김현숙

펴낸이 | 홍덕률

펴낸곳 | 대구대학교출판부

경북 경산시 진량읍 대구대로 201

전화 053) 850-5661~3 | 팩스 053) 850-5669

http://press.daegu.ac.kr/

찍은곳 | 남경기획

ISBN 978-89-7794-570-8-93560

정가 | 20,000원

머리말

정보화 사회에서는 컴퓨터가 생활의 필수품으로 자리 잡게 되었으며 이를 통하여 정보를 수집, 정리, 활용하는 능력이 개인의 경쟁력이 되는 시대가 되었습니다. 따라서 학교, 회사 등 사회 각 분야에서는 도구로서의 컴퓨터를 능숙하게 다룰 수 있는 능력을 무엇보다도 요구하고 있습니다.

이러한 현실에서 컴퓨터를 실생활에 유용하게 잘 사용할 수 있는 기본 활용 능력과 다양한 업무 처리에서 요구되는 실무 문서 작성 능력을 갖추는데 실질적인 도움이 될 수 있는 교재의 필요성을 느껴 '컴퓨터 활용' 제목으로 책을 출판하게 되었습니다.

이 책에서는 현재 가장 많이 사용하는 한글 2007, 파워포인트(PowerPoint) 2007, 엑셀(Excel) 2007 세 가지 버전의 오피스(Office) 프로그램에 대한 기능을 안내하고, 실전 예제 문서를 작성하는 실습을 통해 완성도 높은 문서를 작성할 수 있도록 하였습니다. 또한 한 학기 강의를 위해 선택할 수 있도록 각 프로그램을 3~5장 단위로 구성하여 각 주에 맞도록 단계별로 구성하였습니다.

Part 1에서는 한글 2007에 대해 세 개의 장으로 나누어 한글2007의 유용한 기능 설명과 함께 다양한 응용 문서를 작성 할 수 있는 예제를 다루었습니다.

한글 2007은 현실적으로 가장 많이 사용되는 워드프로세서로 다양한 편집 기능을 이용하여 기본 문서 작성뿐만 아니라, 여러 분야의 응용 문서를 작성할 수 있도록 최적의 작업 환경을 제공하는 윈도우용 문서 작성 프로그램입니다.

Part 2에서는 파워포인트 2007에 대해 다섯 개의 장으로 나누어 설명하였습니다.

파워포인트 2007은 발표하고자 하는 내용을 청중하게 효과적으로 전달할 수 있는 자료를 만드는데 필요한 프레젠테이션 프로그램입니다. 파워포인트는 학교에서의 과제물, 보고서뿐만 아니라, 회사에서의 제안서 및 사업계획서 발표 등 다양한 분야에서 사용되고 있으므로 반드시 다룰 줄 알아야 하는 프로그램 중 하나가 되었습니다.

이 책의 파워포인트 파트의 각 장에서는 먼저 각 메뉴들의 기능들을 설명하고, 이를 응용하여 주제를 가진 프레젠테이션을 제작할 수 있는 유형의 예제를 다루고 있습니다.

Part 3에서는 엑셀 2007에 대해 다섯 개의 장으로 나누어 설명하고 있습니다.

엑셀 2007의 가장 큰 용도는 입력된 수치 데이터를 이용하여 문서 내에서 계산하고 자료를 분석하는데 사용되는 강력한 사무용 업무 자동화 프로그램입니다.

엑셀 파트의 각 장에서는 엑셀에서 다루어야 하는 기능들을 중점적으로 설명하고, 학습한 내용을 참고하여 실전 예제를 통하여 하나의 엑셀 문서를 완성시킬 수 있도록 안내하고 있습니다.

이 책의 가장 큰 장점은 각 프로그램에서 가장 중요한 기능들 위주로 설명을 하고, 실전 예제 문서를 완성하기 위한 각 단계를 마치 직접 보는 것과 같은 방식으로 단계별로 상세한 이미지컷을 첨부하여 설명하였습니다. 특히 각 장의 마지막에는 혼자서 실습해 볼 수 있도록 실전예제와 같은 유형의 연습 문제를 제공하였으니 반드시 복습을 통해 학습 내용을 확인 해 볼 것을 권하고 싶습니다.

이 책을 통하여 컴퓨터를 이용하여 무언가 하고 싶었으나 엄두가 나지 않아 걱정스러웠던 분들에게는 지면이지만 실제 눈에 보이는 것과 같이 따라 하기로도 컴퓨터를 실생활에 활용하는데 도움이 되기를 바랍니다. 또한 평상시에 자신에게 필요한 작업이나 업무를 위해 자주 다루던 프로그램이었지만, 한정된 용도로만 사용 하시는 분들을 위해서는 다양한 유형의 예제를 통해 그 활용도를 넓혀 광범위한 응용력을 가질 수 있는데 도움이 되었으면 하는 바램입니다.

끝으로 이 책이 나오기까지 도움 주신 박 세현 교수님, 김 춘희 교수님과 대구대학교 출판부 여러분들께 감사를 드립니다.

2011년 8월 필자 일동

목 차

PART 01 한글 2007

한글 01. 한글 2007 기본 문서 작성 · 1

한글 02. 표, 차트, 수식 · 39

한글 03. 그리기 기능 · 73

PART 02 파워포인트(PowerPoint) 2007

파워포인트 01. 제목, 텍스트 슬라이드 작성 · 95

파워포인트 02. 도형다루기, 애니메이션 · 141

파워포인트 03. 슬라이드 마스터 · 173

PART 01 한글 2007

한글 01. 한글 2007 기본 문서 작성

1. 한글 2007 시작하기

한글 2007은 다양한 편집 기능을 이용하여 기본 문서 작성뿐만 아니라 여러 분야의 응용 문서를 작성할 수 있도록 최적의 작업 환경을 제공하는 윈도우용 워드프로세서 프로그램입니다.

1.1 한글 2007 시작/종료

1.1.1 한글 2007 시작하기

한글2007을 설치하고 나면 [시작]→[모든 프로그램] 메뉴에 [한글과컴퓨터] 그룹이 만들어지고 윈도우 바탕 화면과 [시작] 단추에 한글 2007 아이콘이 자동으로 등록됩니다.

한글 2007을 실행하기 위해서는 [시작] 메뉴를 이용하거나 바탕화면의 '바로 가기 아이콘'을 더블 클릭합니다.

■ [시작] 메뉴로 한글 2007 시작하기

윈도우 왼쪽 하단의 시작 버튼을 누른 다음 [프로그램]→[한글과컴퓨터] 그룹→[한글과컴퓨터 오피스 2007]에서 '한글과컴퓨터 한글 2007'을 클릭합니다.

■ '바로가기 아이콘' 으로 한글 2007 시작하기

바탕 화면의 한글2007 '바로 가기 아이콘'을 더블 클릭하여 실행합니다.

1.1.2 한글 2007 끝내기

현재 작업 중인 한글 문서 작업을 마치거나 프로그램을 끝내기 위해서는 [파일]→[끝]을 누르거나 우측 [창 조절 단추]의 [닫기(×)]를 누릅니다.

1.2 한글 2007 화면 메뉴 살펴보기

1.2.1 한글 2007 화면 구성

한글 2007을 실행하면 아래와 같은 화면을 볼 수 있습니다.

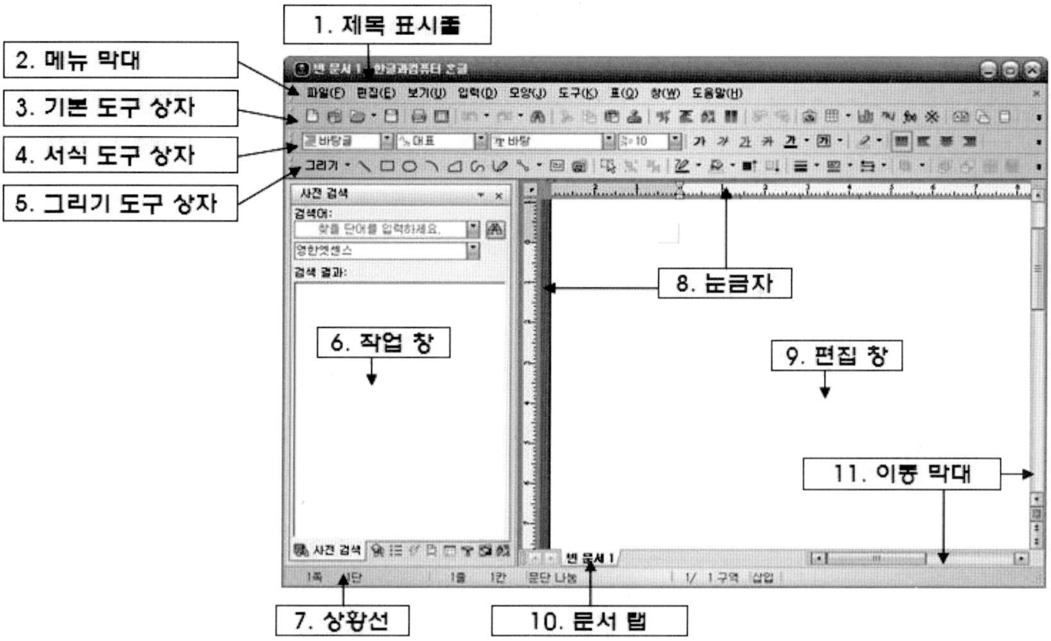

① 제목 표시줄: 프로그램 이름과 파일의 제목, 최소화, 최대화, 닫기 단추가 표시되는 곳. 파일명을 지정하지 않은 문서의 경우 빈문서1, 빈문서2, 형식으로 자동 설정된 이름이 표시

② 메뉴 막대: 프로그램에서 사용하는 메뉴를 비슷한 기능별로 묶어 놓은 곳. 원하는 메뉴를 클릭하여 나타나는 하위 메뉴에서 해당 명령을 실행

③ 기본 도구 상자: 기본적으로 자주 사용하는 기능을 아이콘으로 묶어 놓은 곳

④ 서식 도구 상자: 편집 창에 들어가는 글자의 크기나 모양 등을 바꿀 때 사용하는 기능을 아이콘으로 묶어 놓은 곳

⑤ 그리기 도구 상자: 편집 창에 그림을 그리거나 도형, 그리기 개체를 넣을 때 사용하는 기능을 아이콘으로 묶어 놓은 곳

⑥ 작업 창: 작업 창을 활용하면 문서 편집 시간을 줄이고 작업 속도를 높이는 등 효율적인 문서 작업을 수행

⑦ 상황선: 화면 맨 아랫줄에 있는 줄로 커서가 있는 위치의 쪽 수, 단 수, 편집 창의 상태 및 마우스가 위치한 곳에 대한 정보 등을 표시

⑧ 눈금자: 개체의 가로/세로 위치나 너비를 파악하기 위해 사용

⑨ 편집 창: 글자나 그림과 같은 내용을 넣고 꾸미는 실제 작업 공간

⑩ 문서 탭: 작성 중인 문서와 파일명을 표시

⑪ 이동 막대: 문서 내용이 편집 화면보다 클 때 화면을 가로/세로로 이동하기 위해 사용

1.2.2 메뉴 이동

메뉴 막대 맨 앞의 분리선을 마우스로 누르면 마우스 포인터가 이동 모양으로 바뀝니다. 마우스로 메뉴를 끌어 위치를 바꾸거나 문서 창에서 떼어 낼 수 있습니다.

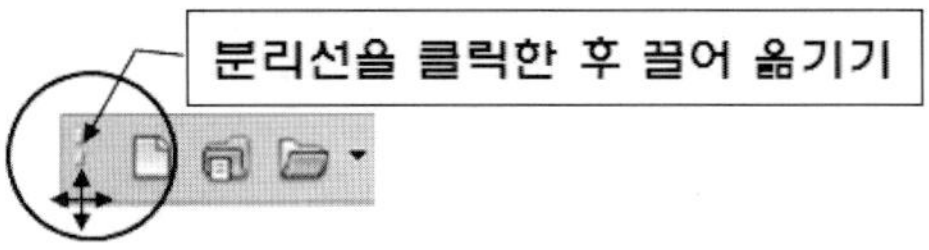

1.2.3 숨겨진 메뉴 보기

문서 창의 크기를 줄여 모든 메뉴 항목을 보여줄 수 없을 때에는 메뉴들이 목록 안에 숨겨집니다. 확장 단추(▾)를 누르면 숨겨진 메뉴가 나타납니다.

1.2.4 바로가기 메뉴

문서 창 안에서 어떤 상황이든지 마우스 오른쪽 단추를 누르면 그 상태에서 실행할 수 있는 기능들을 단축키와 함께 보여주는 것이 '바로 가기 메뉴'입니다.

예) '바로 가기 메뉴'에서 [글자 모양] 실행

① 본문 내용을 블록으로 설정하고 블록 위에서 마우스 오른쪽 단추를 누릅니다. '오려두기, 복사하기, 붙이기, 지우기, 글자 모양, 문단 모양, 스타일, 문단 번호' 등의 '바로가기 메뉴'가 나타납니다.

② 표시된 '바로 가기 메뉴' 중에서 [글자 모양]을 선택하면 [글자 모양] 대화 상자가 나타납니다.

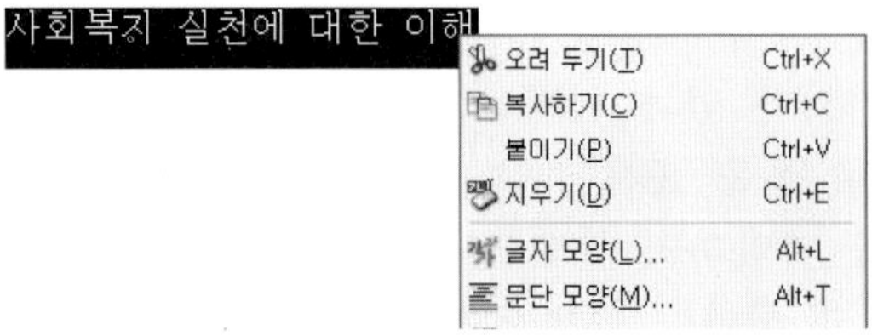

Tip 단축키를 익히자!

- 빠른 문서 작성 시에는 메뉴 목록에서 한글 메뉴와 함께 표시되는 단축 키(예: Ctrl+X)를 익혀 사용하면 편리합니다.

2. 새 문서 작성과 저장

2.1 새 문서 작성

① [파일]→[새 문서]를 선택하거나 기본 도구 상자에서 [새 문서] 아이콘( ) 을 클릭합니다. 또는 Alt+N을 누릅니다.

② 새로운 문서 창이 열리고 창 제목 표시줄에 [빈 문서 1]과 같은 파일 이름이 표시됩니다.

2.2 편집 용지 설정

편집 용지 설정은 용지 종류, 용지 방향, 용지 여백등을 설정하는 기능입니다.

① [모양]→[편집 용지]를 실행하거나 단축키 F7 키를 누릅니다.

② [편집 용지]→[기본] 탭의 [용지 종류] 목록에서 편집 용지를 선택합니다.

③ 용지 여백을 각각 지정한 후 [설정] 버튼을 클릭합니다.

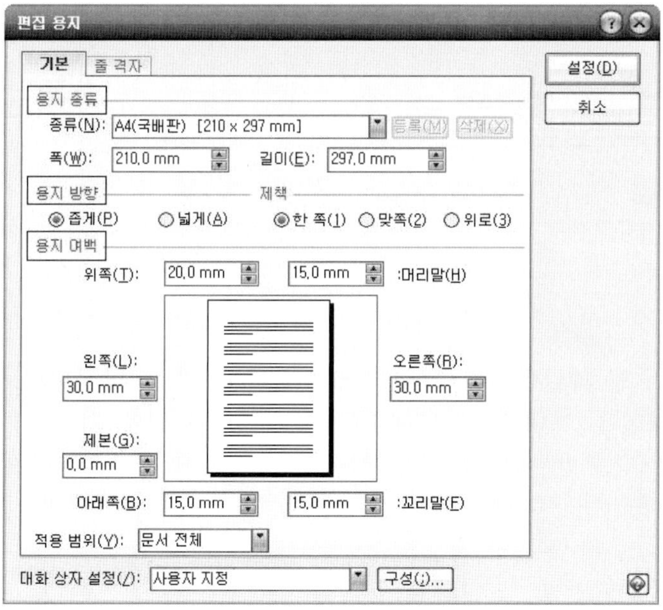

2.3 불러오기

① [파일]→[불러오기]를 선택하거나 단축키 Alt+O를 누릅니다.

② '불러오기' 대화 상자가 나타나면 [찾는 위치]에서 원하는 파일이 들어 있는 드라이브나 폴더에서 해당 파일을 선택합니다.

③ [열기] 단추를 누르면 선택한 파일이 문서 창에 열립니다.

2.4 저장하기

현재 문서가 새로 작성한 문서인 경우나 파일 이름이 저장되지 않은 상태의 문서를 한글 2007 고유 형식으로 저장합니다.

① [파일]→[저장하기]를 실행하거나 Alt+S를 누릅니다.
② '다른 이름으로 저장하기' 대화 상자가 나타나면 [저장 위치]에서 파일을 저장할 폴더를 선택하고 [파일 이름] 입력 상자에 저장할 파일의 이름을 입력한 후 [저장] 단추를 누릅니다.

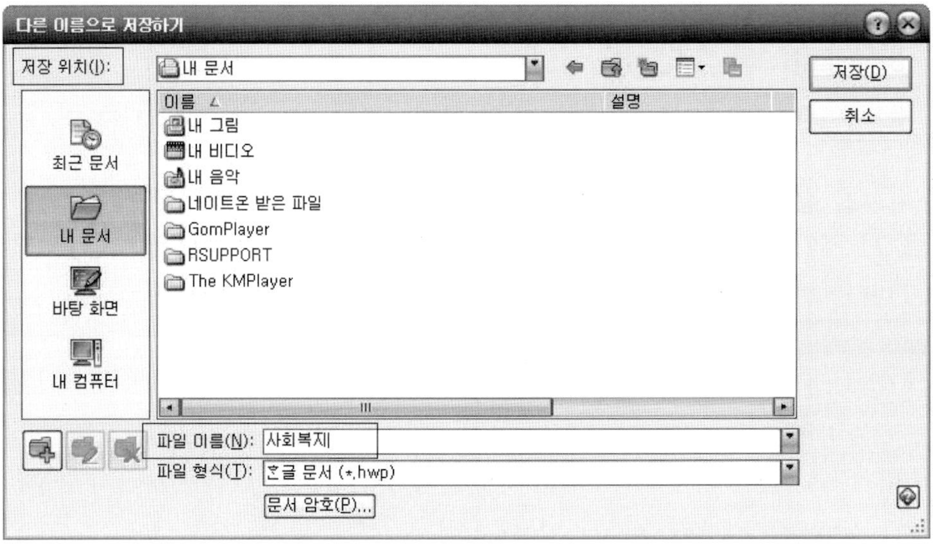

2.5 다른 이름으로 저장하기

'다른 이름으로 저장하기'는 문서에 파일이름이 지정되어 있는 경우에 해당합니다. 지정한 파일이름을 가진 원래의 파일을 그대로 두고 새로운 이름으로 파일을 하나 더 저장하는 경우에 사용한다. 파일 이름뿐만 아니라 파일 형식도 바꾸어서 저장할 수 있습니다.

① [파일]→[다른 이름으로 저장]을 선택하거나 Alt+V를 누릅니다.

② '다른 이름으로 저장' 대화상자에서 파일을 저장하고자 하는 폴더를 지정하고, 파일 이름을 입력한 뒤 [저장] 버튼을 클릭합니다.

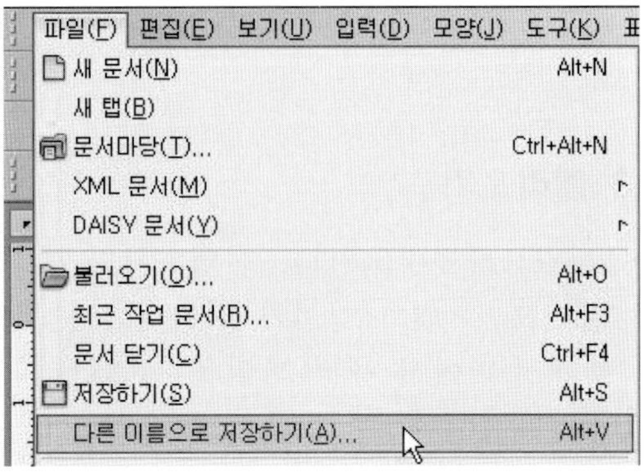

2.6 블록 저장하기

현재 편집중인 본문의 특정 부분을 블록으로 설정하여 새로운 파일로 저장합니다.

① 마우스를 끌어 블록을 설정하거나 키보드 F3을 이용하여 블록을 설정합니다.
② [파일]→[저장하기]를 실행 합니다. '블록 저장' 대화 상자가 나타나면 저장할 위치를 선택하고 원하는 파일 이름을 입력한 다음 [저장] 버튼을 클릭합니다.

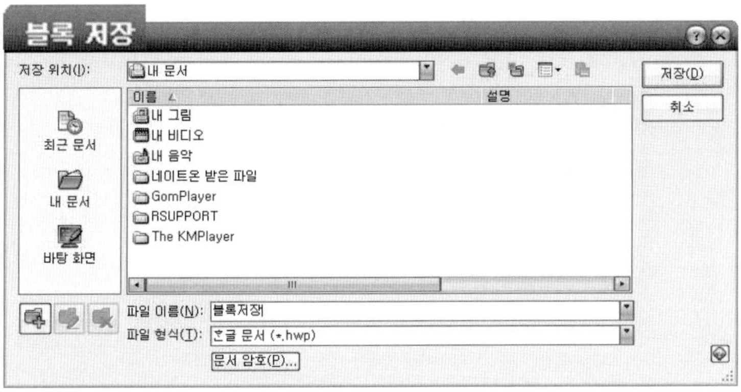

2.7 다른 형식으로 저장하기

한글 2007 문서를 다른 형식의 파일로 저장할 수 있습니다. '다른 이름으로 저장하기' 대화 상자의 [파일 형식] 목록에서 필요한 파일 형식을 선택하여 저장하면 됩니다.

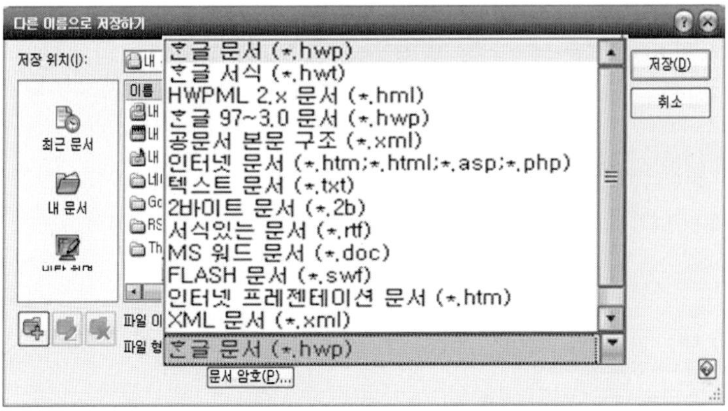

ⓐ 인터넷 문서(*.htm, *.html): 웹 브라우저에서 하이퍼텍스트 기능을 가진 웹 문서 형태인 HTML(Hyper Text Markup Language)로 저장
ⓑ 텍스트(*.txt): 문자, 숫자, 그리고 각종 기호들로만 이루어진 가장 기본적인 형태의 정보만을 담고 있는 텍스트 문서로 저장
ⓒ 서식 있는 텍스트 문서(*.rtf): RTF(Rich Text Format) 서로 다른 응용 프로그램에서 만들어 준 문서들의 호환성을 유지해 주는 파일 형식으로 저장
ⓓ MS 워드 문서(*.doc): MS Office Word(워드)에서 열수 있도록 저장

2.8 문서 암호

파일을 저장할 때 파일에 문서 암호를 지정하여 암호를 모르면 누구도 그 파일 내용을 열어 볼 수 없도록 만듭니다.

2.8.1 문서 암호 설정

① [파일]→[문서 암호]를 선택한 후 [문서 암호]에 원하는 암호를 5글자 이상 입력한 후 [암호 확인]에 같은 내용을 한 번 더 입력합니다.

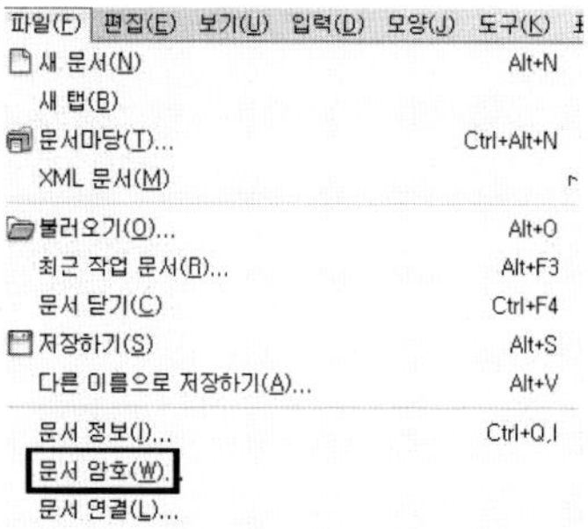

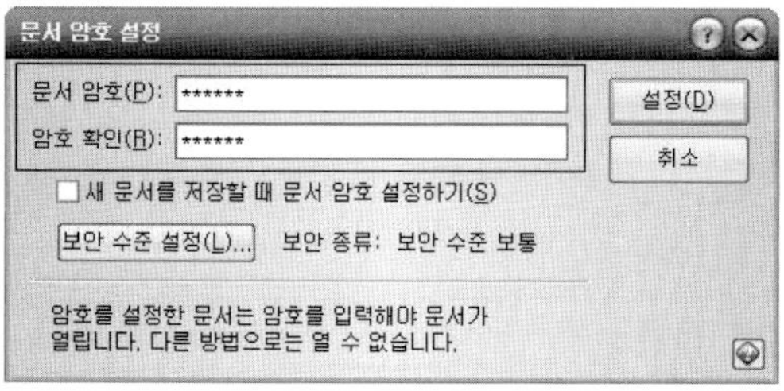

② [설정] 단추를 눌러 암호를 설정하고 반드시 재 저장을 하여야만 지정한 암호가 문서 내용과 함께 저장됩니다.

2.8.2 문서 암호 해제

[파일]→[문서 암호]를 선택합니다. '문서 암호 변경' 대화 상자의 [현재 암호]에 설정된 암호를 입력하고 [암호 해제] 항목을 선택한 후 [변경] 단추를 누릅니다.

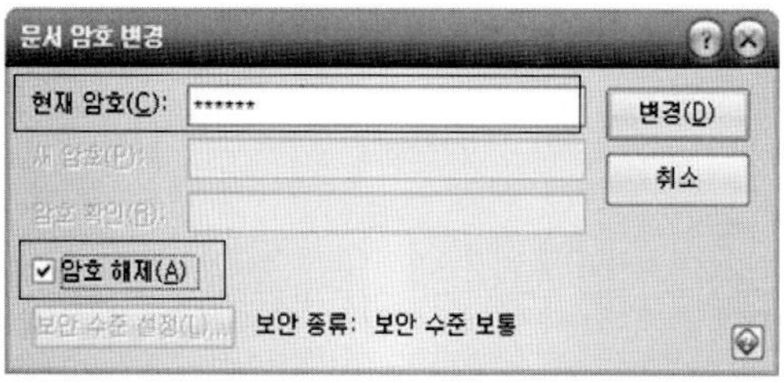

3. 모양 설정

3.1 글자 모양

글자 모양을 편집하기 위해서는 블록을 지정한 후 마우스 오른쪽을 눌러 [글자 모양]을 선택합니다. 또는 단축키 Alt+L를 누릅니다.

3.1.1 글자 모양 – [기본] 탭

ⓐ 글꼴: 글꼴은 한글, 영문, 한자, 일어, 외국어, 기호, 사용자의 언어 종류에 대하여 글꼴의 대표 이름으로 한꺼번에 지정하거나 각각의 언어별로 다른 글꼴을 지정

ⓑ 장평 : 글자의 가로/세로 비율을 설정

장평 50%	아름다운 사람
장평 100%	아름다운 사람
장평 150%	아름다운 사람
장평 200%	아름다운 사람

ⓒ 자간 : 글자와 글자 사이의 간격을 조절

자간 -50%	아름다운사람
자간 -25%	아름다운 사람
자간 0%	아름다운 사람
자간 25%	아 름 다 운 사 람
자간 50%	아 름 다 운 사 람

ⓓ 속성 : 글꼴은 그대로 유지한 채 기울임, 굵게, 밑줄, 외곽선, 그림자 등으로 설정

ⓔ 글자 색 : 색상 표를 누르면 나타나는 색상 팔레트에서 원하는 글자 색을 선택

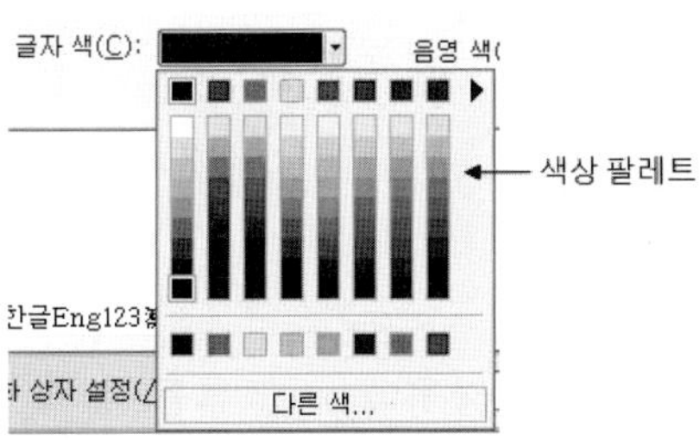

ⓕ 음영 색 : 색상 표를 누르면 나타나는 색상 팔레트에서 원하는 음영색을 선택

3.1.2 글자 모양 – [확장] 탭

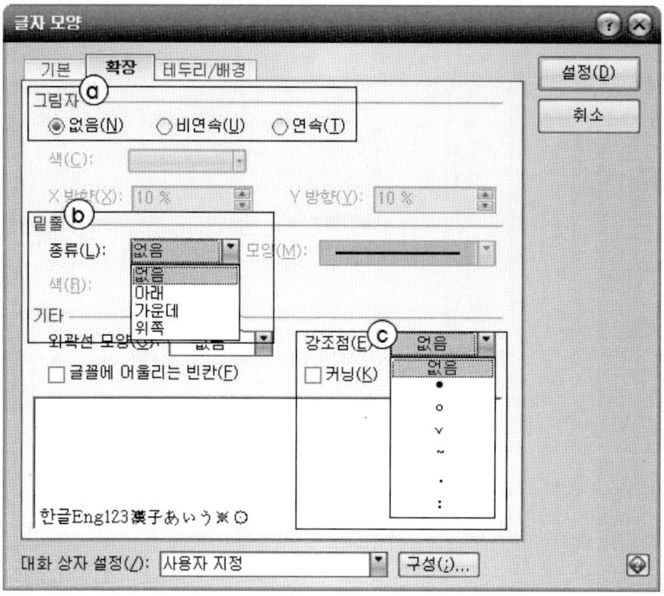

ⓐ 그림자: 글자의 뒤에 깔리는 그림자 형태와 색깔, 방향 등을 지정하여 다양한 그림자 모양을 설정

비연속	꽃보다 아름다운 사람아
연 속	꽃보다 아름다운 사람아

ⓑ 밑줄: 밑줄 설정. [밑줄]→[종류]에서 '없음'을 선택하면 밑줄이 지워짐

ⓒ 강조점: 현재 글자의 위쪽 중앙에 점을 찍어 문자열을 강조하는 기능. [강조점] 목록에서 '없음'을 선택하면 강조점이 삭제

강조점 예)	꽃보다 아름다운 사람아, 꽃보다 아름다운 사람아

3.2 문단 모양

문단이란 글을 입력하기 시작하여 Enter키를 누를 때까지의 연결된 문장을 의미합니다.

'문단 모양'을 설정하고자 하는 문단을 블록 설정한 후 [모양]→[문단 모양]을 실행하거나 단축키 Alt+T 키를 눌러 실행합니다.

Tip 현재 커서가 위치한 문단의 [문단 모양] 설정!

- 현재 커서가 위치하는 문단의 모양을 변경시킬 경우에는 블록을 설정하지 않아도 됩니다.

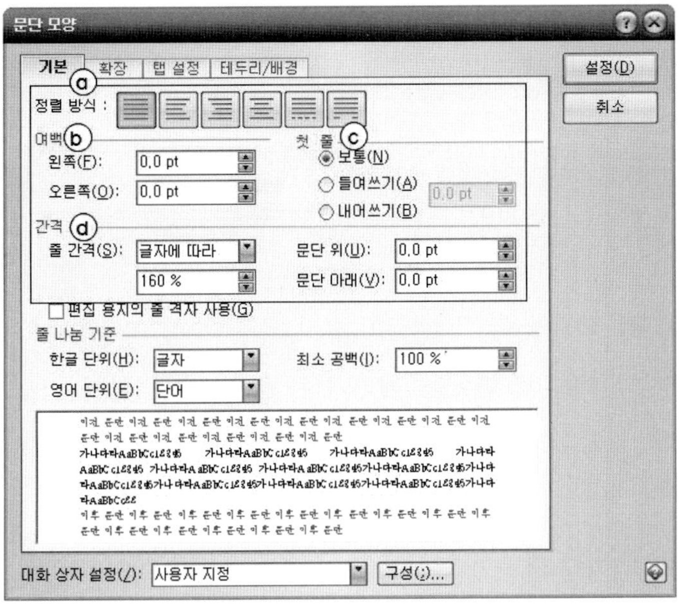

ⓐ 정렬 방식: 입력된 문장을 어떤 방식으로 정렬할 것인지를 지정

ⓑ 여백: 편집 용지에서의 여백과 별개로 문서 내의 좌우 여백을 설정

ⓒ 첫째 줄 들여쓰기와 내어쓰기: 문단의 첫째 줄 시작 부분을 오른쪽으로 들여 쓸 것인지 또는 왼쪽 여백이 들어가서 시작되도록(내어쓰기)할 것인지 설정

ⓓ 줄 간격: 현재 문단의 줄 간격을 변경

3.3 문단 첫 글자 장식

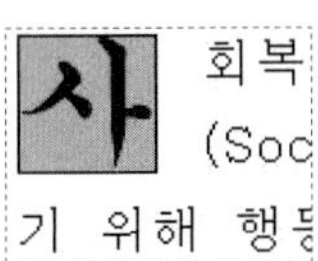

본문이 시작되는 문단의 첫 글자를 문단의 2줄이나 3줄 등 여러 줄에 걸쳐서 크게 확대, 강조하여 글상자 안에 자동으로 문단의 첫 글자를 넣어주는 기능입니다.

첫 글자를 장식할 문단의 처음으로 커서를 이동하고 [모양]→[문단 첫 글자 장식]을 클릭한 후 적당한 모양, 글꼴, 테두리 등을 설정합니다.

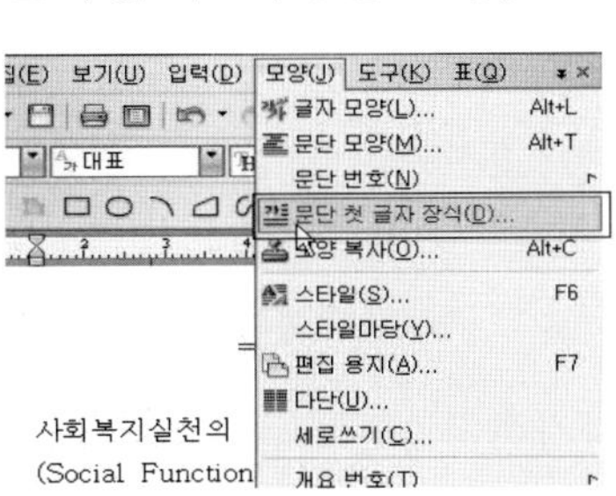

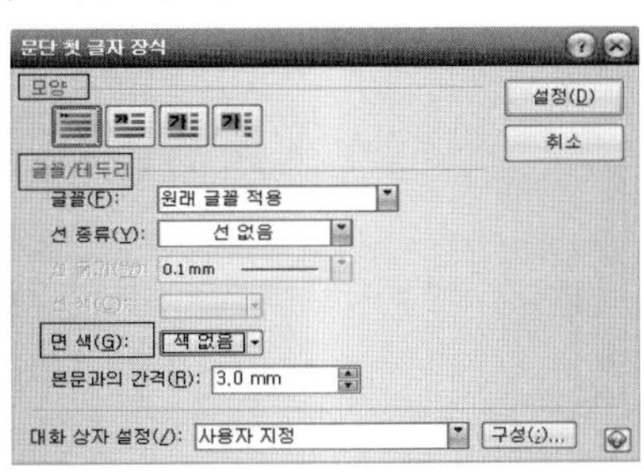

Tip 블록 설정 상태에서는 안돼요!

- 문단 첫 글자 장식은 한 번에 한 개의 문단에 대해서만 실행할 수 있고, 블록을 설정한 상태에서는 사용할 수 없습니다.

■ 문단 첫 글자 장식을 해제 하는 방법은 [모양]→[문단 첫 글자 장식]에서 [모양]을 '없음'으로 선택하면 됩니다.

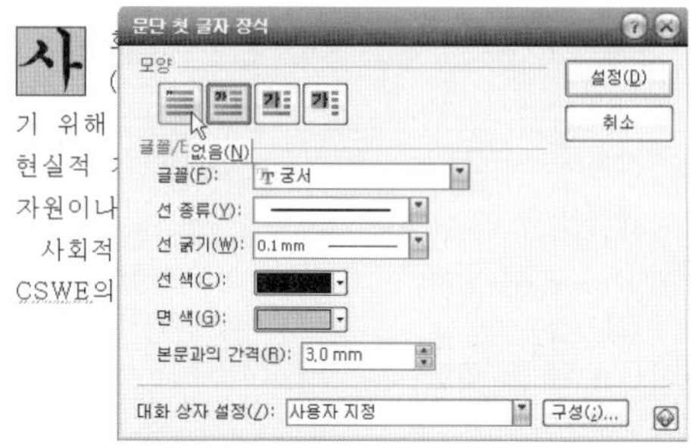

3.4 문단 번호 모양 / 글머리 표

여러 개의 항목을 나열할 때 문단의 머리에 번호를 매기거나 글머리표를 붙여 가면서 입력할 수 있습니다. 문단 번호를 사용한 문장의 순서가 바뀌면 문단 번호도 그에 맞게 자동으로 바꾸어 줍니다.

3.4.1 문단 번호 모양/글머리 표 넣기

① 문단 번호를 삽입할 문단이 하나이면 그 문단에 커서를 놓습니다. 문단 번호를 여러 문단에 삽입하려면 문단을 모두 블록으로 설정합니다.

② 마우스 오른쪽을 눌러 [문단 번호 모양]을 선택한 후 적절한 번호나 모양을 설정하면 문단의 머리에 번호나 글머리표가 삽입됩니다.

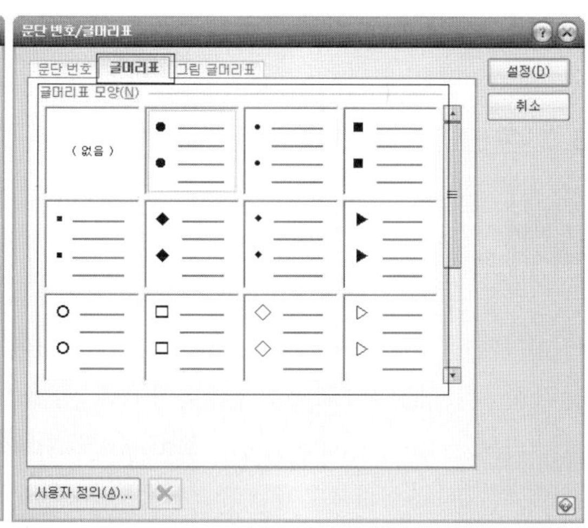

3.4.2 문단 번호 모양 수준 변경

문단 번호를 한 수준 변경하려면 수정할 내용을 블록으로 지정하고 '번호/글머리표' 도구 모음에서 [한 수준 감소]또는 [한 수준 증가]를 클릭합니다.

Tip **'번호/글머리표' 도구 모음 표시!**

- 화면에 번호/글머리표 도구 모음을 표시하기 위해서는 [보기]→[도구 상자]→[번호/글머리표]를 선택합니다.

3.4.3 문단 번호 모양 지우기

문단에 자동으로 설정된 문단 번호 속성을 해제하기 위해서는 마우스 오른쪽을 눌러 [문단 번호 모양]을 선택한 후 '문단 번호/글머리표' 대화상자에서 '없음'을 선택합니다.

3.4.4 문단 번호 사용자 정의

문단 번호 목록에 없는 모양의 문단 번호 모양을 재 정의하여 사용합니다.

① [모양]→[문단 번호]→[문단 번호 모양]을 실행하고 [문단 번호] 탭에서 [사용자 정의] 단추를 누릅니다.

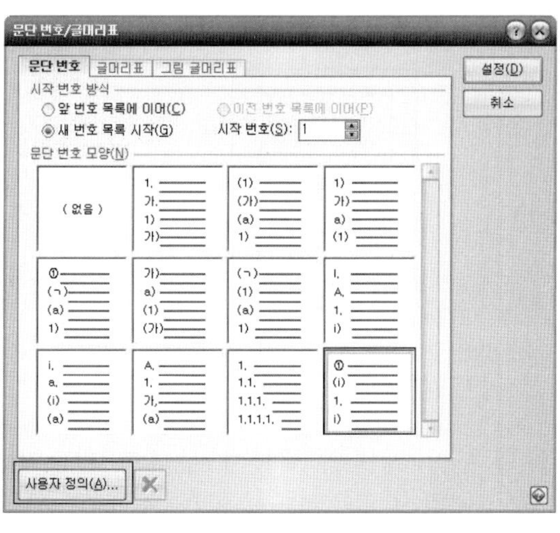

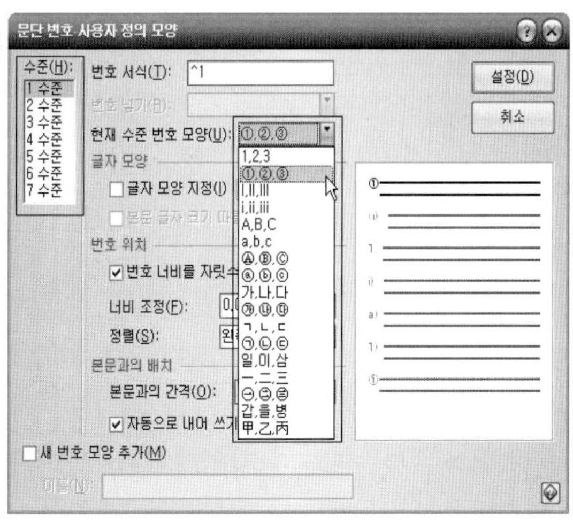

② '문단 번호 사용자 정의 모양'대화 상자가 나타나면, 7 수준으로 구성된 [수준] 목록 상자에서 [1수준]을 선택하고 수준 번호 모양을 변경합니다.

3.5 쪽 테두리/배경

문서의 각 쪽마다 본문을 에워싸는 테두리를 넣거나 바탕색, 배경 그림 등을 넣어 문서를 보기 좋게 꾸밉니다. 쪽 테두리/배경은 구역 단위로 만듭니다. 하나의 구역에는 [양쪽], [홀수 쪽], [짝수 쪽]의 3가지 종류의 쪽 테두리/배경을 만들 수 있습니다.

3.5.1 쪽 테두리 넣기

[테두리] 탭에서는 현재 편집 중인 문서의 각 쪽마다 다양한 모양의 쪽 테두리 선을 넣을 수 있으며, 원하는 방향의 테두리만을 보이거나 감출 수 있습니다.

① [모양]→[쪽 테두리/배경]을 실행하고 '쪽 테두리/배경' 대화 상자에서 [테두리] 탭을 선택합니다.
② [테두리] 탭→[종류] 목록 단추를 눌러 실선을 선택하고 [굵기]와 [선색] 등 서식을 지정합니다.
③ 테두리 미리 보기 영역에서 [모두] 단추를 눌러 모든 방향에 테두리를 적용합니다.
④ [설정] 단추를 누릅니다. 편집 중인 문서의 모든 쪽에 테두리가 그려집니다.

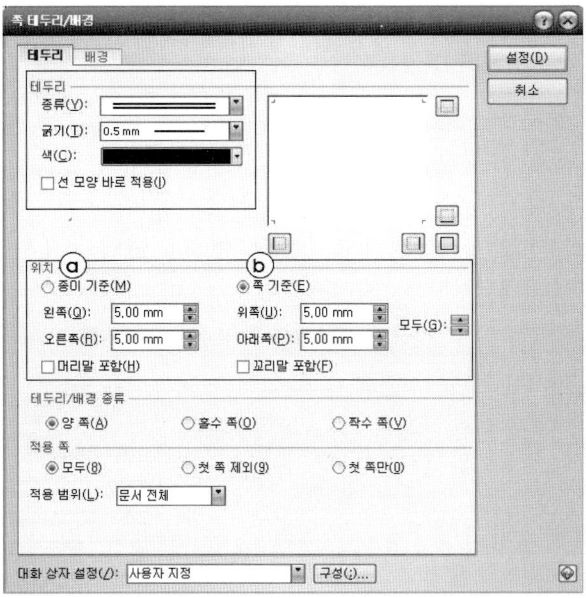

ⓐ 종이기준

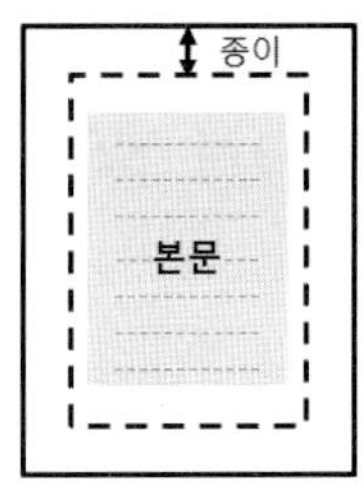

ⓑ 쪽기준

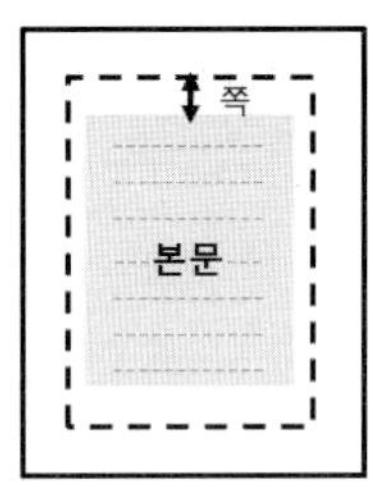

3.5.2 쪽 배경 넣기

'쪽 테두리/배경' 대화 상자의 [배경] 탭에서는 문서의 배경을 색깔과 무늬로 채우거나 그러데이션으로 채우기, 그림으로 채우기 등을 지정하여 다양한 채우기 효과를 낼 수 있습니다.

① [모양]→[쪽 테두리/배경]의 [배경] 탭을 선택합니다.
② [색], [그러데이션], [그림] 중 하나를 선택하고 설정 버튼을 클릭합니다.

ⓐ 색: 색상표를 눌러 색상 팔레트가 나타나면 배경 색을 선택

ⓑ 그러데이션: 다단계 색 퍼짐 효과를 주는 그러데이션으로 배경을 채움

ⓒ 그림: [열기] 아이콘을 눌러 배경을 채울 그림 파일을 불러옴

바둑판식으로 -모두	**바둑판식으로가로 -위**	**바둑판식으로 -세로/왼쪽**	**크기에 맞추어**

ⓓ 테두리/배경 종류: 책이 펼쳐진 모양에 따라 홀수 쪽과 짝수 쪽에 각각 다른 모양의 테두리와 배경을 적용

ⓔ 적용 쪽: 선택한 테두리/배경을 적용할 쪽을 선택

4. 입력

4.1 한자입력

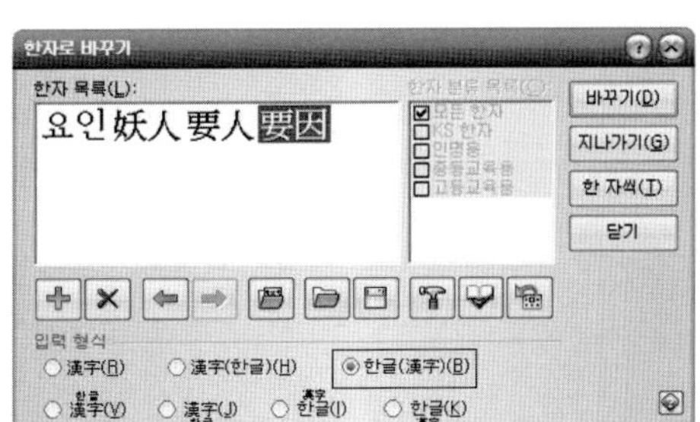

① 한자로 변환할 단어를 입력하고 블록을 설정한 후 F9 키 또는 키보드에서 [한자] 키를 누릅니다.

② 한자 목록에서 바꿀 한자를 선택하고 입력 형식을 지정한 후 [바꾸기]를 클릭합니다.

4.2 문자표

Ctrl+F10 키를 눌러 '문자표 입력' 대화 상자가 나타나면 [한글(HNC) 문자표] 탭의 다양한 문자 영역에서 도형문자를 찾아 [넣기] 버튼을 클릭합니다.

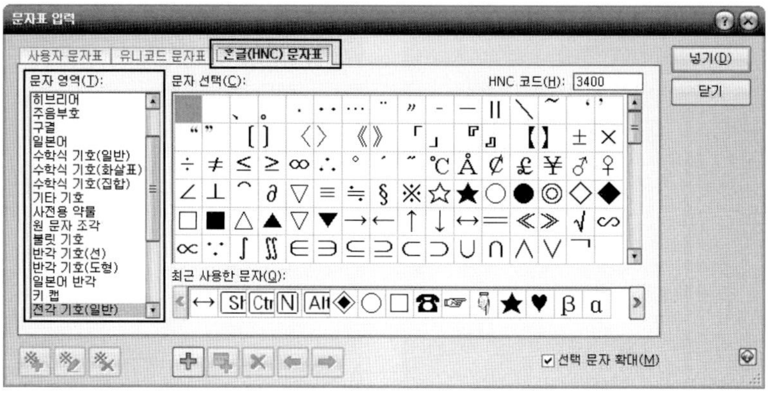

4.3 각주/미주

[각주/미주]는 본문에서 인용한 자료의 출처를 밝히거나 본문에서 언급한 내용에 대한 보충 자료를 구체적으로 제시할 필요가 있는 논문과 같은 형식의 문서 작성에 반드시 필요한 중요한 기능입니다.

Tip 각주/미주 차이!

- 각주와 미주의 차이점은 보충 설명의 위치가 다릅니다.
- 각주는 보충설명의 위치가 각주 번호를 매긴 본문 쪽(페이지)의 아래에, 미주의 내용은 미주 번호가 들어 있는 문서 끝맺음 맨 뒷부분에 놓입니다.

4.3.1 각주/미주 삽입

① 본문에서 각주/미주를 넣을 낱말 뒤에 커서를 두고 [입력]→[주석]→[각주/미주]를 실행합니다.

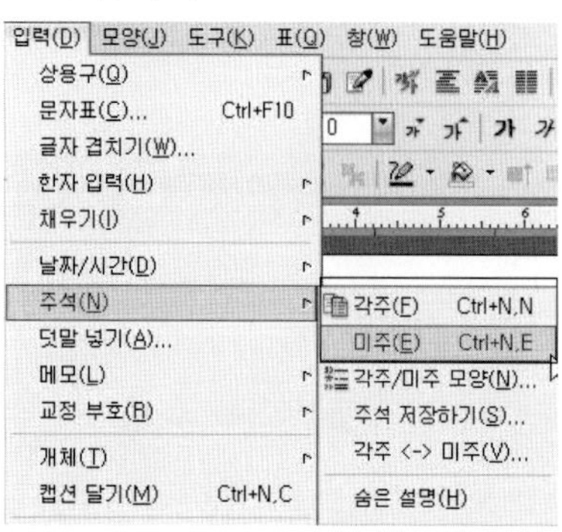

② 커서 위치에 '각주/미주 번호'가 매겨지고, 커서가 쪽 아래로(각주) 또는 문서 맨 끝으로(미주) 옮겨지며 주석 도구 상자가 자동으로 나타납니다.

③ '1)'과 같이 자동으로 매겨진 주석 번호 뒤에 각주 내용을 입력하고 주석 도구 상자의 메뉴에서 서식을 설정합니다.

1) NASW: 전미사회복지사협회

④ 각주/미주 내용 입력을 마치고 본문 편집 상태로 되돌아갈 때에는 Ctrl+Shift를 누르거나 [주석] 도구 상자에서 [닫기]를 누르면 본문에서 주석 번호가 매겨졌던 위치로 커서가 옮겨집니다. 또는 본문 내용이 있는 곳을 마우스로 누르면 그곳으로 커서를 옮길 수도 있습니다.

4.3.2 주석(각주/미주) 모양 편집

입력된 주석의 내용을 편집하고자 할 경우에는 주석 번호를 더블 클릭하면 주석의 위치가 있는 곳으로 마우스 포인트가 이동 되며 주석 도구 상자를 이용하여 모양을 수정할 수 있습니다.

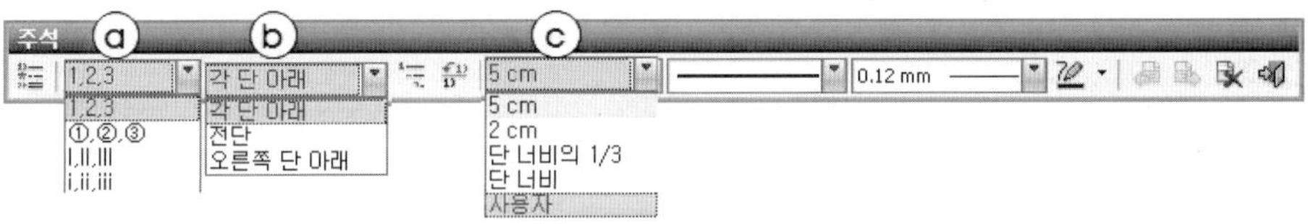

ⓐ 번호모양: 각주/미주 번호로 쓰일 문자와 모양을 지정

ⓑ 주석위치: 각주 내용에서는 다단 편집된 문서에서 각주 내용을 어느 단에 놓을 것인지 나타내는 '다단 각주 위치'를 표시

ⓒ 구분선길이: 본문과 각주/미주 내용 사이 구분선의 길이를 지정

4.3.3 각주↔미주 변환

현재 파일에 있는 모든 각주를 미주로 바꾸고, 미주는 각주로 바꾸는 기능입니다.

① 각주와 미주를 삽입한 문서에서 [입력]→[주석]→[각주 <-> 미주]를 실행합니다.

② '각주/미주 변환' 대화 상자가 나타나면 [변환 방법]→[각주와 미주 서로 바꾸기]를 선택하고 [변환] 단추를 누릅니다.

③ 현재 파일의 각주는 미주로 미주는 각주로 바뀝니다.

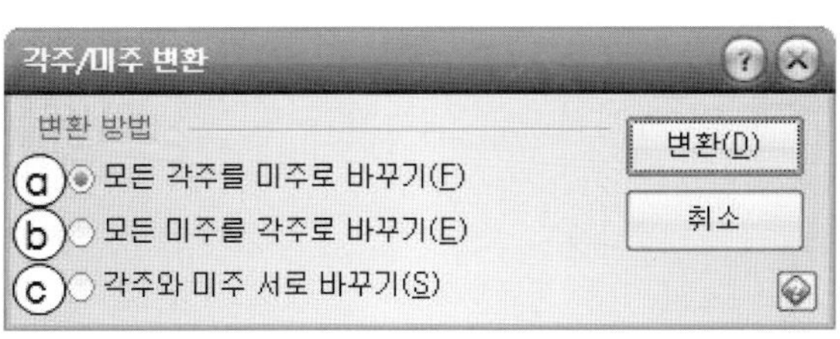

ⓐ 모든 각주를 미주로 바꾸기: 문서내의 모든 각주를 미주로 변환
ⓑ 모든 미주를 각주로 바꾸기: 문서내의 모든 미주를 각주로 변환
ⓒ 각주와 미주 서로 바꾸기: 모든 각주와 미주를 상호 변환

4.3.4 각주/미주 지우기

본문에 삽입된 각주와 미주를 지울 때에는 각주 또는 미주 번호를 Delete 또는 BackSpace를 눌러 삭제합니다. 이 때 그 번호에 해당하는 각주 또는 미주 내용도 함께 지워집니다.

4.4 그림 넣기

① [입력]→[개체]→[그림]을 실행하여 [그림 넣기] 대화 상자의 파일 목록 중 원하는 그림 파일을 선택합니다.
② 마우스 포인터의 모양이 그림을 넣을 수 있는 십자 모양(+)으로 바뀌면 편집 창에서 그림을 넣을 위치로 마우스를 옮긴 후 원하는 크기로 그립니다.
③ 지정된 그림을 고치기 위해서는 그림을 선택하고 마우스 오른쪽을 눌러 [개체 속성]을 실행하거나 그림 위에서 마우스의 왼쪽 단추를 더블클릭 합니다.

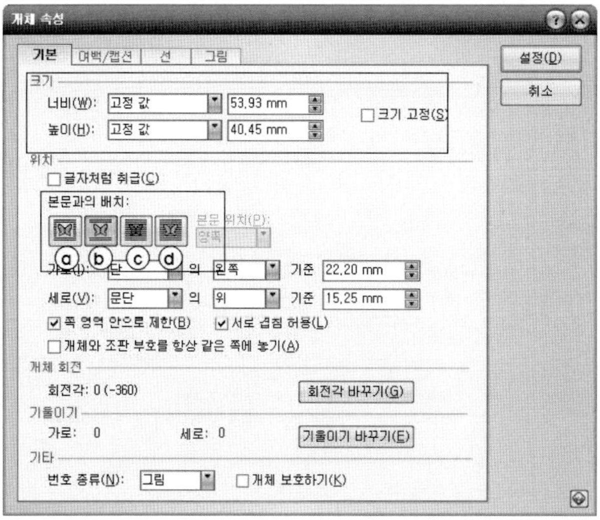

④ 본문과의 배치 방법에 따라 그림을 이용하여 다양한 효과를 낼 수 있습니다.

* 그림 개체 본문과의 배치 방법		
ⓐ	어울림	▪ 개체와 본문이 서로 어울리도록 배치
ⓑ	자리차지	▪ 개체의 높이만큼 줄을 차지하고, 본문 내용은 개체가 차지하고 있는 영역에는 가지 못하도록 설정
ⓒ	글 뒤로	▪ 개체가 본문의 배경처럼 사용
ⓓ	글 앞으로	▪ 개체는 본문 위에 배치

<어울림>

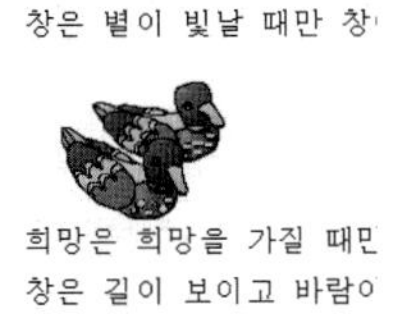

<자리차지>

<글 뒤로>

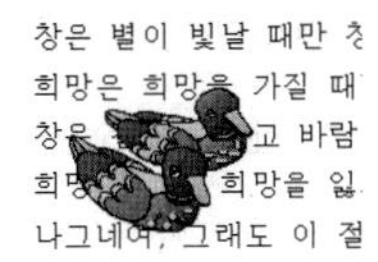

<글 앞으로>

4.5 머리말/꼬리말

4.5.1 머리말/꼬리말 넣기

문서의 모든 페이지의 맨 위(머리말)와 맨 아래(꼬리말)에 한두 줄의 내용을 고정적으로 반복되게 입력하는 기능입니다. 머리말과 꼬리말에는 보통 책의 제목, 그 장의 제목, 쪽 번호 등을 넣습니다.

① [모양]→[머리말/꼬리말]을 실행하거나, 단축키 Ctrl+N, H 를 누릅니다. '머리말/꼬리말' 대화 상자에서 [종류]와 [위치]를 선택한 다음 [만들기]를 누릅니다.

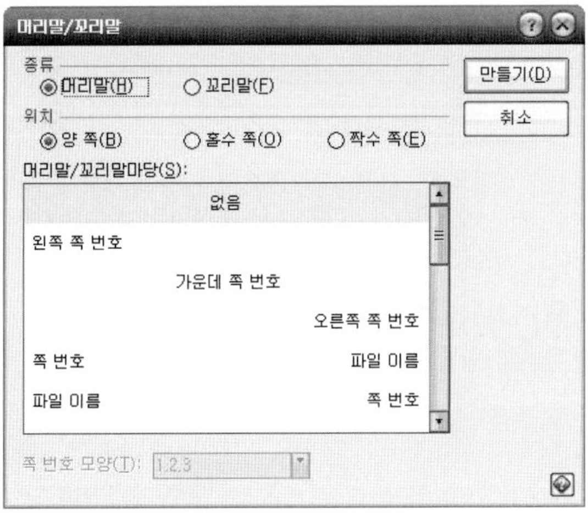

② 머리말 입력 화면이 나타나면 모든 페이지에 반복적으로 삽입할 머리말/꼬리말 내용을 입력하고 글자 모양을 지정합니다.

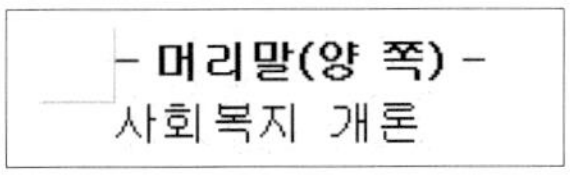

③ 머리말 입력을 끝내고 [머리말/꼬리말] 도구 상자의 [닫기] 아이콘을 눌러 본문의 편집 화면으로 돌아옵니다.

4.5.2 머리말/꼬리말 고치기

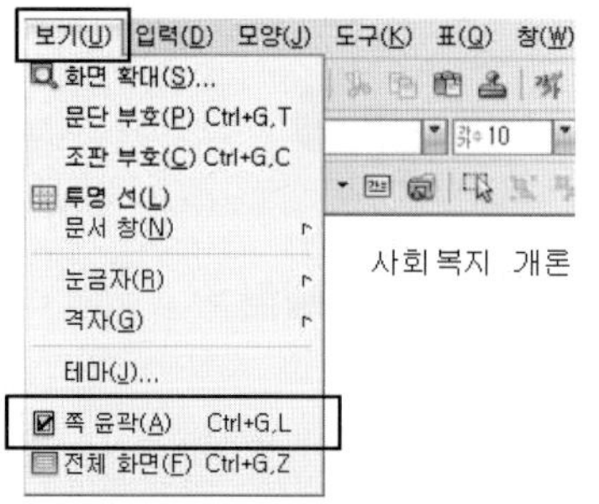

[보기]→[쪽 윤곽]으로 설정하면 '머리말/꼬리말'의 내용을 바로 확인 할 수 있습니다.
머리말 구역의 텍스트를 마우스로 더블클릭하면 머리말을 편집할 수 있습니다.

4.5.3 머리말/꼬리말 삭제

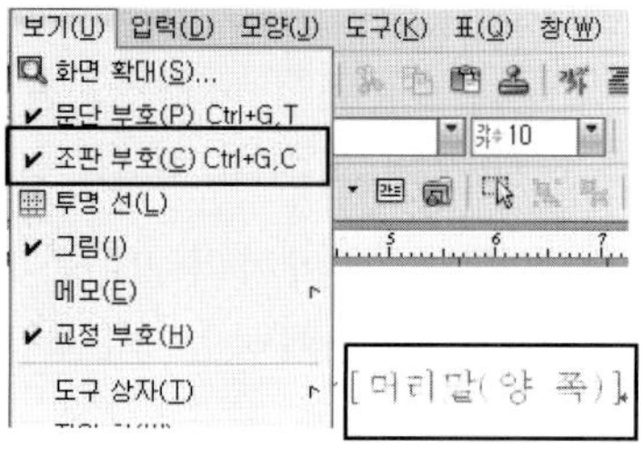

[보기]→[조판부호] 실행하면 머리말/꼬리말 위치를 확인 할 수 있습니다. 표시된 머리말 또는 꼬리말 조판부호를 Delete나 BackSpace 키를 눌러 삭제합니다.

4.6 쪽 번호

쪽 번호 매기기 기능은 문서에 쪽 번호를 자동으로 매겨 주는 기능입니다. 문서 분량이 많을 때는 쪽 번호를 매기는 것이 필수적입니다. 쪽 번호를 매길 때는 번호의 모양을 선택할 수 있고 쪽 번호의 위치도 선택할 수 있습니다.

4.6.1 쪽 번호 매기기

① 쪽 번호를 붙이고자 하는 쪽(페이지)에 커서를 놓고 [모양]→[쪽 번호 매기기]를 실행하거나, Ctrl+N, P 키를 누릅니다.
② '쪽 번호 매기기' 대화 상자에서 [번호 위치]와 [번호 모양]을 선택합니다.
③ '줄표 넣기'를 체크한 다음 [넣기] 버튼을 클릭합니다.

Tip 쪽 번호가 보이지 않을 때!

- 쪽 번호를 확인하기 위해서는 [보기]→[쪽 윤곽]을 선택하여 쪽 윤곽 화면을 보거나 미리 보기 화면으로 확인할 수 있습니다

4.6.2 새 번호로 시작하기

자동으로 매겨지는 번호를 특정한 부분 이후부터 새로운 번호로 시작하고 싶을 때 [모양]→[새 번호로 시작]을 실행하여 그 이후의 번호를 사용자가 지정한 새로운 번호로 다시 매길 수 있습니다.

① 현재 문서에서 새 번호로 시작할 쪽으로 커서를 이동하고 [모양]→[새 번호로 시작]을 실행합니다.
② '새 번호로 시작' 대화 상자에서 [번호 종류]→[쪽 번호]를 선택합니다.

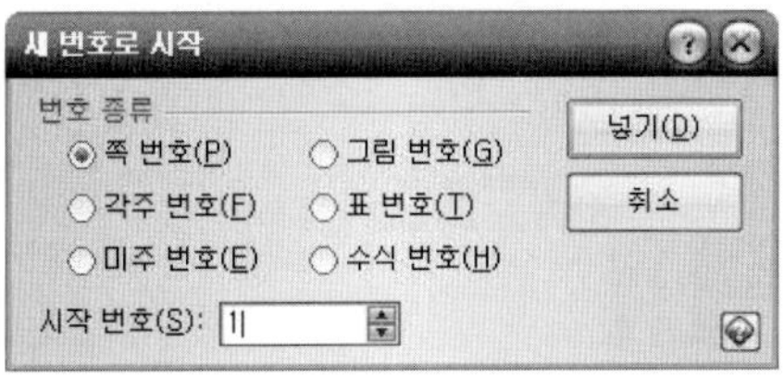

③ [시작 번호] 입력 상자에 숫자를 입력하고 [확인] 단추를 누르면 문서의 중간쯤에 커서가 놓여 있음에도 불구하고 현재 쪽 번호가 입력한 쪽 번호로 시작됩니다.

4.6.3 쪽 번호 지우기

문서에 삽입된 쪽 번호를 지우는 방법은 [모양]→[쪽 번호 매기기]에서 [쪽 번호 없음 쪽 번호 없음(X)]을 선택합니다. 또는 [보기]→[조판 부호]를 실행 한 후에 '쪽 번호' 조판 기호를 삭제합니다.

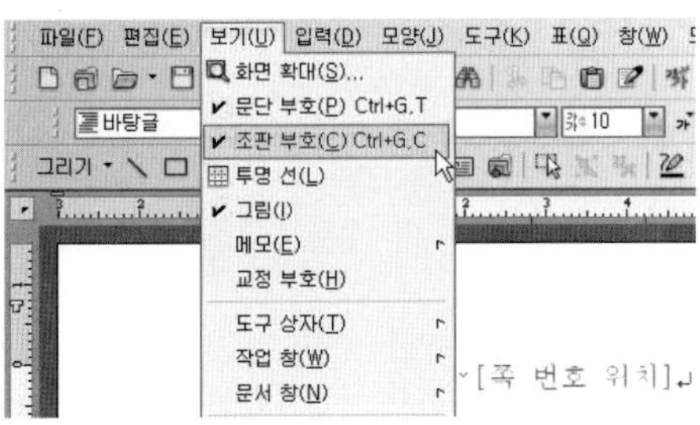

4.7 감추기

감추기는 머리말, 꼬리말, 쪽 번호, 쪽 테두리/배경, 바탕쪽 등이 들어 있는 문서에서 현재 커서가 있는 쪽에만 해당 내용이 나타나지 않도록 지정하는 기능입니다.

① 감출 내용이 있는 쪽에 커서를 놓고 [모양]→[감추기]를 실행합니다.
② '현재 쪽만 감추기' 대화상자의 [감출 내용]에서 머리말, 꼬리말, 쪽 번호 등 감출 항목을 선택합니다.

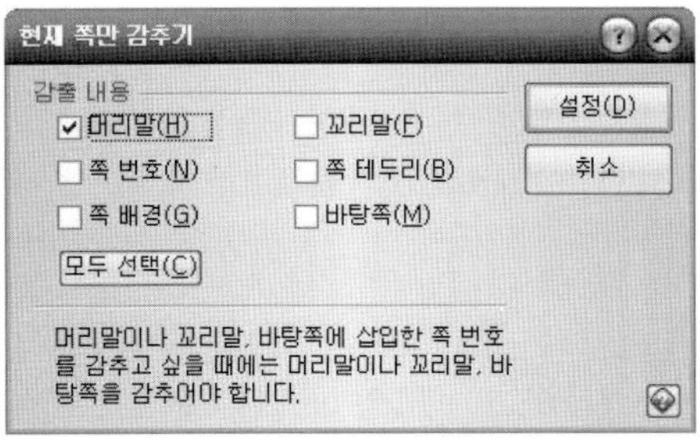

■ **감추기 취소**

감춘 내용을 다시 표시하기 위해서는 [모양]→[감추기]를 실행한 문단에서 다시 한 번 [모양]→[감추기]를 실행합니다. 또는 [보기]→[조판부호]를 실행하여 '감추기'조판 부호를 키보드 Delete키를 눌러 삭제합니다.

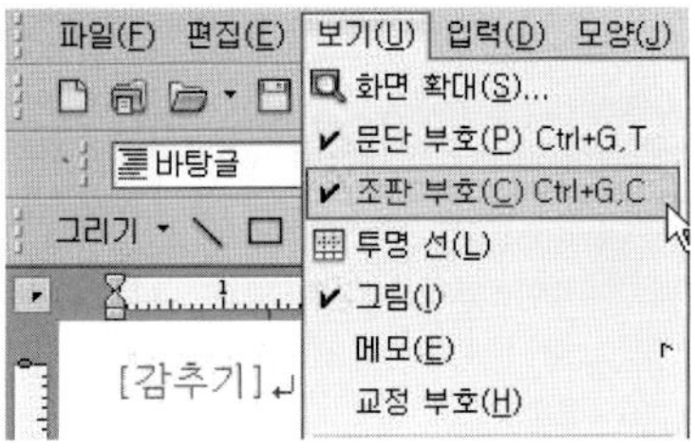

4.8 하이퍼링크

4.8.1 하이퍼링크 설정

하이퍼링크는 문서의 특정한 위치에 현재 문서나 다른 문서, 웹 페이지, 전자 우편 주소 등을 연결하여 쉽게 참조하거나 이동할 수 있게 해 줍니다. 웹 페이지, 전자우편은 자동으로 하이퍼링크가 지정됩니다.

① 하이퍼링크를 넣고자 하는 영역을 블록으로 설정한 후 [입력]→[하이퍼링크]를 선택합니다.
② [표시할 문자열]에 적당한 이름을 직접 입력합니다.
③ [연결 종류]를 웹 주소로 한 후 [연결 대상]에 웹 주소를 입력합니다.

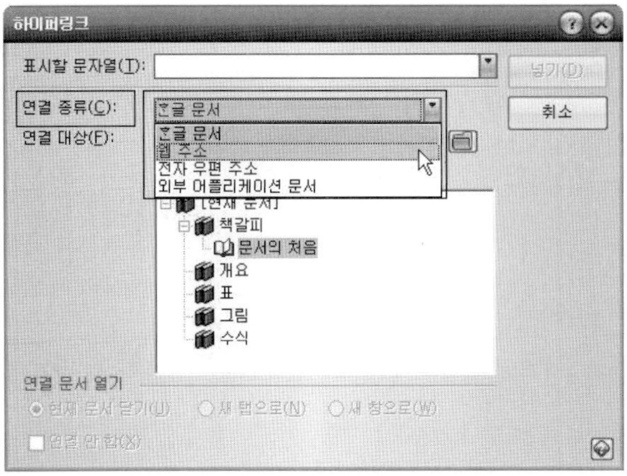

4.8.2 하이퍼링크 고치기/해제

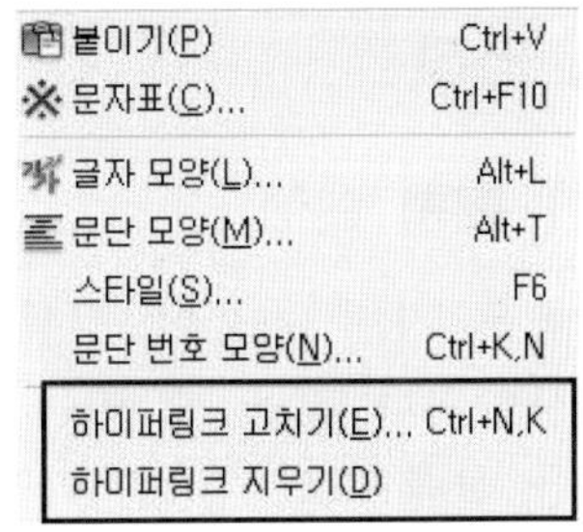

설정한 하이퍼링크를 편집하거나 연결 해제하고자 할 경우에는 마우스 오른쪽을 눌러 [하이퍼링크 고치기] 또는 [하이퍼링크 지우기]를 선택합니다.

4.8.3 책갈피 입력 – 하이퍼링크 설정

책갈피 기능은 문서의 여러 곳에 책갈피를 넣어 표시를 해 두었다가 현재 커서의 위치에 상관없이 책갈피를 표시해 둔 곳으로 곧바로 이동시키는 기능입니다. [하이퍼링크]로 책갈피를 지정하면 문서에서 원하는 책갈피 위치로 바로 이동할 수 있습니다.

① 책갈피를 지정할 커서를 옮겨 놓고 [입력]→[책갈피]를 실행합니다.

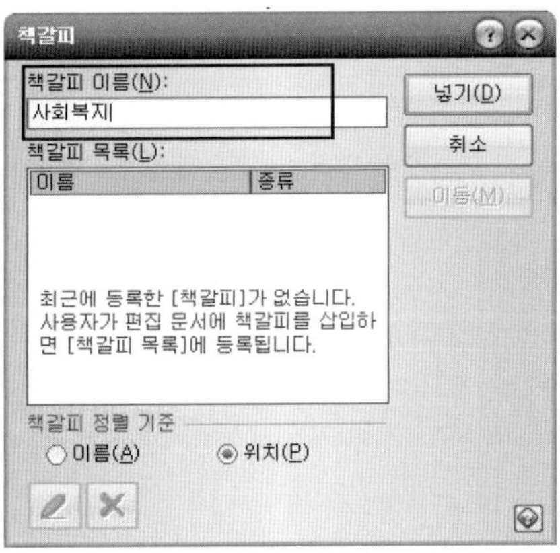

② [책갈피 이름] 입력 상자에 적당한 이름을 입력합니다.

③ [넣기] 단추를 누르면 [책갈피 목록]에 입력한 내용이 등록됩니다.

④ 설정한 책갈피로 이동할 경우 [입력]→[하이퍼링크]를 실행 한 후 연결 종류는 '한글 문서'를 선택 하고 해당 책갈피 이름을 선택합니다.

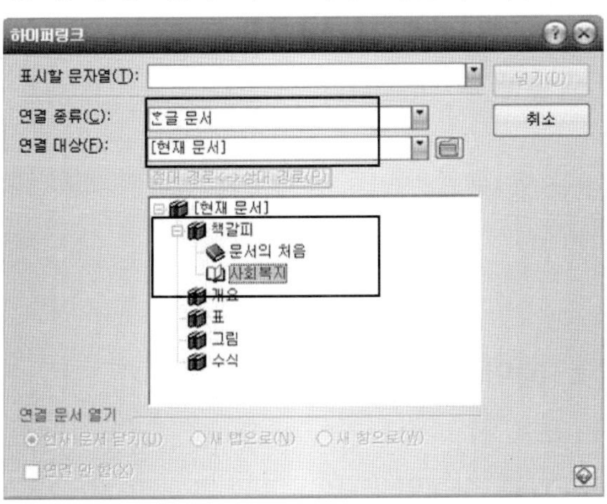

5. 편집

5.1 블록 설정

블록은 편집 기능이 적용될 범위를 미리 지정하는 것입니다. 본문 중의 내용 일부를 복사하거나 지울 때 또는 글자 모양이나 문단 모양을 바꾸고자 할 때, 먼저 원하는 내용을 블록으로 설정한 다음에 각종 편집 기능을 실행해야 합니다.

■ 마우스로 블록 설정

① 블록을 시작할 부분에 마우스 포인터를 놓습니다.
② 마우스 왼쪽 단추를 누른 채로 블록으로 설정할 내용의 끝 부분까지 마우스를 끕니다.
③ 블록 끝 부분까지 마우스를 끈 다음 누르고 있던 마우스 왼쪽 단추를 놓으면 블록이 설정됩니다.

■ 키보드로 블록 설정(F3, F4)

- F3 키를 누르고 키보드 방향키를 누르면 줄 단위로 블록이 설정됩니다.
- F4 키는 칸 단위로 블록이 설정됩니다. F4키를 누르고 키보드 방향키로 옆으로, 밑으로 이동하면 칸 단위로 블록이 설정됩니다.

No.	학과	이름
1	컴퓨터공학과	홍길동
2	전자공학과	김철수
3	화학공학과	박대한
4	사회복지학과	이정은

5.2 되돌리기(Ctrl+Z)

방금 전에 실행한 명령을 취소 또는 입력한 내용을 지우거나, 지운 내용을 되살리는 등 문서 편집 과정에서 수행한 동작을 다시 원래대로 되돌립니다. 되돌리기를 반복 실행하면 편집된 문서를 이전 단계로 계속 되돌릴 수 있습니다.

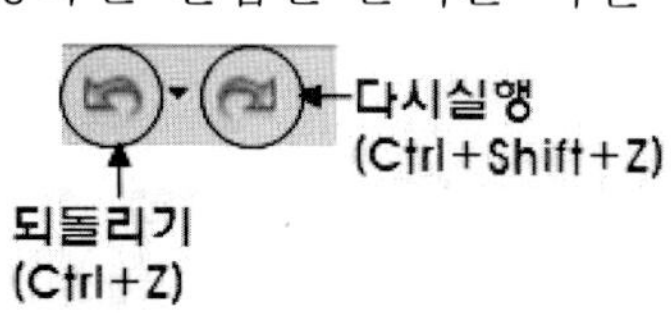

5.3 복사(Ctrl+C)/ 오려 두기(Ctrl+Z), 붙이기(Ctrl+V)

① 문서의 내용 중 복사 또는 자리를 옮기고자 하는 부분을 블록으로 설정합니다.
② [편집]→[복사] 또는 [편집]→[오려 두기]를 실행합니다.

③ 커서를 원하는 위치로 옮겨 [편집]→[붙이기](Ctrl+V)를 실행하면 블록으로 설정되었던 내용이 커서 위치에 붙습니다.

* [편집]→[오려 두기]를 실행하면 블록으로 설정된 부분이 지워집니다.

5.4 모양 복사

모양 복사는 커서 위치의 글자 모양이나 문단 모양, 스타일 등을 다른 문단 또는 특정 단어에 적용할 수 있는 기능입니다. 특정한 모양을 반복적으로 자주 지정해야 하는 경우에 매우 편하게 쓸 수 있습니다.

① 복사할 모양에서 마우스 포인터를 두고 [모양]→[모양 복사]를 선택하거나 도구 상자의 아이콘을 선택하여 복사합니다.
② 모양을 적용할 부분을 블록으로 설정하고 Alt+C 또는 를 클릭합니다.

> **Tip 블록 설정 상태에서는 안돼요!**
> - 모양 복사 기능은 블록을 설정한 상태에서는 사용할 수 없습니다.

5.5 찾아 바꾸기

현재 편집하고 있는 문서에서 특정한 낱말(문자열)을 찾아서 다른 것으로 바꿉니다.

① [편집]→[찾아 바꾸기]를 선택하여 '찾아 바꾸기' 대화상자가 나타나게 합니다.
② 찾을 문자열 항목에 찾고자 하는 문자열을 입력하고 바꿀 문자열 항목에 변경하고자 하는 문자열을 입력합니다.
③ 선택 사항 항목에서 찾는 방법들의 속성을 선택한 후 [바꾸기] 또는 [모두 바꾸기] 버튼을 클릭합니다.

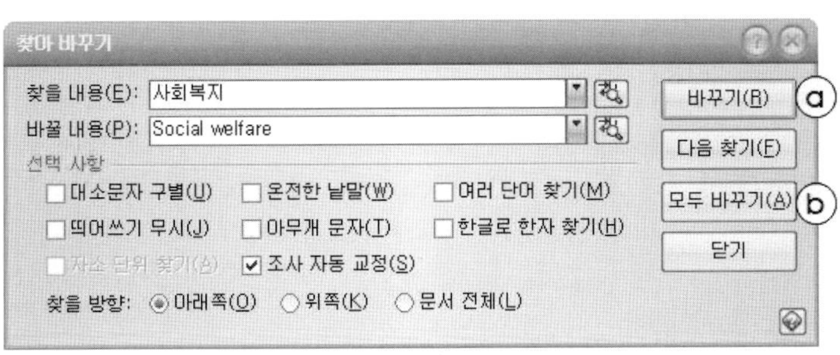

ⓐ 바꾸기: 문서 내에 해당 단어를 하나씩 차례대로 검색한 후 변경
ⓑ 모두 바꾸기: 문서 내 모든 단어를 한꺼번에 바꿀 내용으로 변경

6. 인쇄

① 현재 편집 화면에 있는 문서를 인쇄하기 위하여 [파일]→[인쇄]를 실행하거나 Alt+P키를 누릅니다.

② '인쇄' 대화 상자에서 [인쇄 범위], [인쇄 매수] 등을 설정하고 [인쇄]를 누릅니다.

> **Tip 한글 프로그램을 실행하지 않고도 인쇄를 할 수 있다!**
> - 윈도우 탐색기에서 한글2007을 이용하여 작성한 '한글 파일'을 선택한 후 마우스 오른쪽을 눌러 [한글 문서(Hwp)인쇄]를 누릅니다.
> - [한글 인쇄 관리자] 대화 상자를 잠시 보여 주고, 컴퓨터에 연결되어 있는 프린터로 선택한 문서가 출력됩니다.

■ 블록 설정하고 인쇄하기

문서의 일부를 블록으로 설정하고 [인쇄]를 실행하면 [인쇄 범위]에서 [선택한 쪽만]이 처음 값으로 지정됩니다. 또한 블록이 설정된 부분이 속한 모든 쪽(페이지)을 인쇄합니다.

예를 들어 3쪽짜리 문서의 경우, 2쪽의 끝부분에서 3쪽의 앞부분 일부까지 블록을 설정하여 [선택한 쪽만] 인쇄를 실행하면, 2쪽과 3쪽의 모든 내용이 인쇄됩니다.

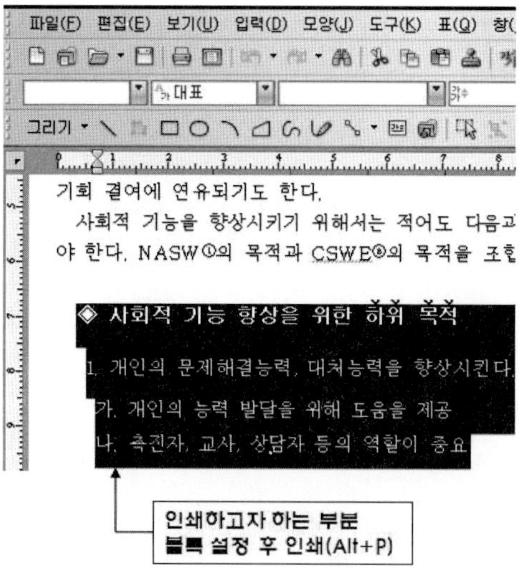

7. 실전 예제

● 학습 목표: 한글 2007에서 글자 모양, 문단 모양, 그림 삽입, 각주, 쪽 번호 넣기 등의 기능을 이용하여 아래 지시사항에 따라 보고서를 작성해 봅니다.

[지시 사항 -보고서 표지]

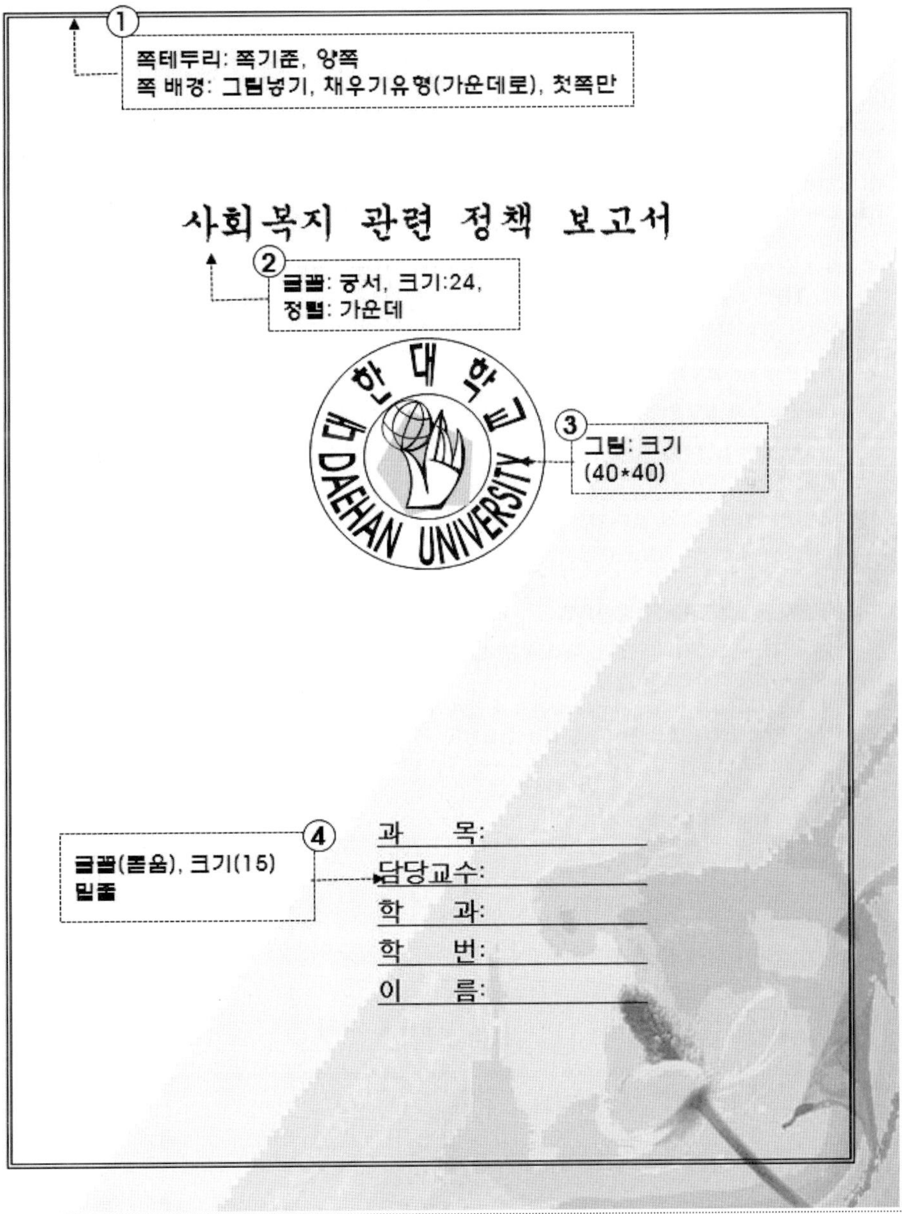

[지시 사항 -보고서]

5 머리말 내용: 사회복지 개론
오른쪽 정렬

사회복지 개론

6 글꼴: 궁서, 크기(20), 장평 120, 밑줄
정렬: 가운데 정렬

사회복지 실천에 대한 이해

7 문단 첫글자 장식(2줄차지)
글꼴(돋움), 점선, 면색(노랑)

8 그림(어울림), 크기: 40*30
여백: 모두 2mm

사회복지실천의 목적은 궁극적으로 "사회적 기능의 향상"이라고 할 수 있다. 사회적 기능(Social Functioning)은 개인이나 집단 등이 생활과업을 수행하거나 그들의 욕구를 충족시키기 위해 행동하는 방법을 의미한다. 개인의 사회적 기능상의 문제는 개인의 그릇된 태도나 가치, 비현실적 지각, 기술의 결핍 등 개인 내적 요인(要因)에 기인될 수 있으며 다른 한편으로는 사회 내에서의 자원이나 기회 결여에 연유되기도 한다.

9 한자변환

사회적 기능을 향상시키기 위해서는 적어도 다음과 같은 하위 목적을 달성해야 한다. NASW①의 목적과 CSWE②의 목적을 조합하면 다음과 같은 목적으로 구분될 수 있다.

10 각주

11 글꼴: 굴림체, 크기(11), 강조점

◈ 사회적 기능 향상을 위한 하위 목적

12 문단번호, 줄간격:180
1수준: 왼쪽15, 문단위(5), 아래(3)
2수준: 왼쪽20

1. 개인의 문제해결능력, 대처능력을 향상시킨다.
   가. 개인의 능력 발달을 위해 도움을 제공
   나. 촉진자, 교사, 상담자 등의 역할이 중요
2. 자원 및 서비스 제공 체계의 효과적인 운영을 촉진한다.
   가. 인간, 개인의 욕구에 보다 적합하게 작용
   나. 대변자, 옹호자의 역할을 수행

13 글자색: 흰색, 음영색: 검정

◈ 인구 구조의 변화와 사회복지 수요

- 우리나라는 노령화의 진전에 따라 국가 전체적으로 인구구조가 급격하게 변화해 왔으며 앞으로 더 큰 변화에 직면하고 있다.
- 아동인구의 감소와 노인인구의 증가가 동시에 발생하여 아동인구 대비 노인인구 비중인 노령화 지수는 상당히 빠르게 상승하고 있는 현실이다.

14 하이퍼링크

<자료: 통계청 http://www.kosis.kr/>

15 쪽번호 1로 시작

① 전미사회복지사협회
② 미국사회복지교육협의회

사회적 기능 향상과 인구 구조 ← 꼬리말

- 1 -

Step 1: 쪽 테두리/배경 넣기

- 쪽 테두리 종류(이중선)-쪽기준, 양쪽
- 쪽 배경: 그림넣기, 채우기 유형(가운데로), 첫쪽만

① [모양]→[쪽 테두리/배경]의 [테두리] 탭에서 지시사항과 같이 설정 합니다.
② [모양]→[쪽 테두리/배경]의 [배경] 탭에서 지시사항과 같이 설정 합니다.

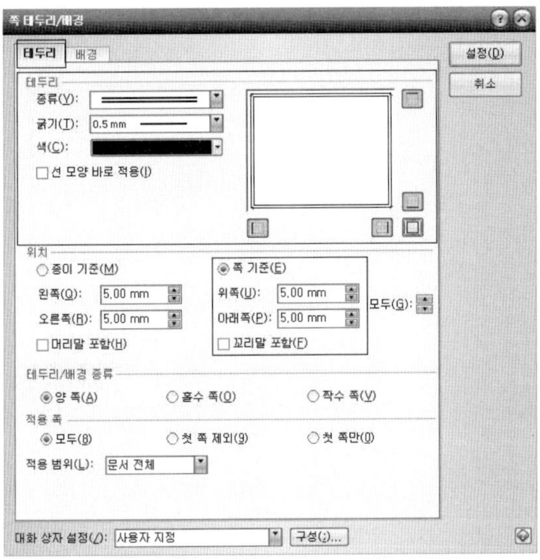

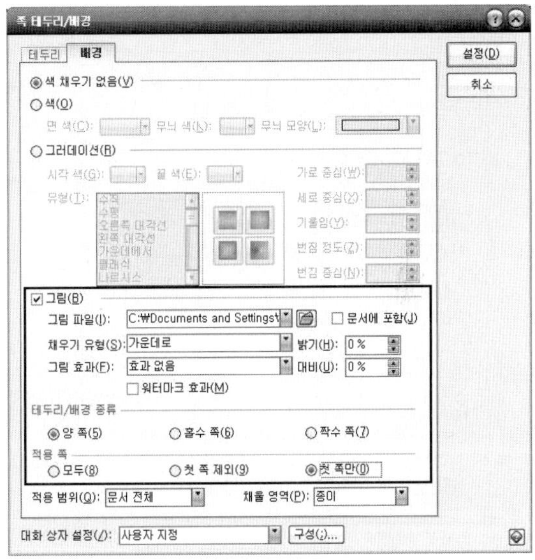

Step 2: 글자 모양 설정(글꼴: 궁서, 24pt , 정렬: 가운데)

① 제목을 블록 설정한 후 마우스 오른쪽을 눌러 [글자모양]을 선택하고 기준 크기(24pt), 글꼴(궁서)를 각각 설정합니다.

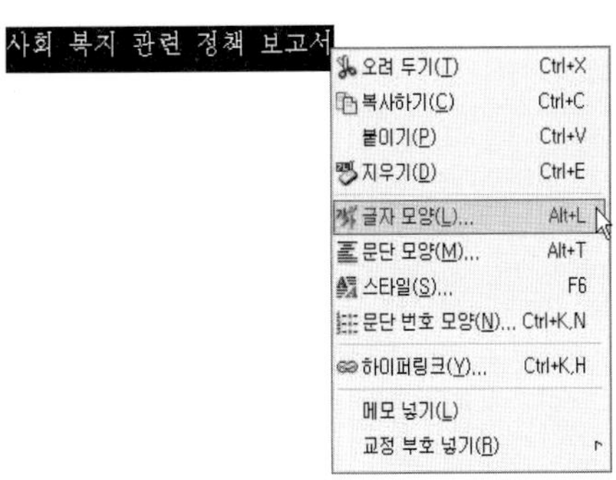

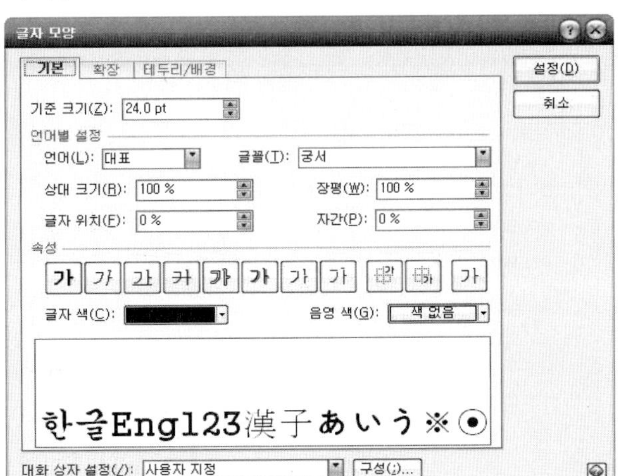

② 정렬을 위하여 마우스 오른쪽을 눌러 [문단 모양]을 선택하거나 서식 도구 모음의 가운데 정렬 아이콘(≣)을 누릅니다.

Step 3: 그림 넣기(그림 크기: 40*40)

① 그림을 넣고자 하는 위치에서 [입력]→[개체]→[그림]을 선택하거나, 표준 도구 모음에서 그림( ) 아이콘을 선택하고 해당 그림을 삽입합니다.

② 삽입한 그림을 선택한 후 마우스 왼쪽으로 더블클릭하여 [개체 속성]에서 크기를 설정합니다.

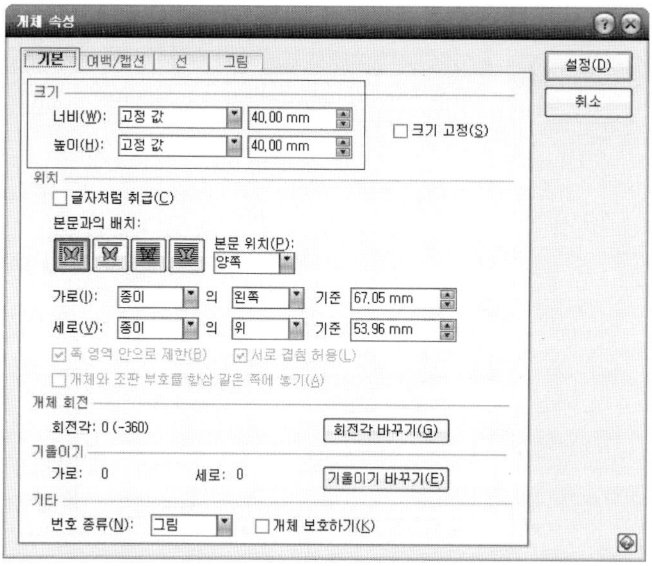

Step 4: 밑줄 글꼴 설정(글꼴(돋움), 크기(15), 밑줄)

① 모양을 설정하고자 하는 글자를 마우스로 블록 설정한 후 마우스 오른쪽을 눌러 [글자 모양]을 선택합니다.

② '글자 모양' 대화 상자에서 글꼴(돋움), 크기(15), 속성(밑줄 가)을 설정합니다.

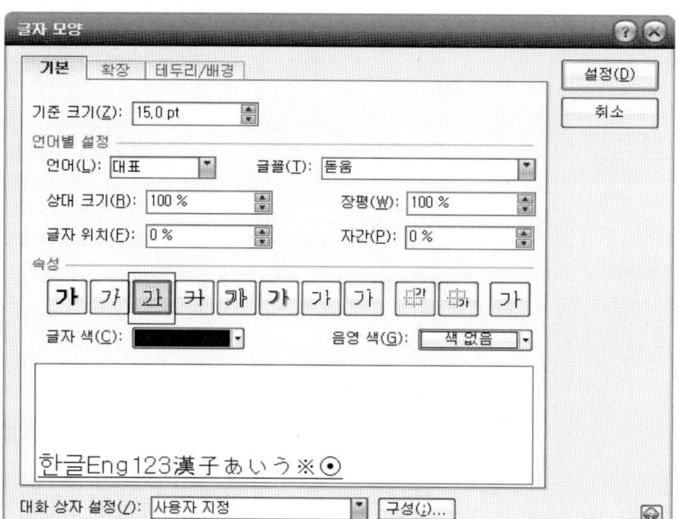

◈ 문서 내용 입력

한글 2007 편집 화면에서 다음과 같이 본문의 내용을 입력합니다.

[내용입력]

사회복지 실천에 대한 이해

사회복지실천의 목적은 궁극적으로 "사회적 기능의 향상"이라고 할 수 있다. 사회적 기능(Social Functioning)은 개인이나 집단 등이 생활과업을 수행하거나 그들의 욕구를 충족시키기 위해 행동하는 방법을 의미한다. 개인의 사회적 기능상의 문제는 개인의 그릇된 태도나 가치, 비현실적 지각, 기술의 결핍 등 개인 내적 요인에 기인될 수 있으며, 다른 한편으로는 사회 내에서의 자원이나 기회 결여에 연유되기도 한다.
 사회적 기능을 향상시키기 위해서는 적어도 다음과 같은 하위 목적을 달성해야 한다. NASW의 목적과 CSWE의 목적을 조합하면 다음과 같은 목적으로 구분될 수 있다.

사회적 기능 향상을 위한 하위 목적

개인의 문제해결능력, 대처능력을 향상시킨다.
개인의 능력 발달을 위해 도움을 제공
촉진자, 교사, 상담자 등의 역할이 중요
자원 및 서비스 제공 체계의 효과적인 운영을 촉진한다.
인간, 개인의 욕구에 보다 적합하게 작용
대변자, 옹호자의 역할을 수행

인구 구조의 변화와 사회복지 수요

우리나라는 노령화의 진전에 따라 국가 전체적으로 인구구조가 급격하게 변화해 왔으며 앞으로 더 큰 변화에 직면하고 있다. 아래 표는 2010년부터 2030년까지의 총인구 대비 특정연령 계층에 속하는 인구비중을 나타낸다.

Step 5: 머리말/꼬리말

- **머리말: 내용(사회복지 개론)-글꼴(돋움), 크기(9pt), 정렬(오른쪽 정렬)**
- **꼬리말: 내용(◈사회적 기능 향상과 인구 구조)-글꼴(돋움), 크기(9pt)**

① [모양]→[머리말/꼬리말]에서 머리말을 선택합니다.
② 머리말(양 쪽) 부분에 머리말에 해당하는 내용을 입력합니다.

- 머리말(양 쪽) -
사회복지 개론

③ 머리말 입력과 동일한 방법으로 꼬리말을 선택한 후 꼬리말(양 쪽) 부분에 꼬리말 내용을 입력합니다.

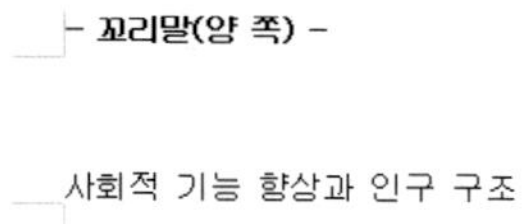

④ 머리말 도구 상자에서 [닫기] 아이콘을 눌러 본문으로 이동합니다.

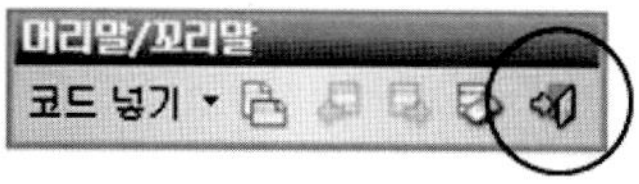

Step 6: 제목 글자 모양/문단 모양 설정

- **글꼴: 궁서, 크기(20pt), 장평(120), 밑줄(이중 실선)**
- **정렬: 가운데**

사회복지 실천에 대한 이해

① 제목을 블록 설정한 후 마우스 오른쪽을 눌러 [글자 모양]을 선택한 후 크기(20pt), 장평(120), 밑줄을 각각 설정합니다.
② '글자 모양' 대화 상자의 [확장] 탭을 누른 후 밑줄 종류를 선택합니다.

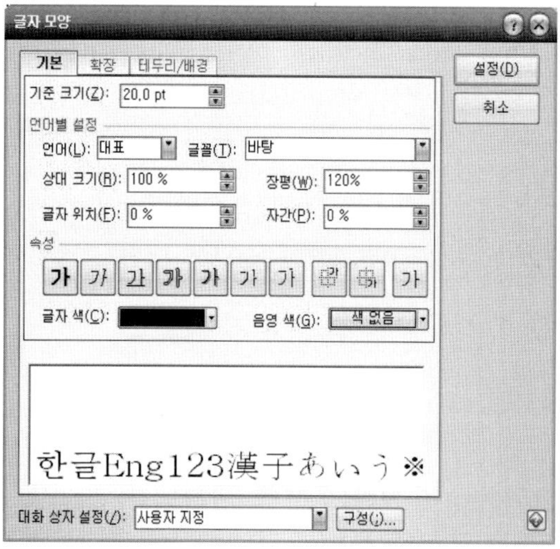

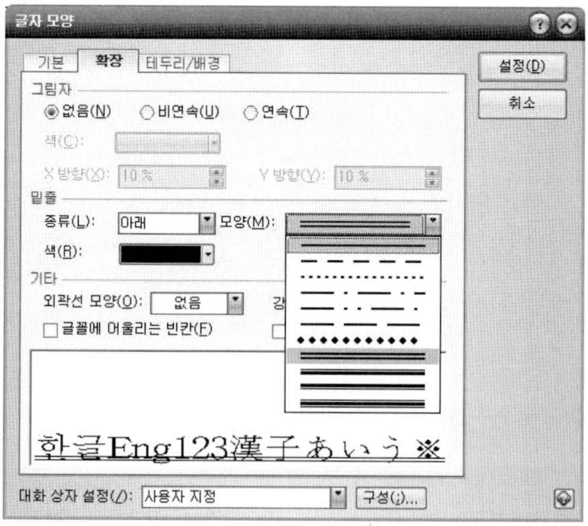

③ 서식 도구 모음의 정렬 방식 중 '가운데 정렬' 아이콘(☰)을 클릭합니다.

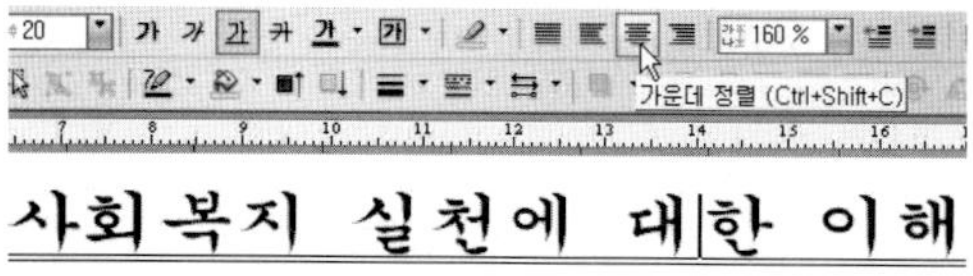

Step 7: 문단 첫 글자 장식

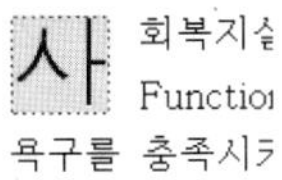

- **2줄 차지, 글꼴(돋움), 점선, 면(노랑색)**

첫 글자를 장식하고자 하는 문단의 맨 앞에 커서를 두고 [모양]→[문단 첫 글자 장식]을 선택한 후 지시 사항에 따라 서식을 설정 합니다.

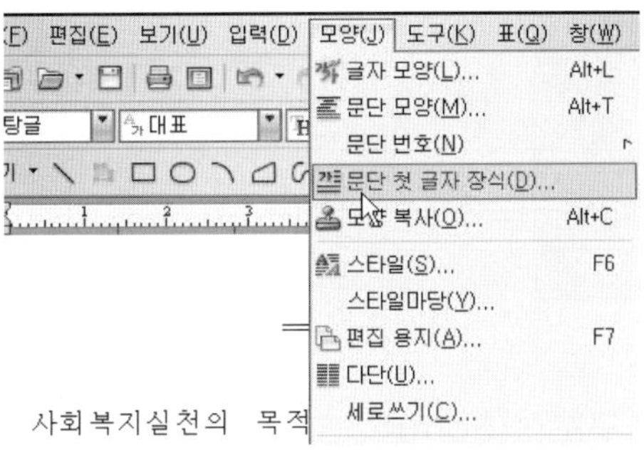

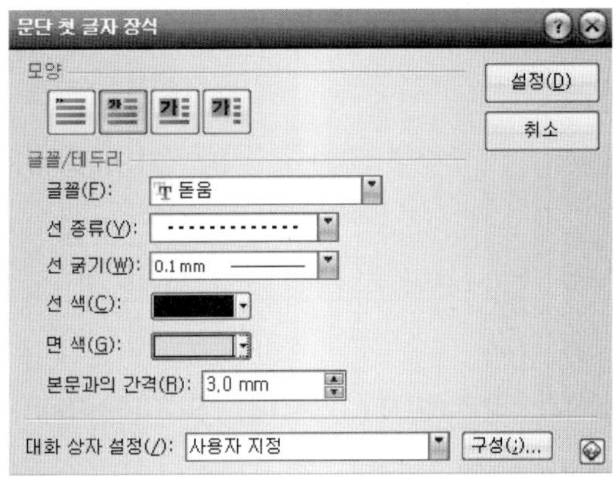

Step 8: 그림 삽입(그림 크기: 40*30, 어울림(본문 위치-왼쪽), 여백(모두 2mm))

① 그림을 넣고자 하는 위치에서 [입력]→[개체]→[그림]을 선택하거나, 표준 도구 모음에서 그림 삽입 아이콘( )을 선택한 후 그림을 삽입합니다.
삽입한 그림을 선택한 후 더블클릭하여 [개체 속성]에서 크기(너비 40, 높이 30)와 [본문과의 배치](어울림)를 각각 설정합니다.

② [여백] 탭에서 위/아래/왼쪽/오른쪽 여백을 모두 2mm로 설정합니다.

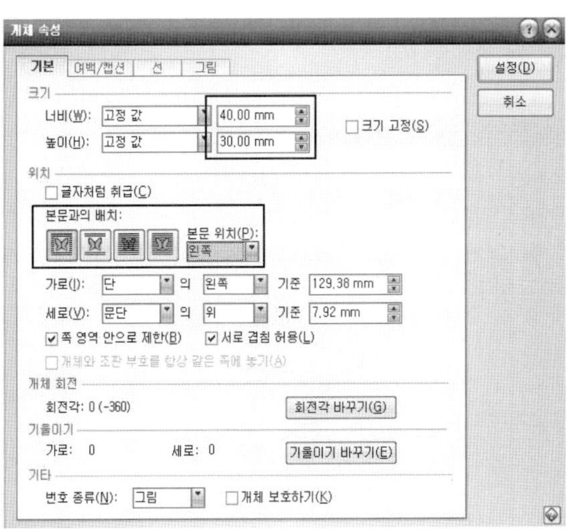

Step 9: 한자 변환(단어 단위)

① 변경하고자 하는 단어를 블록 설정 한 후 키보드 '한자' 키를 누릅니다.

② '한자로 바꾸기' 대화 상자에서 한자(漢字) 형식을 선택합니다.

Step 10: 각주(번호(① 형태), 위치(단아래), 단 구분선(5cm))

① 각주를 넣고자 하는 위치에서 [입력]→[주석]→[각주]를 선택합니다.

② 페이지 하단으로 커서가 이동하면 주석 도구 모음에서 번호 모양, 구분선을 각각 설정합니다.

① NASW: 전미사회복지사협회

Step 11: 특수문자 / 강조점 입력

① Ctrl+F10 키를 눌러 나오는 '문자표 입력' 대화 상자의 [전각 기호(일반)] 영역에서 해당 특수문자를 입력합니다.

◈ 사회적 기능 향상을 위한 하위 목적

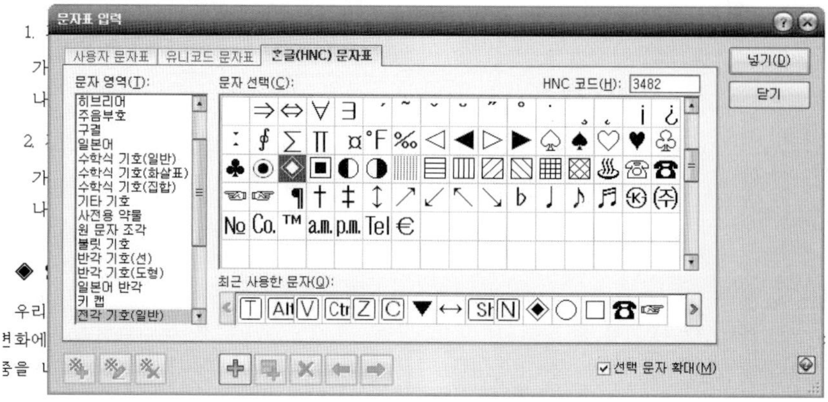

② 강조점을 표시할 부분을 블록 설정 후 마우스 오른쪽을 눌러 [글자모양]→[확장] 탭에서 강조점을 선택합니다.

Step 12: 문단 번호 설정 (문단 번호 모양: 1. 가. , 줄 간격: 180)

- **1수준: 왼쪽 여백(15), 문단 위(5pt), 문단 아래(3pt)**
- **2수준: 왼쪽 여백(20)**

① 문단 번호를 설정하고자 하는 부분을 블록 설정 한 후 마우스 오른쪽을 눌러 [문단 번호 모양]을 선택하고 문단 번호 모양(1. 가. 1). 가))를 선택합니다.

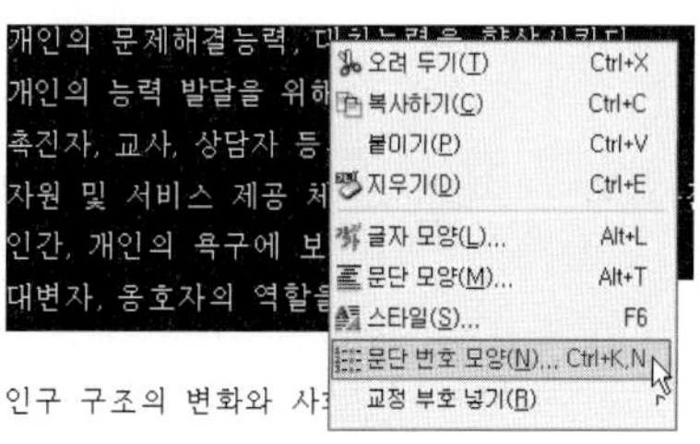

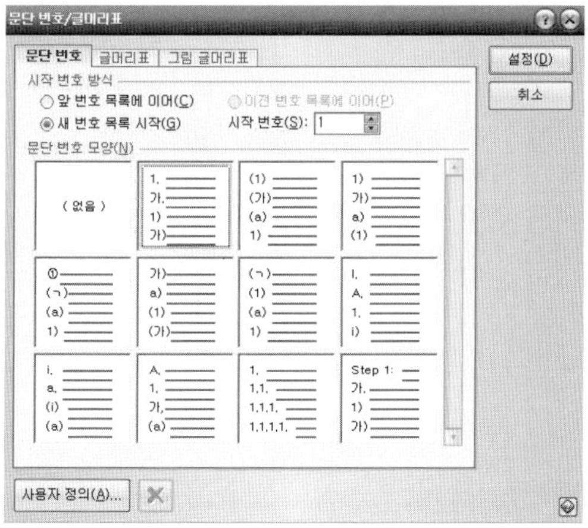

② 번호/글머리표 도구모음에서 '한수준 감소'를 누릅니다.

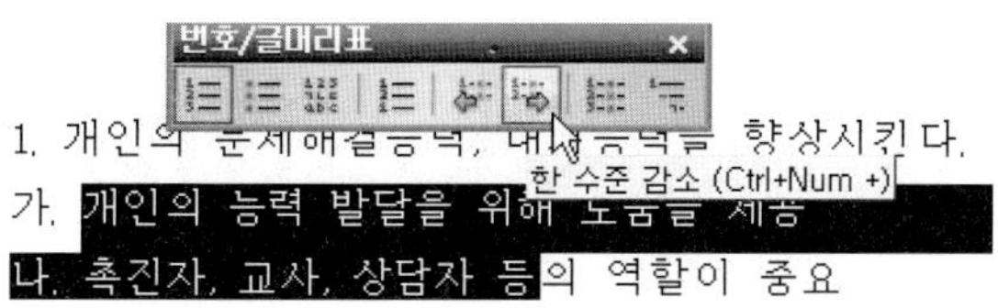

③ 문단 모양에서 수준에 따라 각각 여백, 문단 위. 아래, 줄간격 을 설정합니다.

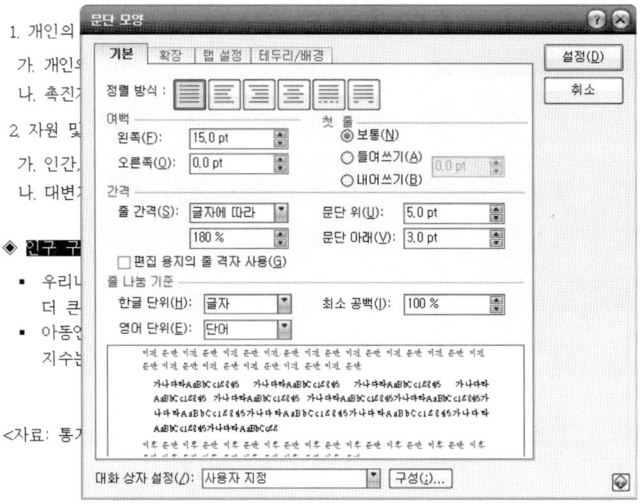

Step 13: 글자 음영 설정(글자색: 흰색, 음영색: 검정)

◈ 인구 구조의 변화와 사회복지 수요

음영을 설정하고자 하는 부분을 블록 설정 후 마우스 오른쪽을 눌러 [글자 모양]을 선택합니다. 글자색(흰색)과 음영색(검정)을 각각 설정합니다.

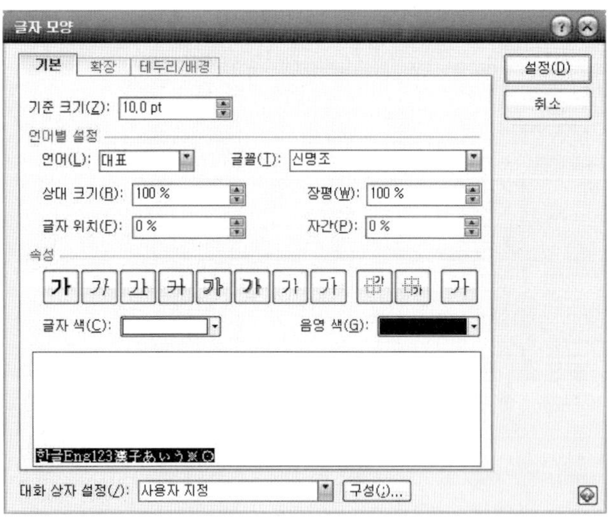

Step 14: 하이퍼링크

① 링크를 설정할 글자를 블록 설정한 후 [입력]→[하이퍼링크]를 선택합니다.

② [연결 종류]에서 [웹 주소]를 선택하고, [연결 대상]에서 해당 웹 주소를 각각 입력합니다.

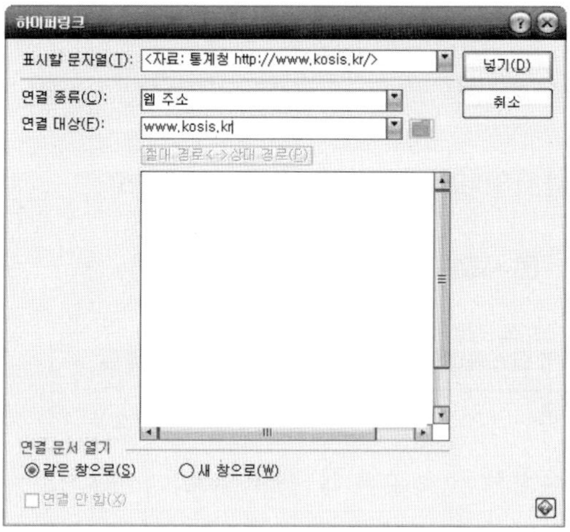

Step 15: 쪽 번호 매기기 / 새 번호로 시작 / 감추기

① [모양]→[쪽 번호 매기기]를 선택한 후 위치(아래쪽 가운데)와 '줄표 넣기'를 설정합니다.

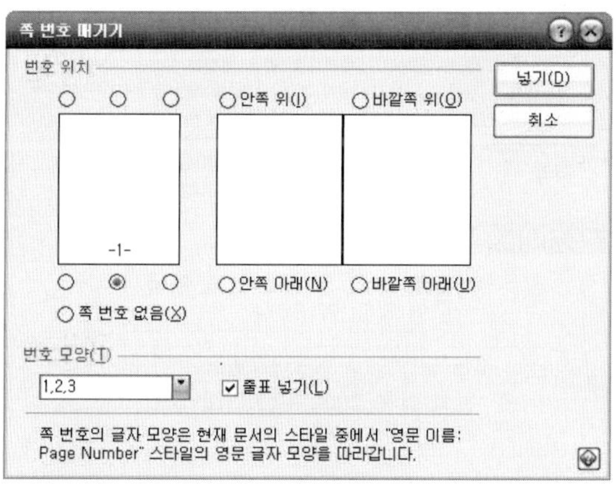

② 새 번호로 시작하고자 하는 내용 페이지에 마우스 커서를 놓고 [모양]→[새 번호로 시작]에서 [번호 종류]를 '쪽 번호'로 선택한 후 [시작 번호]를 1로 설정합니다.

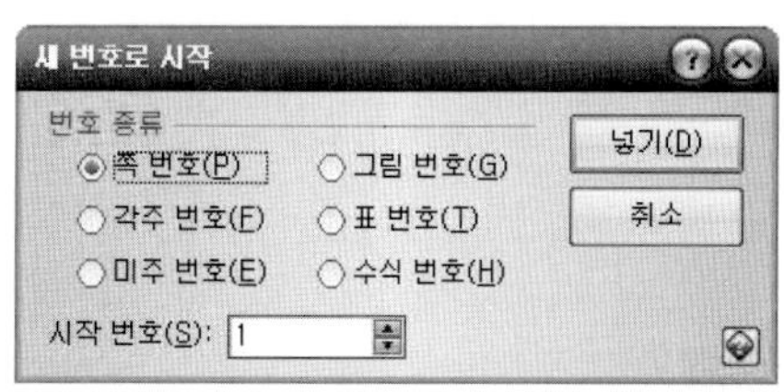

③ 감추고자 하는 보고서 표지에 마우스를 놓고 [모양]→[감추기]에서 머리말, 꼬리말, 쪽 번호 항목을 선택합니다.

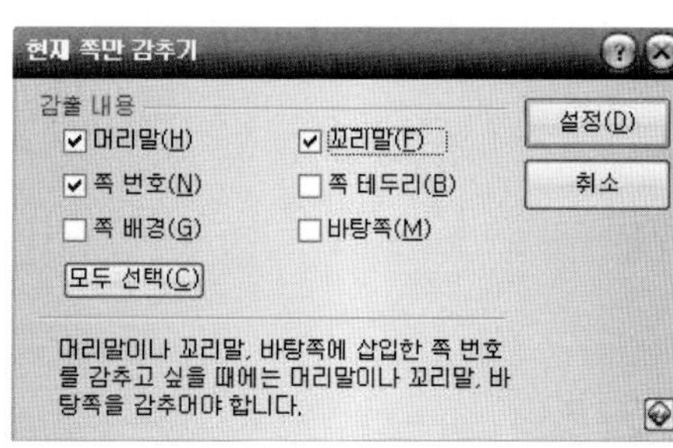

8. 연습 문제

● 아래 형태와 같이 자료를 입력하고 지시사항 조건에 맞도록 작업하시오.

[내용 입력] 한글 2007에 아래와 같은 문서를 작성하시오.

글꼴: 궁서, 19pt, 오른쪽 정렬
책갈피 이름: 차세대 디스플레이

머리말 기능:
글림, 10pt, 오른쪽정렬

① 쪽 테두리:굵기(0.2mm)
종이 기준

E-스크린 ②

③

차세대 디스플레이 e스크린 패권다툼

④ 문단 첫 글자 장식 기능
글꼴: 돋움, 면색: 노랑

메모리반도체, LCD 등 디스플레이는 이미 우리나라 주력산업으로 세계 1위를 차지하고 있고, 한 해 각각 300억달러가 넘는 수출액을 기록하는 효자품목이다. 그러나 기존 D램과 낸드플래시 등 메모리반도체나 LCD 등 디스플레이 시장은 이미 성숙기에 접어들어 좀처럼 커지지 않고 있다.

우리경제를 한 단계 더 도약(跳躍)시키기 위한 차세대 먹거리 산업으로서 반도체와 디스플레이 산업을 키우기 위해선 비메모리, 즉 시스템반도체를 비롯한 차세대 반도체와 능동형유기발광다이오드(AMOLED), 플렉서블 디스플레이 등 차세대 디스플레이 산업을 집중 육성해야 한다는 데는 정부와 산업계가 의견을 같이 하고 있다. 국내 디스플레이 산업의 지속 성장엔진을 찾아야 한다는 목소리가 높고, 차세대 성장동력으로 AMOLED, 플렉서블 디스플레이①, 친환경 그린디스플레이 등이 꼽히고 있다.

차세대 정보 디스플레이 기술 개발 사업단은 선진국과 경쟁이 가능한 강점기술을 전략적 선택적으로 집중 개발하기 위해 선정된 21세기 프론티어 기술개발 사업의 하나로서, 우리나라 디스플레이 제품이 세계시장에서 기술경쟁력을 확고히 갖추는데 기여할 뿐만 아니라 새로운 개념의 차세대 디스플레이 기술 분야의 첨단 원천기술개발을 위하여 지식경제부의 지원을 받는 기술개발사업단입니다.

⑤ 각주

⑥ 그림: 크기(45x30mm)
바깥 여백 왼쪽: 2mm

● 시스템반도체 산업 육성을 위한 중장기 발전전략 ⑦

글꼴: 궁서, 18pt, 진하게, 흰색
음영색: 파랑(100%)

① 2015년까지 정부와 민간 공동으로 약 2조원 투입
   (i) 국내 시스템반도체 산업 매출규모를 330억달러로 육성
   (ii) 단기 기술개발과제
② 자동차용 시스템반도체, 바이오칩 등 7개 선정
   (i) 2013년까지 600억원 가량을 투입
   (ii) 산학관연 공동 연구개발 프로그램을 가동

⑧ 문단 번호 기능 사용, 줄간격: 190%
1수준: 왼쪽 여백-20pt, 문단 아래-5pt
2수준: 왼쪽 여백-30pt

● 사업기간 및 총사업비 ⑨ 글꼴: 궁서, 18pt, 밑줄, 강조점

▶ 사업기간 : 2002.06.29 ~ 2012.05.31
▶ 총사업비 : 1,500억원 (정부 1,000억원, 민간 500억원)

- 정부는 차세대 디스플레이 산업육성을 통해 2018년 수출 950억달러, 세계 시장 45% 점유를 목표로 제시하고 있다

⑩ 글꼴: 글림, 23pt, 진하게
장평 120%, 가운데 정렬

차세대 정보 디스플레이 개발 사업단

쪽 번호 매기기: 5로 시작 ⑪

① Flexible display: 휘어질 수 있는 디스플레이 장치

- ⑤ -

PART 01 한글 2007

한글 02. 표, 차트, 수식

1. 표

문서를 만들면서 복잡한 내용이나 수치 자료를 일목요연하게 정리하고자 할 때에는 표를 이용합니다.

1.1 표 만들기

1.1.1 메뉴를 이용하여 표 만들기

① [표]→[표 만들기]를 선택하거나, 단축키 Ctrl+N,T를 누릅니다.
② '표 만들기' 대화 상자에서 줄 수와 칸 수를 지정하고 [작성] 단추를 누릅니다.

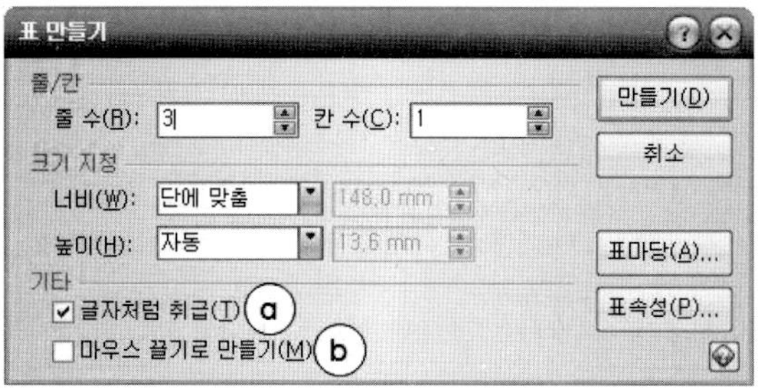

ⓐ 글자처럼 취급 : 개체를 보통 글자와 완전히 같게 취급하며 글을 입력하거나 지우는 대로 개체의 위치가 같이 변하도록 설정
ⓑ 마우스 끌기로 만들기: 사용자가 마우스 끌기로 지정한 위치에 표를 만듦

1.1.2 도구 상자를 이용하여 표 만들기

표를 만들 때 줄 수와 칸 수를 따로 입력하지 않고도 도구 상자를 통해 간편하게 표를 만들 수 있습니다.

① 기본 도구 상자에서 [표 만들기] 아이콘( ) 옆의 화살표를 누르면 바둑판 모양의 표 상자가 나타납니다.

② 표 상자에서 원하는 줄 수와 칸 수가 될 때까지 마우스를 끕니다. 마우스를 움직이는 동안 표 상자 위쪽에 '줄 수×칸 수'의 형태로 줄 수와 칸 수를 보여 줍니다.
③ 원하는 줄 수와 칸 수가 되면 마우스 왼쪽 단추를 한 번 누릅니다.

1.2 표 크기 조절

표는 다른 개체와는 달리 표를 마우스로 선택하면 나타나는 8개의 작은 네모점을 이용해 표의 전체적인 크기를 조절할 수 없습니다. 표는 셀의 크기를 조절해서 크기를 바꾸어야 합니다.

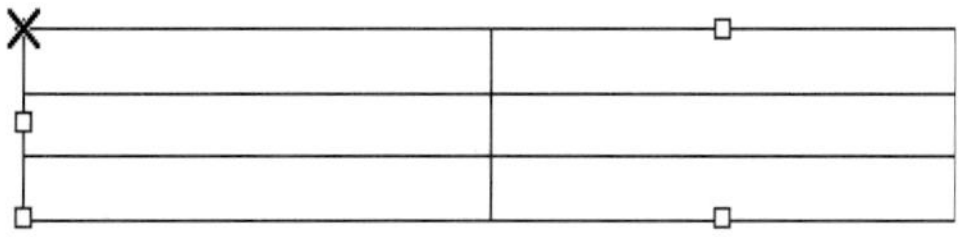

1.2.1 셀 블록 설정

여러 칸으로 이루어진 표에서 각각의 칸을 셀(cell)이라고 합니다. 표는 여러 개의 셀들이 모여서 이루어진 것으로, 셀은 표 편집의 기본 단위가 됩니다.

■ 마우스로 셀 블록 설정

셀 블록을 시작할 셀에 마우스 포인터를 놓고 마우스 왼쪽 단추를 누른 채 마우스를 끌면 마우스가 지나간 셀이 모두 셀 블록으로 설정됩니다.

> **Tip** **Ctrl, Shift 키를 이용하여 셀 블록 설정!**
> - Ctrl 키를 누른 상태에서 각각의 셀을 선택하면 선택한 셀들이 하나씩 블록으로 설정됩니다.
> - Shift 키를 누른 채 셀 블록으로 설정할 마지막 셀 위에서 마우스 왼쪽을 누르면 그 셀까지 직사각형 모양의 셀 블록이 설정됩니다.

■ 글자판으로 셀 블록 설정

① 셀 안에 커서를 놓고 F5를 누르면 커서가 있던 셀이 역상으로 변하면서 셀 블록이 설정됩니다.

② 블록 설정 상태에서 다시 한 번 F5를 누르거나 F3을 누른 다음 화살표 방향키를 누르면 커서가 지나간 셀이 모두 셀 블록으로 설정됩니다.

■ 표 전체 셀 블록 설정

셀 안에 커서를 놓고 F5를 세 번 누르면 표 전체가 셀 블록으로 설정됩니다.

1.2.2 표(셀) 크기 조절

■ 마우스로 표(셀) 크기 조절

셀의 경계선에 마우스 포인터를 놓으면 마우스 포인터의 모양(⇕,⇔)이 바뀝니다. 이 상태에서 마우스 왼쪽 단추를 누른 채로 마우스 끌기를 하여 표의 크기를 원하는 만큼 줄이거나 늘일 수 있습니다.

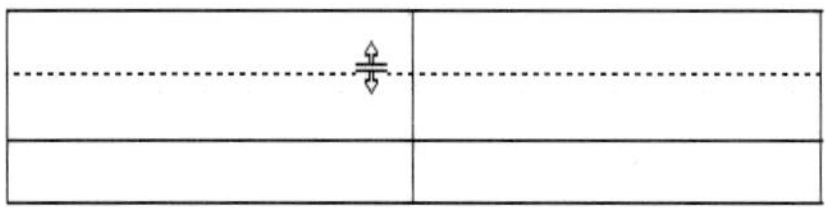

■ 키보드와 마우스로 표(셀) 크기 조절

① Ctrl+마우스 끌기 또는 Ctrl+키보드 방향키(←,→,↑,↓)

: 표의 경계선에 마우스 포인터를 놓고 글자판의 Ctrl을 누른 채로 마우스 끌기 또는 키보드 방향키를 누르면 셀 전체의 크기가 늘거나 줄면서 표의 전체적인 크기도 늘거나 줄어듭니다.

② Shift마우스 끌기 또는 Shift+키보드 방향키(←,→,↑,↓)

: 표의 경계선에 마우스 포인터를 놓고 글자판의 Shift를 누른 채로 마우스 끌기를 하면, 해당 셀의 크기만을 늘이거나 줄입니다. 다만 최소 크기 제한이 있으므로 현재 셀에 있는 내용보다 더 작은 크기로 줄일 수는 없습니다.

1.3 셀 편집

표를 그린 후 표 내부에 마우스를 두면 '표 도구상자'가 나타납니다. 셀 편집은 '표 도구상자'를 이용하거나 마우스 오른쪽 버튼을 눌러 '바로가기 메뉴'를 이용합니다.

1.3.1 표(셀) 그리기

표 그리기 기능을 사용하면 마우스를 연필처럼 움직여 표를 만들 수 있으며 표에 줄이나 칸 추가하기, 대각선 긋기, 선 모양 바꾸기 등의 작업을 쉽게 수행할 수 있습니다.

① [표]→[표 그리기]를 실행하거나 [표] 도구 상자에서 [표 그리기] 아이콘( )을 선택하고, 마우스 포인터를 편집 화면으로 가져가면 마우스의 모양이 연필 모양( )으로 바뀝니다.

② 표를 그리고자 하는 곳에 마우스 포인터를 놓고 마우스 끌기를 하여 표에 줄이나 칸을 추가할 수 있으며, 대각선 긋기 등의 작업을 할 수 있습니다.

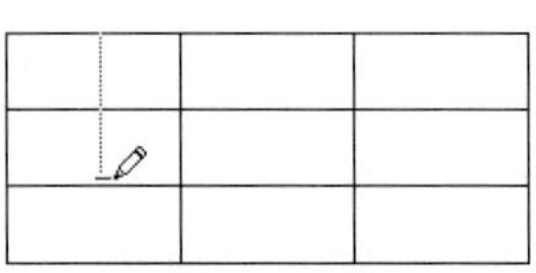

<칸 나누기>

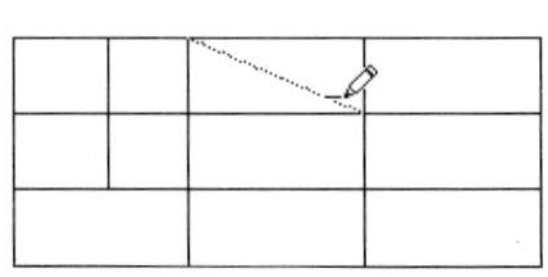

<대각선 긋기>

③ 표 그리기를 모두 마쳤으면 키보드 Esc 를 누르거나 마우스 포인터를 표 밖에 두고 왼쪽 단추를 한 번 누르면 표 그리기 상태가 해제됩니다.

1.3.2 셀 합치기(M)

셀 합치기는 셀 블록으로 설정한 두 개 이상의 셀(cell)을 하나로 합치는 기능입니다.

합치고자 하는 셀들을 블록으로 설정하고 마우스 오른쪽을 눌러 [셀 합치기]를 실행하거나, 키보드 M을 누릅니다.

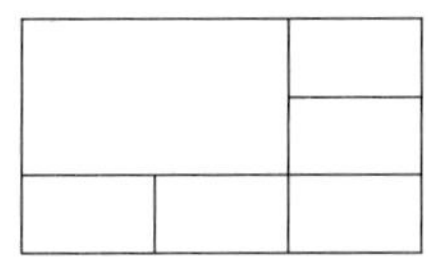

<합쳐진 셀의 모양>

1.3.3 셀 나누기(S)

현재 셀 또는 셀 블록으로 설정되어 있는 셀들을 여러 개의 셀로 나눕니다.

① 여러 개로 나눌 셀에 커서를 놓고 마우스 오른쪽을 눌러 [셀 나누기]를 실행하거나, 키보드 S를 누릅니다.

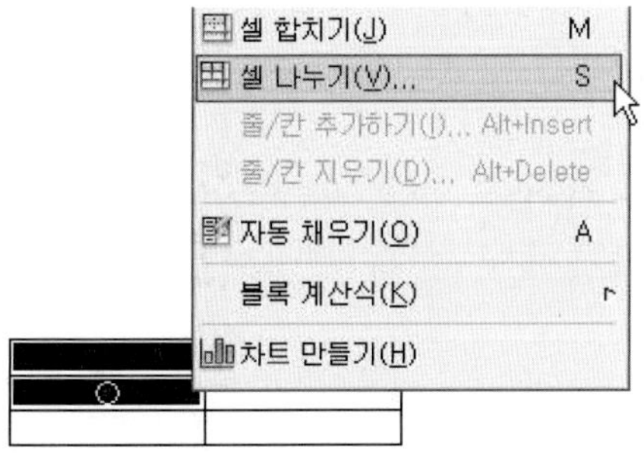

② '셀 나누기' 대화 상자가 나타나면 셀을 몇 개의 칸과 줄로 나눌 것인지 2~63 사이에서 지정하고 [나누기] 단추를 누릅니다.

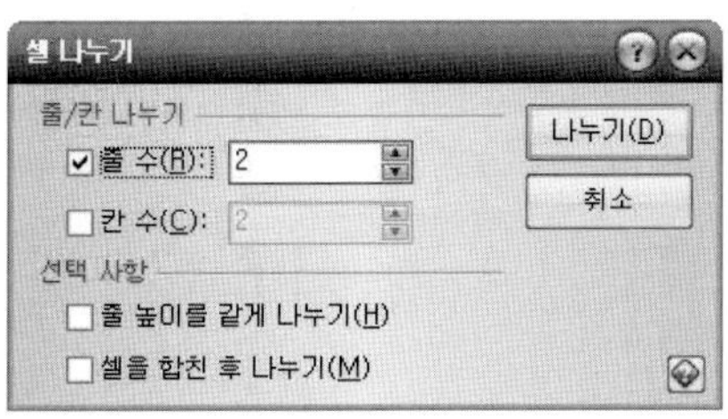

③ 현재 셀을 지정한 숫자만큼 나눕니다. 이 때 나누어지는 셀의 속성은 원래의 셀 속성을 따라 갑니다.

1.3.4 줄/칸 추가

새로운 줄이나 칸이 더 필요한 경우 [표]→[줄/칸 추가하기]를 이용해 줄이나 칸을 더 삽입할 수 있습니다.

① 줄을 더 추가하고 싶은 셀에 커서를 놓고 [표]→[줄/칸 추가하기]를 실행합니다. 또는 마우스 오른쪽을 눌러 [줄/칸 추가하기]를 선택합니다.

② '줄/칸 추가하기' 대화 상자가 나타나면 추가하고자 하는 위치와 줄/칸의 수를 선택합니다.

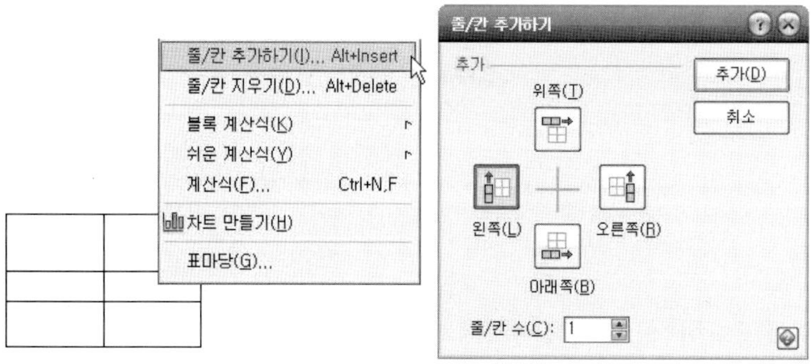

1.3.5 줄/칸 지우기

필요 없는 부분의 줄이나 칸을 지우는 기능입니다.

① 지우고자 하는 줄이나 칸 중의 어느 한 셀에 커서를 놓고 마우스 오른쪽을 눌러 [줄/칸 지우기]를 실행합니다. 또는 '표 도구상자'에서 지우개 아이콘( )을 선택한 후 선을 선택하여 지웁니다.

② '줄/칸 지우기' 대화 상자가 나타나면, 줄을 지울 것인지 칸을 지울 것인지 지울 대상을 선택하고 [지우기] 단추를 누릅니다.

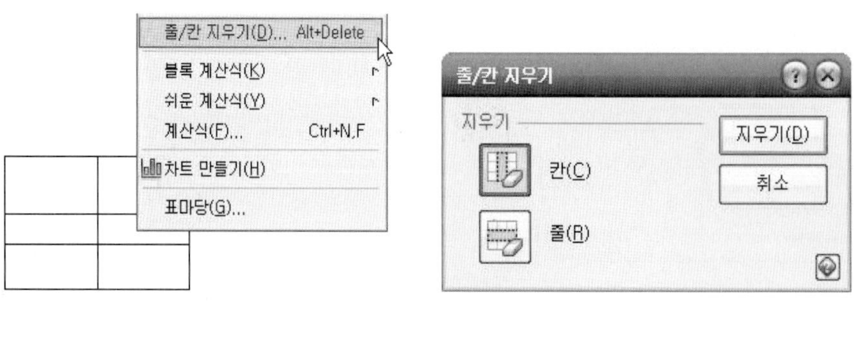

1.3.6 셀 높이/너비를 같게

셀의 높이를 같게 만들려는 셀들을 셀 블록으로 설정하고 마우스 오른쪽을 눌러 [셀 높이를 같게/셀 너비를 같게]를 실행하면 설정한 셀들의 높이 또는 너비가 같아집니다.

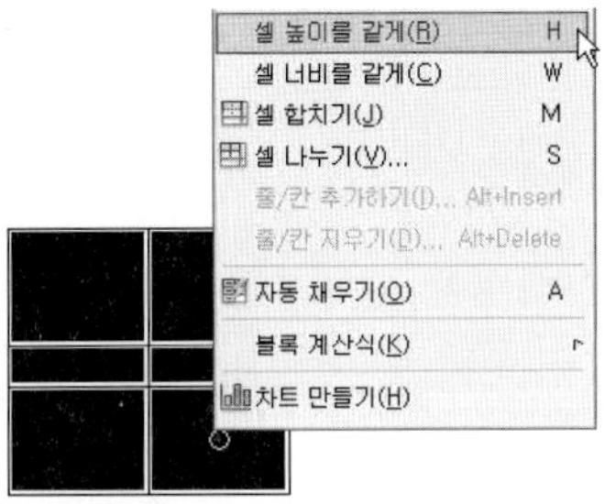

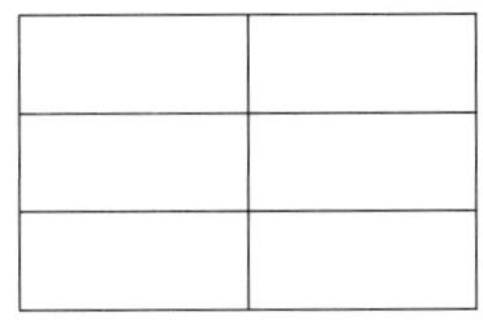

<셀 높이를 같게> **<같은 높이의 셀들>**

'셀 높이를 같게' 가 되지 않을 때는?

- 셀의 높이 또는 너비의 크기를 같게 하기 위해서는 선택된 셀 블록의 형태는 반드시 직사각형이어야 합니다.

1.4 셀 테두리/배경 설정

1.4.1 셀 테두리 설정

① 색을 지정할 셀에 커서를 놓고 F5를 눌러 셀 블록을 설정한 후 마우스 오른쪽을 눌러 [셀 테두리/배경]→[각 셀마다 적용]을 실행합니다.

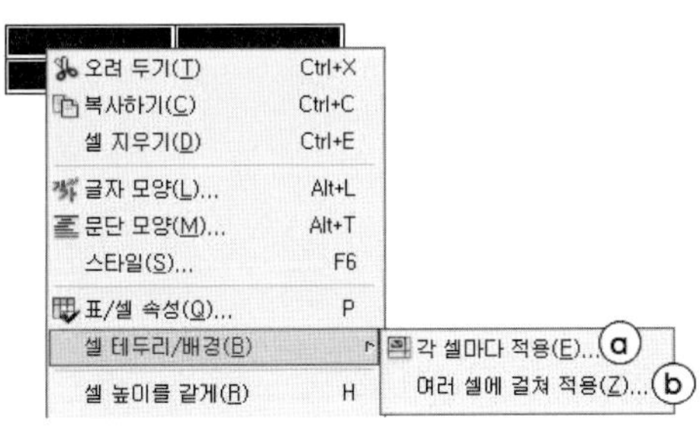

ⓐ 각 셀마다 적용 (적용 범위→선택된 셀): 셀의 테두리, 배경, 대각선등 지정한 셀 속성이 셀마다 각각 적용

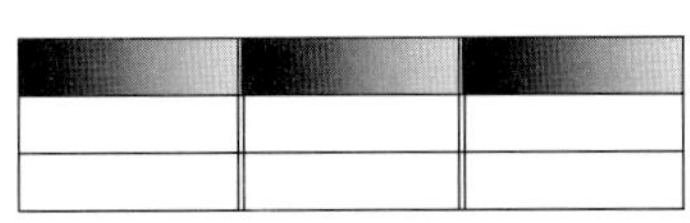

ⓑ 여러 셀에 걸쳐 적용: 표의 여러 셀 범위에 걸쳐서 원하는 모양의 테두리, 배경, 대각선을 적용

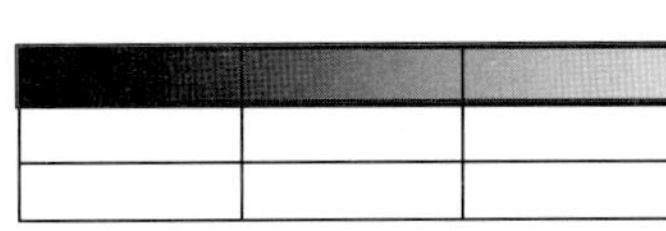

② '셀 테두리/배경' 대화 상자의 [테두리] 탭에서 테두리 종류, 굵기, 색 등의 속성을 먼저 설정 한 후 오른쪽에서 적용할 유형을 선택합니다.

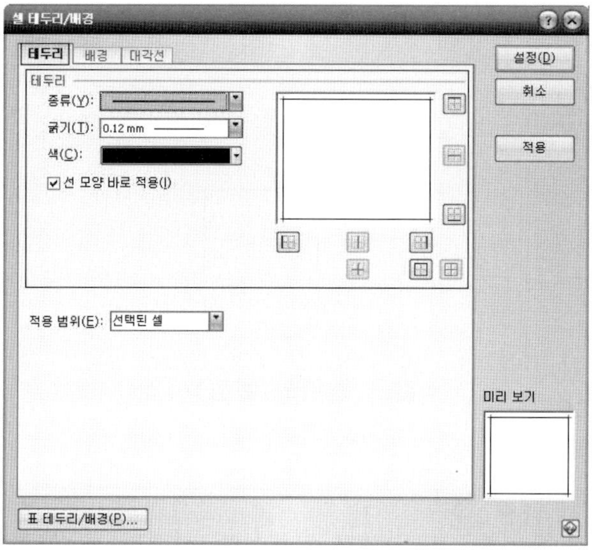

1.4.2 셀 배경 설정

'셀 테두리/배경' 대화상자의 [배경] 탭에서는 셀의 배경을 색깔과 무늬로 채우거나 그러데이션으로 또는 그림으로 채우기 등으로 다양한 채우기 효과를 낼 수 있습니다.

① 색을 지정할 셀에 커서를 놓고 F5을 눌러 셀 블록을 설정한 후 마우스 오른쪽을 눌러 [셀 테두리/배경]→[각 셀마다 적용]을 실행합니다.
② '셀 테두리/배경' 대화 상자의 [배경] 탭을 선택합니다.

ⓐ 색: 색상 표를 눌러 색상 팔레트가 나타나면 배경 색을 선택

ⓑ 그러데이션: 셀의 배경을 다단계 색 퍼짐 효과를 주는 그러데이션(gradation)으로 채우는 기능

ⓒ 그림: 셀을 그림으로 채우기

1.5 표 나누기/붙이기

[표]→[표 나누기]를 실행하여 간단하게 하나의 표를 두 개 이상으로 나눌 수 있습니다. [표 나누기]를 실행하면 현재 커서가 있는 셀의 줄부터 다음 표가 됩니다.

1.5.1 표 나누기

① 나누고자 하는 셀 윗줄에 커서를 두고 [표]→[표 나누기]를 실행합니다.
예를 들어 2째 줄에서 표를 나누고자 할 경우에 첫째 줄에 커서를 두고 [표]→[표 나누기]를 실행합니다.

② 커서가 위치한 2번째 줄부터 다음 표로 나뉩니다.

봄	여름	가을	겨울
꽃	바다	낙엽	눈
분홍	파랑	갈색	흰색

<표 분리 전>

봄	여름	가을	겨울

꽃	바다	낙엽	눈
분홍	파랑	갈색	흰색

<표 나누기 실행>

1.5.2 표 붙이기

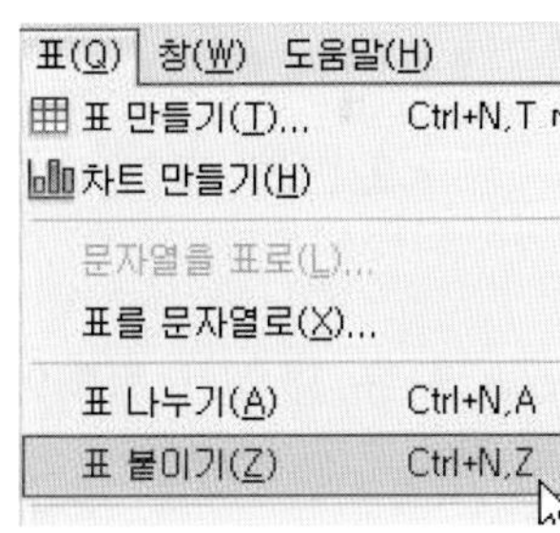

① 두 개의 표에서 앞쪽에 있는 표 안에 커서를 놓고 [표]→[표 붙이기]를 실행합니다.

② 나누어져 있던 두 개의 표에서 뒤쪽에 있던 표가 앞쪽에 있는 표에 붙게 됩니다.

봄	여름	가을	겨울

꽃	바다	낙엽	눈
분홍	파랑	갈색	흰색

<나누어진 표>

봄	여름	가을	겨울
꽃	바다	낙엽	눈
분홍	파랑	갈색	흰색

<표 붙이기 실행>

Tip **표 붙이기가 안 되는 경우!**

- 표와 표 사이에 글자, 그림, 글상자와 같이 표가 아닌 다른 내용이 있으면 [표 붙이기기]가 실행되지 않습니다.

1.6 자동 채우기

1.6.1 자동 채우기

표의 일부 셀에서 규칙을 찾아 사용자가 지정한 셀 전체를 규칙에 따라 자동으로 채웁니다.

표의 첫 번째 셀에 1을, 두 번째 셀에 2를 입력하고, 일련번호를 입력하고자 하는 셀의 범위를 설정한 후 마우스 오른쪽을 눌러 [채우기]→[표 자동 채우기]를 실행합니다.

1
2
3
4
5

1.6.2 규칙으로 채우기

채우고자 하는 내용이 일정 규칙이 있을 경우 자동으로 채울 수 있습니다.

2011년	1	1분기
2012년	3	2분기

<일련의 규칙 입력>

2011년	1	1분기
2012년	3	2분기
2013년	5	3분기
2014년	7	4분기
2015년	9	5분기

<일련의 규칙으로 채우기>

1.6.3 자동 채우기 목록에서 채우기

자주 사용하는 목록(요일, 월 등)일 경우에 쉽게 자동으로 채우기 할 수 있으며 목록을 추가하여 채울 수 있습니다.

① 표의 첫 번째와 두 번째 셀에 각각 목록을 입력하고 자동 채우기를 실행하면 일련의 목록으로 채우기 됩니다.

일	월요일	Jan	1月
월	화요일	Feb	2月
화	수요일	Mar	3月
수	목요일	Apr	4月
목	금요일	May	5月
금	토요일	Jun	6月
토	일요일	Jul	7月

<목록으로 채우기>

② 목록의 내용은 [표]→[자동 채우기]→[자동 채우기 내용]에서 확인할 수 있습니다.

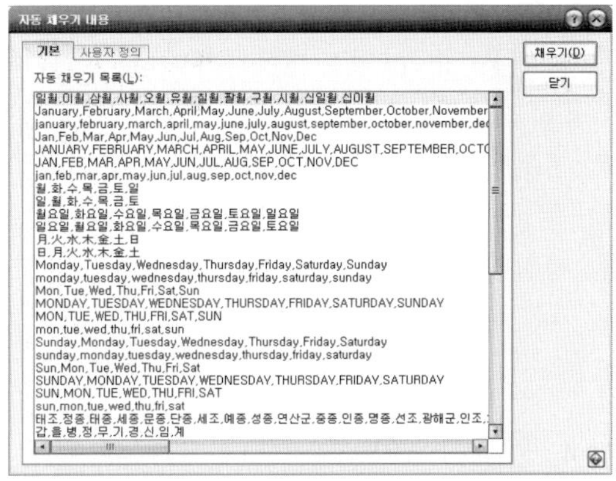

1.7 블록 계산

표 안에서 셀 블록을 설정한 후 블록 합계, 블록 평균, 블록 곱 등의 계산 결과를 쉽게 구할 수 있습니다. 블록 계산식은 성적표나 가계부와 같이 값을 모두 입력한 후 총합이나 평균을 한 번에 계산하고자 할 때 이용하면 편리한 기능입니다.

① 표에서 블록 계산할 셀들을 셀 블록을 설정하고 마우스 오른쪽을 눌러 [블록 계산식]→[블록 합계]를 실행합니다.

② 합계 계산 결과를 자동으로 입력하여 줍니다.

이름	국어	영어	수학	합계
김현준	100	50	90	240
강동원	20	60	30	110
김준모	30	20	60	110
이정아	50	70	80	200

③ 만약 평균을 소수점 이하 한 자리로 표현하고자 한다면 평균에서 마우스 오른쪽을 눌러 [계산식 고치기]에서 수정 가능합니다.

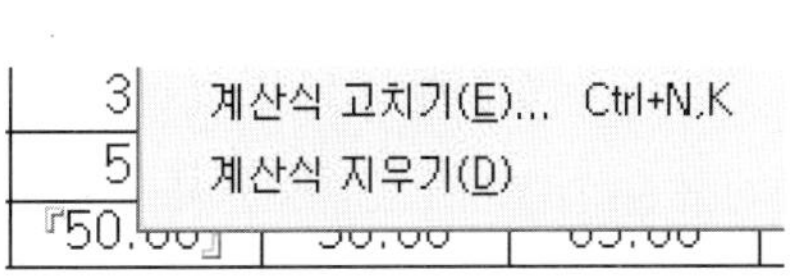

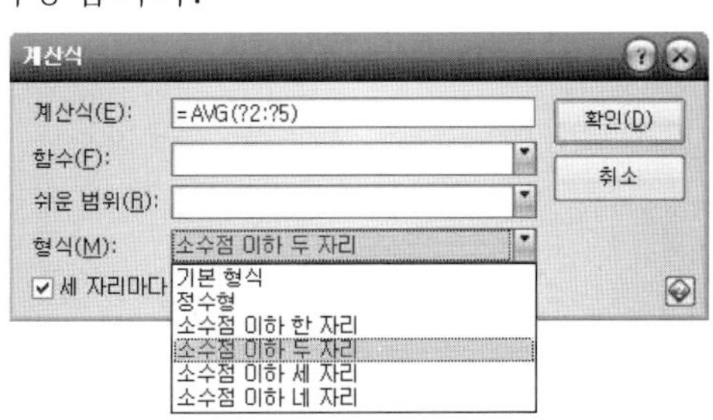

1.8 표 정렬

문서 내용 중의 일부분을 '가나다' 순서 또는 그 역순 등으로 재배열합니다. 이 기능을 이용하면 주소록이나 전화 번호 목록 같은 자료를 사람 이름이나 거주지 또는 나이별로 정돈할 수 있습니다.

① 정렬할 범위를 블록으로 설정하고 [도구]→[정렬]을 실행합니다.

이름	국어	영어	수학	합계
김현준	100	50	90	240
강동원	20	60	30	110
김준모	30	20	60	110
이정아	50	70	80	200
평균	50.00	50.00	65.00	

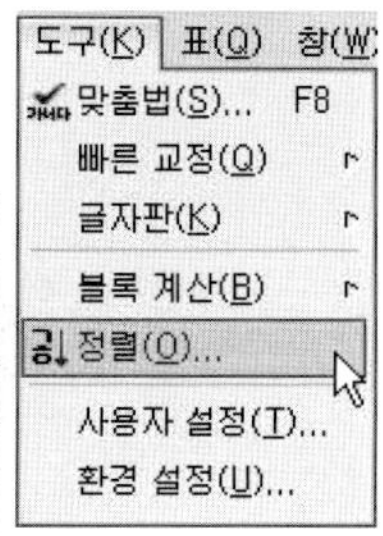

② '정렬' 대화 상자가 나타나면 첫 번째 [위치]를 '필드1'로 [형식]을 '글자(가나다)'로 지정합니다.

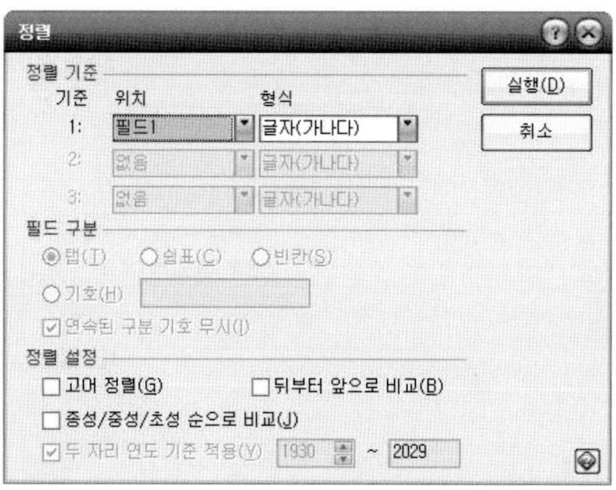

이름	국어	영어	수학	합계
강동원	20	60	30	110
김준모	30	20	60	110
김현준	100	50	90	240
이정아	50	70	80	200
평균	50.00	50.00	65.00	

③ [실행] 단추를 누르면 블록으로 설정된 내용의 첫 째 칸의 첫 글자부터 차례로 비교하여 '가나다 '순서로 정돈합니다.

1.9 캡션

1.9.1 캡션 넣기

본문에 들어가는 그림이나 표, 글상자, 그리기 개체, 수식은 필요에 따라 번호와 제목, 간단한 설명 등을 붙입니다. 이와 같이 개체에 붙인 제목을 '캡션(caption)'이라고 합니다.

① 캡션을 넣을 표(그림)를 선택하고 [입력]→[캡션 달기]를 실행합니다.

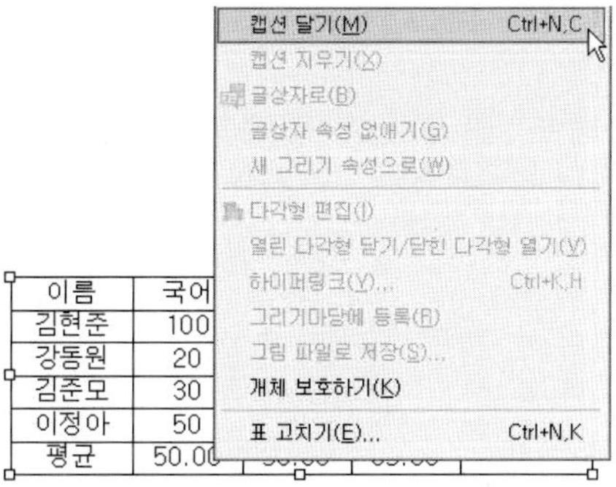

② 표(그림)의 아래쪽에 '표 1(그림 1)'이 자동으로 나타나면 표(그림)의 제목을 입력합니다.

1.9.2 캡션 위치 변경

캡션 위치 변경은 마우스 오른쪽을 눌러 [개체 속성]에서 설정합니다.

① 캡션이 삽입된 표(그림)을 선택한 상태에서 마우스 오른쪽을 눌러 [개체 속성]을 실행합니다.

② '표/셀 속성'대화 상자의 [여백/캡션] 탭을 선택합니다. [캡션]→[위치]에서 캡션의 위치를 지정한 다음, [설정] 단추를 누르면 캡션 내용이 표(그림)의 설정한 위치에 나타납니다.

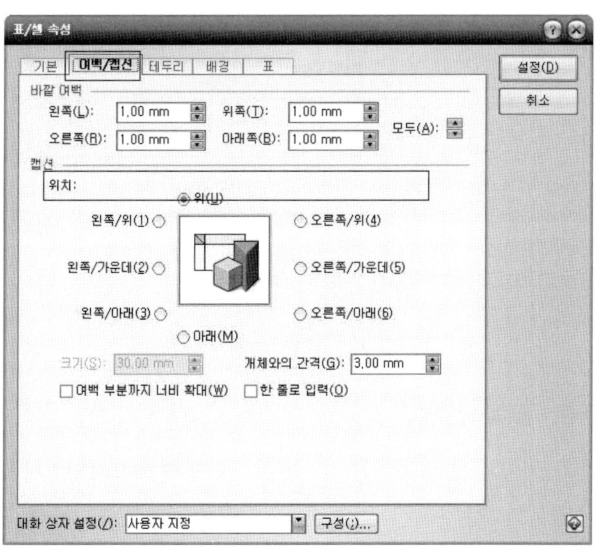

표 1 중간고사

이름	국어	영어	수학	합계
강동원	20	60	30	110
김준모	30	20	60	110
김현준	100	50	90	240
이정아	50	70	80	200
평균	50.00	50.00	65.00	

2. 차트

차트는 자료의 변화를 한눈에 알아보기 쉽게 그래프 형식으로 제공하는 기능입니다. 한글2007에서는 표 전체를 선택하거나 표의 일부분만 셀 블록으로 설정하여 쉽게 차트를 만들 수 있습니다.

2.1 차트 만들기

① 차트로 만들고자 하는 표의 셀을 블록 설정한 후 [표]→[차트 만들기]를 실행하거나 기본 도구 상자에서 [차트] 아이콘(📊)을 누릅니다.

② 차트를 만든 후 더블 클릭하면 차트 테두리가 점선으로 보여 지게 됩니다. 이 상태가 '차트 편집 상태'이며, 편집 상태에서 마우스 오른쪽 버튼을 눌러 바로가기 메뉴에서 차트의 각 부분 편집이 가능합니다.

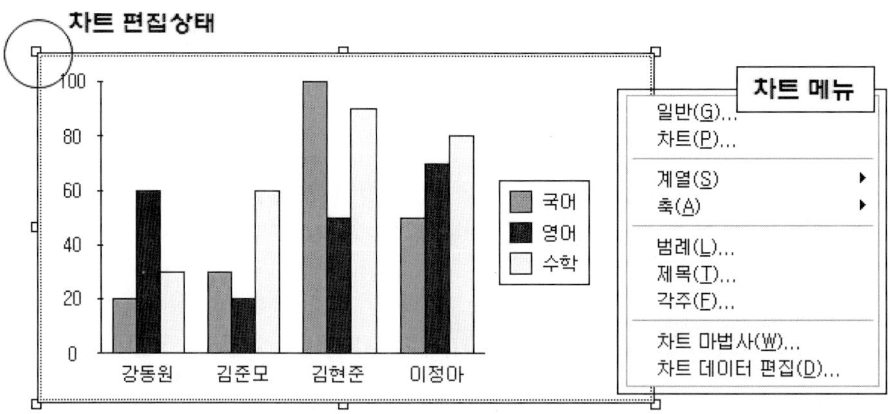

2.2 차트 마법사

차트 마법사의 3단계에 걸쳐 차트 종류 선택, 방향 설정, 제목 입력 등을 할 수 있습니다.

2.2.1 차트 마법사-3단계 중 1단계 (차트 종류 선택)

왼쪽의 '차트 종류 선택'에서 종류를 선택한 후 오른쪽 창의 하위 종류에서 해당 차트를 선택합니다. [다음] 단추를 눌러 차트를 만듭니다.

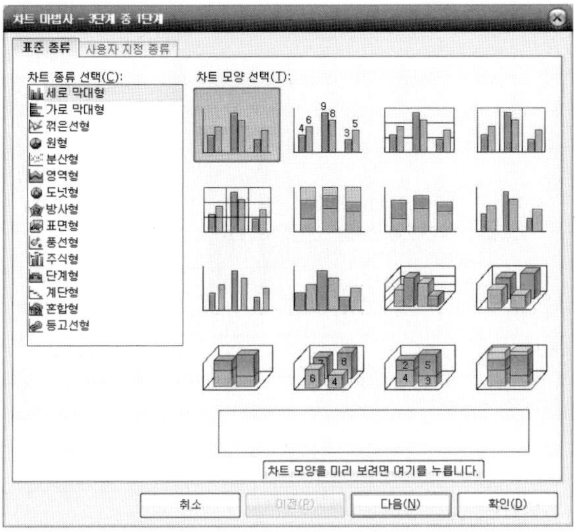

▪ **차트 종류와 예제**

차트 종류	내용
▪ 막대, 선, 혼합, ▪ 누적막대, 영역	시간에 따라 바뀌는 데이터
▪ 가로 막대	특정한 시점의 데이터
▪ 원, 도넛	전체에 대한 일부분
▪ 막대	주기적인 분포
▪ 막대, 주식	데이터 범위
▪ 방사형, 등고선 ▪ 표면	데이터의 균형이나 일치성
▪ 계단	데이터의 지속
▪ 막대, 분산	변수간의 상관 관계

2.2.2 차트 마법사-3단계 중 2단계 (차트 방향)

차트의 방향을 설정할 수 있습니다.

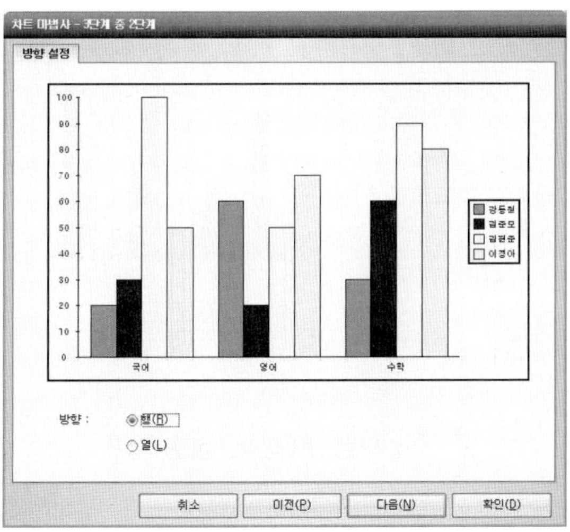

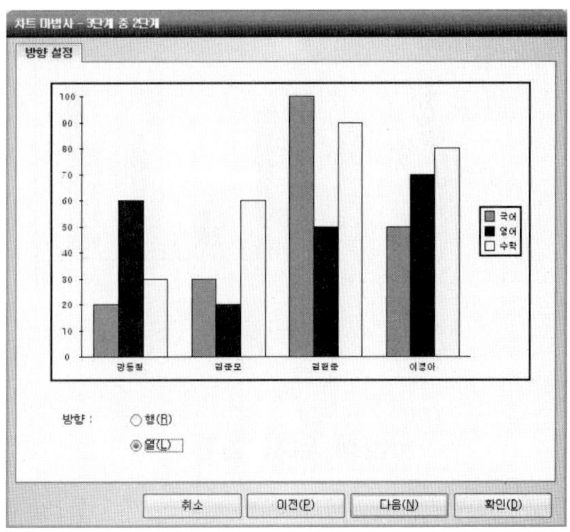

<행 방향> <열 방향>

2.2.3 차트 마법사-마지막 단계(차트 구성 요소 설정)

① [제목] 탭에서는 차트의 제목, X축, Y축 제목을 입력합니다.

② [축] 탭에서는 보조 축을 삽입할 수 있습니다.

③ [눈금선] 탭에서는 X축, Y축 주 눈금 선을 삽입할 수 있습니다.

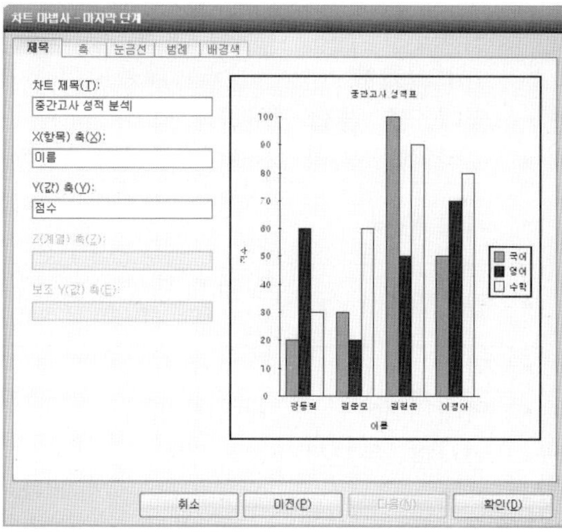

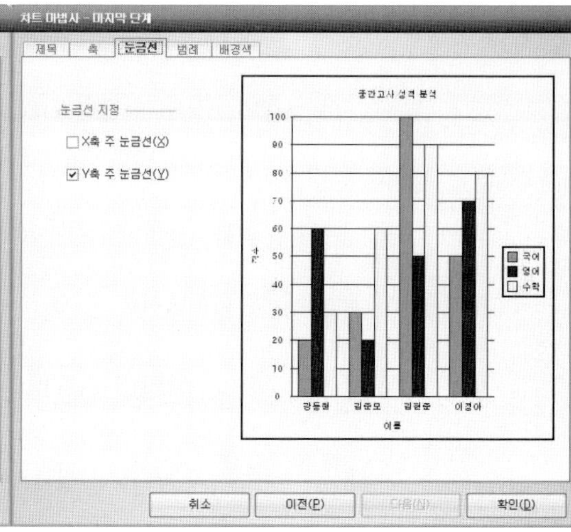

<차트 제목 입력> <눈금선 설정>

④ [범례] 탭에서는 데이터 계열에 대한 설명인 범례의 설정과 위치를 지정합니다.
⑤ [배경색] 탭에서는 다양한 색상과 그러데이션 유형을 설정할 수 있습니다.

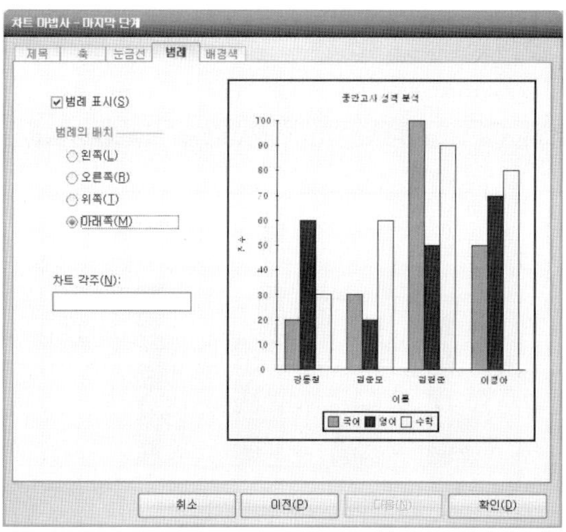

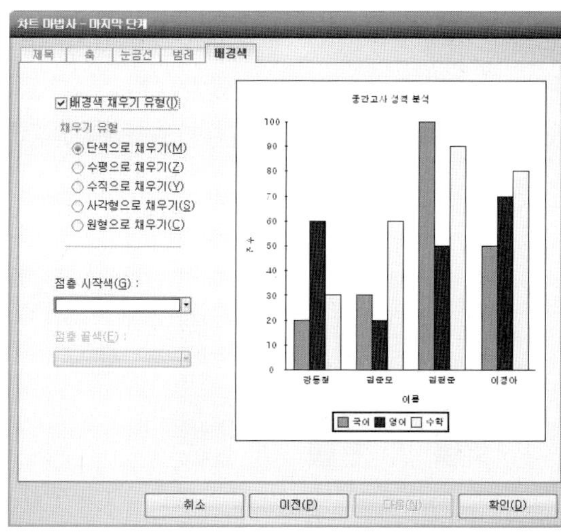

<범례 위치 설정> <차트 배경색 설정>

2.3 차트 편집

차트 편집은 '차트 편집'상태에서 마우스 오른쪽 단추를 누르면 각 구성요소를 편집할 수 있는 메뉴가 표시됩니다.

Tip 더블 클릭으로 차트 편집 메뉴 불러오기!

- 편집하고자 하는 차트의 각 구성 요소 위에 마우스를 올리고 더블 클릭하면 해당 메뉴가 바로 표시됩니다.

2.3.1 차트 제목 편집

① 차트 편집 메뉴에서 [제목]을 선택하거나 차트 제목에서 마우스를 더블 클릭합니다.

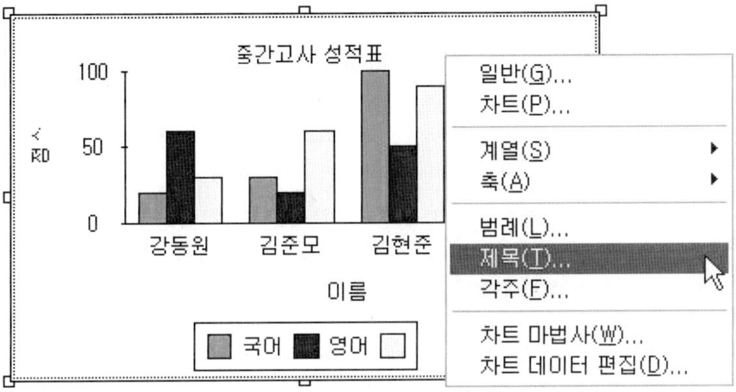

② 제목 모양 편집 메뉴에서 배경, 글자, 글꼴, 위치를 설정합니다.

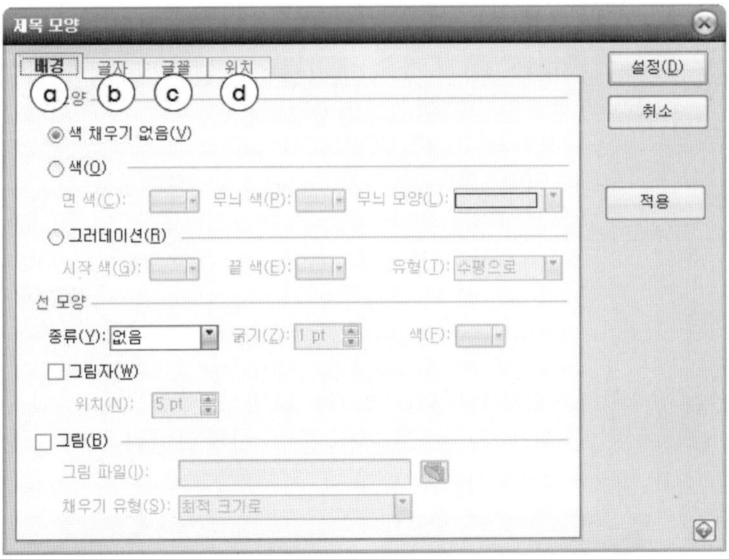

ⓐ [배경] 탭: 제목의 색과 테두리 선 종류, 그림자를 설정
ⓑ [글자] 탭: 제목변경, 글자 정렬, 글자 방향을 설정
ⓒ [글꼴] 탭: 제목의 글꼴과 속성(진하게, 기울임, 밑줄)을 설정
ⓓ [위치] 탭: 제목의 '보임/숨김'을 설정할 수 있으며 위치를 지정

2.3.2 차트 축(X축, Y축) 제목 편집

① 차트 편집 상태에서 마우스 오른쪽을 눌러 제목을 변경하고자 하는 [축]→[항목(X)축, 값(Y)축]을 선택합니다.

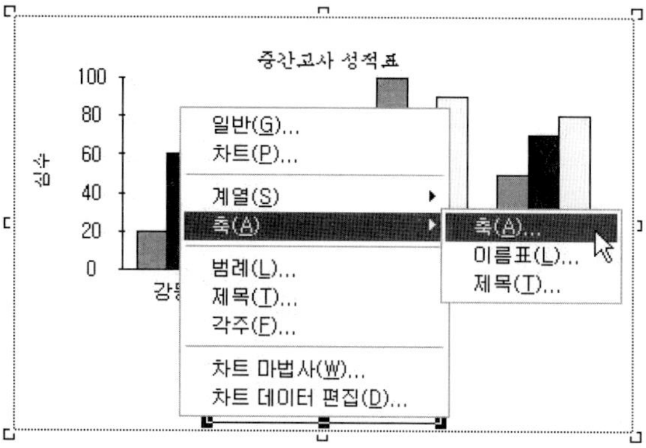

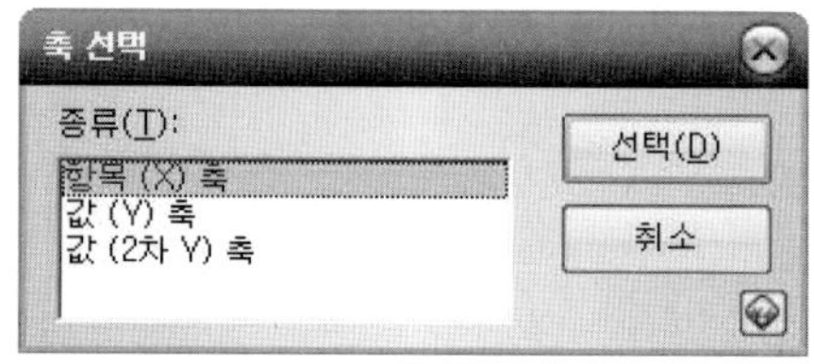

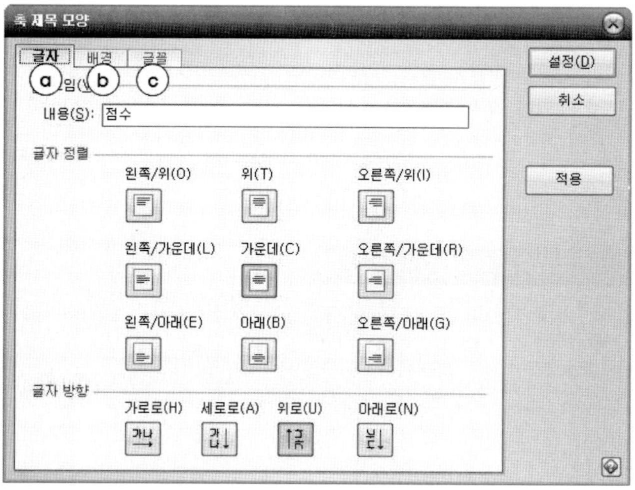

ⓐ [글자] 탭: 축 제목의 정렬, 글자 방향을 설정

ⓑ [배경] 탭: 축 제목의 배경면, 선 모양을 설정

ⓒ [글꼴] 탭: 축 제목의 글꼴 속성을 설정

2.3.3 단위 편집

차트 편집 상태에서 [축]→[값(Y)축]을 선택합니다. [비례] 탭에서 자동으로 꾸밈 선택을 해제한 후(☐자동으로 꾸밈(A)) 최솟값, 최댓값, 큰 눈금선 등을 설정합니다.

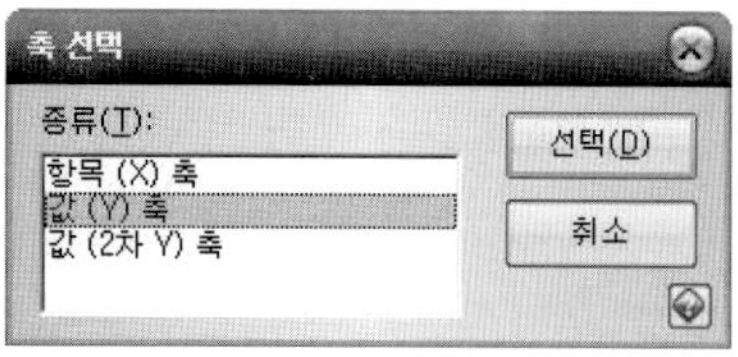

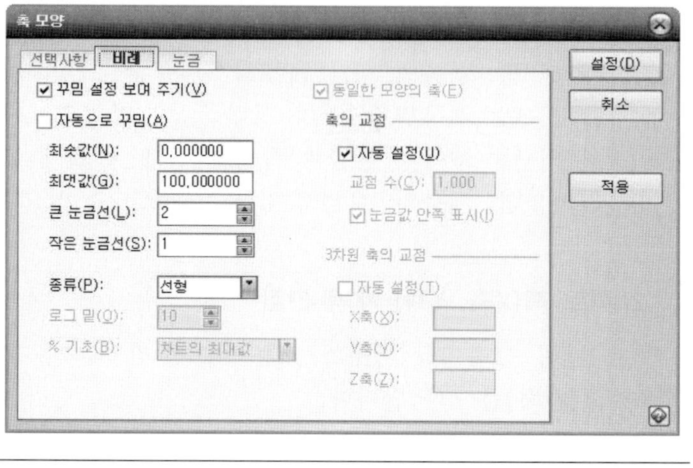

2.3.4 차트 범례 편집

① 차트 편집 메뉴의 '범례'를 선택하거나 차트의 범례를 더블 클릭합니다.

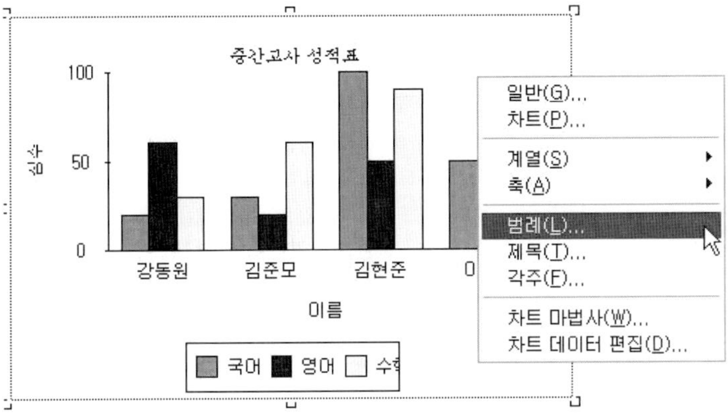

② 배경, 글꼴, 위치 등의 속성을 설정할 수 있습니다. [위치] 탭의 '보임' 선택 난을 설정/해제하여 범례를 보이거나 숨기기 할 수 있습니다.

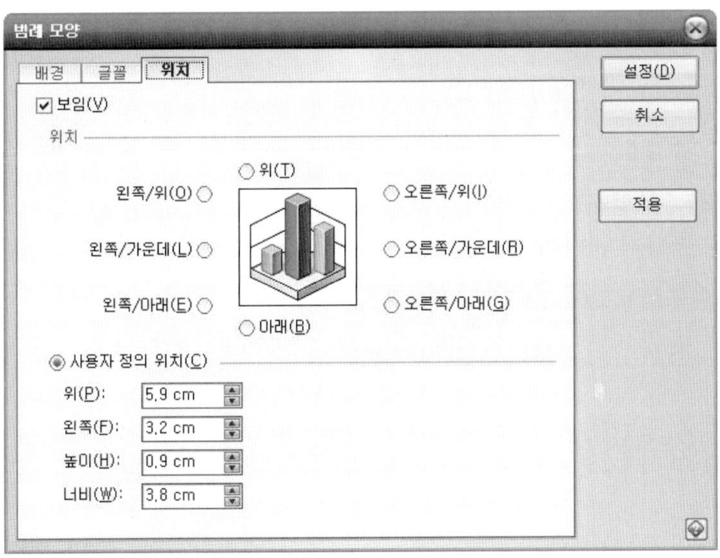

2.3.5 차트 데이터 편집

차트로 만들어질 표의 줄이나 칸을 새롭게 추가하거나 삭제할 수 있으며, 각각의 셀에 자료를 입력할 수 있습니다. 입력된 자료를 기초로 차트가 다시 그려집니다.

① 차트 메뉴에서 마우스 오른쪽을 눌러 [차트 데이터 편집] 메뉴를 선택합니다.
② 자료를 편집하기 위한 셀을 마우스로 두 번 눌러 데이터를 수정할 수 있습니다.
'차트 데이터 편집' 대화 상자에서 마우스 오른쪽을 눌러 [행 추가 또는 행 삭제]를 할 수 있습니다.

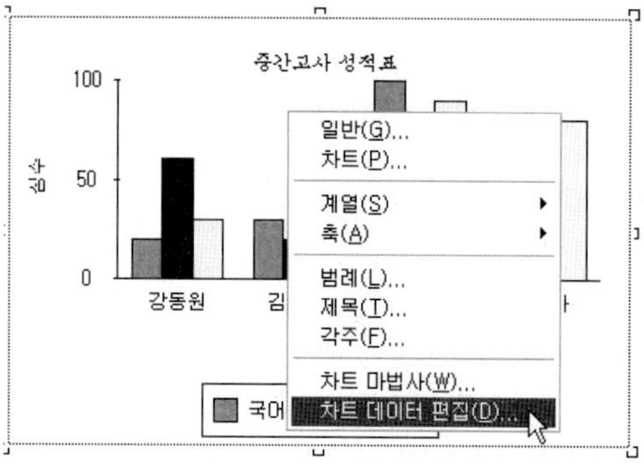

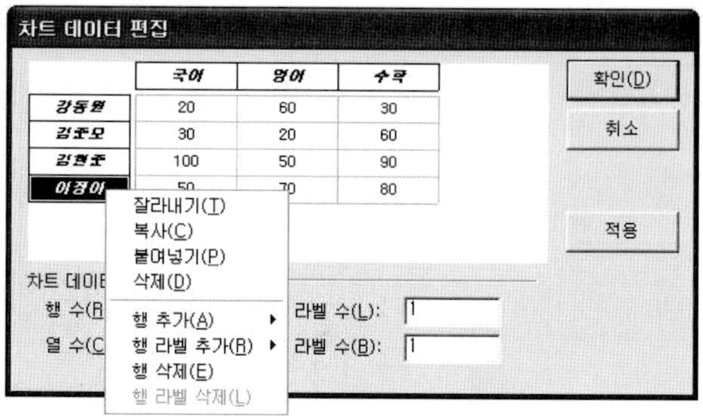

3. 수식

수식 편집기를 이용하면 간단한 산술식은 물론 복잡한 수식에 이르기까지 어떠한 수학식도 수식 템플릿(Template)과 수식용 예약어를 이용하여 손쉽게 작성할 수 있습니다.

예) 아래 식을 입력해 봅니다.

$x=\frac{\pi}{12}$ 일 때, $\sin^2 x+\sin^2\left(x+\frac{\pi}{6}\right)$ 의 값은?

① [입력]→[개체]→[수식]을 실행하거나 도구 모음의 수식 아이콘(fx)을 클릭하면 '수식 편집기' 대화 상자가 나타납니다.

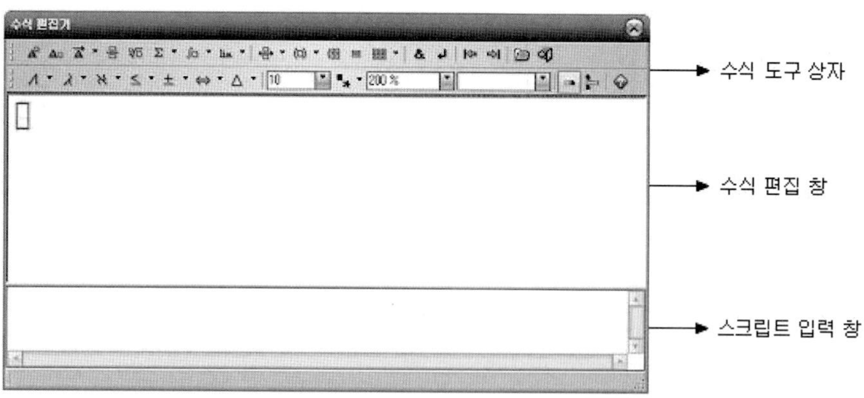

② 수식 도구 상자에서 해당 분수($\frac{\square}{\square}$) 아이콘을 누릅니다.

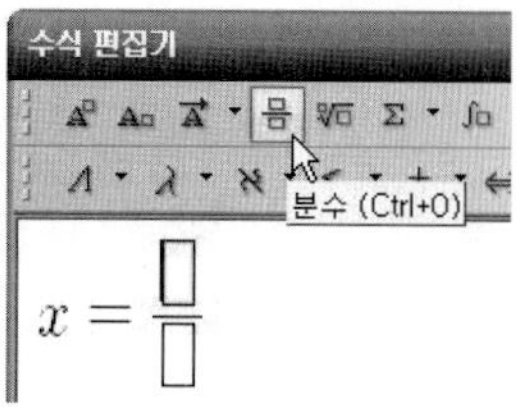

③ 분모에 π를 입력하고 탭(⭾)을 누르면 다음 칸으로 이동합니다.

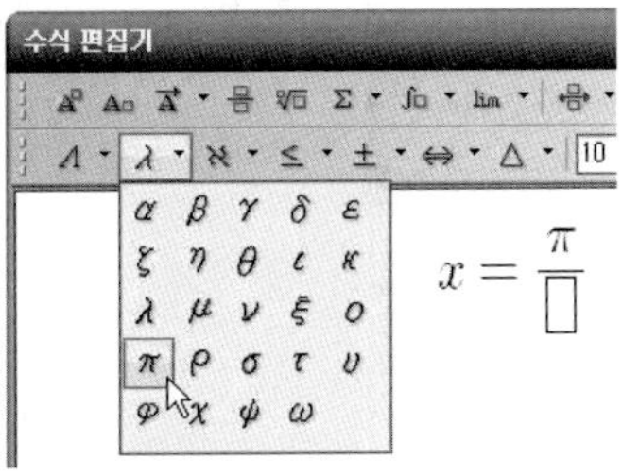

④ 거듭제곱을 표시 할 때는 위첨자를 사용합니다.

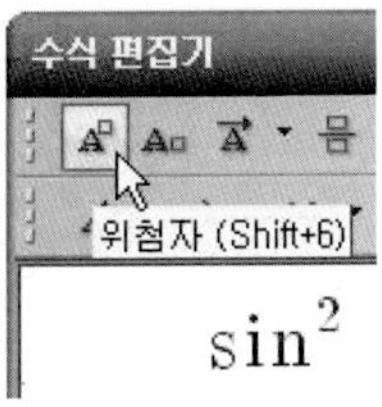

⑤ 수식 편집이 끝나면 수식 도구 상자에서 [넣기] 아이콘( )을 누르거나 Shift+Esc를 눌러 수식 편집을 끝냅니다.

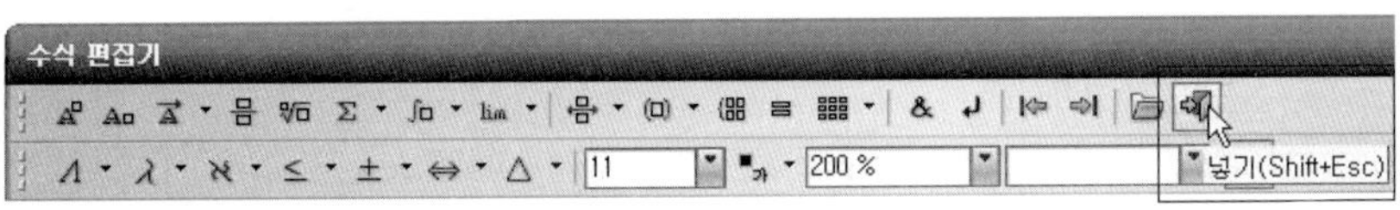

⑥ 본문에 수식이 입력되어 나타납니다.

Tip

▶ **수식 편집기에서 영문 글꼴 명령**

- [수식 편집기]에서 수식 편집 창에 영문을 입력하면 기본적으로 글꼴이 이탤릭체로 바뀌어 나타납니다.
- 이탤릭체가 아닌 로만체를 쓰고자 할 때에는 먼저 [수식] 도구 상자의 [명령어 입력] 상자에서 로만체 전환 명령어인 'rm'을 입력하거나 목록에서 'RM'을 선택한 다음 수식 편집 창에 수식을 입력합니다.
- 굵은 글꼴(볼드체)을 입력하기 위해서는 [명령어 입력] 상자에 'bold'를 입력하거나 목록에서 'bold'를 선택한 다음 수식 편집 창에 수식을 입력합니다.
  - rm: 로만체
  - it: 로만체 입력 중 이탤릭체로 다시 전환
  - bold: 볼드체
  - rmbold: 로만체+볼드체

▶ **글꼴 속성 해제**

- 수식 편집 창에서 '볼드체'로 입력하는 도중에 <Tab>을 누르면 해당 글꼴 속성이 해제됩니다.

4. 실전 예제

● 아래 지시사항 조건에 따라 표, 차트, 수식을 각각 작성하시오.

[지시사항 1 - 표]

1. 표 전체(표, 캡션)➔ 굴림, 10pt
2. 정렬 - 문자➔ 가운데 정렬, 숫자 : 오른쪽 정렬
3. 셀 배경색 ➔ 노랑
4. 한글의 계산 기능을 이용하여 빈칸에 합계와 평균을 구하시오.
5. '3D 디스플레이 시장 전망(단위: 백만 $)' 캡션을 설정하고 위치를 표 위쪽으로 변경하시오.
6. 선 모양은 ≪출력형태≫와 동일하게 처리

* 지시사항 이외의 내용은 아래의 '완성 출력 형태' 유사하게 작성

[표 완성 출력 형태]

3D 디스플레이 시장 전망(단위: 백만$)

구분 / 년도	무안경 방식	안경 방식	평균
2008년	40	107	73.5
2010년	364	773	568.5
2012년	1950	2693	2,321.5
2014년	7123	8706	7,914.5
합계	9,477	12,279	

Step 1: 표 그리기(표, 캡션➔ 굴림, 10pt)

① [표]→[표 만들기]를 선택한 후 줄 수(6)와 칸 수(4)를 입력한 후 [만들기]를 누릅니다.

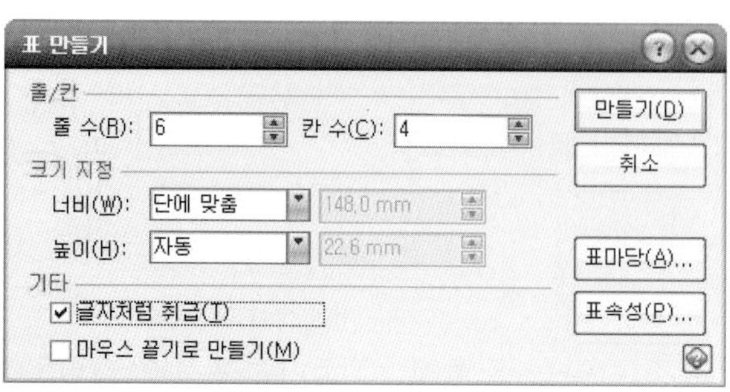

② 내용을 입력합니다.

구분 년도	무안경 방식	안경 방식	평균
2008년	40	107	
2010년	364	773	
2012년	1950	2693	
2014년	7123	8706	
합계			

③ 표 안의 모든 셀을 마우스로 블록 설정한 후 마우스 오른쪽을 눌러 [글자 모양]에서 글자 모양(굴림), 글자 크기(10pt)를 선택합니다.

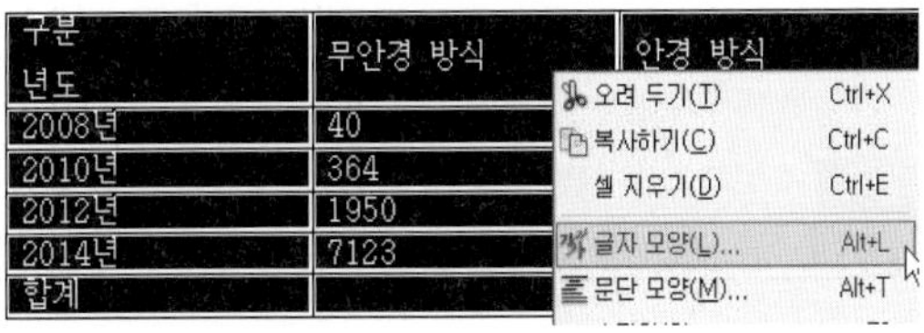

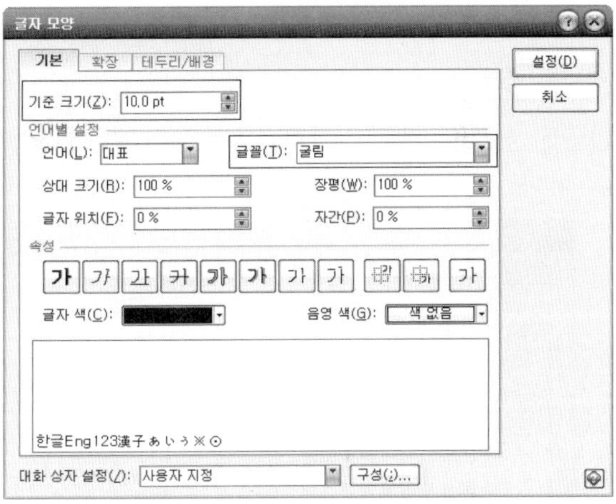

Step 2: 정렬(정렬→ 문자 : 가운데 정렬, 숫자 : 오른쪽 정렬)

표 내부의 문자 데이터가 입력된 셀을 키보드의 Ctrl을 누른 상태에서 한꺼번에 블록 설정 한 후 마우스 오른쪽을 눌러 [문단 모양]→[정렬 방식]에서 '가운데 정렬'을 설정합니다.

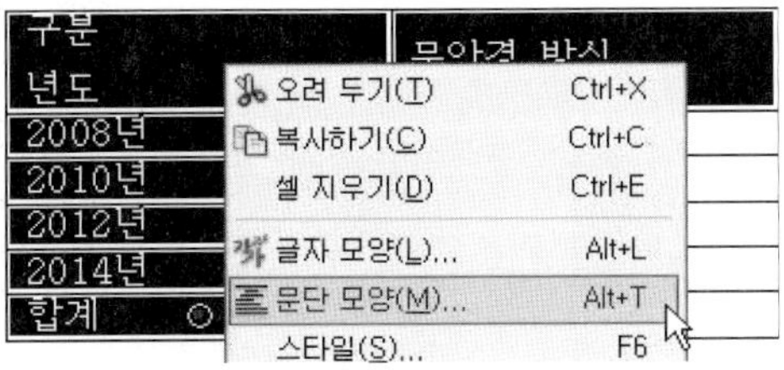

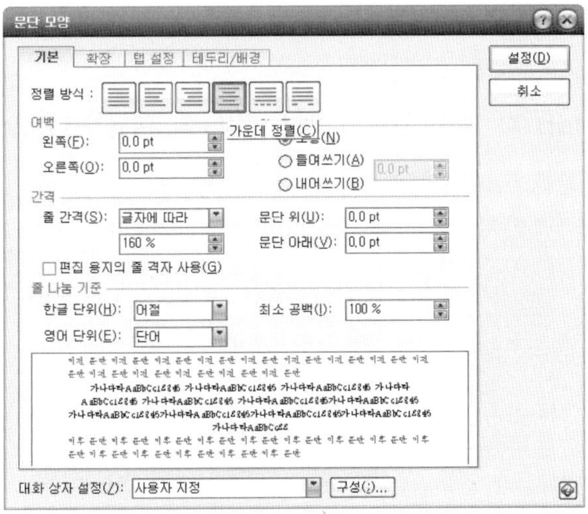

Step 3: 셀 배경색(셀 배경색→노랑색 설정)

① 표 내부의 문자 데이터가 입력된 셀을 키보드의 Ctrl을 누른 상태에서 한꺼번에 블록 설정 한 후 마우스 오른쪽을 눌러 [셀 테두리/배경]→[각 셀마다 적용]을 선택합니다.

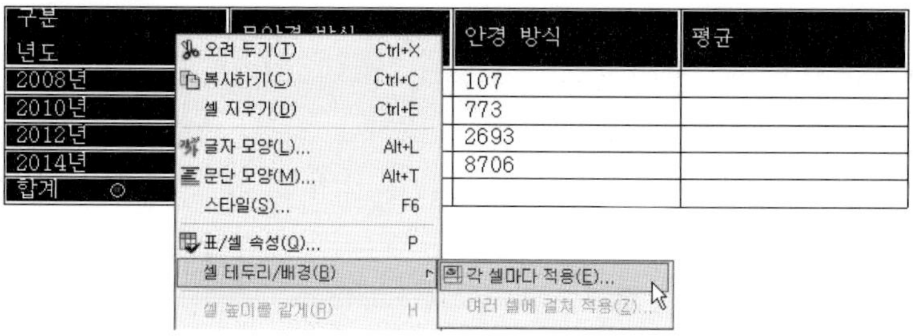

② '셀 테두리/배경' 대화 상자의 [배경] 탭에서 색상을 선택하고 [설정] 단추를 누릅니다.

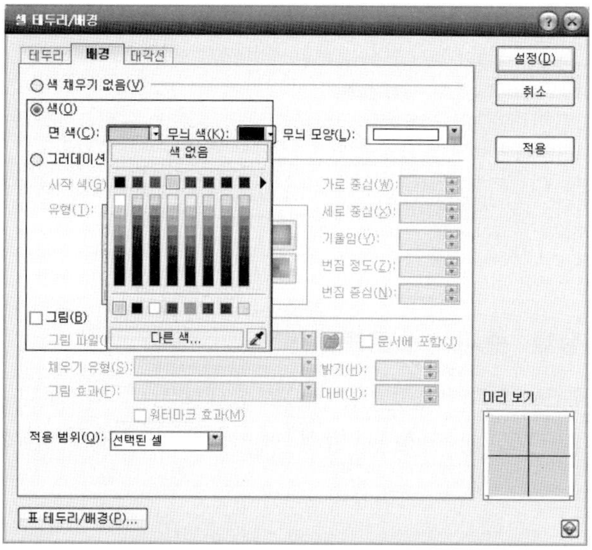

Step 4: 계산(한글의 계산 기능을 이용하여 빈칸에 합계와 평균을 구하시오.)

① 블록 합계를 계산할 셀을 마우스로 블록 설정 한 후 마우스 오른쪽을 눌러 [블록 계산식]→[블록 합계]를 선택합니다.

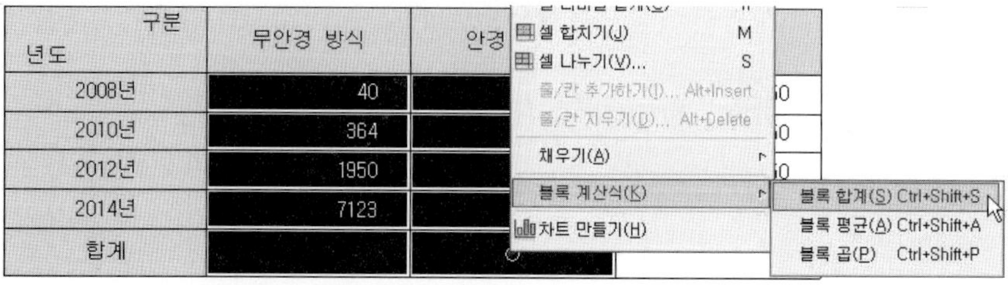

② 블록 평균을 계산할 셀을 마우스로 블록 설정 한 후 마우스 오른쪽을 눌러 [블록 계산식]→[블록 평균]을 선택합니다.

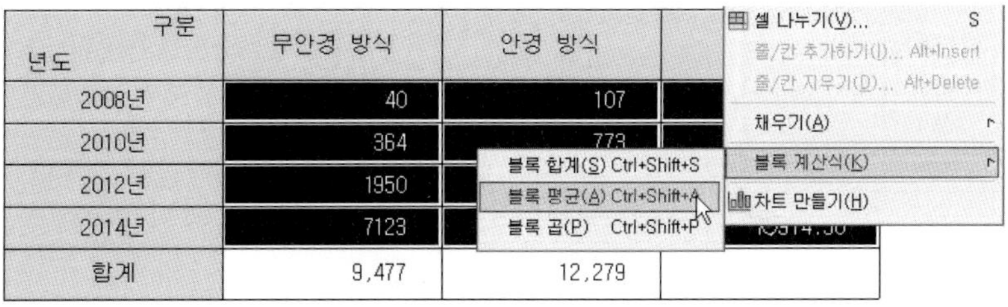

③ 평균이 계산된 셀의 결과 값을 선택한 후 마우스 오른쪽을 눌러 [계산식 고치기]를 선택합니다.

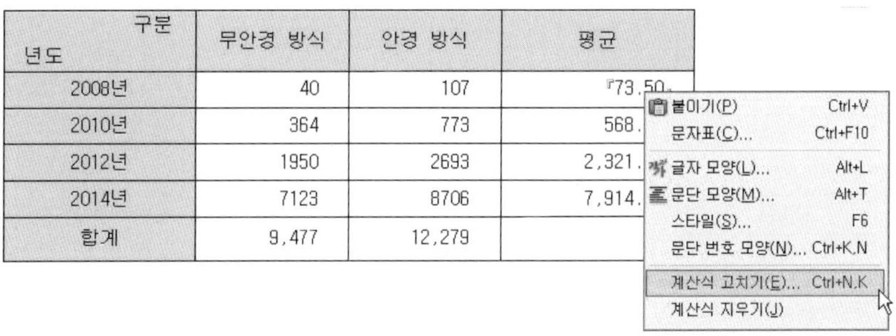

④ '계산식' 대화 상자의 [형식]→[소수점 이하 한 자리]를 선택합니다.

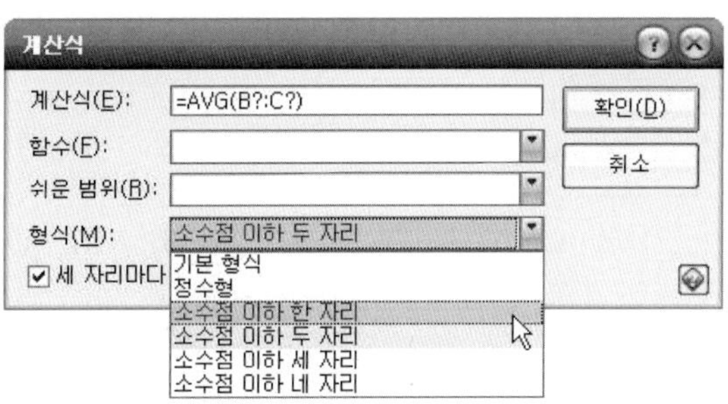

Step 5: 캡션(캡션 설정 후 위쪽으로 위치 변경)

① 표를 선택한 후 마우스 오른쪽을 눌러 [캡션 달기]를 선택합니다.

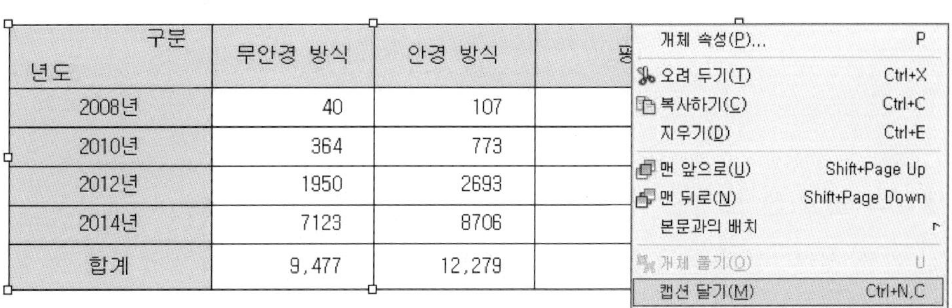

② 표1. 을 지우고 캡션 내용을 입력합니다.

구분 년도	무안경 방식	안경 방식	평균
2008년	40	107	73.5
2010년	364	773	568.5
2012년	1950	2693	2,321.5
2014년	7123	8706	7,914.5
합계	9,477	12,279	

3D 디스플레이 시장 전망(단위: 백만$)

③ 캡션 위치를 이동하기 위해서 표를 선택한 후 마우스 오른쪽을 눌러 [개체 속성]을 선택합니다.

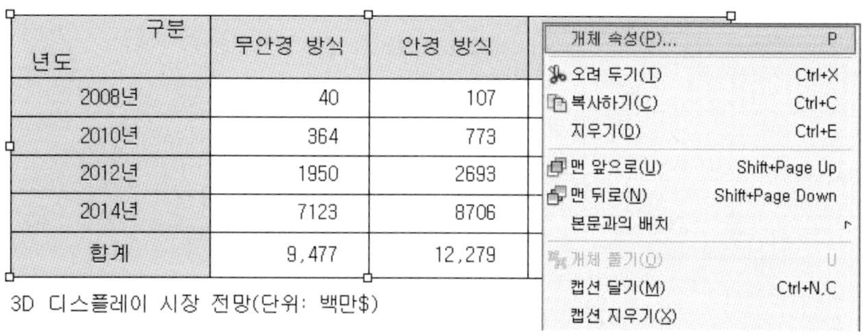

④ '표/셀 속성' 대화 상자의 [여백/캡션] 탭을 눌러 캡션의 위치를 '위'로 설정합니다.

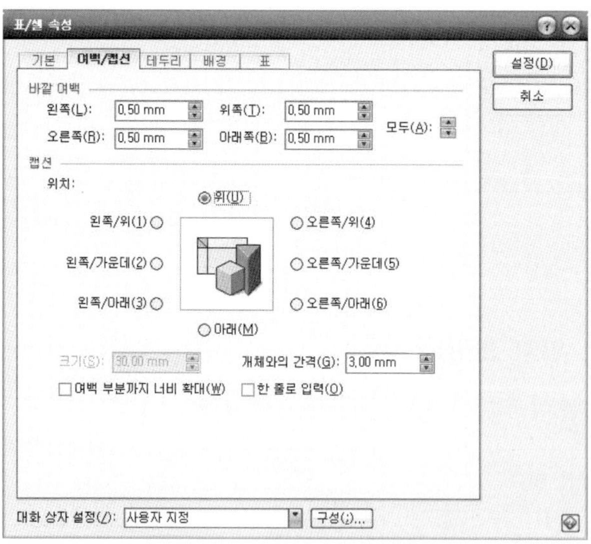

Step 6: 테두리 설정(선 모양은 ≪출력형태≫와 동일하게 처리할 것)

① 표 전체 셀을 블록 설정한 후 마우스 오른쪽을 눌러 [셀 테두리/배경]→[각 셀마다 적용]을 선택합니다.

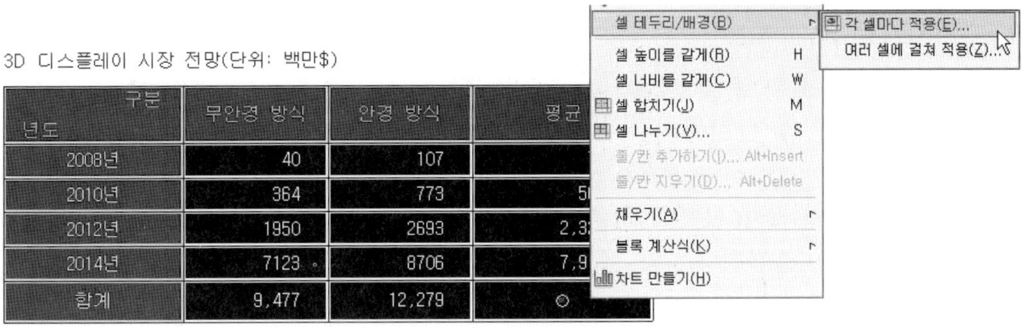

② 테두리 종류를 선택한 후 '바깥쪽( )'을 누릅니다.

3D 디스플레이 시장 전망(단위: 백만$)

구분 년도	무안경 방식	안경 방식	평균
2008년	40	107	73.5
2010년	364	773	568.5
2012년	1950	2693	2,321.5
2014년	7123	8706	7,914.5
합계	9,477	12,279	

③ 대각선을 설정할 셀을 블록 설정한 후 마우스 오른쪽을 눌러 [셀 테두리/배경]→[각 셀마다 적용]을 선택합니다. [대각선] 탭에서 각각 설정합니다.

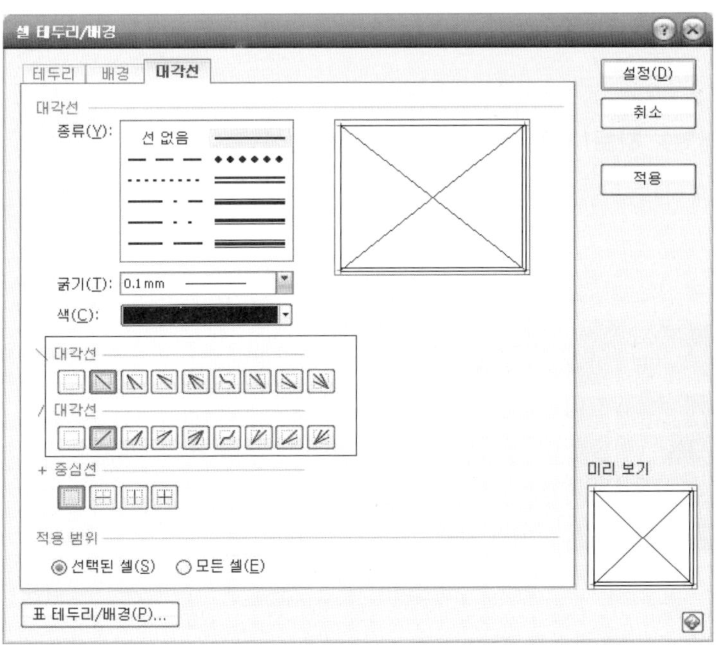

[지시사항 2 – 차트]

1. 표 내용에서 해당 값을 이용하여 '2차원 세로 막대형'으로 차트 작성
   - 차트 배경 ➔ 그러데이션
2. 제목 ➔ 궁서, 12pt, 배경 ➔ 선 모양(한 줄로), 그림자(2pt)
3. Y축 ➔ 자릿수(,) 표시, 단위 변경

* 기타 사항은 ≪출력형태≫와 동일하게 처리

[차트 완성 출력 형태]

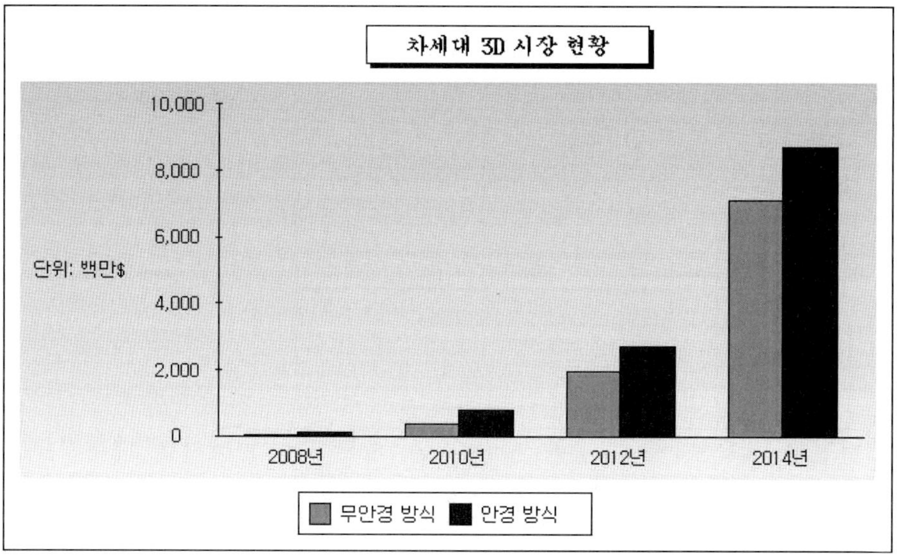

Step 1: '2차원 세로 막대형' 차트(차트 배경 ➔ 그러데이션)

① 표에서 차트로 작성할 데이터를 블록 설정한 후 마우스 오른쪽을 눌러 [차트 만들기]를 누릅니다.

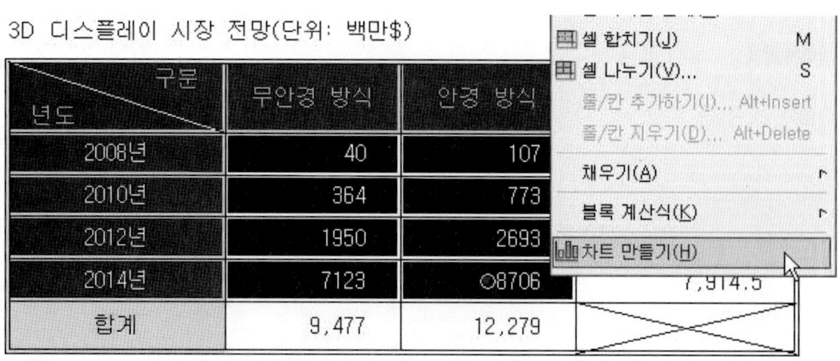

② 만들어진 차트의 위치를 표 아래로 옮긴 후 크기를 크게 합니다.

구분 / 년도	무안경 방식	안경 방식	평균
2008년	40	107	73.5
2010년	364	773	568.5
2012년	1950	2693	2,321.5
2014년	7123	8706	7,914.5
합계	9,477	12,279	

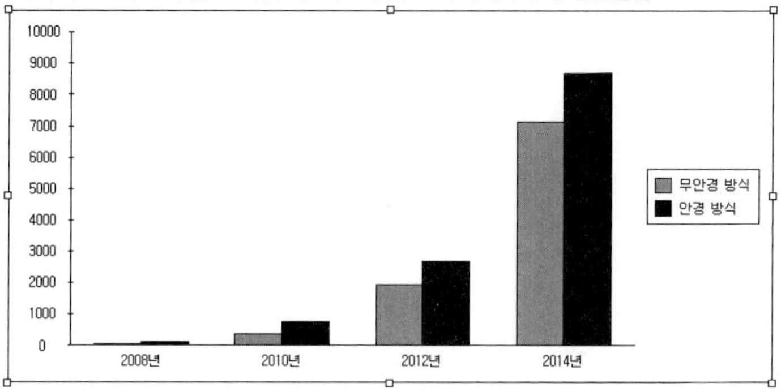

③ 차트를 더블클릭하고 차트 편집상태(차트의 외곽선 테두리가 점선으로 표시)에서 마우스 오른쪽을 누른 후 [차트 마법사]를 선택합니다.

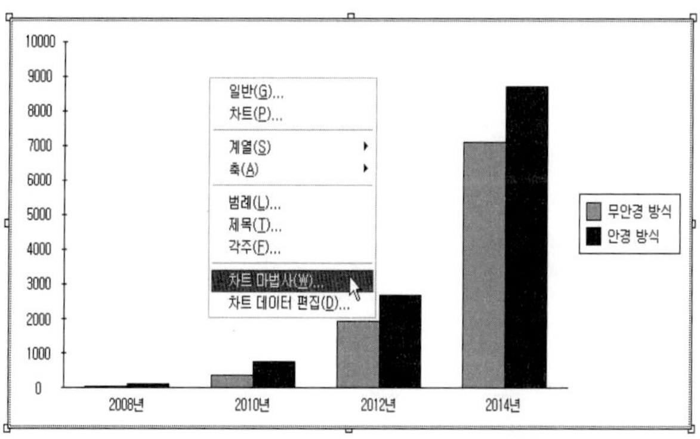

④ [차트 마법사-3단계 중 1단계]에서 '세로 막대형'을 선택합니다.

하위 차트 종류는 '기본 세로 막대'를 선택합니다. 아래쪽 [다음] 단추를 누릅니다.

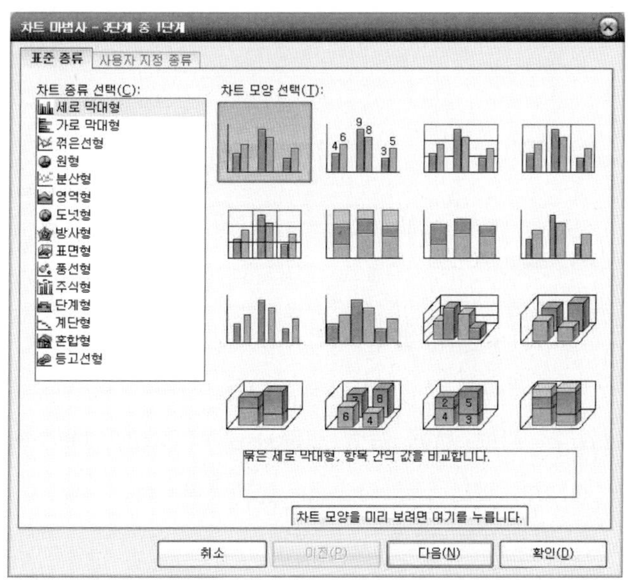

⑤ [차트 마법사-3단계 중 2단계]에서 방향을 '행'으로 선택합니다.

⑥ [차트 마법사-마지막 단계]의 [제목] 탭에서 '차트 제목', 'Y축 제목'을 선택합니다.

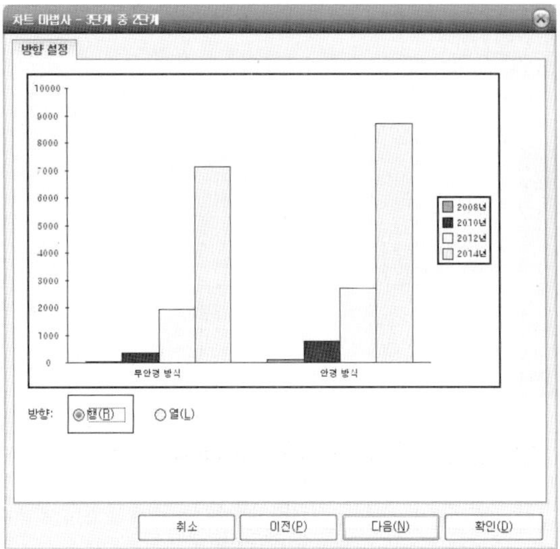

<방향 설정>

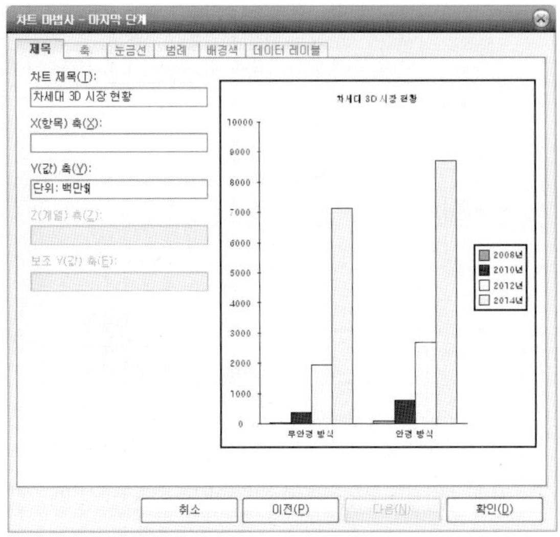

<차트 제목, 축 제목 입력>

⑦ [범례] 탭에서 범례 위치를 '아래쪽'으로 설정합니다.

⑧ [배경색] 탭에서 '배경색 채우기 유형'을 선택하고 채우기 유형은 '수평으로 채우기'를 선택합니다. 점층 시작색과 점층 끝색을 각각 설정합니다.

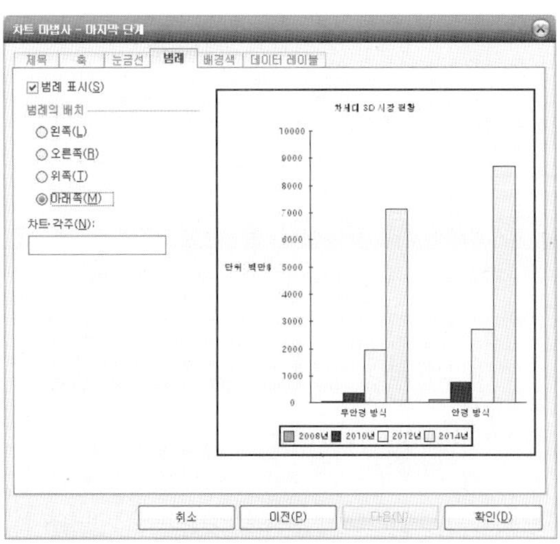

<범례 설정>

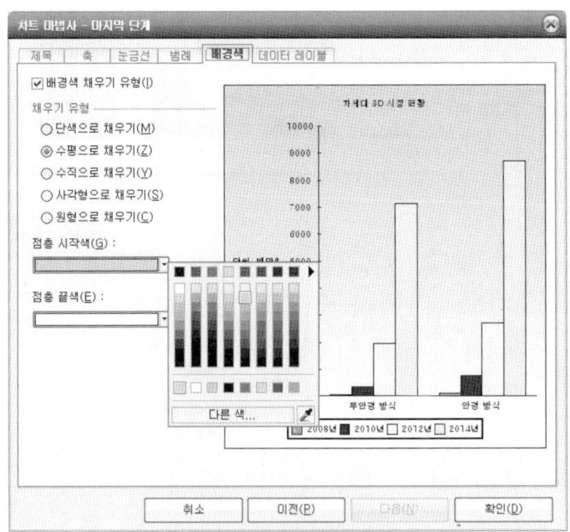

<차트 배경색 설정>

Step 2: 차트 제목 설정(글꼴→궁서(12pt), 배경→선 모양(한 줄로), 그림자(2pt)

① 차트의 제목에서 마우스 오른쪽을 눌러 [제목]을 선택합니다. 또는 제목을 선택한 후 마우스를 더블 클릭합니다.

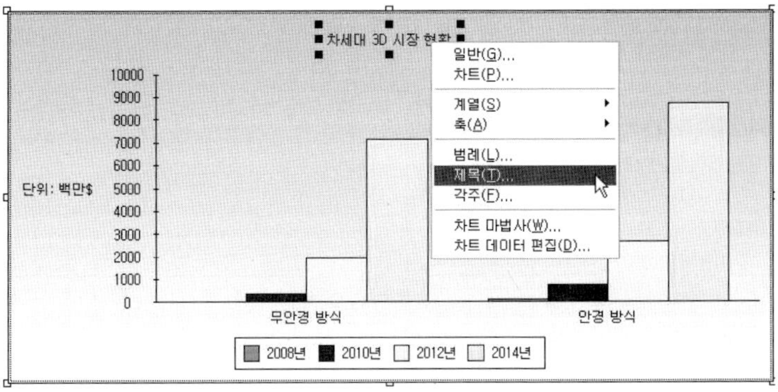

② '제목 모양' 대화 상자의 [글꼴] 탭에서 글꼴(궁서), 크기(12)를 설정하고 ,[배경] 탭에서 '선 모양(한 줄로)', '그림자' 를 설정합니다.

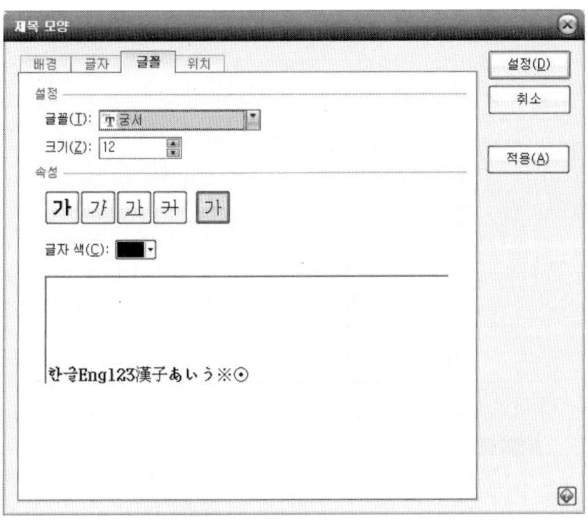

<글꼴 설정>

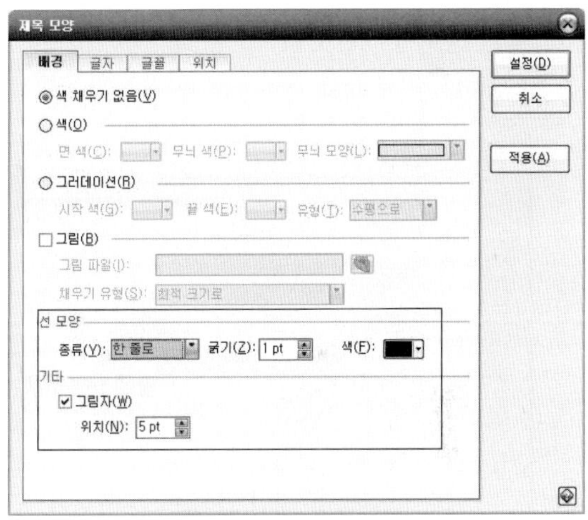

<제목 배경 설정>

Step 3: Y축 (자릿수(,) 표시, 단위 변경)

① 차트 편집 상태에서 마우스 오른쪽을 눌러 [축]→[축]을 선택하고 [값(Y) 축]을 선택합니다.

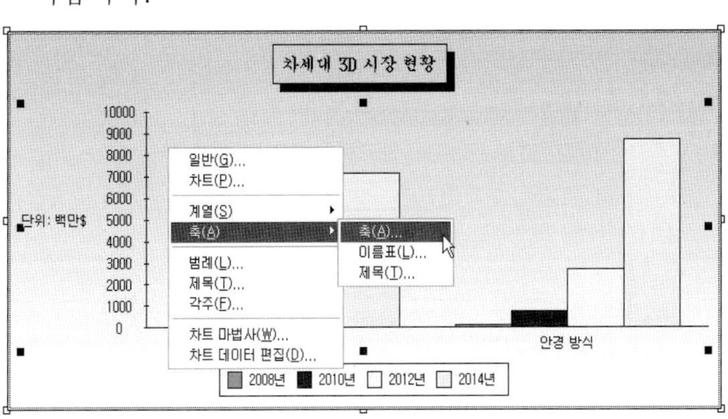

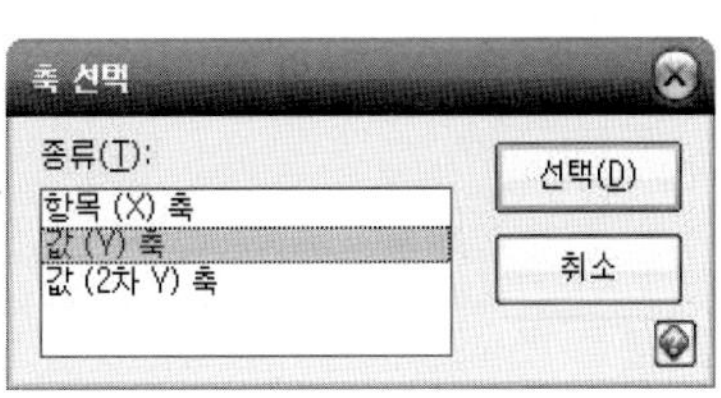

② [비례] 탭에서 '자동으로 꾸밈'을 한 번 더 눌러 선택 해제한 후 최댓값(10000), 큰 눈금선(5)를 설정합니다.

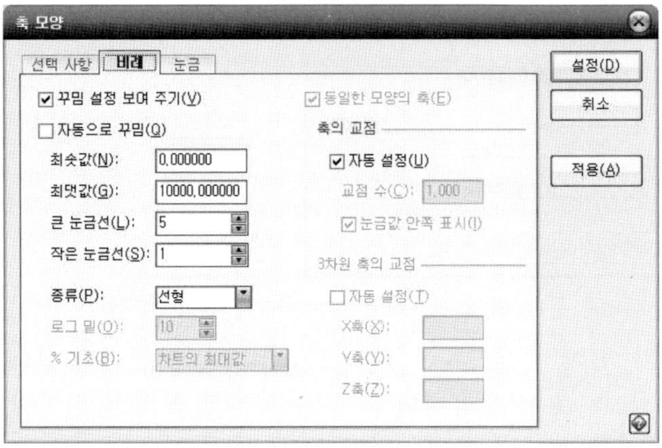

③ 차트 편집 상태에서 마우스 오른쪽을 눌러 [축]→[이름표]를 선택합니다.

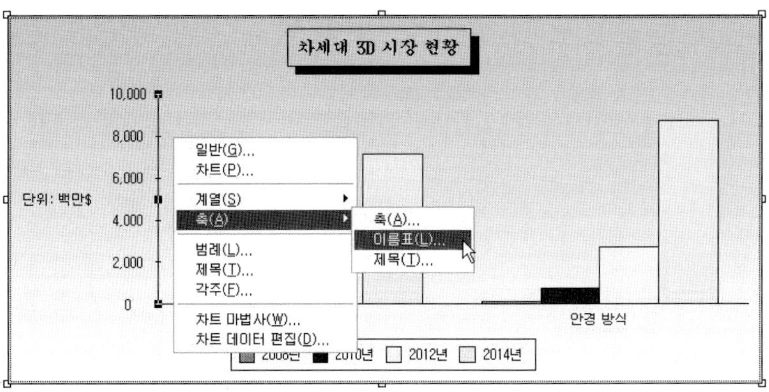

④ 축 이름표 선택에서 [값(Y) 축]을 선택합니다. [형식 코드] 탭에서 #,##0을 선택하여 '천 단위' 자릿수 표시를 합니다.

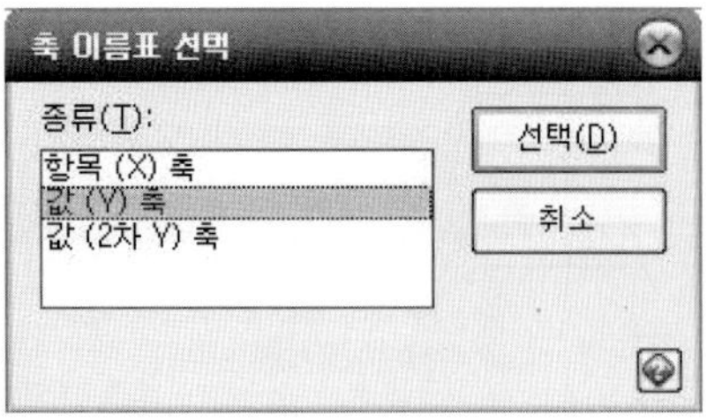

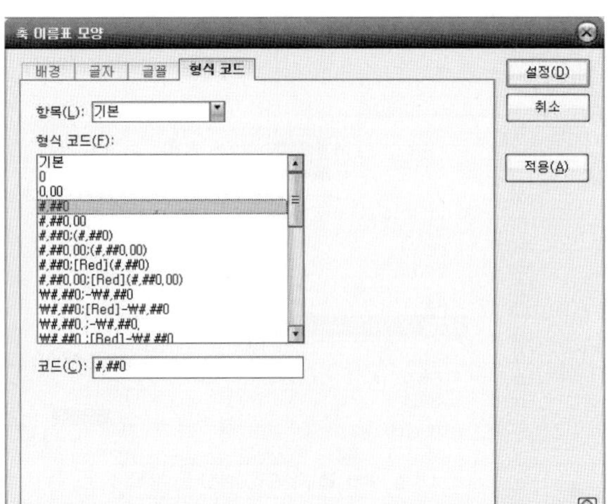

[지시사항 3 – 수식]

- 수식 편집기를 이용하여 아래와 같은 수식을 작성하시오.

$$f(k)=\lim_{x \to 0} x^2\left(\frac{1-\cos kx}{\sqrt{x^2+1}}\right)\text{에 대하여 } 2\sum_{k=1}^{10} f(k)\text{의 값은?}$$

Step 1: [입력]→[개체]→[수식]을 선택하거나 도구 모음의 수식 편집 아이콘(f(x)) 선택

①
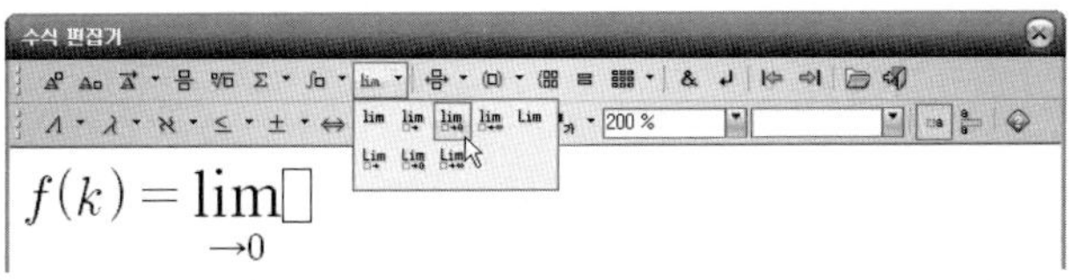

②
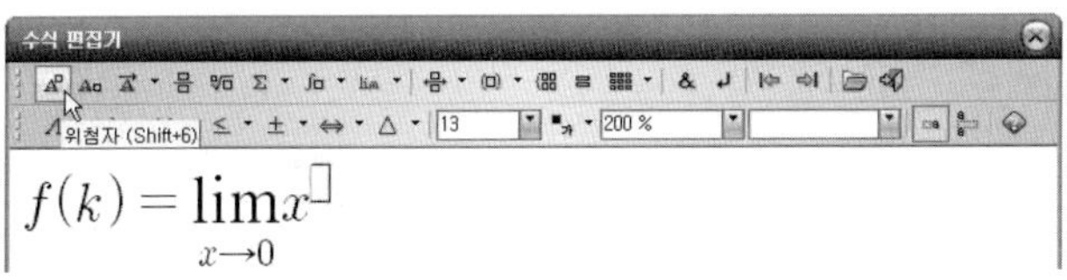

③
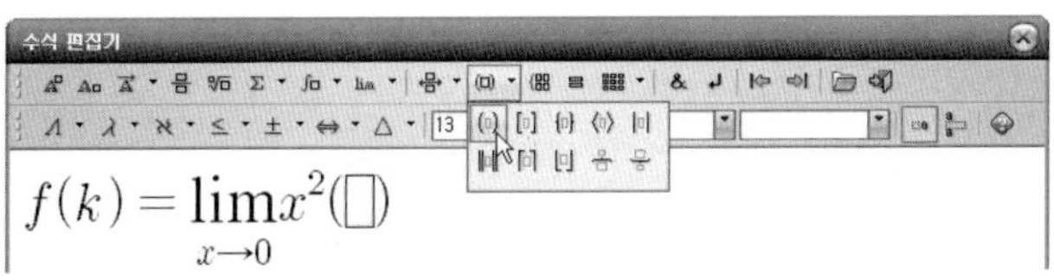

④
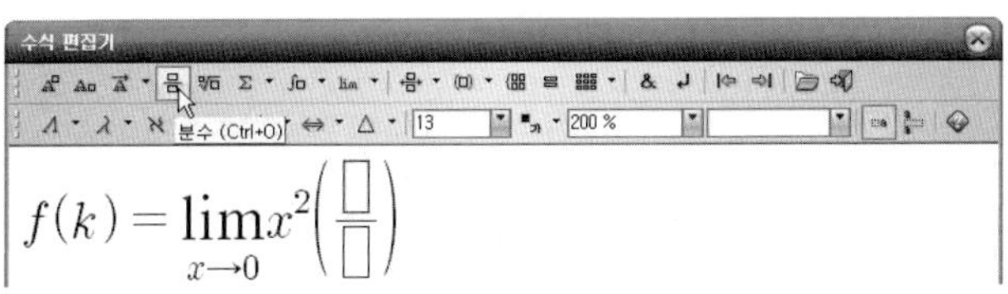

⑤
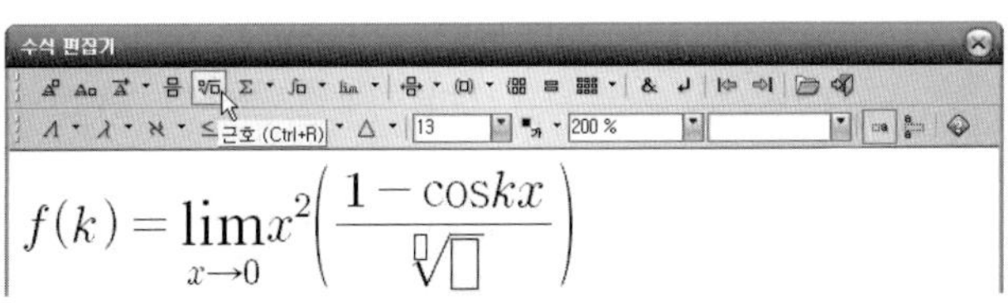

⑥
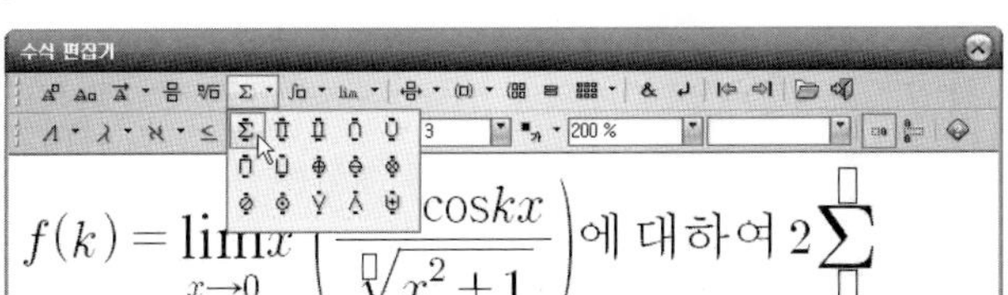

⑦ 글자 크기를 설정한 후 넣기( )를 누릅니다.

5. 연습 문제

● 아래 지시사항 조건에 따라 표, 차트, 수식을 각각 작성하시오.

[지시사항 1 – 표]

1. 표 전체(표, 캡션) ➜ 굴림, 10pt
2. 정렬 ➜문자 : 출력형태와 같이 정렬
3. 셀 배경색 ➜ 회색
4. 한글의 계산 기능을 이용하여 빈칸에 합계와 평균을 구하시오.
5. '국제 운송 예측(단위: 백만 $) 캡션을 설정하고 위쪽으로 위치 변경하시오.

⋆ 선 모양 및 지시사항 이외 내용은 ≪출력형태≫와 동일하게 처리

[표 완성 출력 형태]

국제 운송 예측(단위: 백만 $)

	2010년	2012년	2014년	2016년	평균
선박운송	799	957	1187	1350	
항공운송	300	450	550	800	
합계					

[지시사항 2 – 차트]

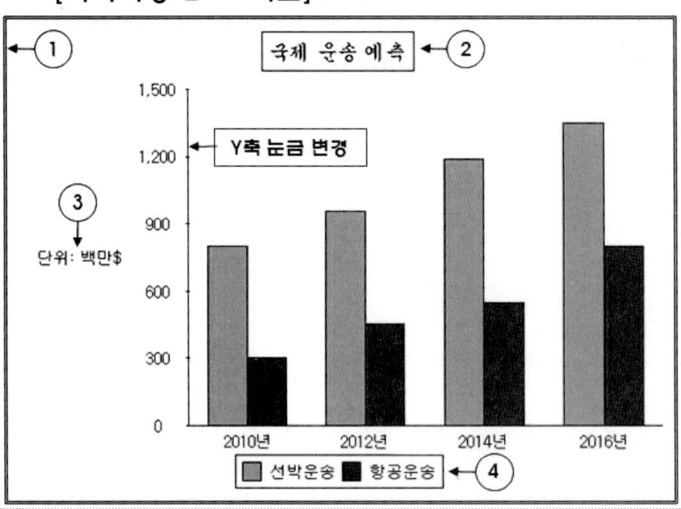

① 차트 테두리➜ 이중선(=)

② 제목

- 글꼴(궁서), 크기(15pt)
- 테두리

③ Y축 제목: 방향(가로)

④ 범례위치➜ 아래

[지시사항 3 – 수식]

$\angle C = 90^\circ$, $\overline{BC} = 1$인 직각삼각형에서 $\angle ABC = \theta$라 할때 $\lim_{\theta \to \frac{\pi}{2}} (\overline{AB} - \overline{AC})$의 값은?

PART 01 한글 2007

한글 03. 그리기 기능

1. 그리기 도구 상자

한글 2007은 다른 응용 프로그램 없이도 편집 화면의 어느 곳에서나 직접 그림을 그릴 수 있는 그림 그리기(On-Page Drawing) 기능이 들어 있습니다. 그리기 도구를 이용하여 마우스로 간단한 그림에서부터 복잡한 그림까지 쉽게 그릴 수 있으며, 약간의 응용만으로도 다채로운 효과를 낼 수 있습니다.

그리기 도구 상자는 그림 그리기에 관련된 기능을 아이콘으로 모아 놓은 곳입니다. 그리기 도구를 이용하여 작성한 도형과 문서에 입력된 그림 등을 개체라고 합니다.

아이콘	이름	설명
그리기 ▾	그리기 메뉴	개체 순서 바꾸기, 정렬/배분, 회전/대칭, 본문과의 배치 등의 하위 메뉴 선택
	직선	편집 화면에 직선을 그림
	직사각형	편집 화면에 사각형을 그림
	타원	편집 화면에 타원을 그림
	호	편집 화면에 호나 부채꼴을 그림
	다각형	삼각형과 같은 직선 형태의 다각형을 그리거나 마음대로 마우스를 끌어서 만드는 자유로운 형태의 다각형을 그림
	곡선	편집 화면에 곡선을 그림
	자유선	편집 화면에서 자유롭게 그림
	개체 연결선	그리기 개체 두 개를 연결선으로 잇는 기능
	글상자	박스형 글 삽입
	그리기마당	[그리기마당]에 등록된 개체의 그림 삽입
	개체 선택	이미 그려진 개체의 크기나 색깔 바꾸기, 위치 옮기기, 묶기/풀기, 회전하기 등의 작업을 하기 위한 해당 개체를 선택
	개체 묶기	2개 이상의 개체를 하나로 묶을 때 사용
	개체 풀기	묶여 있는 2개 이상의 개체 풀기
	선 색	선택한 직선이나 개체의 테두리 색을 변경 또는 앞으로 그려질 개체의 선을 어떤 색으로 할 것인지 지정
	채우기 색	선택한 개체의 면 색 설정
	음영비율 증가	선택한 개체의 면 색 밝기 비율을 증가
	음영비율 감소	선택한 개체의 면 색 밝기 비율을 감소
	선 굵기	선택한 개체나 앞으로 그려질 개체의 선 굵기 지정
	선 종류	선택한 개체나 앞으로 그려질 개체의 선 종류 지정
	화살표 모양	선택한 개체 양 끝에 적용할 화살표 모양 지정
	그림자 모양	그리기 개체에 그림자 설정

	맨 앞으로	겹쳐있는 개체에서 선택된 개체를 맨 앞으로 보내기
	맨 뒤로	겹쳐있는 개체에서 선택된 개체를 맨 뒤로 보내기
	글 앞으로	개체가 본문이 덮이도록 본문 위에 배치
	글 뒤로	개체가 본문의 배경처럼 사용
	어울림	개체와 본문을 배치할 때, 개체와 본문이 같은 줄을 나누어 쓰되 서로 자리를 침범하지 않고 본문이 개체에 흐르듯이 어울리도록 배치
	개체 회전	선택된 개체를 1도부터 360도 사이에서 회전
	왼쪽으로 90도 회전	선택된 개체를 반시계 방향으로 90도 회전
	오른쪽으로 90도 회전	선택된 개체를 시계 방향으로 90도 회전
	좌우 대칭	선택된 개체의 중심점을 기준으로 개체의 좌우를 바꿈
	상하 대칭	선택된 개체의 중심점을 기준으로 개체의 상하를 바꿈
	다각형 편집	선택된 다각형이나 곡선을 편집해 개체의 모양을 변경

2. 도형 다루기

도형을 그릴 때 키보드의 특정키(Shift, Ctrl)와 함께 도형을 그리면 쉽게 그리거나 복사할 수 있습니다.

2.1 도형 쉽게 그리기

2.1.1 Shift 키와 함께 정방형 도형 그리기

도형을 그릴 때 Shift 키를 누른 상태에서 도형을 그리면 정사각형, 정방형 원, 직선 등의 정다각형을 그릴 수 있습니다.

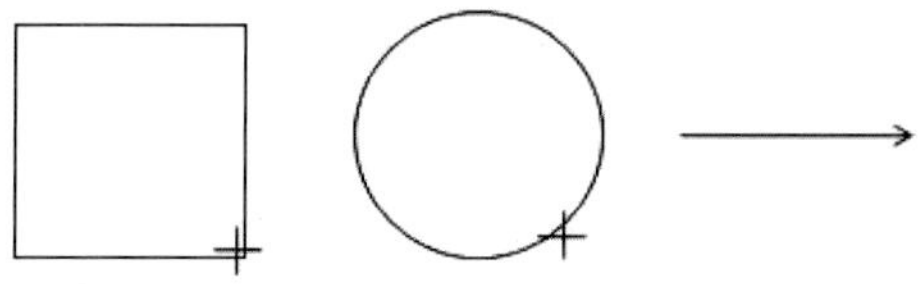

2.1.2 Ctrl 키와 함께 그리기/복사

- 도형을 그릴 때 Ctrl 키를 누른 상태에서 도형을 그리면 마우스 포인트 현재 위치가 중심이 되는 도형을 그릴 수 있습니다.
- Ctrl 키를 누른 상태에서 도형을 끌어 이동하면 복사가 됩니다.

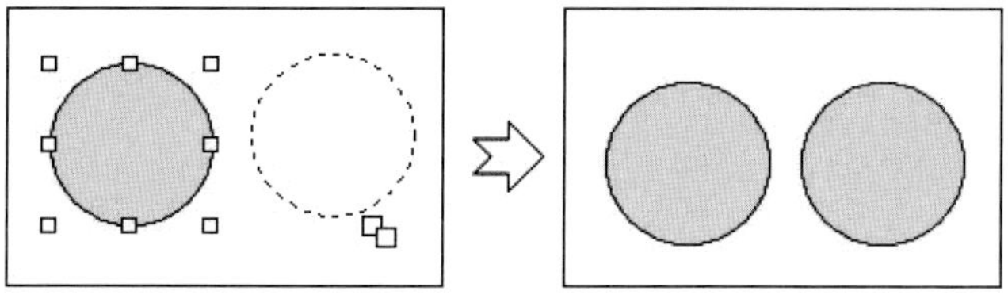

2.2 도형 크기 조절

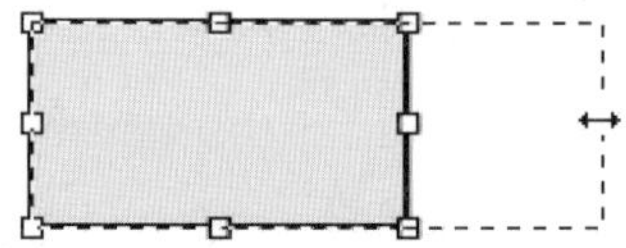

① 마우스로 크기를 조절할 개체를 선택합니다.
개체 주위의 작은 네모점(크기 조정 핸들)에 마우스 포인터를 갖다 대면 마우스 포인터가 양방향 화살표 모양의 크기 조절 상태로 바뀝니다.

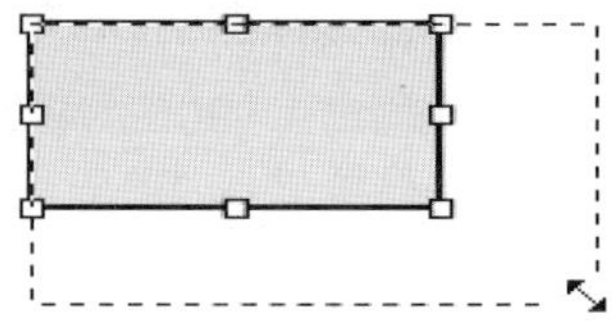

② 크기 조정 핸들중 하나에 마우스 포인터를 놓고 마우스를 끌어 개체의 크기를 쉽게 바꿀 수 있습니다.

Tip **도형 모서리 조절점으로 크기 조절!**

- 가로 또는 세로 조절점을 끌면 한 방향으로만 크기가 변경됩니다.
- 모서리 조절점은 가로, 세로 방향 모두 쉽게 변경할 수 있습니다.

3. 다양한 도형 그리기

그리기 도구 상자에서 그릴 수 있는 도형은 직선, 사각형, 타원, 호, 다각형, 곡선, 글상자, 자유선, 글상자 등이 있습니다. 이와 같은 도형을 개체라고 합니다.

3.1 직사각형

그리기 도구 상자에서 직사각형 도형 모양의 아이콘을 누르면 마우스 포인터가 그림을 그릴 수 있는 모양(+)으로 바뀝니다. 사각형을 그리고자 하는 위치에 마우스 포인터(+)를 놓고 마우스의 왼쪽 단추를 누른 채 원하는 위치까지 대각선 방향으로 마우스 끌기를 한 후 왼쪽 단추를 놓으면 사각형이 그려집니다.

3.1.1 정사각형 그리기

직사각형을 그릴 때 글자판의 Shift를 누른 채로 마우스를 끌면 너비와 높이가 똑같은 정사각형이 그려집니다.

3.1.2 사각형을 다른 도형으로 변경

사각형의 모서리는 일반적으로 직각 모양입니다. 그려진 사각형을 선택한 후 마우스 오른쪽을 눌러 [개체 속성]을 실행합니다.
[선] 탭의 '사각형 모서리 곡률'에서 사각형의 모서리를 둥근 모서리나 반원 모서리로 바꾸거나 곡률 값을 직접 입력하여 모서리의 둥근 정도를 지정할 수 있습니다.

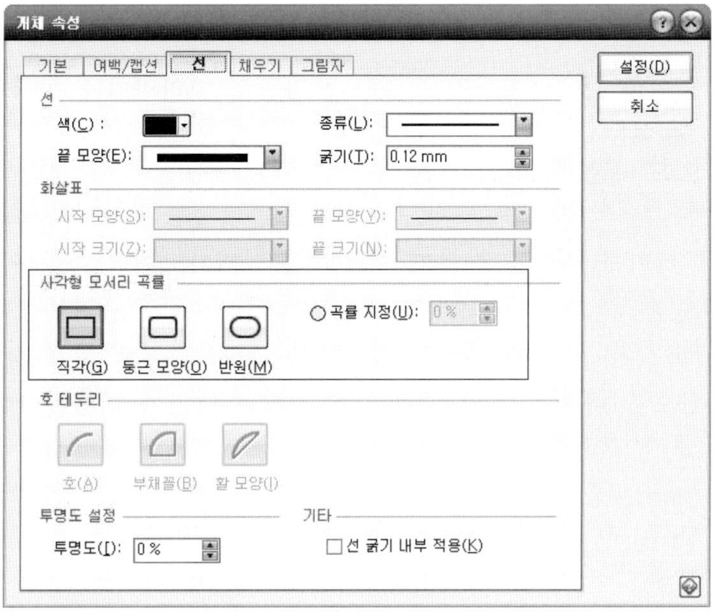

Tip 연속해서 도형 그리기!

- 그리기 도구 상자의 도형을 마우스로 두 번 누른 후 그리면 매번 도형을 선택할 필요 없이 도형을 계속해서 그릴 수 있습니다.
- 도형 그리기를 끝내려면 눌린 아이콘을 다시 한 번 누릅니다.

3.2 타원

그리기 도구 상자에서 타원 아이콘( )을 누르면 마우스 포인터가 그림을 그릴 수 있는 모양(+)으로 바뀝니다.

타원을 그린 후 마우스 오른쪽을 눌러 [다각형 편집] 기능을 이용해 호(arc)나 부채꼴(pie)로 모양을 바꿀 수 있습니다.

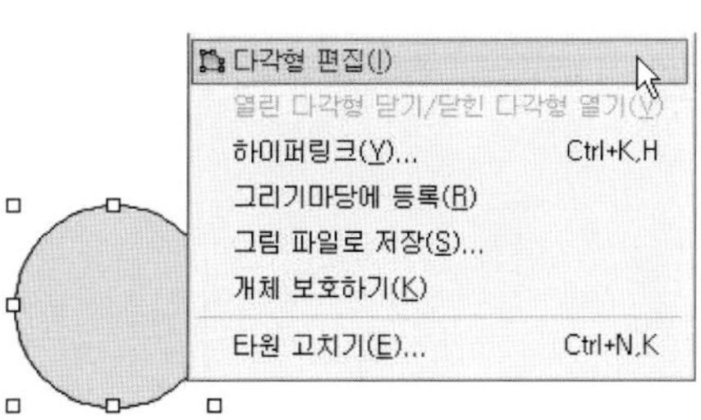

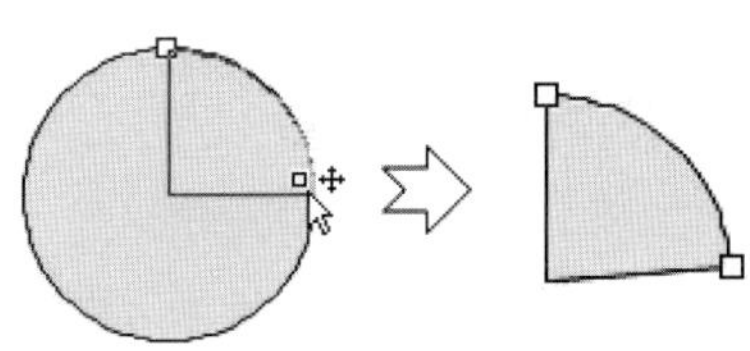

3.3 호

편집 화면에 호나 부채꼴을 그립니다. 호는 테두리가 없는 모양으로 그려집니다. 마우스 오른쪽을 눌러 [개체 속성]을 실행합니다. [선] 탭의 '호 테두리'에서 호의 테두리를 '부채꼴 모양'이나 '활 모양'으로 바꿀 수 있습니다.

① 그리기 도구 상자에서 [호] 아이콘( )을 누르면 마우스 포인터가 호를 그릴 수 있는 모양(+)으로 바뀝니다.

② 호를 그리고자 하는 위치에 마우스 포인터(+)를 놓고 마우스 왼쪽 단추를 누른 채 원하는 위치까지 대각선 방향으로 마우스 끌기를 합니다. 원하는 크기가 되었을 때 마우스 왼쪽 단추를 놓으면 호가 그려집니다.

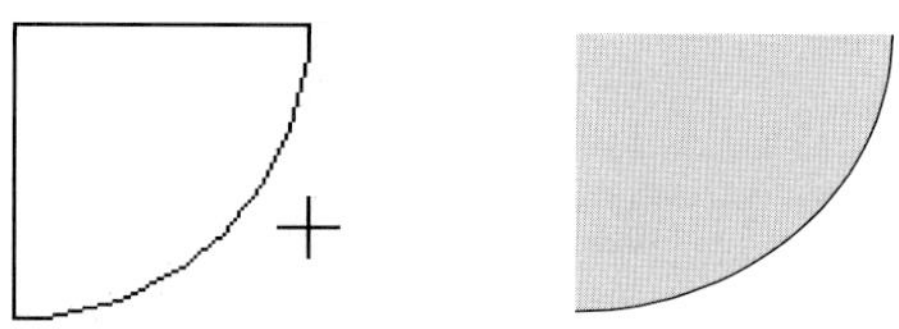

3.4 다각형

삼각형과 같은 직선 형태의 다각형을 그리거나 마음대로 마우스를 끌어서 만드는 자유로운 형태의 다각형을 그립니다.

① 그리기 도구 상자에서 다각형 아이콘( )을 누르면 마우스 포인터가 다각형을 그릴 수 있는 모양(+)으로 바뀝니다.

② 다각형을 그리고자 하는 위치에 마우스 포인터(+)를 놓고 마우스의 왼쪽 단추를 한번 씩 누르면서 원하는 형태의 도형을 그립니다. 원하는 모양의 다각형이 그려진 후 마우스의 왼쪽 단추를 더블 클릭하면 선이 도형으로 완성됩니다.

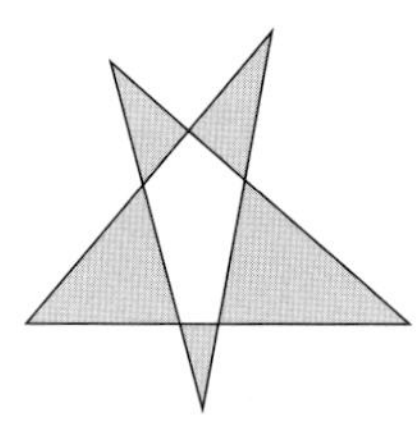

3.5 곡선

① 그리기 도구 상자에서 곡선 아이콘( )을 누르면 마우스 포인터가 곡선을 그릴 수 있는 모양(+)으로 바뀝니다.

② 곡선을 그리고자 하는 위치에 마우스 포인터(+)를 놓고 마우스의 왼쪽 단추를 눌러 꼭짓점을 만들면서 곡선을 그립니다.

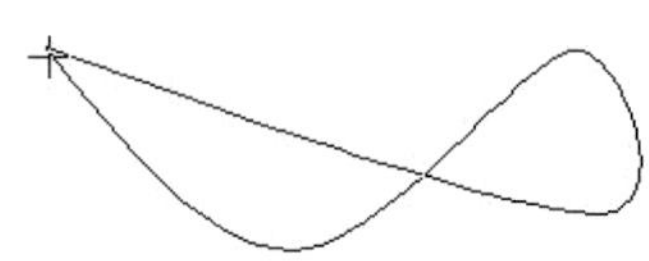

③ 원하는 모양의 곡선이 그려졌으면, 마우스의 왼쪽 단추를 더블클릭 합니다.

3.6 직선

① 그리기 도구 상자에서 직선 아이콘( )을 누르면 마우스 포인터가 직선을 그릴 수 있는 모양(+)으로 바뀝니다.

② 선의 시작점 위치에 마우스 포인터(+)를 놓고 마우스의 왼쪽 단추를 누른 채 원하는 위치까지 마우스 끌기를 하고 한 후 왼쪽 단추를 놓으면 직선이 그려집니다.

4. 도형 선택

이미 그려진 도형의 크기나 색깔 바꾸기, 위치 옮기기, 묶기/풀기, 회전하기 등의 작업을 하기 위해서는 먼저 해당 도형을 선택해야 합니다.

그리기 도구 상자에서 개체 선택 아이콘( )을 누르면 마우스 포인터가 도형을 선택할 수 있는 모양으로 바뀌고 여러 개체를 선택할 수 있습니다.

4.1 여러 도형 선택(Shift로 선택)

여러 개의 그리기 개체를 선택할 때에는 글자판의 Shift를 누른 채로 마우스의 왼쪽 단추를 눌러 도형을 선택하면 원하는 도형들만 쉽게 선택할 수 있습니다.

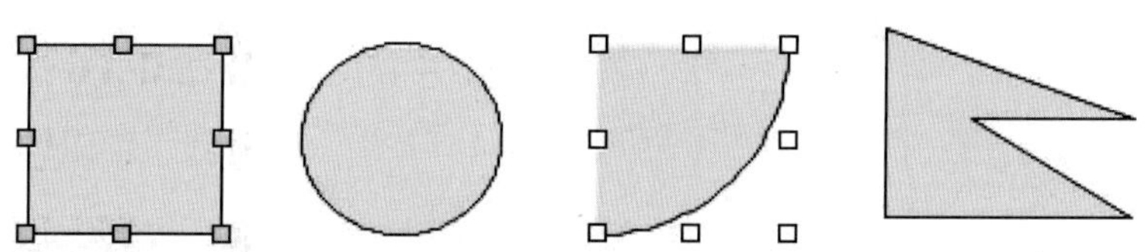

4.2 겹쳐있는 도형 중 하나 선택(Alt로 선택)

여러 개의 도형이 겹쳐있는 경우에는 뒤에 위치한 도형이 숨어서 보이지 않습니다. 이처럼 하나의 도형이 다른 도형에 완전히 겹쳐 있어 마우스로 선택이 되지 않을 때에는 Alt를 누른 채 마우스의 왼쪽 단추를 누릅니다.

마우스의 왼쪽 단추를 누를 때마다 겹친 도형들이 돌아가며 선택됩니다.

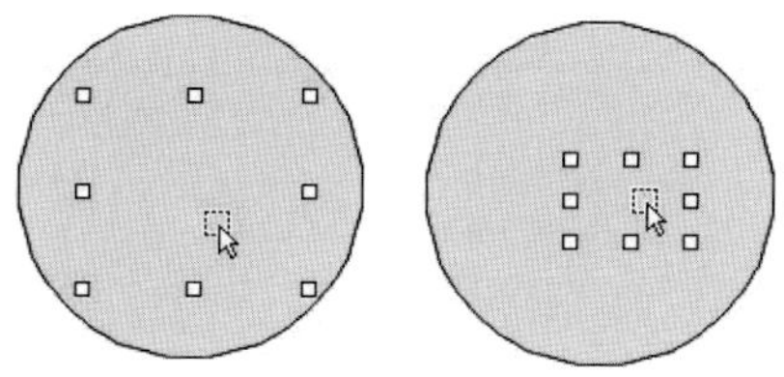

5. 도형 속성 변경

5.1 도형 선 모양 설정

선택한 도형이나 앞으로 그려질 개체의 선 색, 선 굵기, 선 종류, 화살표 모양 등을 지정하여 선 모양을 바꿉니다.

① 그려진 도형을 선택한 후 마우스 오른쪽 을 눌러 [개체 속성]을 선택하거나, 도형을 더블 클릭합니다.

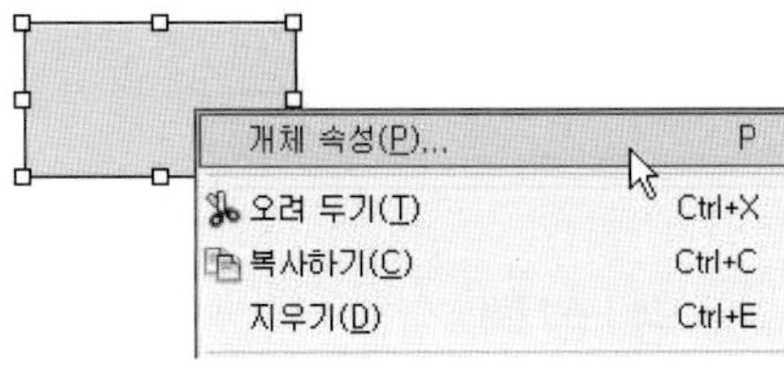

② '개체 속성' 대화상자의 [선] 탭에서 종류, 굵기, 색등을 설정합니다.

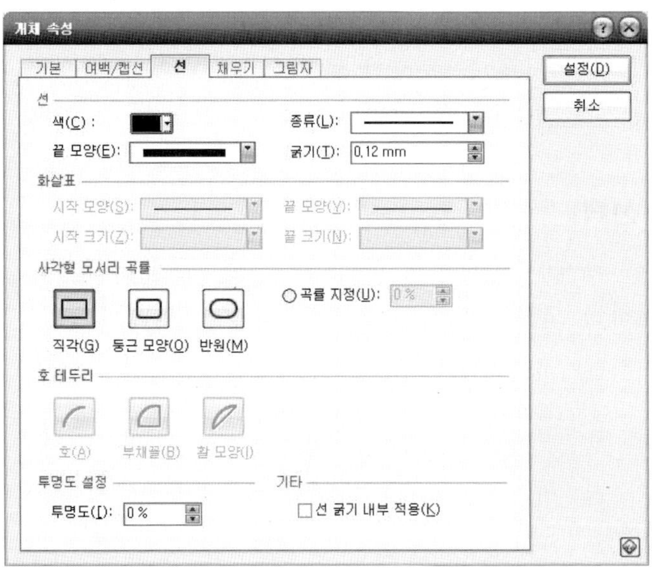

5.2 도형 채우기

도형의 면을 색깔과 무늬로 채우거나 그러데이션으로 채우기, 또는 그림으로 채우기 등을 지정하여 다양한 채우기 효과를 낼 수 있습니다.

① 그려진 도형을 선택한 후 마우스 오른쪽을 눌러 [개체 속성]을 선택하거나 도형을 더블 클릭합니다.

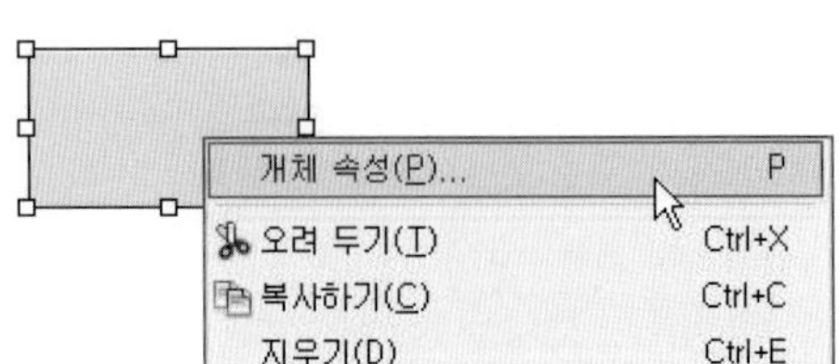

② '개체 속성' 대화상자의 [채우기] 탭에서 색, 그러데이션, 그림 등을 설정할 수 있습니다.

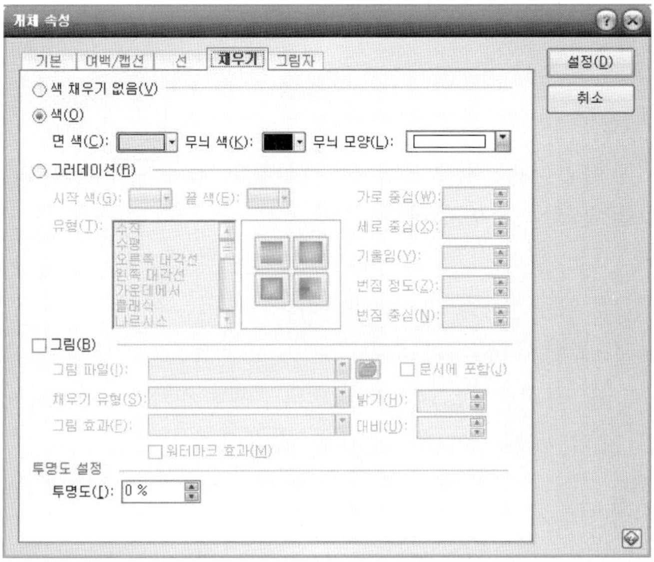

6. 도형에 글자 넣기(글상자로)

사각형, 원, 다각형, 호 등을 글상자로 만들어 도형에 글자를 입력할 수 있습니다.

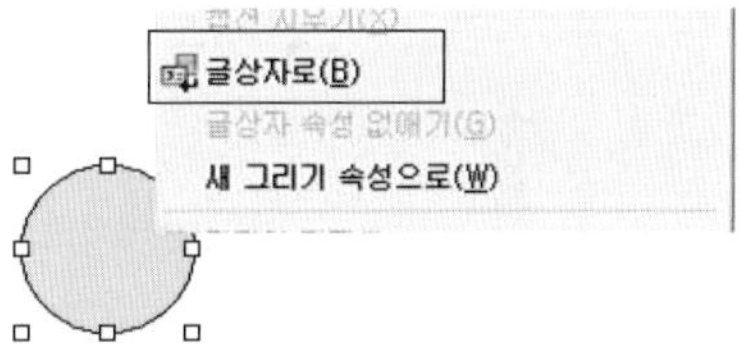

① 입력한 도형을 선택한 상태에서 마우스 오른쪽을 눌러 [글상자로]를 선택합니다.

② 도형이 글상자로 바뀌고 그 안에서 커서가 깜박이면 텍스트를 입력합니다.

7. 순서 바꾸기(앞으로/맨 앞으로/뒤로/맨 뒤로)

순서를 바꿀 개체를 선택 합니다.
마우스 오른쪽을 눌러 [맨 앞으로] 또는 [맨 뒤로]를 선택합니다.

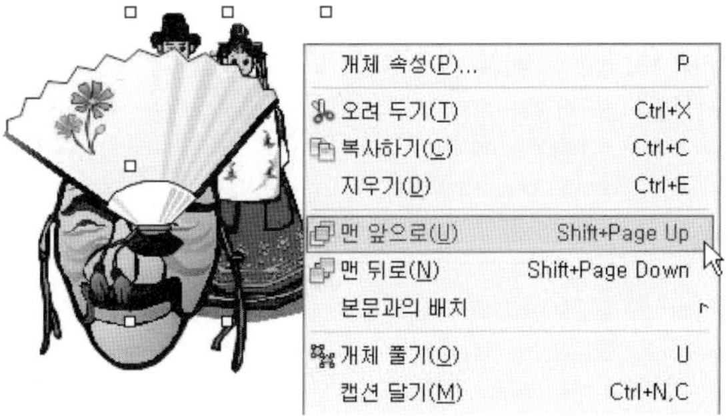

8. 도형 묶기/풀기

8.1 도형 묶기

여러 개의 도형을 하나로 묶는 방법입니다. 묶인 개체는 하나의 개체처럼 취급되므로 개체의 이동과 크기 조절을 자유롭게 할 수 있습니다.

① 그리기 도구 상자에서 개체 선택 아이콘( )을 누릅니다.
② 하나로 묶을 도형들을 마우스로 끌어서 선택합니다.
③ 그리기 도구 상자에서 개체 묶기 아이콘( )을 누르거나, 바로가기 메뉴에서 개체 묶기를 선택하면 선택된 여러 개의 개체들이 한 개체로 묶입니다.

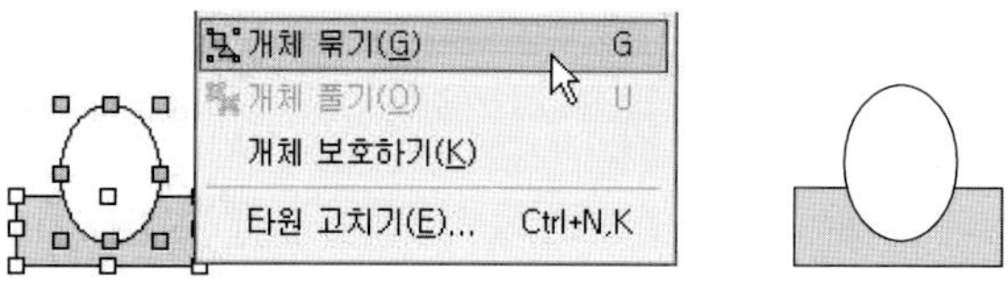

8.2 도형 풀기

하나로 묶어 놓은 도형을 선택하고 마우스 오른쪽을 눌러 [개체 풀기]를 선택합니다.

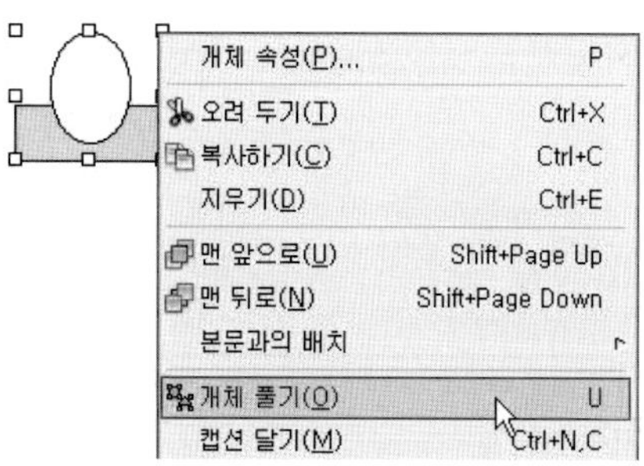

9. 도형 회전/대칭

그리기 도구 상자의 [그리기]→[회전/대칭]을 이용해 이미 그려진 도형을 회전시키거나 중심점을 기준으로 상하/좌우를 뒤집어 모양을 바꿀 수 있습니다.

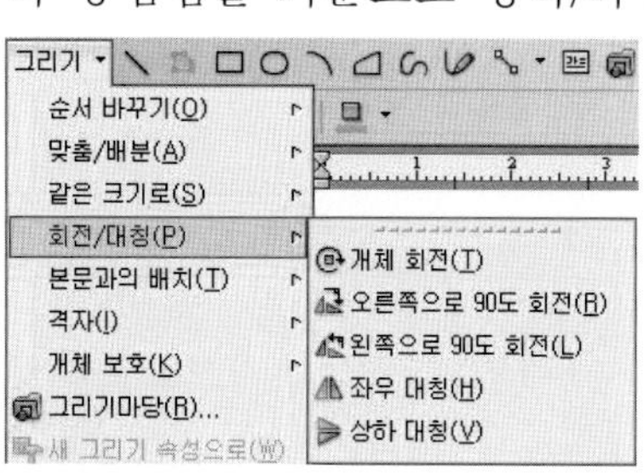

<원본> <오른쪽으로 90도 회전> <왼쪽으로 90도 회전> <좌우 대칭> <상하 대칭>

10. 도형 맞춤/배분

편집 화면에 그려진 2개 이상의 도형을 선택한 후 기준 도형을 정하여 개체의 위치를 상하/좌우로 가지런히 맞춥니다. 또는 3개 이상의 도형을 선택하여 도형 사이의 거리를 똑같이 배분합니다.

정렬할 도형을 선택하고 그리기 도구 상자의 [그리기]→[맞춤/배분]에서 정렬 종류를 선택합니다.

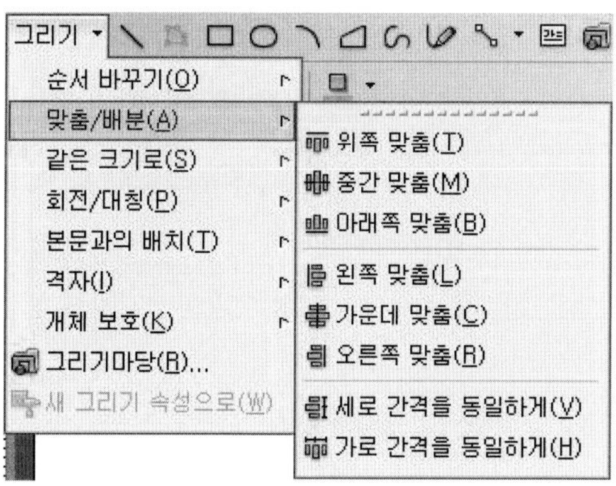

<원본> <중간 맞춤> <왼쪽 맞춤> <가운데 맞춤+ 세로 간격을 동일하게>

11. 글맵시

글맵시는 글자를 구부리거나 글자에 외곽선, 면 채우기, 그림자, 회전 등의 효과를 주어 문자를 꾸미는 기능입니다.

11.1 글맵시 개체 만들기

① [입력]→[개체]→[글맵시]를 선택하거나, 기본 도구 모음에서 글맵시 아이콘( )을 클릭합니다.

② '글맵시 개체 만들기' 대화 상자가 나타나면 [내용] 입력 상자에 내용을 입력하고 글꼴과 줄 간격, 글자 간격, 글자 모양 등을 설정한 후 [설정] 단추를 누릅니다.

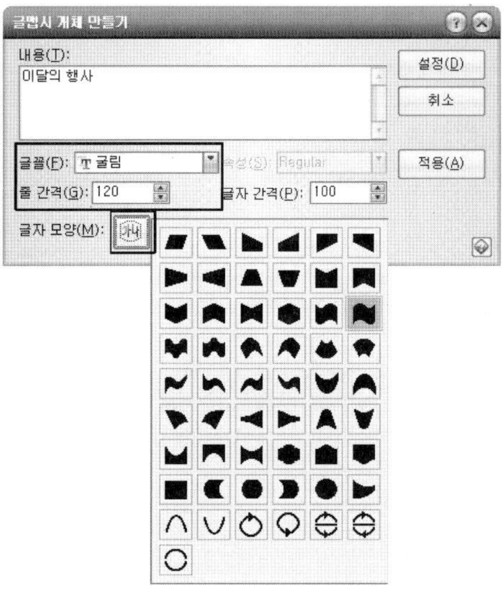

11.2 글맵시 개체 고치기

① 편집 화면에 삽입된 글맵시 개체를 더블클릭 한 후 '개체 속성' 대화 상자에서 [글맵시] 탭을 선택합니다.

② [내용] 입력 상자에서 내용을 수정 합니다.

③ [채우기] 탭에서 글맵시의 색, 그러데이션 등의 속성을 수정하고 [설정] 단추를 눌러 대화 상자를 닫습니다.

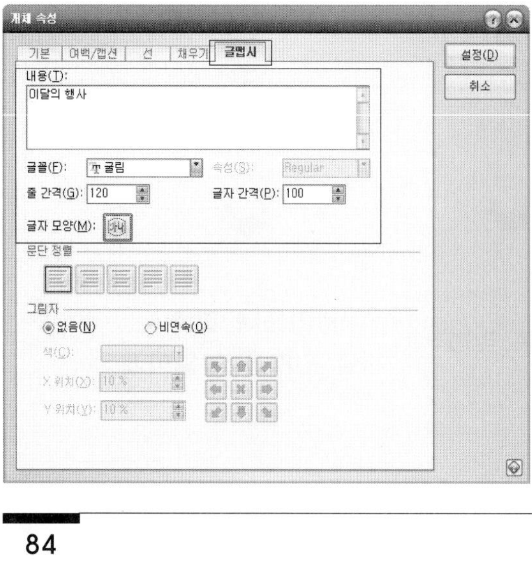

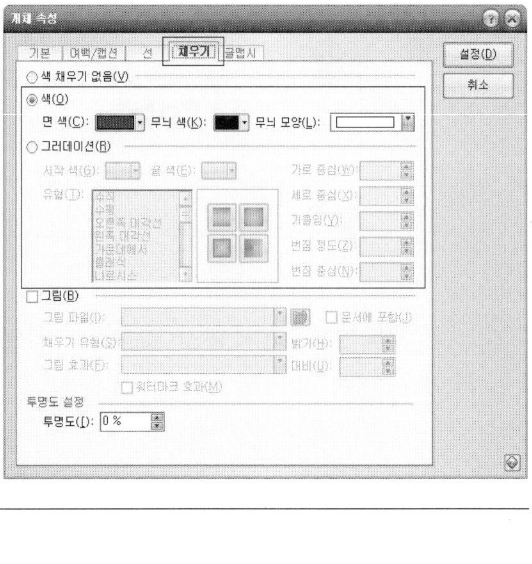

12. 실전 예제

● 학습 목표: 한글 2007에서 다양한 도형을 이용하여 초대장을 작성해 봅니다.

[지시 사항 – 초대장]

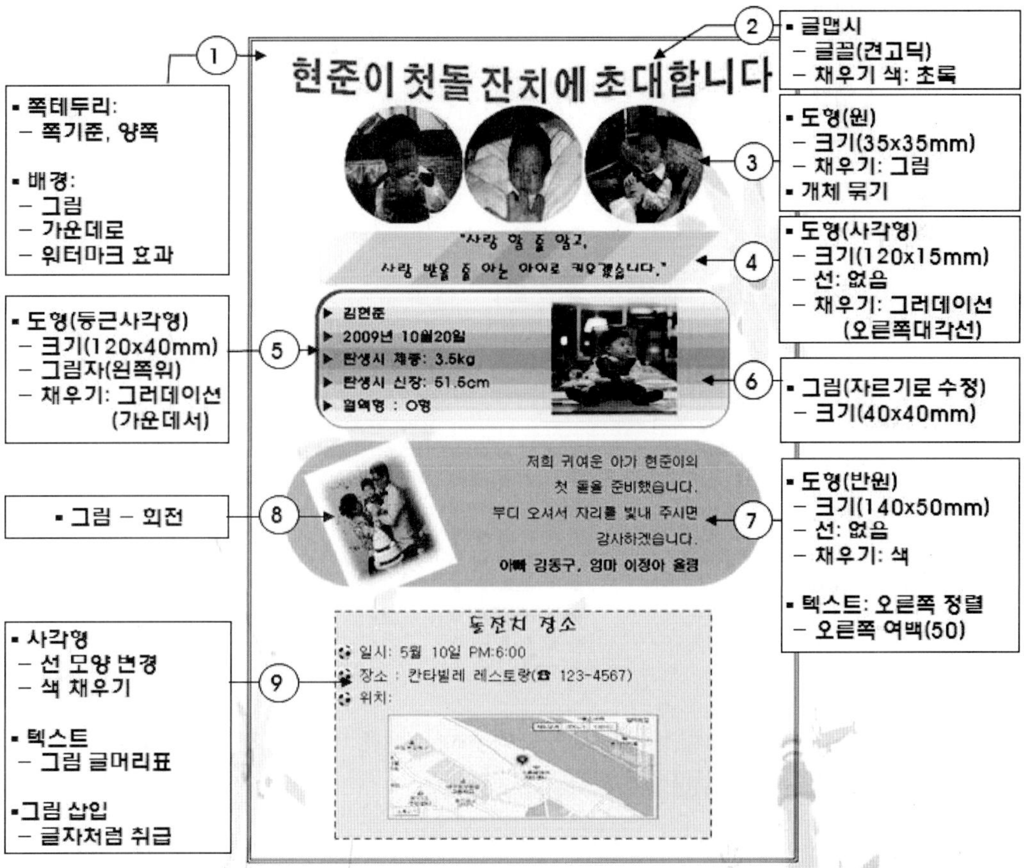

Step 1: 쪽 테두리/배경

- 쪽 테두리: 쪽기준, 양쪽
- 배경: 그림, 가운데로, 워터마크 효과

[모양]→[쪽 테두리/배경]을 선택합니다. [테두리] 탭에서 테두리 종류, 위치를 설정합니다. [배경] 탭에서 그림을 선택한 후 채우기 유형(가운데로), 워터마크 효과를 각각 설정합니다.

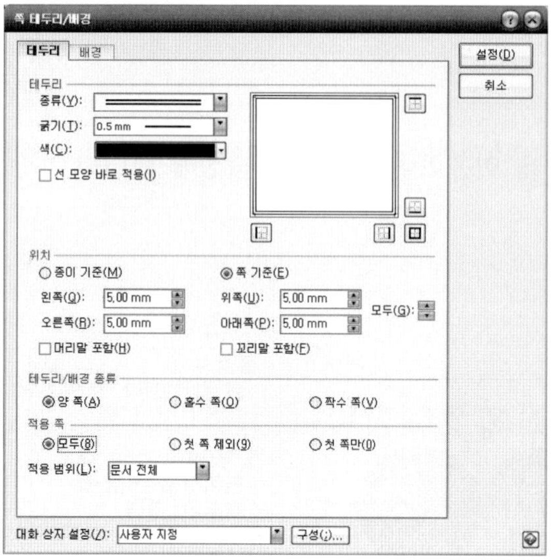

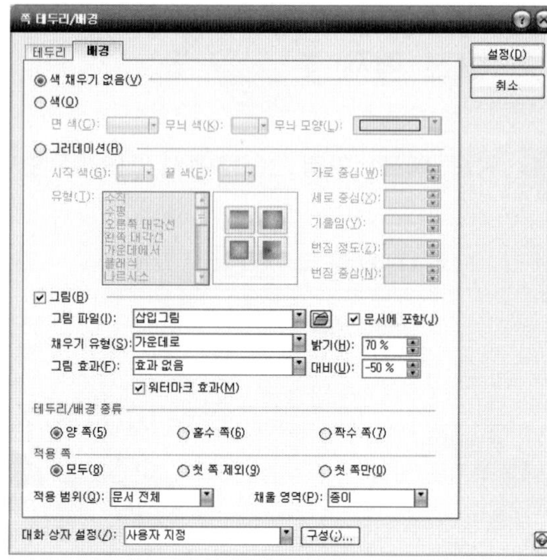

Step 2: 글맵시(글꼴:견고딕, 채우기 색:초록)

① [입력]→[개체]→[글맵시]를 선택합니다. 또는 서식 도구 모음의 를 누릅니다. 내용을 입력한 후 글꼴(견고딕)과 글자 모양( )을 선택합니다.

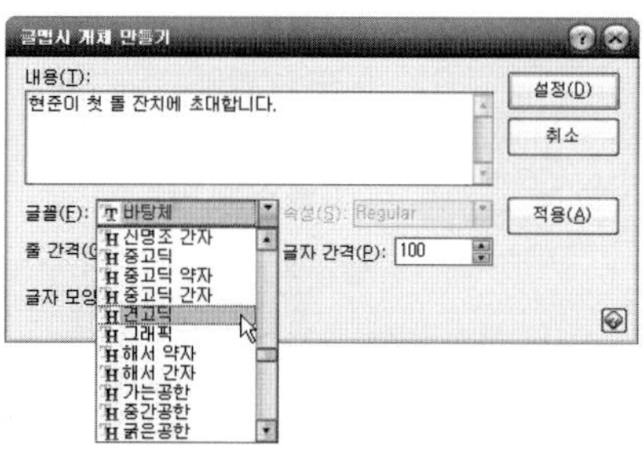

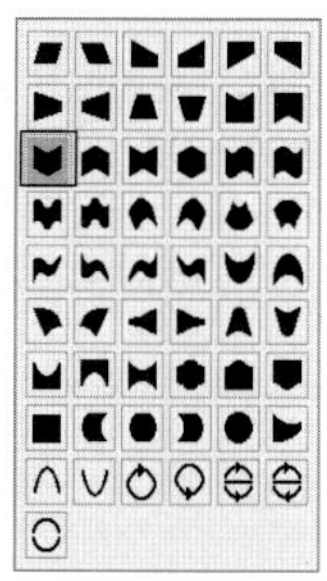

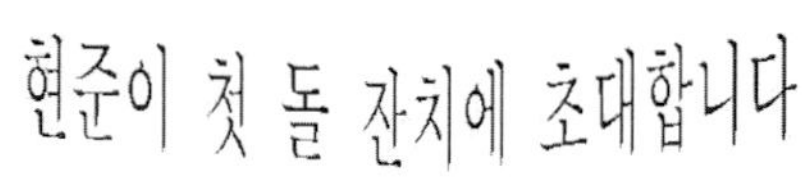

② '개체 속성' 대화상자의 [채우기] 탭→ [색]에서 초록색을 설정합니다.

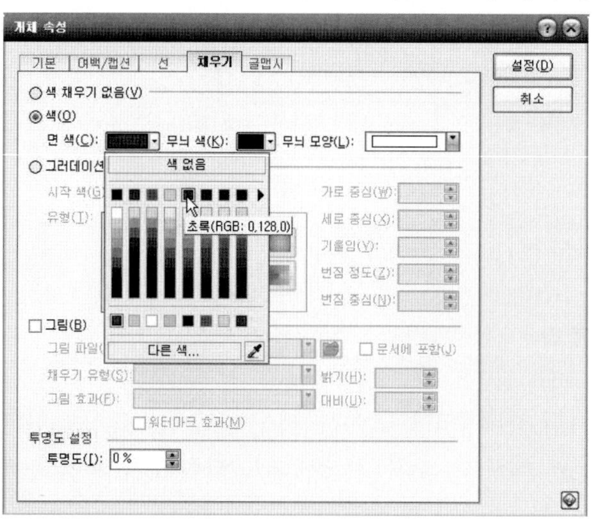

Step 3: 도형(원-크기(35x35mm)

▪ 그림으로 채우기, 개체 묶기

① 그리기 도구 모음에서 '타원'을 선택합니다.

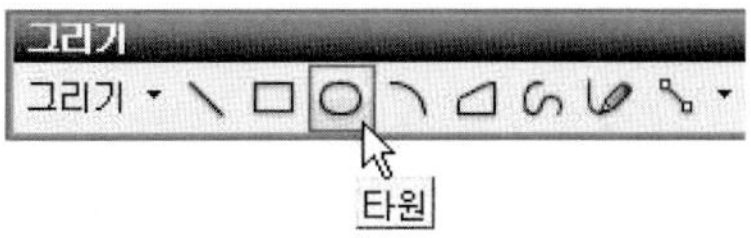

② 편집 화면에 원을 그린 후 타원을 선택하고 마우스 오른쪽을 눌러 [개체 속성]을 선택합니다. 또는 타원을 더블클릭합니다.

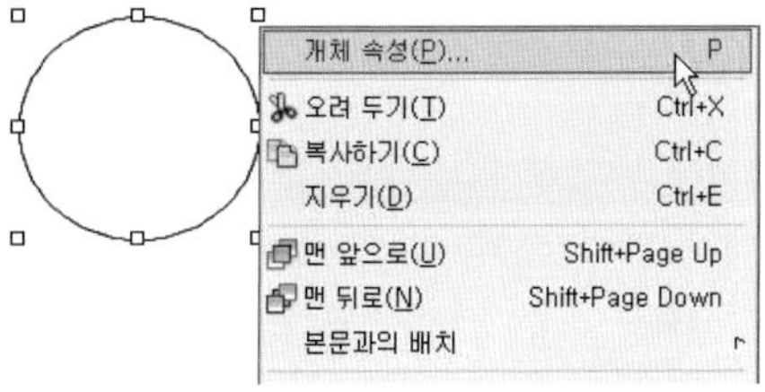

③ '개체 속성' 대화상자의 [기본] 탭에서 크기를 설정합니다.

④ [채우기] 탭에서 그림을 선택하고 채우기 유형(가운데로)을 설정한 후 [설정] 단추를 누릅니다.

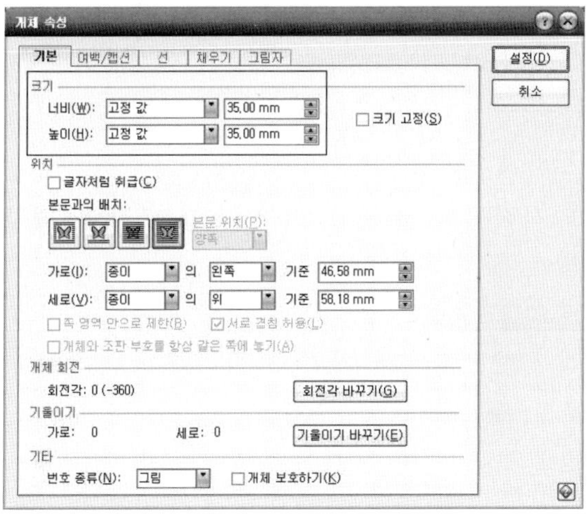

⑤ 동일한 방법으로 세 개의 원에 각각 그림으로 채우기 합니다.

⑥ 그리기 서식 도구 모음의 '개체 선택( )'을 눌러 세 개의 원을 모두 선택한 후, '개체 묶기'를 실행합니다.

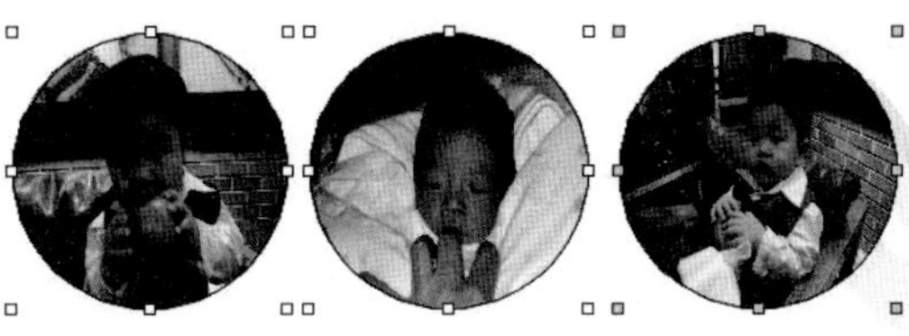

Step 4: 도형(사각형, 크기(120x15mm), 선없음, 채우기: 그러데이션(오른쪽 대각선))

① 그리기 도구 모음에서 '사각형'을 선택하고 편집 화면에 사각형을 그린 후 마우스 오른쪽을 눌러 [개체 속성]을 선택합니다. 또는 사각형을 더블클릭합니다.

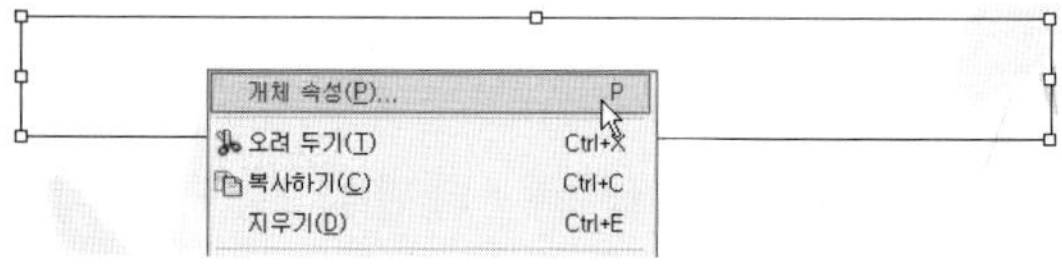

② '개체 속성' 대화 상자의 [기본] 탭→[크기]에서 너비(120), 너비(15)를 설정하고 [선] 탭→[선종류]→'선없음'을 선택합니다.

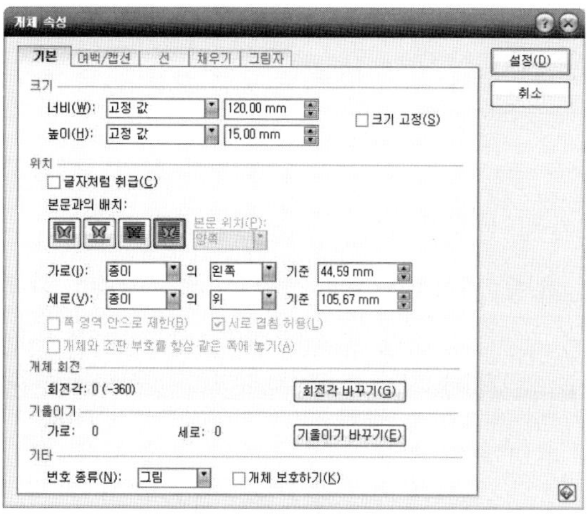

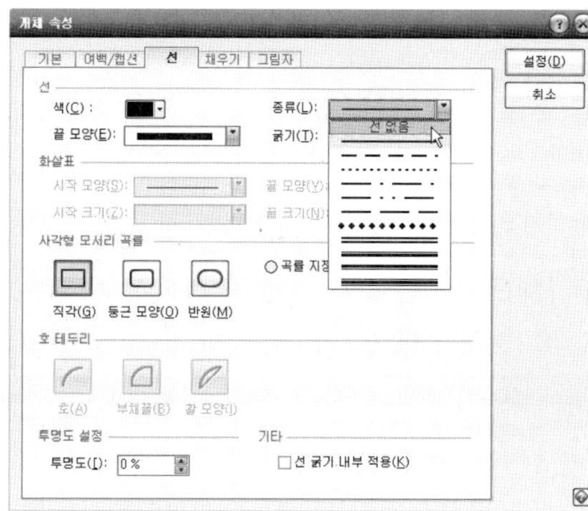

③ [채우기] 탭에서 '그러데이션'을 선택하고 시작색과 끝색 그리고 유형(오른쪽 대각선)을 선택합니다.

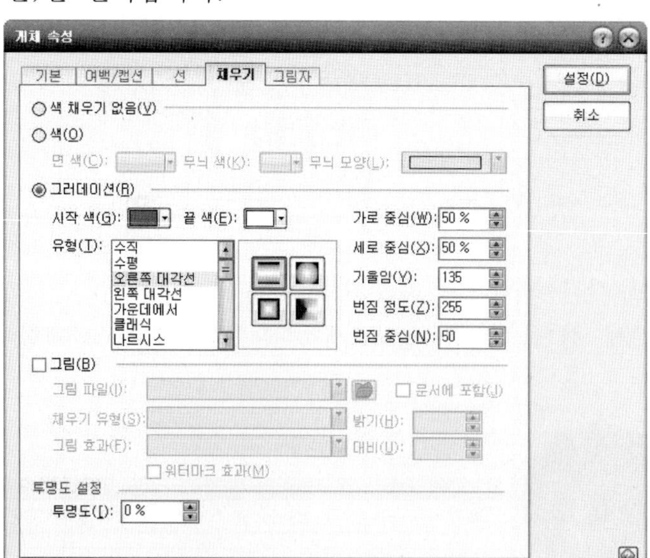

Step 5: 도형(둥근 사각형)

- 크기(120x40mm)
- 채우기: 그러데이션(가운데서)
- 그림자: 왼쪽 위

① 그리기 도구 모음에서 '사각형'을 선택하고 편집 화면에 사각형을 그립니다. 마우스 오른쪽을 눌러 [개체 속성]을 선택합니다. 또는 사각형을 더블클릭합니다.

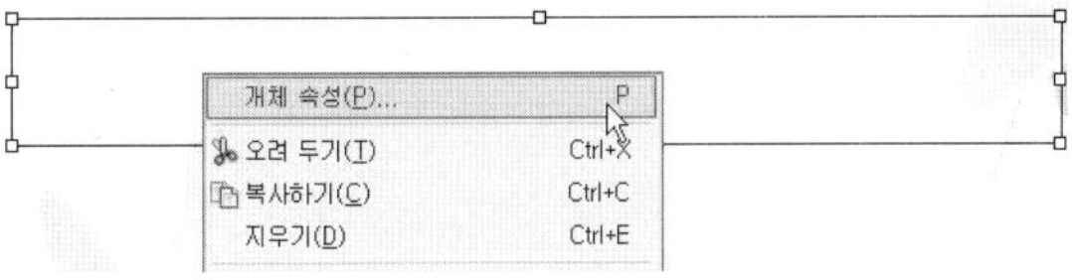

② [기본] 탭에서 크기(너비 120, 너비 40)를 설정하고 [선] 탭에서 사각형 모서리 곡률을 '둥근 모양'으로 설정합니다.

③ [채우기] 탭에서 그러데이션의 시작색과 끝색을 선택한 후 유형(가운데서)을 선택합니다.

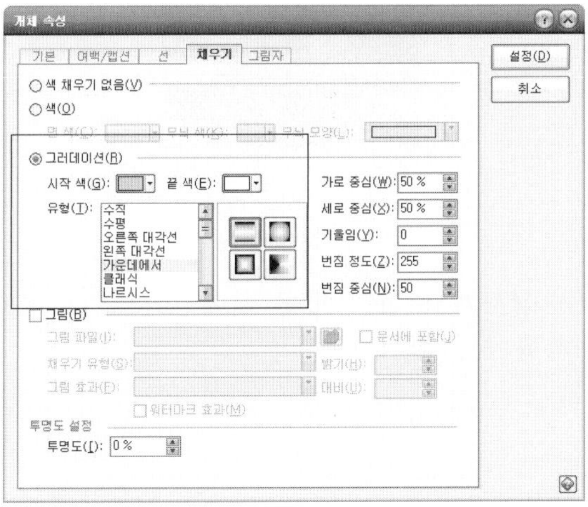
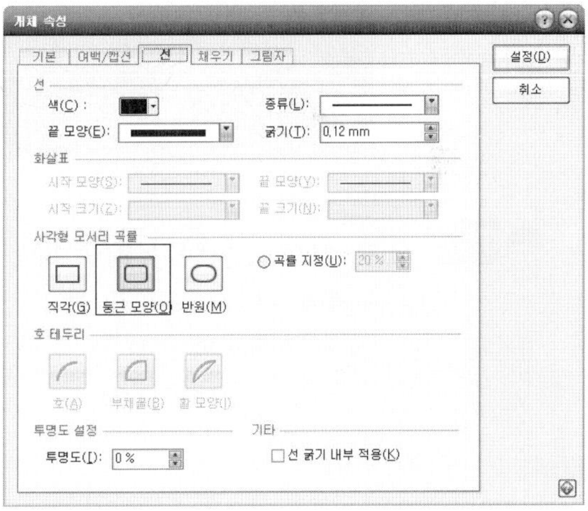

④ [그림자] 탭에서 '왼쪽 위'를 선택합니다.

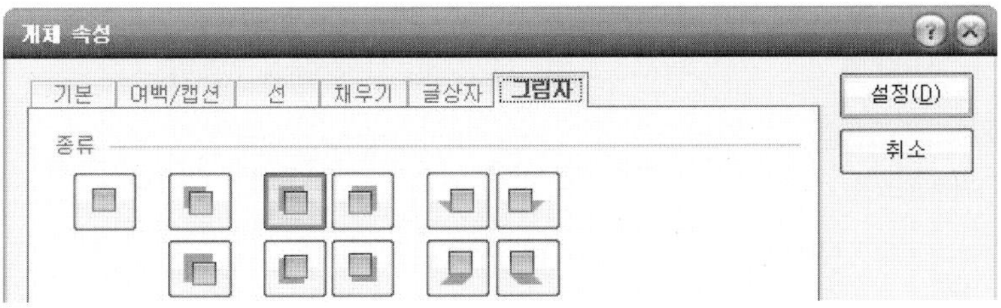

Step 6: 그림 편집(자르기로 수정, 크기(40x40mm))

① [입력]→[개체]→[그림]을 선택한 후 해당 그림을 그립니다.

② 그림을 선택한 후 '그림 도구 모음'에서 자르기를 선택하고 자르기 조절 표시(┏, ━)를 마우스로 끌어서 자르기 합니다.
또는 그림에서 Shift 키를 누른 상태에서 크기 조절점을 조절하면 그림을 자를 수 있습니다.

Tip 도구 상자가 보이지 않을 때는?

- 화면에 서식, 그리기 등의 도구 상자가 보이지 않을 때에는 [보기]→[도구 상자]에서 해당 도구 모음을 선택합니다.

Step 7: 도형(반원)

- **크기(140x50mm), 선: 없음, 채우기:색**
- **텍스트 정렬: 오른쪽 정렬, 오른쪽 여백(50)**

① 그리기 도구 모음에서 '사각형'을 선택하고 편집 화면에 사각형을 그립니다.

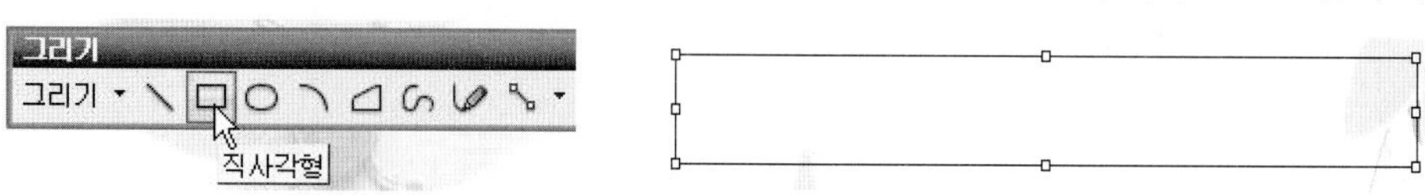

② 그려진 사각형을 선택한 후 마우스 오른쪽을 눌러 [개체 속성]을 선택합니다. 또는 사각형을 더블클릭합니다.

③ [기본] 탭에서 크기(너비 140, 너비 50)를 설정합니다.

④ [선] 탭에서 종류(선 없음), 사각형 모서리 곡률을 '반원'으로 설정합니다.

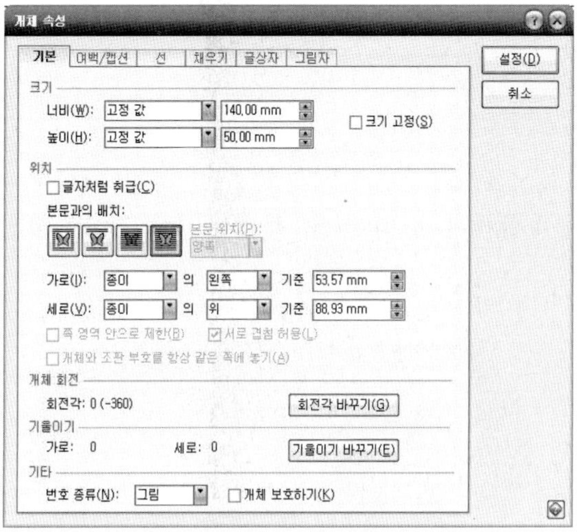

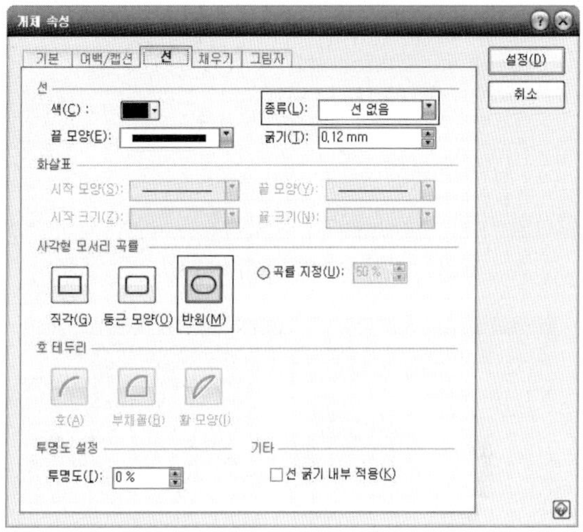

⑤ [채우기] 탭에서 면색을 선택합니다.

⑥ 내용을 입력한 후 [모양]→[문단 모양]에서 정렬 방식(오른쪽 정렬)과 여백(오른쪽 여백: 50)을 각각 설정합니다.

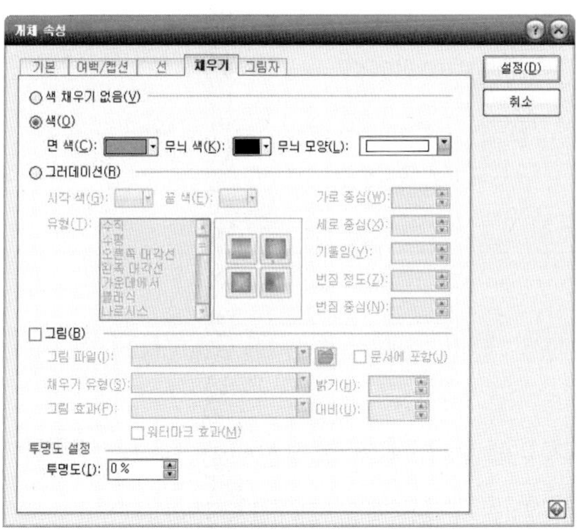

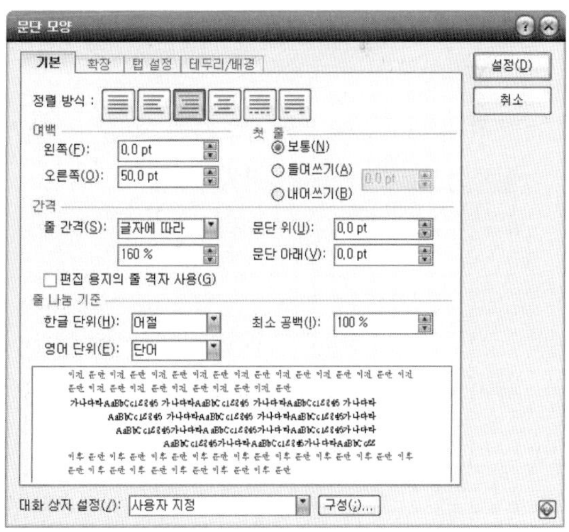

Step 8: 그림 회전

① [입력]→[개체]→[그림]을 선택하고 해당 그림을 입력합니다.
입력된 그림을 선택하고 마우스 오른쪽을 눌러 [본문과의 배치]→[글 앞으로]를 선택합니다.

② 입력된 그림을 선택한 후 그림 도구 상자에서 '개체 회전'을 선택하고 회전 조절점을 돌려 그림을 회전합니다.

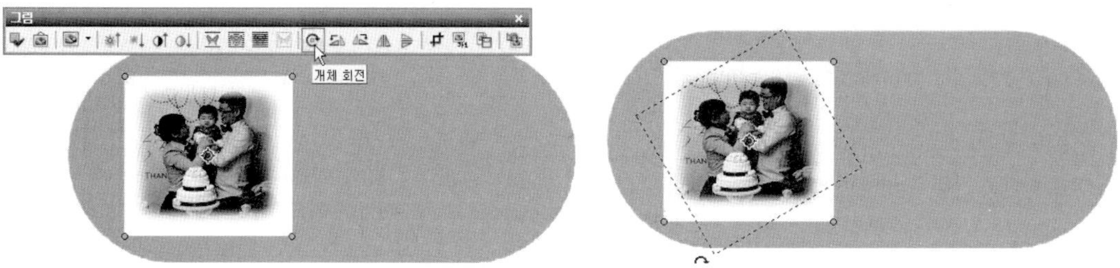

Step 9: 글머리표

- **도형: 사각형 , 선 모양, 색 채우기**
- **텍스트: 그림 글머리표, 그림 : 글자처럼 취급**

① 그리기 도구 모음에서 '사각형'을 선택하고 편집 화면에 사각형을 그립니다.

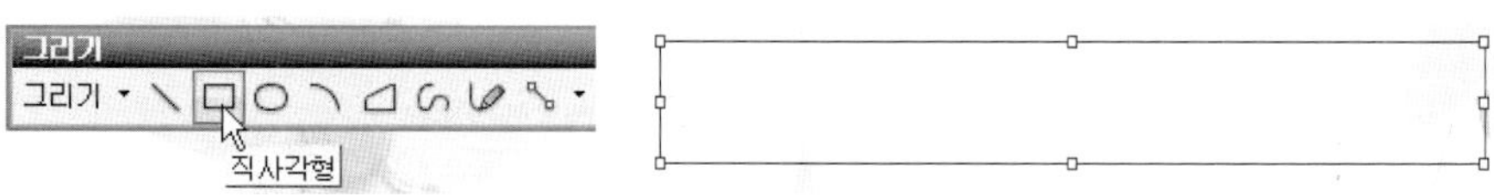

② 그려진 사각형을 선택한 후 마우스 오른쪽을 눌러 [개체 속성]을 선택합니다. 또는 사각형을 더블클릭합니다.

③ [선] 탭에서 종류(----)를 선택하고, [채우기] 탭에서 색을 설정합니다.

④ 입력된 상자를 선택한 후 마우스 오른쪽을 눌러 [글상자로]를 선택합니다.

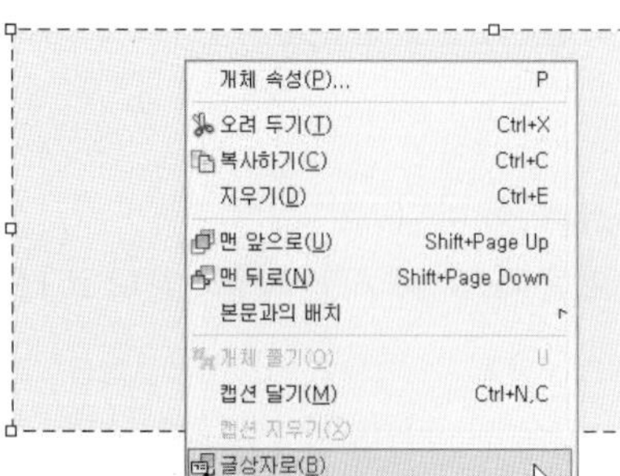

⑤ 내용을 입력하고 입력된 내용을 마우스로 블록 설정한 후 마우스 오른쪽을 눌러 [문단 번호 모양]→ [그림 글머리표]를 선택한 후 해당 그림을 선택합니다.

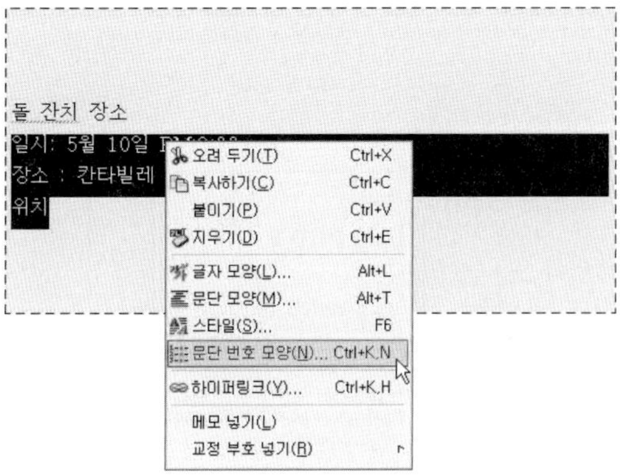

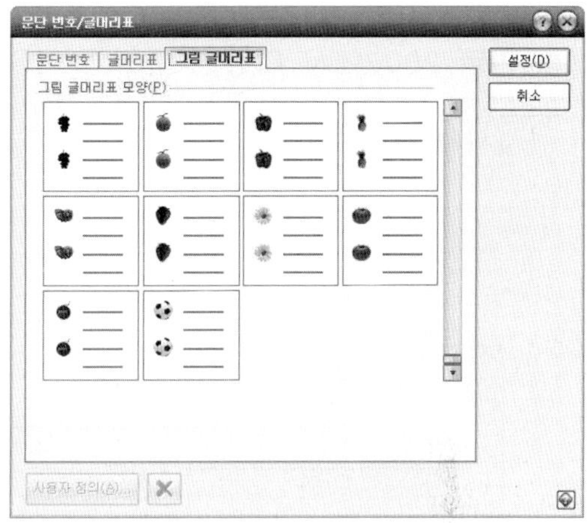

⑥ [입력]→[개체]→[그림]을 선택한 후 해당 그림을 입력합니다.

⑦ 삽입된 그림을 더블클릭한 후 '개체 속성' 대화상자의 [기본] 탭에서 [글자처럼 취급]을 선택합니다.

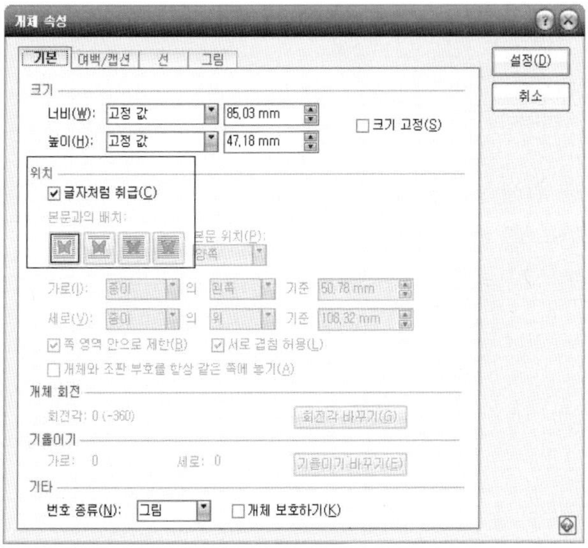

13. 연습 문제

● 한글 2007에서 다양한 도형을 이용하여 아래 문서를 작성해 봅니다.

[지시사항]

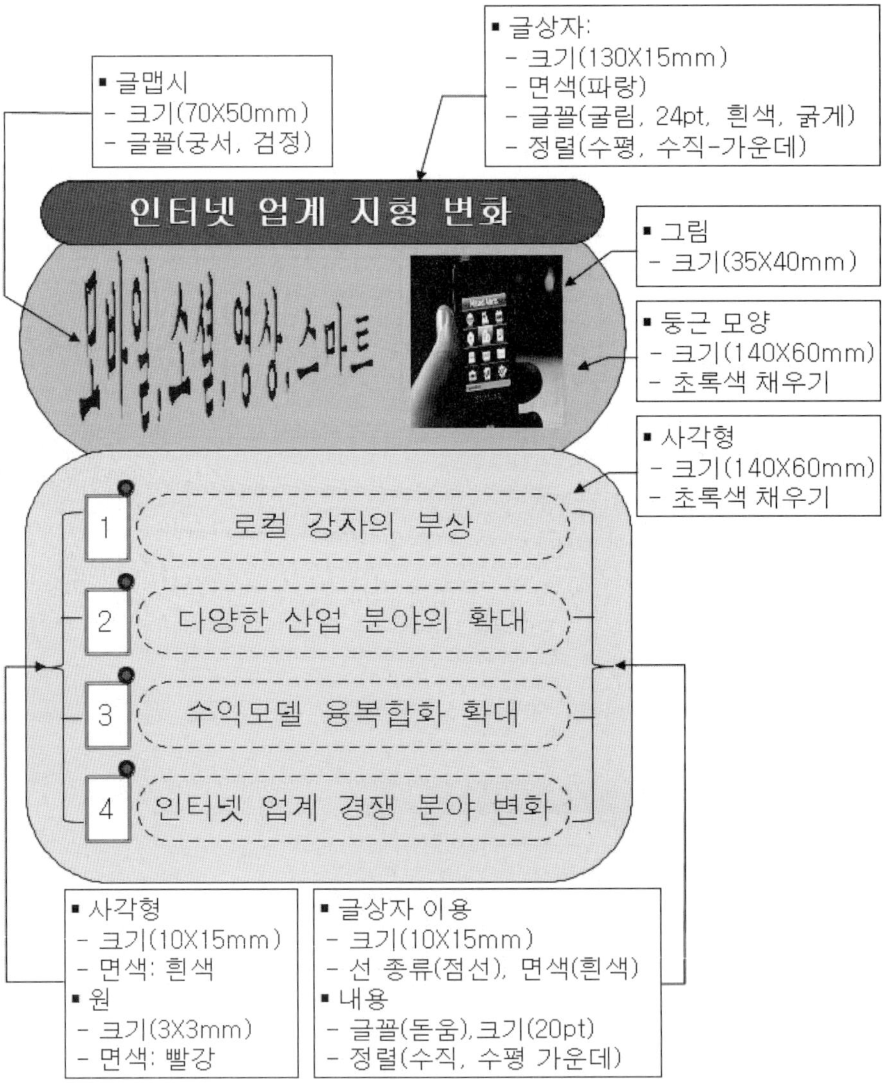

PART 02 파워포인트(PowerPoint) 2007

파워포인트 01. 제목, 텍스트 슬라이드 작성

1. 파워포인트(PowerPoint) 2007 시작하기

파워포인트 2007은 발표하고자 하는 내용을 청중하게 효과적으로 전달할 수 있는 발표 자료를 만드는데 필요한 프레젠테이션 프로그램입니다. 파워포인트 2007은 학교에서의 과제물, 보고서뿐만 아니라 회사에서의 제안서 및 사업계획서 발표 등 다양한 분야에서 사용되고 있으므로 반드시 다룰 줄 알아야하는 프로그램 중 하나가 되었습니다.

업그레이드된 파워포인트 2007은 프레젠테이션 문서를 고급스럽게 편집할 수 있는 기능이 많아지고 사용 방법도 편리해졌습니다. 특히 다양한 그림효과와 입체적인 도형을 작성할 수 있는 3차원 효과 등을 이용하여 생동감 있는 슬라이드를 작성할 수 있게 되었습니다.

1.1 파워포인트 2007 시작/종료

1.1.1 파워포인트 2007 시작하기

파워포인트를 실행하기 위해서는 [시작] 메뉴를 이용하거나 바탕화면의 '바로 가기 아이콘'을 더블 클릭합니다.

■ [시작] 메뉴로 파워포인트 2007 시작하기

윈도우 왼쪽 하단의 시작 버튼을 누른 다음 [프로그램]→[Microsoft Office]→[Microsoft Office PowerPoint 2007]을 선택합니다.

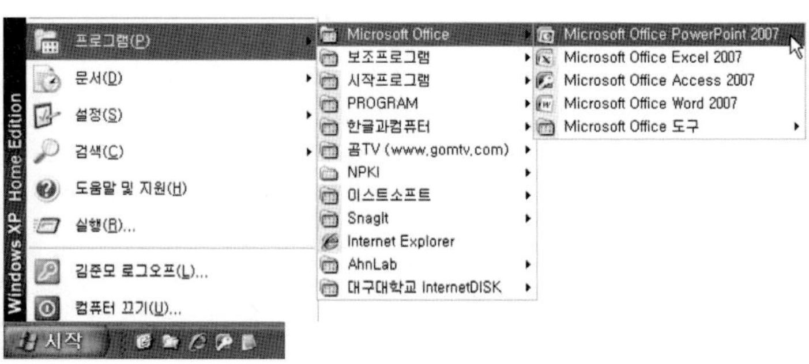

■ 바탕화면 '바로가기 아이콘' 으로 파워포인트 2007 시작하기

바탕화면의 파워포인트 '바로 가기 아이콘'을 더블 클릭하여 실행합니다.

1.1.2 파워포인트 2007 끝내기

현재 작업 중인 파워포인트 문서 작업을 마치거나 프로그램을 끝내기 위해서는 [오피스단추 ( )]를 눌러 종료합니다. 또는 파워포인트 프로그램 우측 상단의 [창 조절 단추]의 [닫기(×)]를 누릅니다.

■ [오피스단추( )]로 파워포인트 프로그램 종료하기

파워포인트 2007 프로그램의 왼쪽 상단의 [오피스 단추( )]를 클릭하고 [닫기]를 클릭합니다.

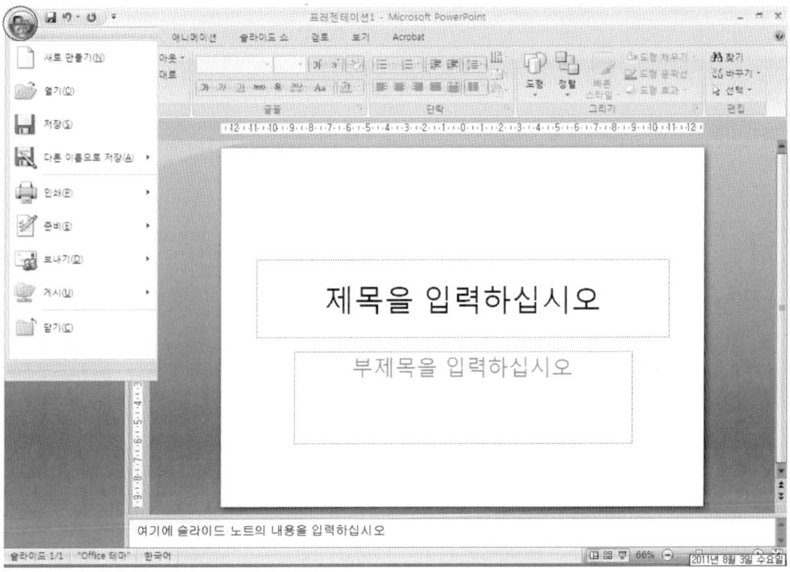

■ [창 조절 단추]로 파워포인트 프로그램 종료하기

제목 표시줄 오른쪽 상단의 [창 조절 단추]에서 [닫기(×)]를 클릭하여 파워포인트 2007 문서 작성을 종료하거나 프로그램을 닫습니다.

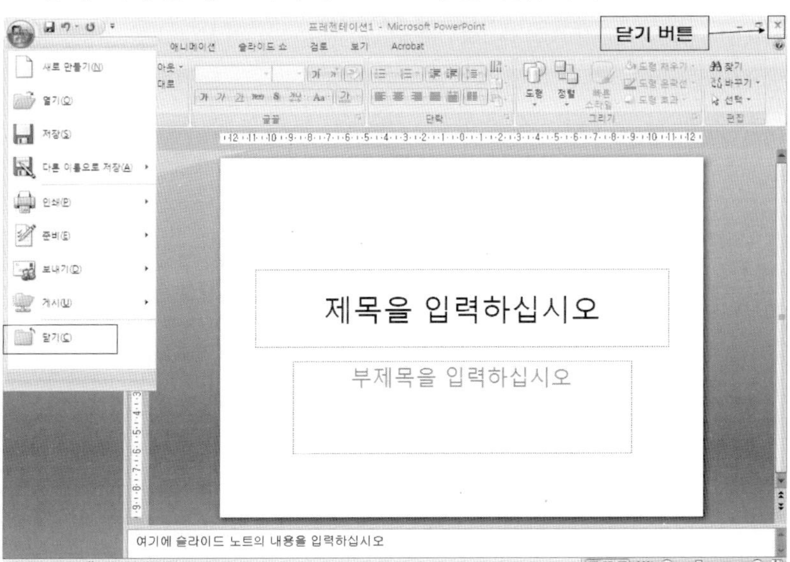

1.2 파워포인트 2007 화면 메뉴 살펴보기

1.2.1 파워포인트 2007 화면 구성

파워포인트 2007을 실행하면 아래와 같은 화면을 볼 수 있습니다.

① 오피스 단추( ): 파일 열기, 저장, 인쇄 등 문서와 관련된 기본 작업 기능들에 관련된 메뉴들로 구성

② 빠른 실행 도구 모음: 사용자가 자주 사용하는 기능을 모아두는 도구함으로 사용자가 임의대로 원하는 메뉴를 추가하거나 삭제 가능

③ 제목 표시줄: 현재 편집 중인 문서의 파일명을 표시

④ 메뉴 탭: 리본 메뉴들을 모아놓은 메뉴

⑤ 리본 메뉴: 슬라이드를 작성 시 필요한 기능들을 탭 형태로 모아둔 하위 메뉴

⑥ 그룹: 리본 메뉴 안의 명령을 기능별로 분류하여 묶어놓은 것

⑦ 슬라이드 및 개요 축소판 창: 슬라이드 탭을 클릭하면 각 슬라이드를 작은 그림으로 표시하고, 개요 탭을 클릭하면 슬라이드 텍스트를 표시하는 창

⑧ 슬라이드 창: 실제로 슬라이드를 편집하는 작업 영역

⑨ 슬라이드 노트 창: 텍스트를 입력하는 공간으로 슬라이드 내용에 대한 부연 설명 혹은 내레이션을 입력하는 영역

⑩ 상태 표시줄: 현재 슬라이드 순서, 전체 슬라이드, 슬라이드 디자인 이름 표시
⑪ 화면 보기 단추: 기본, 여러 슬라이드, 슬라이드 쇼 보기 형태로 화면 보기
⑫ 화면 크기 조절 도구: 창에 표시된 슬라이드의 크기를 조절

> **Tip 파워포인트 2007 메뉴 선택을 키보드로(단축 키)!**
> - 파워포인트 2007에서는 키보드 Alt를 누르면 파워포인트의 각 메뉴에 작은 글자 기호가 표시 됩니다. 해당 키를 누르면 메뉴를 실행할 수 있는 단축키입니다.

■ **슬라이드 보기**

파워포인트 오른쪽 하단에 위치한 화면 보기, 확대/축소 단추를 눌러 다양한 화면 보기를 할 수 있습니다.

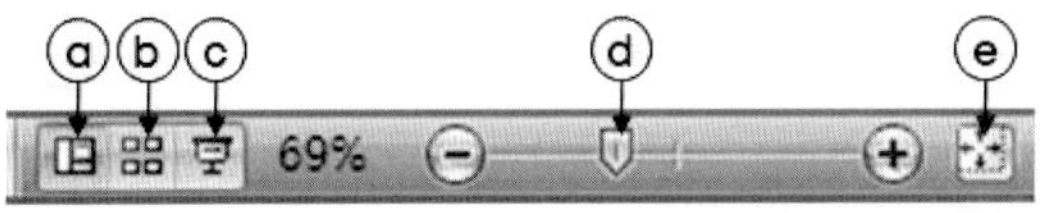

<기본 보기>

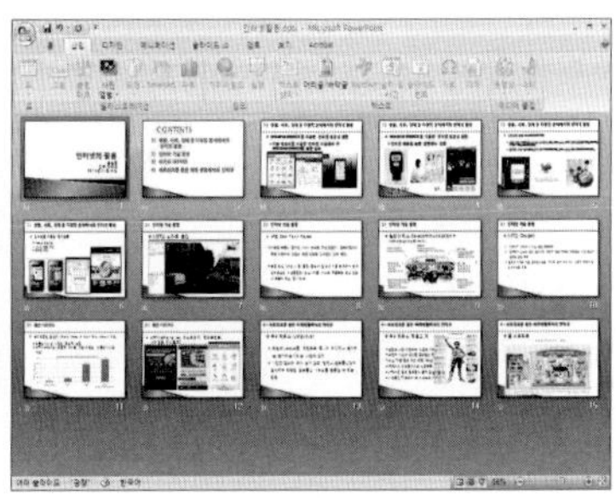

<여러 슬라이드 보기>

<슬라이드 쇼 보기>

ⓐ 기본 보기: 일반적으로 슬라이드를 작업할 때 사용하는 편집 보기
ⓑ 여러 슬라이드 보기: 전체 슬라이드를 작은 화면으로 한꺼번에 보여주며 슬라이드 복사나 이동 등의 작업을 할 때 편리. 특정 슬라이드를 더블클릭하면 해당 슬라이드를 기본 보기 상태로 전환
ⓒ 슬라이드 쇼 보기(F5): 완성된 슬라이드를 전체 화면으로 보기
ⓓ 확대/축소: 마우스를 드래그하여 슬라이드 크기를 확대/축소
ⓔ 현재 창 크기에 맞춤: 편집중인 슬라이드의 크기를 현재 창의 크기에 최대한 적합하게 맞춤

> **Tip 키보드로 화면 확대/축소를 쉽게!**
> - Ctrl 키를 누른 상태에서 마우스 휠을 움직이면 슬라이드의 크기를 확대/축소 할 수 있습니다.

1.2.2 리본 메뉴 최소화/추가

빠른 실행 도구 모음의 화살표(▾) 버튼을 누른 뒤 [리본 메뉴 최소화] 단추를 눌러 리본 메뉴를 숨기거나 항상 표시합니다.

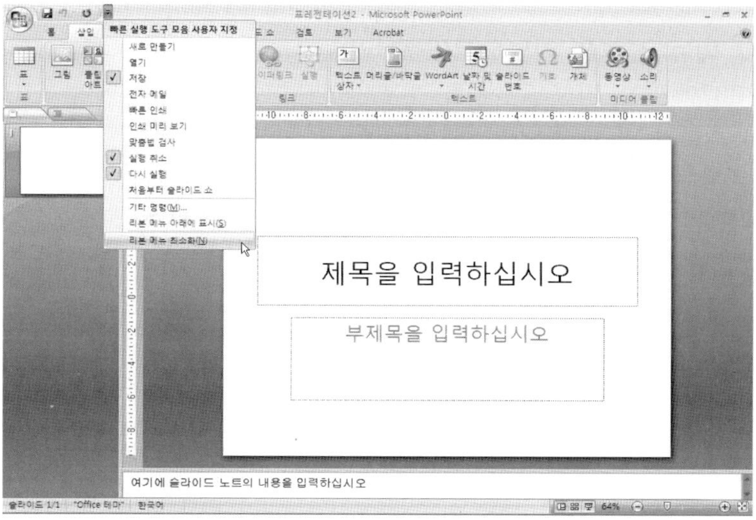

1.2.3 리본 메뉴 살펴보기

Tip 상황별 리본 메뉴 보기!

- 파워포인트 2007에서는 텍스트 상자, 개체 등을 선택하여 더블 클릭하면 리본 메뉴가 상황별로 자동으로 바뀌면서 관련 메뉴들이 나타납니다.

■ **[홈] 탭**

홈 탭에는 글꼴, 슬라이드, 글꼴, 단락, 그리기, 편집 그룹이 있습니다. 복사, 새 슬라이드, 글꼴 서식 설정, 단락 설정 및 그리기 개체의 속성 설정 작업 등을 지원합니다.

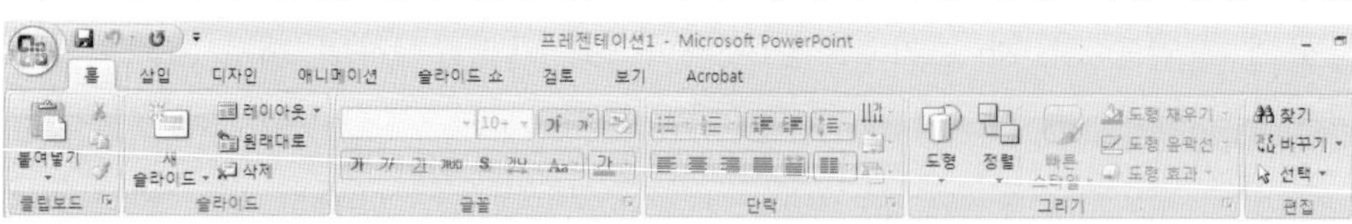

■ **[삽입] 탭**

표 작성, 그림, 클립아트, 도형 입력, 하이퍼링크, 텍스트 관련 작업, 멀티미디어 개체 등을 입력할 수 있습니다.

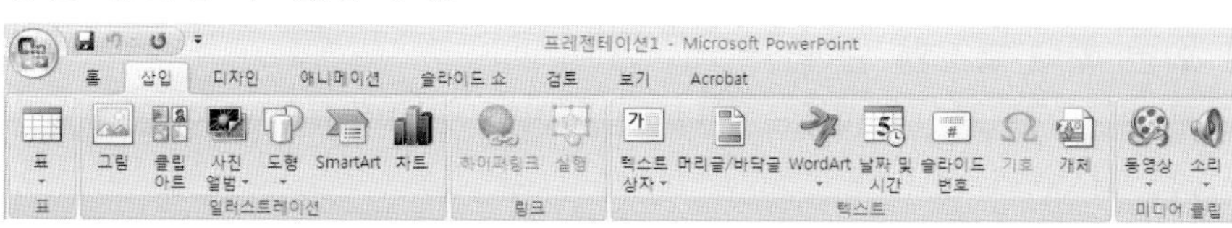

■ [디자인] 탭

페이지 설정, 슬라이드 디자인, 배경 등을 설정할 수 있습니다.

■ [애니메이션] 탭

다양한 애니메이션 효과 설정, 슬라이드 화면 전환 효과 등을 설정할 수 있습니다.

■ [슬라이드 쇼] 탭

슬라이드 쇼 실행과 세부 설정을 할 수 있습니다.

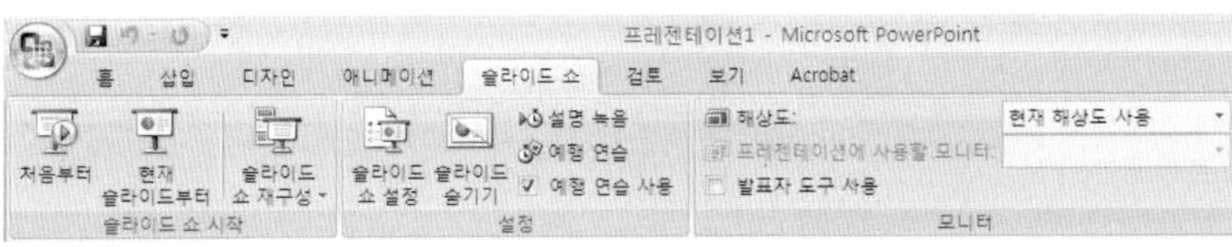

■ [검토] 탭

맞춤법 검사와 한자번역 기능 및 리서치 서비스가 있으며 주석을 사용하여 프레젠테이션을 검토하도록 한 다음 구성원이 작성한 메모를 검토하는 기능이 있습니다.

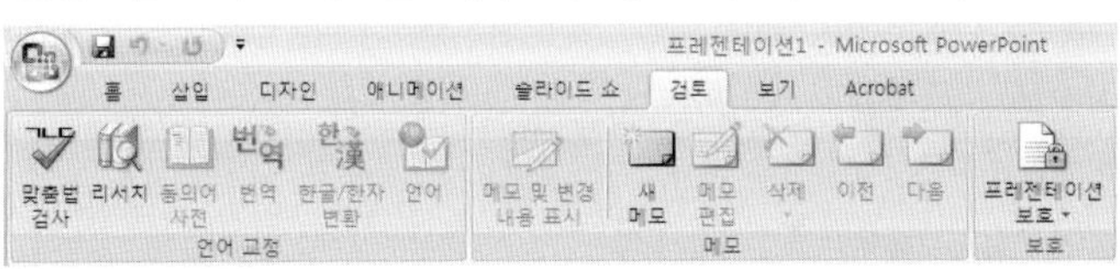

■ [보기] 탭

다양한 방법으로 프레젠테이션 보기를 지정할 수 있으며 슬라이드 편집 시 화면에 눈금선을 표시/해제 할 수 있습니다. 열려 있는 여러 슬라이드를 정렬할 수 있습니다.

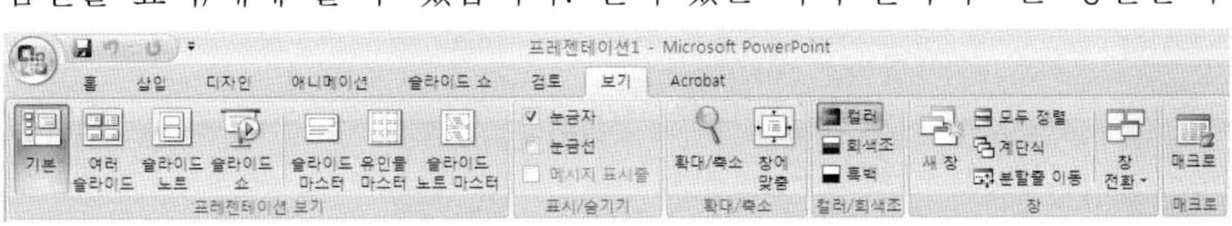

2. 새 프레젠테이션 작성

프레젠테이션을 위한 슬라이드를 새로 만드는 방식은 주로 새 프레젠테이션 작성과 서식 파일을 이용한 작성 두 가지의 방법을 사용합니다.

2.1 새 프레젠테이션을 이용한 슬라이드 만들기

파워포인트 2007을 실행하면 디자인이 적용되지 않은 기본 서식 상태의 새로운 슬라이드가 나타납니다.

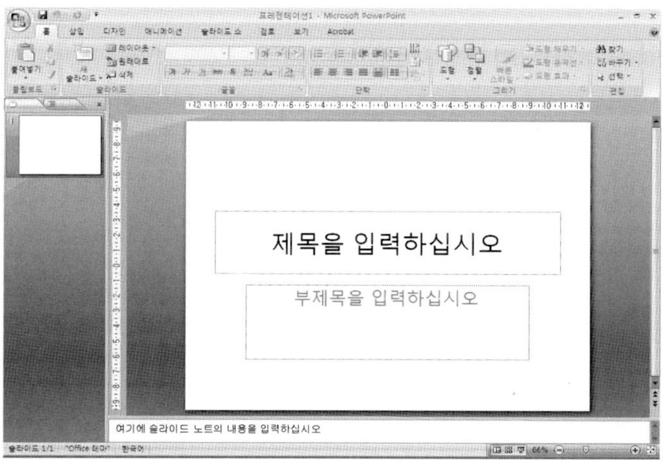

■ **페이지 설정**

슬라이드 용지 크기 방향등을 설정할 수 있습니다.

① [디자인] 탭→ [페이지 설정] 그룹→ [페이지 설정]을 선택합니다.

② '페이지 설정' 대화 상자에서 슬라이드 크기와 방향 등을 설정합니다.

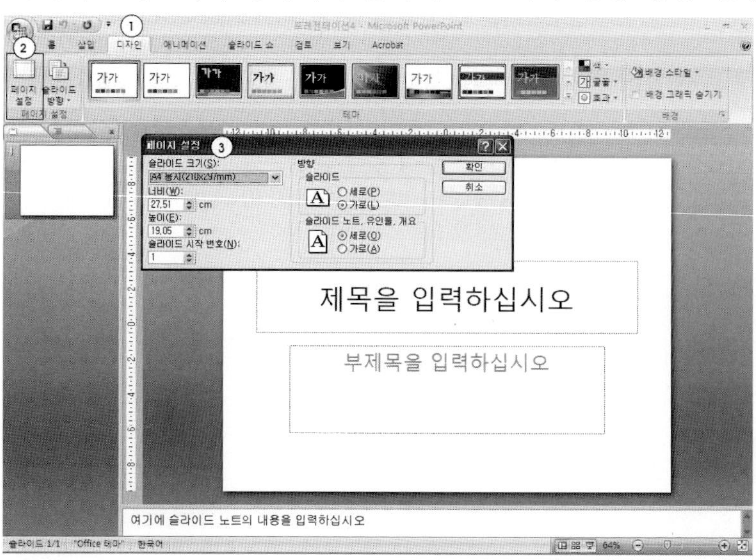

2.2 서식 파일을 이용한 슬라이드 만들기

새 슬라이드를 작성할 때 배경색, 배경 이미지, 글자 색등이 미리 디자인된 테마가 적용된 슬라이드를 사용하여 사용자가 편리하게 작업할 수 있습니다.

[오피스 단추]→[새로 만들기]→[설치된 테마]를 선택합니다. 설치된 테마 중에서 작성하고자 하는 내용과 적합한 테마를 선택하여 슬라이드를 작성합니다.

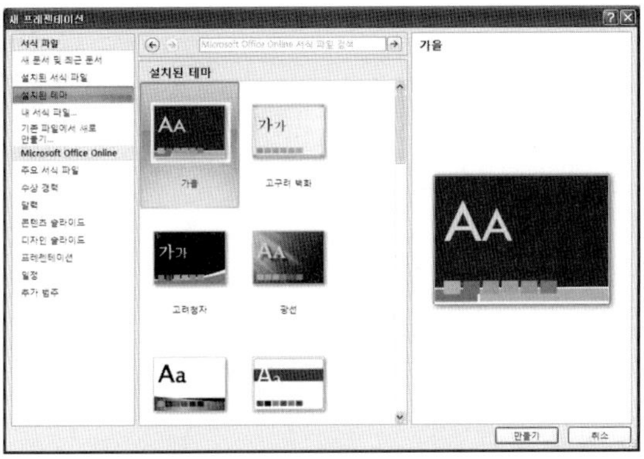

3. 슬라이드 디자인(테마) 적용

슬라이드 디자인(테마)은 문서 배경, 제목 및 본문 텍스트 글꼴, 선 및 채우기 스타일 등이 미리 설정된 통합 디자인 요소 집합입니다.

3.1 디자인(테마) 적용

① [디자인] 탭→ [테마] 그룹에서 원하는 문서 테마를 클릭하거나 자세히 ( ) 버튼을 클릭하여 사용 가능한 모든 문서 테마를 표시합니다.

② 원하는 테마 위에 마우스를 올리면 테마의 이름이 보이고 해당 테마가 슬라이드에 바로 적용된 모양을 볼 수 있습니다.

3.2 온라인 디자인 서식 적용

마이크로소프트(Microsoft) 에서는 온라인을 통해 다양한 프레젠테이션 서식 디자인을 제공합니다.

① [디자인]탭→[테마] 그룹에서 다양한 서식 디자인을 확인 할 수 있습니다.

② 자세히( ) 버튼을 클릭하여 [Microsoft Office Online의 다른 테마]를 선택하면 오피스 온라인 사이트로 자동 이동합니다.

③ [디자인 슬라이드]에서 범주를 선택하면 하위에 다양한 슬라이드 디자인을 볼 수 있습니다. 주제에 어울리는 서식을 선택하여 다운로드하면 새로운 프레젠테이션 파일이 생성됩니다.

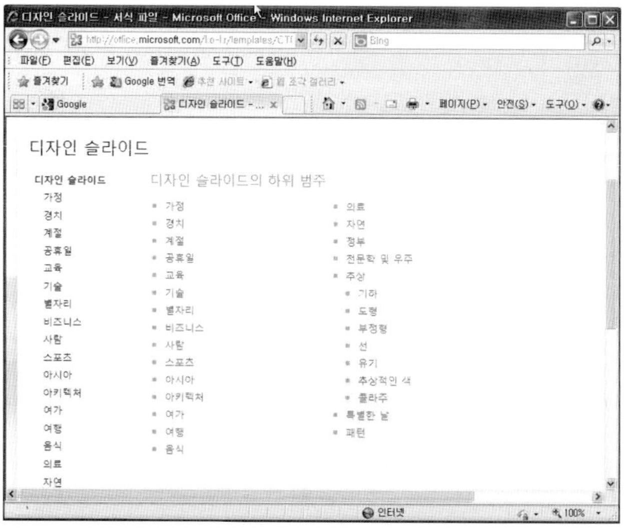

4. 프레젠테이션 문서 저장

[오피스 단추]를 클릭 한 후 [저장] 또는 [다른 이름으로 저장]을 선택하거나, 빠른 실행 도구 모음의 저장 아이콘을 클릭합니다.

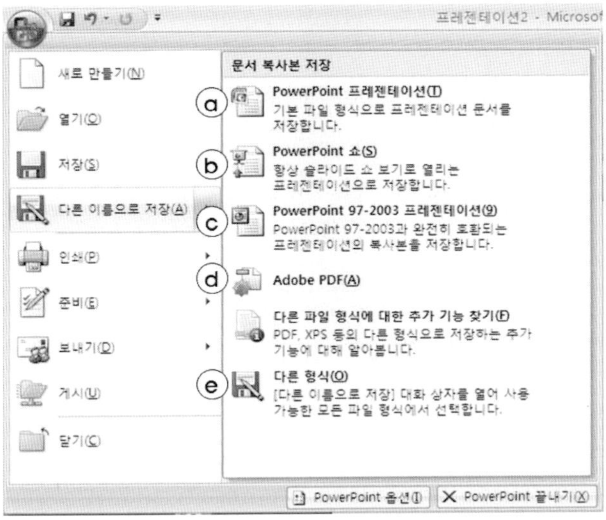

ⓐ PowerPoint 프레젠테이션: 기본 파일 형식(*.pptx)으로 프레젠테이션 문서 저장
ⓑ PowerPoint 쇼: 프레젠테이션 슬라이드 쇼 형태로 바로 볼 수 있도록 저장
ⓒ PowerPoint 97-2003 프레젠테이션: 파워포인트 2007 버전의 문서를 파워포인트 2003에서 열수 있도록 저장
ⓓ Adobe PDF: 다른 사람으로 하여금 슬라이드를 편집할 수 없도록 슬라이드의 컨텐츠를 보호하기위해 파워포인트 슬라이드를 PDF 문서 형식으로 저장
ⓔ 다른형식: 파워포인트 슬라이드를 HTML, 디자인 슬라이드, 그림 등 여러 형태의 다른 문서로 저장

5. 슬라이드 편집

5.1 슬라이드 추가

5.1.1 Enter↵키로 새 슬라이드 추가

슬라이드 개요 창의 작은 슬라이드를 선택한 후 키보드 Enter↵를 누르면 새 슬라이드가 추가 됩니다.

5.1.2 메뉴를 이용하여 슬라이드 추가

'슬라이드및 개요 축소판 창'에서 추가하고자 하는 슬라이드 앞에 위치한 작은 슬라이드를 선택한 후 마우스 오른쪽 버튼을 눌러 [새 슬라이드]를 선택합니다.

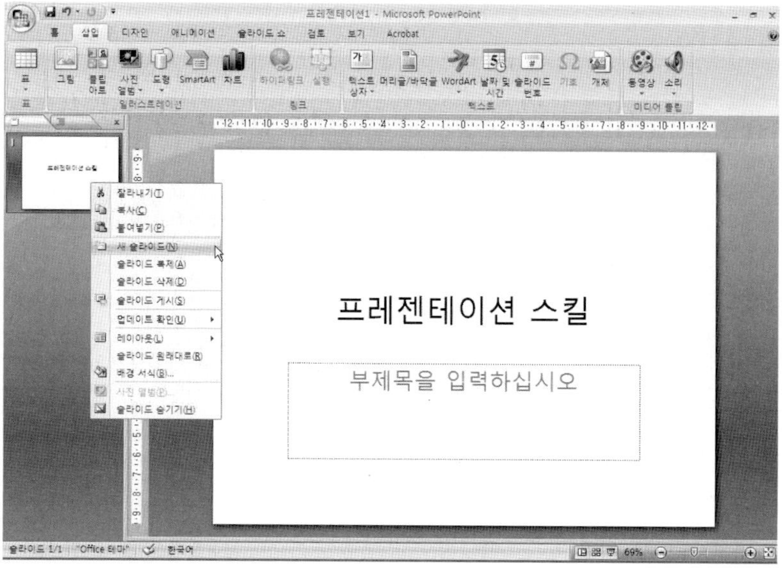

5.2 슬라이드 삭제

프레젠테이션에서 슬라이드를 삭제하려면 [홈] 탭→[슬라이드] 그룹→[슬라이드 삭제 삭제)]를 누릅니다. 또는 '슬라이드 개요 창'에서 삭제할 슬라이드를 선택한 후 마우스 오른쪽 단추를 눌러 [슬라이드 삭제]를 선택하면 슬라이드가 삭제됩니다.
삭제할 슬라이드를 선택하고 키보드의 Delete를 눌러도 슬라이드가 삭제됩니다.

5.3 슬라이드 복사

'슬라이드 및 개요 축소판 창'에서 복사하고자 슬라이드를 선택한 후 마우스 오른쪽 단추를 클릭합니다.
[복사]를 선택한 후 원하는 위치에서 [붙여넣기]를 선택합니다.

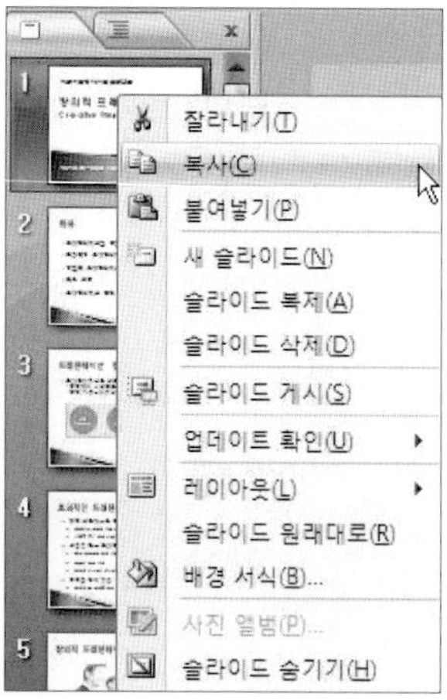

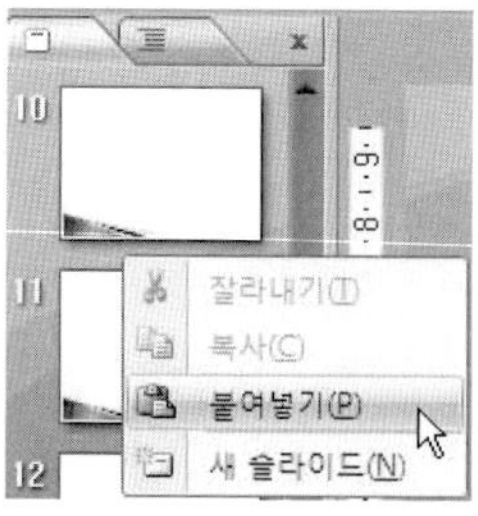

5.4 슬라이드 복제

슬라이드 복제는 [복사]와 [붙여넣기]가 동시에 실행되는 기능입니다.
'슬라이드 및 개요 축소판 창'에서 복제하고자 하는 슬라이드를 선택한 후 마우스 오른쪽 버튼을 누릅니다. [슬라이드 복제]를 선택하면 현재 선택된 슬라이드 뒤에 동일한 슬라이드가 하나 더 추가됩니다.

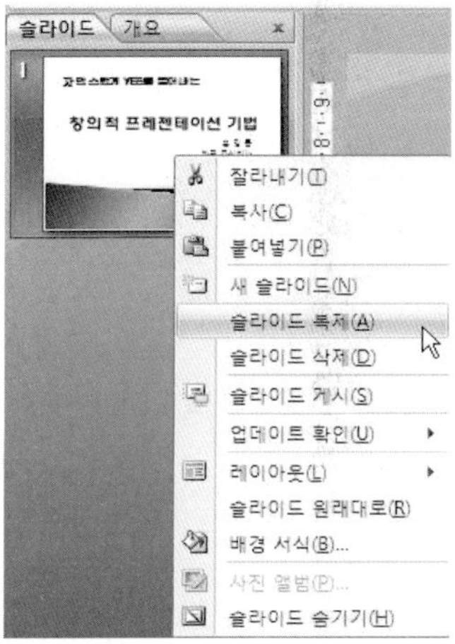

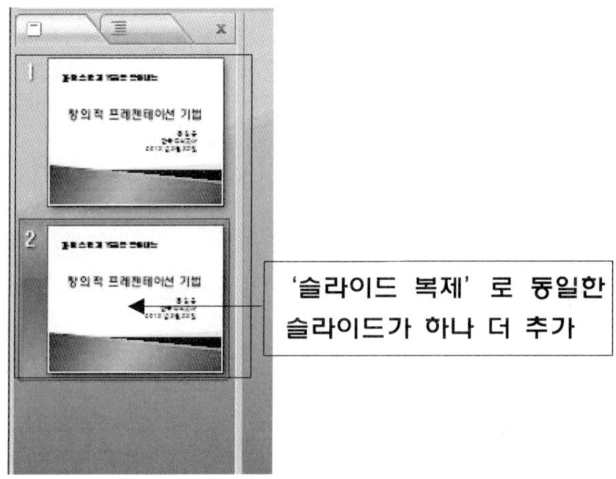

6. 슬라이드 레이아웃

레이아웃은 슬라이드에 표시될 내용의 위치와 서식을 정의한 것입니다. 슬라이드의 내용에 따라 레이아웃을 달리하여 작성할 수 있습니다.

슬라이드 편집 창의 빈곳에서 마우스 오른쪽을 눌러 [레이아웃]을 선택합니다. 내용에 맞는 레이아웃을 선택하면 슬라이드의 구성이 변경됩니다.

7. 다양한 방법으로 텍스트 입력

파워포인트에서는 텍스트를 입력할 때는 텍스트 상자나 도형 등의 개체를 삽입한 후 내용을 입력합니다.

7.1 삽입된 개체 틀에 제목 텍스트 입력

파워포인트 2007을 실행하면 자동으로 [제목 슬라이드]가 삽입됩니다. [제목 슬라이드]의 두 개체 틀에 제목과 부제목을 각각 입력합니다.
텍스트는 마우스로 개체 틀을 선택하거나, 개체 틀 내부에 마우스를 클릭하여 위치시킨 후 키보드로 내용을 입력합니다.

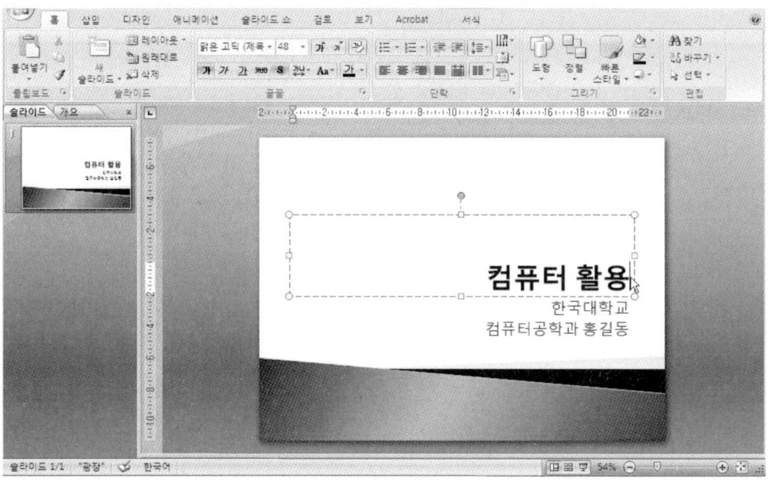

7.2 '텍스트 상자' 에 텍스트 입력

① [삽입] 탭→[텍스트] 그룹에서 [텍스트 상자]→[가로 텍스트 상자]/[세로 텍스트 상자]를 선택한 후 편집 창에 클릭합니다.

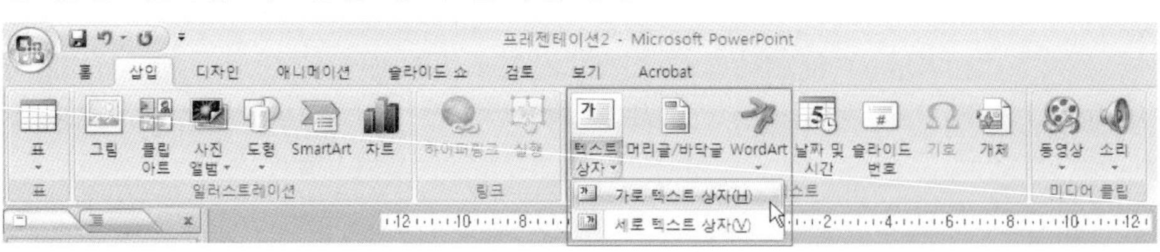

② 삽입된 텍스트 상자를 선택한 후 내용을 입력합니다.

Tip 텍스트 상자 크기!

- 편집 창에 마우스를 클릭 한 후 내용을 입력하면 텍스트의 길이에 맞게 텍스트 상자의 크기가 조정됩니다.

7.3 자동으로 업데이트되는 날짜 입력

프레젠테이션 파일을 열 때 마다 자동으로 바뀌는 날짜를 입력할 수 있습니다.

① 텍스트 상자 내부에 마우스를 클릭하고 [삽입] 탭→[텍스트] 그룹에서 [날짜 및 시간]을 클릭합니다.

② '날짜 및 시간' 대화 상자의 [사용 가능한 형식]에서 원하는 날짜 형식을 선택하고 [자동으로 업데이트]를 선택한 후 [확인] 단추를 클릭합니다.

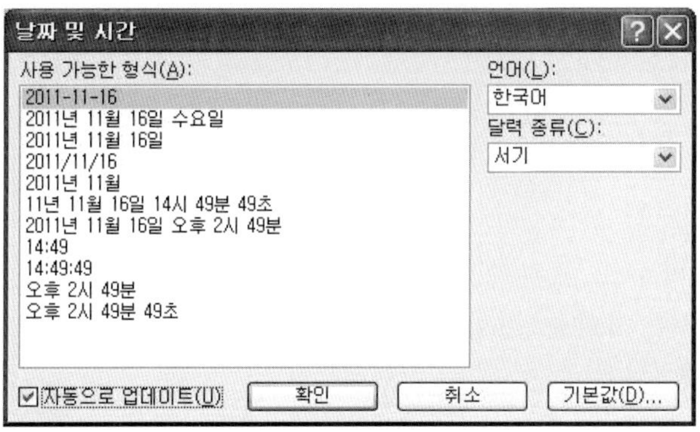

Tip

[날짜 및 시간]에서도 머리글/바닥글 입력!

- [삽입] 탭→[텍스트] 그룹→[날짜 및 시간] 메뉴는 두 가지 기능을 합니다.
- 마우스 커서 위치가 텍스트 상자 내부에 있을 때 [날짜 및 시간]을 선택하면 [날짜 및 시간] 대화 상자가 표시 됩니다.
- 마우스 커서 위치가 텍스트 상자 외부, 즉 편집 창에 있을 때 [날짜 및 시간]을 선택하면 [머리글/바닥글] 대화 상자가 표시됩니다.

7.4 도형에 텍스트 입력

① [홈] 탭→[일러스트레이션] 그룹→[도형]을 선택합니다. 삽입하고자 하는 도형을 선택한 후 편집 창의 슬라이드에 원하는 크기만큼 마우스로 그립니다.

② 도형을 선택한 후 키보드로 내용을 입력합니다.

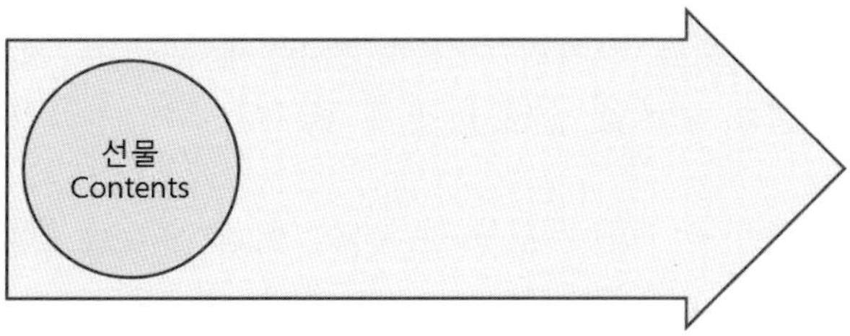

8. 텍스트 편집

8.1 글꼴 설정

텍스트에 글꼴 설정 방법은 [글꼴] 그룹을 이용하는 방법과 [미니 도구 모음]의 여러 메뉴를 이용하는 방법 두 가지가 있습니다.

■ [글꼴] 그룹에서 글꼴 설정

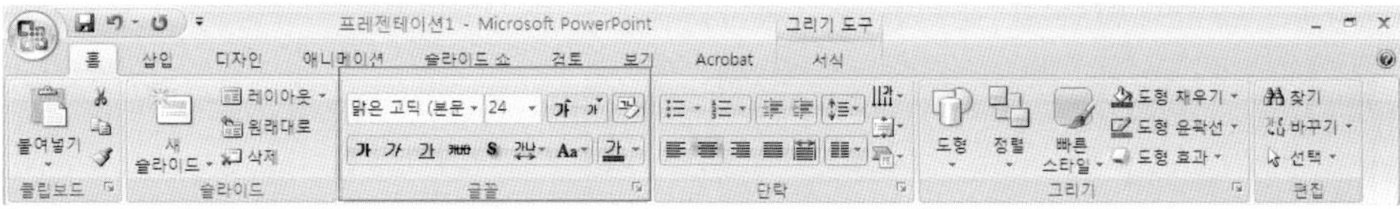

■ 미니 도구 모음에서 글꼴 설정

텍스트가 입력된 개체를 선택한 후 마우스 오른쪽을 누르면 '미니 도구 모음'이 표시됩니다. 미니 도구 모음에서 다양한 글꼴 서식을 설정을 합니다.

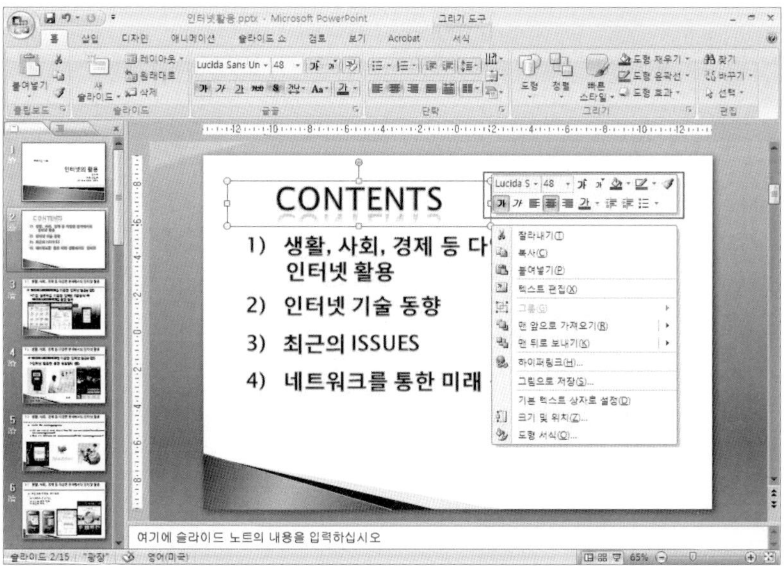

8.2 단락 설정(정렬, 줄 간격, 글머리 기호)

단락이란 Enter↵를 눌러 강제로 행을 변경하기 전까지를 의미합니다. 텍스트 상자에서 내용을 입력한 후 Enter↵키를 누르면 자동으로 글머리 기호가 붙은 새 단락이 생깁니다. 단락이 아닌 줄 바꿈은 Shift+Enter↵를 누르면 줄만 바뀌게 됩니다.

단락 설정은 [단락] 그룹을 이용하는 방법과 [미니 도구 모음]의 여러 메뉴를 이용하는 방법 두 가지가 있습니다.

■ [단락] 그룹에서 단락 설정

[홈] 탭→ [단락] 그룹에서 정렬, 줄간격, 목록 수준 늘임/줄임, 텍스트 상자의 단 변경 등을 설정할 수 있습니다.

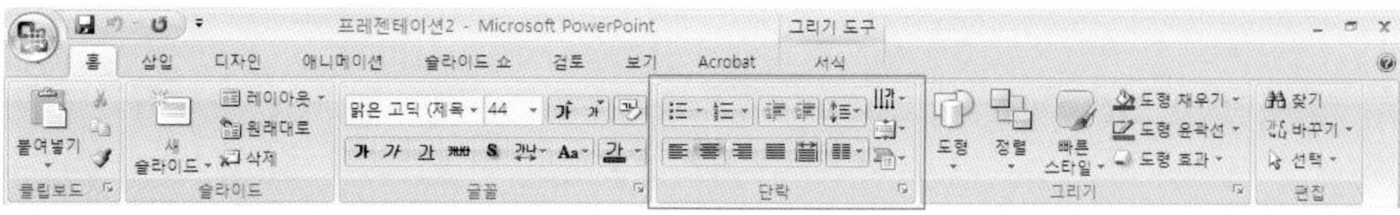

■ 미니 도구 모음에서 단락 설정

'미니 도구 모음'에서 정렬, 목록 수준 늘임/줄임, 줄 간격을 설정할 수 있습니다.

8.2.1 정렬

텍스트를 입력한 개체를 선택한 후 [홈] 탭→[단락] 그룹의 정렬 방식을 선택하거나, 마우스 오른쪽을 눌러 '미니 도구 모음'에서 해당 정렬을 설정합니다.

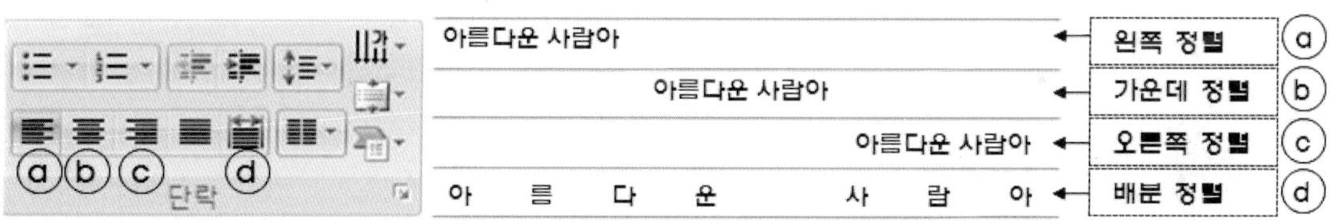

8.2.2 줄 간격

발표내용을 슬라이드로 작성할 때에는 내용을 간결하게 정리하여 짧은 단락으로 만드는 것이 효과적입니다. 균형 있는 슬라이드를 만들기 위해서 텍스트의 줄 간격을 조정합니다.

① 텍스트 상자를 선택한 후 [홈] 탭→[단락] 그룹에서 줄 간격( )의 화살표를 클릭하여 적절한 간격을 선택합니다.

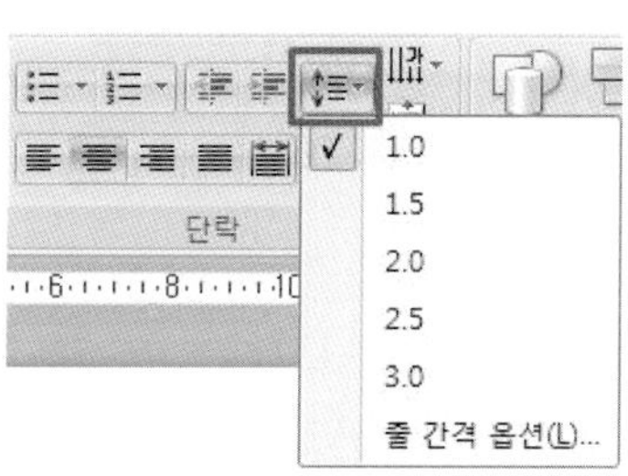

② [줄 간격 옵션]은 더 상세하게 줄 간격을 조절할 수 있는 기능입니다.

8.2.3 글머리기호 및 번호 매기기

슬라이드 내용 개체에 텍스트를 입력하면 글머리 기호가 자동으로 나타납니다. 이러한 글머리 기호를 다른 형태의 번호나 기호, 혹은 그림으로 바꿀 수 있습니다.

■ [홈] 탭→[단락] 그룹 이용

① 텍스트를 선택한 후 [홈] 탭→[단락] 그룹의 [글머리 기호/ 번호 매기기( )]에 있는 화살표를 클릭하여 원하는 기호를 선택합니다.

② 목록 수준을 변경하기 위해서는 [홈] 탭→[단락] 그룹의 [목록 수준 줄임/늘림 아이콘( )]을 눌러 수준을 설정합니다.

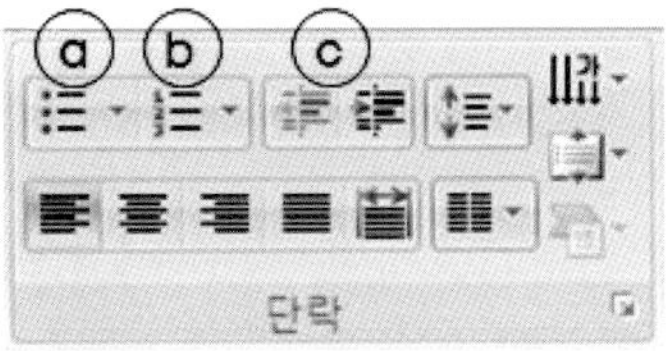

ⓐ 글머리 기호: 텍스트 앞에 다양한 기호를 붙임
ⓑ 번호 매기기: 텍스트의 번호를 순서대로 매김
ⓒ 목록 수준 줄임, 목록 수준 늘림: 목록의 수준을 줄이거나 늘림

■ [미니 도구 모음]의 메뉴 이용

① 텍스트를 선택한 후 마우스 오른쪽을 누르면 '바로 가기 메뉴'와 '미니 도구 모음'이 나타납니다.

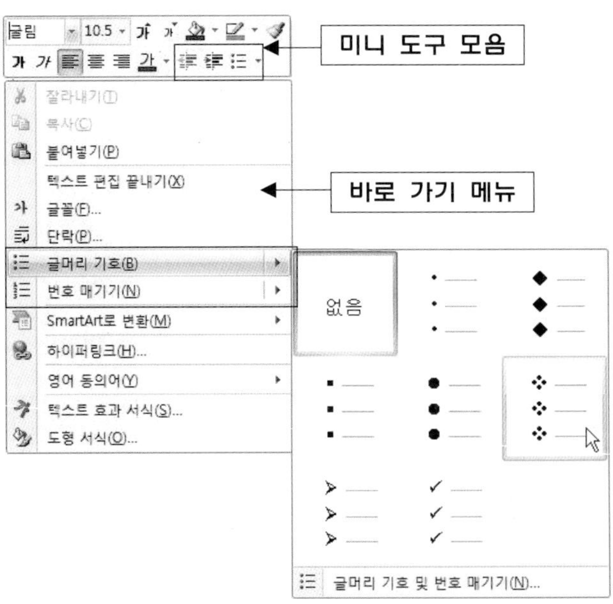

② [글머리 기호], [번호 매기기]에서 원하는 번호나 기호를 설정합니다.

③ 목록 수준을 변경하기 위해서는 '미니 도구 모음'의 목록 수준 변경 아이콘( )을 눌러 수준을 설정합니다.

Tip 키보드 [Tab 탭] 키를 눌러 목록 수준 변경

- [Tab 탭] 키: 목록 수준 늘임( )과 동일한 기능
- [Shift] + [Tab 탭] 키: 목록 수준 줄임( )과 동일한 기능

8.2.4 텍스트 방향 설정

텍스트 방향을 설정합니다.

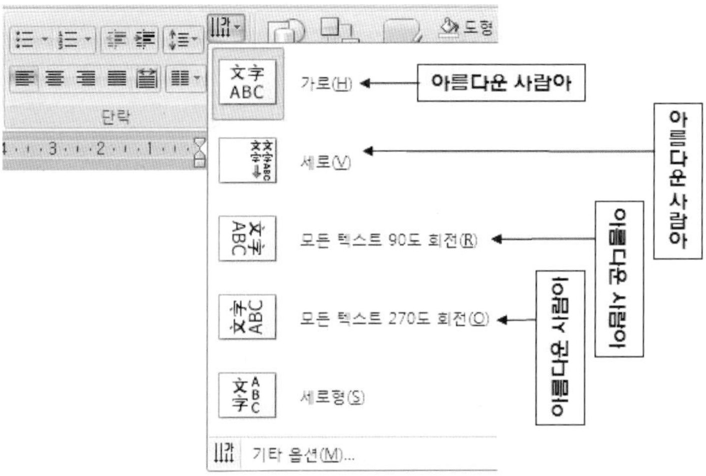

9. 화려한 텍스트 만들기

파워포인트 2007에서는 그림자, 반사, 네온, 3차원 입체 효과, 휘어지는 텍스트 등의 효과로 화려하게 텍스트를 꾸밀 수 있습니다.

[서식] 탭→[WordArt 스타일] 그룹→ [텍스트 효과]에서 각각 따로 설정하는 방법과 아래와 같이 마우스 오른쪽 버튼을 눌러 [도형 서식]에서 여러 효과를 한 번에 설정하는 방법이 있습니다.

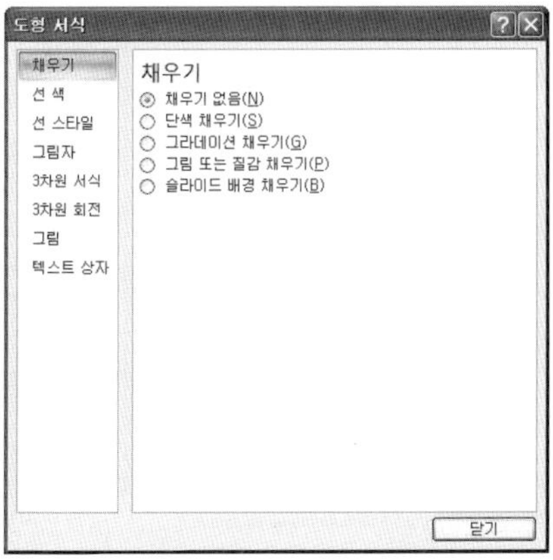

다음은 [서식] 탭→[WordArt 스타일] 그룹의 [텍스트 효과]에서 각각 설정하는 방법입니다.

9.1 텍스트에 그림자 설정

[그림자] 메뉴에서 다양한 그림자 모양을 선택할 수 있습니다. 텍스트 상자를 선택한 후 [서식] 탭→[WordArt 스타일] 그룹→[텍스트 효과]→[그림자]를 클릭합니다.

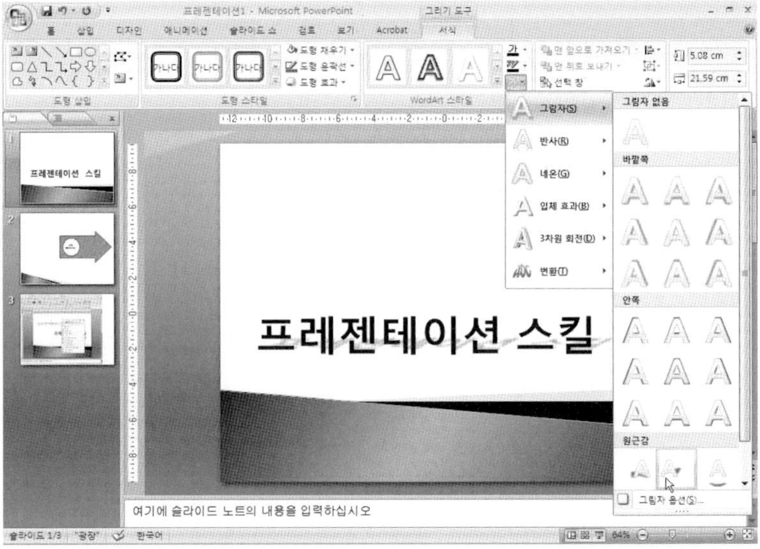

9.2 텍스트에 반사 효과 설정

물에 비친 모양의 반사 효과를 설정할 수 있습니다. 텍스트 상자를 선택한 후 [서식] 탭→[WordArt 스타일] 그룹→[텍스트 효과]→[반사]를 클릭합니다.

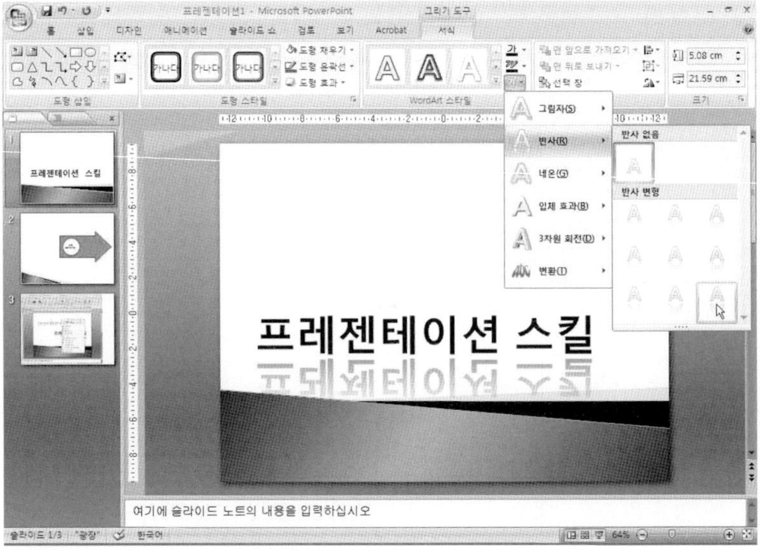

9.3 텍스트에 네온 효과 설정

텍스트에 다양한 색상의 네온 효과를 설정할 수 있습니다. 텍스트 상자를 선택한 후 [서식] 탭→[WordArt 스타일] 그룹→[텍스트 효과]→[네온]을 클릭합니다.

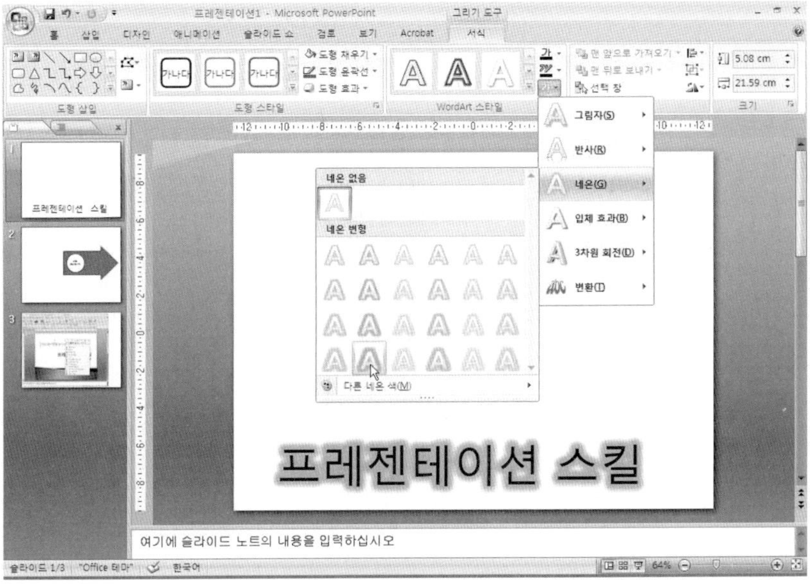

9.4 텍스트에 입체 효과 설정

텍스트에 다양한 입체 효과와 표면 재질 및 조명과 각도 등을 설정하여 다양한 변화를 줄 수 있습니다. 텍스트 상자를 선택한 후 [서식] 탭→[WordArt 스타일] 그룹→[텍스트 효과]→[입체 효과]를 클릭합니다.

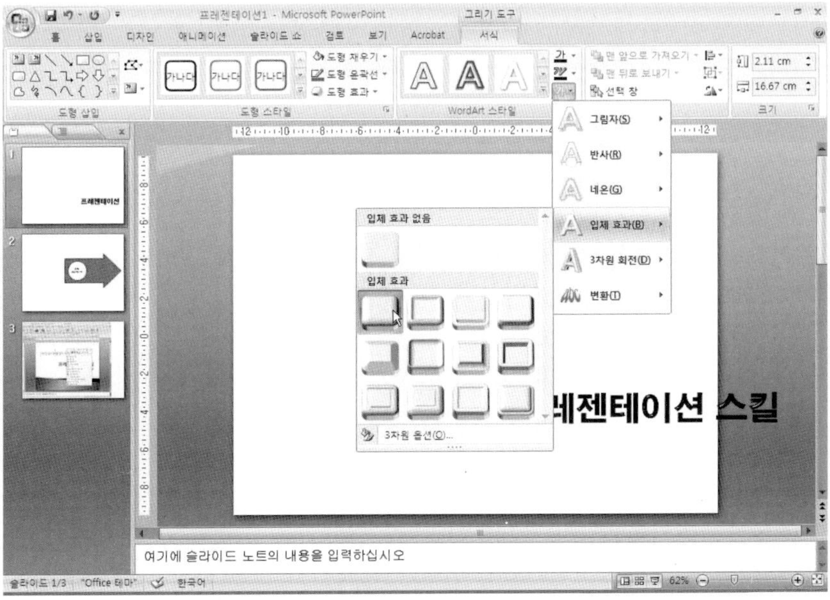

9.5 텍스트에 3차원 회전 설정

텍스트를 입체감 있는 회전 효과로 원근감을 형성할 수 있습니다. 텍스트 상자를 선택한 후 [서식] 탭→[WordArt 스타일] 그룹→[텍스트 효과]→[3차원 회전]을 클릭합니다.

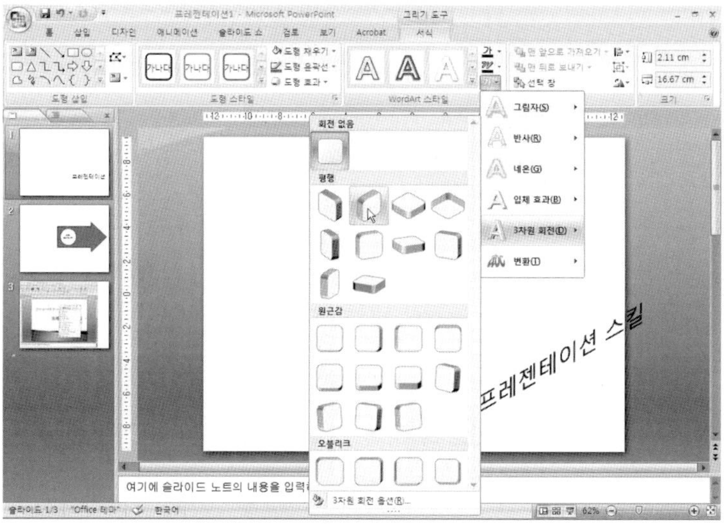

10. 워드아트를 이용한 텍스트 꾸미기

10.1 워드아트 추가하기

① [삽입] 탭→[텍스트] 그룹→[워드아트]를 클릭한 다음 원하는 워드아트 스타일을 선택합니다. 편집 창에 만들어진 개체에 텍스트를 입력합니다.

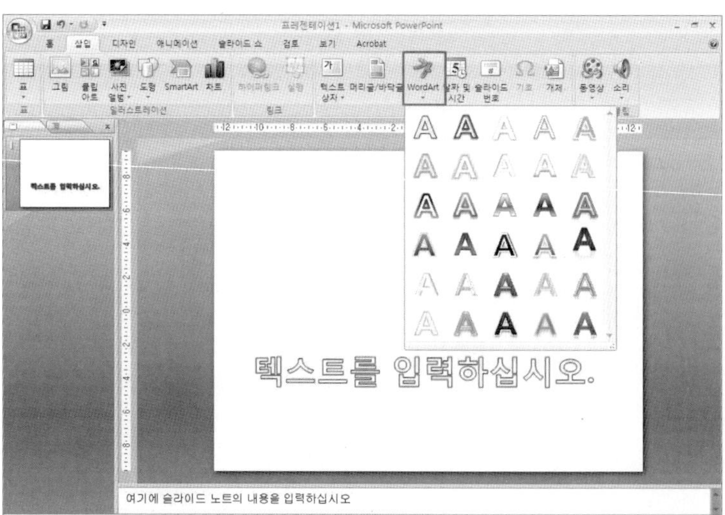

② 워드아트 텍스트에 대한 글꼴 및 속성을 변경하려면 변경할 워드아트를 선택한 후 [홈] 탭→[글꼴] 그룹에서 원하는 글꼴로 변경합니다.

③ 워드아트의 텍스트 효과를 설정하기 위해서는 변경할 워드아트를 선택한 후 [서식] 탭→[WordArt 스타일] 그룹→[텍스트 효과]에서 원하는 변경합니다.

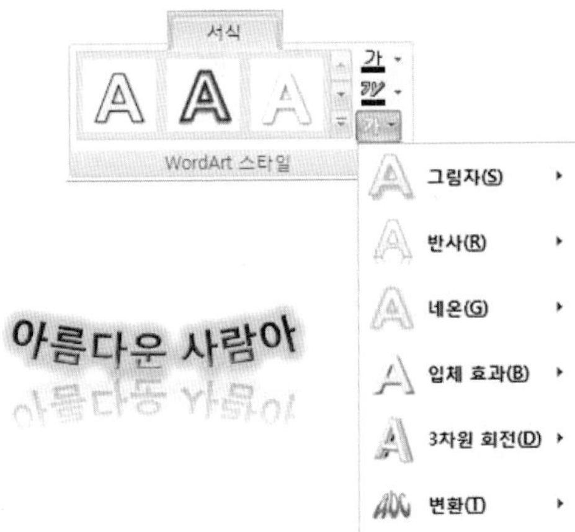

10.2 기존 텍스트를 워드아트로 변환하기

① 워드아트로 변환할 텍스트 상자를 선택한 후 [서식] 탭→[WordArt 스타일] 그룹에서 [자세히]를 선택합니다.

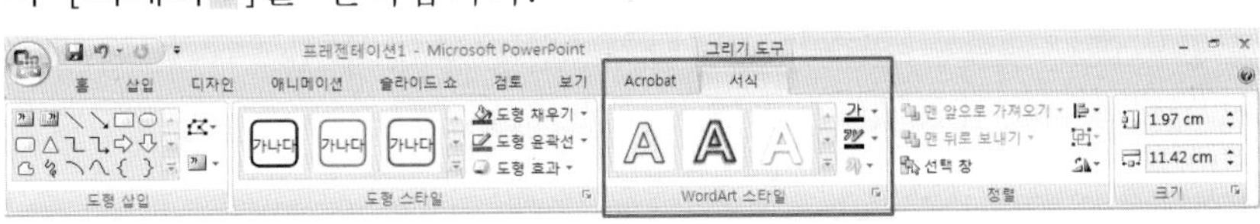

② 원하는 스타일에 마우스를 올려놓으면 미리보기가 실행되고 어울리는 스타일을 선택하면 텍스트에 적용이 됩니다.

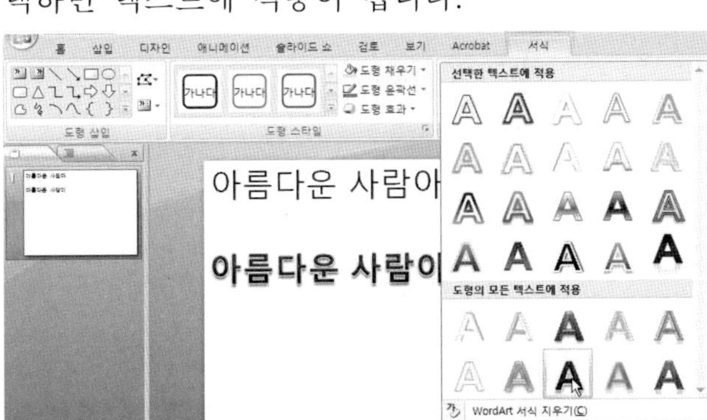

10.3 워드아트 모양 변환

텍스트에 다양한 효과를 주어 3차원 느낌을 부각시킬 수 있습니다.

워드아트 개체를 선택한 후 [서식] 탭→[WordArt 스타일] 그룹에서 [텍스트 효과]→[변환]을 선택하면 다양한 텍스트 효과들을 볼 수 있습니다.

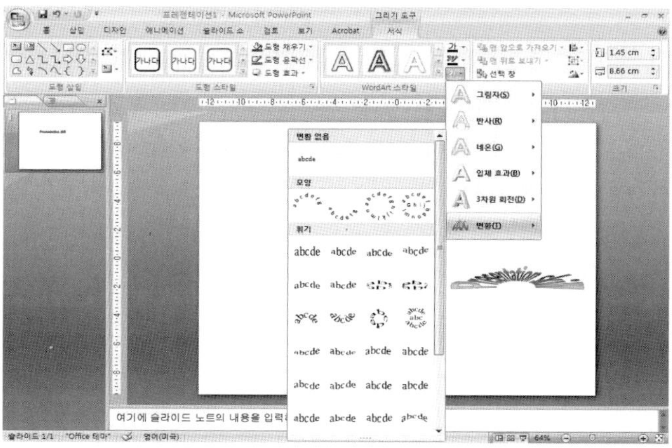

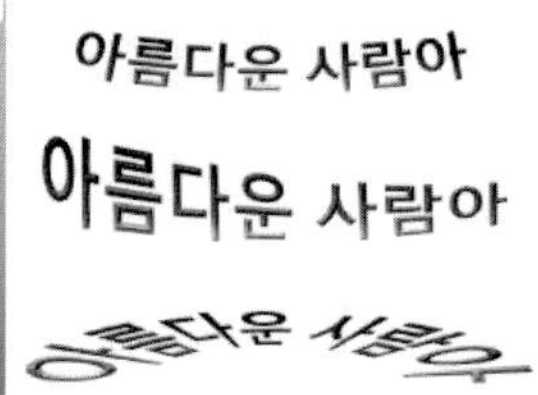

11. 그림

파워포인트 2007에서는 강력한 서식 기능을 제공합니다. 그림을 이용하여 슬라이드를 다양하게 표현할 수 있습니다.

11.1 그림 삽입

[삽입]탭→[일러스트레이션] 그룹→[그림]을 선택합니다. '그림 삽입' 대화 상자가 나타나면 해당 그림을 선택한 후 '삽입'을 클릭합니다.

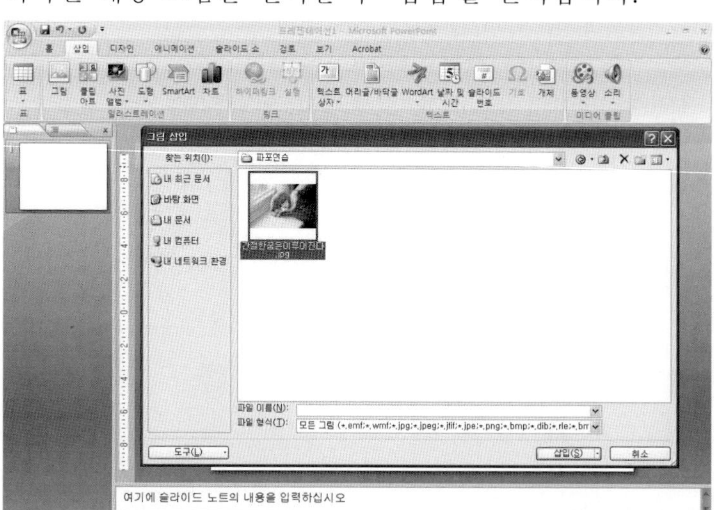

11.2 그림 스타일 변경

입력된 그림 개체를 선택한 후 [서식] 탭→[그림 스타일] 그룹에서 [자세히]를 클릭하면 다양한 그림 스타일이 표시됩니다.

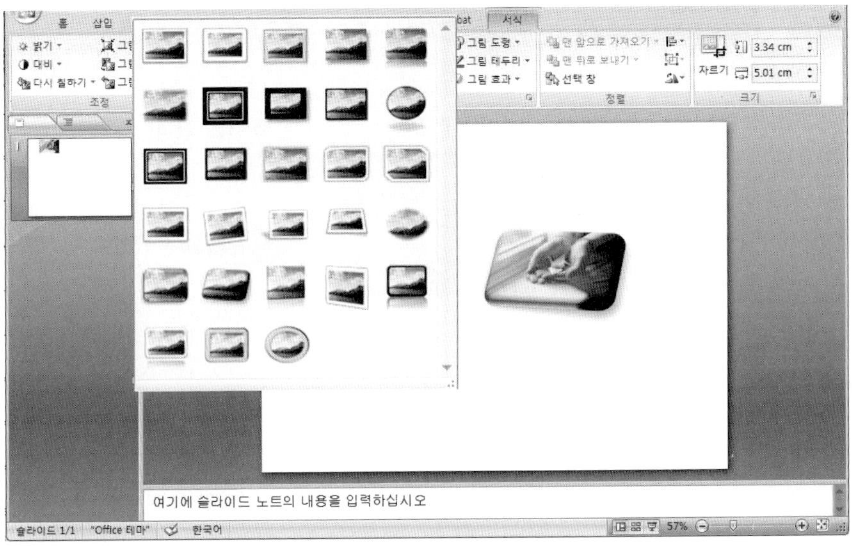

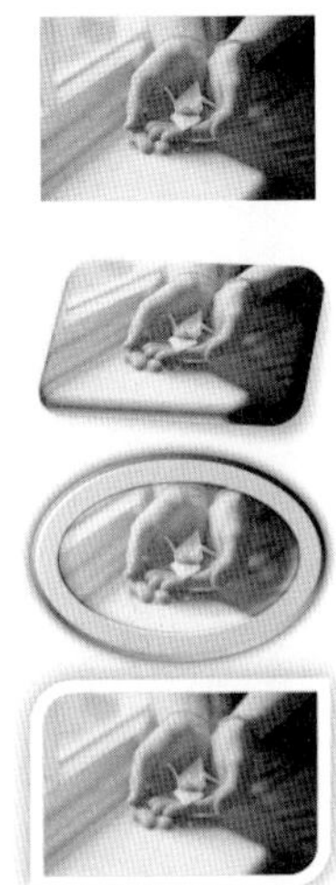

11.3 그림 효과

삽입한 그림에 그림자, 네온, 반사, 부드러운 가장자리, 입체 효과, 3차원 회전 등의 효과를 추가하여 그림의 화질을 높일 수 있습니다.

[서식] 탭→[그림 스타일] 그룹→[그림 효과]에서 다양한 효과를 선택합니다.

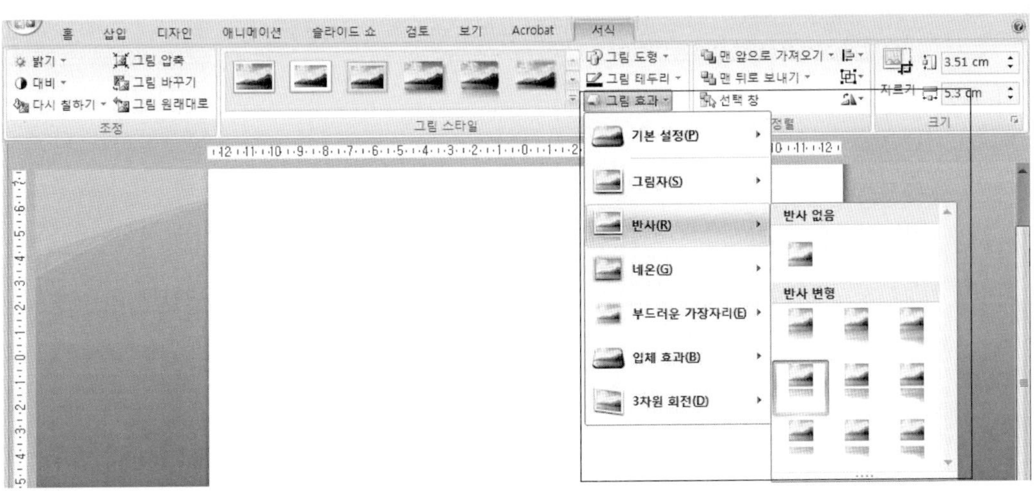

11.4 다시 칠하기

그림에 회색조나 세피아톤과 같이 컬러 모드, 어두운 변형, 밝은 변형으로 스타일 효과를 줄 수 있습니다.

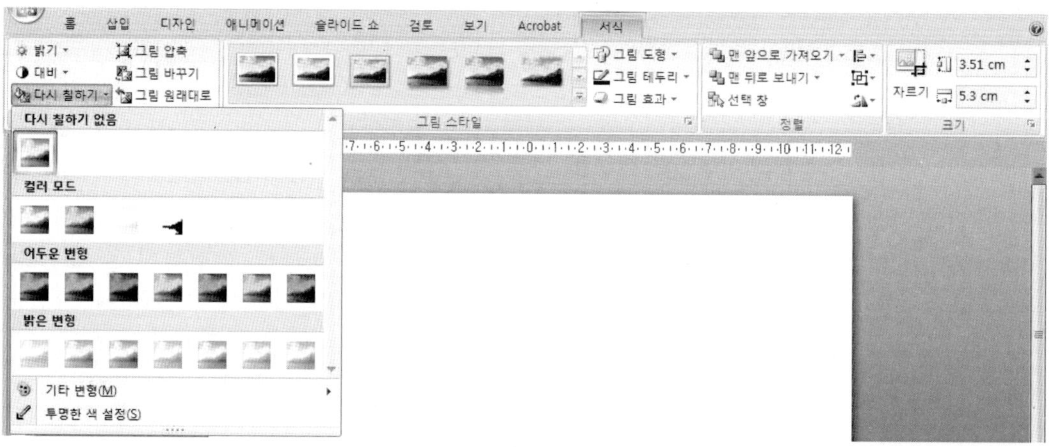

11.5 밝기 및 대비 효과

그림의 '밝기'를 조절하여 보다 더 밝게, '대비'를 조절하여 흐리게 설정하면 배경과 어울리는 그림으로 설정할 수 있습니다.

Tip 밝기와 대비!

- 밝기(Brightness)를 밝게 하면 하얗게 밝아지는 반면에 전체적으로 하얘지므로 색감자체가 흐려지는 느낌이 듭니다.
- 대비(Contrast)를 높게 해주면 그림자는 더욱 짙게 빛은 더욱 밝게 만들어 집니다.

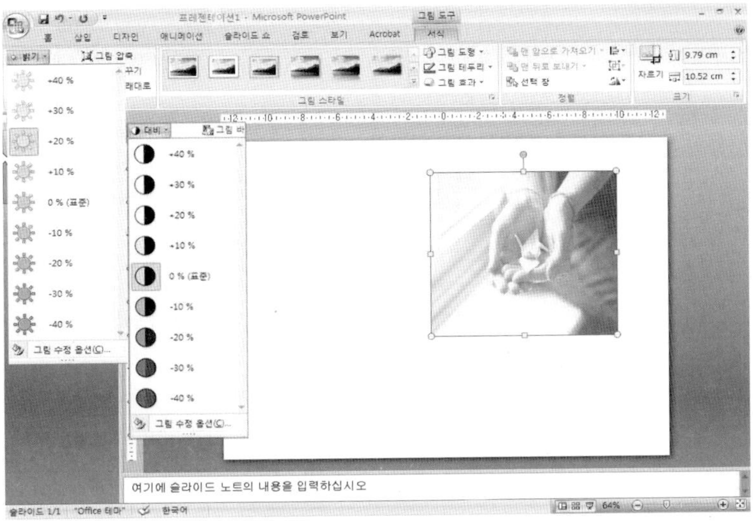

11.6 불필요한 영역 자르기

그림에서 불필요한 부분을 잘라낼 수 있습니다.

① 자르기를 할 그림을 선택하고 [서식] 탭→[크기] 그룹에서 [자르기]를 실행합니다.

② 그림의 가장자리에 표시된 자르기 조절점(−, ┘)을 마우스로 선택한 뒤 끌어서 불필요한 부분을 잘라낼 수 있습니다.

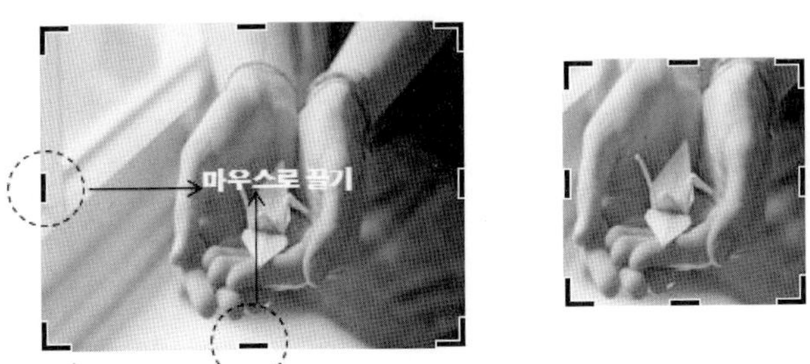

11.7 그림 도형 바꾸기

그림 모양을 다양한 도형으로 변경할 수 있습니다.

그림을 선택한 후 [서식] 탭→[그림 스타일] 그룹→[그림 도형]을 클릭합니다. 다양한 도형 중 하나를 선택하면 그림이 도형 모양으로 변경됩니다.

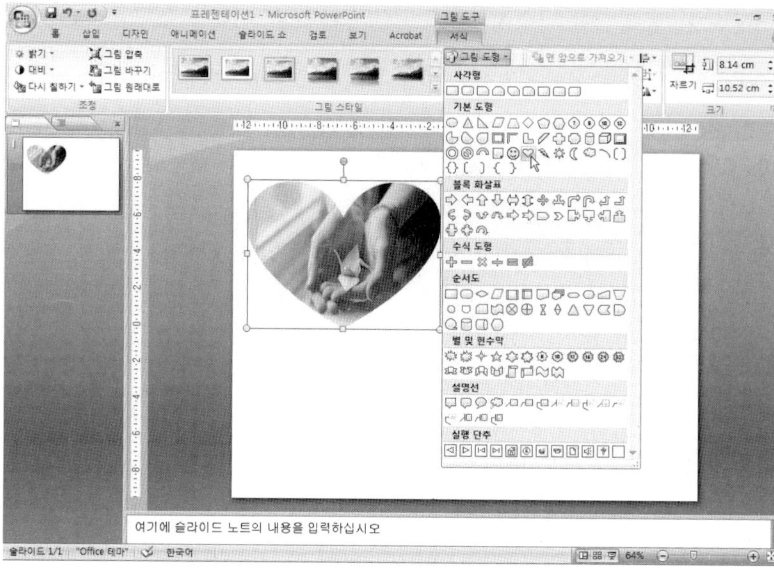

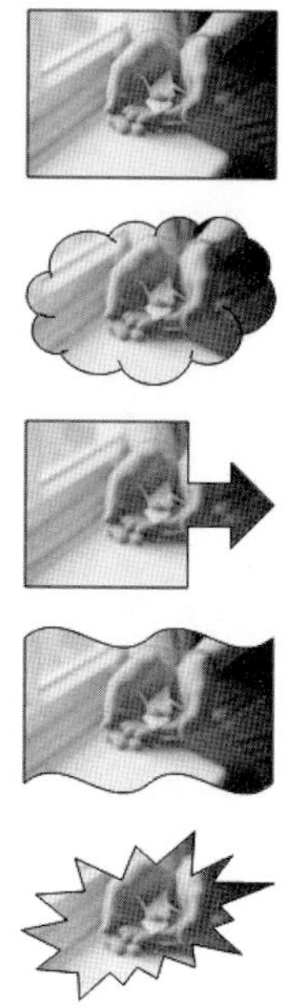

11.8 투명한 그림 설정

도형 서식 기능을 이용하여 그림의 일부분을 투명한 상태로 만들 수 있습니다.

① 투명한 영역을 만들 그림을 클릭합니다.

② [그림 도구]→[서식] 탭→[조정] 그룹→[다시 칠하기]를 클릭한 후, 그림에서 투명하게 설정하고자 하는 부분에 '다시 칠하기'를 클릭합니다.

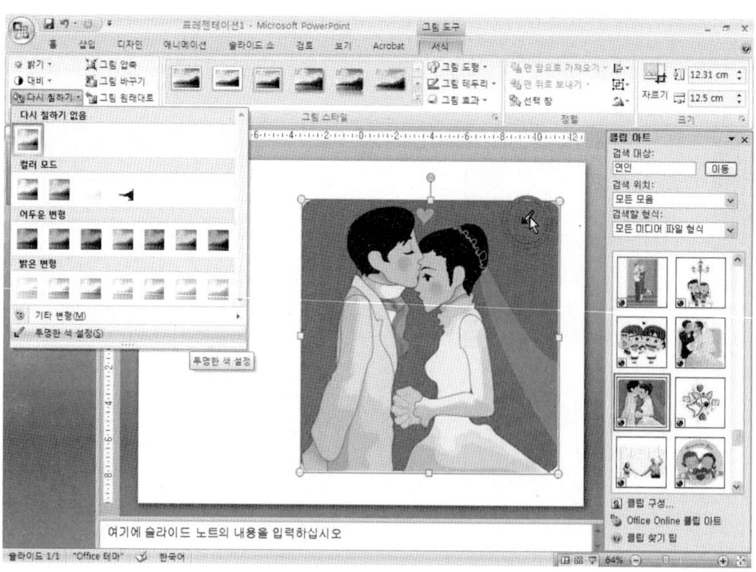

③ 클릭한 색상과 동일한 부분이 모두 투명하게 설정됩니다.

12. 클립아트

클립아트는 문서 작업을 위하여 미리 만들어 놓은 여러 가지 그림입니다. 발표 내용과 관련된 클립아트 그림은 메시지를 시각적 면에서 빠르고 효과적으로 청중에게 전달할 수 있습니다.

① [삽입] 탭→[일러스트레이션] 그룹→[클립아트]를 선택합니다.

② 화면 오른쪽 '클립 아트' 창의 [검색 대상] 텍스트 상자에 원하는 클립아트를 설명하는 단어, 구 또는 클립아트의 파일 이름 전체 또는 일부를 입력합니다.

③ 검색 결과를 특정 클립아트 모음으로 제한하려면 검색 위치 목록에서 검색할 각 모음 옆에 있는 확인란을 선택합니다. 사진, 동영상 및 소리 옆에 있는 확인란을 선택하여 해당 미디어 형식을 검색할 수도 있습니다.

④ 결과 목록에서 클립아트를 클릭하여 삽입 합니다.

13. 하이퍼링크

하이퍼링크는 같은 프레젠테이션의 다른 슬라이드에 연결하거나 다른 프레젠테이션의 슬라이드, 전자 메일 주소, 웹 페이지 또는 파일에 연결하는 것입니다.

실행단추, 그림, 그래프, 도형 또는 WordArt 같은 개체나 텍스트에서 하이퍼링크를 만들 수 있습니다.

13.1 텍스트에 하이퍼링크

① 하이퍼링크로 사용할 텍스트 또는 개체를 선택합니다.

② [삽입] 탭→[링크] 그룹→[하이퍼링크]를 클릭하거나, 마우스 오른쪽을 눌러 [하이퍼링크]를 선택합니다.

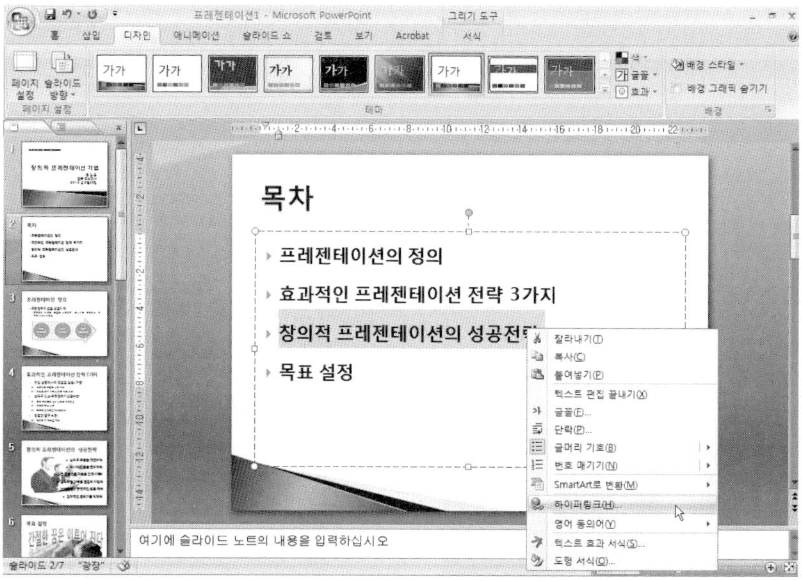

③ [이 문서에서 위치 선택]에서 하이퍼링크 대상으로 사용할 슬라이드를 클릭합니다.

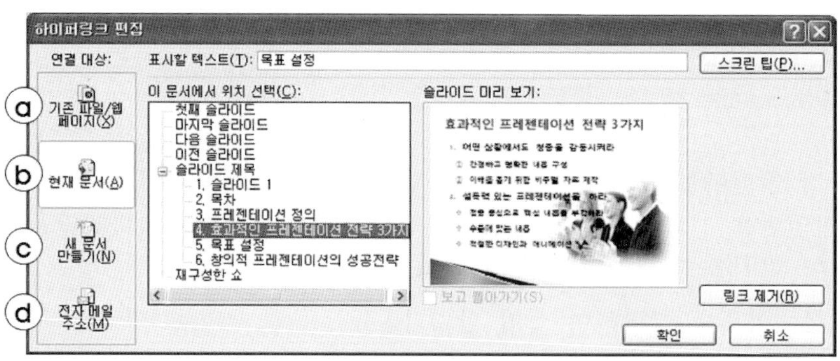

ⓐ 기존 파일/웹 페이지: 웹 페이지로 연결

ⓑ 현재 문서: 현재 문서의 특정 슬라이드로 연결

ⓒ 새 문서 만들기: 새로운 문서 작성

ⓓ 전자 메일 주소: 전자 메일 주소를 입력하면 자동으로 메일로 연결

■ 하이퍼링크 편집 및 제거

하이퍼링크가 설정된 개체를 선택하고 마우스 오른쪽을 눌러 [하이퍼링크 편집] 또는 [하이퍼링크 제거]를 실행합니다.

13.2 실행 단추로 하이퍼링크

실행 단추는 프레젠테이션에 삽입하여 하이퍼링크를 정의할 수 있도록 기본적으로 제공되는 다양한 기능의 단추입니다.

실행 단추에는 오른쪽 및 왼쪽 화살표와 다음, 이전, 처음 및 마지막 슬라이드로 이동 또는 동영상이나 소리 재생에 일반적으로 사용되는 기호 등이 있습니다.

① [삽입] 탭→[일러스트레이션] 그룹 →[도형]을 선택합니다.

② 해당 실행단추를 선택한 후 편집 창에 적당한 크기로 그립니다.

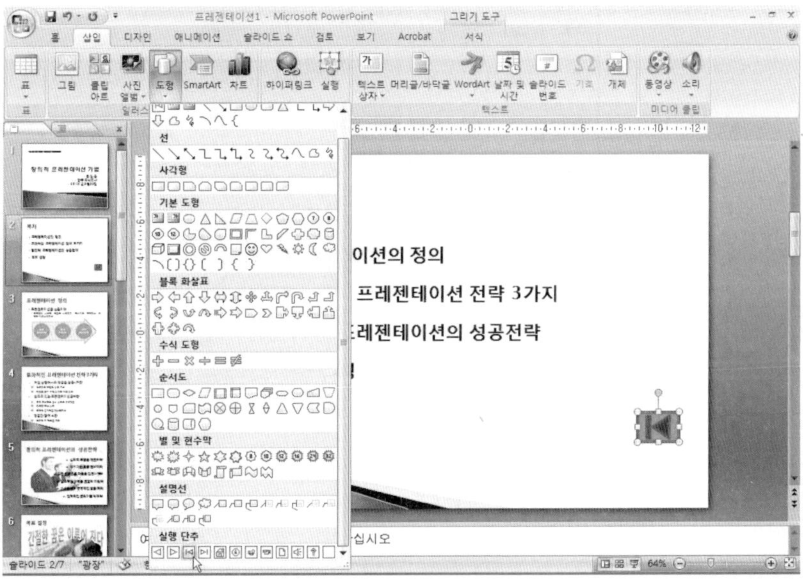

③ 마우스에서 손을 떼면 '실행 설정' 대화 상자가 나타납니다. 하이퍼링크 위치를 설정합니다.

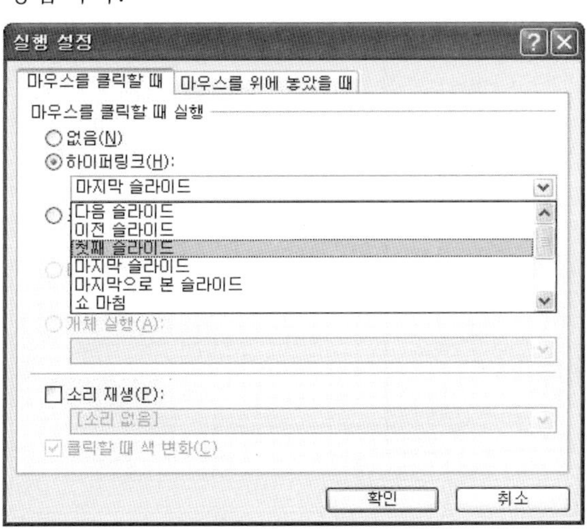

14. 인쇄

[오피스 단추]를 클릭하고 [인쇄] 옆에 있는 화살표를 클릭한 다음 인쇄 미리 보기를 클릭합니다. 프린터 설정, 인쇄 대상, 인쇄 매수, 인쇄 방법 등을 설정합니다.

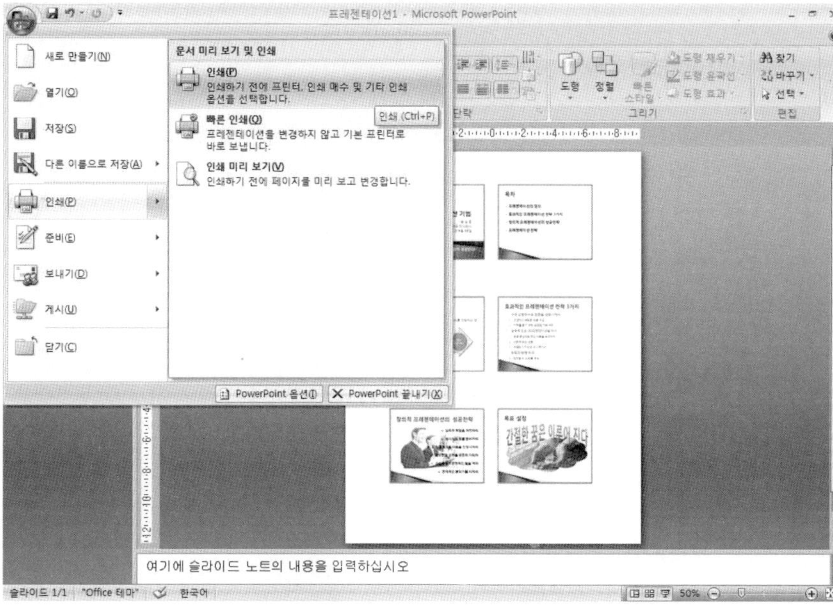

14.1 일부분 인쇄

슬라이드의 일부를 지정하여 인쇄할 수 있습니다.

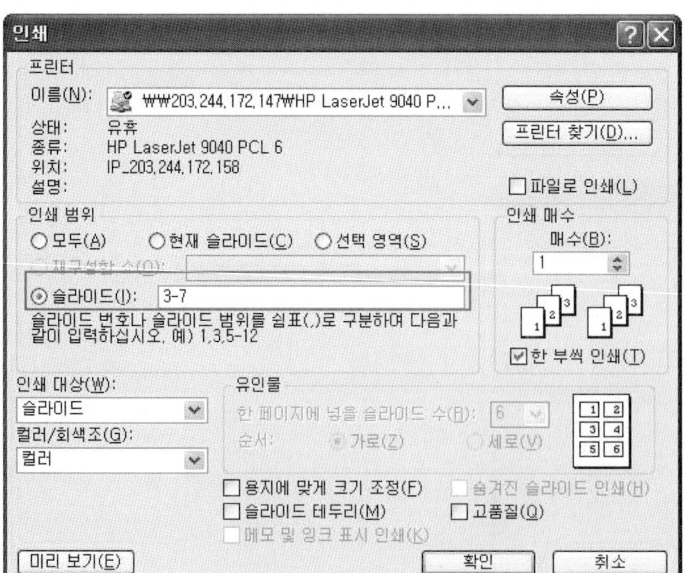

14.2 유인물 인쇄

프레젠테이션을 진행하는 동안 참석자가 보거나 나중에 참조할 수 있도록 한 페이지에 1, 2, 3, 4, 6 또는 9개의 슬라이드가 있는 유인물 형태로 프레젠테이션을 인쇄할 수 있습니다.

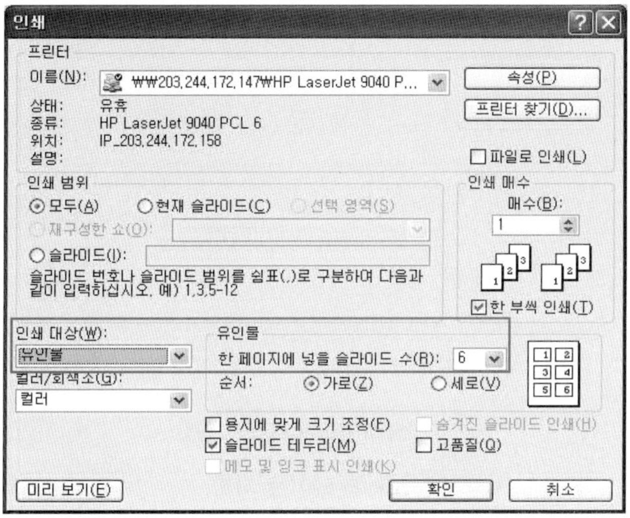

14.3 파워포인트 유인물을 Word로 보내기

파워포인트 2007에서 작성한 슬라이드를 MS 워드(Word)를 이용하여 유인물 형태로 작성하여 인쇄할 수 있습니다.

[오피스 단추]를 클릭하고 게시를 가리킨 다음 [Microsoft Office Word에서 유인물 만들기]를 클릭합니다. '페이지 레이아웃' 종류를 선택하면 MS 워드에서 슬라이드와 함께 설명을 추가하여 워드 문서(*.doc)를 작성할 수 있습니다.

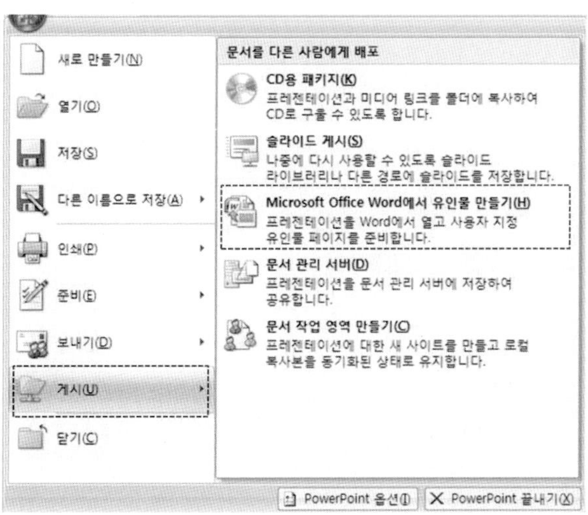

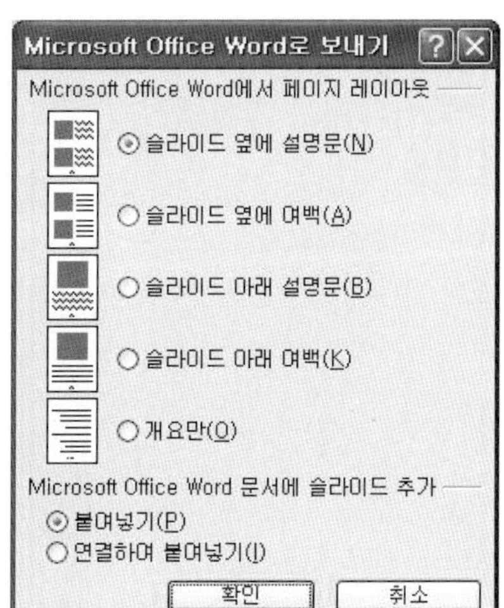

15. 실전 예제

● 학습 목표: 다양한 텍스트 꾸미기 효과 설정과 그림을 삽입하여 제목 및 텍스트 슬라이드를 작성합니다.

[슬라이드1 – 지시사항]

1. 슬라이드 디자인➜ 광장
2. 파일 저장➜ 프레젠테이션 스킬
3. 제목 ➜ 텍스트 효과: 그림자(원근감 대각선 왼쪽 위)
4. 날짜 삽입➜ 자동 업데이트 되는 날짜
5. 텍스트 상자에 글자 입력 ➜ 텍스트 효과: 네온

[슬라이드1 – 출력형태]

⑤자연스럽게 YES를 끌어내는

①슬라이드 디자인: 광장

②프레젠테이션 저장:
파일명(프레젠테이션 스킬)

③창의적 프레젠테이션 기법

홍 길 동
한국 주식회사
201X 년 X월 XX일 ④

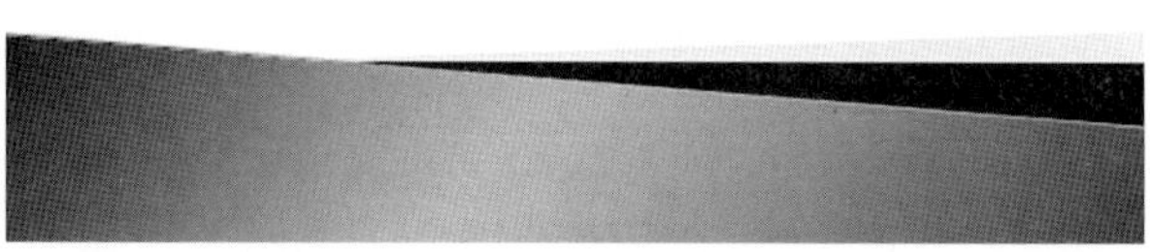

Step 1: 슬라이드 디자인 설정(광장)

[디자인] 탭→[테마] 그룹에서 '광장'을 선택합니다.

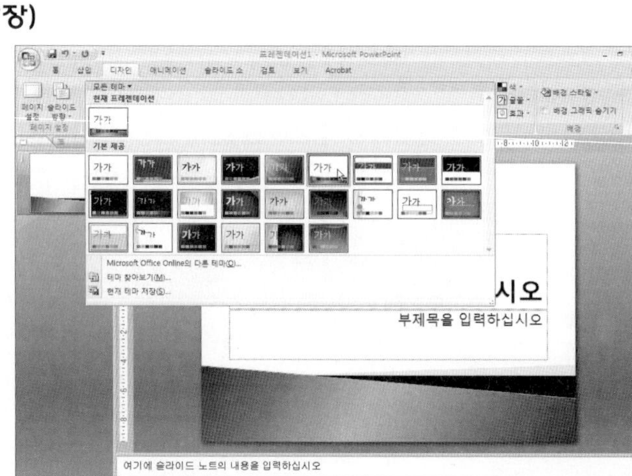

Step 2: 프레젠테이션 저장(파일명: 프레젠테이션 스킬)

[오피스단추]→[저장 저장(S)]을 누릅니다. 파일이름을 입력합니다.

Step 3: 제목

제목 개체 틀을 선택한 후 내용을 입력합니다. 제목이 입력된 개체 틀을 선택한 후 [서식] 탭→[WordArt 스타일] 그룹→[그림자] 효과에서 '원근감 대각선 왼쪽 위'를 선택합니다.

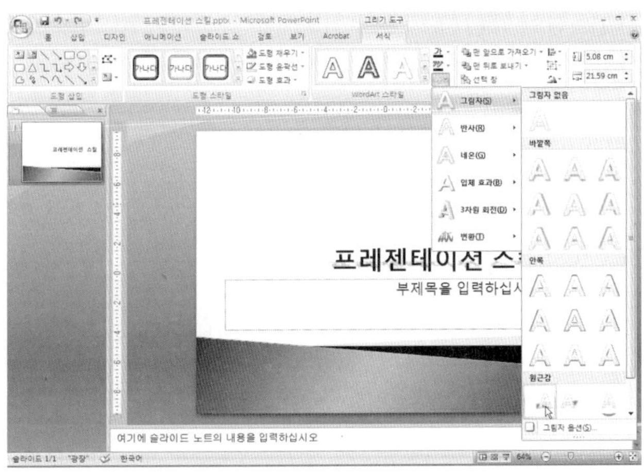

Step 4: 날짜삽입

① 부제목 개체 틀을 선택한 후 발표자 이름을 입력합니다.

② 마우스를 텍스트 상자안에 두고 [삽입] 탭→[텍스트] 그룹→[날짜 및 시간]을 선택하고 [자동으로 업데이트]를 선택합니다.

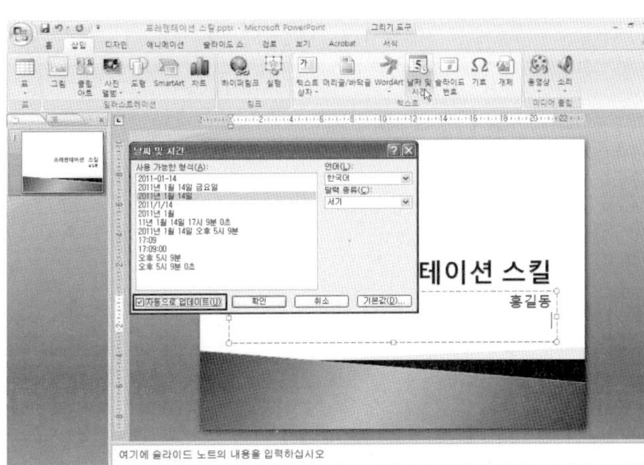

Step 5: 텍스트 효과

① [삽입] 탭→[텍스트] 그룹→[텍스트상자]→[가로 텍스트 상자]를 선택한 후 편집 슬라이드를 마우스로 클릭하고 내용을 입력합니다.

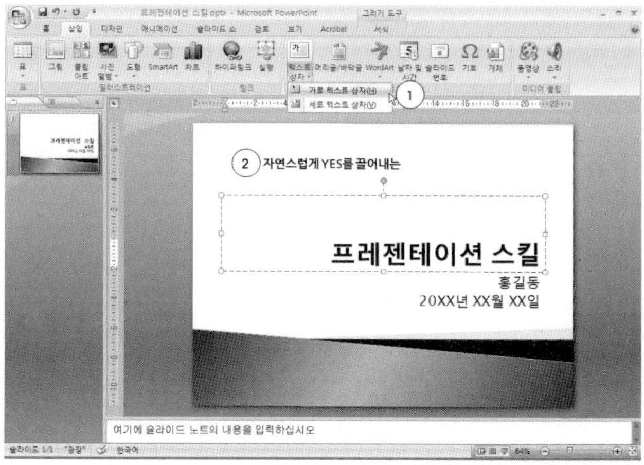

② 입력된 텍스트 상자를 선택한 후 [서식] 탭→[WordArt 스타일] 그룹→[텍스트 효과]→[네온]에서 해당 효과를 선택합니다.

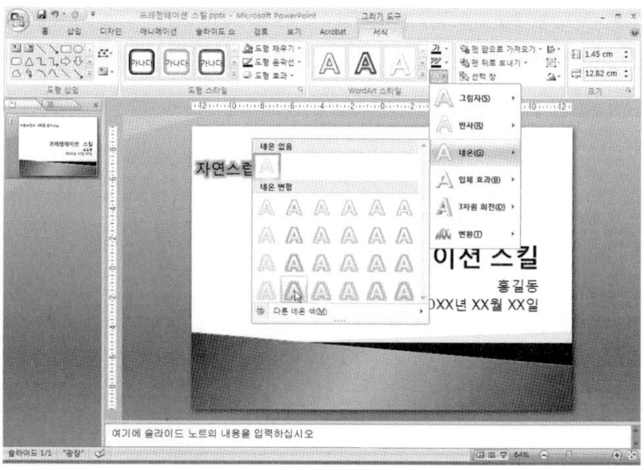

③ 화면 왼쪽의 '슬라이드/개요 창'에서 Enter↵를 눌러 '새 슬라이드'를 4개 더 추가합니다.

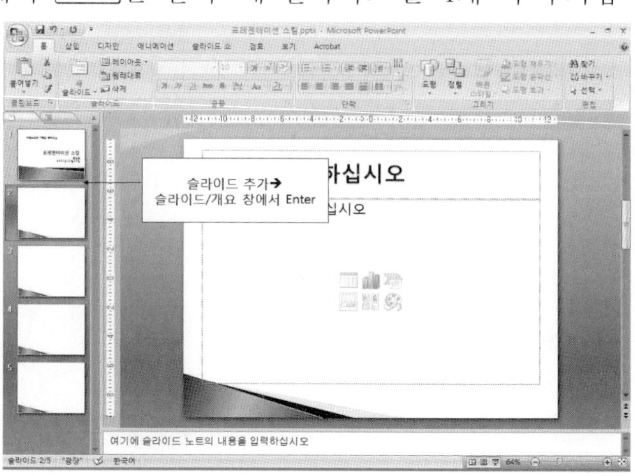

[슬라이드2 – 지시사항]

1. 텍스트에 하이퍼링크 ➜ 5번 슬라이드로 이동
2. 실행 단추 ➜ 첫째 슬라이드로 이동하도록 설정
   - [도형]-[실행 단추]-[홈]

[슬라이드2 – 출력형태]

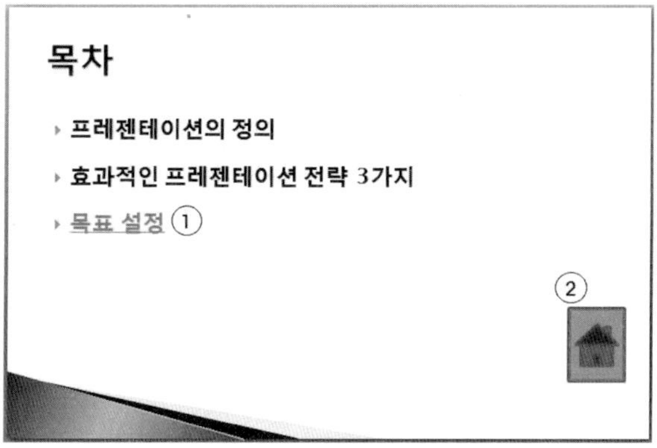

Step 1: 텍스트에 하이퍼링크

① 텍스트 개체 틀에 제목과 내용을 입력합니다.

② 하이퍼링크를 설정할 텍스트 '목표 설정'을 마우스로 블록을 설정 한 후 마우스 오른쪽을 눌러 [하이퍼링크]를 선택합니다.

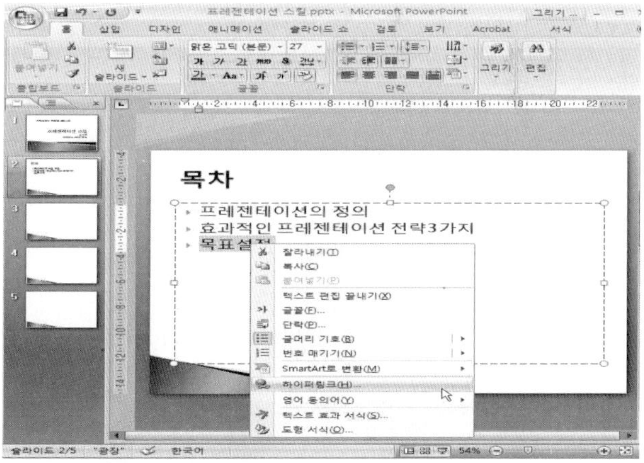

③ [연결 대상]에서 [현재 문서]를 누른 후 이동할 슬라이드 '슬라이드 5'를 선택합니다.

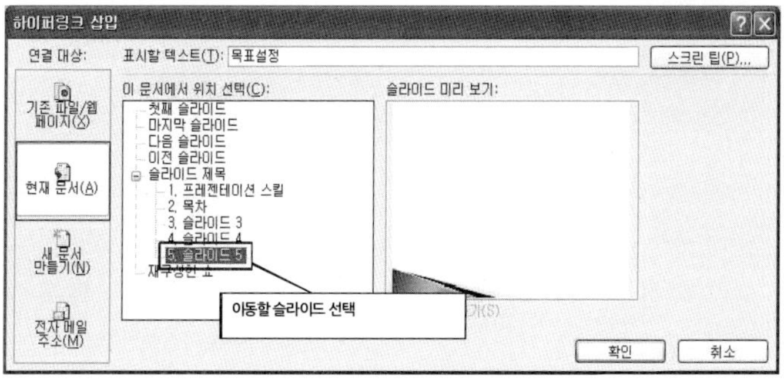

Step 2: 실행 단추

① [삽입]→[일러스트레이션] 그룹에서 도형을 선택합니다. '실행 단추: 홈'을 선택한 후 슬라이드 창에 그립니다.

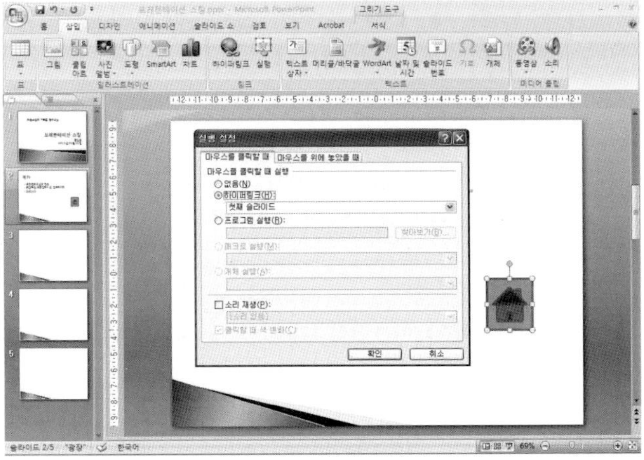

② 하이퍼링크 '첫째 슬라이드' 를 확인한 후 [확인] 단추를 누릅니다.

[슬라이드3 – 지시사항]

1. 수준 변경 ➜ 출력형태와 같이 글머리 기호 입력
2. 도형 삽입 후 텍스트 입력
3. 도형(원) 삽입 후 복사

[슬라이드3 – 출력형태]

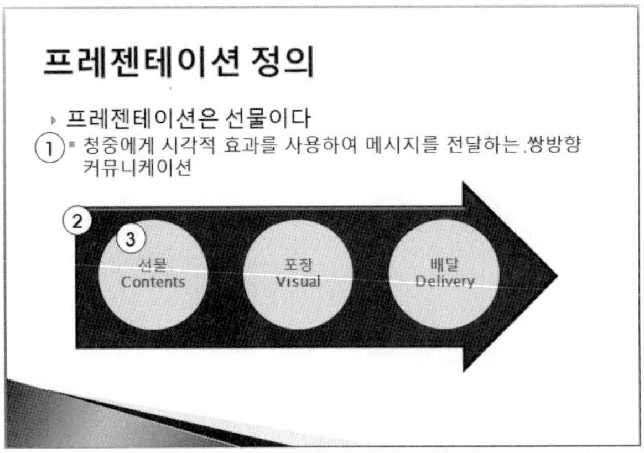

Step 1: 수준 변경

① 텍스트를 입력한 후 마우스 오른쪽을 눌러 나오는 '미니 도구 모음'에서 '목록 수준 늘림 '을 누릅니다.

② 마우스 오른쪽을 눌러 [글머리 기호] 목록 중에서 해당 기호를 선택합니다.

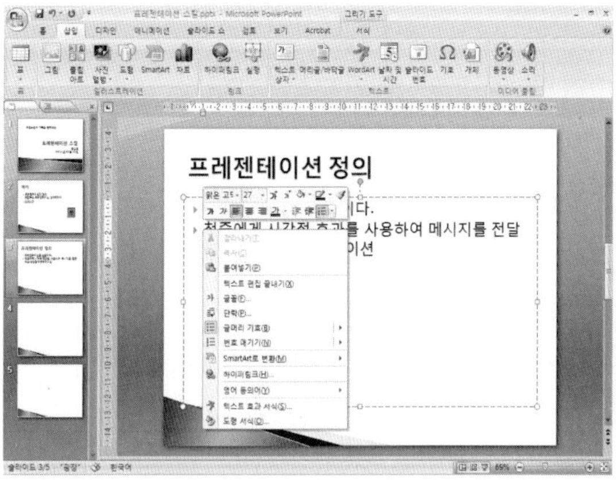

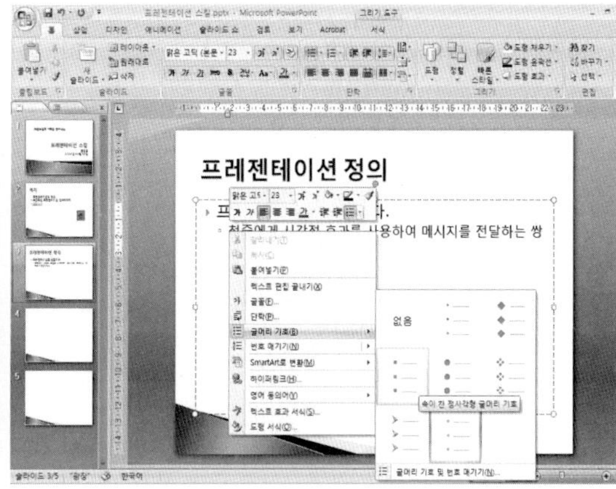

Step 2: 도형(블록 화살표) 삽입

① [삽입] 탭→[일러스트레이션] 그룹→[도형]을 눌러 블록 화살표를 선택합니다. 슬라이드 편집 창에 도형을 그립니다.

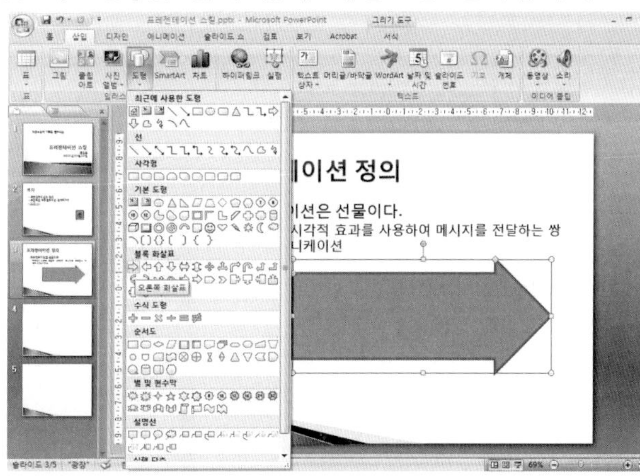

② 노란색의 '모양 조절 핸들'을 이용하여 모양을 변형합니다.

③ [서식] 탭→[도형 스타일] 그룹의 '도형 채우기'와 '도형 윤곽선'을 각각 설정합니다.

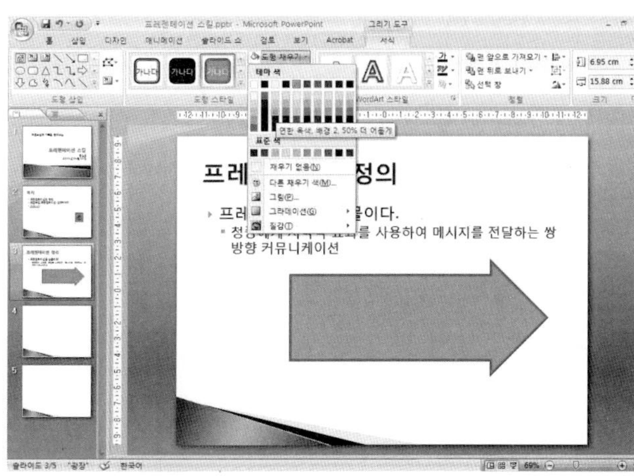

Step 3: 도형(원) 삽입, 복사

① [삽입] 탭→[일러스트레이션] 그룹→[도형]을 눌러 타원을 선택합니다. 슬라이드 편집 창에 Shift를 누른 상태에서 원을 그리면 정방형 원이 그려집니다.

② 그려진 원을 선택한 후 Ctrl을 누른 상태에서 끌면 도형이 복사 됩니다.

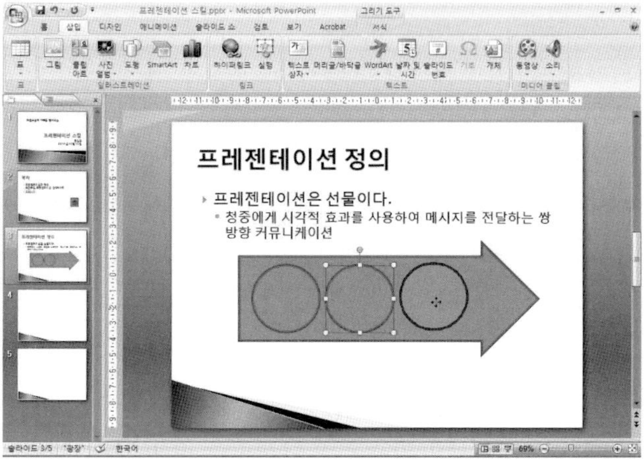

③ 그려진 원을 모두 선택한 후 [서식] 탭→[도형 스타일] 그룹의 '도형 채우기'와 '도형 윤곽선'을 각각 설정합니다.

도형을 선택한 후 내용을 각각 입력합니다.

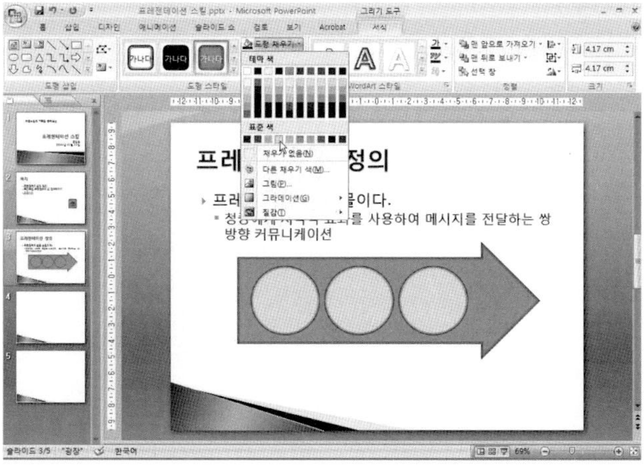

[슬라이드4 – 지시사항]

1. 글머리 번호 설정
2. 그림 삽입
   - 부드러운 가장자리 그림 효과 ➜ [서식]탭→[그림 스타일]그룹 →[그림효과] →[부드러운 가장자리]
   - 밝기 +20% 설정 ➜ [서식]탭→[조정]그룹→[밝기]→ +20%
   - 좌우 대칭
   - 맨 뒤로 보내기

[슬라이드4 – 출력형태]

Step 1: 글머리 번호 설정

① 개체 틀에 내용을 입력합니다. 입력된 텍스트를 모두 블록으로 설정한 후 마우스 오른쪽을 눌러 [번호 매기기]를 선택하고 번호 모양을 선택합니다.

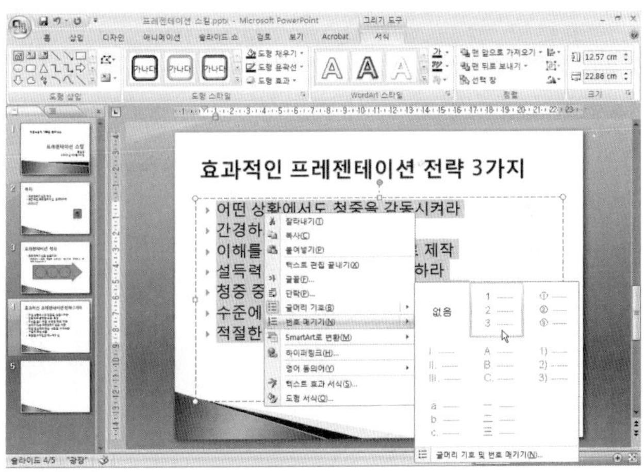

② 수준 변경할 텍스트를 블록으로 설정한 후 마우스 오른쪽을 눌러 미니도구 모음에서 '목록 수준 늘임'을 눌러 수준을 변경합니다.

또는 [Shift]+[Tab] 키를 누릅니다.

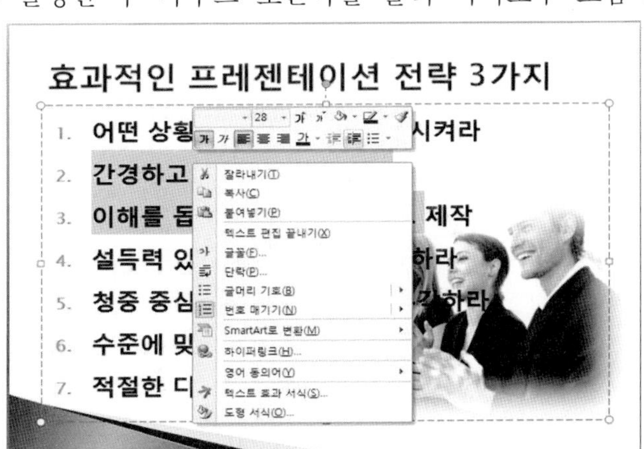

③ 마우스 오른쪽을 눌러 [번호 매기기]를 눌러 새로운 목록 번호를 선택합니다.

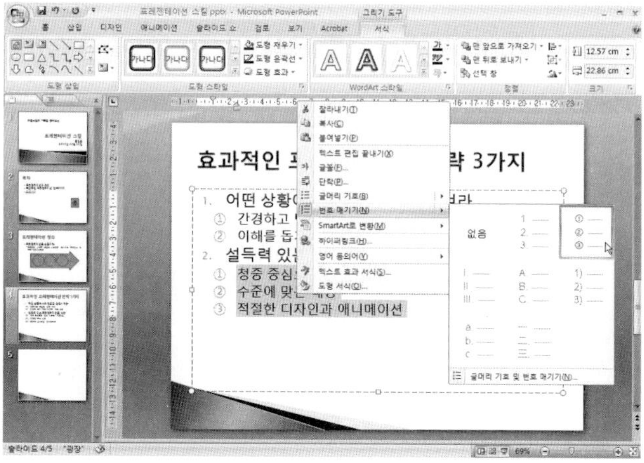

Step 2: 그림 삽입, 효과 설정

① [서식] 탭→[일러스트레이션] 그룹→[그림]을 선택합니다.

삽입할 그림을 선택한 후 [삽입]을 누릅니다.

② 삽입된 그림을 선택한 후 [서식] 탭→[그림 스타일] 그룹→[그림 효과]를 눌러 '부드러운 가장자리(50 포인트)'를 선택합니다.

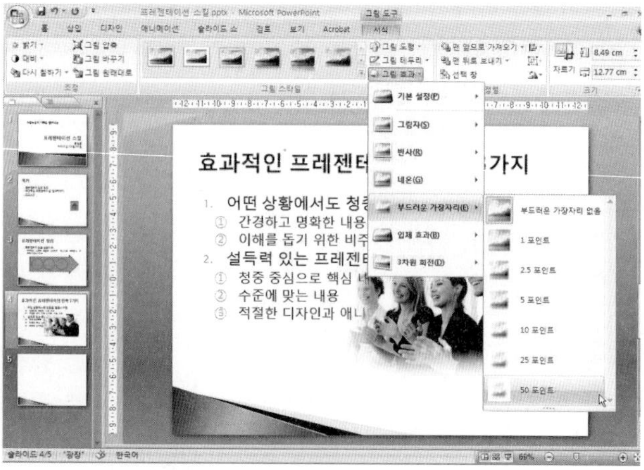

③ 그림을 선택한 후 [서식] 탭→[조정] 그룹→[밝기(+20%)]을 누릅니다.

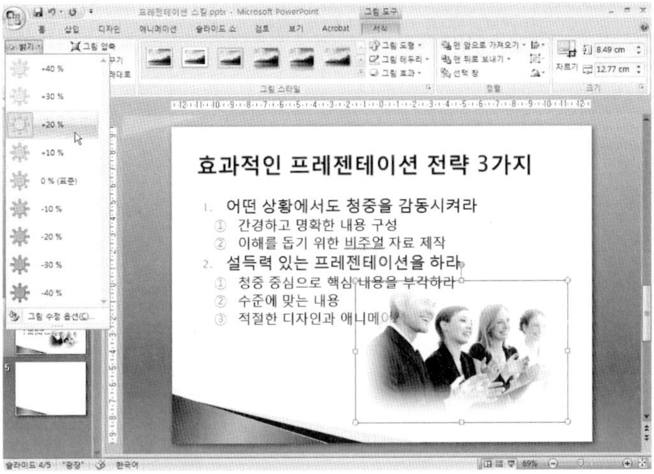

④ 그림을 선택한 후 [서식] 탭→[정렬] 그룹→[좌우 대칭]을 선택합니다.

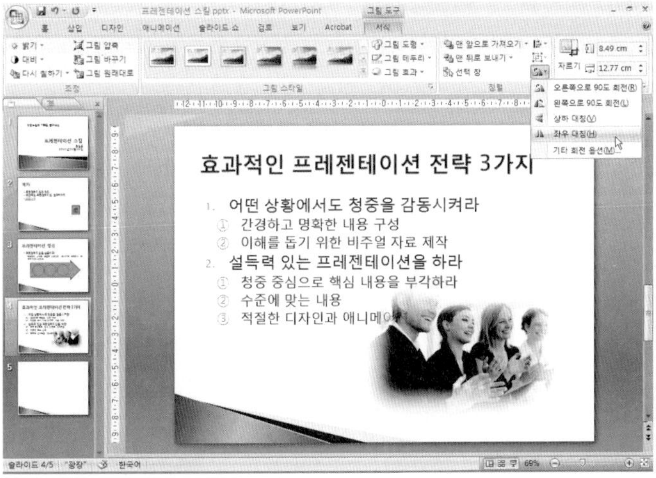

⑤ 그림을 선택한 후 마우스 오른쪽을 눌러 [맨 뒤로 보내기]를 선택합니다.

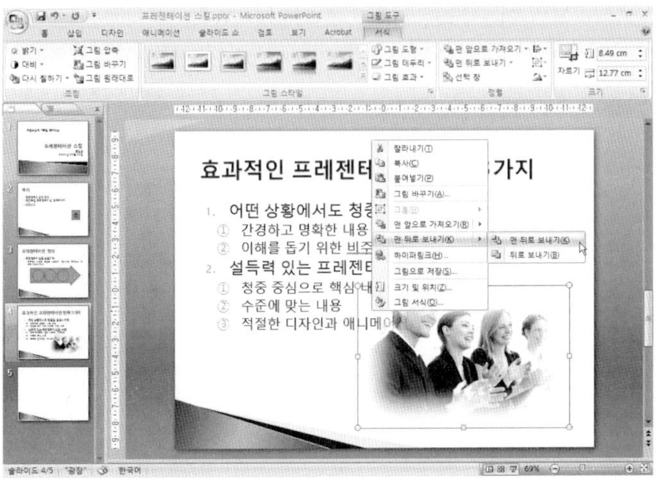

[슬라이드5 – 지시사항]

1. 워드아트 ➜ 반사 효과
2. 그림 ➜ 도형 변경

[슬라이드5 – 출력형태]

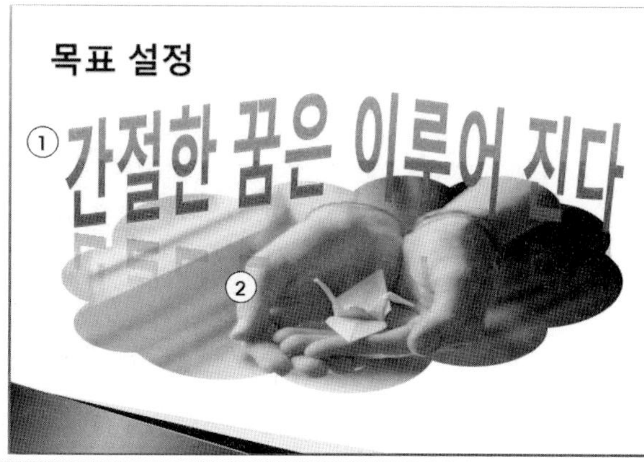

Step 1: 워드 아트

① [서식] 탭→[WordArt 스타일] 그룹→ [텍스트 효과]→[변환]을 눌러 워드아트 모양을 선택합니다.

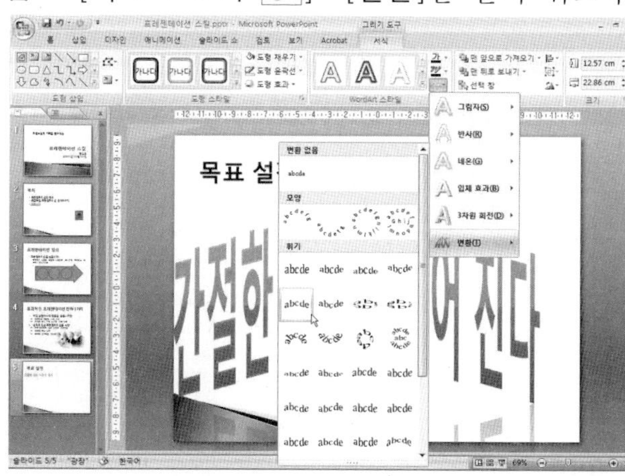

② [서식] 탭→[WordArt 스타일] 그룹→ [텍스트 효과]→[반사]를 눌러 반사 효과를 설정합니다.

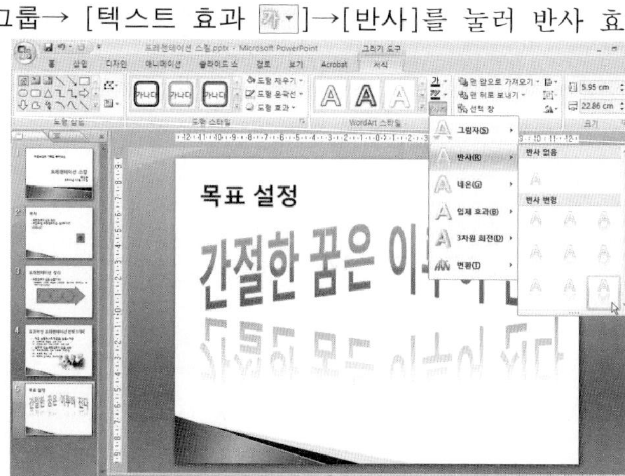

Step 2: 도형 모양 변경

그림을 입력한 후 [서식] 탭→[그림 스타일] 그룹→[그림 도형]을 눌러 해당 그림 모양을 선택합니다.

16. 연습 문제

● 아래 지시사항에 따라 슬라이드를 작성하시오.

[슬라이드1 – 지시사항]

※ 슬라이드 디자인➜ 균형

1. 제목
   - 텍스트 효과: 그림자
2. 날짜 삽입
   - 자동 업데이트 되는 날짜
3. 텍스트 상자에 글자 입력
   - 텍스트 효과–네온

[슬라이드1 – 출력형태]

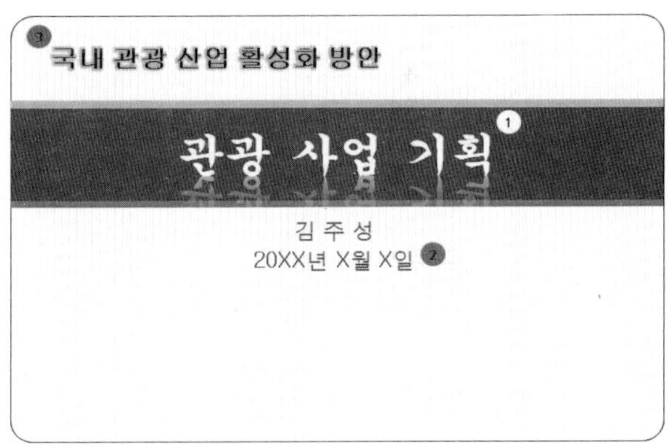

[슬라이드2 – 지시사항]

1. 텍스트에 하이퍼링크
   - 4번 슬라이드로 이동
2. 실행 단추 ➜ 첫째 슬라이드로 이동하도록 설정
   - [삽입]탭→[도형]그룹→[실행 단추]→[홈]

[슬라이드2 – 출력형태]

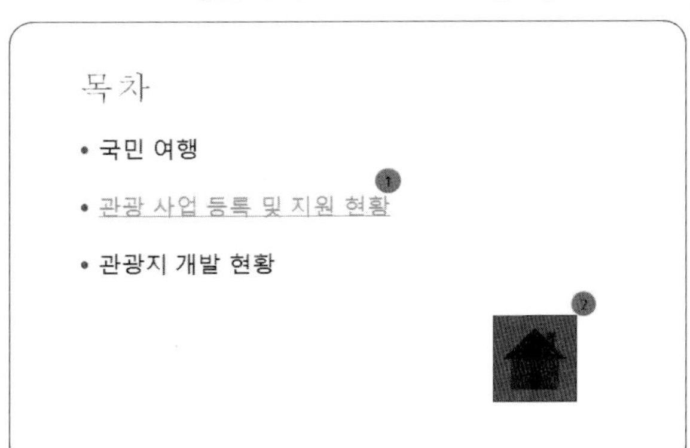

[슬라이드3 - 지시사항]

1. 수준 변경 ➜ 글머리 기호 입력
2. 도형 삽입 후 텍스트 입력

[슬라이드3 - 출력형태]

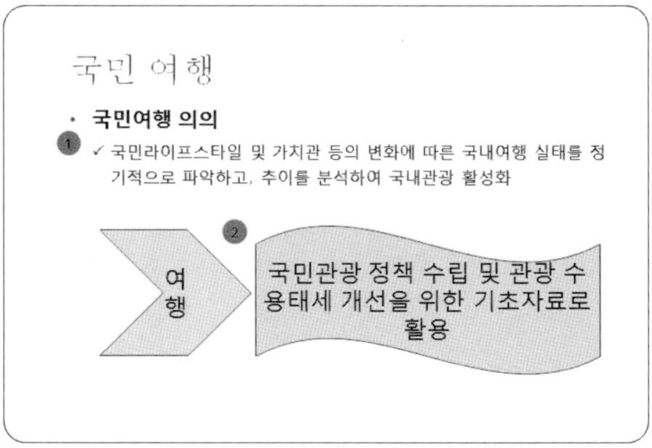

[슬라이드4 - 지시사항]

1. 글머리 번호 설정
2. 그림 삽입
   - 좌우 대칭
   - [그림효과]→[부드러운 가장자리 50 포인트]
   - 맨 뒤로 보내기

[슬라이드4 - 출력형태]

[슬라이드5 - 지시사항]

1. 워드아트
2. 그림 삽입 후 그림 도형 변경

[슬라이드5 - 출력형태]

PART 02 파워포인트(PowerPoint) 2007

파워포인트 02. 도형다루기, 애니메이션

프레젠테이션 슬라이드를 작성할 때 도형을 사용하여 내용을 시각적으로 표현하고 동적인 움직임을 추가한 슬라이드가 청중들에게 집중력 있게 내용을 전달 할 수 있습니다.

1. 도형 다루기

슬라이드에 사용되는 도형은 [홈] 탭→[그리기] 그룹→[도형] 도구 또는 [삽입] 탭→[일러스트레이션] 그룹→[도형] 도구에서 원하는 도형을 그릴 수 있습니다.

■ [홈] 탭→[그리기] 그룹→[도형]

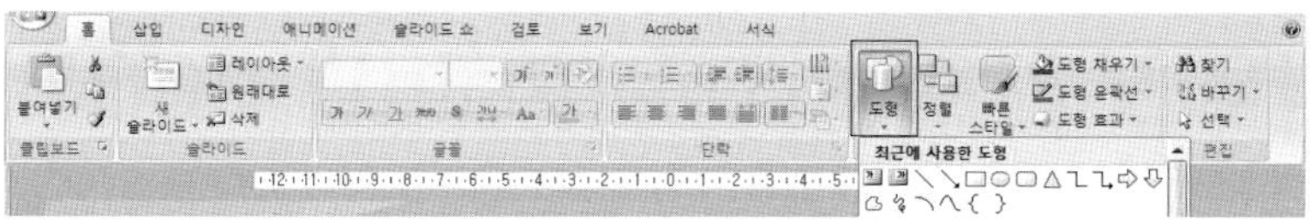

■ [삽입] 탭→[일러스트레이션] 그룹→[도형]

1.1 도형 그리기

도형 도구 모음에서 도형을 선택한 후 마우스로 드래그하여 원하는 크기와 모양으로 그립니다.

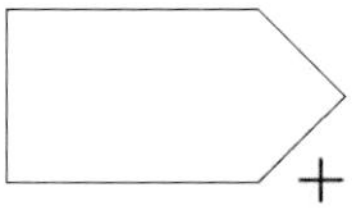

도형을 그릴 때 키보드의 Shift, Ctrl 키를 사용하면 쉽게 도형을 그릴 수 있습니다.

■ Ctrl 키와 함께 도형 그리기

Ctrl를 누른 상태에서는 마우스 포인트 현재 위치가 그리고자 하는 도형의 중심 좌표가 됩니다.

■ Shift 키와 함께 도형 그리기

Shift를 누른 상태에서 도형을 그리면 정사각형, 정원과 같은 정다각형을 그릴 수 있습니다. 직선을 그리면 수평선과 수직선 또는 45도 각도를 유지하는 직선을 그릴 수 있습니다.

Tip Ctrl+Shift 키를 동시에 눌러 도형 그리기

- Ctrl과 Shift 키를 동시에 누른 채 도형을 그리면 마우스 포인트 현재 위치가 도형의 중심이 되는 정다각형을 그릴 수 있습니다.

1.2 도형 크기, 모양 바꾸기

도형을 그리면 기본적으로 도형 주위에 흰색 원 또는 사각형과 1개의 녹색 원이 표시됩니다. 흰색 원 또는 사각형 점을 '크기 조정 핸들'이라고 하고 녹색 원을 '회전 핸들'이라고 합니다. 또한 도형의 종류에 따라 노란색의 작은 마름모가 표시되기도 하는데 이것을 '모양 조정 핸들'이라고 합니다.

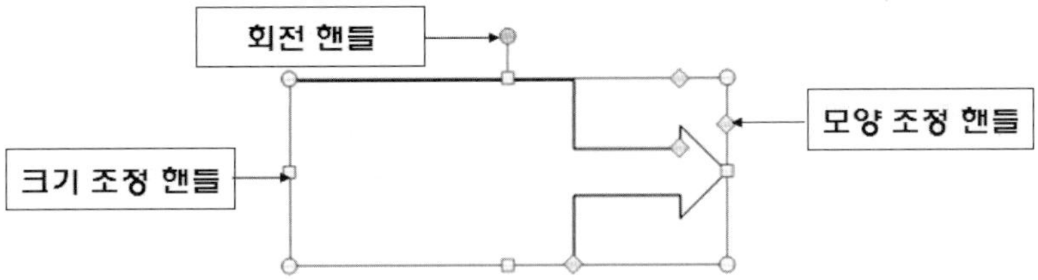

1.2.1 '크기 조정 핸들' 로 크기 조절

크기 조정 핸들에 마우스를 올려 마우스 포인터 방향이 양방향 화살표로 바뀌었을 때 마우스를 드래그하여 도형 크기를 조절합니다.

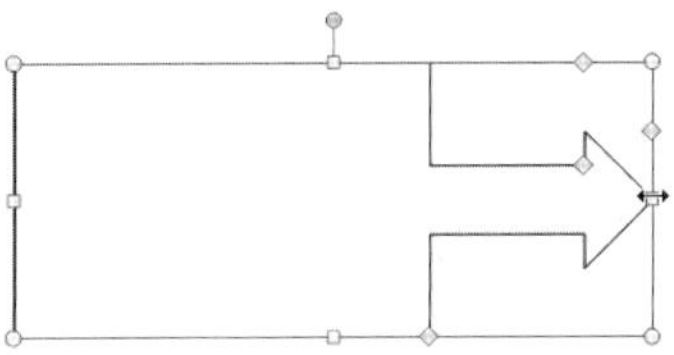

> **Tip** **Ctrl + Shift 키를 동시에 눌러 도형 크기 조절**
> - Ctrl와 Shift 키를 동시에 누른 채 '크기 조정 핸들'을 조절하면 전체 도형의 크기가 같은 비율로 크게 또는 작게 됩니다.

1.2.2 '회전 핸들' 로 도형 회전

'회전 핸들' 위에 마우스를 놓으면 마우스 포인트 모양이 ↻ 으로 바뀝니다. 이때 회전 시킬 방향으로 마우스를 움직이면 도형이 회전됩니다.

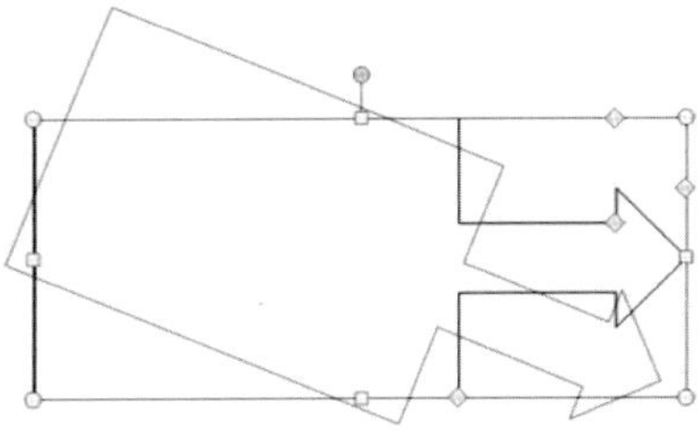

1.2.3 '모양 조정 핸들' 로 도형 모양 변형

원과 사각형을 제외한 대부분의 도형들은 '모양 조정 핸들'이 표시됩니다. 도형을 그린 후 '모양 조정 핸들'을 이용하여 기본 도형을 변경할 수 있습니다.

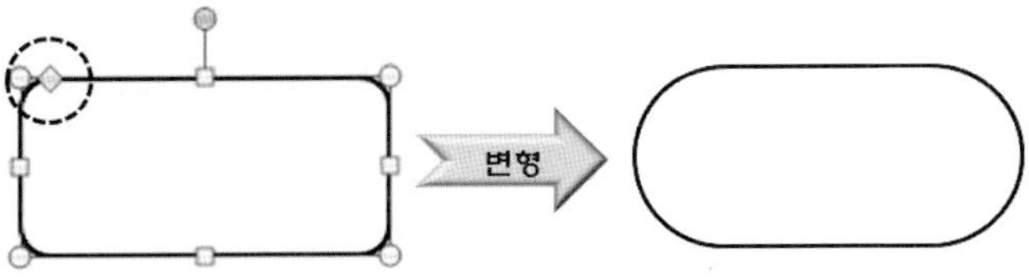

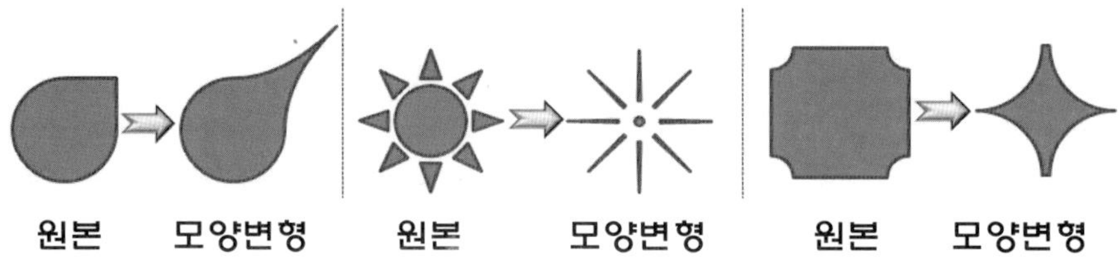

1.2.4 '점 편집'

점 편집을 사용하면 도형의 각 점을 말 그대로 독립적으로 편집하여 사용자가 원하는 다양한 도형으로 변형 할 수 있습니다.
점 편집을 할 수 있는 도형은 곡선, 다각형, 자유형 등 사용자가 임의로 그린 도형 등으로 제한됩니다.

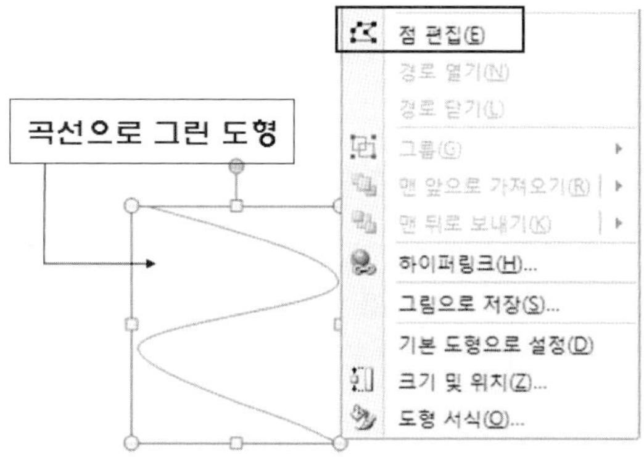

① 점 편집을 사용하려면 자유형 그림을 마우스 오른쪽 단추로 클릭한 다음 점 편집을 클릭합니다.
슬라이드에서 편집 중인 도형의 바깥쪽을 아무 곳이나 클릭하면 점 편집이 자동으로 해제됩니다.

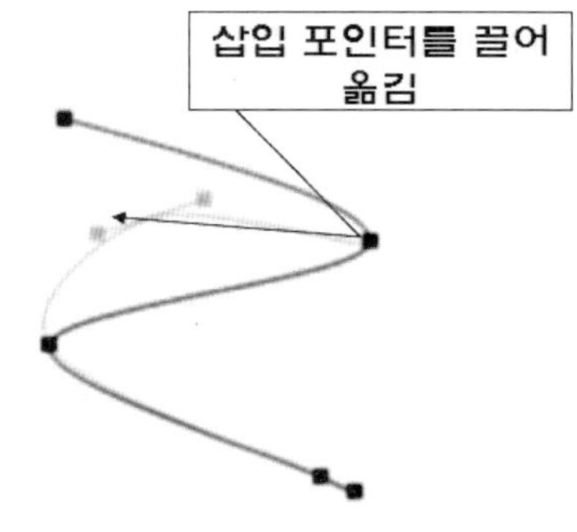

② 점 편집 모드에서 개체 위로 삽입 포인터를 가져갔을 때 삽입 포인터가 십자형 내부의 상자 모양으로 바뀌면 삽입 포인터가 선 세그먼트 위에 있는 것입니다.
선 세그먼트를 가리키는 삽입 포인터가 표시되었을 때 삽입 포인터를 끌어 옮기면 도형에 점을 새로 추가할 수 있습니다. 또는 도형 주위를 아무 곳이나 마우스 오른쪽 단추로 클릭한 다음 점 추가를 클릭해도 됩니다.

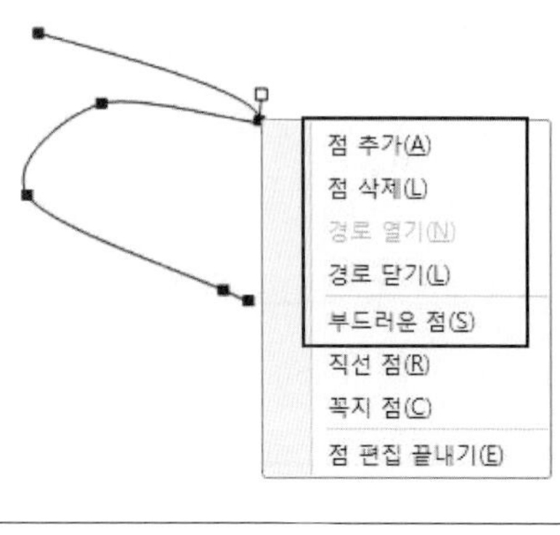

③ 점을 추가 또는 삭제하려면 점을 마우스를 클릭한 다음 [점 추가] 또는 [점 삭제]를 클릭합니다. [부드러운 점]을 선택하면 부드러운 선으로 바뀝니다.

1.3 도형 복사/이동

도형을 선택한 후 키보드 Ctrl를 누른 상태에서 원하는 위치로 이동하면 복사 할 수 있습니다. 또는 도형을 선택하고 마우스 오른쪽을 눌러 [복사]→[붙여 넣기]를 사용하여도 복사할 수 있습니다.

Tip **Ctrl + Shift 키를 동시에 눌러 도형 복사**

- Ctrl와 Shift 키를 동시에 누른 채 도형을 이동하면 수직 또는 수평 위치에 도형이 복사됩니다.

2. 도형 꾸미기

2.1 빠른 스타일을 이용한 도형 꾸미기

파워포인트 2007에서 추가된 '빠른 스타일 갤러리' 기능으로 이미 설정되어 있는 스타일로 도형을 꾸밀 수 있습니다. 도형을 그린 후 마우스로 더블클릭하면 [그리기 도구]→[서식] 탭이 표시됩니다. [도형 스타일] 그룹에서 '자세히' 단추를 누르면 다양한 도형 스타일 목록이 표시됩니다.

2.2 도형 서식 설정

다양한 도형 효과는 [그리기 도구]→[서식] 탭에서 각각 설정하거나, 도형을 선택한 후 마우스 오른쪽을 눌러 [도형 서식]에서 변경할 수 있습니다.

■ **[그리기 도구]→[서식] 탭에서 도형 서식 설정**

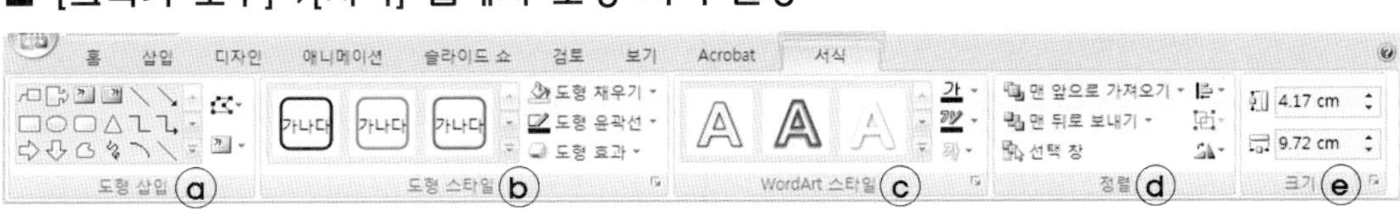

ⓐ [도형 삽입] 그룹: 다양한 도형을 삽입하고 그려진 도형을 다른 모양으로 변경
ⓑ [도형 스타일] 그룹: '빠른 스타일 갤러리'에서 다양한 도형 서식을 설정할 수 있으며 도형 채우기, 윤곽선, 효과를 설정
ⓒ [WordArt 스타일] 그룹: 슬라이드에 삽입한 텍스트에 대한 효과를 설정
ⓓ [정렬] 그룹: 두 개 이상의 도형에 대한 앞/뒤 배치 및 정렬을 지정
ⓔ [크기] 그룹: 도형의 크기를 숫자를 입력하여 지정

■[도형 서식] 메뉴에서 도형 서식 설정

도형을 그린 후 마우스 오른쪽을 눌러 [도형 서식]에서 다양한 도형 서식을 한꺼번에 설정 할 수 있습니다.

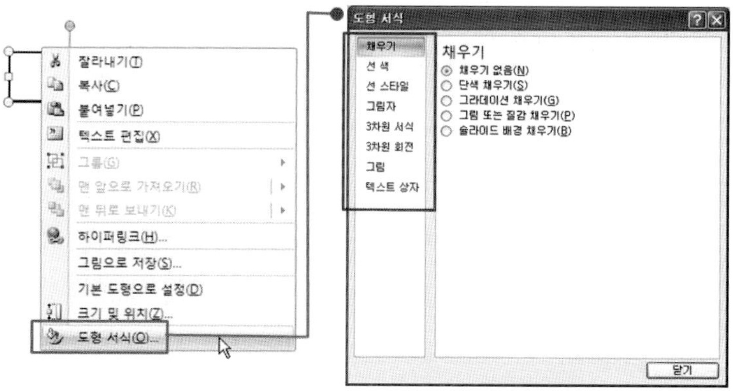

2.2.1 도형 채우기

■ 그라데이션 채우기

'그라데이션'이란 색과 그림자가 주로 한 가지 색에서 다른 색으로, 또는 한 가지 그림자에서 같은 색의 다른 그림자로 점진적으로 변화하는 효과를 말합니다.

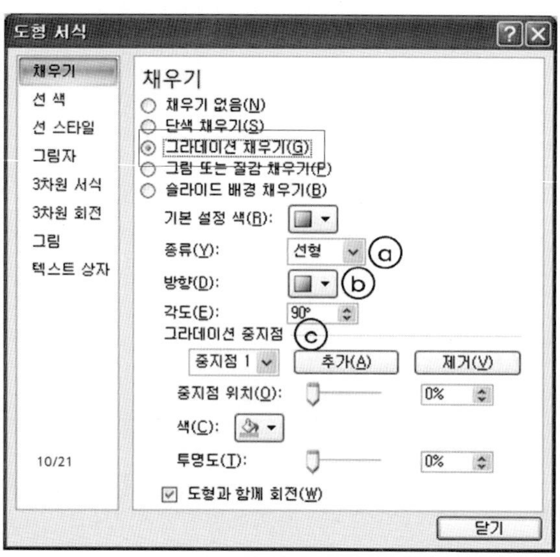

ⓐ [종류]: 그라데이션 종류(선형, 방사형, 사각형, 경로형) 설정
ⓑ [방향]: 그라데이션 적용 방향 설정

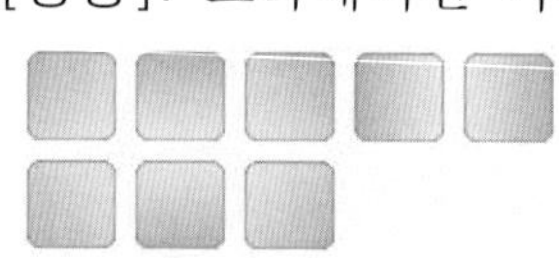

ⓒ [중지점]: 그라데이션 단계 색과 위치 설정

- 중지점 종류를 선택한 후 색을 설정
- 중지점 [추가]를 눌러 여러 단계의 색을 배합
- 중지점 [제거]를 눌러 단계 삭제

■ 그림 채우기

'그림 서식' 대화 상자에서 [그림 또는 질감 채우기]를 선택한 후 해당 그림 파일을 선택합니다.

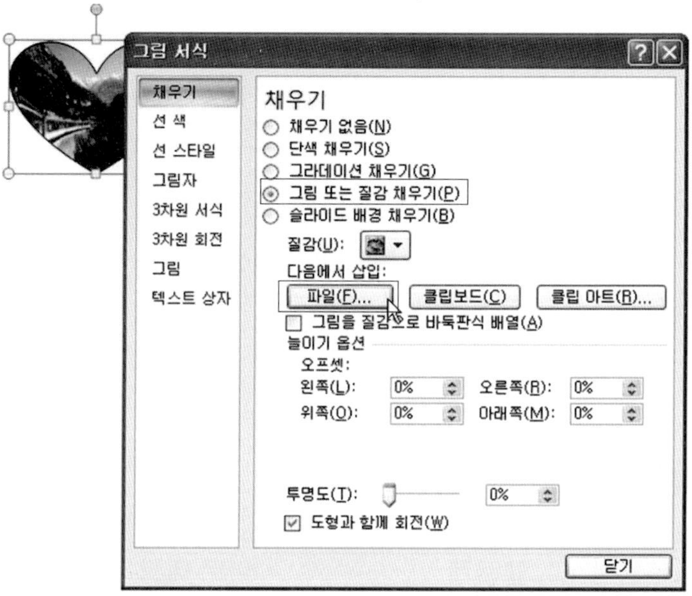

2.2.2 도형 윤곽선/스타일

'그림 서식' 대화 상자에서 [선색]과 [선 스타일]을 선택하여 변경할 수 있으며 [서식] 탭→[도형 스타일] 그룹 →[도형 윤곽선]에서도 설정 할 수 있습니다. 파워포인트 2007에서는 선에도 그라데이션을 설정할 수 있습니다.

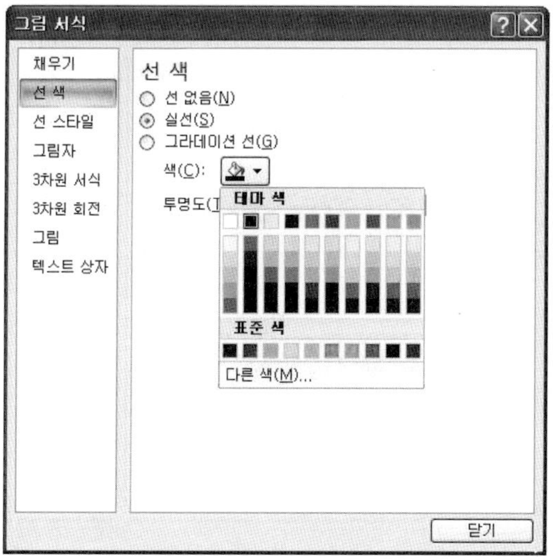

'그림 서식' 대화 상자에서 선색 설정

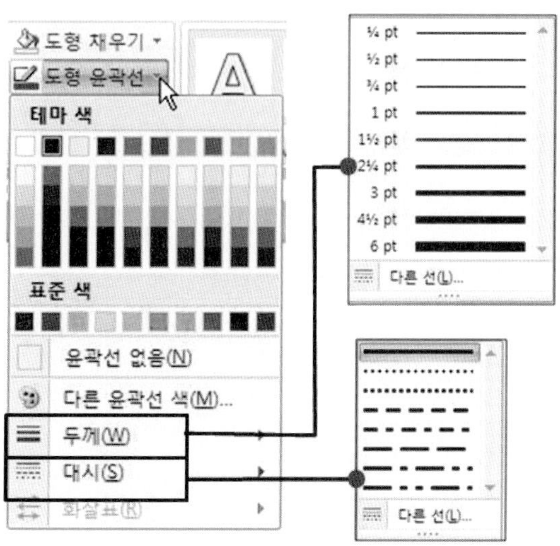

<도형 윤곽선> 메뉴에서 설정

2.2.3 도형 그림자

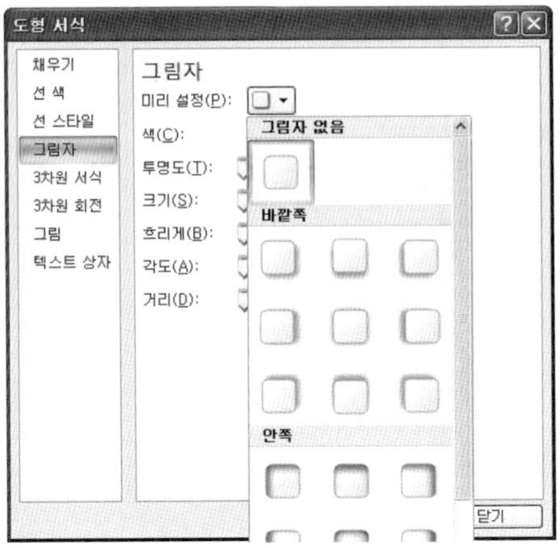

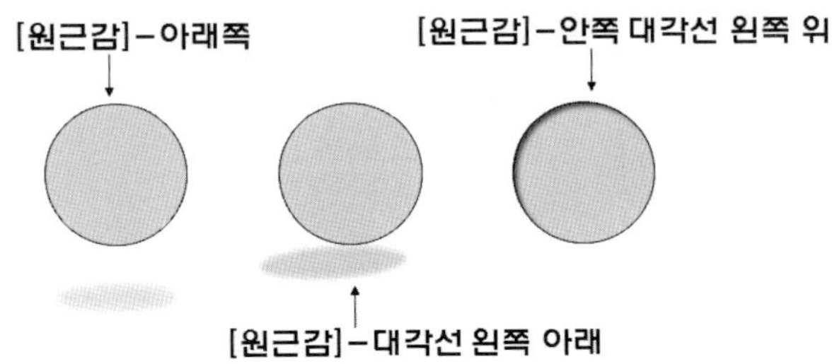

2.2.4 3차원 서식

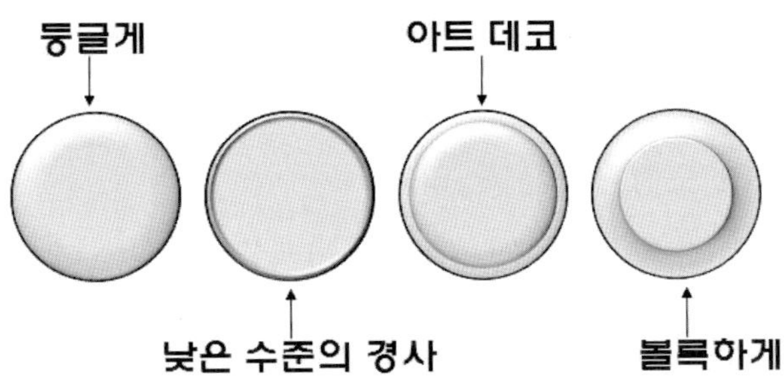

2.2.5 회전

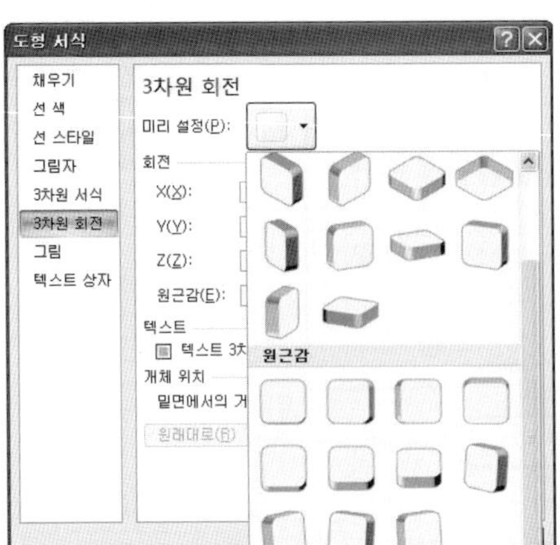

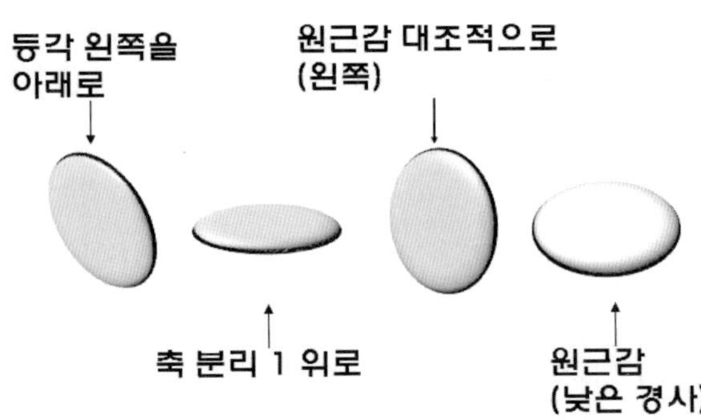

Tip 메뉴를 여러 번 불러올 필요 없는 파워포인트 2007!

- 파워포인트 2007에서 여러 개의 도형 서식 설정을 할 때 매번 [도형 서식] 메뉴를 불러올 필요 없습니다.
- 열려져 있는 '도형 서식' 대화상자를 그대로 두고 뒤에 보이는 도형만 선택한 후 동일한 '도형 서식' 대화 상자를 이용하여 다른 서식들을 설정을 할 수 있습니다.

3. 도형 모양 바꾸기

그려진 도형의 모양을 쉽게 다른 도형으로 변경할 수 있습니다.
도형을 선택한 후 [그리기 도구]→[서식] 탭→[도형 삽입] 그룹→[도형 모양 변경] 을 선택하여 변경할 도형을 선택합니다.

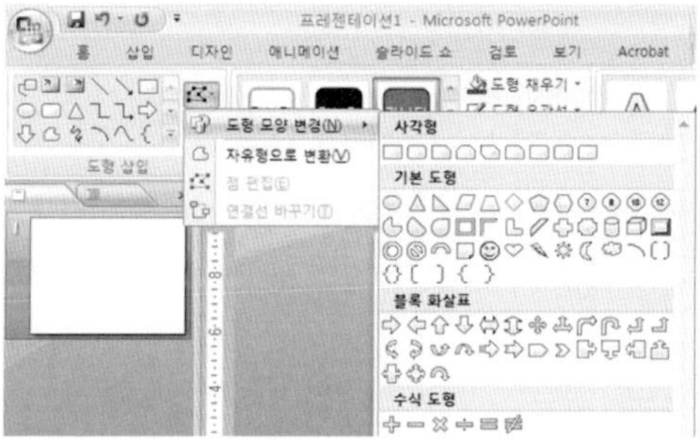

4. 정렬

두 개 이상의 도형에 대해 정렬을 할 수 있습니다. [그리기 도구]→[서식] 탭→[정렬] 그룹→[맞춤] 도구를 선택하거나 [홈] 탭→[그리기] 그룹→[정렬] 도구를 선택하여 정렬할 수 있습니다.

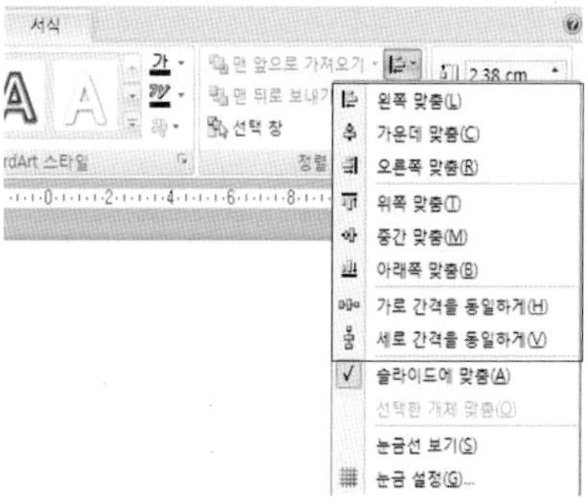

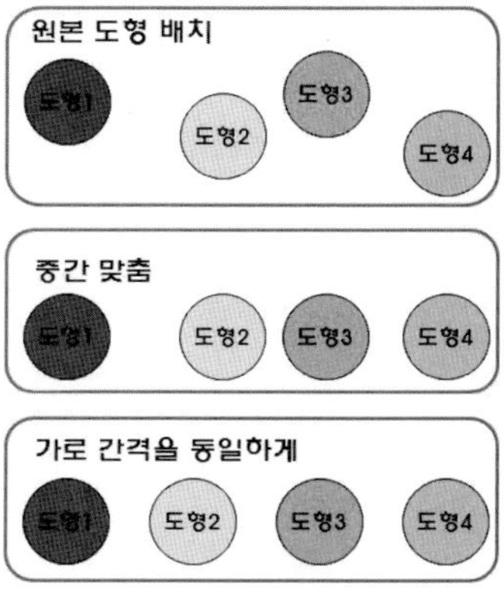

5. 그룹

그림 또는 도형 등의 여러 개체를 하나로 묶어 이동, 크기 변경을 쉽게 할 수 있는 기능입니다.

두 개 이상의 도형을 선택하고 마우스 오른쪽을 눌러 [그룹]을 선택합니다. 또는 [그리기 도구]→[서식] 탭→[정렬] 그룹→[그룹]을 클릭합니다.

그룹으로 묶여진 개체를 해제하려면 마우스 오른쪽을 눌러 [그룹]→[그룹 해제]를 선택합니다. [그리기 도구]→[서식] 탭→[정렬] 그룹→[그룹]→[그룹 해제 그룹 해제(U)]를 클릭하여도 됩니다.

6. 도형 순서 변경(앞/뒤 배치)

그림이나 도형 등의 개체가 서로 겹쳐 있는 경우 선택한 개체를 하나씩 앞 또는 뒤로 옮길 수 있으며, 맨 위나 맨 아래로 바로 배치시킬 수 있습니다.

겹쳐있는 도형 중에서 하나를 선택하고 마우스 오른쪽을 눌러 [맨 앞으로 가져오기]/[맨 뒤로 보내기] 등 배치 방법을 선택합니다.

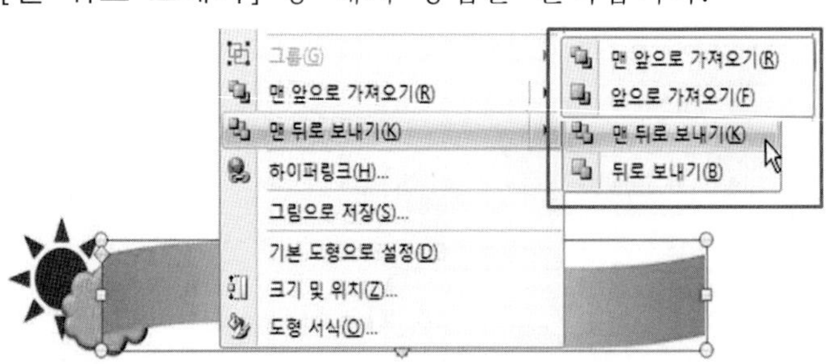

7. 슬라이드 번호, 바닥글

프레젠테이션 슬라이드에 반복되는 내용을 입력하거나 슬라이드 번호를 일괄적으로 적용할 수 있습니다.

[삽입] 탭→[텍스트] 그룹→[머리글/바닥글]을 선택합니다. '머리글/바닥글' 대화 상자에서 슬라이드 번호를 선택하고 바닥글 내용을 입력합니다. [제목 슬라이드에는 표시 안함]을 체크하면 제목슬라이드만 슬라이드 번호와 바닥글이 표시 되지 않습니다.

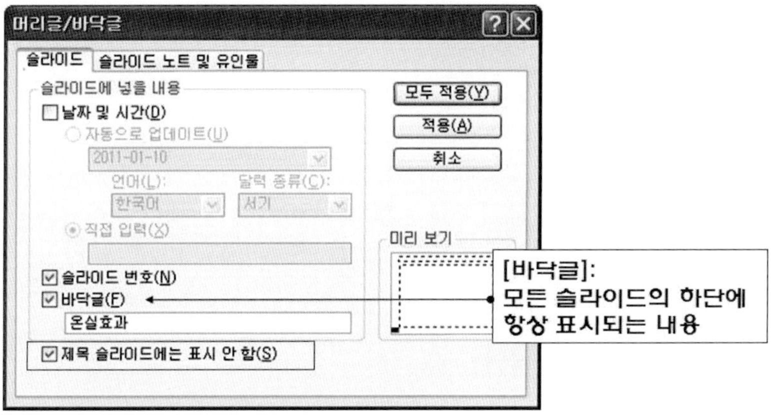

슬라이드에 삽입된 바닥글과 슬라이드 번호의 위치 및 서식 설정은 [보기] 탭→[프레젠테이션 보기] 그룹→[슬라이드 마스터]에서 변경합니다.

Tip 슬라이드 마스터

- 배경, 색, 글꼴, 효과, 개체 틀 크기 및 위치를 비롯한 프레젠테이션의 테마 및 레이아웃 관련 정보를 저장하는 주 슬라이드입니다.

8. 애니메이션

텍스트나 도형 등의 개체에 특수 시각 효과나 소리 효과를 추가하여 프레젠테이션을 흥미롭게 만들고 중요한 요점을 강조하며 정보의 흐름을 제어할 수 있습니다.

[그림 도구]→[애니메이션] 탭→[사용자 지정 애니메이션]에서 지정할 수 있습니다. 대부분의 애니메이션 옵션에는 선택 가능한 관련 효과와 함께 소리를 재생하는 옵션이 있습니다.

(예: 소리와 함께 한 번에 한 단어씩 제목 날아오기)

8.1 사용자 지정 애니메이션 설정

개체를 선택하고 [애니메이션] 탭→[애니메이션] 그룹→[사용자 지정 애니메이션]을 선택하면 화면 오른쪽에 '사용자 지정 애니메이션 작업창'이 표시됩니다.

[효과 적용] 단추를 눌러 해당 애니메이션을 선택합니다.

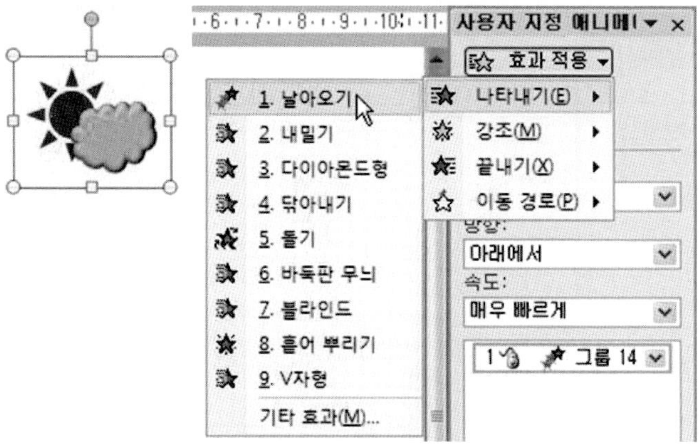

8.2 애니메이션 효과 옵션 설정

'사용자 지정 애니메이션 작업창'에서 애니메이션 시작 방법, 방향, 속도, 효과옵션, 타이밍 등을 설정할 수 있습니다.

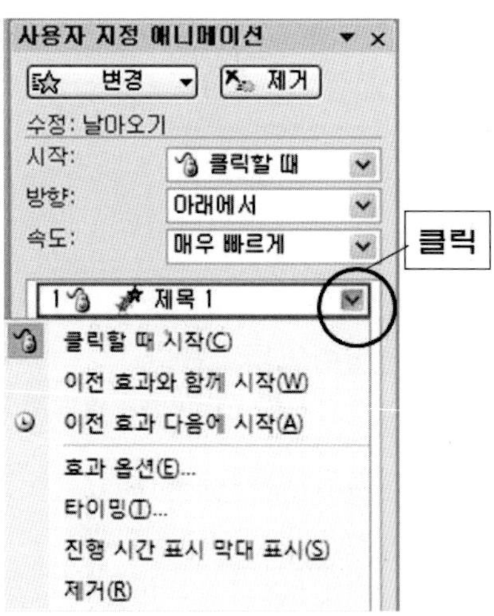

■ 효과옵션에서 세부 항목 설정

개체와 애니메이션의 종류에 따라 여러 가지 효과 옵션을 지정할 수 있습니다.

'사용자 지정 애니메이션 작업창'에서 개체이름 오른쪽 목록 기호(▼)를 클릭하거나 마우스 오른쪽을 눌러 [효과 옵션]을 선택합니다.

8.2.1 [효과옵션]→[효과] 탭: 소리, 애니메이션 후 설정

[효과] 탭에서는 애니메이션에 다양한 효과음을 설정하고 애니메이션 후의 동작에 대해서도 지정할 수 있습니다.

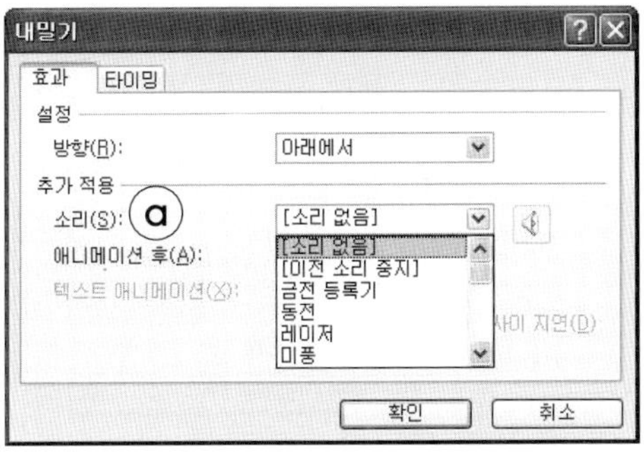

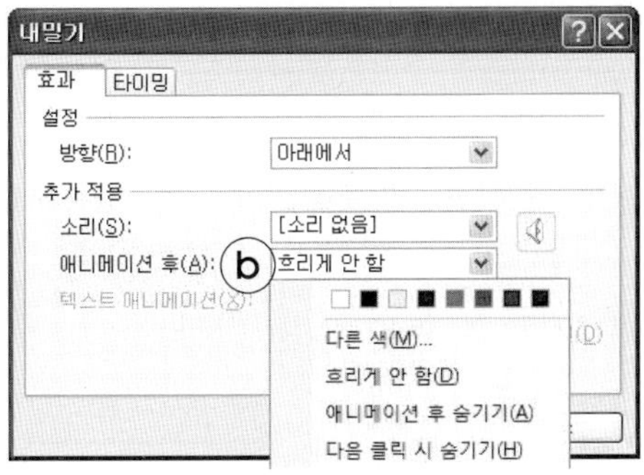

ⓐ 소리: 애니메이션이 실행될 때 다양한 효과음이 나도록 설정

ⓑ 애니메이션 후: 개체의 애니메이션이 종료된 후 모양과 위치 등 설정

8.2.2 [효과옵션]→[타이밍] 탭: 시작, 지연, 속도, 반복, 시작 옵션 설정

[타이밍] 탭에서는 선택한 애니메이션의 시작 방법과 시간, 속도, 지연, 반복 횟수 , 시작 옵션 등을 설정할 수 있습니다.

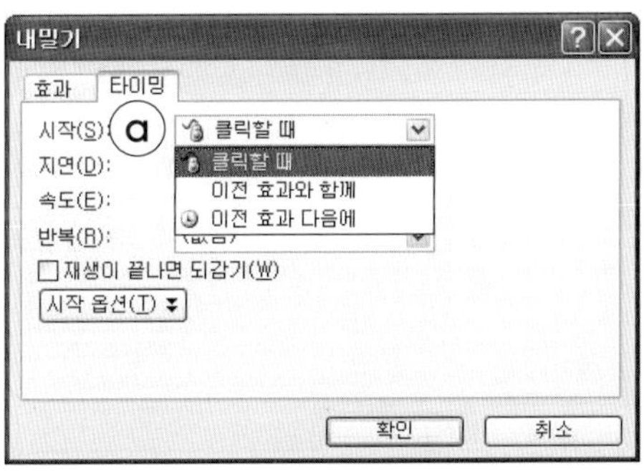

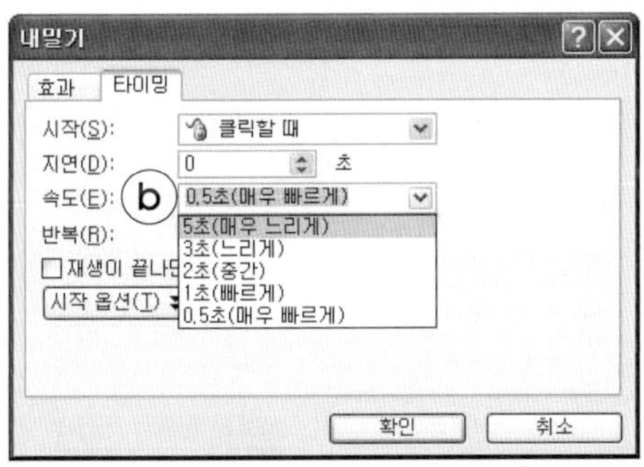

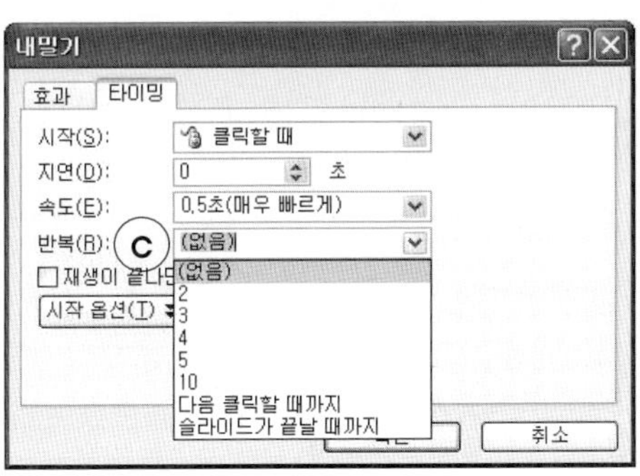

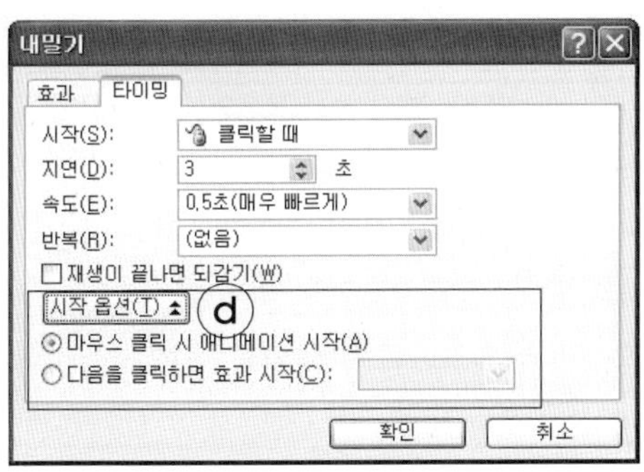

ⓐ 시작: 애니메이션 시작 방법 설정

ⓑ 속도: 애니메이션 실행 속도를 0.1초 단위로 설정

ⓒ 반복: 애니메이션 반복 횟수 설정

ⓓ 시작옵션: 애니메이션을 마우스 클릭 시 시작할 것인지 또는 다른 방법으로 시작할 것인지 설정

8.3 애니메이션 순서 변경

애니메이션은 개체에 설정한 순서대로 실행됩니다.

애니메이션 실행 순서를 변경하고자 할 경우에는 '사용자 지정 애니메이션 창' 하단의 순서조정 (순서 조정)버튼을 눌러 설정합니다.

9. 화면 전환 효과

화면 전환은 슬라이드 쇼 보기에서 슬라이드 간을 이동할 때 표시되는 애니메이션과 같은 효과입니다. 각 화면 전환 효과의 속도를 제어할 수 있으며 소리도 추가할 수 있습니다.

[애니메이션] 탭→[슬라이드 화면 전환] 그룹에서 효과를 설정합니다.

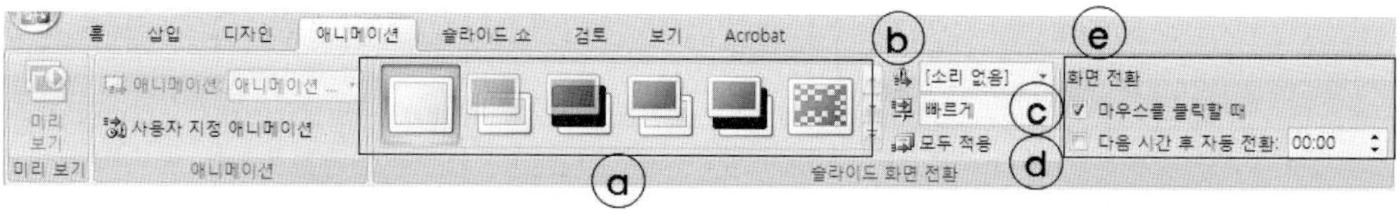

ⓐ 슬라이드 화면 전환 갤러리: 다음 슬라이드로 전환하는 동안 나타낼 특수 효과
ⓑ 화면 전환 소리: 화면 전환하는 동안 재생할 소리 설정
ⓒ 화면 전환 속도: 다음 슬라이드로 전환하는 동안 적용할 전환 속도
ⓓ 모두 적용: 현재 슬라이드에 적용한 화면 전환 효과를 모든 슬라이드에 적용
ⓔ 화면 전환: 마우스를 클릭할 때 전환되게 하거나 사용자가 지정한 후 자동으로 화면이 전환 되도록 설정

Tip [여러 슬라이드 보기]에서 한꺼번에!

- '여러 슬라이드' 보기 상태에서 Ctrl을 누른 상태에서 여러 슬라이드를 선택한 후 동일한 화면 전환 효과를 설정할 수 있습니다.

10. 실전 예제

● **학습 목표: 도형을 이용한 목차 슬라이드를 작성하고 애니메이션 효과를 설정합니다.**

[슬라이드1 - 지시사항]

1. 슬라이드 디자인➔ 중앙
2. 슬라이드 번호, 바닥글 (온실효과) 삽입
   - 제목 슬라이드에는 표시 안함
3. 워드아트
   - 변환 효과, 반사효과
   - 애니메이션: 날아오기(왼쪽 위에서)
4. 도형 삽입: 도형 스타일(밝은색 1 윤곽선, 색 채우기-강조 2)
   - 텍스트 방향: 세로
   - 애니메이션 : 내밀기(왼쪽에서), 다음 클릭 시 숨기기
5. 부제목 :
   - 글자 크기: 20, 오른쪽 정렬, 줄간격: 1.5

[슬라이드1 - 출력형태]

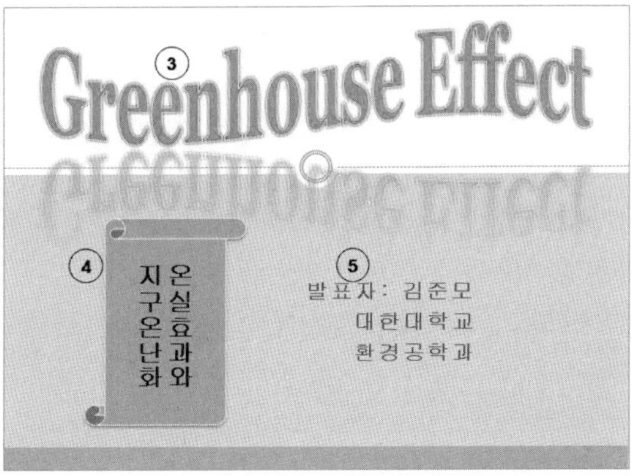

① 슬라이드 디자인: 중앙

② 슬라이드 번호, 바닥글
- 제목 슬라이드에는 표시 안 함

Step 1: 슬라이드 디자인 설정(중앙)

[디자인] 탭→[테마] 그룹에서 '중앙'을 선택합니다.

Step 2: 슬라이드 번호, 바닥글 삽입

[삽입] 탭→[텍스트] 그룹→[머리글/바닥글]을 선택합니다. '슬라이드 번호', '바닥글', '제목 슬라이드에는 표시 안함'을 각각 선택한 후 [모두 적용]을 누릅니다.

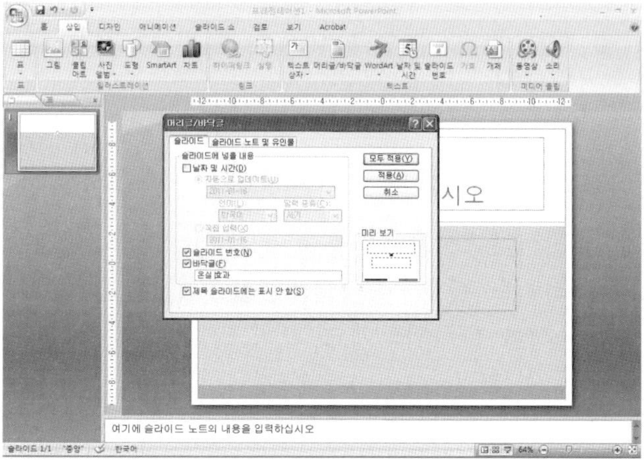

Step 3: 워드아트, 애니메이션

① 텍스트를 입력한 후 [그리기 도구]→[서식] 탭→[WordArt 스타일] 그룹에서 해당 '워드아트' 스타일을 선택합니다.

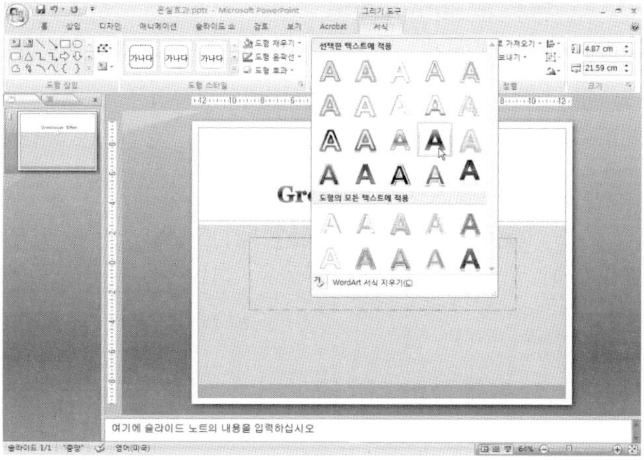

② 워드아트를 선택한 후 [그리기 도구]→[서식] 탭→[WordArt 스타일] 그룹 →[텍스트 효과]→[변환]에서 해당 모양을 선택합니다.

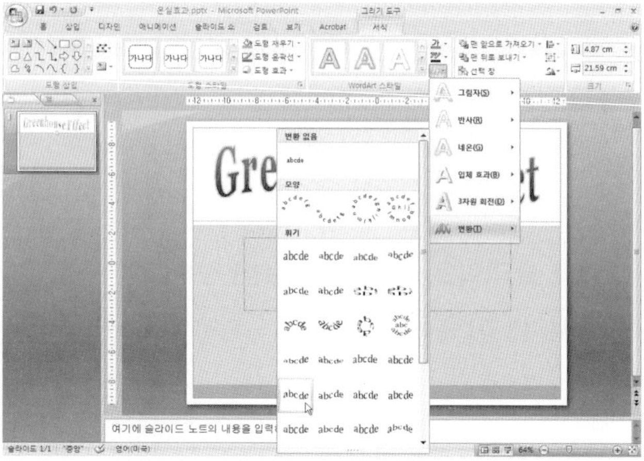

③ 워드아트를 선택한 후 [그리기 도구]→[서식] 탭→[WordArt 스타일] 그룹 →[텍스트 효과]→[반사]에서 해당 모양을 선택합니다.

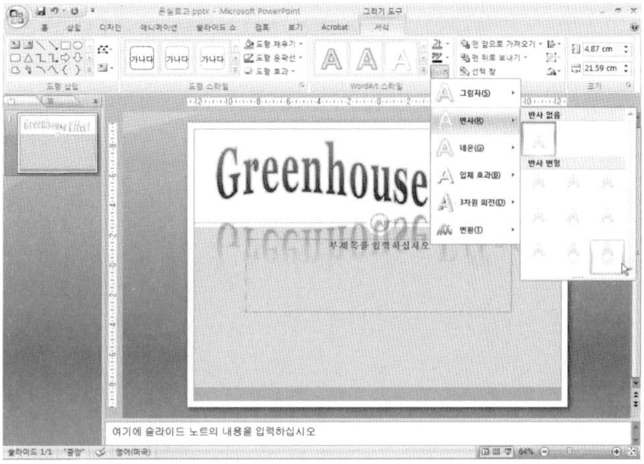

④ [애니메이션] 탭→[애니메이션] 그룹→[사용자지정 애니메이션]을 선택합니다.

오른쪽 '사용자 지정 애니메이션' 대화 상자에서 [효과 적용]을 누른 후 '날아오기'를 선택합니다.

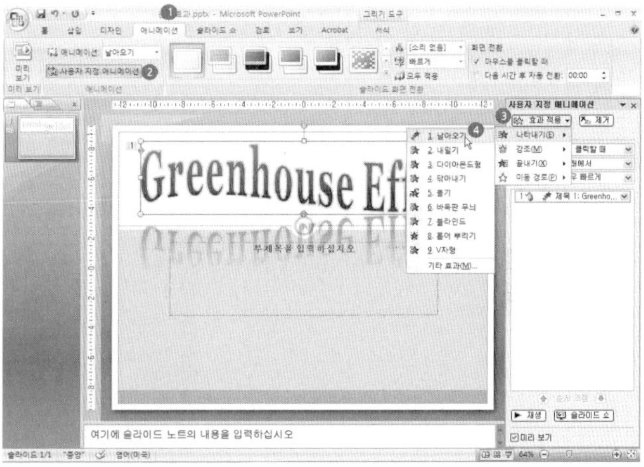

⑤ [방향]을 누른 후 '왼쪽에서'를 선택합니다.

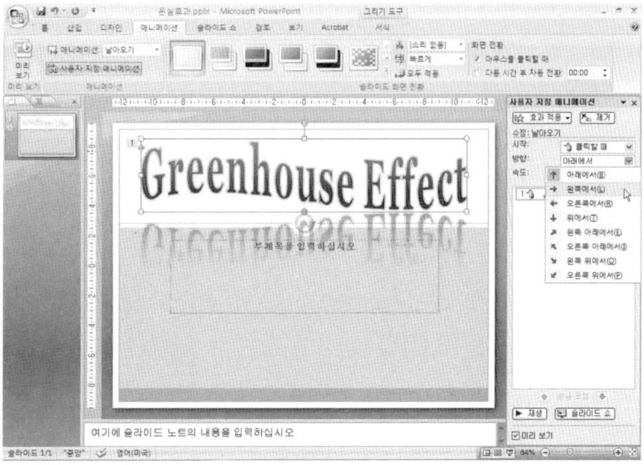

Step 4: 도형 삽입

① [삽입] 탭→[일러스트레이션] 그룹 → [도형]을 누른 후 '세로로 말린 두루마리 모양'을 선택합니다.

② 텍스트 상자를 선택한 후 [그리기 도구]→[서식] 탭→[도형 스타일] 그룹의 '도형 스타일' 갤러리에서 해당 스타일(밝은색 1 윤곽선, 색 채우기-강조2)을 선택합니다.
각 스타일 위에 마우스를 올리면 스타일 이름이 표시됩니다.

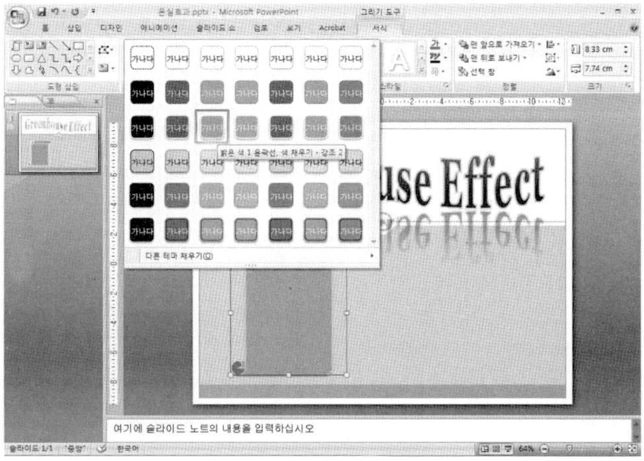

③ 텍스트 상자에 내용을 입력합니다. 텍스트 상자를 선택하고 [홈] 탭→[단락] 그룹→[텍스트 방향]을 누른 후 '세로' 방향을 선택합니다.

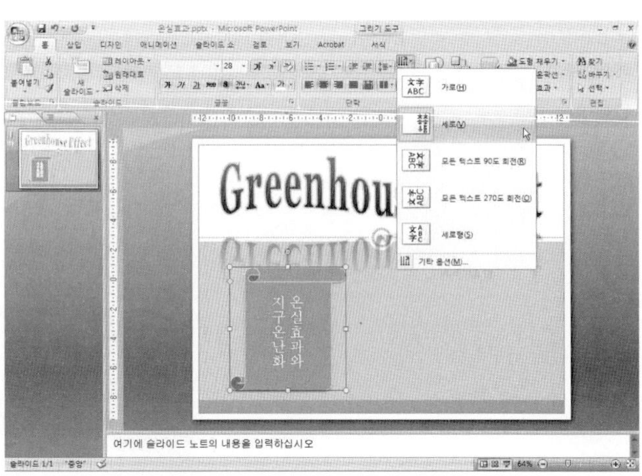

④ [애니메이션] 탭→[애니메이션] 그룹→[사용자지정 애니메이션]을 선택합니다. 오른쪽 '사용자 지정 애니메이션' 대화 상자에서 [효과 적용]을 누른 후 '내밀기'를 선택합니다.

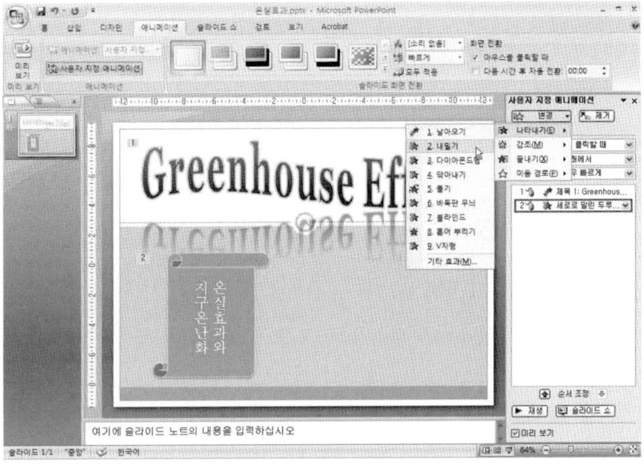

⑤ [효과 옵션]을 선택한 후 '방향(왼쪽에서)'와 '다음 클릭 시 숨기기'를 설정합니다.

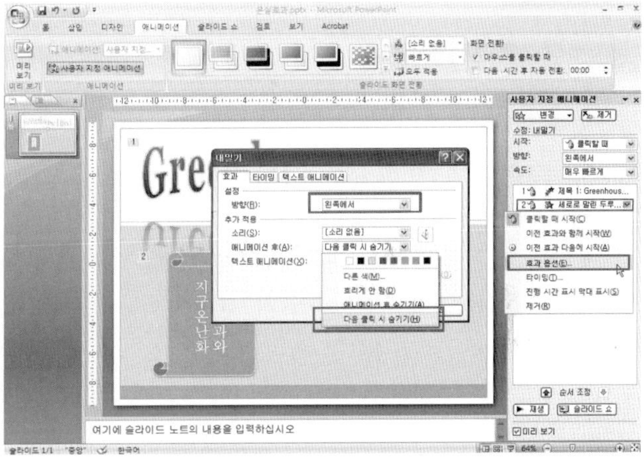

Step 5: 텍스트 정렬, 줄 간격

① 부제목 텍스트 개체 틀에 내용을 입력합니다. 마우스 오른쪽을 눌러 미니 도구 모음에서 글자 크기(20), 정렬(오른쪽 정렬)을 각각 설정합니다.

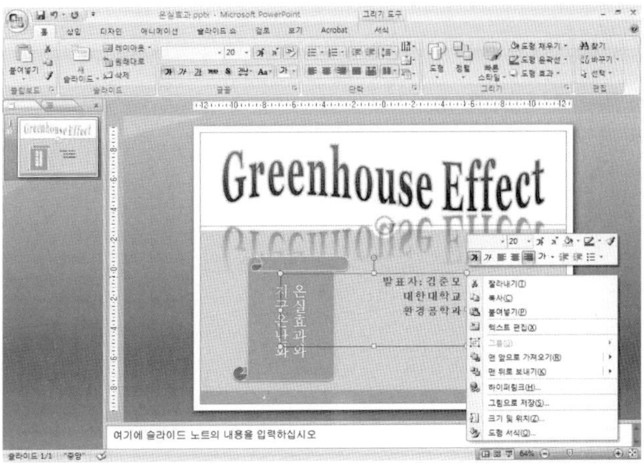

② 텍스트 상자를 선택한 후 줄 간격( )을 눌러 1.5를 설정합니다.

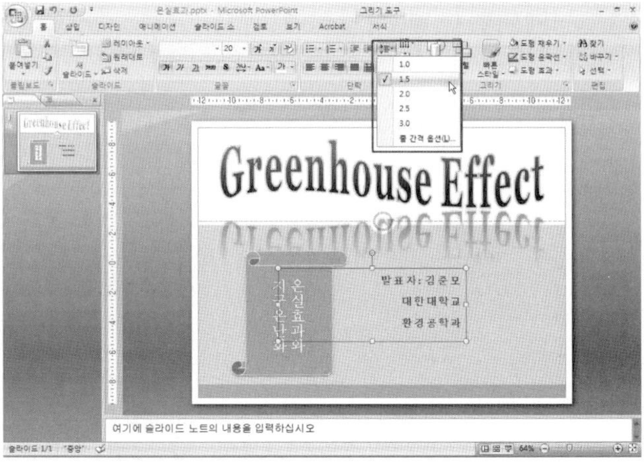

[슬라이드2 - 지시사항]

1. 도형 효과
   - 입체 효과: 위쪽(둥글게)
2. 도형 채우기
   - 그라데이션 설정
3. 각 개체 묶은 후 복사
   - 목차 도형 전체 애니메이션 설정(왼쪽에서 날아오기)

[슬라이드2 - 출력형태]

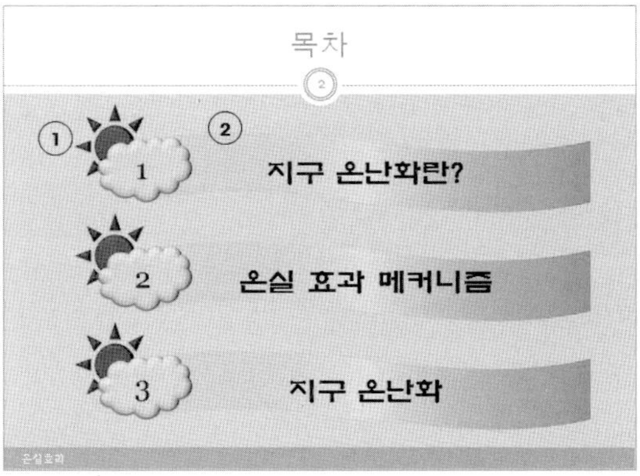

Step 1: 도형(입체 효과)

두 개의 도형에 색 채우기를 합니다. 도형을 선택한 후 [그리기 도구]→[서식] 탭→[도형 스타일] 그룹→[도형 효과]→[입체 효과]에서 '둥글게'를 선택합니다.

Step 2: 그라데이션

① 도형을 선택한 후 마우스 오른쪽을 눌러 [도형 서식]을 선택합니다.

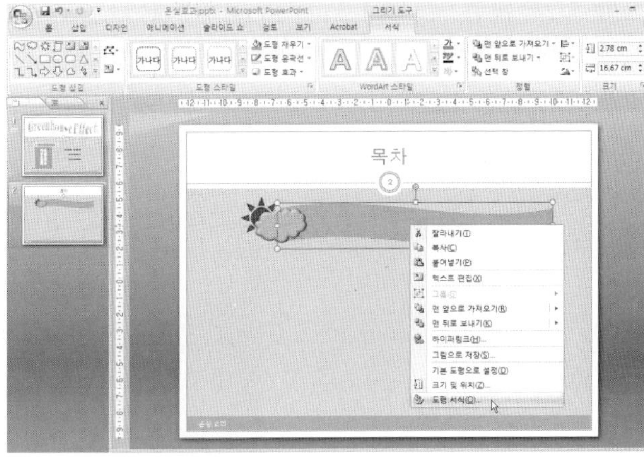

② '도형 서식' 대화 상자에서 [채우기]→[그라데이션 채우기]를 선택합니다. 종류와 그라데이션 중지점을 각각 설정합니다.

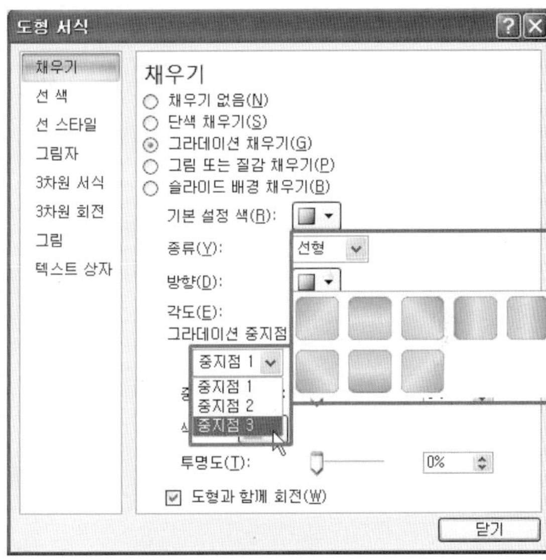

Step 3: 개체 묶기, 애니메이션

① 각 도형을 선택한 후 마우스 오른쪽을 눌러 [그룹]을 선택합니다.

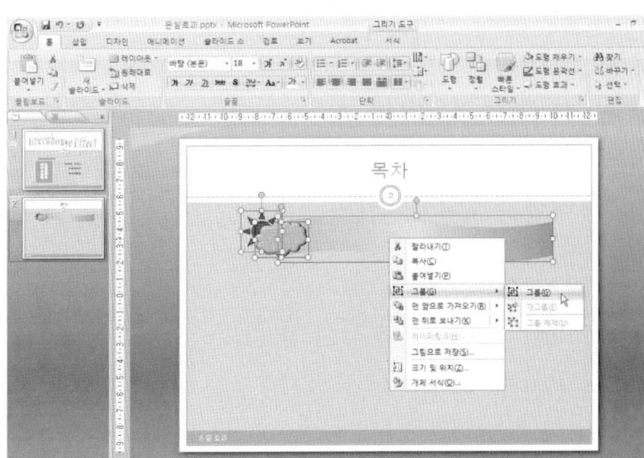

② 도형을 선택한 후 Ctrl 키를 누른 상태에서 도형을 끌어 복사합니다.

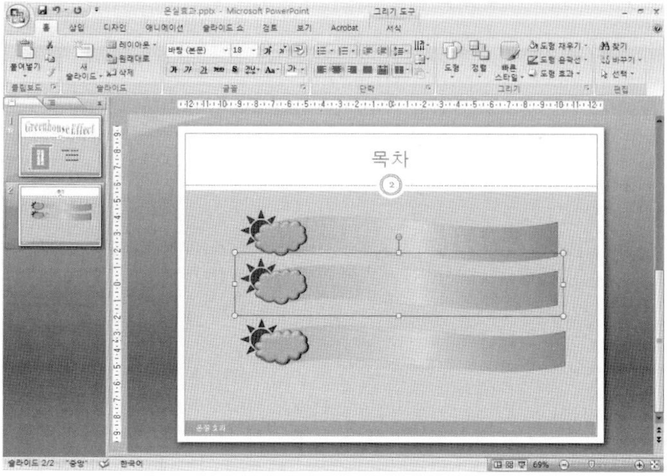

③ 도형을 모두 선택한 후 애니메이션(왼쪽에서 날아오기)을 설정합니다.

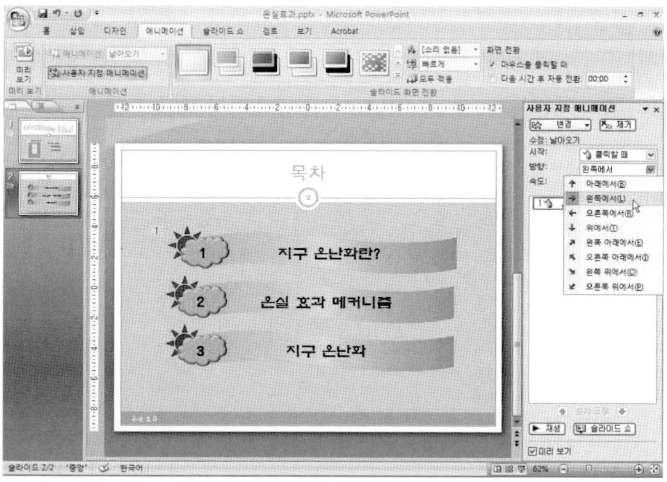

[슬라이드3 – 지시사항]

1. 텍스트 상자
   - 색 채우기, 입체 효과
   - 텍스트 맞춤: 중간
   - 애니메이션: 날아오기(위에서), 문자 단위로
2. 그림 삽입
   - 그림 스타일: 대각선 방향의 모서리 잘림

[슬라이드3 – 출력형태]

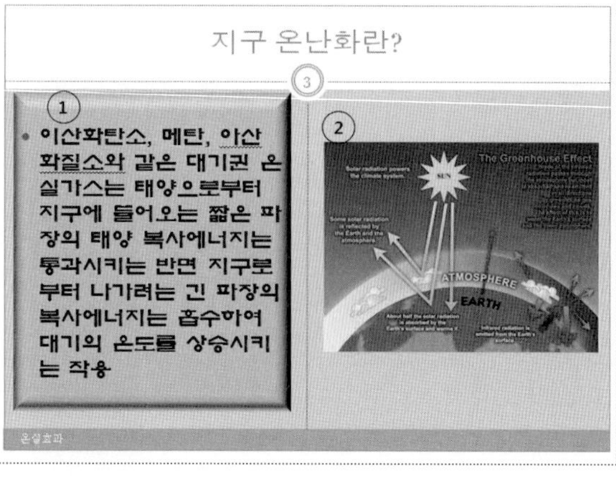

Step 1: 텍스트 상자(입체 효과, 애니메이션)

① 텍스트 상자에 내용을 입력합니다. 마우스 오른쪽을 누른 후 [도형 서식]을 선택합니다.

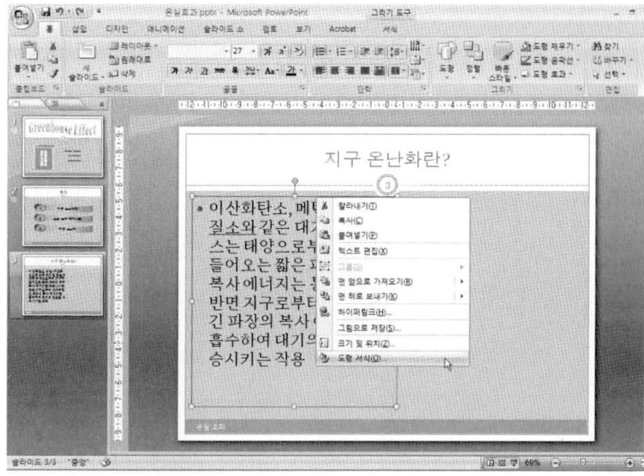

② '도형 서식' 대화 상자의 [채우기]에서 색을 선택합니다.

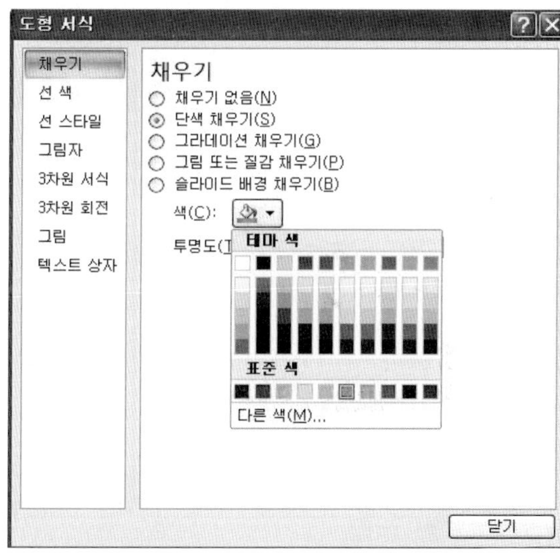

③ [3차원 서식]에서 [입체효과]→'둥글게'를 선택한 후 너비와 높이를 각각 설정합니다.

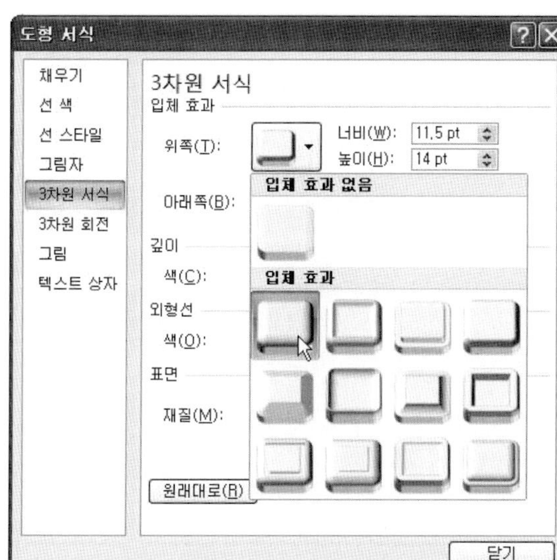

④ 텍스트 상자를 선택한 후 [홈] 탭→[단락] 그룹→[텍스트 맞춤]에서 '중간'을 선택합니다.

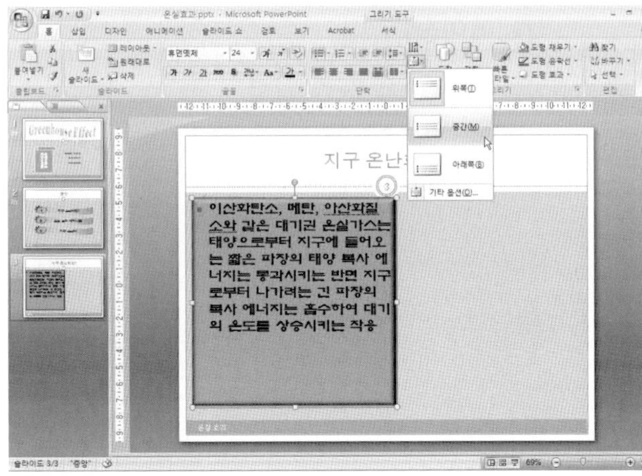

⑤ 텍스트 상자에 '날아오기(위에서)' 애니메이션을 설정합니다.

설정된 애니메이션의 [효과 옵션]을 선택합니다.

'날아 오기' 대화 상자에서 [텍스트 애니메이션]→'문자 단위로'를 설정합니다.

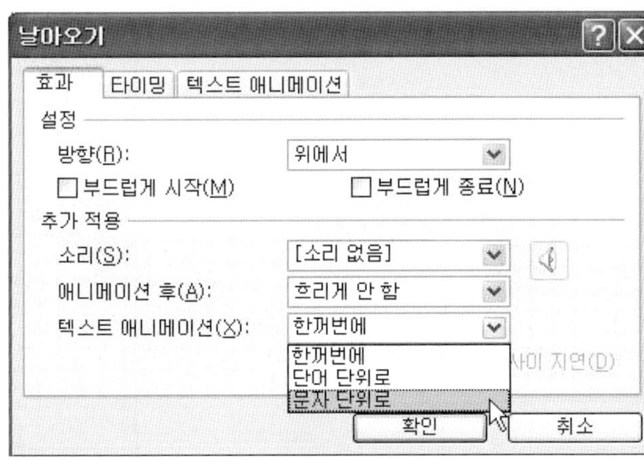

Step 2: 그림 삽입

그림을 입력한 후 [그리기 도구]→[서식] 탭→[그림 스타일] 그룹에서 해당 모양을 설정합니다.

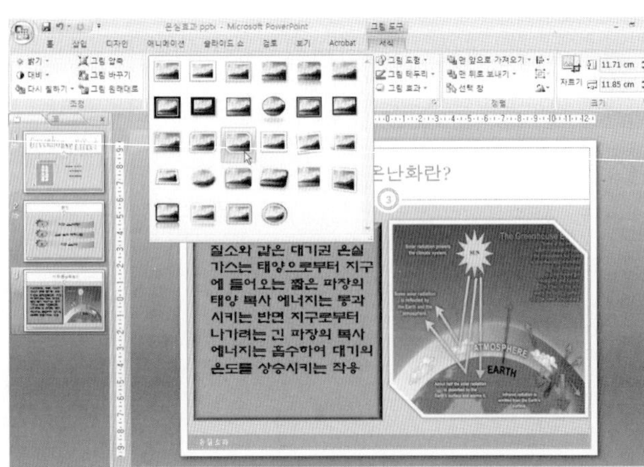

[슬라이드4 – 지시사항]

※ 레이아웃 변경: 콘텐츠 2개

1. 글머리 기호 설정(, ➤)
   - 줄간격(2.0)
   - 텍스트 맞춤: 중간
2. 글머리 번호 설정
3. 클립아트 삽입
   - 검색어: 나뭇잎지도
   - 그림효과: 투명한 색 설정

[슬라이드4 – 출력형태]

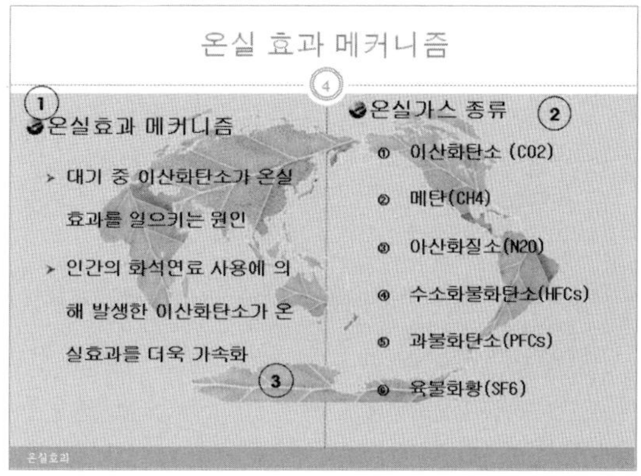

Step 1: 글머리 기호, 줄 간격, 맞춤 설정

① 슬라이드 빈 곳에서 마우스 오른쪽을 눌러 [레이아웃]을 선택한 후 '콘텐츠 2개'를 선택합니다.

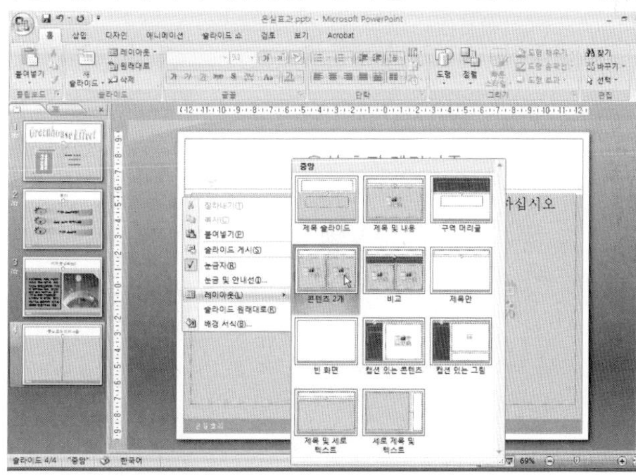

② 각 텍스트에 내용을 입력합니다. 마우스 오른쪽을 눌러 [글머리 기호]→[글머리 기호 및 번호 매기기]를 선택합니다.

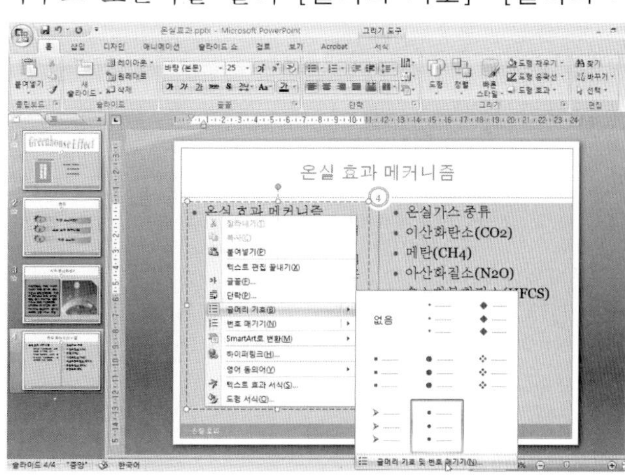

③ [그림]을 선택한 후 그림 글머리 기호에서 해당 그림을 선택합니다.

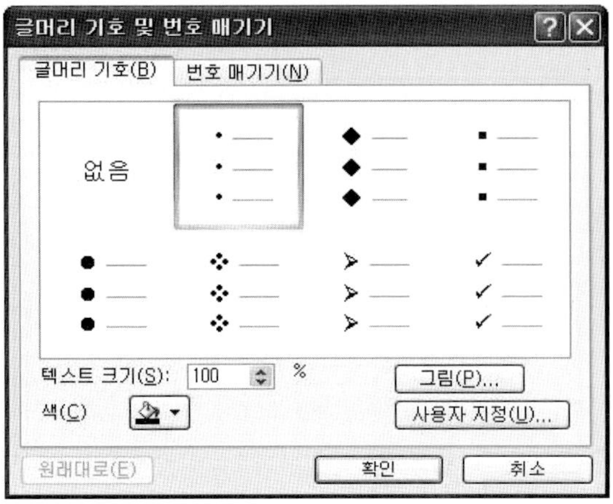

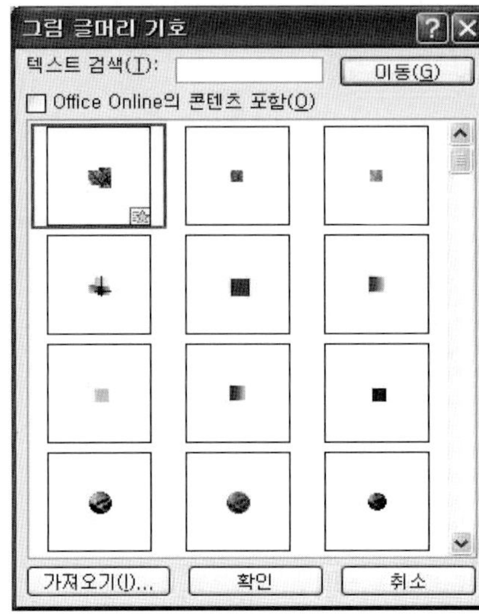

④ 텍스트 상자를 선택한 후 [홈] 탭→[단락] 그룹→'줄간격(2.0)' 을 선택합니다.

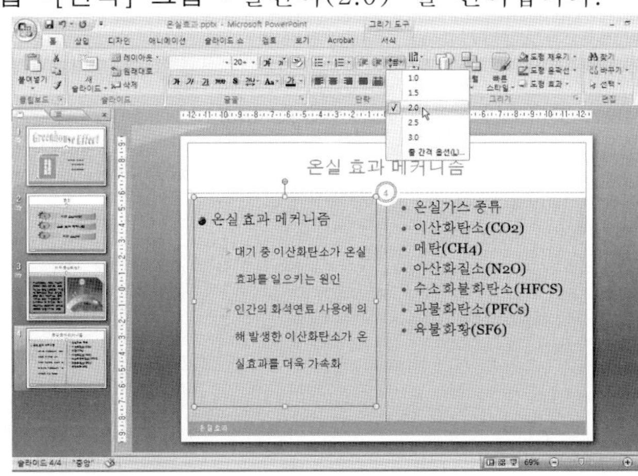

⑤ '텍스트 맞춤(중간)' 각각 선택합니다.

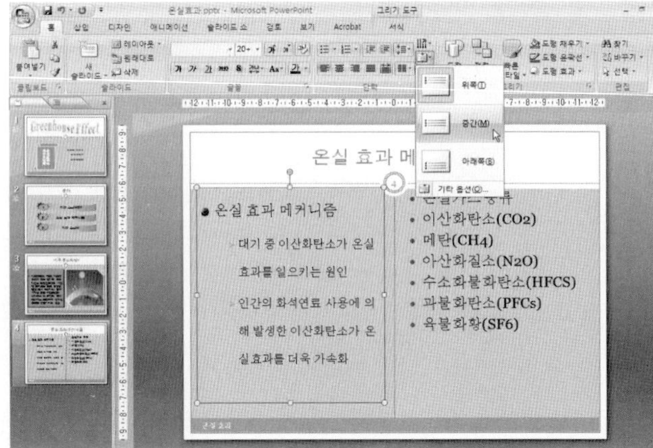

Step 2: 글머리 번호

① 텍스트를 블록 설정 후 [홈] 탭→[단락] 그룹→[목록 수준 늘임]을 선택합니다. 또는 키보드의 Tab 키를 눌러 수준을 변경합니다.

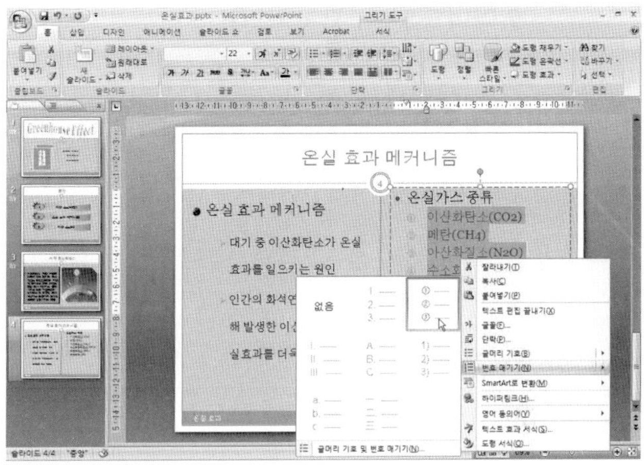

② 마우스 오른쪽을 눌러 [번호 매기기]를 선택하고 해당 번호를 선택합니다.

Step 3: 클립아트 삽입, 투명한 색 설정

① [삽입] 탭→[일러스트레이션] 그룹→[클립아트]를 선택합니다. 오른쪽 '클립아트' 대화 상자에서 '검색 대상(나뭇잎지도)'를 입력한 후 [이동] 단추를 누릅니다. 검색된 그림을 선택합니다.

② 삽입된 그림을 선택한 후 [서식] 탭→[조정] 그룹→[다시 칠하기]→[투명한 색 설정]을 선택합니다. 그림의 흰색 부분을 클릭합니다.

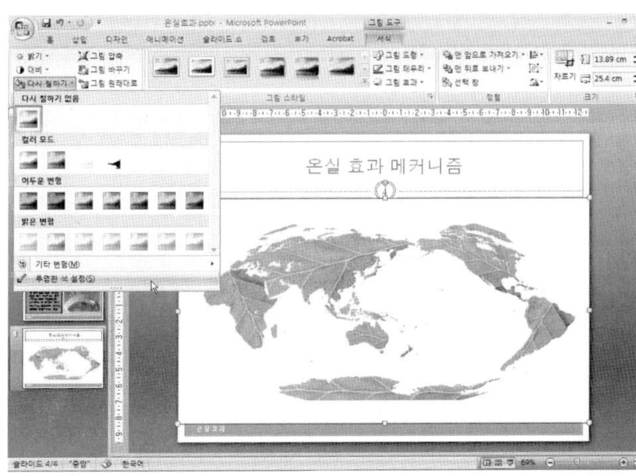

③ 그림을 선택한 후 마우스 오른쪽을 눌러 [맨 뒤로 보내기]를 선택합니다.

[슬라이드5 – 지시사항]

1. 도형 ➜ 그림으로 채우기, 입체효과(각지게)
2. 클립아트➜ 해당 주제어로 클립아트 검색하여 삽입(교통, 도시, 에너지, 공해)
3. 도형: 설명선 2 ➜ 도형 채우기(그라데이션): 방사형
4. 도형➜ 모서리가 둥근 사각형
   - 투명도(60%), 선 스타일 설정, 맨뒤로

[슬라이드5 – 출력형태]

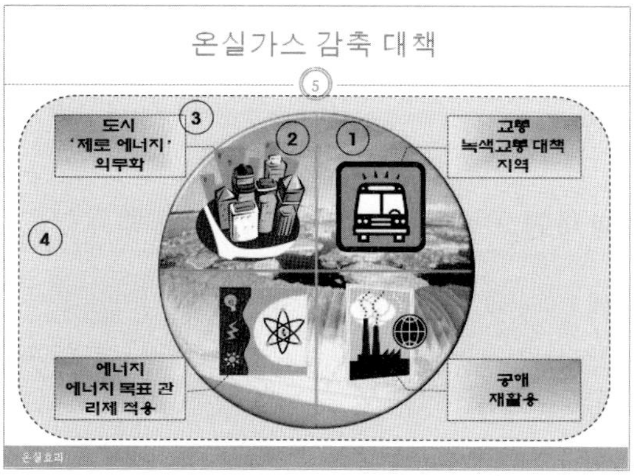

Step 1: 도형을 그림으로 채우기

① 도형을 그린 후 마우스 오른쪽을 눌러 [도형 서식]을 선택합니다.

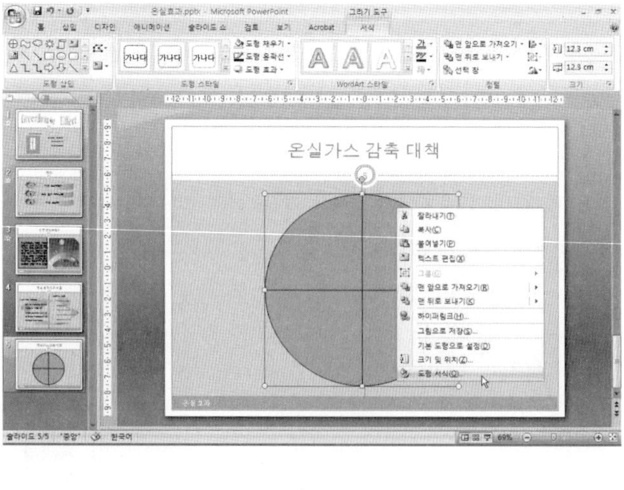

② '도형 서식' 대화 상자의 [채우기]→[그림 또는 질감 채우기]를 선택한 후 [파일]을 눌러 해당 그림을 선택합니다. [3차원 서식]→[입체 효과]→'각지게'를 선택합니다.

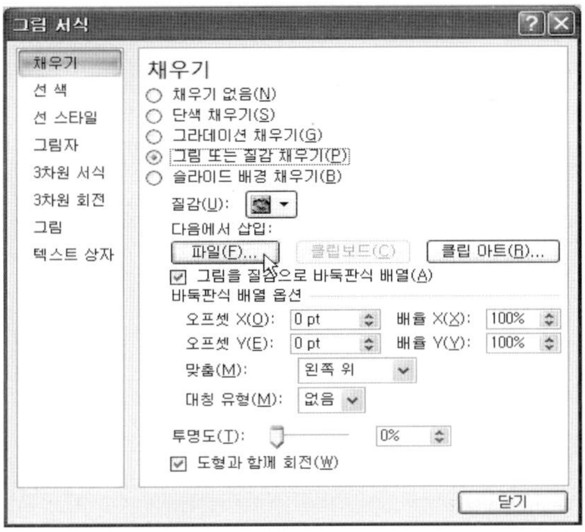

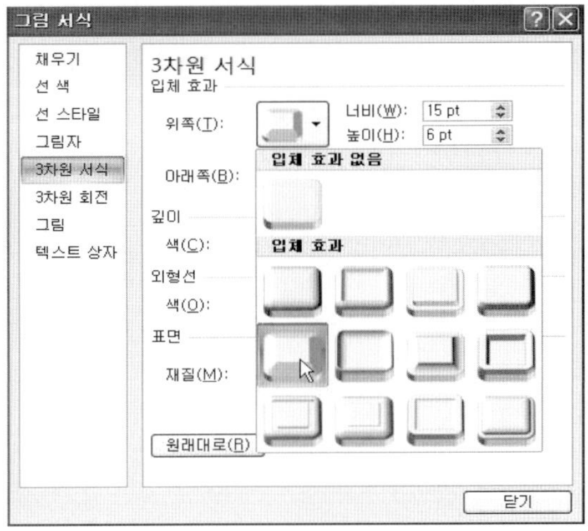

Step 2: 클립아트 삽입

[삽입] 탭→[일러스트레이션] 그룹→[클립아트]를 선택합니다.

‘클립아트’ 메뉴에서 검색 대상에 각 검색어(교통, 도시, 에너지, 공해)를 입력한 후 검색된 그림을 선택하면 슬라이드에 클립아트 그림이 삽입됩니다.

Step 3: 도형(설명선 2), 그라데이션

① [삽입] 탭→[일러스트레이션] 그룹→[도형]에서 ‘설명선 2’를 선택한 후 슬라이드 창에 도형을 그립니다.

② 마우스 오른쪽을 눌러 [도형서식]을 선택합니다. '도형 서식' 대화 상자의 [채우기] →[그라데이션 채우기]를 선택한 후 방향과 색을 각각 설정합니다.

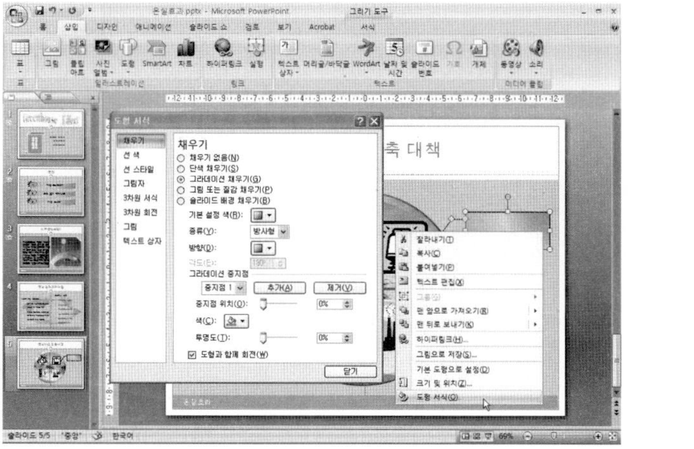

Step 4: 도형(모서리가 둥근 사각형)

① [삽입] 탭→[일러스트레이션] 그룹→[도형]에서 '모서리가 둥근 사각형▢'을 선택한 후 도형을 그립니다.

② 마우스 오른쪽을 눌러 [도형서식]을 선택하고 '도형 서식' 대화 상자에서 [선 스타일], [채우기](투명도 60)를 각각 설정합니다.

③ 마우스 오른쪽을 눌러 [맨 뒤로 보내기]→[맨 뒤로 보내기]로 설정합니다.

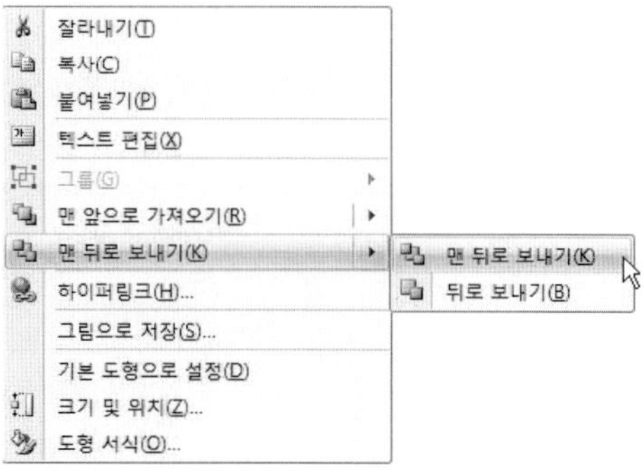

11. 연습 문제

● 아래 지시사항에 따라 슬라이드를 작성하시오.

[슬라이드1 – 지시사항]

※ 슬라이드 디자인➜ 광장
1. 슬라이드 번호, 바닥글 삽입
   - 내용: 위치 정보 시스템
   - 제목 슬라이드에는 표시 안함
2. 워드아트
   - 변환 효과, 반사효과
   - 애니메이션: 다이아몬드형(바깥쪽)
3. 도형 삽입: 도형 색 채우기
   - 텍스트 방향: 세로
   - 애니메이션 : 내밀기(왼쪽에서), 다음 클릭 시 숨기기
4. 부제목 ➜ 오른쪽 정렬

[슬라이드1 – 출력형태]

[슬라이드2 – 지시사항]

1. 도형
   - 색 채우기
   - [3차원 서식]→[입체 효과]→부드럽게 둥글리기
2. 도형
   - [3차원 서식]→[입체 효과]→둥글게
   - [3차원 회전]→X, Y축

* ①, ② 각 개체 묶은 후 복사

3. 실행단추 삽입: 다음 슬라이드로 이동하는 단추 삽입

※ 목차 도형 전체 애니메이션 설정(왼쪽에서 날아오기)

[슬라이드2 – 출력형태]

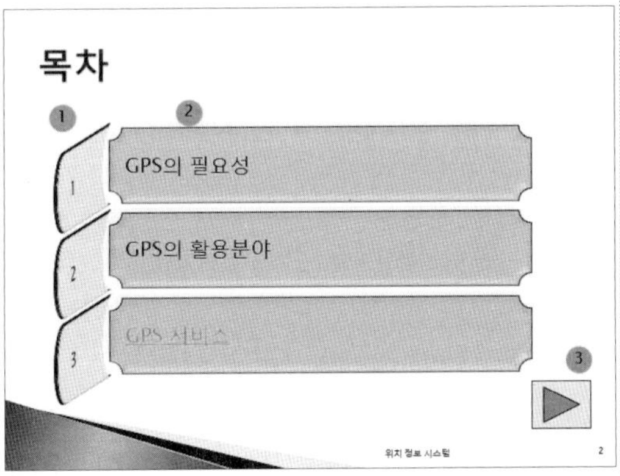

[슬라이드3 - 지시사항]

1. 텍스트 상자
    - 색 채우기, 입체 효과
    - 텍스트 맞춤
    - 애니메이션: 날아오기(위에서), 단어 단위로
2. 그림 삽입

[슬라이드3 - 출력형태]

[슬라이드4 - 지시사항]

1. 글머리 기호 설정
    - 텍스트 맞춤
2. 글머리 번호 설정
3. 그림 삽입
    - 그림효과: 투명한 색 설정

[슬라이드4 - 출력형태]

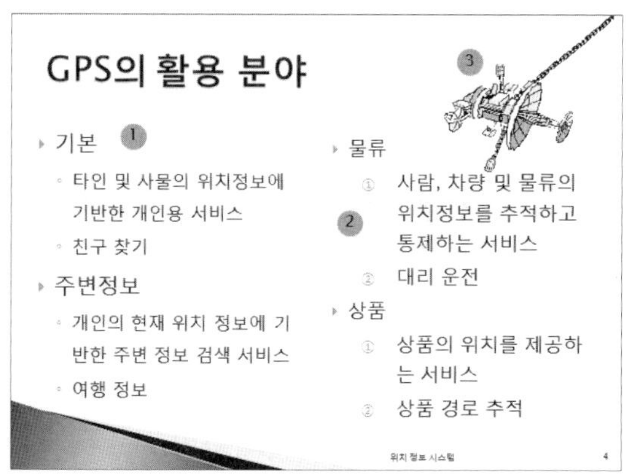

[슬라이드5 - 지시사항]

도형을 이용하여 출력형태와 같은 슬라이드 작성
- 선 스타일 및 색상 채우기
- 출력 형태와 같이 도형을 그림으로 채우기

[슬라이드5 - 출력형태]

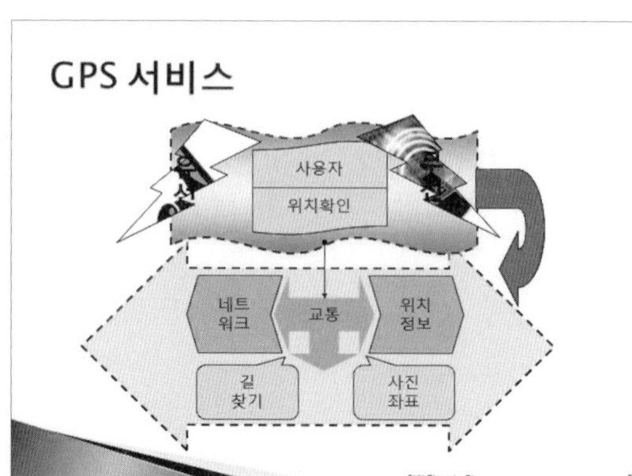

PART 02 파워포인트(PowerPoint) 2007

파워포인트 03. 슬라이드 마스터

이번 장에서는 프레젠테이션 슬라이드 전체에 배경, 텍스트 서식, 글머리 기호, 도형 서식 등을 일관성 있게 적용할 때 사용하는 슬라이드 마스터에 대해 알아보겠습니다.

1. 슬라이드 마스터란?

슬라이드 마스터는 슬라이드 계층 구조에서 배경, 색, 글꼴, 효과, 개체 틀 크기 및 위치를 포함하여 프레젠테이션의 슬라이드 레이아웃과 모든 테마 정보를 저장하는 최상위 슬라이드입니다.

모든 프레젠테이션에는 슬라이드 마스터가 하나 이상 포함되어 있습니다. 필요한 경우 슬라이드 마스터를 변경할 수 있으며, 슬라이드 마스터를 수정하면 나중에 프레젠테이션에 추가한 슬라이드를 포함하여 프레젠테이션의 모든 슬라이드에 스타일 변경 내용을 일괄적으로 적용할 수 있는 이점이 있습니다.

슬라이드 마스터는 슬라이드 마스터, 유인물 마스터, 슬라이드 노트 마스터 3 종류가 있습니다.

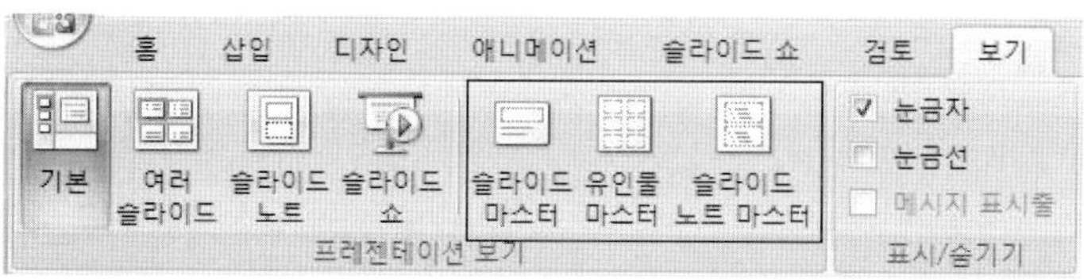

1.1 슬라이드 마스터

슬라이드 마스터는 슬라이드의 기본 서식을 지정할 때 사용하며 [보기] 탭→[프레젠테이션 보기] 그룹→[슬라이드 마스터]를 사용하여 설정합니다.

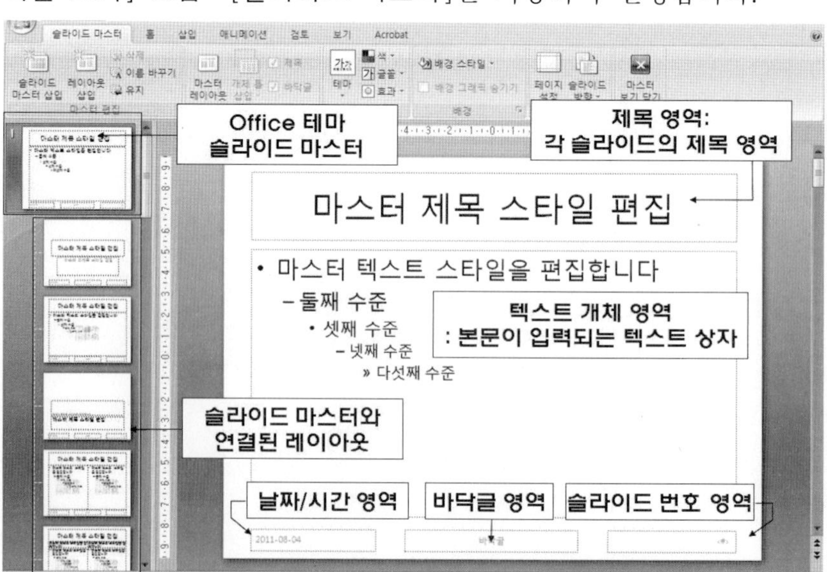

1.2 유인물 마스터

프레젠테이션을 진행하는 동안 참석자가 보거나 나중에 참조할 수 있도록 한 페이지에 1, 2, 3, 4, 6 또는 9개의 슬라이드가 있는 유인물 형태로 프레젠테이션을 인쇄할 수 있습니다. [보기] 탭→[프레젠테이션 보기] 그룹→[유인물 마스터]를 사용하여 설정합니다.

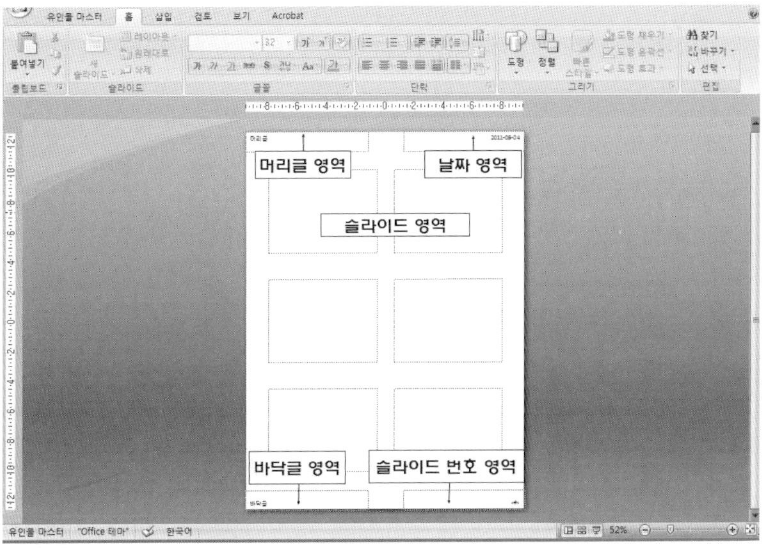

페이지당 3개의 슬라이드와 참석자 메모 공간이 있는 유인물

1.3 슬라이드 노트 마스터

슬라이드의 노트에 포함되는 슬라이드 아래에 작성자 노트를 표시하는 인쇄된 페이지입니다. 슬라이드 노트를 만들어 프레젠테이션 진행 시 노트로 사용하거나 참석자에게 배포할 수 있습니다.

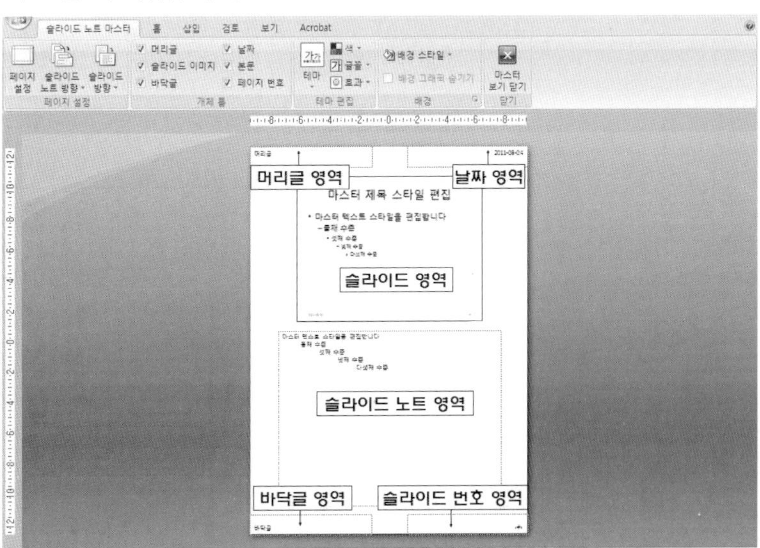

프레젠테이션의 각 슬라이드와 메모가 함께 표시되는 슬라이드 노트 마스터

2. 슬라이드 마스터 편집

슬라이드 마스터 서식은 테마를 사용하여 배경, 글꼴, 도형 등의 서식을 모든 슬라이드에 일괄적으로 적용할 수 있지만, 각 슬라이드 레이아웃 마다 사용자가 별도로 스타일을 설정할 수도 있습니다.

'Office 테마 슬라이드 마스터'에 설정된 마스터와 연결된 모든 레이아웃은 같은 테마(색 구성표, 글꼴 및 효과)를 포함합니다.

2.1 슬라이드 마스터 서식 설정

[보기] 탭→[프레젠테이션 보기] 그룹→[슬라이드 마스터]를 선택합니다. 슬라이드 마스터의 'Office 테마 슬라이드 마스터'를 선택하고 모든 슬라이드에 적용할 그림, 텍스트 서식을 설정합니다.

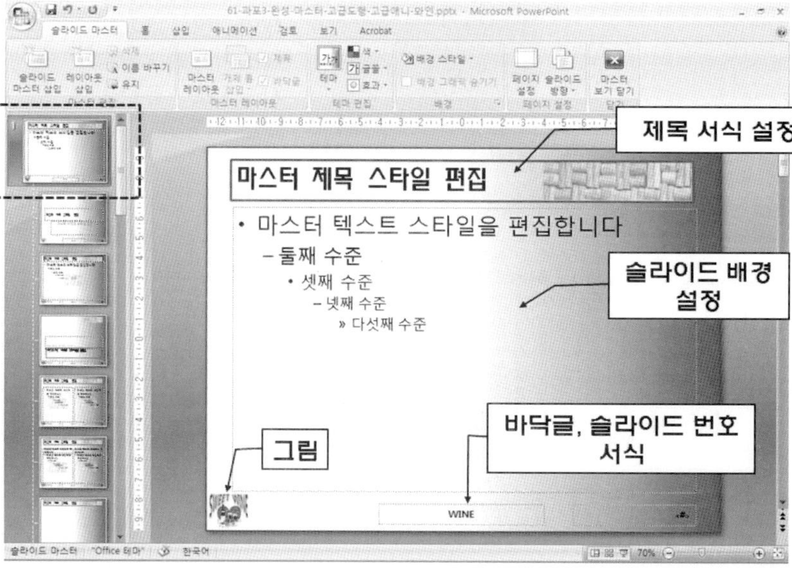

- 슬라이드 마스터 변경 전

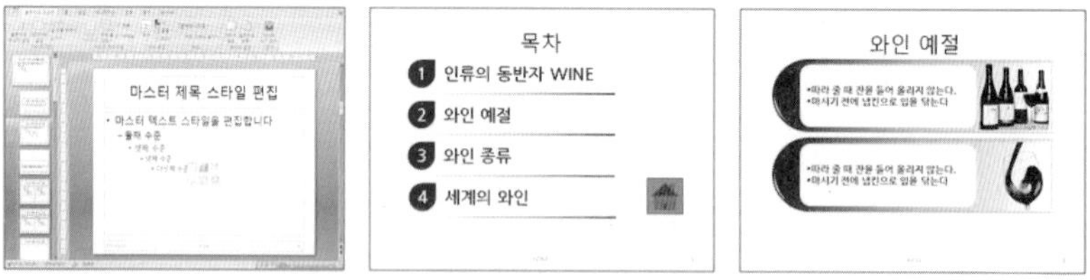

- 슬라이드 마스터 변경 후

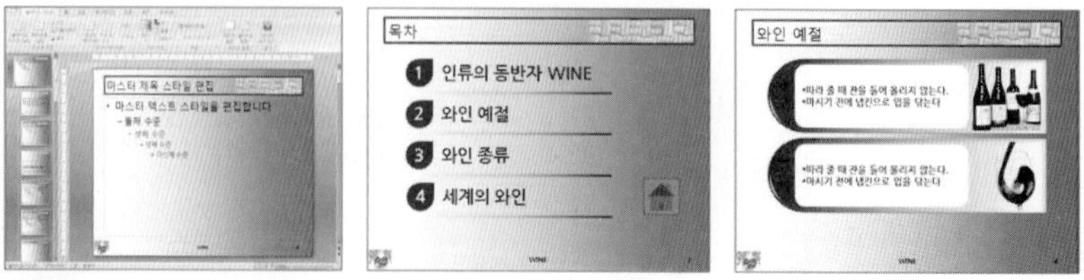

2.2 바닥글, 슬라이드 번호 서식 변경

바닥글 및 슬라이드 번호는 [삽입] 탭→[텍스트] 그룹→[머리글/바닥글]에서 삽입하지만 바닥글, 슬라이드 번호의 위치와 서식 설정은 슬라이드 마스터에서 편집합니다.

❶ 바닥글, 슬라이드 번호 삽입

- [삽입] 탭→[텍스트] 그룹 →[머리글/바닥글]

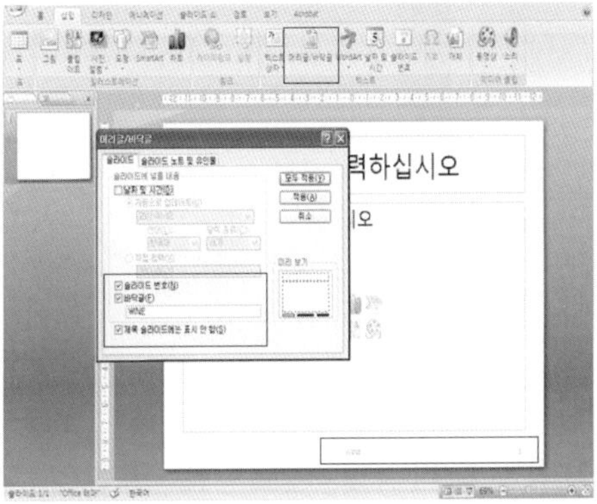

❷ 바닥글, 슬라이드 번호 서식 변경

- [보기]탭 →[프레젠테이션 보기] 그룹 →[슬라이드 마스터]

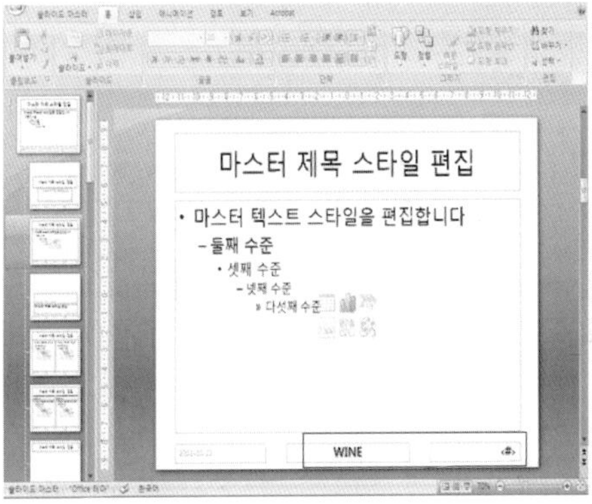

2.3 슬라이드 마스터 끝내기

슬라이드 마스터 편집을 끝내는 방법은 [슬라이드 마스터] 탭→[닫기] 그룹→[마스터 보기 닫기]를 선택합니다.

또는 [보기] 탭→[프레젠테이션 보기]→[기본] 보기를 선택합니다.

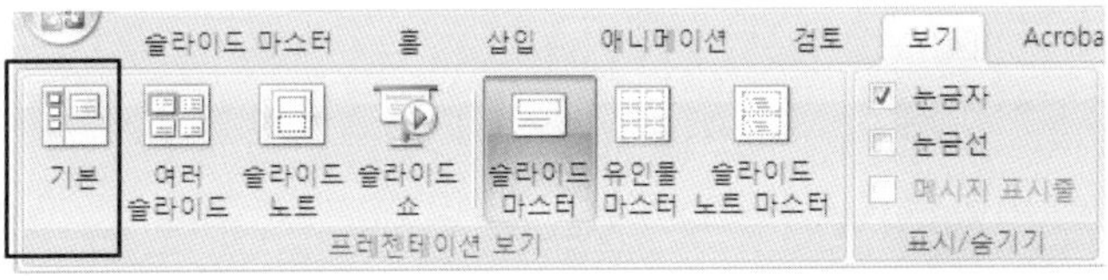

2.4 배경 그래픽 숨기기

슬라이드 마스터에 삽입되어 있는 그래픽을 특정 슬라이드에서 숨길 때 사용하는 기능입니다. 슬라이드 편집 영역에서 마우스 오른쪽을 눌러 [배경서식]을 선택합니다. [채우기]→[☑ 배경 그래픽 숨기기(H)]를 선택합니다.

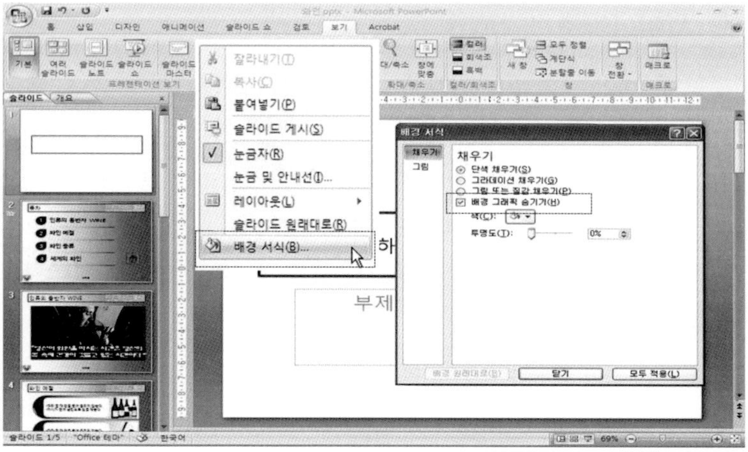

3. 실전 예제

● 학습 목표: 전체 슬라이드의 스타일을 설정하는 슬라이드 마스터를 작성한 후 "와인" 을 주제로 한 프레젠테이션 5장의 슬라이드를 작성합니다.

[슬라이드 마스터 - 지시사항]

1. 제목 텍스트 상자 ➜ 도형 윤곽선 색 설정: 와인 색, 굵기(4 1/2)
2. 제목 텍스트 서식 설정 ➜ 글자크기(32), 왼쪽 정렬
3. 그림 넣기
4. 사각형 도형에 그라데이션 채우기➜ 중지점 1, 2
5. 로고 그림 삽입
6. 슬라이드 번호, 바닥글 입력 ➜ 색상 변경
7. 파일 저장: 와인.pptx

[슬라이드 마스터 - 출력형태]

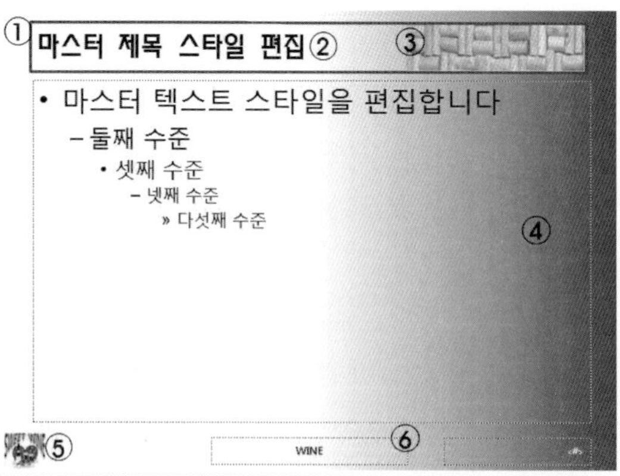

Step 1: 제목 텍스트 윤곽선 설정

① [보기] 탭→[프레젠테이션 보기] 그룹 →[슬라이드 마스터]를 선택한 후 'Office 테마 슬라이드 마스터'를 마우스로 클릭합니다.

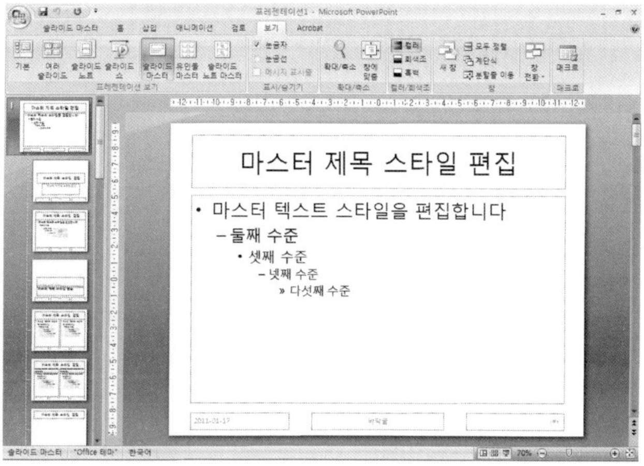

② 슬라이드 마스터 제목 텍스트 상자를 선택합니다. [그리기 도구]→[서식] 탭→[도형 윤곽선] 을 선택한 후 선색과 두께(4 1/2pt)를 설정합니다.

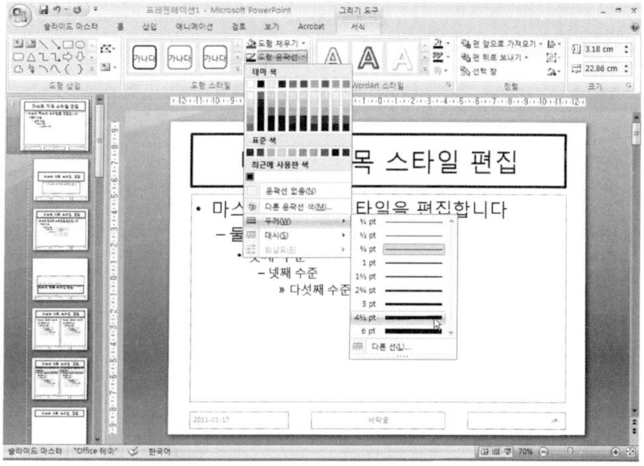

Step 2: 제목 텍스트 서식 설정

슬라이드 마스터 제목 텍스트 상자를 선택한 후 마우스 오른쪽을 눌러 미니 도구 모음에서 글꼴(32)과 정렬(왼쪽 정렬)을 설정합니다.

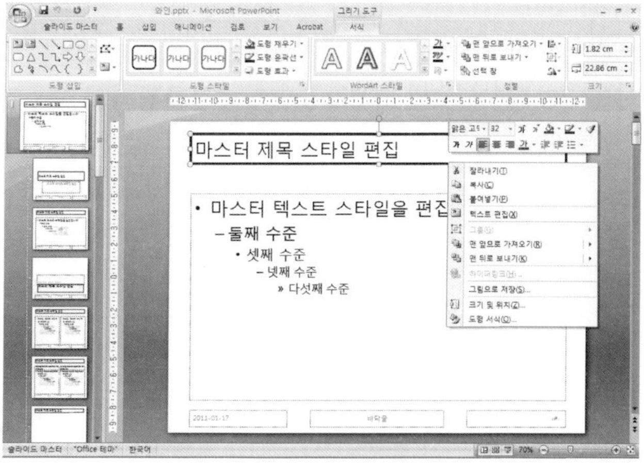

Step 3: 배경 도형, 그라데이션 설정

① [삽입] 탭→[일러스트레이션] 그룹→[도형]에서 사각형을 선택하고 마우스로 도형을 그립니다.

마우스 오른쪽을 눌러 [도형 서식]을 선택합니다.

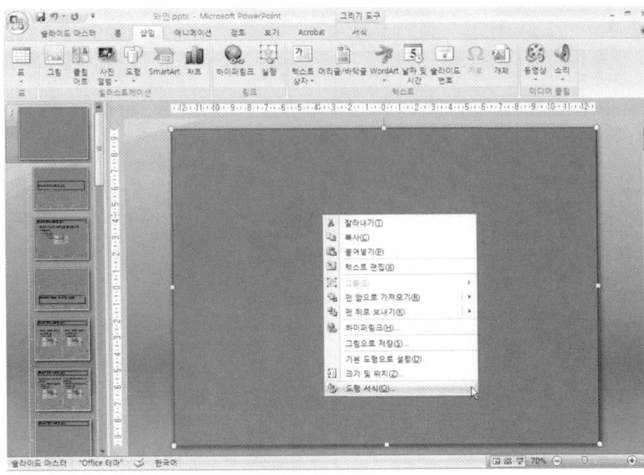

② '도형 서식' 대화 상자에서 [채우기]→[그라데이션 채우기]를 선택합니다.

종류(선형), 방향(선형 왼쪽), 그라데이션 중지점을 각각 설정합니다.

마우스 오른쪽을 눌러 [맨 뒤로 보내기] 하여 도형을 배경으로 설정 합니다.

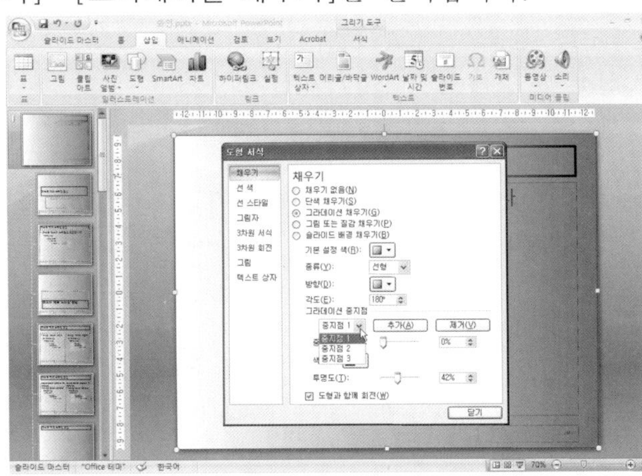

Step 4: 제목 그림 삽입

[삽입] 탭→[일러스트레이션] 그룹→[그림]을 선택한 후 해당 그림을 삽입합니다.

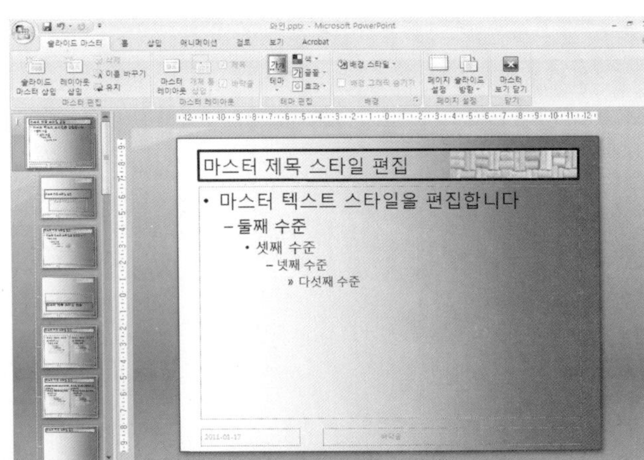

Step 5: 하단 로고 그림 삽입

[삽입] 탭→[일러스트레이션] 그룹→[그림]을 선택한 후 해당 그림을 삽입합니다.

Step 6: '바닥글', '슬라이드 번호' 입력

① [삽입] 탭→[텍스트] 그룹→[머리글/바닥글]을 선택합니다. '슬라이드 번호', '바닥글(WINE)'을 입력합니다.

[제목 슬라이드에는 표시 안함]을 선택합니다.

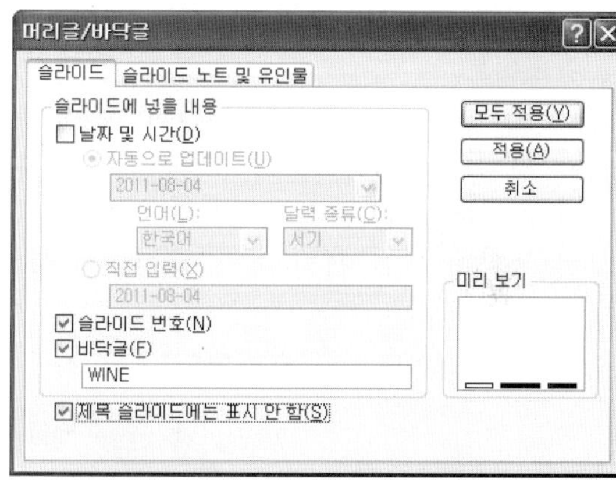

② 슬라이드 번호, 바닥글 텍스트 상자를 선택한 후 글자 색을 변경합니다.

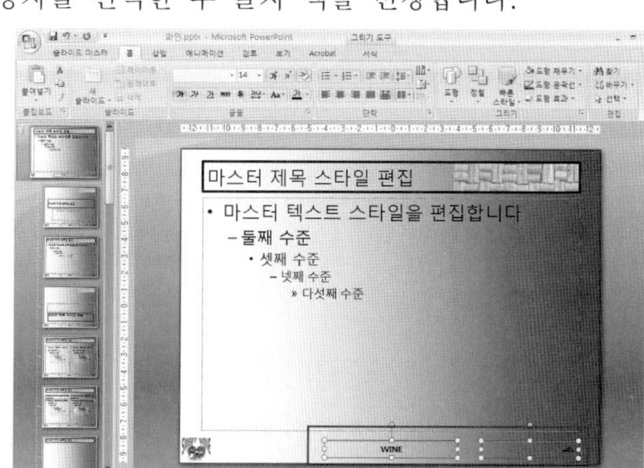

③ [슬라이드 마스터]→[마스터 보기 닫기]를 누릅니다.

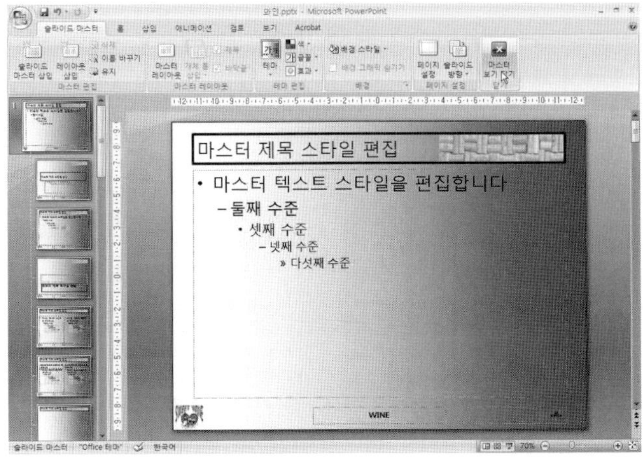

Step 7: 파일 저장

[오피스 단추]→[저장]을 누른 후 파일 이름(와인)을 입력합니다.

[슬라이드1 - 지시사항]

1. 워드아트
   - 변환(휘어 내려가기), 반사효과 설정
   - 애니메이션: 날아오기(위에서-문자 단위로)
2. 부제목 ➜ 네온 효과(강조색 4, 18pt)
3. 화면 전환 효과 설정 ➜ 오른쪽으로 닦아내기

[슬라이드1 - 출력형태]

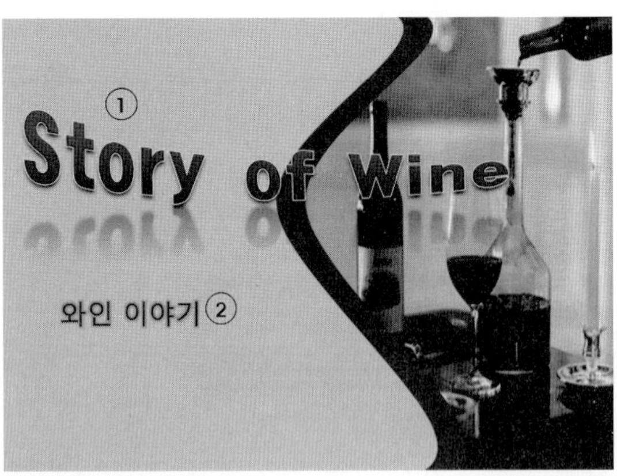

- 배경 그래픽 숨기기
- 그림 삽입
- '자유형' 도형으로 그린 후 점편집(부드러운 곡선)
  - 도형 윤곽선 없음, 색 채우기
  - 그림: 맨 뒤로

Step 1: 배경 그래픽 숨기기, 그림 삽입

① 슬라이드 작업 영역에서 마우스 오른쪽을 눌러 [배경 서식]을 선택하고 [배경 그래픽 숨기기]를 선택합니다.

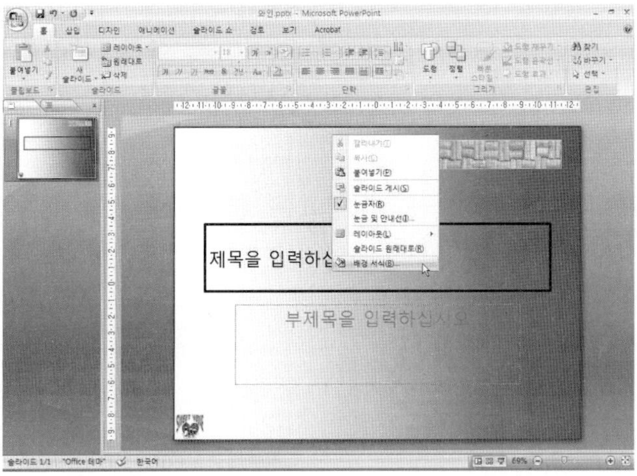

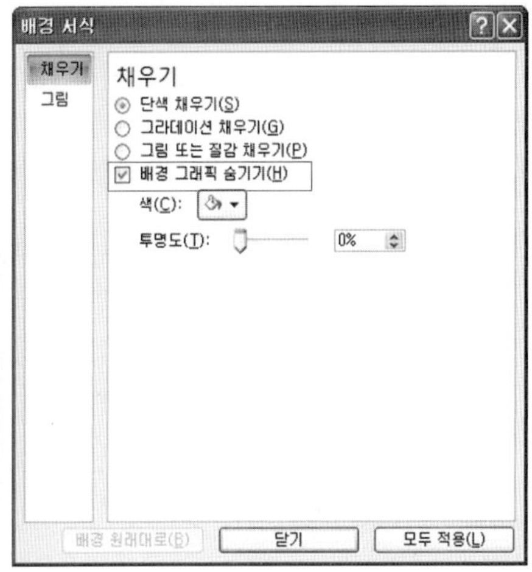

② [삽입] 탭→[일러스트레이션] 그룹→[그림]에서 해당 그림을 삽입합니다.

Step 2: '자유형' 도형 그리기, 점편집

① [삽입] 탭→[일러스트레이션] 그룹 →[도형] 중에서 자유형( )을 선택합니다.

마우스를 클릭하여 도형을 그린 후 마지막에 마우스로 더블 클릭하여 도형 그리기를 마칩니다.

② 그려진 도형위의 한 점을 선택한 후 마우스 오른쪽을 눌러 '점 편집'을 선택합니다.

③ 도형위의 점에서 마우스 오른쪽을 눌러 '부드러운 점'을 선택합니다.

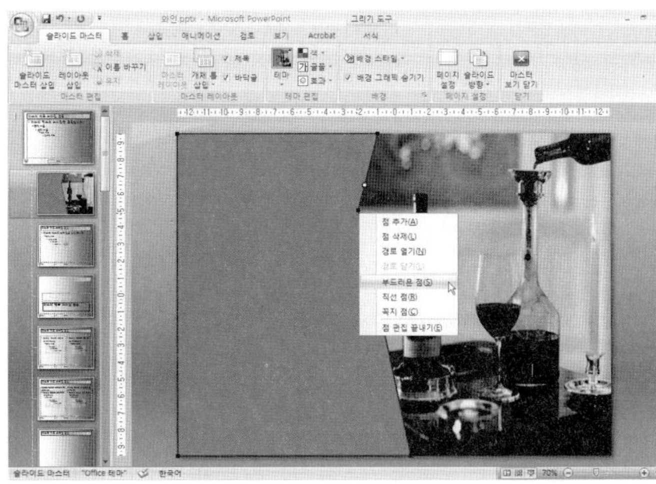

④ 도형 윤곽선 없음, 도형 색 채우기를 각각 설정합니다.

⑤ 도형과 그림을 선택한 후 마우스 오른쪽을 눌러 [맨 뒤로 보내기] 로 설정합니다.

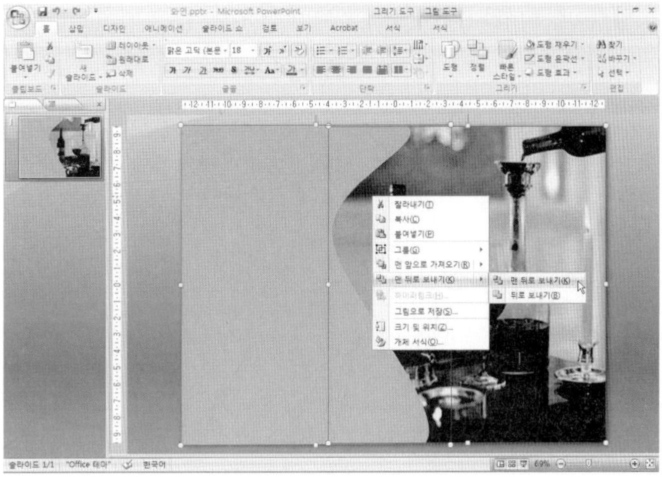

Step 3: 워드 아트

① 텍스트 개체 상자에 내용을 입력한 후 [그리기 도구]→[서식] 탭→[WordArt 스타일]에서 해당 워드아트 스타일을 선택합니다.

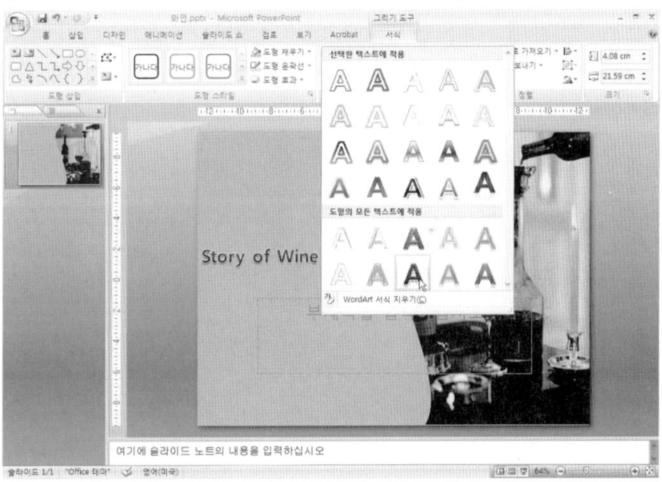

② 텍스트 상자를 선택한 후 [그리기 도구]→[서식] 탭→[WordArt 스타일] 그룹→[변환]에서 해당 모양을 선택합니다.

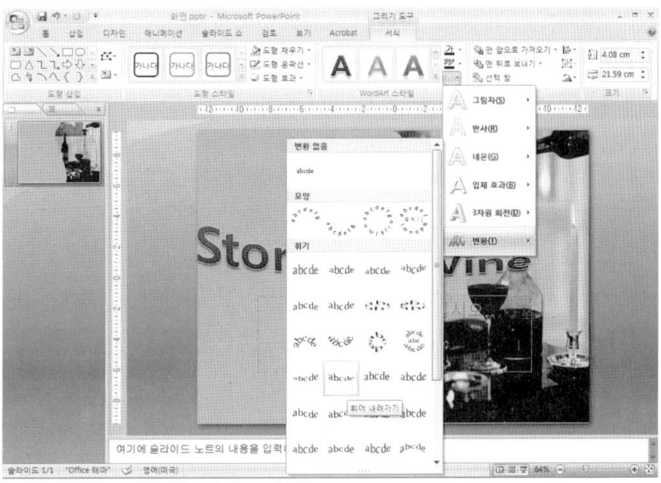

③ 텍스트 상자를 선택한 후 [서식] 탭→[WordArt 스타일] 그룹→[반사]에서 해당 모양을 선택합니다.

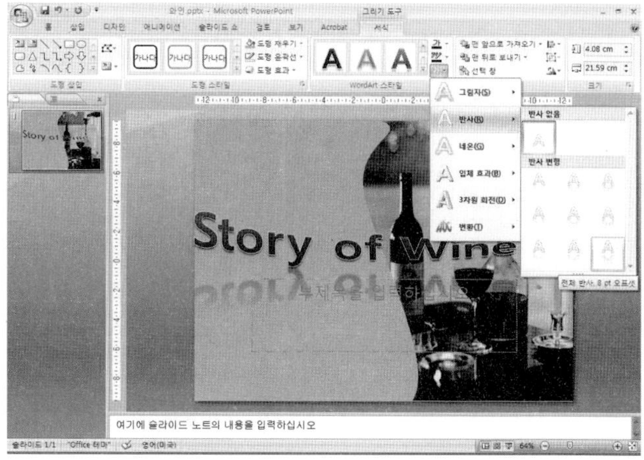

Step 4: 부제목(네온 효과)

텍스트 상자에 내용을 입력하고 [그리기 도구]→[서식] 탭→[WordArt 스타일] 그룹→[네온]에서 해당 모양을 선택합니다.

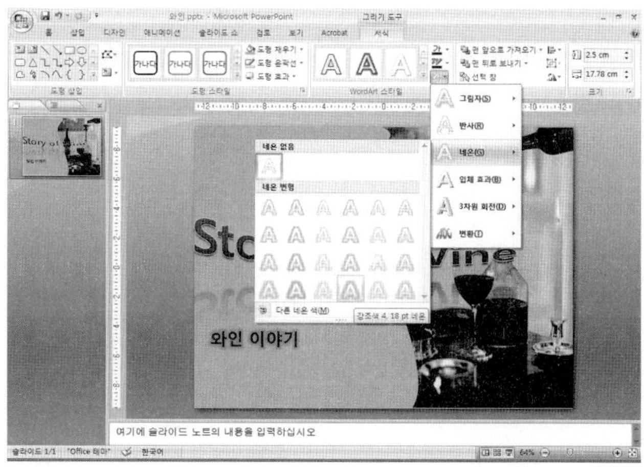

Step 5: 화면 전환 효과

제목 텍스트 개체를 선택한 후 [애니메이션] 탭→[슬라이드 화면 전환] 그룹에서 '오른쪽으로 닦아내기' 전환 효과를 선택합니다.

[슬라이드2 – 지시사항]

1. 도형 ➜ 색 채우기
2. 텍스트 상자에 글자 넣기
   - ①, ② 도형 글자 크기 설정 (36)
3. 선 색
   - 선 스타일(너비: 4)
   - 그라데이션 색 설정
   - ①, ②, ③ 개체 묶은 후 애니메이션 설정 : 닦아내기(왼쪽에서)
4. 첫째 슬라이드로 이동 단추

[슬라이드2 – 출력형태]

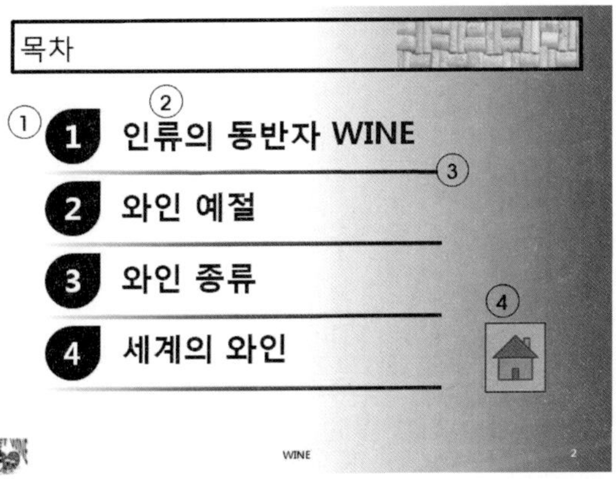

Step 1: 도형

① 왼쪽 '슬라이드/개요' 창에서 Enter↵를 눌러 슬라이드를 추가합니다.

② [삽입] 탭→[일러스트레이션]그룹→[도형]에서 해당 도형을 선택하여 그린 후 '색 채우기'를 합니다.

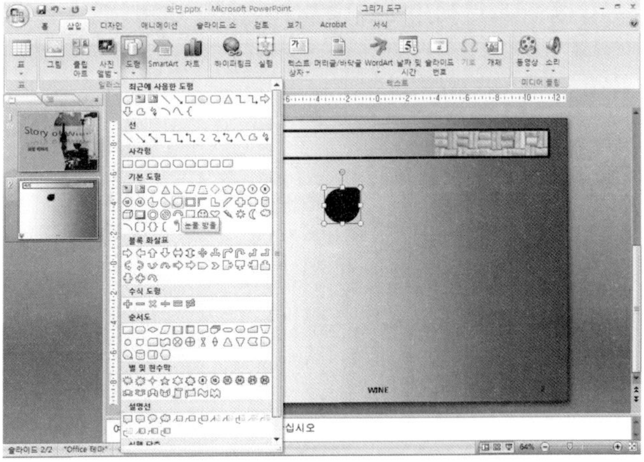

Step 2: 텍스트 상자

[삽입] 탭→[텍스트] 그룹 →[텍스트 상자]→[가로 텍스트 상자]를 선택한 후 내용을 입력합니다.

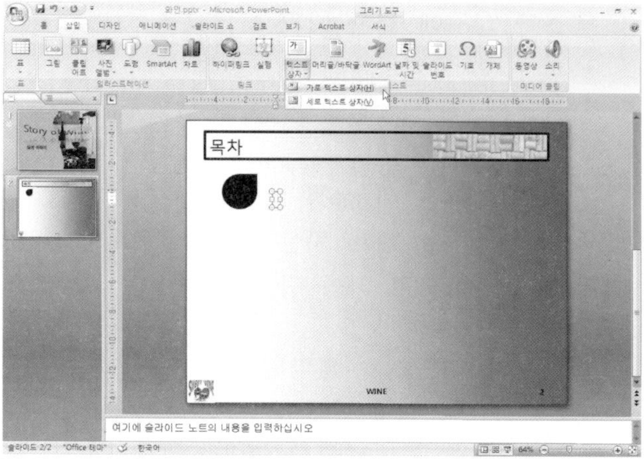

Step 3: 선 색(그라데이션)

① [삽입] 탭→[일러스트레이션] 그룹 →[도형]에서 선을 선택하고 Shift를 누른 상태에서 마우스로 그리면 직선을 그릴 수 있습니다.

② 마우스 왼쪽을 눌러 [도형 서식]을 선택합니다.

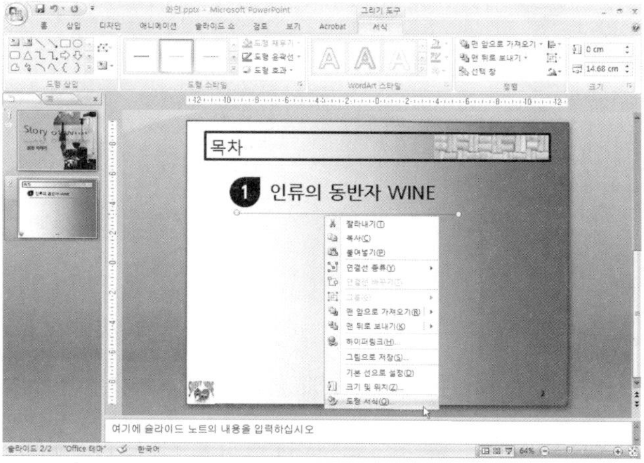

③ [선색]-그라데이션, [선 스타일]-너비(4)를 각각 설정 합니다.

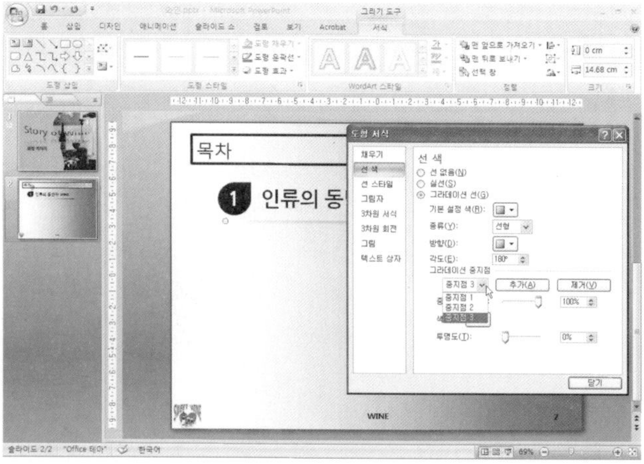

④ 도형, 텍스트 상자, 선을 '그룹' 한 후 애니메이션을 설정합니다.

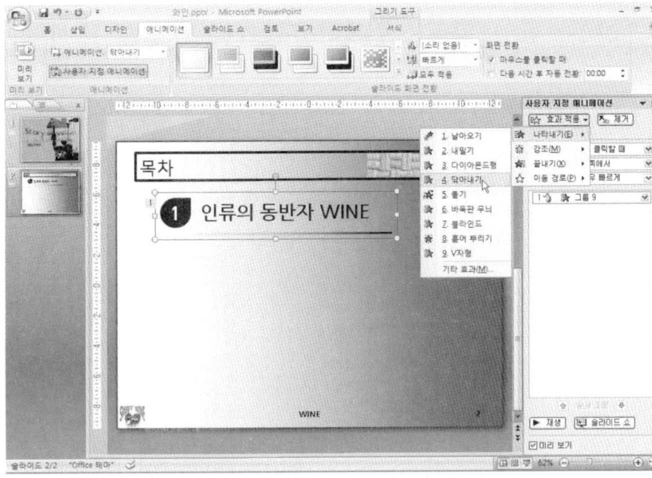

⑤ 그룹으로 묶은 도형을 Ctrl 을 누른 상태에서 마우스로 끌어 복사한 후 내용을 수정합니다.

Step 4: 실행 단추

[삽입] 탭→[일러스트레이션] 그룹→[도형]→[실행 단추]에서 '실행 단추:홈'을 선택한 후 마우스를 끌어 도형을 그립니다.

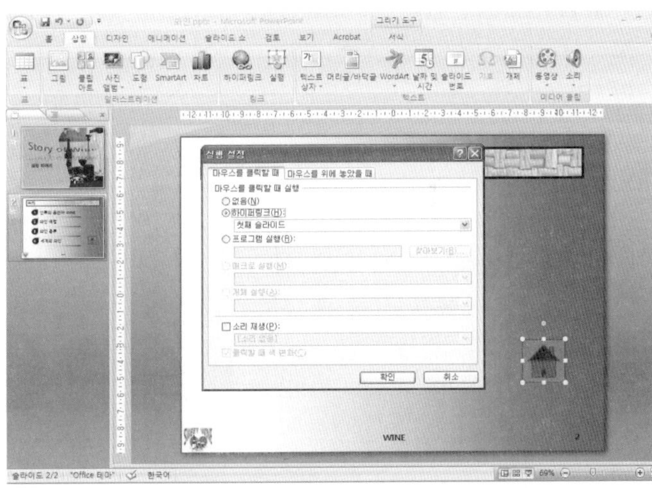

'실행 설정' 대화 상자에서 [하이퍼 링크]→'첫째 슬라이드'를 확인합니다.

[슬라이드3 – 지시사항]

1. 그림 편집 ➜ 자르기
2. 텍스트 상자 서식 설정
   - 글자 크기(36), 색상 변경

[슬라이드3 – 출력형태]

Step 1: 그림 편집(자르기)

① [삽입] 탭→[일러스트레이션] 그룹→[그림]에서 해당 그림을 삽입합니다.

② [그리기 도구]→[서식] 탭→[크기] 그룹→[자르기]를 선택한 후 크기를 조절합니다.

Step 2: 텍스트 서식 설정

① [삽입] 탭→[텍스트] 그룹→[텍스트 상자]→[가로 텍스트 상자]를 선택하여 텍스트 상자에 내용을 입력합니다.

② [홈] 탭→[글꼴] 그룹에서 서식 설정(글자 크기 36) 과 색 채우기를 합니다.

[슬라이드4 – 지시사항]

1. 도형(양쪽 모서리가 둥근 사각형)
   - 회전, 선색(선 없음)
   - 채우기: 그라데이션(선형 아래쪽)
   - 3차원 서식: 입체효과(부드럽게 둥글리기), 재질(부드러운 가장자리), 각도(60)
2. 도형(모서리가 둥근 사각형)
   - 채우기(흰색), 선(선 없음)
   - 글머리 기호 설정
3. 그림 넣기 ➜ 투명한 색 설정

[슬라이드4 - 출력형태]

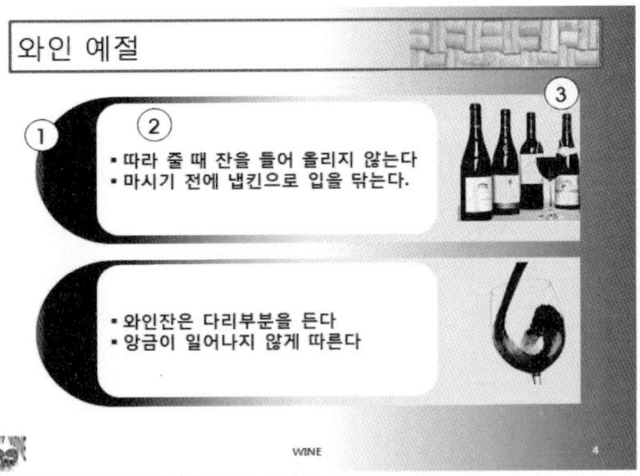

Step 1: 도형(양쪽 모서리가 둥근 사각형)

① [삽입] 탭→[일러스트레이션] 그룹→[도형]→[사각형]→ '양쪽 모서리가 둥근 사각형(▭)'을 그립니다.

② 그려진 도형을 선택한 후 [서식]탭→[정렬] 그룹→[회전]→[왼쪽으로 90도 회전]을 선택합니다.

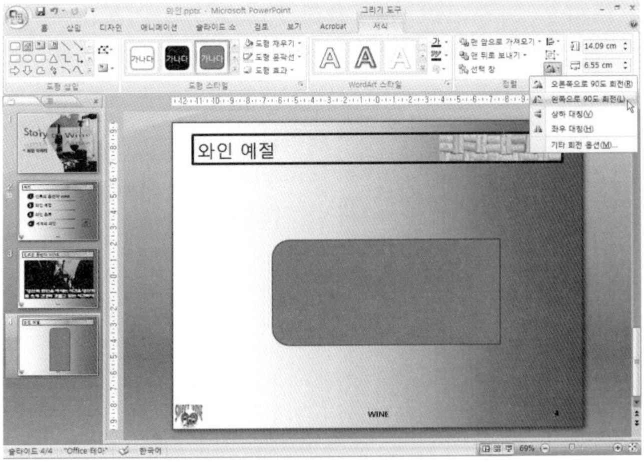

③ 도형의 모양 조정 핸들(◆)을 조절하여 모양을 변경합니다.

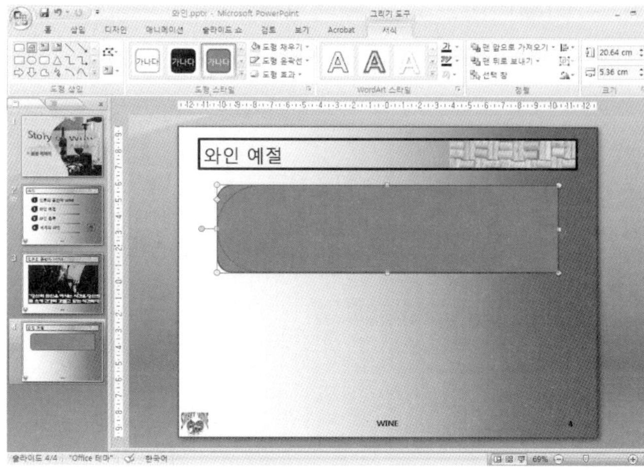

④ 마우스 오른쪽을 눌러 [도형 서식]을 선택합니다. 대화상자에서 '채우기(그라데이션)', '선색(선 없음)'을 각각 설정합니다.

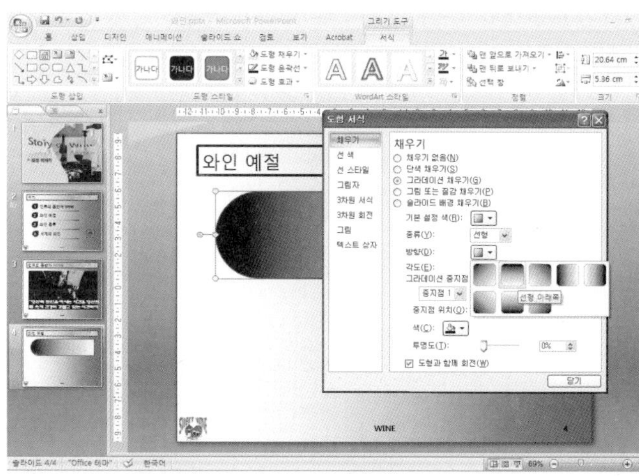

③ '도형 서식' 대화 상자의 [3차원 서식]에서 '입체효과(부드럽게 둥글리기)', '재질(부드러운 가장자리)'를 선택합니다.

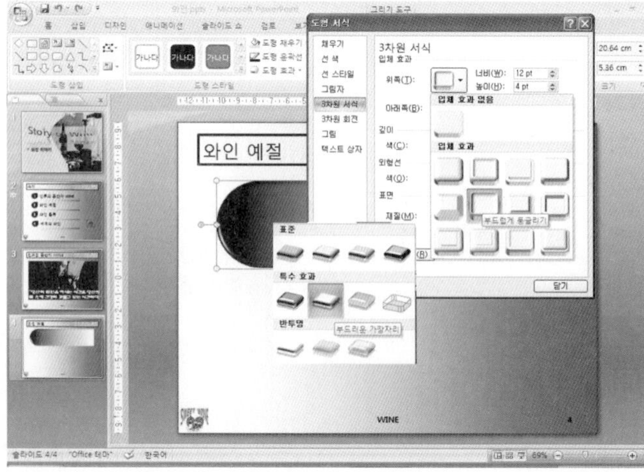

Step 2: 텍스트→글머리 기호

① [삽입] 탭→[일러스트레이션] 그룹→[도형]→[사각형]→'모서리가 둥근 직사각형(▢)'을 선택하여 도형을 그립니다.

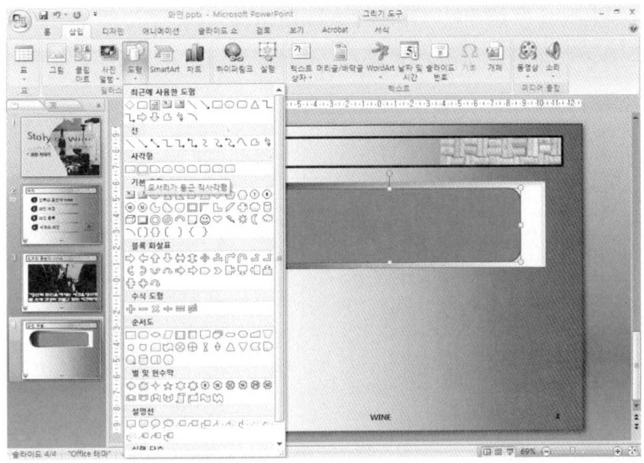

② '도형 서식' 대화 상자의 [채우기]에서 '선색(선없음)', '채우기(흰색)'을 각각 설정합니다.

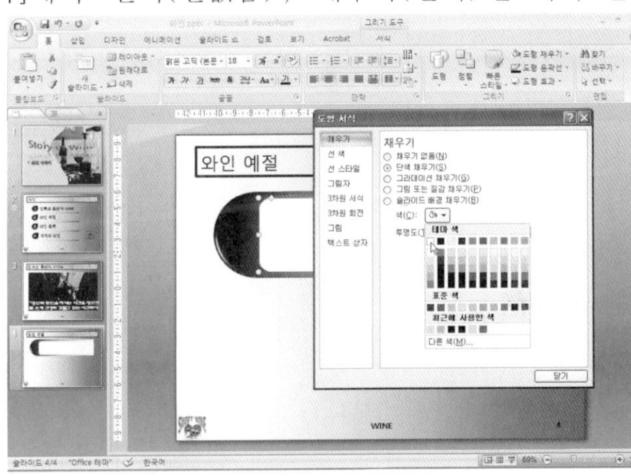

③ 내용이 입력된 텍스트 상자를 선택한 후 마우스 오른쪽을 눌러 [글머리 기호]를 설정합니다.

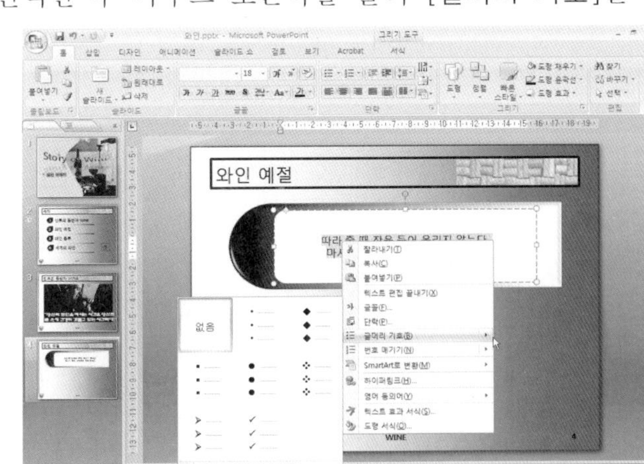

Step 3: 그림-투명한 색 설정

① 그림을 삽입하고 선택한 후 [그리기 도구]→[서식] 탭→[조정] 그룹→[다시 칠하기]→[투명한 색 설정]을 선택하여 그림의 흰색 부분을 클릭합니다.

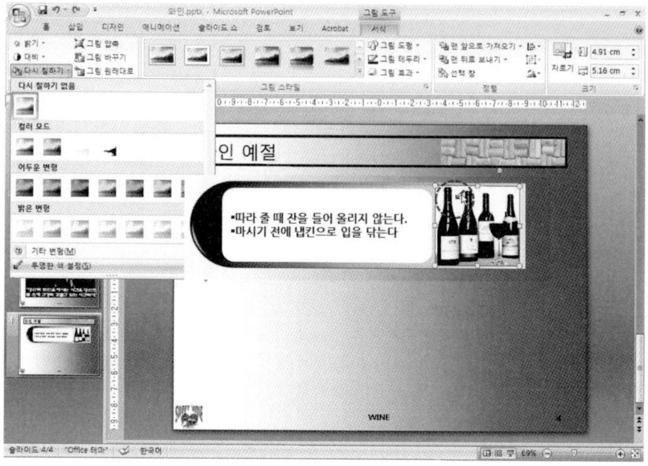

② 그려진 도형을 모두 블록으로 설정한 뒤 Ctrl 키를 누른 상태에서 마우스로 끌어 내려서 복사합니다.

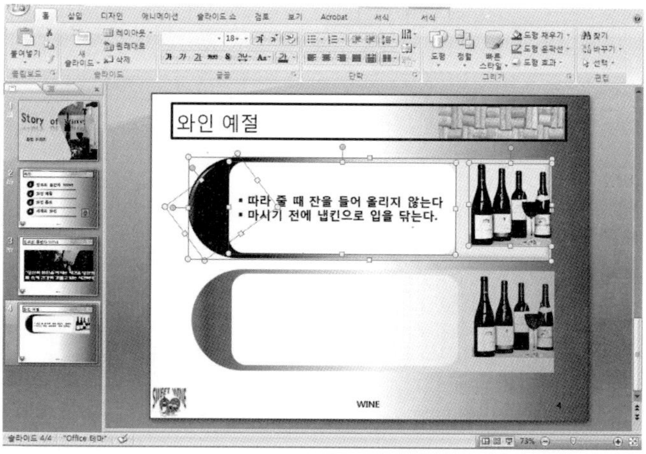

③ 텍스트 내용과 그림을 변경합니다.

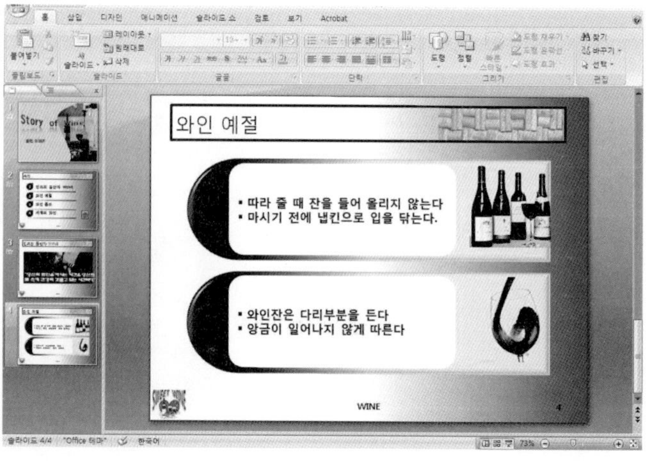

[슬라이드5 – 지시사항]

1. 도형 (모서리가 둥근 직사각형)
   - 3차원 서식 : 입체효과/위(비스듬하게)
   - 선없음, 채우기: 색 설정
2. 텍스트 상자에 내용 입력 ➜ 번호 매기기, 줄 간격: 2.0
3. 도형을 그림으로 채우기 ➜ 선색: 변경
   - 그림자 : 원근감(아래쪽), 색, 투명도, 거리 설정
4. 사각형 도형 그리기 ➜ 선색: 선없음
   - 3차원 회전: 원근감(원근감 아래), 3차원 서식: 깊이(500)
   - 3차원 회전: 원근감(70) 변경 , 채우기: 그림, 투명도 : 70

[슬라이드5 – 출력형태]

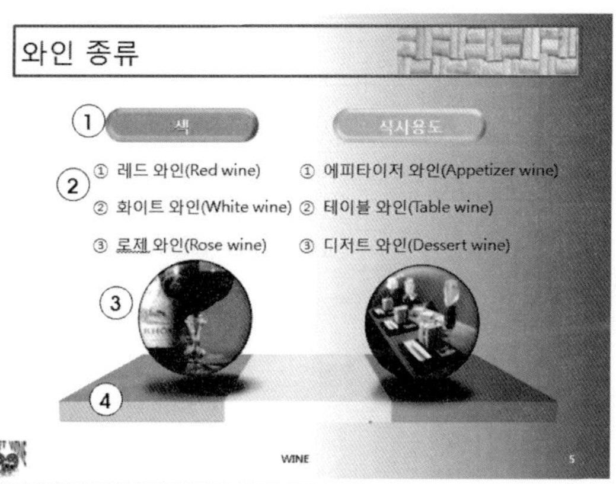

Step 1: 도형(모서리가 둥근 직사각형)

[삽입] 탭→[일러스트레이션] 그룹→[도형]→[사각형]→'모서리가 둥근 직사각형'을 선택하여 마우스로 그립니다.

마우스 오른쪽을 눌러 [도형 서식]→[3차원 서식]→[입체효과]→'비스듬하게'를 설정합니다.

Step 2: 텍스트 상자

① 텍스트 상자를 이용하여 내용을 입력합니다. [홈] 탭→[단락] 그룹→[줄간격]을 2.0으로 설정합니다.

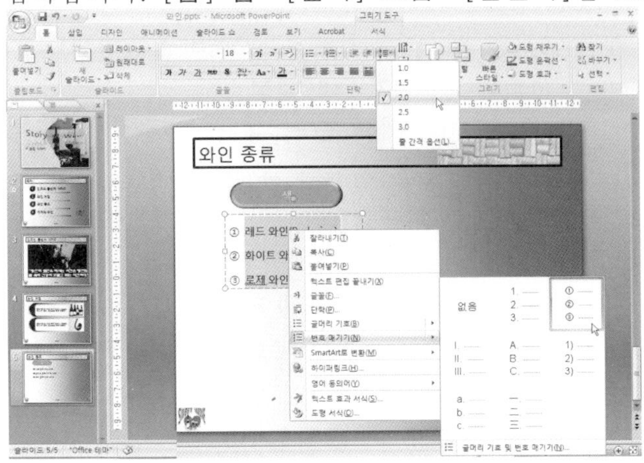

② 텍스트 상자의 내용을 블록으로 설정하고 마우스 오른쪽을 눌러 [번호 매기기] 목록에서 해당 번호 모양을 선택합니다.

Step 3: 도형을 그림으로 채우기

① 도형을 그린 후 마우스 오른쪽을 눌러 [도형 서식]에서 [채우기]→[그림 또는 질감으로 채우기]를 선택하고 해당 그림을 삽입합니다.

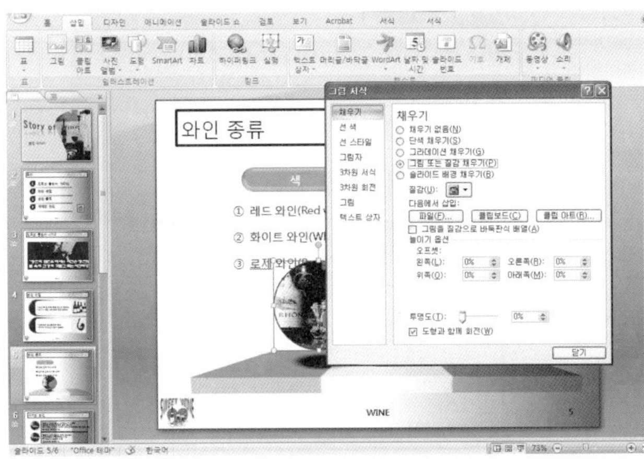

② 그림으로 채워진 도형을 선택한 후 [도형 서식]에서 '그림자(원근감→아래쪽)' 와 '투명도', '거리'를 각각 설정합니다.

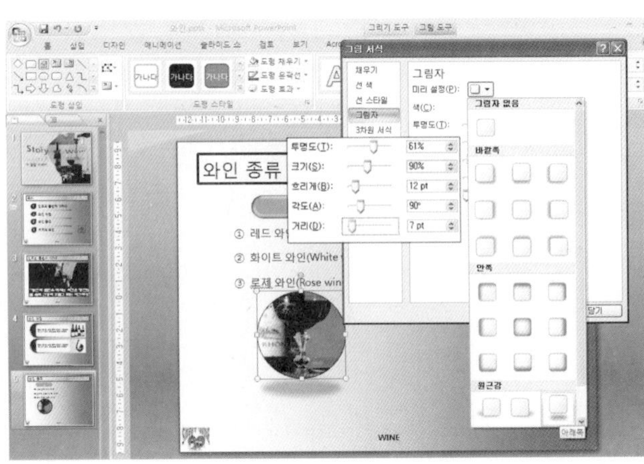

Step 4: 사각형 도형

① 사각형 도형을 그립니다. 마우스 오른쪽을 눌러 [도형 서식]의 [3차원 회전]→[원근감(아래)]를 선택합니다.

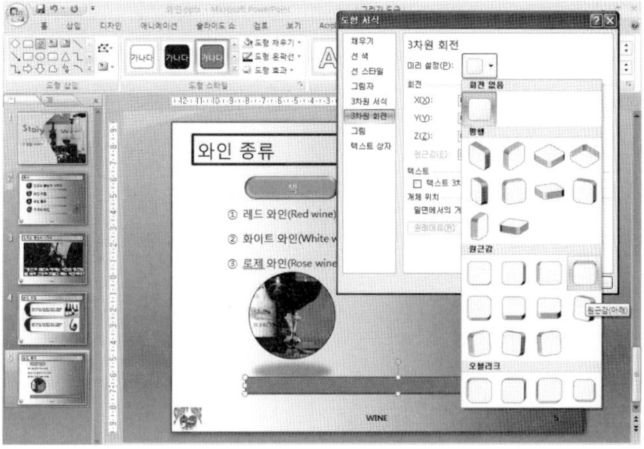

② '도형 서식' 대화 상자의 [3차원 서식]→[깊이]를 '500'으로 설정합니다.

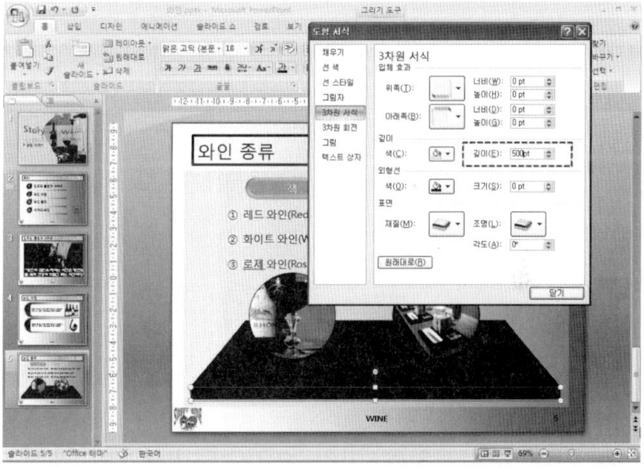

③ '도형 서식' 대화 상자의 [3차원 회전]→[원근감]을 '100'으로 설정합니다.

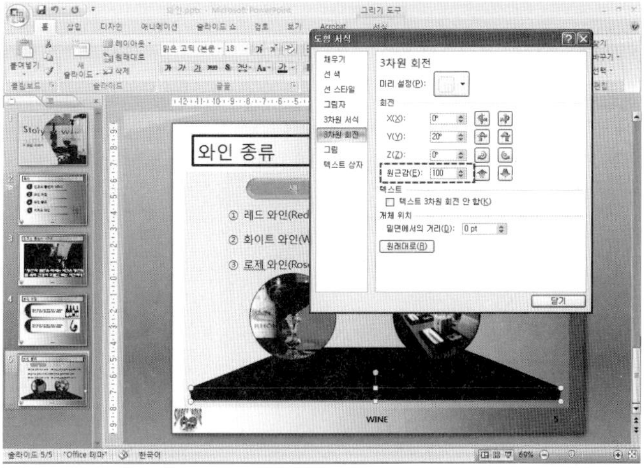

④ '도형 서식' 대화 상자의 [채우기]→그림으로 설정합니다.

⑤ 도형 서식 대화 상자의 [선색]→'선 없음'으로 설정합니다.

4. 연습 문제

● 아래 지시사항에 따라 슬라이드를 작성하시오.

[슬라이드 마스터 – 지시사항]

1. 제목 텍스트 상자
   - 도형: 색(파랑), 선(없음)
   - 3차원 입체 효과
2. 제목 텍스트 서식 설정
   - 글자크기(40), 글꼴(궁서), 글자 색: 흰색
3. 그림 넣기
4. 슬라이드 번호, 바닥글 입력
   - 위치 변경 , 글자 색: 파랑색

[슬라이드 마스터 – 출력형태]

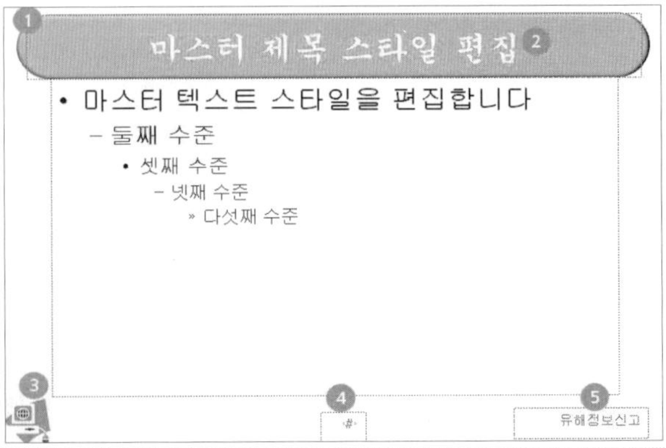

[슬라이드1 - 지시사항]

- 배경 그래픽 숨기기
- 슬라이드 전환 효과
  -흩어 뿌리기

1. 그림 삽입
   - 그림 배치 : 맨 뒤로 보내기
2. 워드 아트
3. 부 제목 ➜ 네온 효과
4. 그림 삽입
   - '구름' 모양으로 변형

[슬라이드1 - 출력형태]

[슬라이드2 - 지시사항]

1. 도형
   - 색 채우기
   - 그림자, 3차원 효과 설정
   - 묶어서 애니메이션 설정: 블라인드(세로)
2. 다음 슬라이드로 이동 단추

[슬라이드2 - 출력형태]

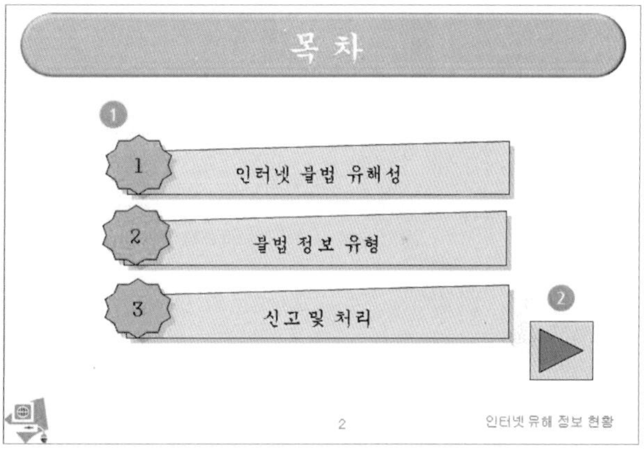

[슬라이드3 - 지시사항]

1. 그림 편집
   - 자르기
2. 텍스트 입력 후 서식 설정
   - 글자 크기(20), 가운데 정렬

[슬라이드3 - 출력형태]

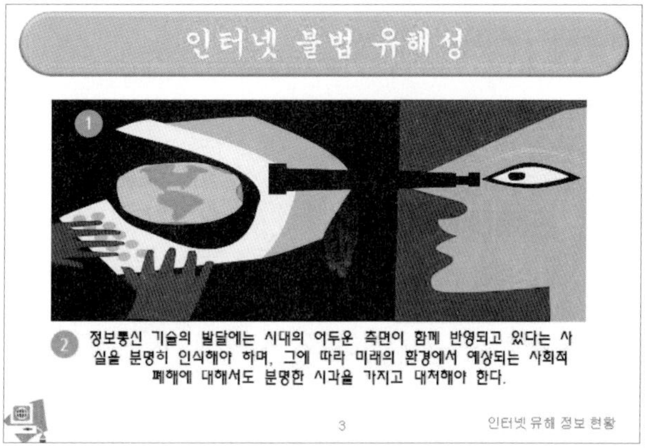

[슬라이드4 - 지시사항]

1. 도형(육각형)
   - 선색(선 없음)
   - 채우기: 그라데이션
   - 3차원 서식: 입체효과(부드럽게 둥글리기)
2. 도형(십자형)
   - 채우기(흰색), 선(선 없음)
   - 글머리 기호 설정
3. 그림 넣기: 투명한 색 설정

[슬라이드4 - 출력형태]

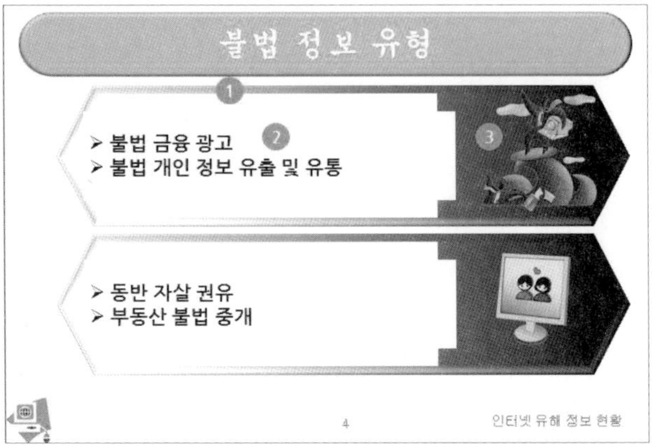

[슬라이드5 - 지시사항]

1. 도형 (원)
   - 3차원 서식
   - 채우기: 색 설정
2. 사각형 도형 그리기
   - 채우기: 그림
   - 선색: 선없음

[슬라이드5 - 출력형태]

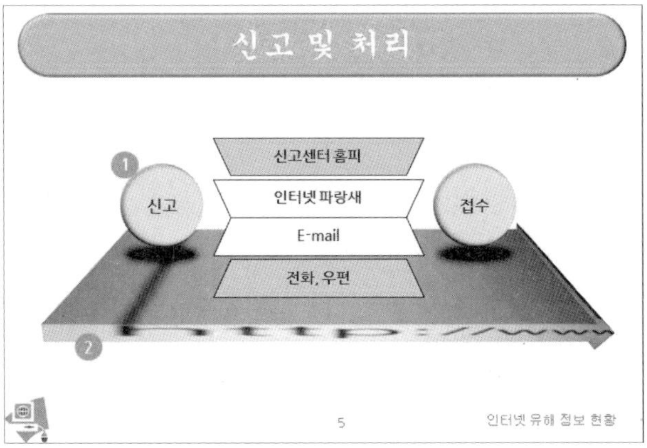

PART 02 파워포인트(PowerPoint) 2007

파워포인트 04. 표, 차트 슬라이드

많은 양의 데이터는 표를 이용하여 일목요연하게 정리하여 청중에게 쉽게 내용 전달을 할 수 있습니다. 차트를 이용하여 데이터 값의 비교, 변화 추세 등을 시각적으로 표현할 수 있습니다.

1. 표

1.1 표 삽입

슬라이드에 표를 삽입하는 방법에는 [삽입] 탭→[표] 그룹에 있는 '표 삽입' 대화 상자를 이용하거나, 셀 개수를 직접 선택하여 삽입하는 방법이 있습니다. 또한 슬라이드 레이아웃에서 '표 삽입 아이콘'을 클릭하여 빠르게 삽입하는 방법도 있습니다.

▪ **[삽입]-[표] '도구 모음' 에서 표 삽입**

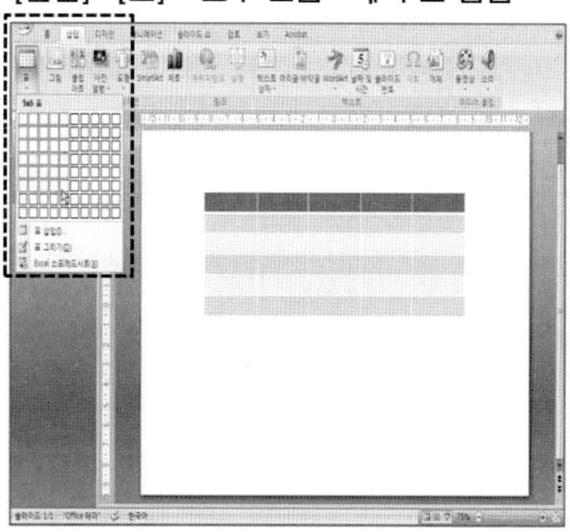

▪ **레이아웃의 '표 삽입' 아이콘 클릭**

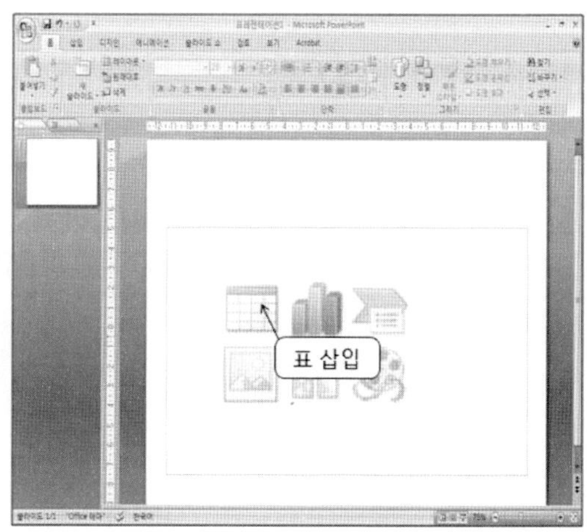

1.2 표 도구 모음 살펴보기

1.2.1 [표 도구]→[디자인] 탭

[디자인] 탭에서는 표의 채우기, 테두리, 텍스트에 관련된 각종 서식을 지정할 수 있습니다.

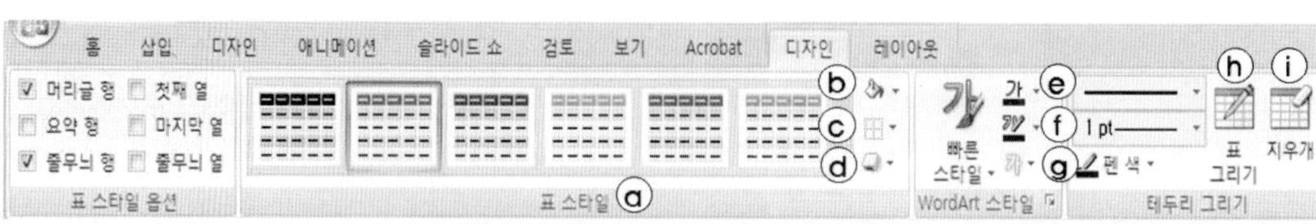

ⓐ 표 스타일: 표에 이미 지정된 다양한 표 서식 스타일을 제공
ⓑ 음영: 선택한 셀의 배경색 설정
ⓒ 테두리: 선택한 셀의 테두리 모양 지정

ⓓ 효과: 표에 셀 입체효과, 그림자, 반사와 같은 시각 효과 설정
ⓔ 펜스타일: 테두리 그릴 때 사용되는 선 스타일 설정
ⓕ 펜 두께: 테두리 그릴 때 사용되는 테두리 선의 두께 설정
ⓖ 펜 색: 테두리 색 설정
ⓗ 표 그리기: 표의 테두리 그리기
ⓘ 지우개: 표 테두리를 지우는 기능

1.2.2 [표 도구]→[레이아웃] 탭

[레이아웃] 탭에서는 표에 행과 열을 삽입, 삭제하거나 셀 병합, 분할을 설정할 수 있습니다.

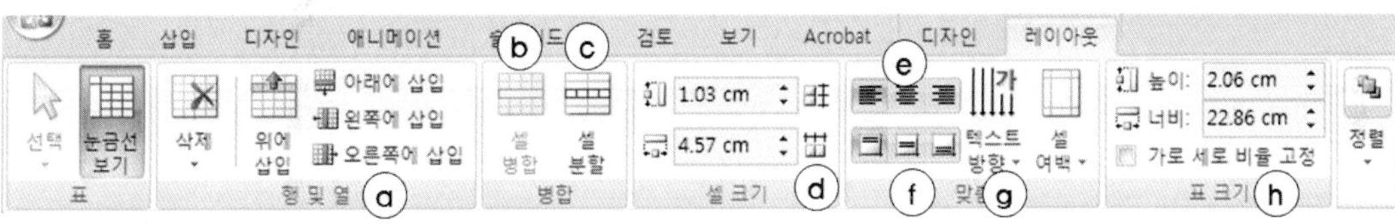

ⓐ 행 및 열: 표에서 행 또는 열을 삽입/삭제
ⓑ 셀 병합: 하나 이상의 셀 합치기
ⓒ 셀 분할: 선택한 셀을 여러 개의 셀로 나누기
ⓓ 셀 크기: 선택한 셀의 높이와 너비 설정, 셀의 너비 또는 높이를 같게 맞춤
ⓔ 텍스트 가로 맞춤: 셀 안의 텍스트를 가로로 정렬(왼쪽, 가운데, 오른쪽)
ⓕ 텍스트 세로 맞춤: 셀 안의 텍스트를 세로로 정렬(윗쪽, 세로 가운데, 아래쪽)
ⓖ 텍스트 방향: 텍스트의 입력 방향 설정
ⓗ 표 크기: 표 전체의 높이와 너비를 지정

1.3 표 편집

1.3.1 표 크기 조절

[표 도구]→[레이아웃] 탭→[표 크기] 그룹에서 직접 크기를 입력하여 설정 합니다. 또는 슬라이드에 삽입된 표를 선택하고 표의 오른쪽 모서리를 마우스로 선택한 후 드래그하여 크기를 조절할 수 있습니다.

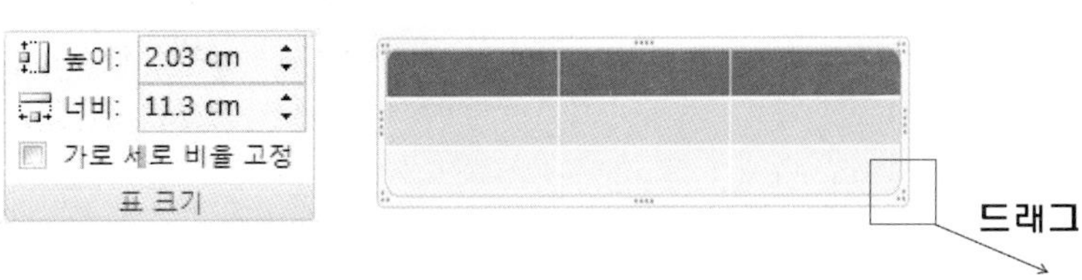

1.3.2 행 높이/ 열 너비 조절

[표 도구]→[레이아웃] 탭→[셀 크기] 그룹에서 직접 크기를 입력하여 설정 합니다.

또는 슬라이드에 삽입된 표의 행 또는 열 경계선에 마우스를 올리고 높이 또는 너비를 변경할 수 있습니다.

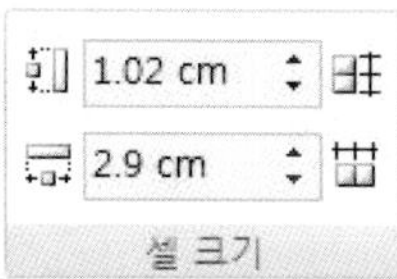

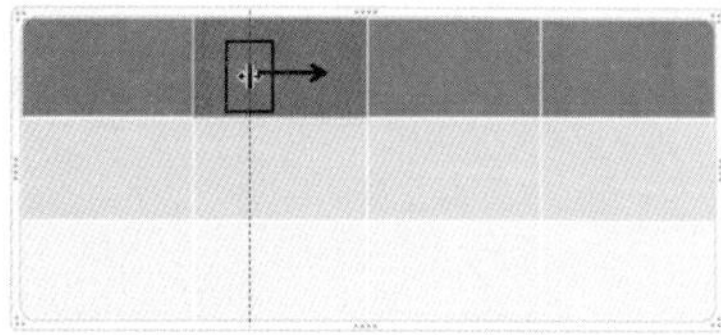

1.3.3 셀 분할

분할하고자 하는 셀을 선택한 후 [표 도구]→[레이아웃] 탭→[병합] 그룹→[셀 분할]을 선택합니다. 또는 마우스 오른쪽을 눌러 [셀 분할]을 선택하고 분할 하고자 하는 열 개수/행 개수를 입력합니다.

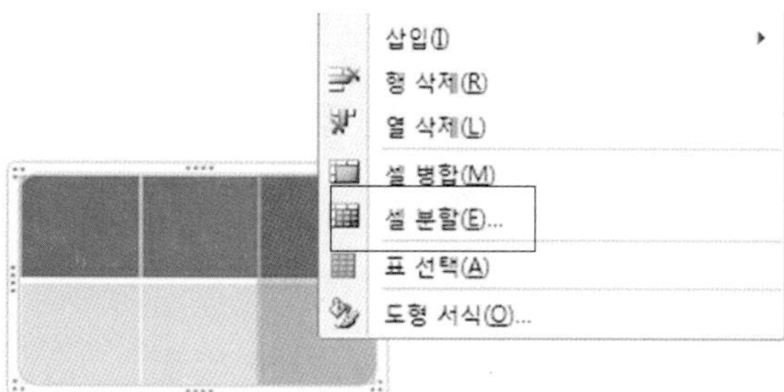

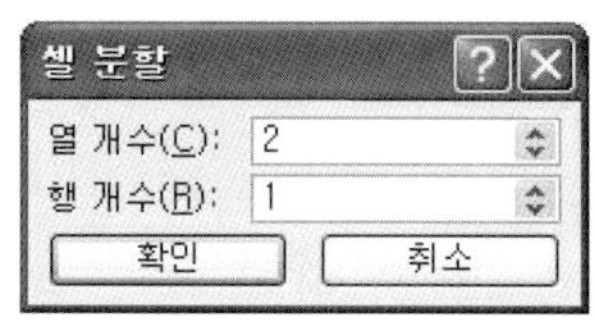

1.3.4 셀 병합

병합하고자 하는 셀을 선택한 후 [표 도구]→[레이아웃] 탭→[병합] 그룹→[셀 병합]을 선택합니다. 또는 마우스 오른쪽을 눌러 [셀 병합]을 선택하여도 됩니다.

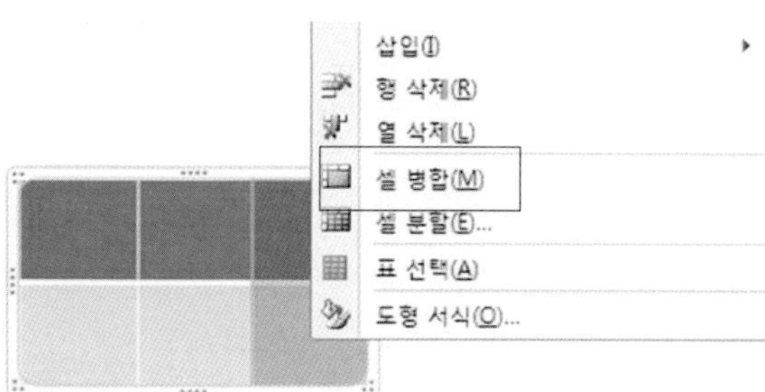

1.4 표 서식 설정

1.4.1 표 스타일

표 스타일은 프레젠테이션의 테마 색에 따라 표의 채우기 색, 테두리, 윤곽선 등의 서식을 제공하는 기능입니다.

표 스타일의 축소판 그림은 표 스타일 그룹의 빠른 스타일 갤러리에 나타납니다. 마우스 포인터를 빠른 스타일 축소판 그림 위에 놓으면 빠른 스타일이 표에 어떻게 표시되는지 볼 수 있습니다.

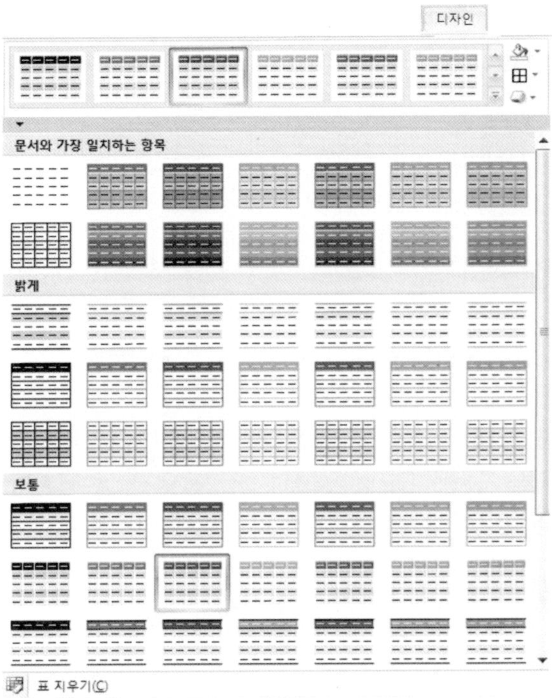

① 표 스타일을 적용할 표를 클릭합니다.

② [표 도구]→[디자인] 탭→[표 스타일] 그룹에서 원하는 표 스타일을 클릭합니다. 다른 표 스타일을 보려면 '자세히( )' 단추를 클릭합니다.

③ 기본 값을 지우거나 다른 표 스타일을 지우려면 [표 도구]→[디자인] 탭→[표 스타일] 그룹에서 자세히 단추를 클릭한 다음 [표 지우기]를 클릭합니다.

Tip 기본 표 스타일 바꾸기!

- 새로 만드는 모든 표의 스타일을 특정 스타일로 설정하려면 '표 스타일 갤러리'에서 하나의 표 스타일을 선택한 뒤 마우스 오른쪽 단추를 눌러 [기본 값으로 설정]을 클릭합니다.

1.4.2 셀 채우기

[표 도구]→[디자인] 탭→[표 스타일] 그룹→[음영] 도구의 화살표를 클릭하여 색상을 채우기 합니다. 또는 마우스 오른쪽을 눌러 '도형 서식' 대화 상자의 [채우기]→[단색 채우기]에서 색상을 선택하여도 됩니다.

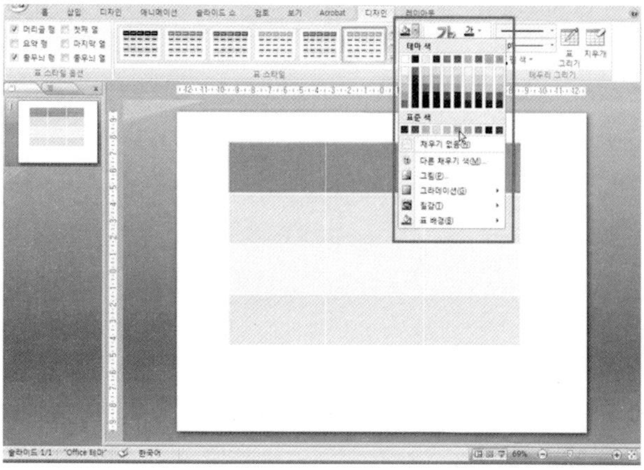

1.4.3 그림으로 채우기

[표 도구]→[디자인] 탭→[표 스타일] 그룹→[음영]→[그림]을 클릭하여 셀을 그림으로 채우기 합니다. 또는 마우스 오른쪽을 눌러 [도형 서식] 을 선택한 후 [채우기]→[그림 또는 질감 채우기]에서 해당 그림을 삽입하여도 됩니다.

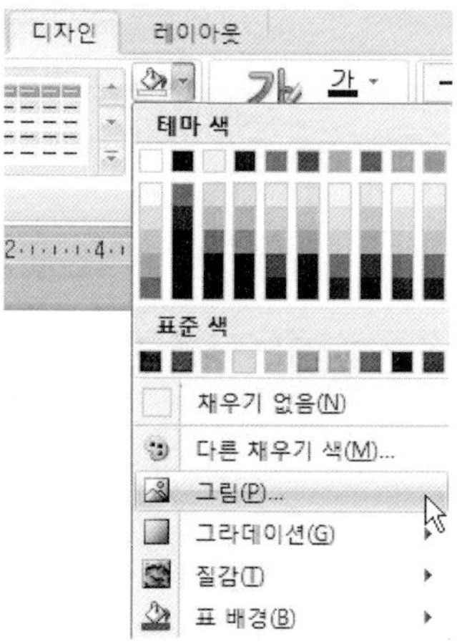

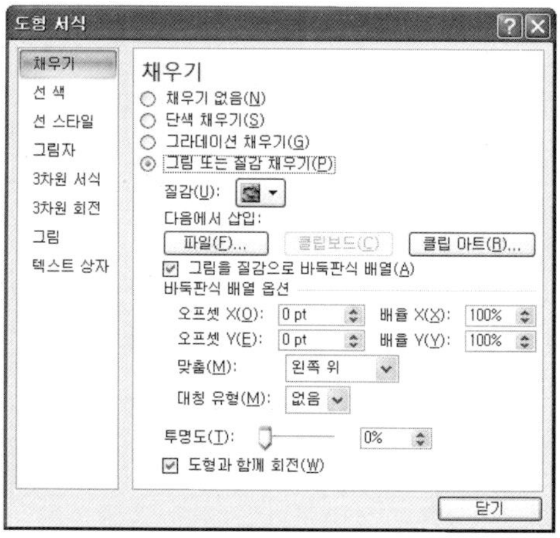

1.4.4 윤곽선

[표 도구]→[디자인] 탭→[테두리 그리기] 그룹에서 테두리 스타일을 선택한 후 표에 적용합니다.

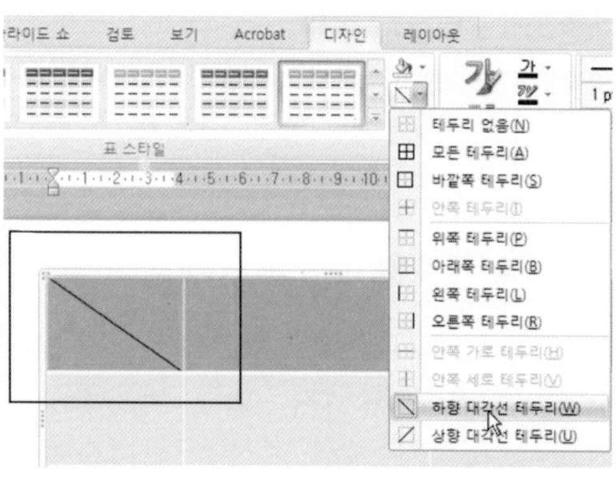

1.4.5 셀 입체 효과

셀에 다양한 효과를 설정할 수 있습니다. [표 도구]→[디자인] 탭→[표 스타일] 그룹→[효과]에서 다양한 셀 효과를 설정합니다.

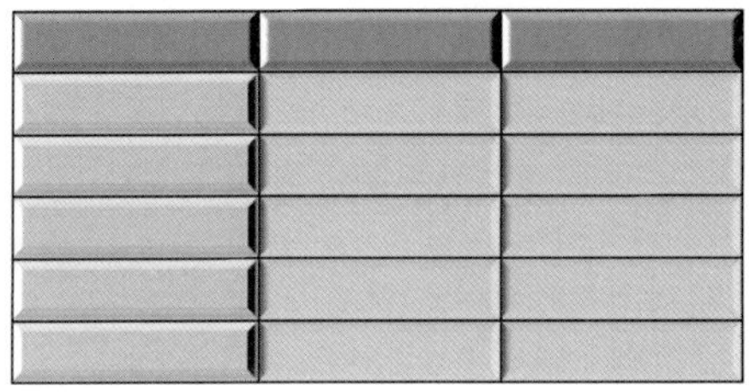

2. 차트

차트는 데이터의 비교, 추이, 유형 등을 나타낼 수 있습니다. 파워포인트 2007에서는 다양한 차트를 제공하는데 전달 하고자 하는 내용에 따라 적절한 모양의 차트를 선택합니다. 파워포인트 2007과 엑셀 2007은 동일한 차트 도구를 제공하고 차트 삽입 및 편집 기능은 유사합니다.

차트는 크게 막대형, 꺾은 선형, 원형, 가로 막대형, 영역형, 분산형 등으로 구성되어 있습니다.

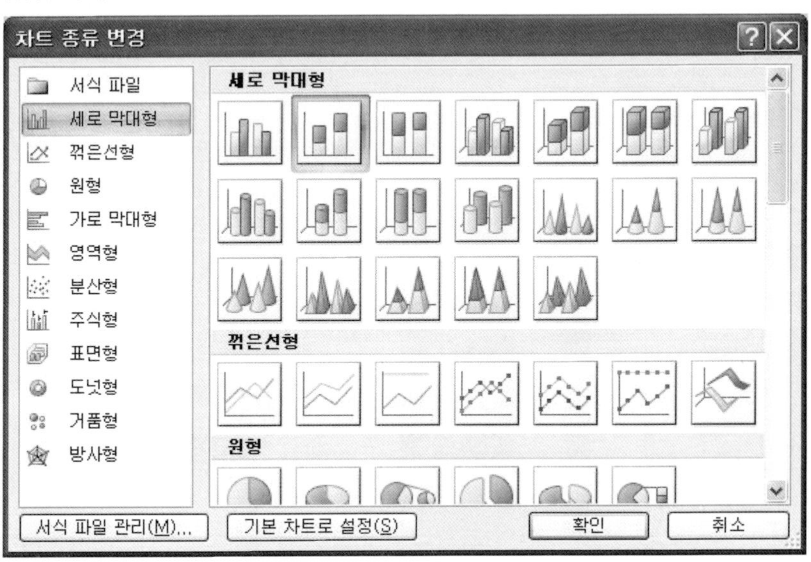

차트 종류		설명
▪ 세로 막대형	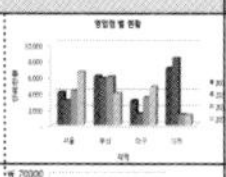	시간의 경과에 따른 데이터 변동을 표시하거나 항목별 비교를 나타내는 데 유용
▪ 꺾은선형	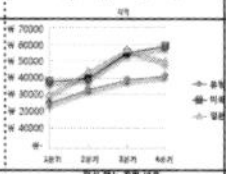	일정 간격에 따라 데이터의 추세를 표시하는 데 유용
▪ 원형	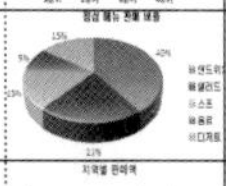	데이터 전체에 대한 크기와 비율을 표시
▪ 가로 막대형	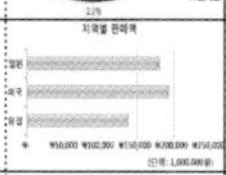	개별 항목을 비교할 때 유용
▪ 영역형	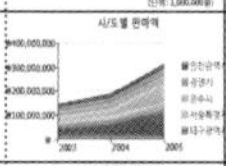	시간에 따른 변동의 크기를 강조하여 보여 주며 합계 값을 추세와 함께 살펴볼 때 사용
▪ 분산형	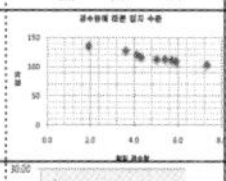	과학, 통계 및 공학 데이터와 같은 숫자 값을 표시하고 비교하는 데 사용
▪ 주식형	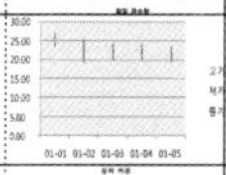	주가 변동을 나타내는 데 주로 사용
▪ 표면형	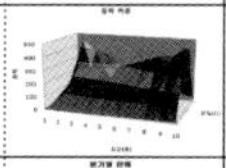	두 데이터 집합 간의 최적 조합을 찾을 때 유용
▪ 도넛형	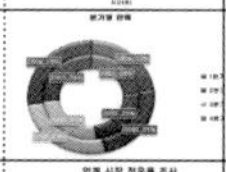	전체에 대한 각 부분의 관계를 보여 주며 데이터 계열 이 두 개 이상 포함
▪ 거품형	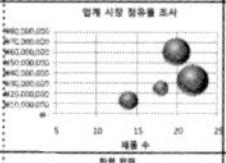	워크시트의 여러 열에 있는 데이터를 표시
▪ 방사형	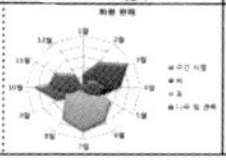	여러 데이터 계열의 집계 값을 비교

2.1 차트 삽입

① 슬라이드에 차트를 삽입하는 방법은 [삽입] 탭→[일러스트레이션] 그룹→[차트]를 선택하는 방법과 슬라이드 레이아웃에서 '차트 삽입 아이콘'을 클릭하여 빠르게 삽입하는 방법이 있습니다.

[삽입]-[차트] '도구 모음' 에서 표 삽입

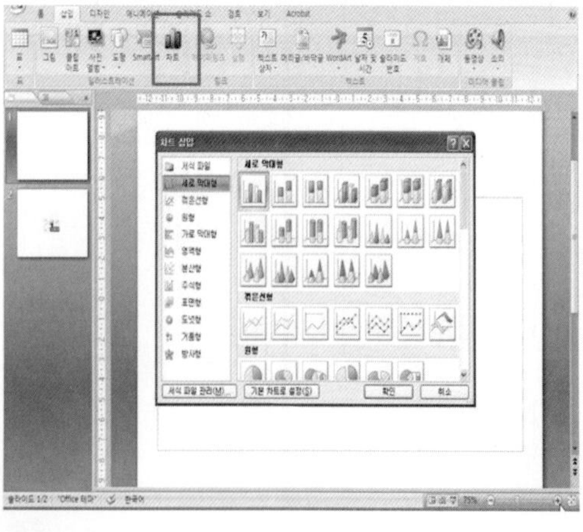

레이아웃의 '차트 삽입' 아이콘 클릭

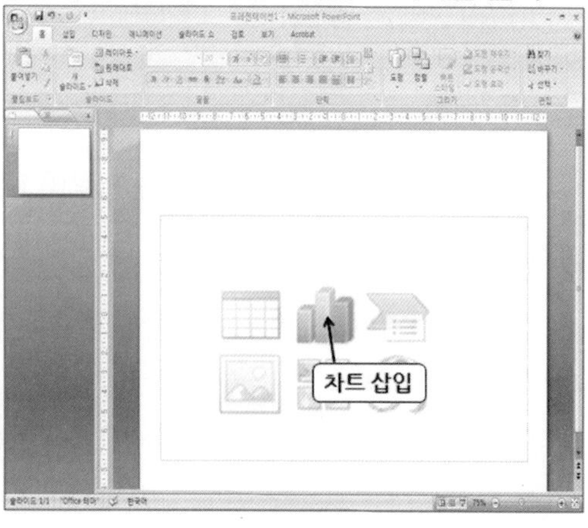

② '차트 삽입' 대화 상자에서 해당 차트의 종류를 선택합니다.

③ 차트 종류를 선택하면 엑셀 창이 열립니다. 기본 데이터가 입력되어 있으며 차트에 맞게 데이터를 새로 입력하면 새로운 데이터가 차트에 반영됩니다.

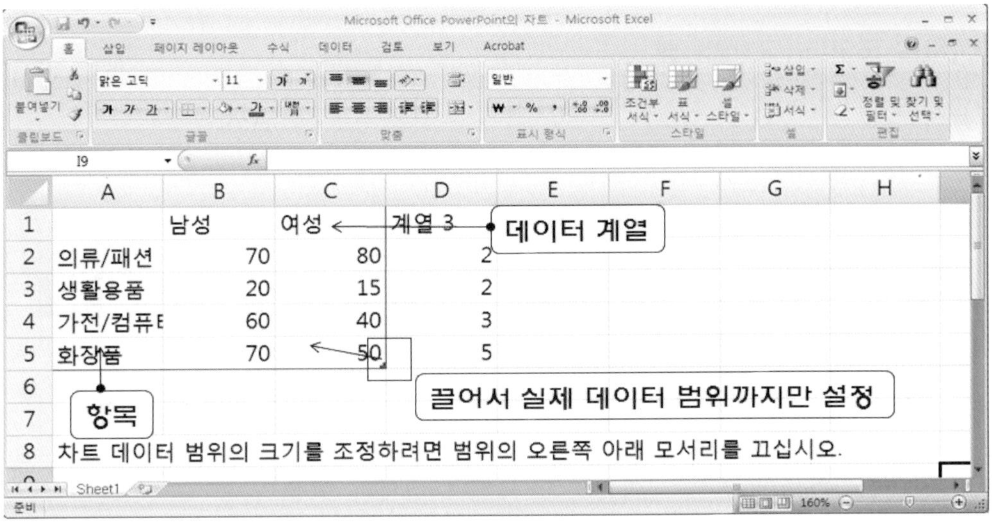

2.2 차트 구성 요소

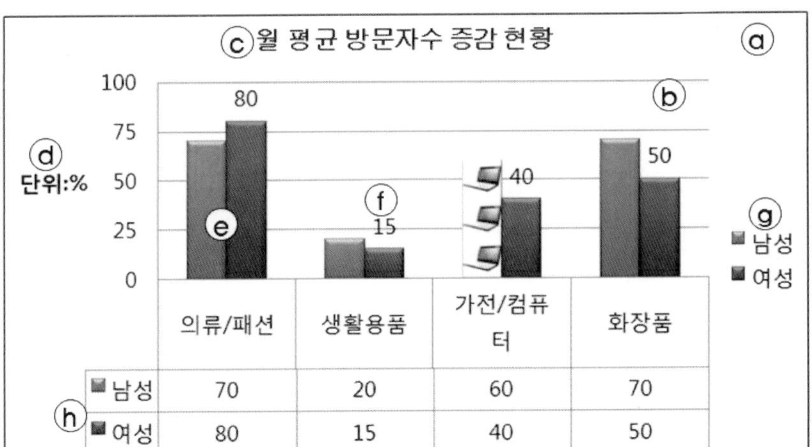

ⓐ 차트 영역: 차트 전체 범위

ⓑ 그림 영역: 실제 차트가 그려진 계열을 둘러 싼 영역

ⓒ 차트 제목: 차트의 제목

ⓓ 축 제목: 축의 제목

ⓔ 계열: 차트에 표시된 데이터 요소이며 데이터 입력 엑셀 시트의 열 값

ⓕ 데이터 레이블: 계열의 이름을 표시

ⓖ 범례: 차트를 구성하고 있는 데이터 계열의 모양과 이름

ⓗ 테이블: 차트의 데이터를 표로 나타냄

2.3 차트 도구 모음 살펴보기

차트 편집에 사용되는 도구 모음입니다.

2.3.1 [차트 도구]→[디자인] 탭

[디자인] 탭에서는 밋밋한 차트를 화려하게 바꾸기, 차트 종류 변경, 잘못 입력된 데이터 수정, 차트 레이아웃 변경 등의 작업을 할 수 있습니다.

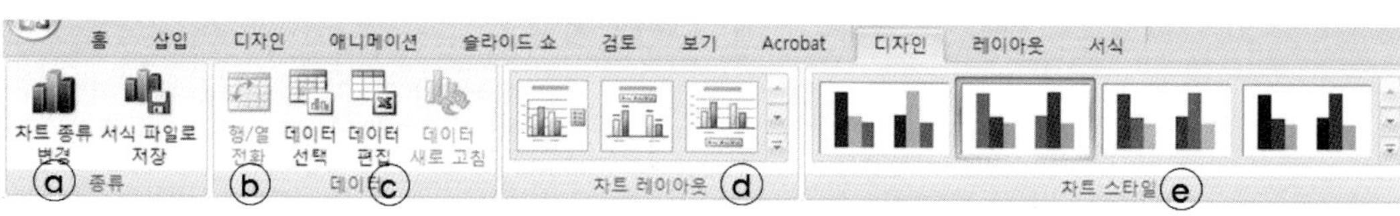

ⓐ 차트 종류 변경: 현재 삽입되어 있는 차트의 종류를 다른 차트로 변경
ⓑ 행/열 전환: 차트의 행과 열의 축 데이터를 전환
ⓒ 데이터 편집: 차트의 원본 데이터를 표시하며 데이터 값을 변경
ⓓ 차트 레이아웃 갤러리: 차트의 전체 레이아웃을 변경
ⓔ 차트 스타일: 차트의 전체 스타일 변경

2.3.2 [차트 도구]→[레이아웃] 탭

[레이아웃] 탭에서는 차트를 구성하는 요소들을 자유롭게 선택하고 편집하는 도구들로 구성되어 있습니다.

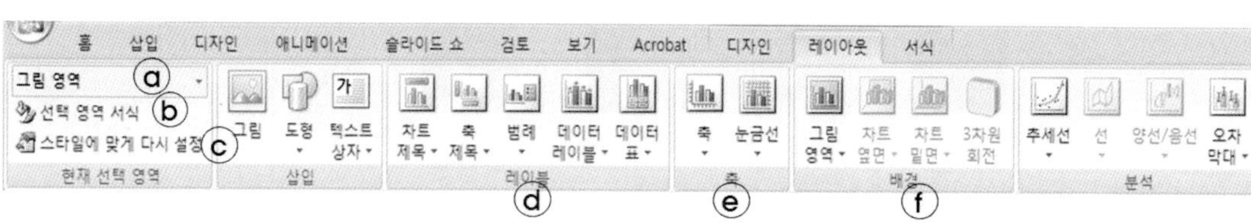

ⓐ 차트 요소 선택 목록: 원하는 차트 구성 요소 중 편집하고자 하는 요소 선택
ⓑ 선택 영역 서식: 선택한 차트 요소의 서식을 미세하게 조절하기 위한 '서식' 대화상자를 표시
ⓒ 스타일에 맞게 다시 설정: 선택한 차트 요소의 사용자 지정 서식을 지우고 차트의 원래 스타일로 되돌림
ⓓ [레이블] 그룹: 차트의 제목, 축, 범례, 레이블, 표 등을 추가 또는 변경
ⓔ [축] 그룹: 축, 눈금선의 서식 설정 및 해제
ⓕ [배경] 그룹: 그림 영역, 차트 옆면, 밑면들의 서식 설정 및 3차원 회전

2.4 차트 편집

차트 편집은 [차트 도구]→[디자인] 탭 과 [차트 도구]→[레이아웃] 탭에 있는 여러 도구들을 사용하여 편집합니다.

2.4.1 차트 종류 변경

입력된 차트를 선택하고 [디자인] 탭→[종류] 그룹→[차트 종류 변경]을 클릭하여 다른 차트를 선택합니다.

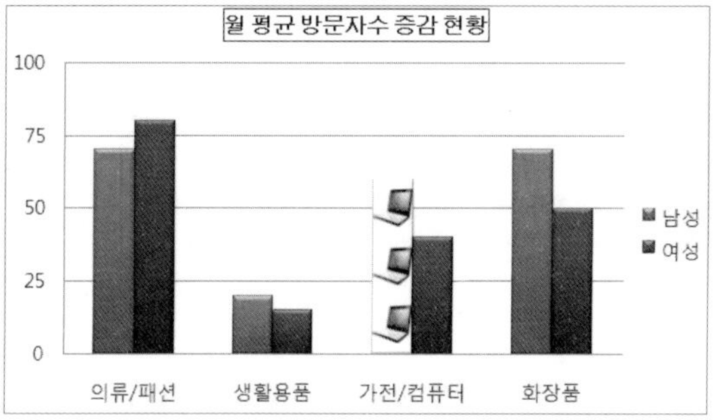

<세로 막대형 차트>

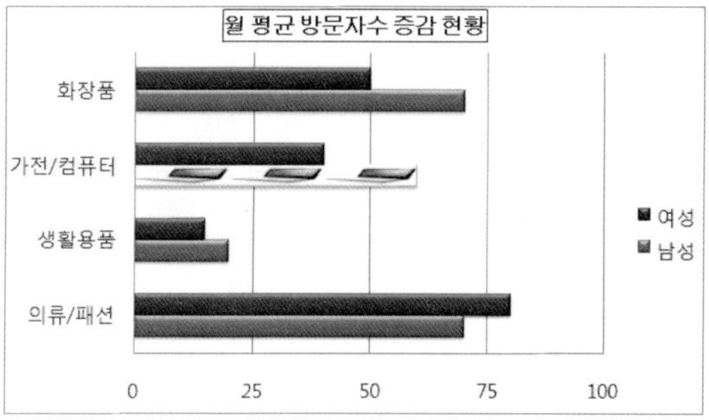

<가로 막대형 차트로 변경>

2.4.2 차트 레이아웃 변경

차트에 포함될 데이터 레이블이나 표 등 레이아웃을 한 번에 변경합니다.
[디자인] 탭→[차트 레이아웃] 그룹→[차트 레이아웃]을 클릭한 후 해당 레이아웃을 선택합니다.

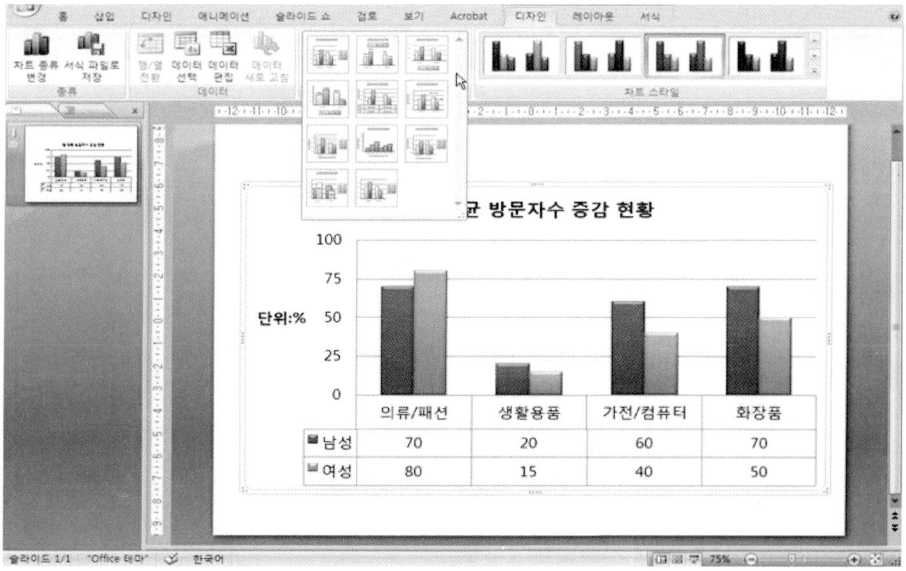

2.4.3 차트 스타일 변경

차트 스타일은 프레젠테이션의 테마 색에 따라 차트의 계열, 그림 영역 등 차트 구성 요소의 서식을 제공하는 기능입니다.

[차트 도구]→[디자인] 탭→[차트 스타일] 그룹의 '자세히( )' 버튼을 눌러 목록 중에서 선택하여 마우스로 클릭합니다.

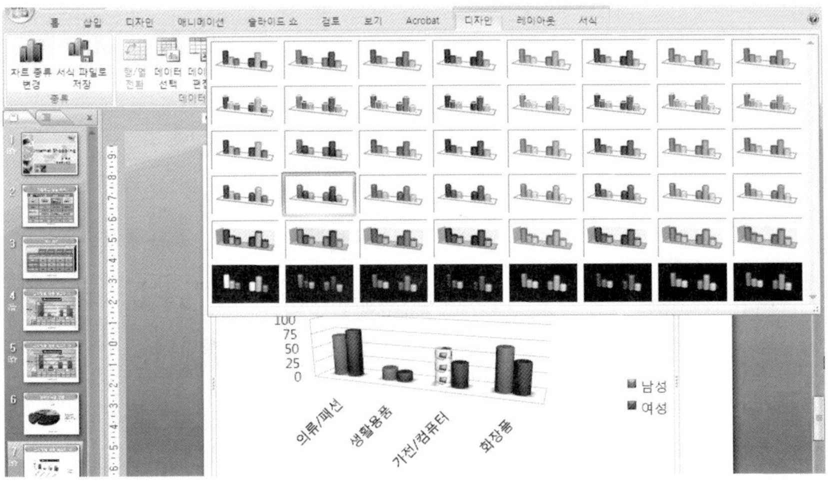

2.4.4 구성 요소 편집

차트의 구성 요소를 각각 서식 설정하고자 할 때에는 차트의 구성 요소를 선택 한 후 마우스 오른쪽을 눌러 표시되는 각 서식 메뉴를 이용하면 편리하게 편집할 수 있습니다.

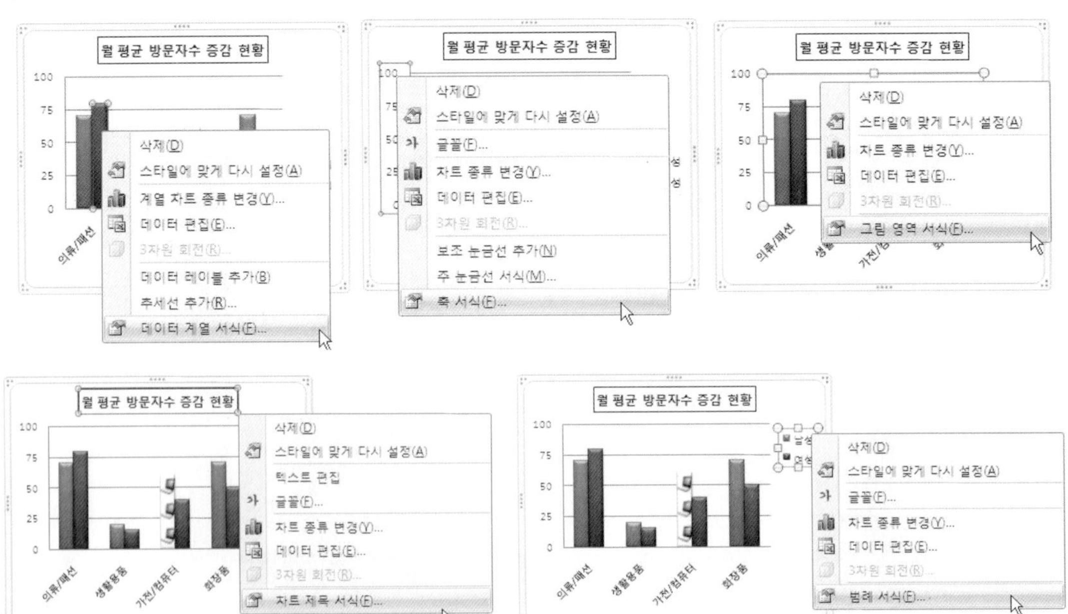

2.4.5 하나의 계열만 선택하여 서식 변경

① 차트의 계열을 선택하면 모든 항목이 선택됩니다. 그 중 하나의 항목만 선택하고자 할 경우에는 다시 한 번 해당 항목만 마우스로 선택합니다.

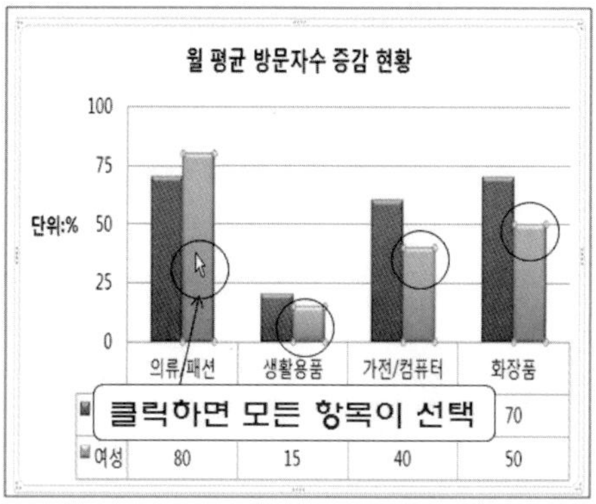

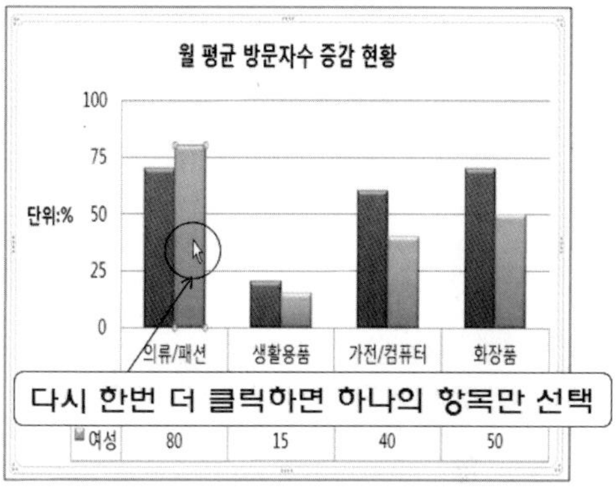

② 차트 구성 요소를 선택하고 마우스 오른쪽을 누르면 해당 서식 메뉴가 표시됩니다. 데이터 계열 중 하나를 선택했기 때문에 [계열 서식] 이 표시 됩니다.

2.4.6 계열을 그림으로(배율에 맞게) 채우기

계열의 막대를 선택 한 후 마우스 오른쪽을 눌러 [데이터 요소 서식]을 선택합니다. '데이터 요소 서식' 대화 상자의 [채우기]→[그림 또는 질감 채우기]를 선택하고 아래 [파일]을 눌러 해당 그림을 선택합니다.

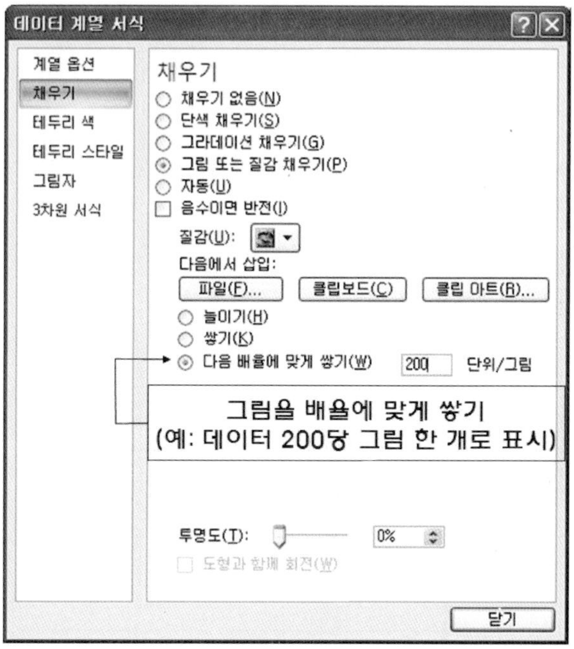

2.4.7 계열 차트 변경

막대 차트에서 하나의 계열만 다른 차트 종류로 변경하여 막대형과 꺾은선이 혼합된 혼합형 차트를 만들 수 있습니다.
변경하고자 하는 막대형 차트의 계열을 선택한 후 마우스 오른쪽을 눌러 [계열 차트 종류 변경]을 선택합니다.

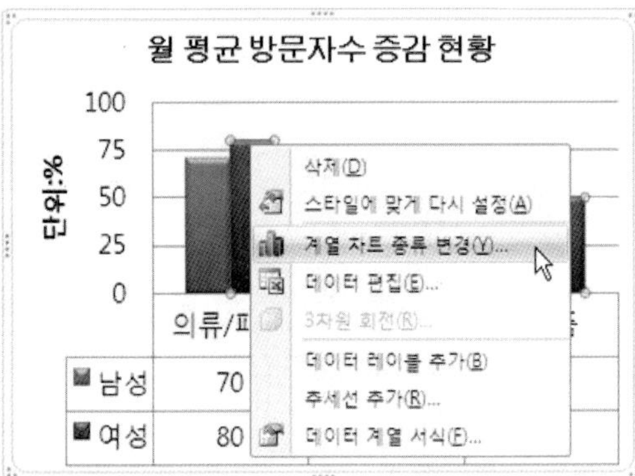

<여성 계열 차트 종류 변경>

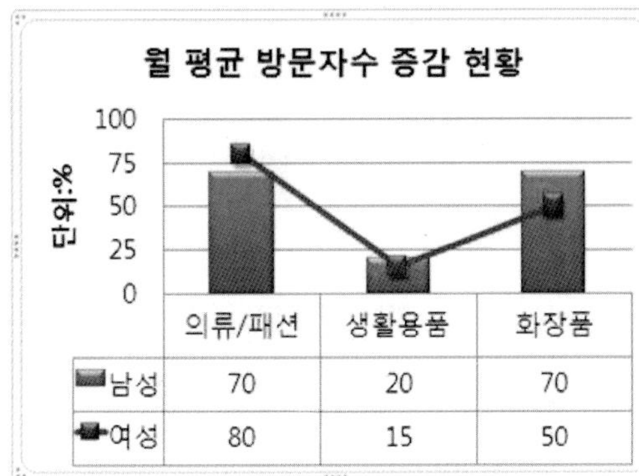

<혼합형 차트로 변경>

2.5 원형 차트

원형 차트는 데이터 요소를 전체 원에 대한 백분율로 표시할 때 효과적인 차트입니다. 원형 차트 하나에는 데이터 계열을 하나만 그릴 수 있으므로 워크시트 데이터를 한 개의 열이나 행으로 구성해야 합니다.
원형 차트는 조각을 떼어놓을 수 있습니다.

2.5.1 원형 차트 삽입

[삽입] 탭→[일러스트레이션] 그룹→[차트]를 선택하고 차트 종류로는 [원형]→[3차원 원형]을 선택한 후 엑셀 창에서 데이터를 입력합니다.

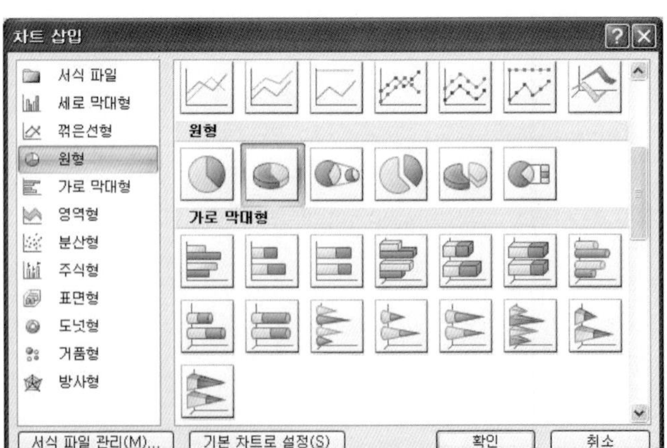

	A	B
1		다이어트 부작용
2	요요	47
3	거식증	7
4	변비	22
5	기타	24

<원형 차트 데이터 입력 예 >

2.5.2 원형 차트 조각 분리

원형 차트의 계열(조각)을 선택한 후 바깥쪽으로 마우스를 끌면 조각이 분리 됩니다. 반대로 선택한 계열(조각)을 안쪽으로 마우스로 끌면 조각이 합해집니다.

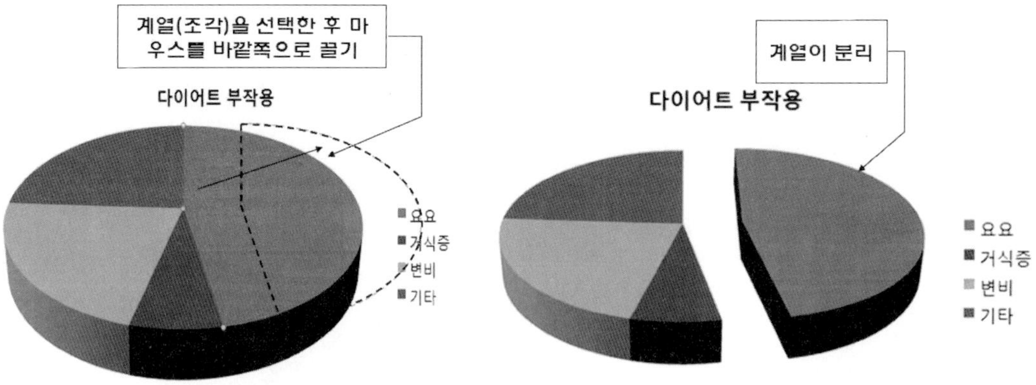

2.5.3 조각 시작 각도 변경

원형 차트의 제일 큰 조각의 시작 각도를 바꿀 수 있습니다. 원형 차트의 계열 부분(조각)을 선택한 후 마우스 오른쪽을 눌러 [데이터 계열 서식]을 클릭합니다.
[계열 옵션]에서 회전 각도를 변경합니다.

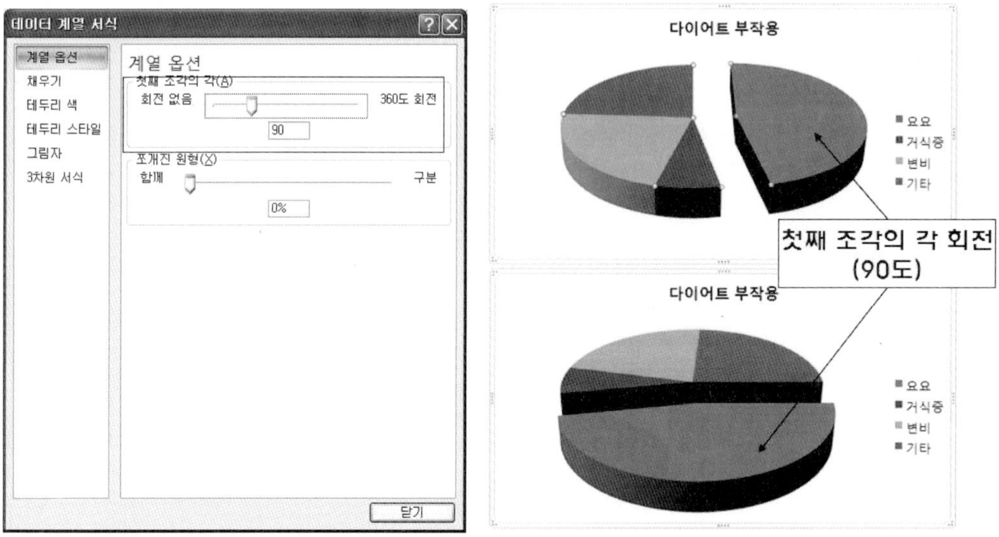

3. 표, 차트를 그림으로 저장

표, 차트 등 슬라이드에서 작성한 개체들을 그림파일로 저장하여 내용을 수정할 수 없도록 할 수 있습니다. 그림파일로 저장한 내용들에 다양한 그림효과(반사, 입체효과, 3차원 등)를 설정할 수 있습니다.

그림 파일로 저장할 개체를 선택한 후 마우스 오른쪽을 눌러 [그림으로 저장]을 선택합니다.

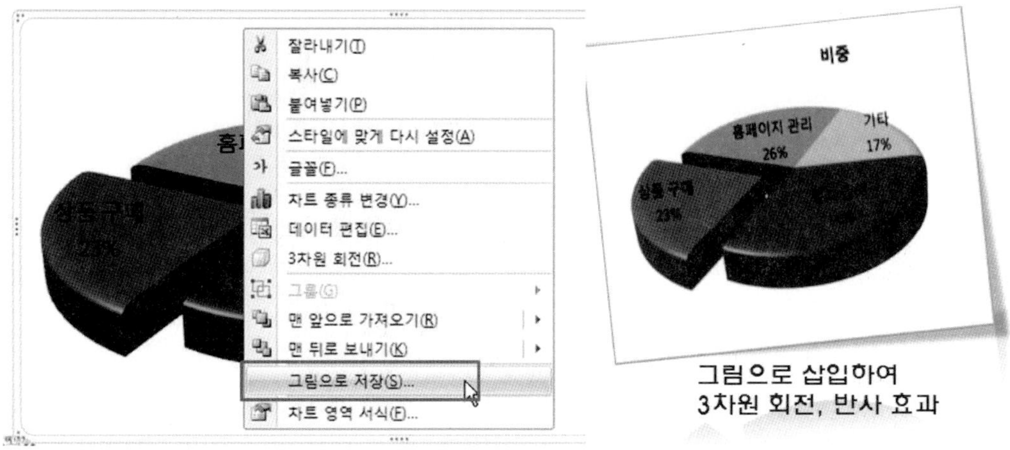

그림으로 삽입하여
3차원 회전, 반사 효과

4. 실전 예제

● **학습 목표: 'Internet Shopping'을 주제로 표와 차트를 포함하는 5장의 슬라이드를 작성합니다.**

[슬라이드 마스터 – 지시사항]

1. 제목 도형(모서리가 둥근 직사각형)
   - 채우기, 선색(없음)
   - 3차원 서식: 입체효과-둥글게(너비 20pt, 높이 10pt)
   - 맨 뒤로 보내기
2. 제목 텍스트 상자 ➜ 글자색(흰색)
3. 그림 삽입
4. 바닥글, 슬라이드 번호 삽입
5. 바닥글, 슬라이드 번호 서식 변경
   - 색상: 초록색, 크기: 14pt, 속성: 굵게

[슬라이드 마스터 – 출력형태]

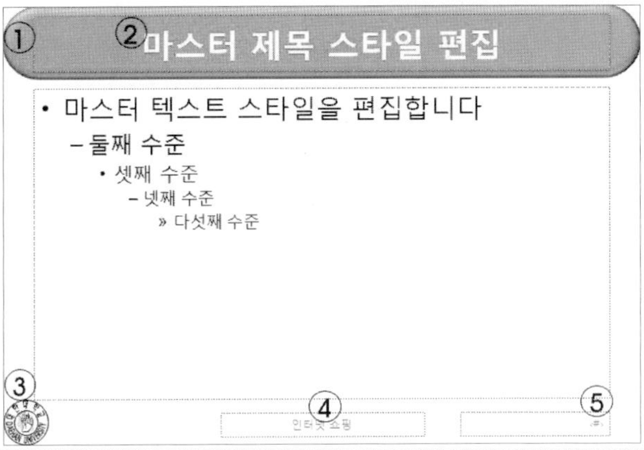

Step 1: 슬라이드 마스터 – 제목 도형 설정

① [보기] 탭→[프레젠테이션 보기] 그룹→[슬라이드 마스터]를 선택합니다.

슬라이드 마스터 화면의 왼쪽 '슬라이드 개요 창' 맨 위쪽의 'Office 테마 슬라이드 마스터'를 선택합니다.

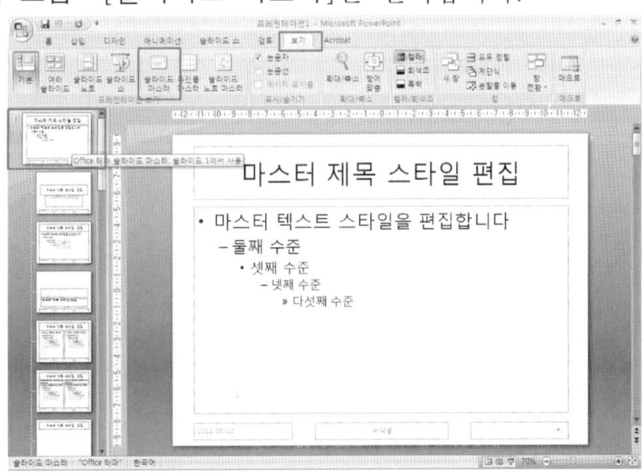

② [삽입] 탭→[일러스트레이션] 그룹도형→[도형]→'모서리가 둥근 직사각형(▢)'을 선택한 후 슬라이드에 도형을 그립니다.

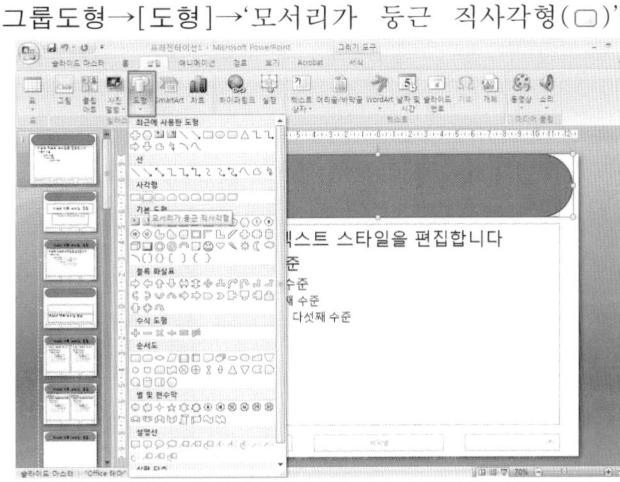

③ 그려진 도형을 선택한 후 마우스 오른쪽을 눌러 [도형 서식]을 누릅니다.

'도형 서식' 대화 상자의 [3차원 서식]→[입체 효과]→[위쪽]→[둥글게]를 선택하고 너비 20pt, 높이 10pt를 설정합니다.

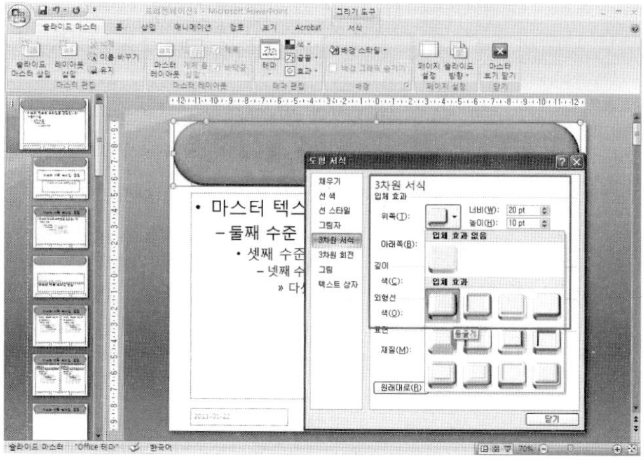

④ 마우스 오른쪽을 눌러 '맨 뒤로 보내기'를 설정합니다.

Step 2: 제목 텍스트 상자

슬라이드 마스터의 제목 텍스트 상자를 선택한 후 [홈] 탭→[글꼴] 그룹에서 글꼴 색(흰색)을 설정합니다.

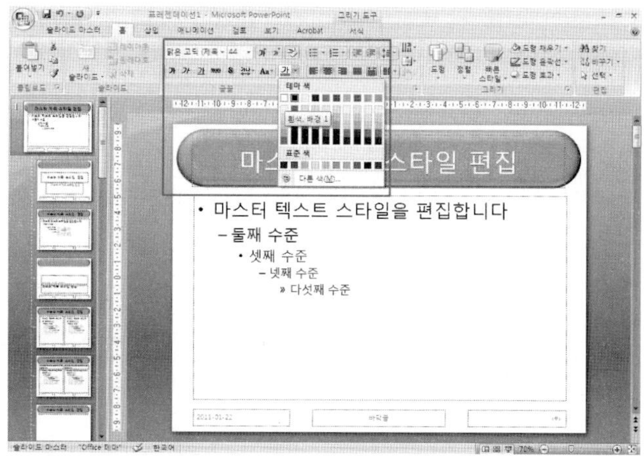

Step 3: 그림(로고) 삽입

[삽입] 탭→[일러스트레이션] 그룹→[그림]을 선택한 후 해당 그림을 삽입합니다.

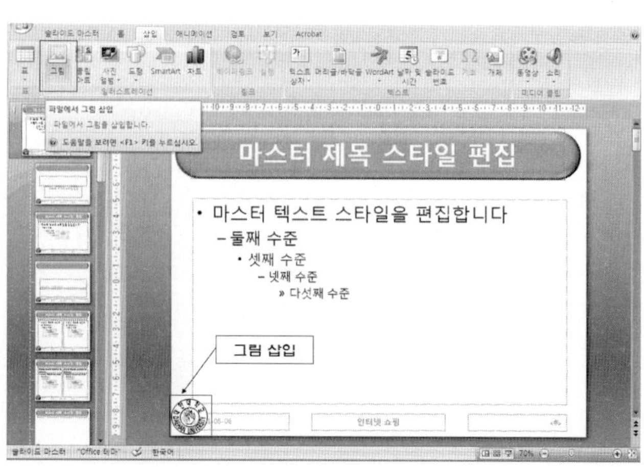

Step 4: 슬라이드 번호, 바닥글 삽입

[삽입] 탭→[텍스트] 그룹→[머리글/바닥글]을 선택합니다.

'슬라이드 번호', '바닥글(인터넷 쇼핑)', '제목 슬라이드에는 표시 안함'을 설정한 후 '모두 적용'을 선택합니다.

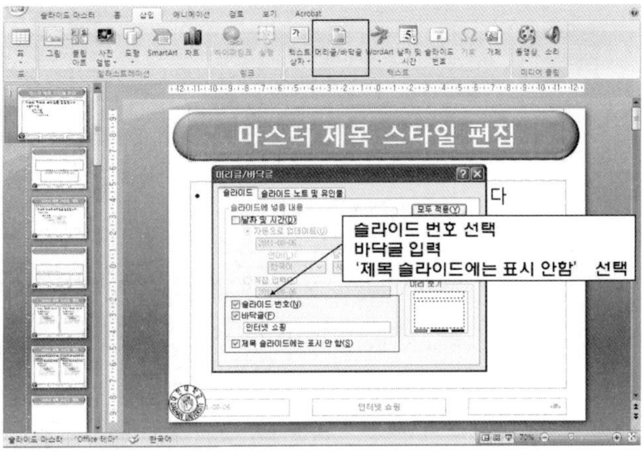

Step 5: 슬라이드 번호, 바닥글 서식 변경

① 슬라이드 아래쪽 바닥글 상자와 슬라이드 번호 상자를 선택합니다.

[홈] 탭→[글꼴] 그룹에서 각각의 서식을 설정합니다.
(글꼴 색, 굵게, 크기 변경)

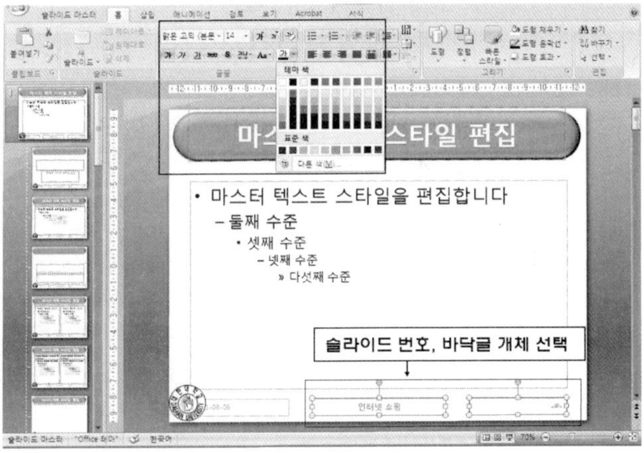

② [슬라이드 마스터] 탭→[닫기] 그룹→[마스터 보기 닫기]를 누릅니다.

[슬라이드1 – 지시사항]

1. 제목 마스터 슬라이드에는 배경 그림 생략
2. 배경 그림 삽입 ➜ 맨 뒤로 보내기
3. 텍스트 상자 서식 설정
   - 제목: 글자 크기(60pt), 글꼴, 색 변경, 오른쪽 정렬
   - 부제목: 굵게, 오른쪽 정렬
4. 화면 전환 효과 ➜ 계단 모양 오른쪽 아래로
5. 슬라이드 저장 ➜ 인터넷 쇼핑.pptx

[슬라이드1 – 출력형태]

Step 1: 배경 그래픽 숨기기

슬라이드 작업창에서 마우스 오른쪽을 눌러 [배경서식]을 선택합니다.

'배경 서식' 대화 상자에서 [배경 그래픽 숨기기]를 선택하여 제목 슬라이드에는 슬라이드 마스터에서 작성한 그래픽을 모두 숨깁니다.

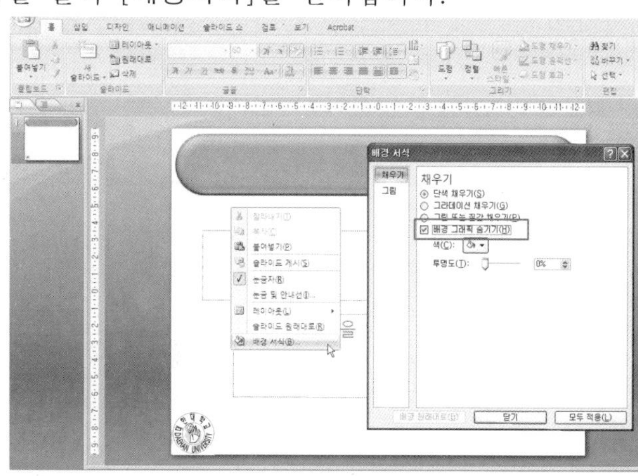

Step 2: 배경 그림 삽입

[삽입] 탭→[일러스트레이션] 그룹→[그림]에서 해당 그림을 삽입한 후 '맨 뒤로 보내기'로 설정합니다.

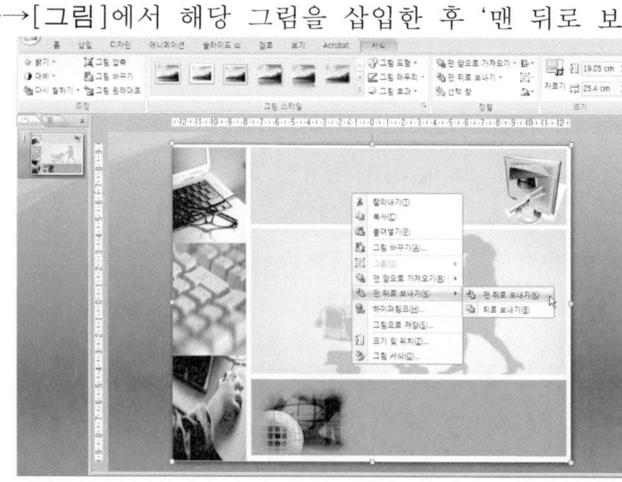

Step 3: 텍스트 상자 서식 설정

슬라이드 마스터 제목 개체 상자를 선택한 후 [홈] 탭→[글꼴] 그룹 및 [단락] 그룹에서 해당 서식을 설정합니다.

- 글자 크기(60pt), 글꼴, 색 변경, 오른쪽 정렬
- 부제목: 굵게, 오른쪽 정렬

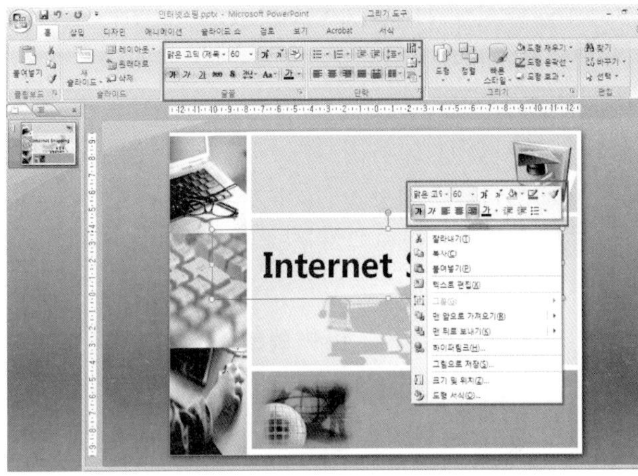

Step 4: 화면 전환 효과

[애니메이션] 탭→[슬라이드 화면 전환] 그룹의 슬라이드 전환 효과 목록에서 '계단 모양 오른쪽 아래로'를 선택합니다.

Step 5: 슬라이드 저장(인터넷쇼핑.pptx)

[오피스 단추]→[저장]을 누른 후 파일 이름을 입력합니다.

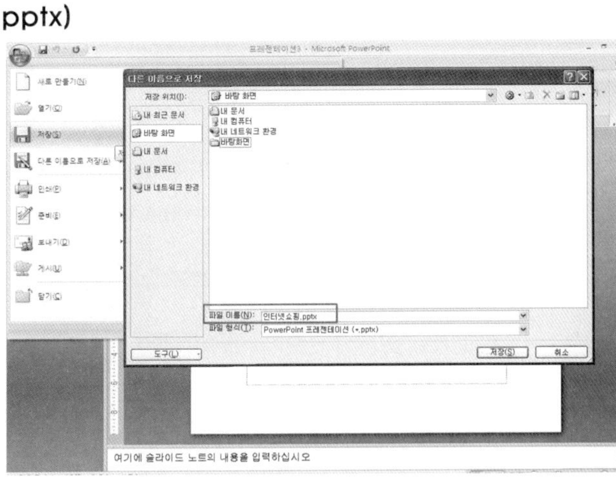

[슬라이드2 – 지시사항]

1. 표 만들기➔ 표 스타일: 밝은 스타일 2 강조 5
   - 제목: 글자색(흰색)
2. 대각선 설정
3. 셀 병합
4. 셀 입체 효과
5. 셀 배경 ➔ 그림으로 채우기(투명도 30)
6. 텍스트 효과: 네온–'강조색 5, 18pt'

[슬라이드2 – 출력형태]

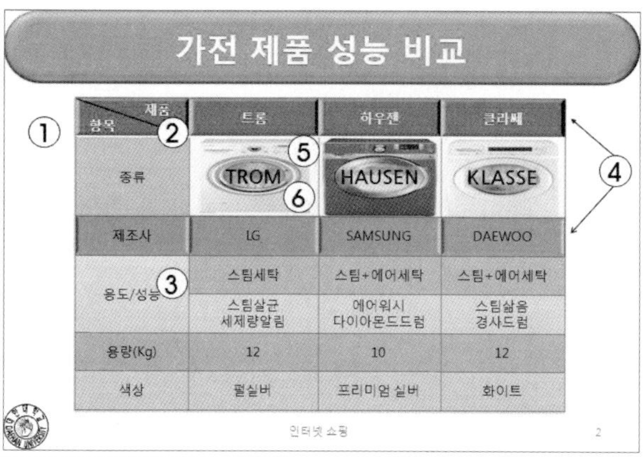

Step 1: 표 만들기

① [삽입] 탭→[표] 그룹에서 마우스를 올려 4x7 표를 그립니다.

② [표 도구]→[디자인] 탭→[표 스타일] 그룹→'테마 스타일1–강조 1'을 설정합니다.

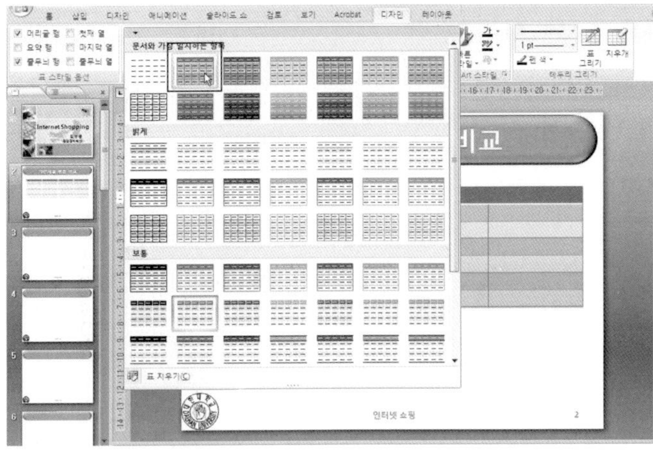

Step 2: 대각선 설정

[표 도구]→[디자인] 탭→[표 스타일] 그룹→[테두리]→'하향 대각선 테두리'를 설정합니다.

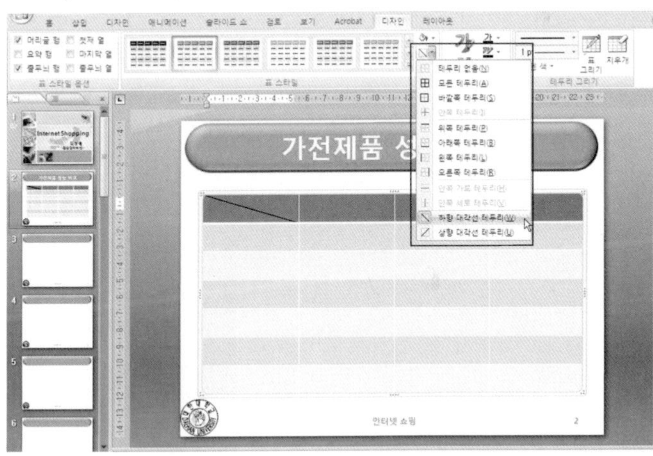

Step 3: 셀 병합

① 셀을 선택한 후 [표 도구]→[레이아웃] 탭→[병합] 그룹→[셀 병합]을 선택합니다. 또는 마우스 오른쪽을 눌러 [셀 병합]을 선택합니다.

② 표에 각 내용을 입력합니다.

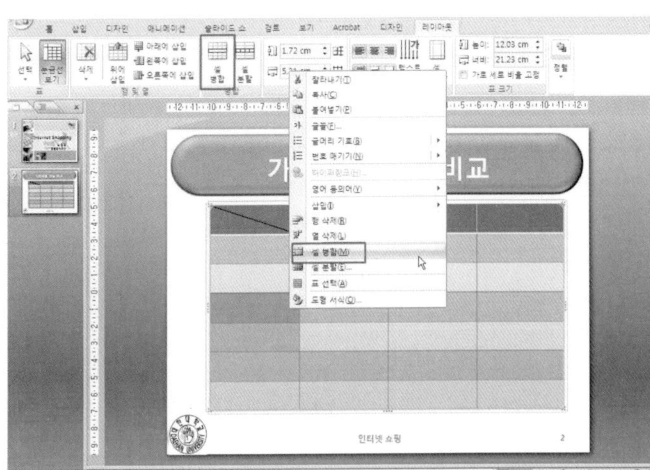

Step 4: 셀 입체 효과

① 셀을 마우스로 블록 설정 한 후 [표 도구]→[디자인] 탭→[표 스타일] 그룹→[음영]에서 색을 선택합니다.

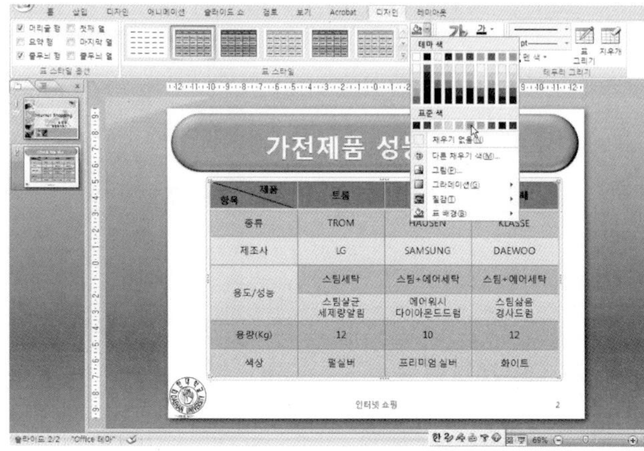

② [표 도구]→[디자인] 탭→[표 스타일] 그룹→[셀 입체효과]에서 '입체효과(둥글게)'를 선택합니다.

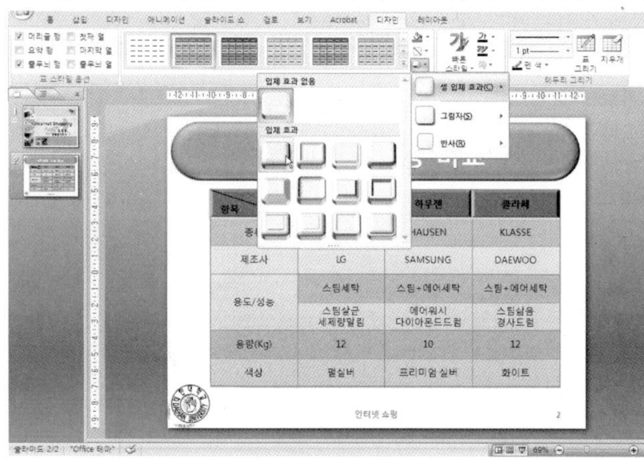

Step 5: 셀 배경 그림으로 채우기

셀을 선택한 후 마우스 오른쪽을 눌러 [도형 서식]을 선택합니다.

[채우기]→[그림 또는 질감 채우기]를 선택하여 해당 그림을 삽입하고 '투명도(30)'를 설정합니다.

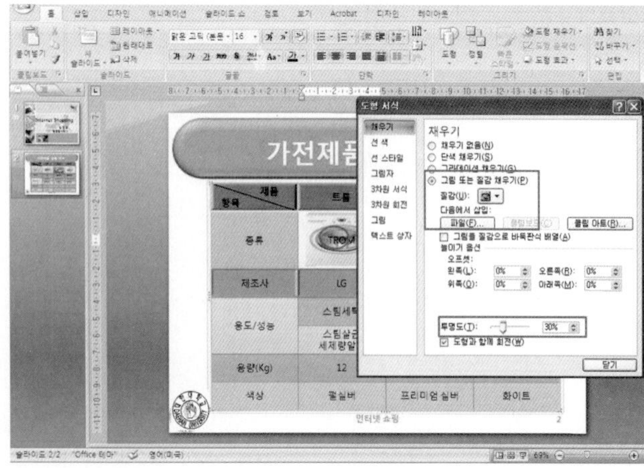

Step 6: 텍스트 효과(네온) 설정

해당 셀을 블록으로 선택하고 [디자인] 탭→[WordArt 스타일] 그룹→[텍스트 효과]→[네온]→'강조색 5, 18pt, 네온'을 선택합니다.

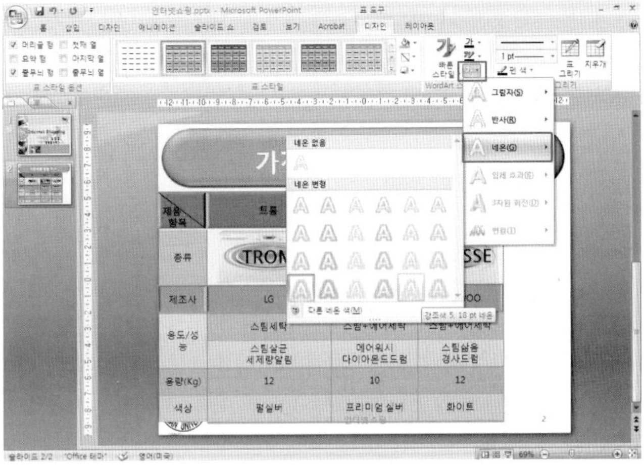

[슬라이드3 – 지시사항]

1. 표 그리기(5열, 4행) ➜ 표 스타일('테마 스타일1-강조 2')
   - 셀 서식 설정 ➜ 색, 입체 효과(아트 데코)
2. 도형 그리기 ➜ 채우기(색), 윤곽선 없음
   - 그림자(원근감 대각선 왼쪽 위)
3. 사각형 도형 그리기 ➜ 색(회색), 선없음
   - 3차원 회전: 오른쪽 위 오블리크
   - 깊이: 200
   - 색 설정
   - 텍스트 입력 ➜ 글자색: 흰색

[슬라이드3 – 출력형태]

Step 1: 표 그리기

① 슬라이드 레이아웃의 '표 삽입 아이콘 '을 눌러 열 개수 5, 행 개수 4를 입력하여 표를 작성합니다.

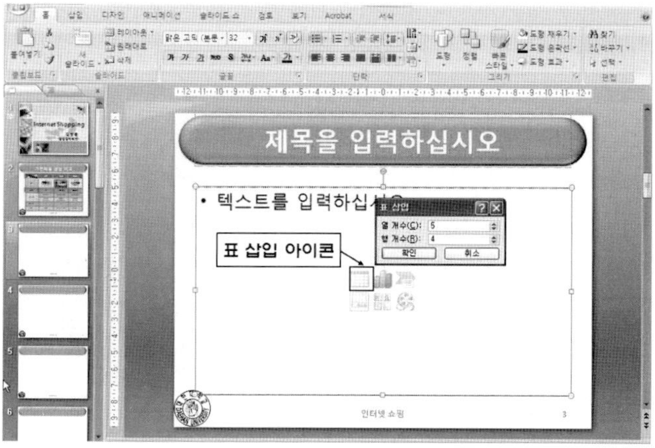

② [디자인] 탭→[표 스타일] 그룹→'테마 스타일2,강조 2' 를 선택합니다.

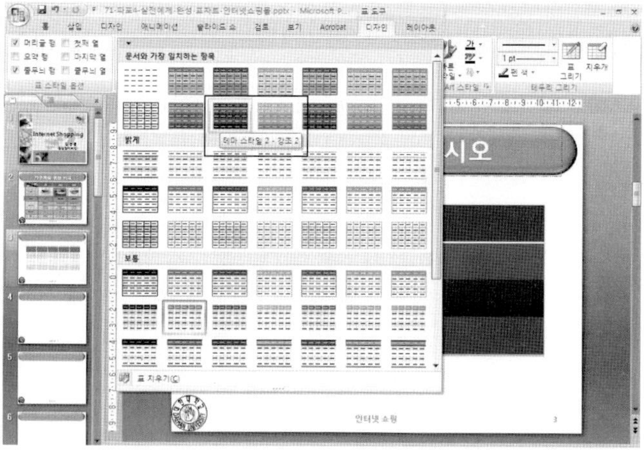

③ 셀을 블록 설정 한 후 [디자인] 탭→[표 스타일] 그룹→[셀 입체 효과]→[아트 데코]를 설정합니다.

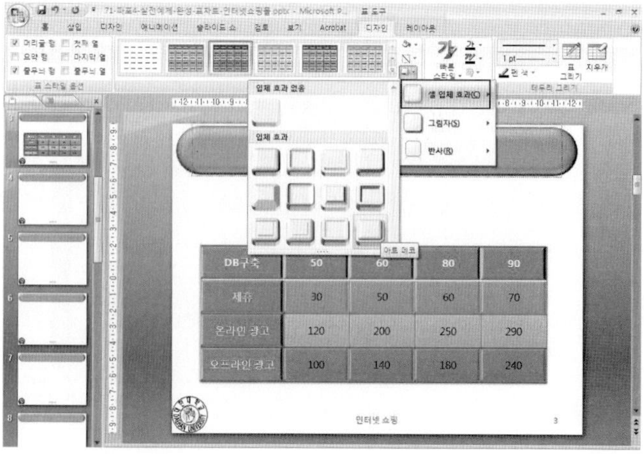

Step 2: 도형 삽입(그림자 효과)

[삽입] 탭→[일러스트레이션] 그룹→[도형]에서 도형(평행 사변형)을 그립니다.

[서식] 탭→[도형 스타일] 그룹→[도형 효과]→[그림자]→'원근감 대각선 왼쪽 위'를 설정합니다.

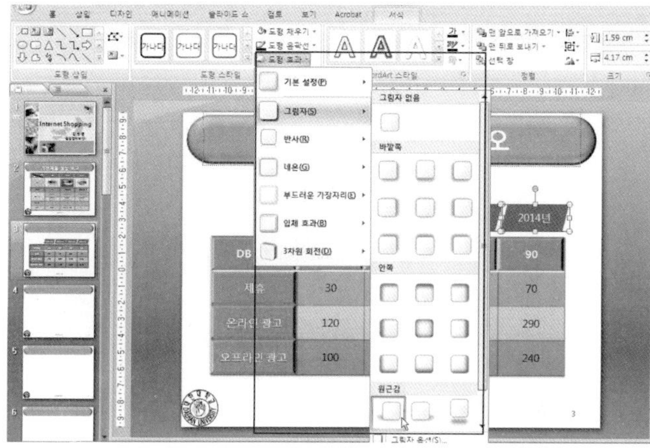

Step 3: 배경 도형 삽입(오블리크)

① 사각형 도형을 그립니다.
마우스 오른쪽을 눌러 [도형 서식]을 선택합니다.

'도형 서식' 대화 상자에서 [3차원 회전]→[미리 설정]→[오블리크]→'오른쪽 위 오블리크'를 설정합니다.

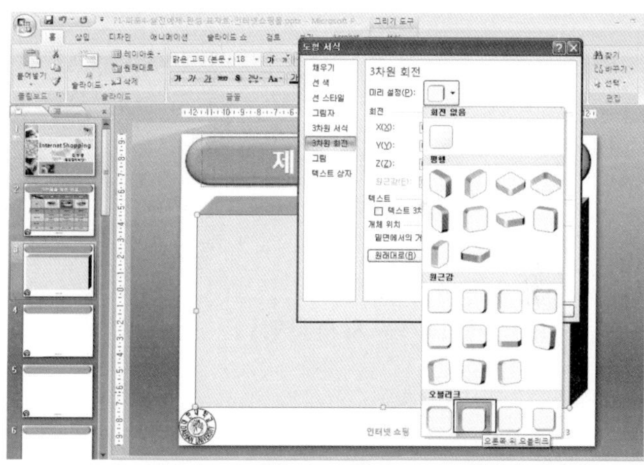

② [3차원 서식]→[깊이] 150으로 설정합니다.

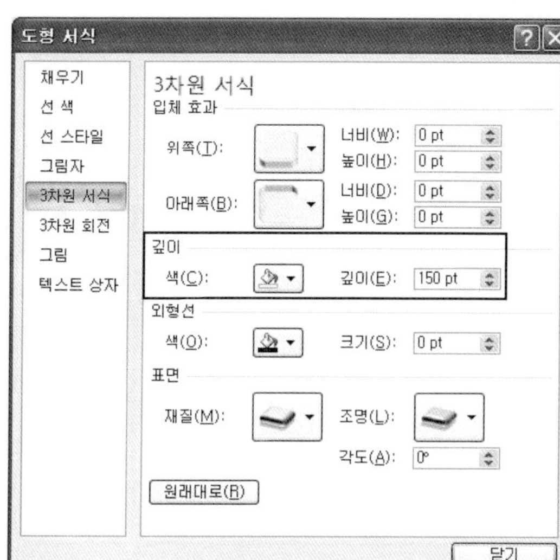

③ '맨 뒤로 보내기'를 설정합니다.

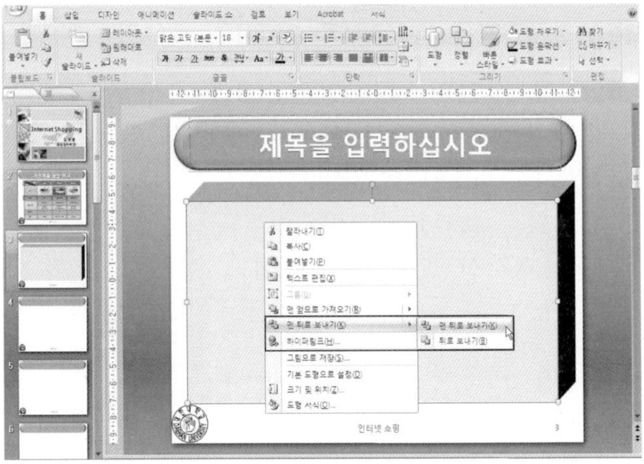

④ [삽입] 탭→[텍스트] 그룹→[텍스트 상자]→[가로 텍스트 상자]를 선택합니다.

내용을 입력하고 서식을 설정합니다.

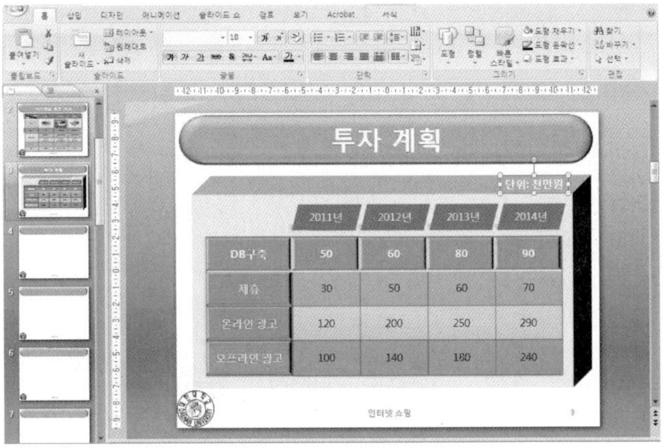

[슬라이드4 → 지시사항]

	A	B	C
1		남성	여성
2	의류/패션	70	80
3	생활용품	20	15
4	가전/컴퓨터	60	40
5	화장품	70	50

1. 차트 (세로 막대형)
   - 차트 레이아웃 5, 차트 스타일 26
2. 차트 제목 서식 설정
   - 테두리 설정, 글꼴(굴림), 크기(20pt)
3. Y축 제목 ➜ 제목: 방향(가로)
4. Y축 단위 ➜ 최대(100), 단위(25)
5. 데이터 레이블 ➜ 여성 계열의 의류/패션 데이터에 레이블(값, 항목) 추가
6. 가전/컴퓨터 막대 ➜ 그림으로 채우기, 배율에 맞게 쌓기(20)
7. 남성 계열 차트 종류 ➜ '표식이 있는 꺾은 선형'으로 변경
   - 표식 변경: 표식 모양, 채우기 변경
8. 차트 배경 ➜ 그림으로 채우기, 투명도(60%)
9. 차트 애니메이션 ➜ 블라인드, 계열 단위로 실행
10. 차트를 그림으로 저장 ➜ 3차원 효과: 원근감 대조적으로(오른쪽), 반사

[슬라이드4 – 출력형태]

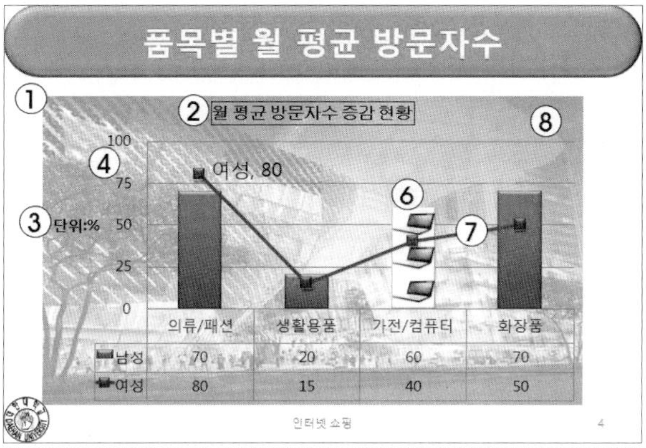

Step 1: 차트 만들기

① [삽입] 탭→[일러스트레이션] 그룹→[차트]를 선택합니다. 또는 슬라이드 창의 '차트 삽입 아이콘'을 클릭합니다.

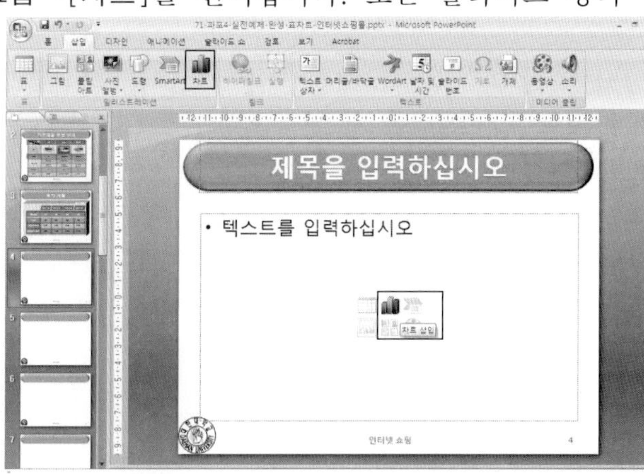

② 차트 삽입 대화 상자에서 세로 막대형을 선택합니다.

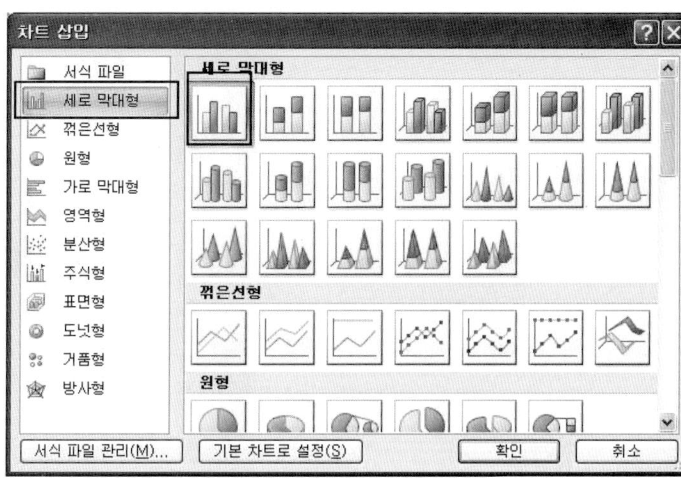

③ 엑셀 시트에 데이터를 입력하고 데이터 범위의 크기를 조절한 후 엑셀 창을 닫습니다.

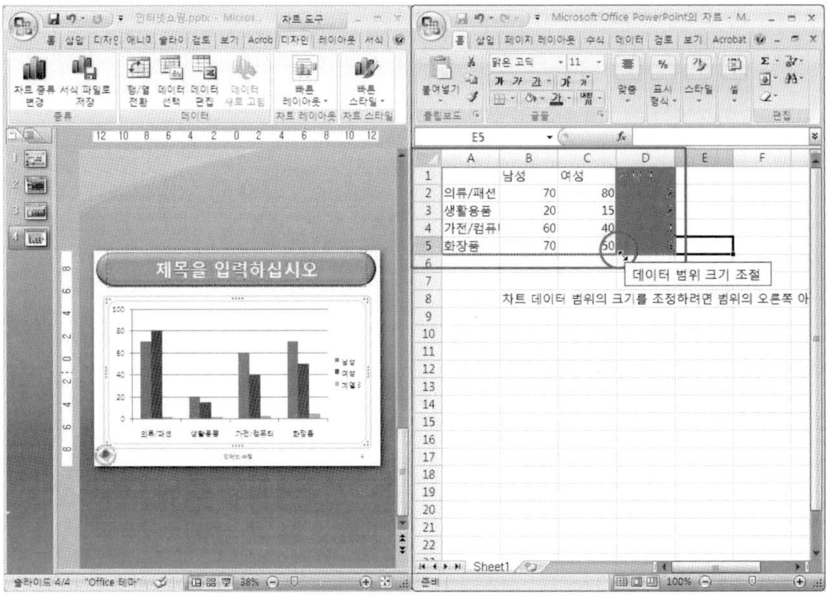

④ [차트 도구] → [디자인] 탭 →[차트 레이아웃] 그룹→'레이아웃 5'를 선택합니다.

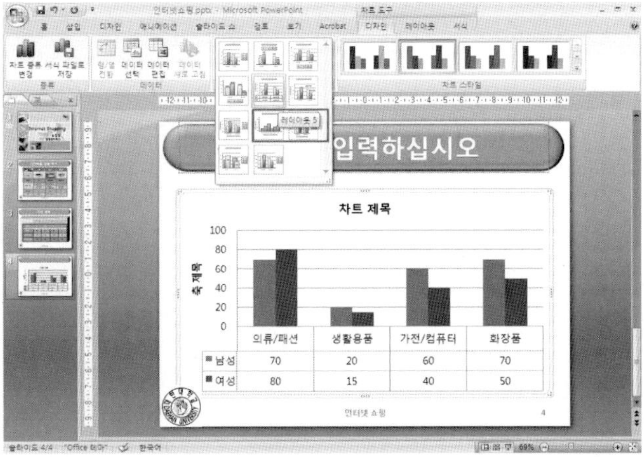

⑤ [차트 도구]→[디자인] 탭→[차트 스타일] 그룹→'스타일 26'을 선택합니다.

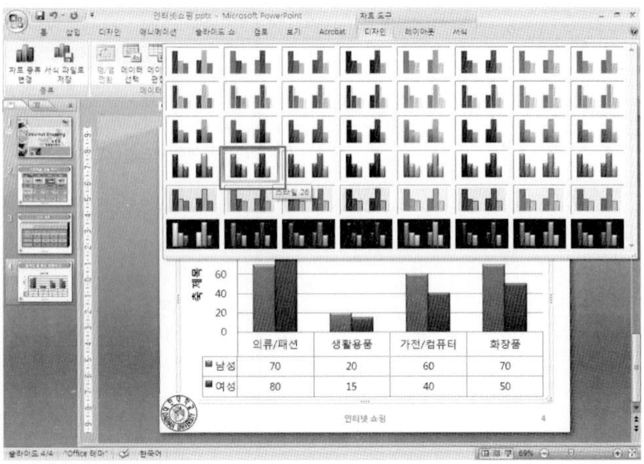

Step 2: 차트 제목 서식(테두리, 글꼴, 크기)

차트의 제목 상자를 선택한 후 마우스 오른쪽을 눌러 '미니 도구 메뉴'에서 서식을 설정합니다.

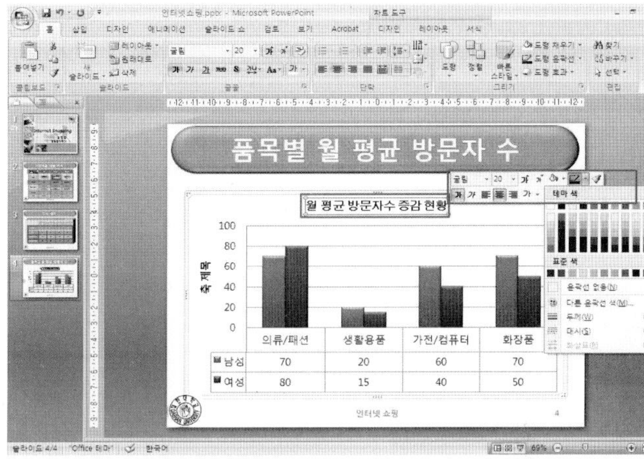

Step 3: Y축 제목(방향: 가로)

[차트 도구]→[레이아웃] 탭→[레이블] 그룹→[축 제목]→[기본 세로 축 제목]→[기타 기본 세로 축 제목 옵션]을 선택 합니다.

'축 제목 서식' 대화 상자에서 [맞춤]→[텍스트 방향]→'가로'를 설정합니다.

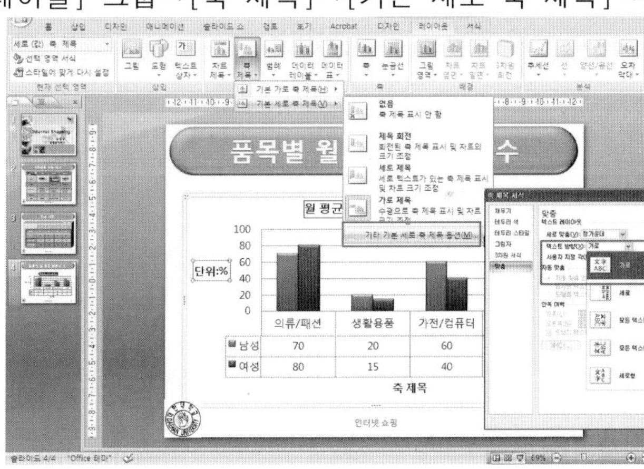

Step 4: 축 단위 설정(최대 100, 단위 25)

[차트 도구]→[레이아웃] 탭→[축] 탭→[축]→[기본 세로 축]→[기타 기본 세로 축 옵션]을 선택합니다.

'축 서식' 대화 상자에서 [축 옵션]→최대값(100)/주단위(25)를 각각 설정합니다.

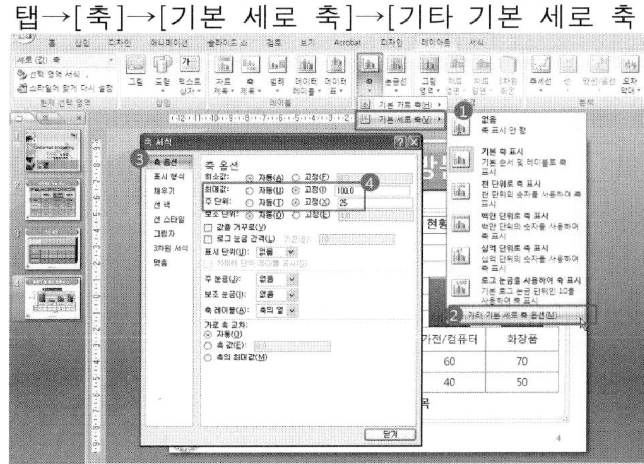

Step 5: 계열에 레이블 추가

① [차트 도구]→[레이아웃] 탭→[현재 선택 영역] 그룹→[계열 '여성']을 선택하거나, 차트를 구성하는 막대 중에서 여성 데이터 막대 하나를 마우스로 선택합니다.

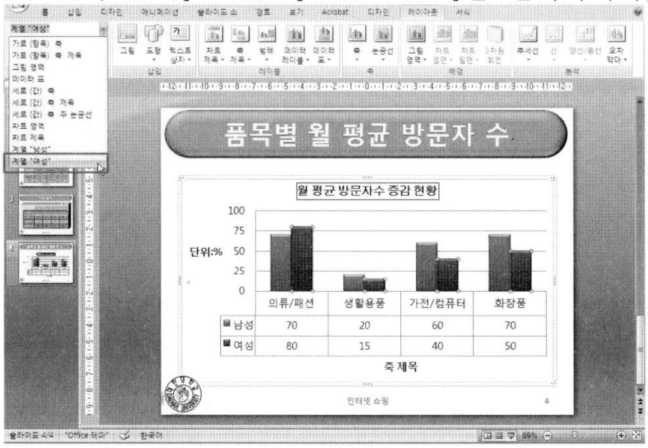

② 여성 계열의 의류/패션 데이터 막대를 다시 한 번 마우스로 선택합니다.

마우스 오른쪽을 눌러 [데이터 레이블 추가]를 선택합니다.

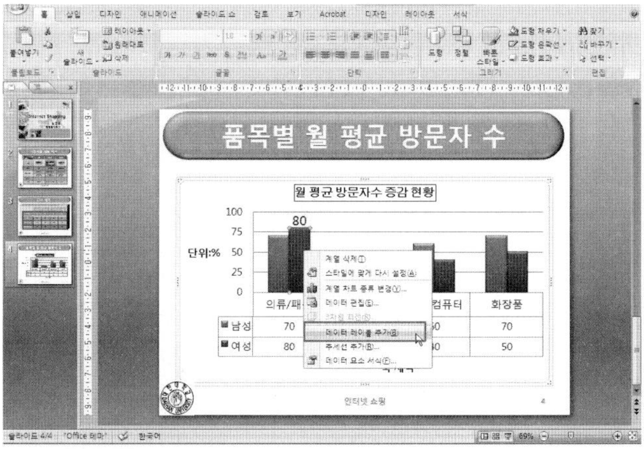

③ 마우스 오른쪽을 눌러 [데이터 레이블 서식]을 선택 합니다. '데이터 레이블 서식' 대화 상자에서 [레이블 옵션]→[계열 이름]과 [값]을 선택합니다.

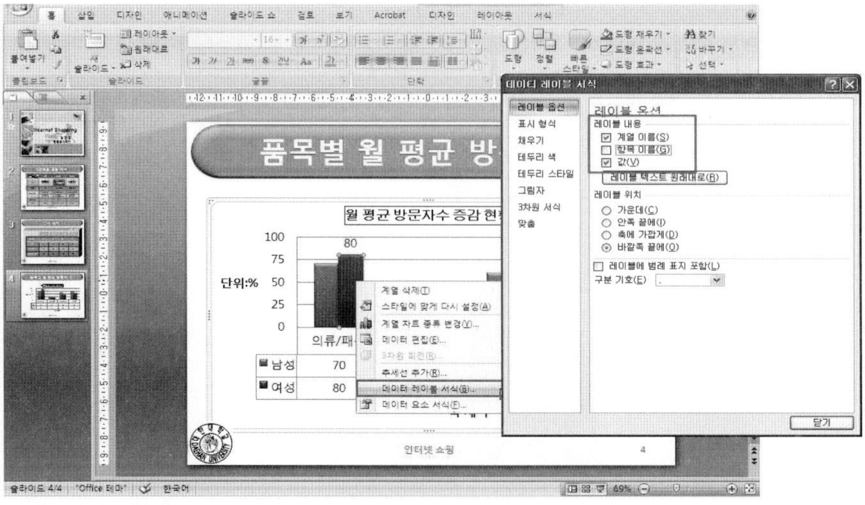

Step 6: 계열 그림으로 채우기(배율에 맞게 쌓기)

남성 계열의 '가전/컴퓨터' 데이터 막대를 선택한 후 마우스 오른쪽을 눌러 [데이터 요소 서식]을 선택합니다. '데이터 요소 서식' 대화 상자에서 [채우기]→[그림 또는 질감 채우기]에서 그림을 선택합니다.
[다음 배율에 맞게 쌓기]에서 단위/그림을 20으로 설정합니다.

Step 7: 하나의 계열만 꺾은선형으로 변경(표식 변경)

① 차트에서 '남성' 계열 막대 중 하나를 선택합니다. 마우스 오른쪽을 눌러 [계열 차트 종류 변경]을 선택하고 [꺾은 선형]→[표식이 있는 꺾은 선형]을 선택합니다.

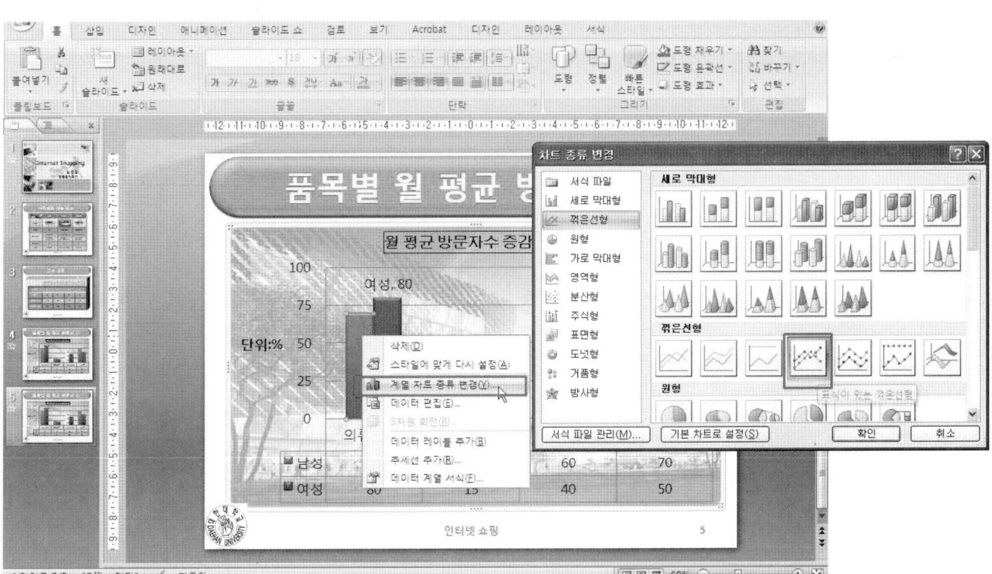

② '남성' 계열 꺾은선을 선택한 후 마우스 오른쪽을 눌러 [데이터 계열 서식]을 선택합니다. '데이터 계열 서식' 대화 상자의 [표식 옵션] 메뉴에서 '표식 종류'를 변경하고 [표식 채우기] 메뉴에서 '색상'을 변경합니다.

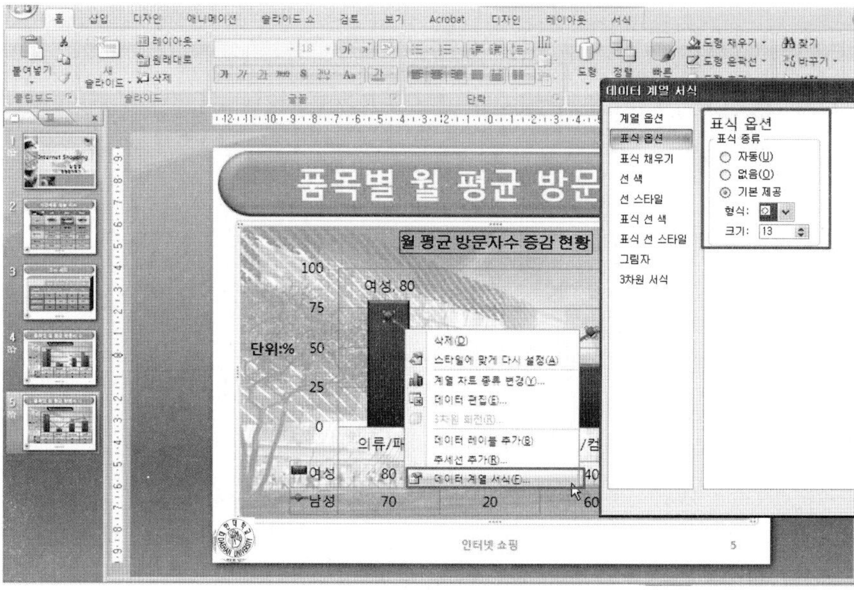

Step 8: 차트 배경

차트를 선택한 후 마우스 오른쪽을 눌러 [차트 영역 서식]을 누릅니다. '차트 영역 서식' 대화 상자에서 [채우기]→[그림 또는 질감 채우기]에서 해당 그림을 선택합니다.

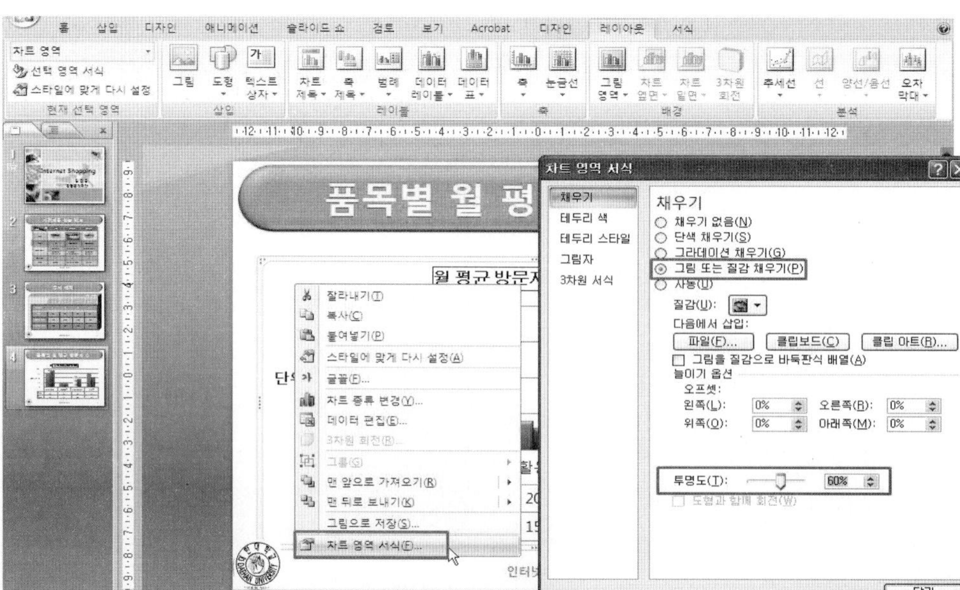

Step 9: 차트 애니메이션

① 차트를 선택한 후 [애니메이션] 탭→[사용자 지정 애니메이션] 그룹을 선택합니다. 화면 오른쪽 '사용자 지정 애니메이션' 대화상자의 [효과 적용]을 누르고 [나타내기]→'블라인드'를 선택합니다.

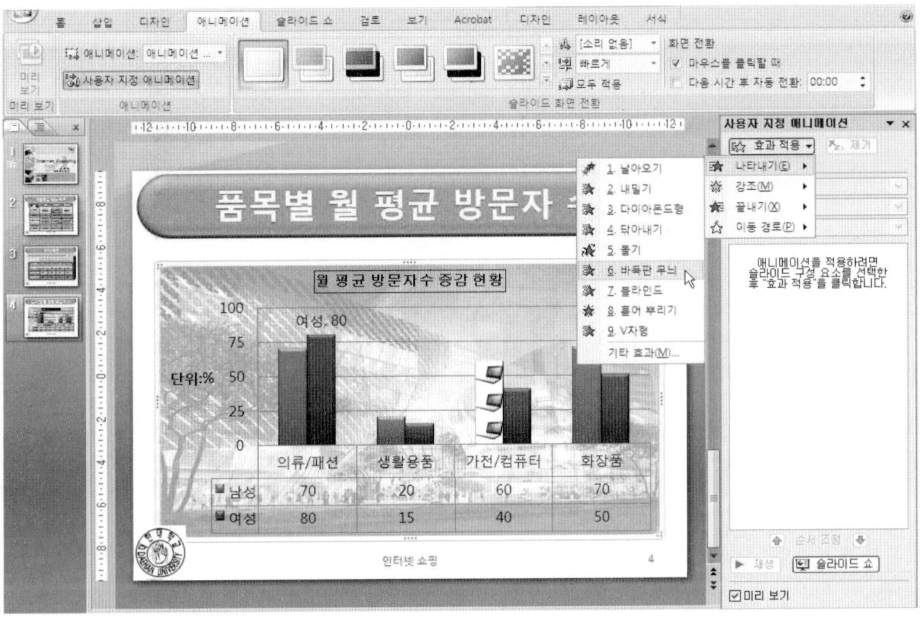

② [효과 옵션]을 누릅니다. '블라인드' 대화 상자의 [차트 애니메이션] 탭에서 '차트 묶는 단위-계열별로'를 선택합니다.

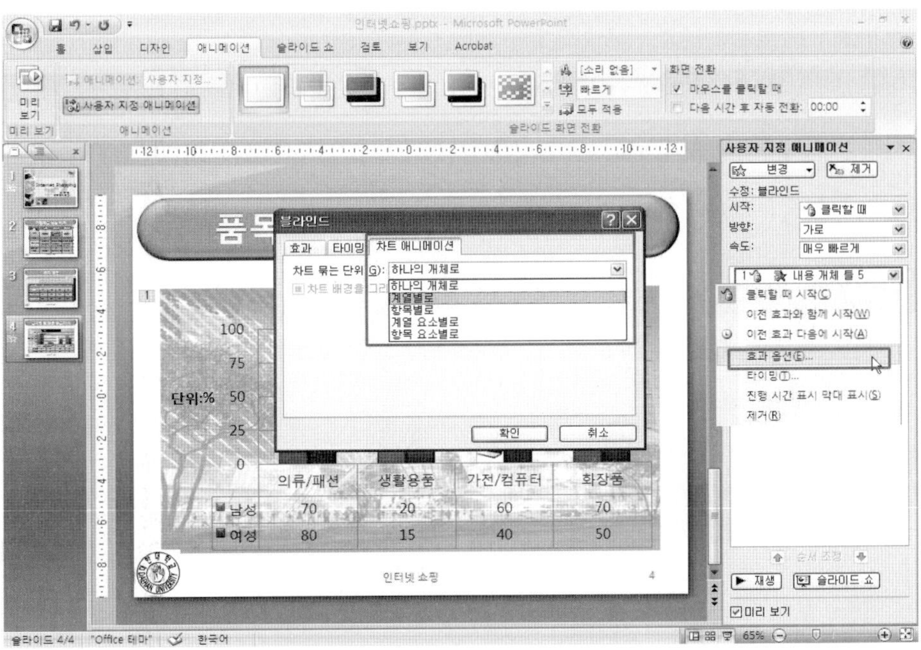

Step 10: 차트를 그림으로 저장

차트를 선택한 후 마우스 오른쪽을 눌러 [그림으로 저장]을 클릭합니다.

[슬라이드5 – 지시사항]

1. 차트 ➔ 3차원 쪼개진 원형(차트 레이아웃 6, 차트 스타일 4)

	A	B
1		비중
2	정보 검색	34
3	상품 구매	23
4	홈페이지 관리	26
5	기타	17

2. 계열 ➔ 3차원 효과: 둥글게
   - 너비(50pt), 높이(20pt), 재질(플라스틱)
3. 레이블 설정 ➔ 레이블 위치(안쪽 끝에)
   - 항목이름, 백분율
   - 레이블 텍스트 서식 설정: 글자 모양, 글자 색, 크기
4. 첫째 조각 회전 조각 : 90도

[슬라이드5 – 출력형태]

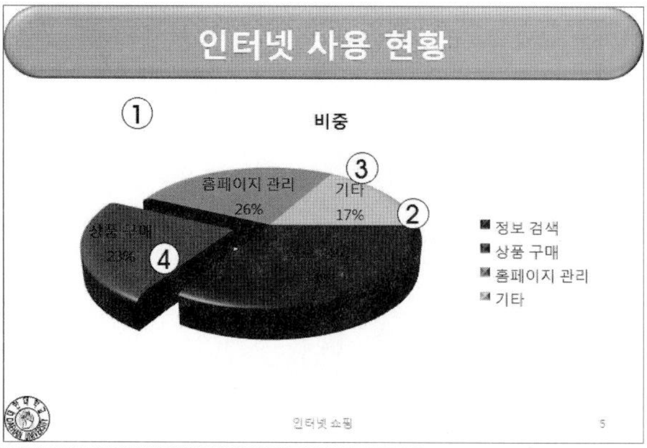

Step 1: 3차원 쪼개진 원형 차트 만들기

① [삽입] 탭→[일러스트레이션] 그룹→[차트 삽입]을 선택합니다.
'차트 삽입' 대화 상자에서 [원형]→[3차원 쪼개진 원형]을 선택합니다.

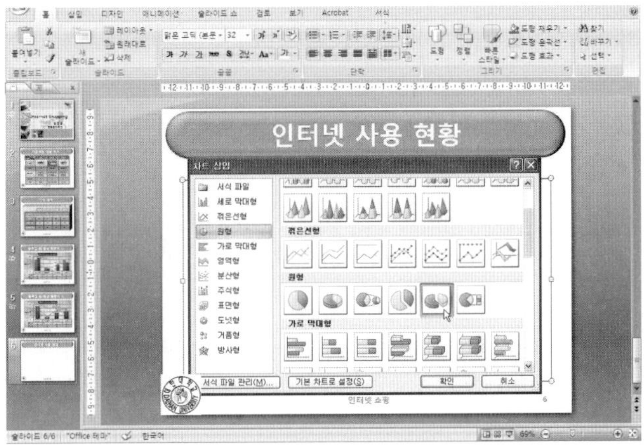

② 엑셀 시트에 데이터를 입력합니다.

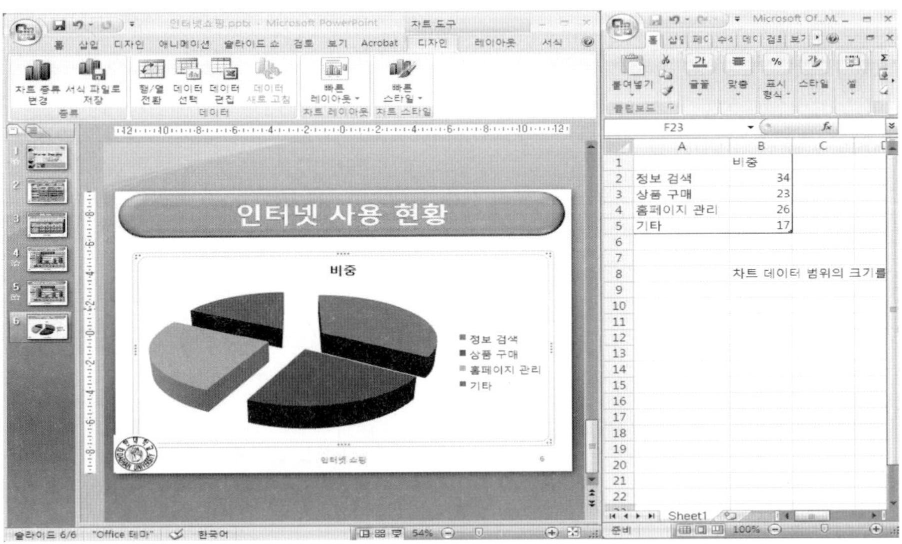

③ [차트 도구]→[디자인] 탭→[차트 레이아웃] 그룹→'레이아웃 6'을 선택합니다.

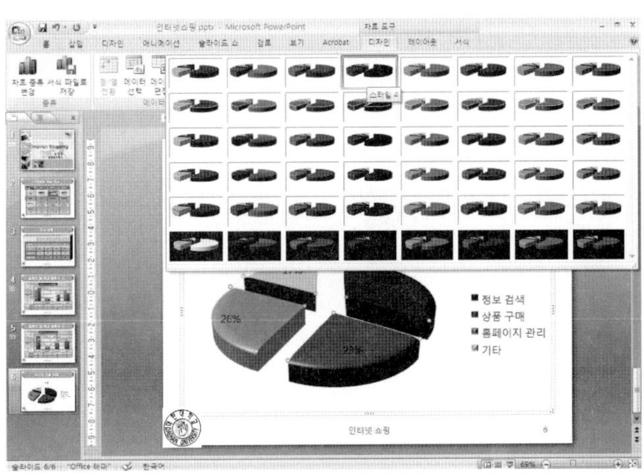

④ [차트 도구]→[디자인] 탭→[차트 스타일] 그룹→'스타일 4'를 선택합니다.

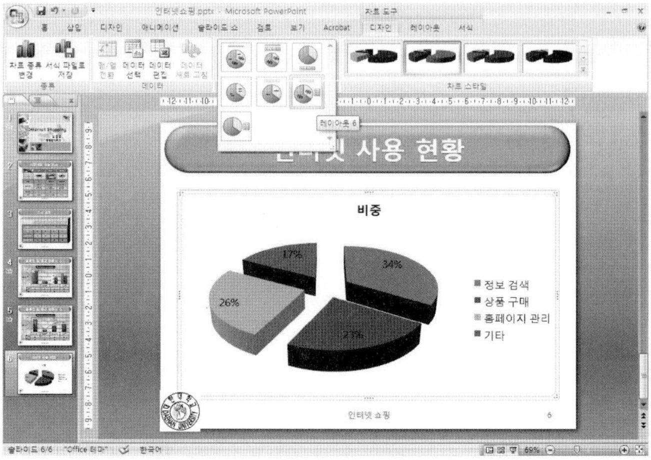

Step 2: 계열-입체 효과

① 원형 차트의 계열(조각)을 선택한 후 마우스 오른쪽을 눌러 [데이터 계열 서식]을 선택합니다. '데이터 계열 서식' 대화상자에서 [3차원 서식]→[입체 효과]→'둥글게'와 너비(50pt), 높이(20pt)를 각각 설정합니다.

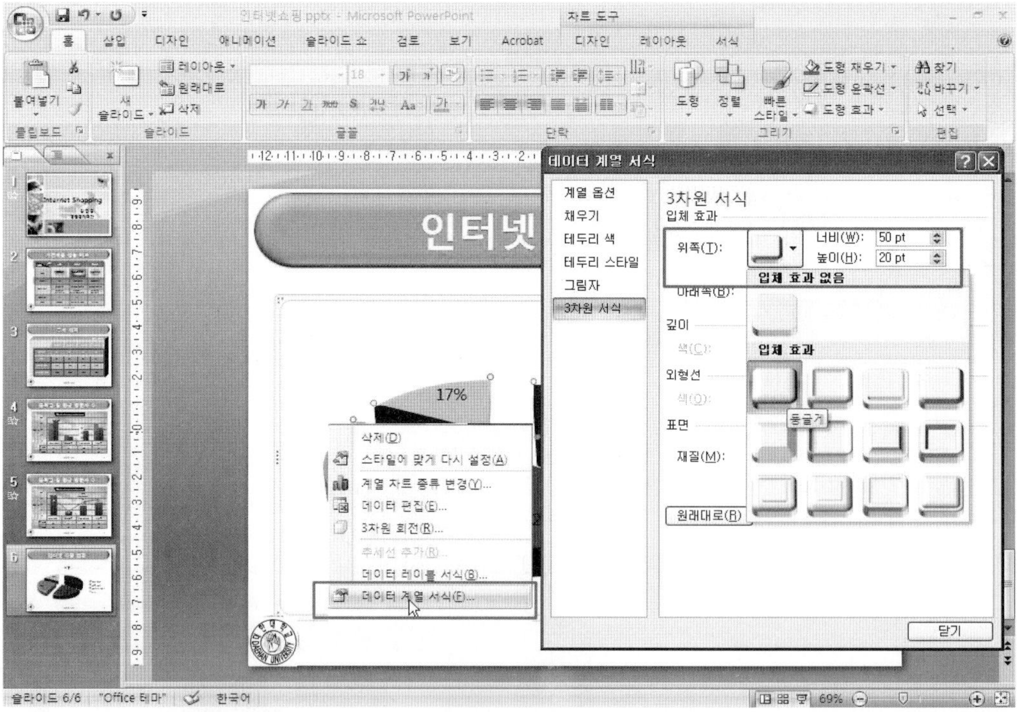

② '데이터 계열 서식' 대화 상자의 [3차원 서식]→[표면]→'플라스틱'을 설정합니다.

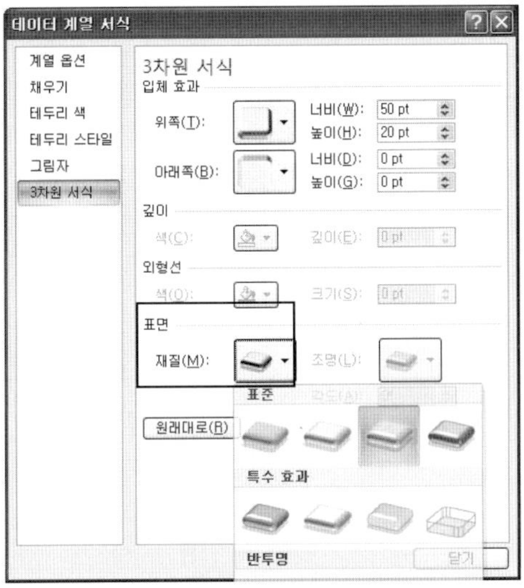

Step 3: 레이블 설정

원형 차트의 계열(조각)을 선택한 후 마우스 오른쪽을 눌러 [데이터 레이블 서식]을 선택합니다. '데이터 레이블 서식' 대화 상자의 [레이블 옵션]→'항목 이름' 과 레이블 위치(가운데)를 설정합니다.

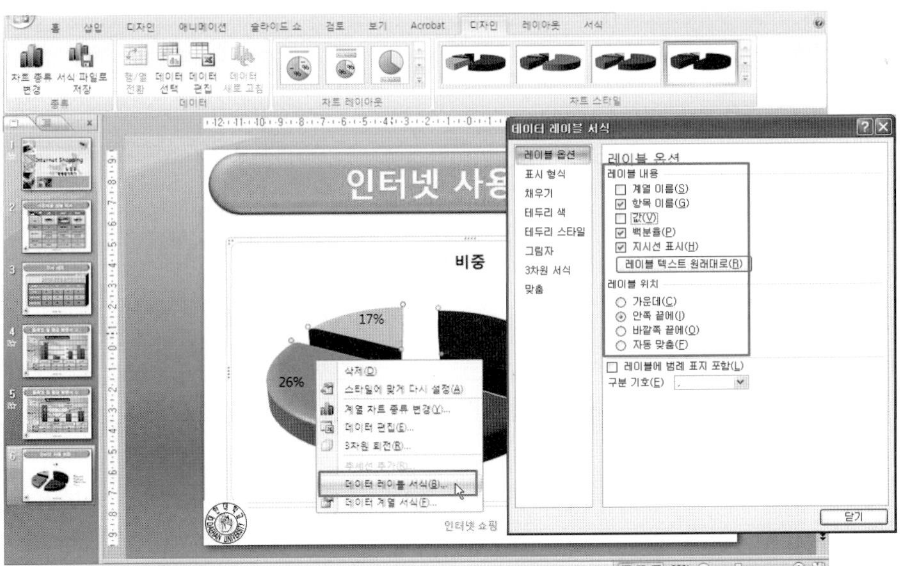

Step 4: 첫째 조각 회전 각도 설정

원형 차트의 계열(조각)을 선택한 후 마우스 오른쪽을 눌러 [데이터 요소 서식]을 선택합니다. '데이터 요소 서식' 대화 상자의 [계열 옵션]→[첫째 조각의 각]→'90'으로 설정합니다.

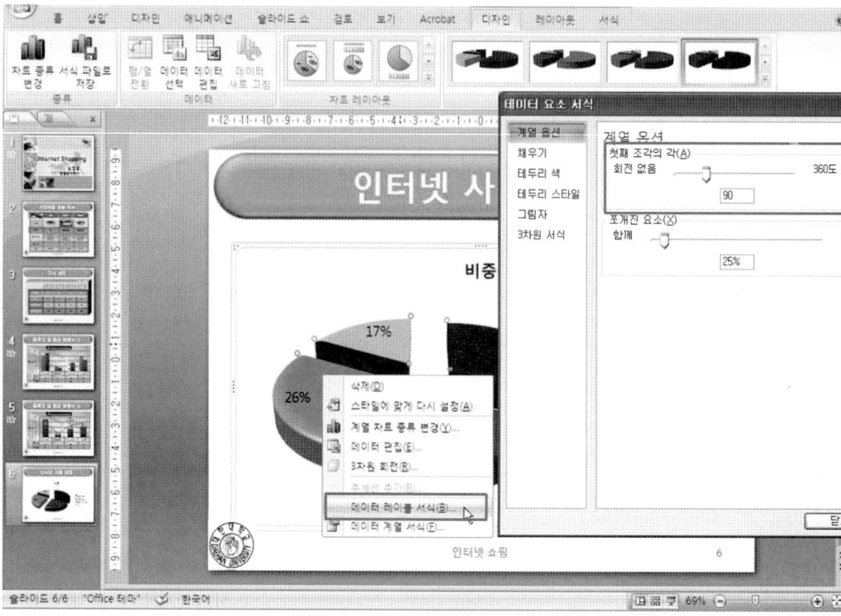

5. 연습 문제

● 아래 지시사항에 따라 슬라이드를 작성하시오.

[슬라이드 마스터 – 지시사항]

1. 제목 도형(십자형)
   - 채우기(질감-분홍 박엽지)
   - 3차원 서식: 입체효과
2. 제목 텍스트 상자 ➜ 글꼴(궁서)
3. 그림 삽입
4. 바닥글, 슬라이드 번호 삽입
   - 제목 슬라이드에는 표시 안함
5. 바닥글, 슬라이드 위치 변경
6. 슬라이드 저장➜다이어트.pptx

[슬라이드 마스터 – 출력형태]

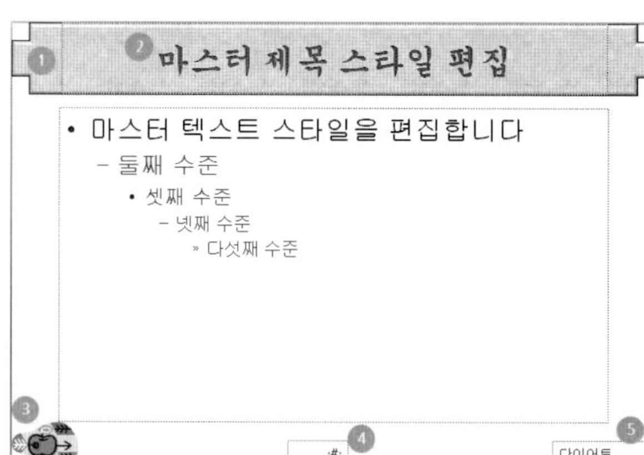

[슬라이드1 – 지시사항]

1. 배경 그래픽 숨기기
2. 클립아트 삽입(검색어: 다이어트)
   - 부드러운 가장자리 효과: 50포인트
3. 워드 아트 ➜ 반사 효과
4. 부제목
   - 글자 크기(32), 오른쪽 정렬
5. 슬라이드 화면 전환 효과
   - 회전하며 확대

[슬라이드1 – 출력형태]

[슬라이드2 – 지시사항]

1. 표 만들기
   - 표 스타일 적용(테마 스타일1-강조 2)
   - 제목: 글자색(흰색)
2. 대각선 설정
3. 셀 입체 효과
4. 셀 배경 : 그림으로 채우기
5. 텍스트 효과: 네온

[슬라이드2 – 출력형태]

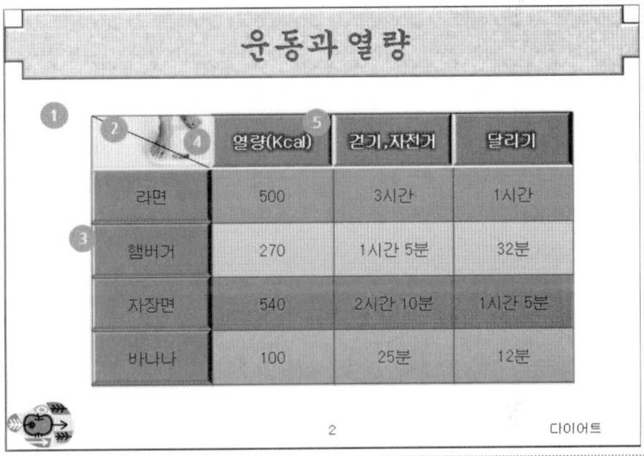

[슬라이드3 – 지시사항]

1. 차트 (세로 막대형) ➜ 차트 레이아웃 5, 차트 스타일 27

	남자	여자
단식/절식	17	40
운동	69	46
식이요법	13	15
기타	9	39

2. 차트 제목 서식 설정 ➜ 글꼴(궁서), 크기(24pt)
3. Y축 제목 ➜ 제목: 방향(가로)
4. Y축 단위 ➜ 최대(100), 단위(20)
5. 남자 계열의 운동 데이터에 레이블 ➜ 값, 계 열이름 추가
6. 남자, 운동 계열 막대 ➜ 그림으로 채우기, 배율에 맞게 쌓기(30)
7. 차트 배경 ➜ 그라데이션 설정
8. 차트 애니메이션 ➜ 내밀기, 항목 단위로 실행

[슬라이드3 - 출력형태]

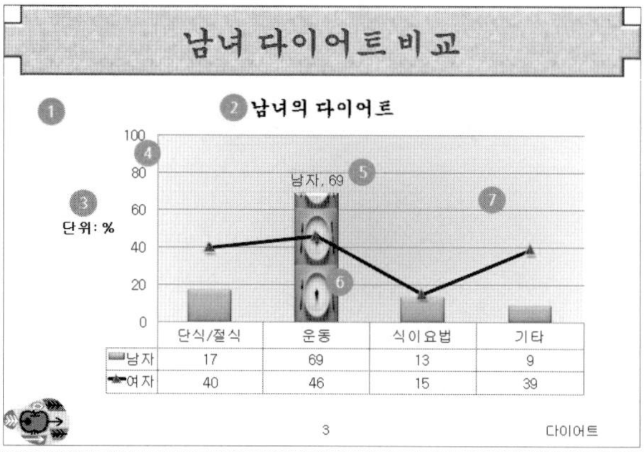

[슬라이드4 - 지시사항]

1. 차트 ➜ 3차원 쪼개진 원형

	다이어트 부작용
요요	47
거식증	7
변비	22
기타	24

2. 차트 꾸미기 ➜ 차트 레이아웃 6, 차트 스타일 3
3. 계열 ➜ 3차원 효과: 아트 데코
4. 레이블 설정 ➜ 항목이름, 백분율
   - 레이블 위치: 안쪽 끝
   - 레이블 텍스트 서식 설정: 글자 모양, 글자 색, 크기
5. 첫째 조각 회전 조각 ➜ 30도

[슬라이드4 - 출력형태]

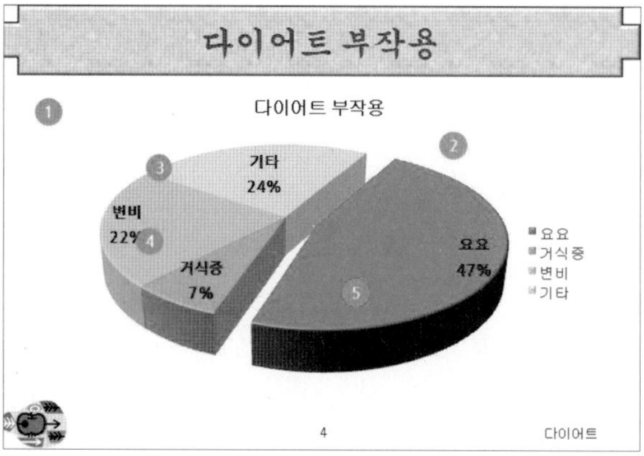

PART 02 파워포인트(PowerPoint) 2007

파워포인트 05. SmartArt, 멀티미디어 슬라이드

1. SmartArt(스마트 아트)

SmartArt 그래픽은 정보와 아이디어를 시각적으로 표현하여 메시지를 빠르고 쉽게 전달할 수 있는 도구입니다. 기존에 만들어진 SmartArt의 여러 레이아웃 중 하나를 선택하여 프레젠테이션 내용을 그래픽으로 만드는 방식입니다.

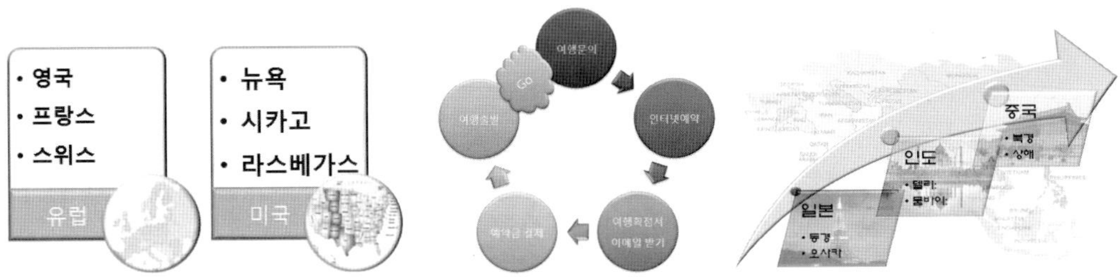

1.1 SmartArt 삽입

슬라이드에 SmartArt를 삽입하는 방법은 [삽입] 탭→[일러스트레이션] 그룹→[SmartArt]를 선택하는 방법과 슬라이드 레이아웃에서 'SmartArt 삽입 아이콘'을 클릭하여 빠르게 삽입하는 방법이 있습니다.

▪ [삽입]-[SmarArt] 도구 모음 에서 삽입

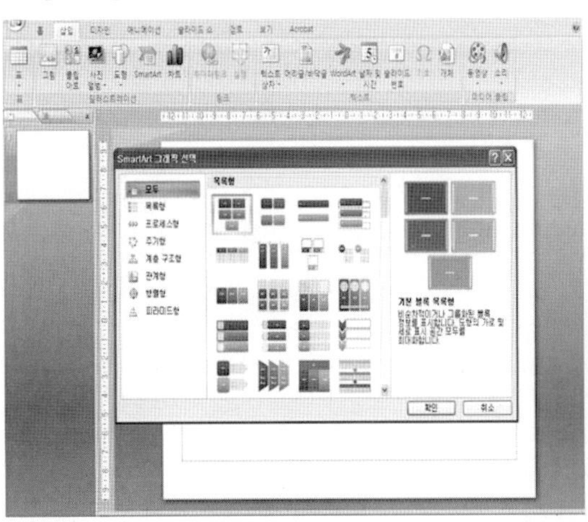

▪ 레이아웃의 SmartArt 아이콘 클릭

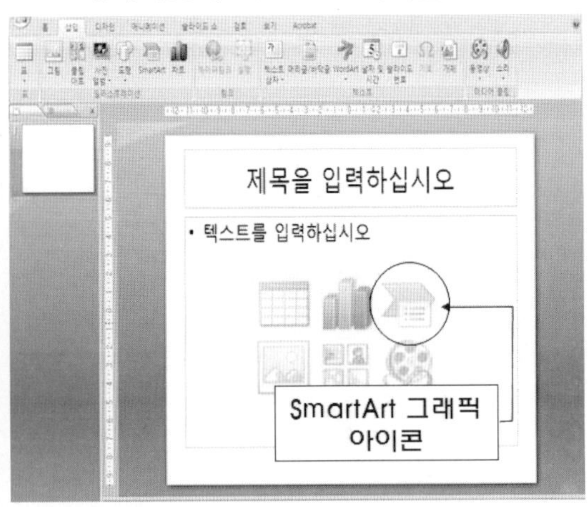

1.2 SmartArt 레이아웃

프레젠테이션을 통해 전달하려는 내용과 텍스트 양을 고려하여 알맞은 레이아웃을 선택하여 사용합니다.

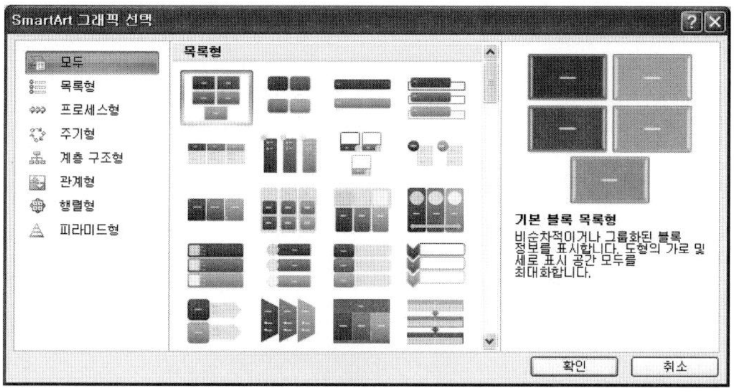

SmartArt 그래픽		설명
▪ 목록형	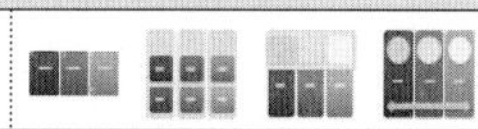	비순차적 정보 표시
▪ 프로세스형	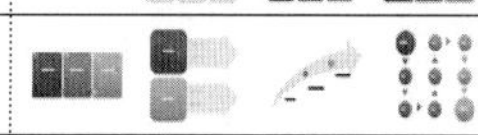	프로세스 또는 시간 표시 막대에 단계 표시
▪ 주기형	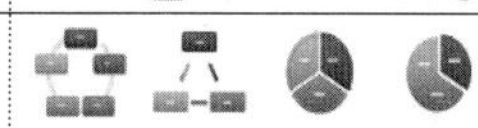	연속적인 프로세스 표시
▪ 계층 구조형	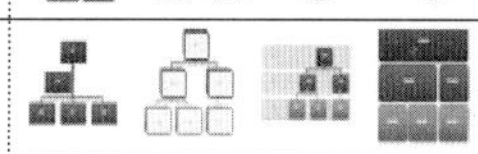	조직도 만들기, 의사결정 트리 표시
▪ 관계형	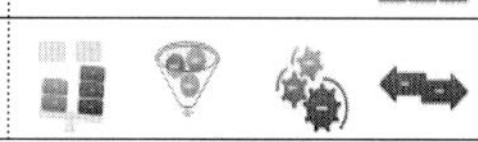	연결 관계 표시
▪ 행렬		부분과 전체의 관계 표시
▪ 피라미드	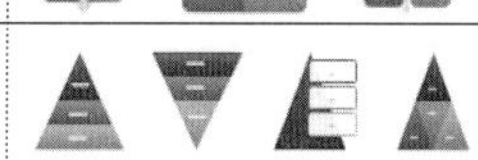	가장 큰 구성 요소를 맨 위 도는 맨 아래에 두고 상대적인 관계 표시

1.3 SmartArt 도구 모음 살펴보기

SmartArt 그래픽 도구 모음에서 SmartArt 그래픽을 추가하고 원하는 스타일대로 서식을 지정할 수 있습니다.

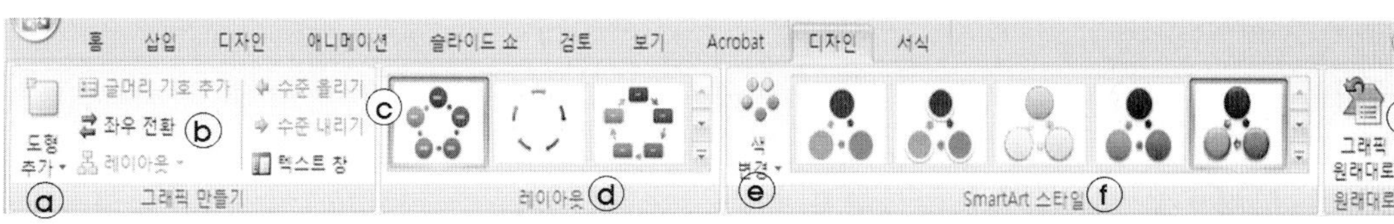

ⓐ 도형 추가: 현재 선택한 도형을 기준으로 새 도형을 추가

ⓑ 좌우 전환: 화살표 처럼 방향성이 있는 SmartArt 그래픽의 좌우 방향 변경

ⓒ 수준 올리기/수준 내리기: 현재 선택한 SmartArt 요소의 수준을 변경

ⓓ [레이아웃] 그룹: 현재 SmartArt 그래픽의 레이아웃을 변경

ⓔ [색상] 그룹: SmartArt를 다양한 색상으로 변경

ⓕ [SmartArt 스타일] 그룹: 현재 선택한 그래픽에 적용할 수 있는 여러 SmartArt 스타일 목록

ⓖ 그래픽 원래대로: 처음 SmartArt를 삽입할 때의 상태로 복구

1.4 SmartArt 편집

1.4.1 도형 추가/삭제

SmartArt 내용에 따라 도형이 더 필요한 경우 추가할 수 있습니다.

■ 도형 추가

최상위 수준의 제목 텍스트 상자를 선택한 후 [SmartArt 도구]→[디자인] 탭→[그래픽 만들기] 그룹→[도형 추가]를 선택합니다. 또는 텍스트 창에서 제목 텍스트를 추가합니다.

① 리본 메뉴 탭을 이용하여 도형 추가

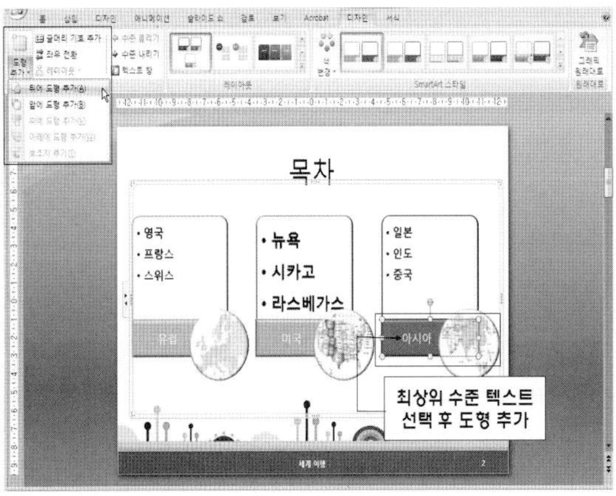

② 텍스트 창에서 텍스트 추가

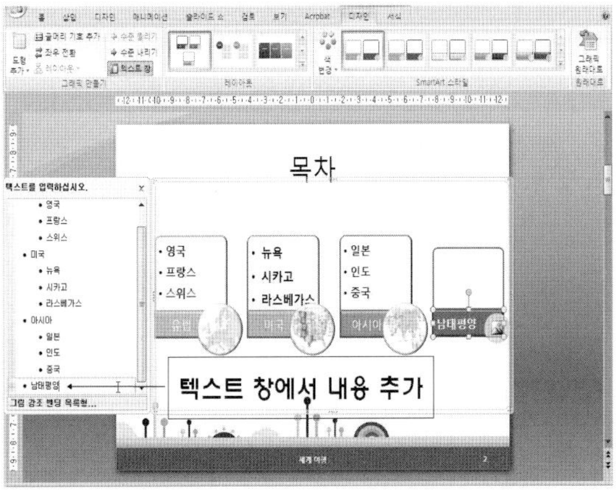

■ 도형 삭제

삭제하고자 하는 도형을 선택하고 Delete 키를 눌러 삭제합니다. 또는 텍스트 창의 텍스트를 삭제합니다.

1.4.2 레이아웃 변경

슬라이드에 삽입한 SmartArt 그래픽을 다른 모양의 SmartArt로 바꿀수 있습니다.

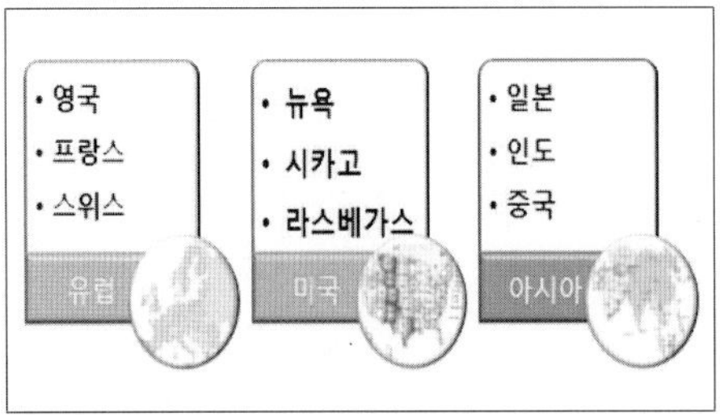

<그림 강조형 벤딩 목록형>

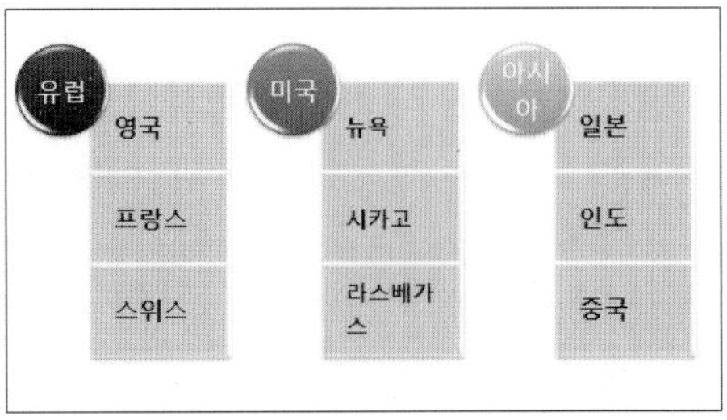

<누적 목록형으로 변경>

1.4.3 SmartArt 색 변경

SmartArt의 '색 변경' 기능을 사용하면 슬라이드의 테마 색을 SmartArt 그래픽에서도 그대로 적용할 수 있습니다.
SmartArt 그래픽을 선택한 상태에서 [SmartArt 도구]→[디자인] 탭→[SmartArt 스타일] 그룹→[색 변경]을 클릭합니다.

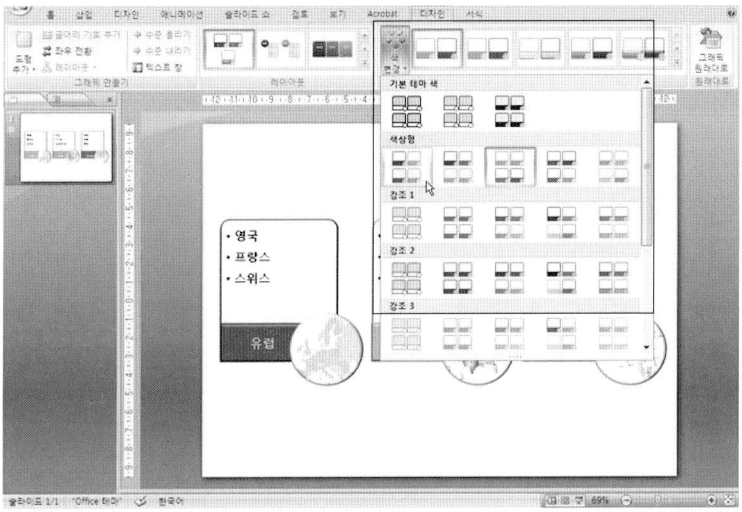

1.4.4 SmartArt 스타일 변경

미리 지정되어 있는 SmartArt 스타일(도형 색, 테두리, 3차원 효과 등)을 적용할 수 있습니다.
SmartArt 그래픽을 선택한 상태에서 [SmartArt 도구]→[디자인] 탭→[SmartArt 스타일] 그룹→[SmartArt 스타일 갤러리] 목록에서 스타일을 선택합니다.

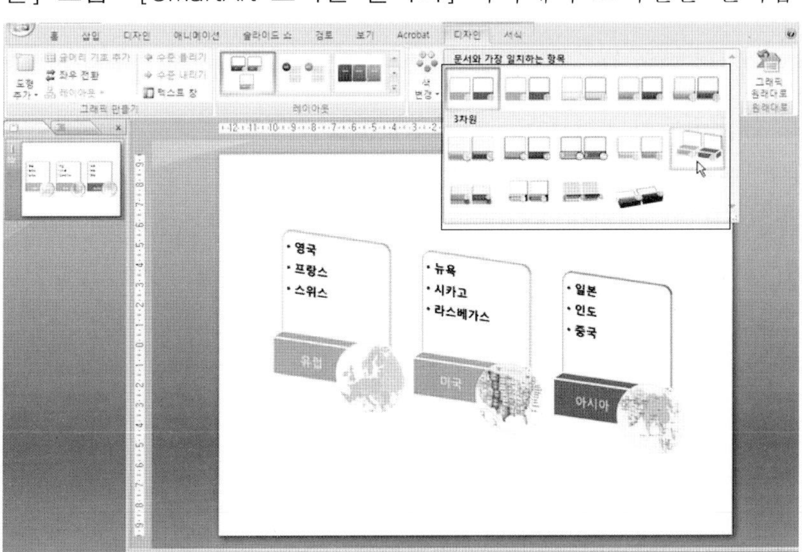

1.4.5 텍스트 수준 조정

SmartArt 그래픽은 SmartArt 그래픽 도형과 내용을 입력할 수 있는 텍스트 개체 상자로 구성되어 있습니다. 텍스트 창에서는 SmartArt 그래픽에 표시될 텍스트를 편집할 수 있습니다.

텍스트 창에서 [SmartArt 도구]→[디자인] 탭→[그래픽 만들기] 그룹에서 [수준 내리기] 또는 [수준 올리기]를 사용하여 수준을 조절할 수 있습니다.

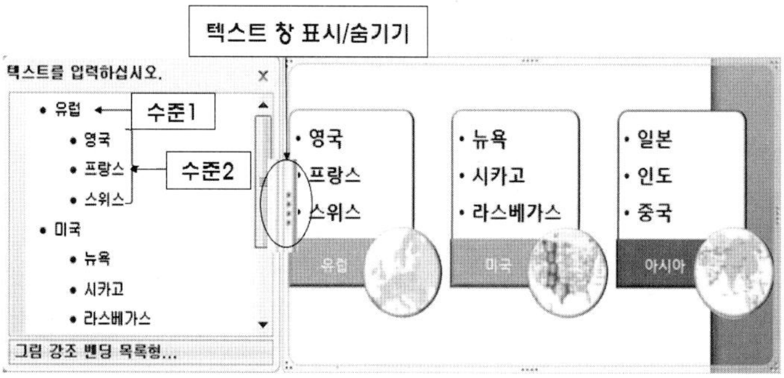

Tip [Tab] 키를 눌러 수준 변경!

- [Tab] 키 ➜ 수준 내리기
- [Shift]+[Tab] 키 ➜ 수준 올리기

2. 동영상 삽입

슬라이드에 *.avi, *.mov, *.mpg, *.mpeg 등의 비디오 파일과 *.gif 애니메이션 파일을 삽입할 수 있습니다.

Tip 동영상 파일은 프레젠테이션 파일과 동일한 위치에!

- 슬라이드에서 동영상이 재생되기 위해서는 반드시 동영상 파일과 프레젠테이션 슬라이드 파일이 동일한 위치(폴더)에 있어야 합니다.

① [삽입] 탭→[미디어 클립] 그룹→[동영상]에서 '동영상 파일', 'Clip Organizer 동영상'을 삽입할 수 있습니다.

② 동영상 파일을 선택하고 [확인] 버튼을 클릭하면 동영상 재생 방법 선택 화면이 표시 됩니다.

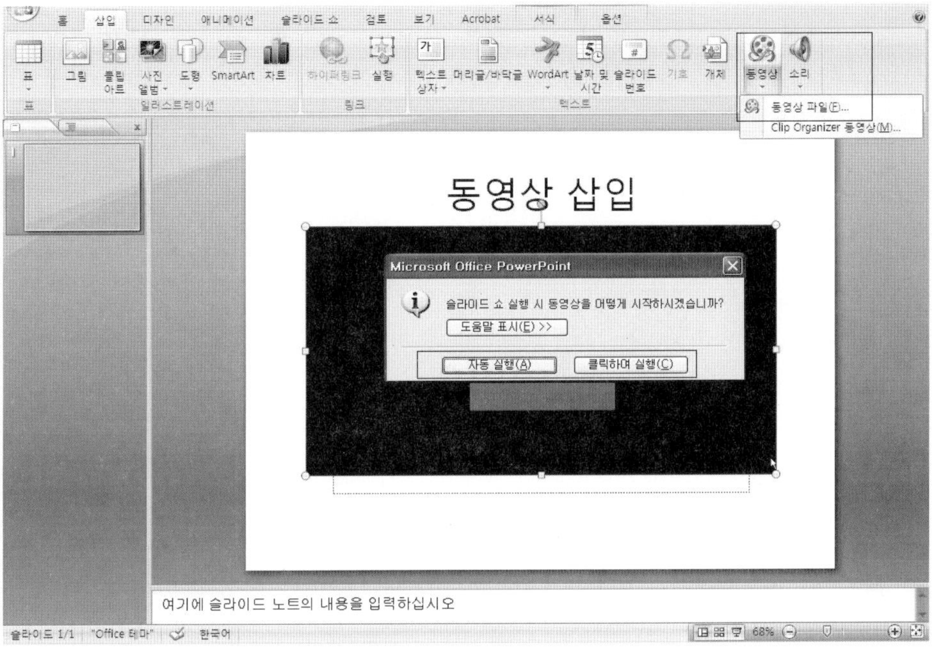

③ '동영상 옵션' 대화 상자에서 재생 옵션을 선택합니다.

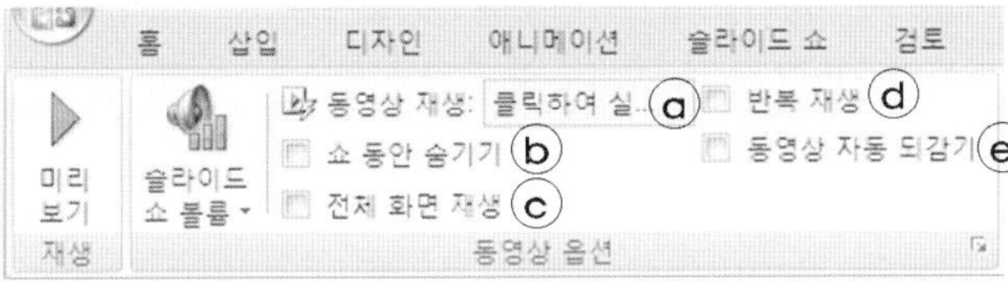

ⓐ 동영상 재생 방법: 동영상 재생 방법 설정
ⓑ 쇼 동안 숨기기: 동영상을 슬라이드 쇼가 진행될 때 표시되지 않도록 숨김
ⓒ 전체 화면 재생: 동영상을 전체 화면으로 재생
ⓓ 반복 재생: 동영상 실행 종료 후에 반복하여 재생
ⓔ 동영상 자동 되감기: 동영상을 재생한 후 첫 번째 프레임으로 되감기

3. 소리 삽입

슬라이드에 배경음악, 효과음 등을 삽입할 수 있습니다. 또는 CD의 음악을 재생하거나 프레젠테이션에 설명을 추가할 수도 있습니다.

[삽입] 탭→[미디어 클립] 그룹→[소리]에서 '소리 파일', 'Clip Organizer 소리', 'CD 오디오 파일'을 삽입할 수 있습니다.

ⓐ 소리 파일: *.mp3, *.wav, *.wma 등의 소리 파일
ⓑ Clip Organizer 소리: 박수 갈채, 전화 소리 등의 효과음
ⓒ CD 오디오 재생: CD에 수록된 음악 파일 재생
ⓓ 소리 녹음: 슬라이드에서 소리를 바로 녹음한 후 재생

슬라이드에 소리 파일을 삽입하면 슬라이드에 스피커 모양( )의 아이콘이 표시 됩니다. 슬라이드에 삽입한 소리는 [소리 도구 모음]에서 다양한 효과를 설정합니다.

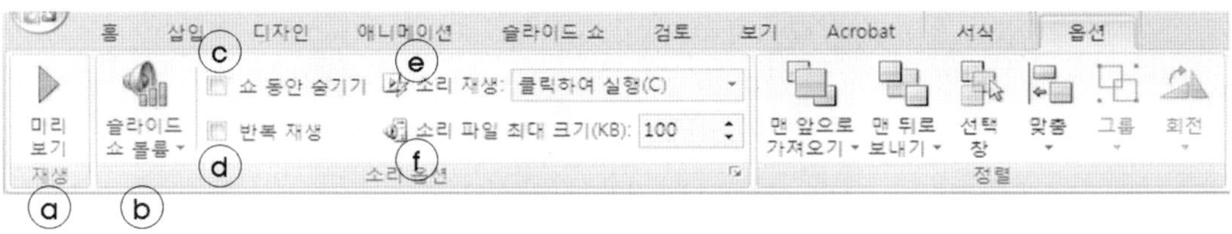

ⓐ 미리 보기: 소리 파일을 미리 들어 보는 단추
ⓑ 슬라이드 쇼 볼륨: 슬라이드 쇼에 삽입되었을 때의 소리 파일의 볼륨을 지정
ⓒ 쇼 동안 숨기기: 소리 아이콘이 슬라이드 쇼를 진행하는 동안 화면에는 보이지 않도록 설정
ⓓ 반복 재생: 소리 파일을 반복해서 재생
ⓔ 소리 재생: 소리 파일을 자동으로 실행 할 것인지, 클릭해서 실행 할 것인지 또는 프레젠테이션이 진행되는 동안 계속 재생되게 할 지 여부 설정
ⓕ 소리 파일 최대 크기: 프레젠테이션에 포함되는 소리 파일의 크기를 조절

4. 사진 앨범 만들기

파워포인트 2007의 사진 앨범은 개인용 사진 또는 업무용 사진을 슬라이드에 표시하기 위해 만들 수 있는 기능입니다. 사진 앨범을 만든 후에는 캡션을 추가하고, 순서와 레이아웃을 조정하고, 그림 주위에 프레임을 추가할 수 있으며, 테마를 적용하여 앨범 모양을 사용자 지정할 수도 있습니다.

다른 사용자와 사진 앨범을 공유하기 위해 사진 앨범을 전자 메일 메시지의 첨부 파일로 보내거나, 웹에 게시 또는 인쇄할 수 있습니다.

① [삽입] 탭→[일러스트레이션] 그룹→[사진 앨범]→[새 사진 앨범]을 선택합니다.

'사진 앨범' 대화 상자에서 앨범으로 만들 그림 파일을 추가하고 사진 설명 및 다양한 그림 효과를 설정할 수 있습니다.

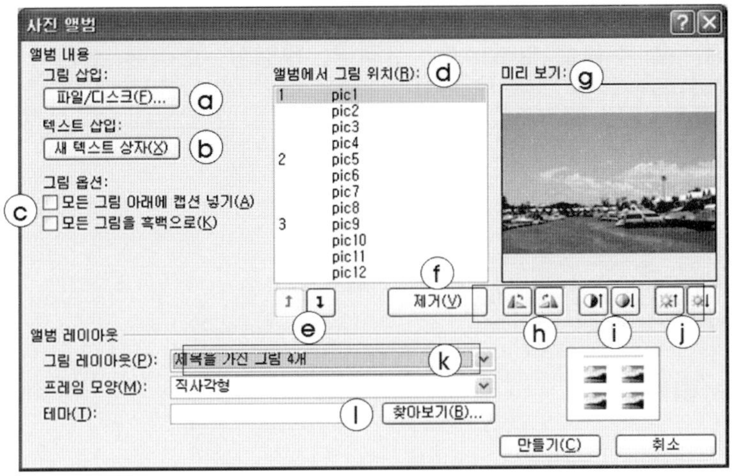

ⓐ 그림 삽입: 사진 앨범으로 만들 그림의 위치 설정
ⓑ 텍스트 삽입: 슬라이드에 그림에 대한 설명 삽입
ⓒ 그림 옵션: 그림에 캡션을 삽입하거나 그림을 흑백으로 설정
ⓓ 앨범에서 그림 위치: 그림이 표시되는 슬라이드의 위치 설정
ⓔ 위로/아래로 이동: 선택한 그림의 위치 이동
ⓕ 제거: 사진 앨범에서 그림 제거
ⓖ 미리 보기: 사진 앨범에서 선택한 그림 미리보기
ⓗ 회전: 선택한 그림을 시계 방향 또는 시계 반대 방향으로 회전
ⓘ 대비: 선택한 그림의 대비를 높이거나 낮춤
ⓙ 밝기: 선택한 그림의 밝기 변경
ⓚ 그림 레이아웃: 한 장의 슬라이드에 삽입할 그림의 수 설정
ⓛ 테마: 사진 앨범에 사용할 테마 설정

5. 실전 예제

● **학습 목표: '세계 여행' 을 주제로 SmartArt 그래픽, 동영상, 소리를 포함하는 슬라이드를 작성합니다.**

[슬라이드 마스터 – 지시사항]

1. 그림 삽입
2. 바닥글, 슬라이드 번호 삽입 ➜ 색 변경(흰색)
3. 파일 이름 ➜ 세계여행.pptx

[슬라이드 마스터 – 출력형태]

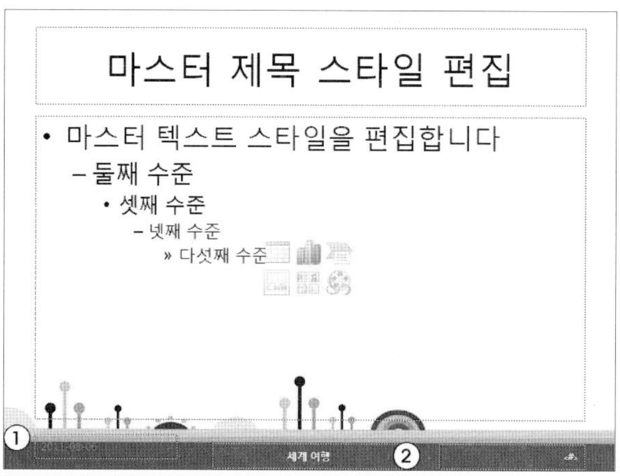

Step 1: 슬라이드 마스터에 그림 삽입

① [보기] 탭→[프레젠테이션] 그룹 →[슬라이드 마스터]를 선택합니다.

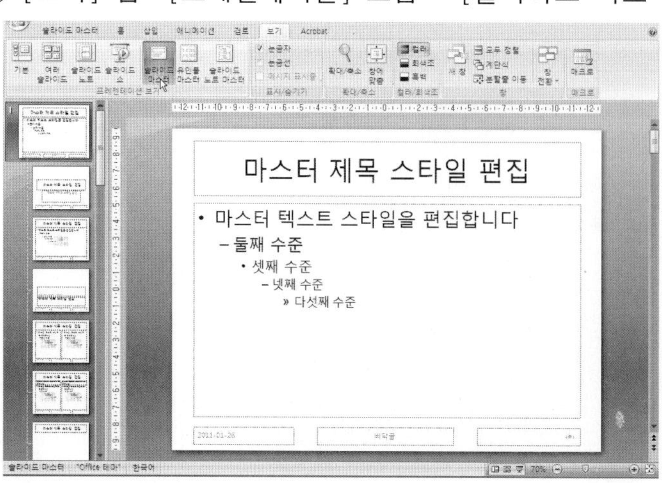

② [삽입] 탭→[일러스트레이션] 그룹→[그림]에서 해당 그림을 클릭합니다. 해당 그림을 삽입한 후 마우스 오른쪽을 눌러 [맨 뒤로 보내기]로 설정합니다.

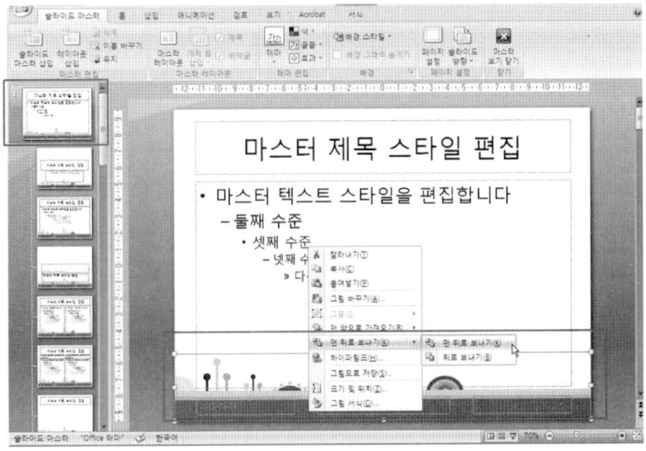

Step 2: 바닥글, 슬라이드 번호 입력

① [삽입] 탭→[텍스트] 그룹→[머리글/바닥글]을 선택한 후 '슬라이드 번호', '바닥글', [제목 슬라이드에는 표시 안함]을 선택합니다.

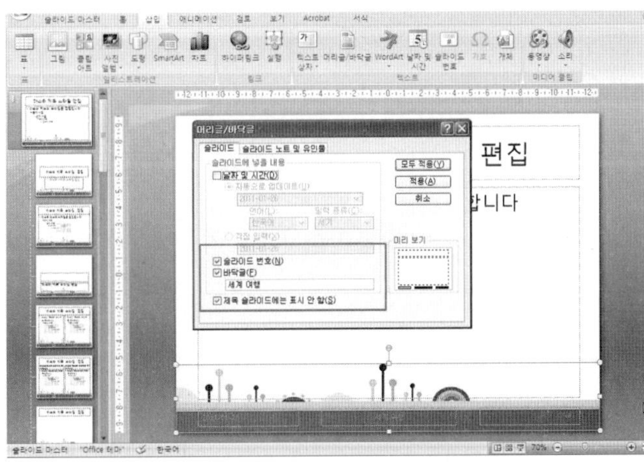

② 바닥글, 슬라이드 번호 개체 상자를 선택한 후 서식을 설정합니다.

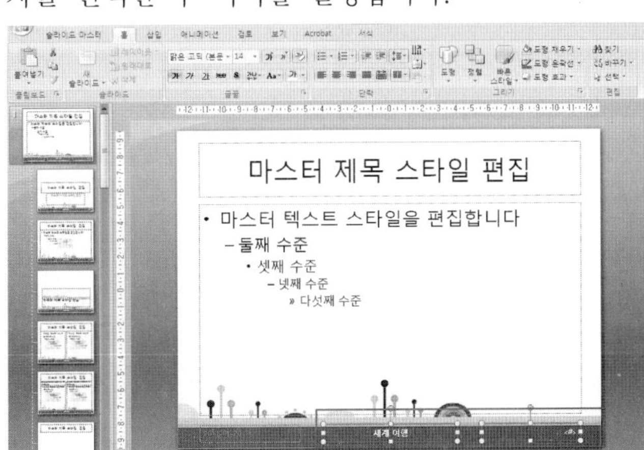

Step 3: 슬라이드 저장: 세계여행.pptx

[오피스 단추]→[저장]을 누른 후 파일 이름을 입력합니다.

[슬라이드1 - 지시사항]

1. 배경 그림 삽입 ➜ 맨뒤로
2. 워드 아트 ➜ 채우기-강조2, 무광택 입체
   - 변환: 휘어 내려가기
   - 반사:1/2반사, 8pt 오프셋
3. 부제목 텍스트 상자 ➜ 글자 크기(40), 네온 효과
4. 배경 음악 설정 ➜ 자동실행, 쇼동안 숨기기

[슬라이드1 - 출력형태]

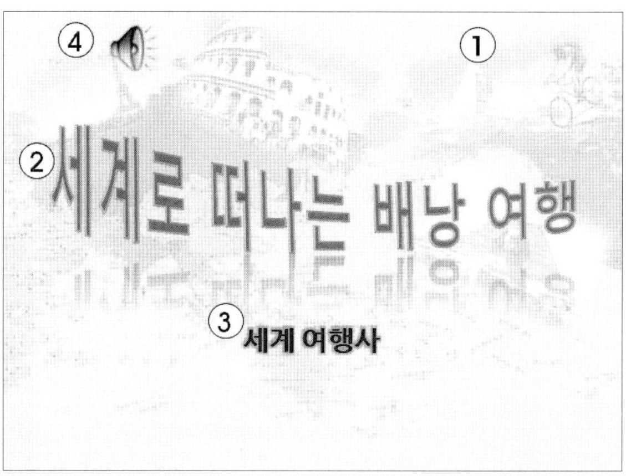

Step 1: 배경 그림

[삽입] 탭→[일러스트레이션] 그룹→[그림] 을 선택하고 해당 그림을 삽입합니다.

Step 2: 워드아트

① 제목 텍스트 상자에 내용을 입력한 뒤 [그리기 도구]→[서식] 탭→[WordArt 스타일] 그룹→'채우기-강조2, 무광택 입체'를 설정합니다.

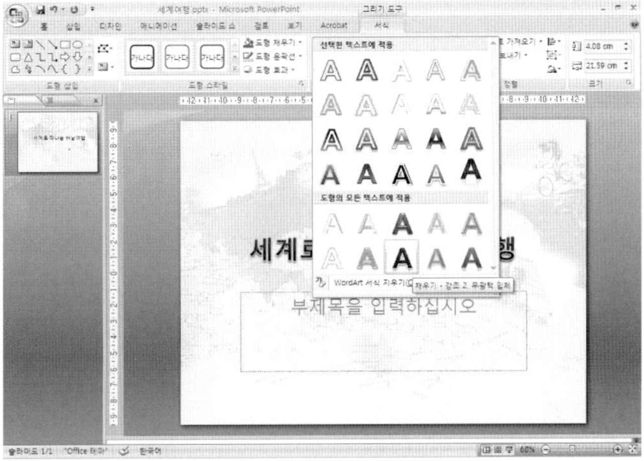

② [변환]→'휘어 내려가기'를 선택합니다.

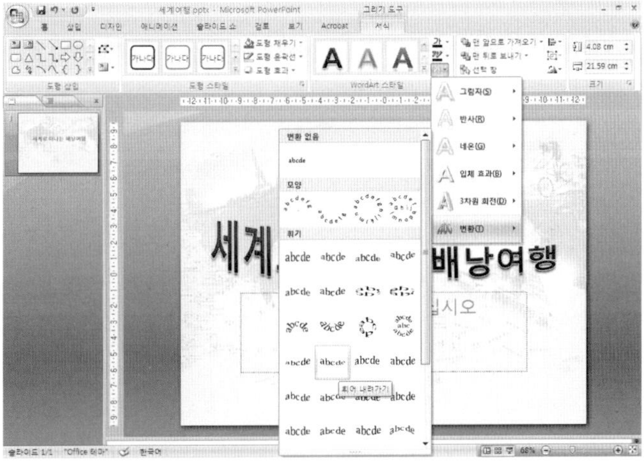

③ [반사]→'1/2반사, 8pt 오프셋'을 선택합니다.

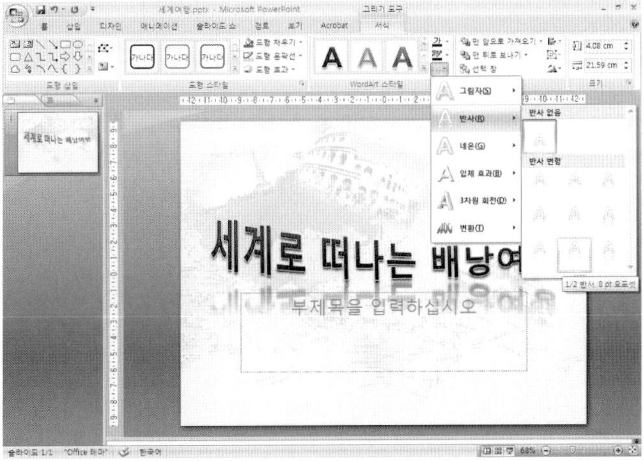

Step 3: 부제목

부제목 텍스트 상자에 내용을 입력하고 [그리기 도구]→[서식] 탭→[WordArt 스타일] 그룹→[네온]→'강조색 2, 18pt 네온'을 설정합니다.

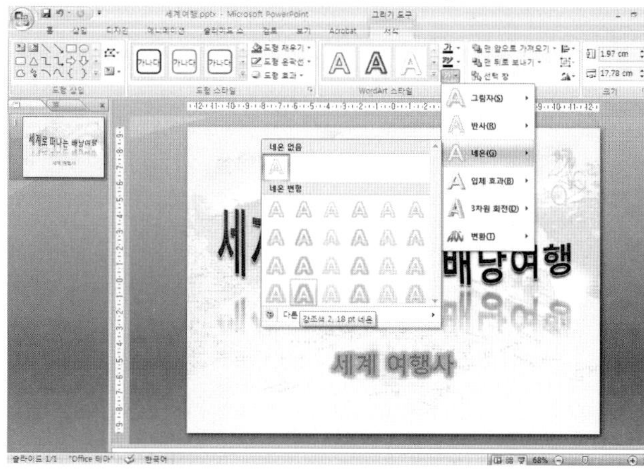

Step 4: 배경 음악 삽입

① [삽입] 탭→[미디어 클립] 그룹→[소리]→[소리 파일]을 누른 다음 해당 소리 파일을 삽입합니다.

② 시작 방법은 [자동 실행]을 선택하여 '슬라이드 쇼'와 함께 동영상이 실행되도록 설정합니다.

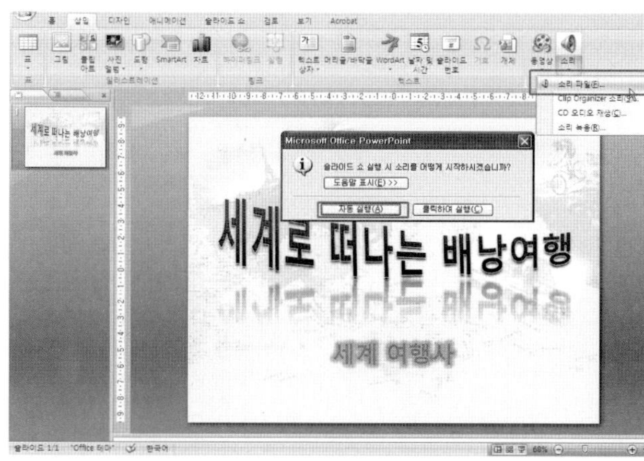

③ [소리 도구]→[옵션] 탭→[소리 옵션] 그룹→[쇼 동안 숨기기]를 설정합니다.

[슬라이드2 – 지시사항]

1. SmartArt(목록형–그림 강조형 벤딩 목록형)
   - 도형 추가
   - 색 변경: 색상형–강조색
   - SmartArt 스타일: 3차원–광택형
2. 그림으로 채우기
3. SmartArt 애니메이션 ➜ 애니메이션: V자형
   - 효과 옵션: 개별적으로

[슬라이드2 – 출력형태]

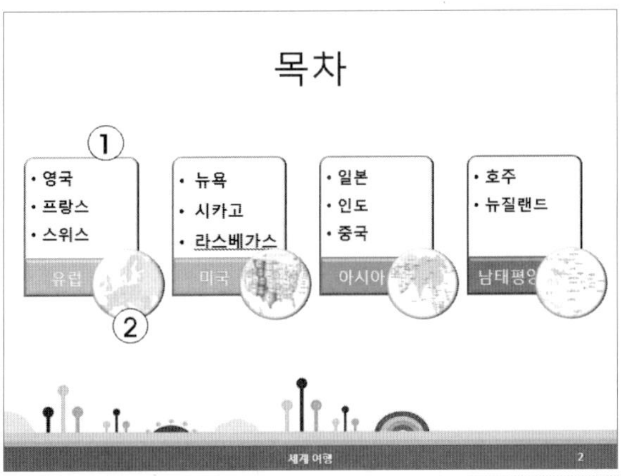

Step 1: SmartArt(그림 강조 벤딩 목록형)

① [삽입] 탭→[일러스트레이션] 그룹→[SmartArt]를 선택합니다.

'SmartArt 그래픽 선택' 대화 상자에서 [목록형]→[그림 강조 벤딩 목록형]을 선택합니다.

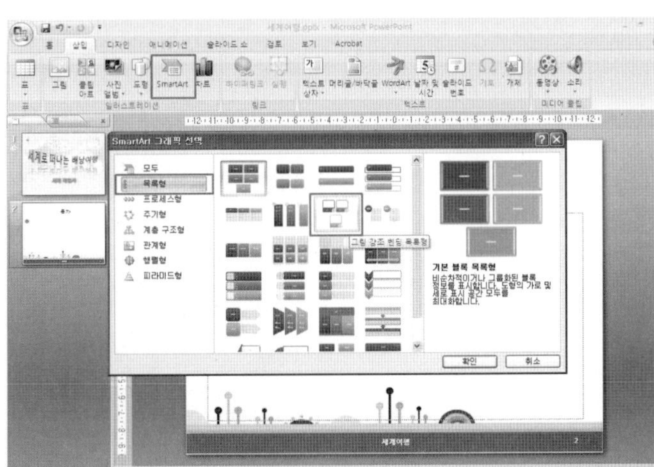

② [SmartArt 도구]→[디자인] 탭→[그래픽 만들기] 그룹→[도형 추가]→[뒤에 도형 추가]를 선택합니다.

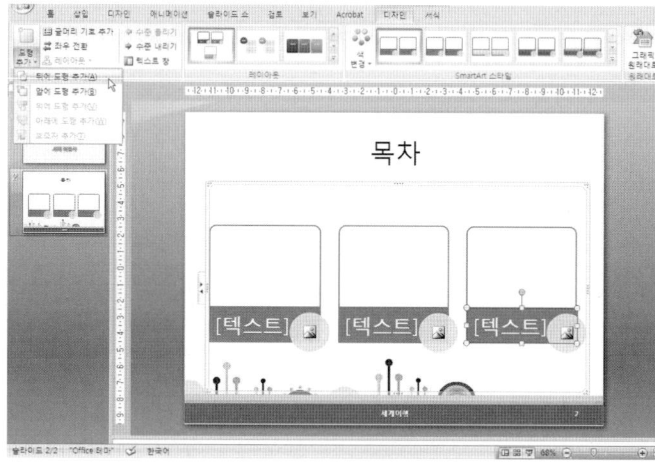

③ 텍스트 상자에 내용을 각각 입력합니다.

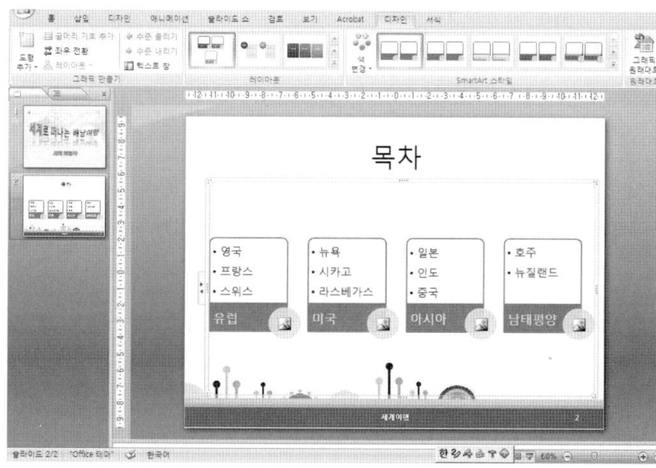

④ [SmartArt 도구]→[디자인] 탭→[SmartArt 스타일] 그룹→[색 변경]→'색상형, 강조색'을 설정합니다.

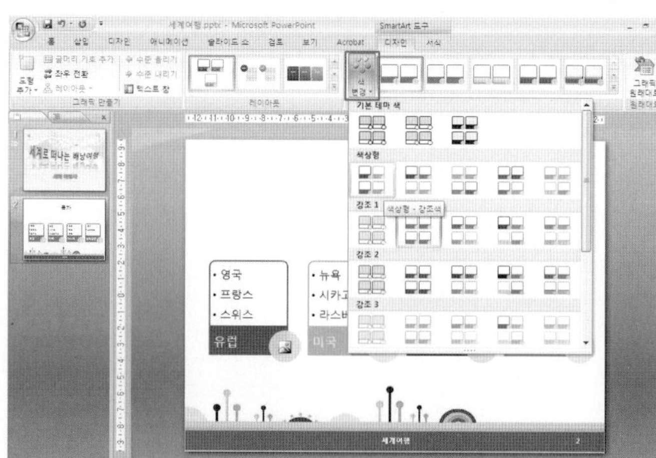

⑤ [SmartArt 도구]→[디자인] 탭→[SmartArt 스타일] 갤러리에서 '3차원, 광택처리'를 선택합니다.

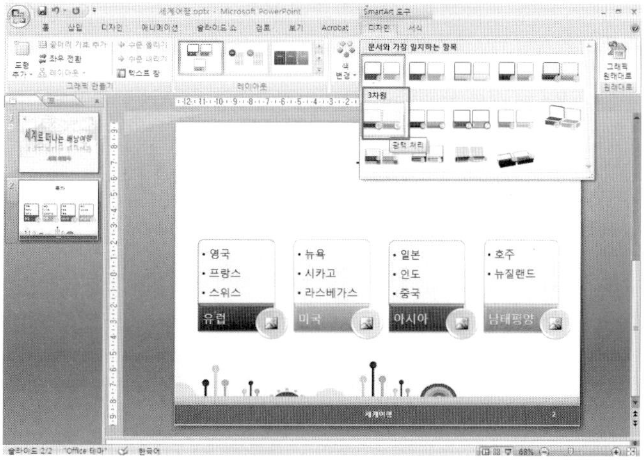

Step 2: 그림 채우기

그림 아이콘을 선택하고 해당 그림으로 채우기 합니다.

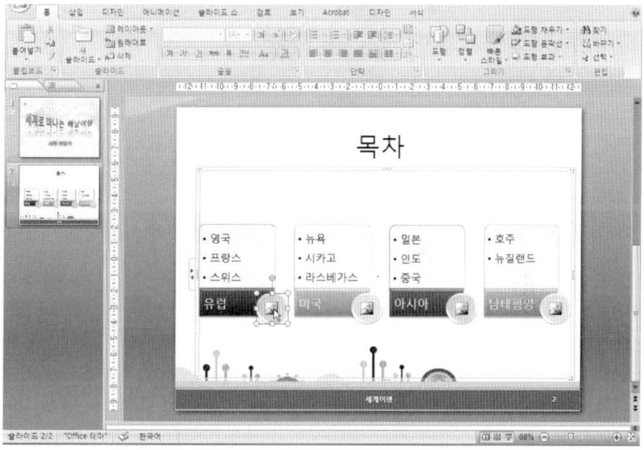

Step 3: SmartArt 애니메이션

① 슬라이드에 삽입한 SmartArt를 선택한 후[애니메이션] 탭→[애니메이션] 그룹→[사용자 지정 애니메이션]을 선택합니다.

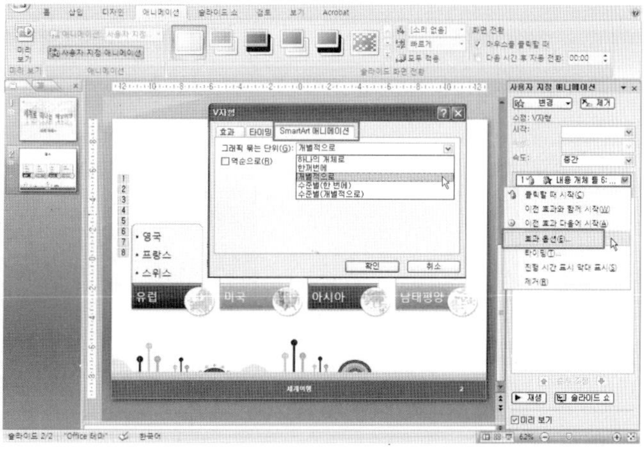

'사용자 지정 애니메이션' 대화 상자의 [효과 적용]을 누른 후 'V자형'을 선택합니다.

② [효과옵션]→[SmartArt 애니메이션]→'개별적으로'를 설정합니다.

[슬라이드3 – 지시사항]

1. SmartArt(프로세스형–톱니 바퀴형)
   - 색변경: 색상형 범위–강조색 5 또는 6
   - SmartArt 스타일: 3차원–광택처리
   - 톱니바퀴: 그림으로 채우기
2. 그림 삽입 ➜ 그림효과: 부드러운 가장자리 효과, 회전

[슬라이드3 – 출력형태]

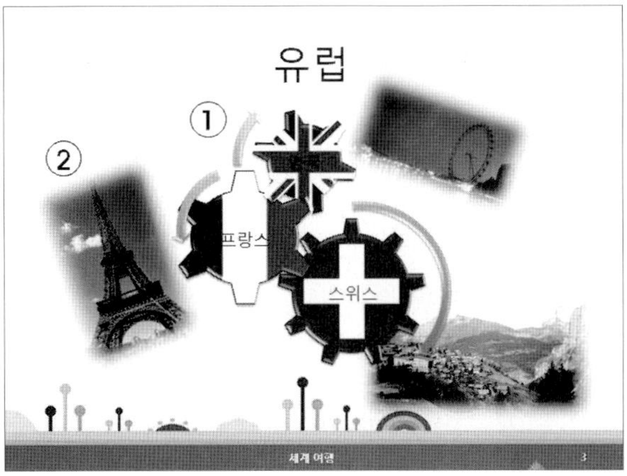

Step 1: SmartArt(톱니바퀴형)

① [삽입] 탭→[일러스트레이션] 그룹→[SmartArt]를 선택합니다.

SmartArt 레이아웃 목록에서 [프로세스형]→[톱니바퀴형]을 선택합니다.

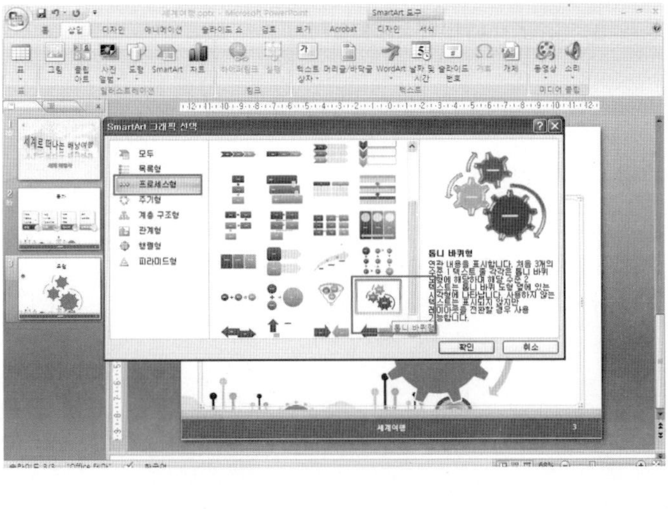

② [SmarArt 도구]→[디자인] 탭→[SmartArt 스타일] 그룹→[색 변경]→'색상형 범위, 강조색 5 또는 6'을 선택합니다.

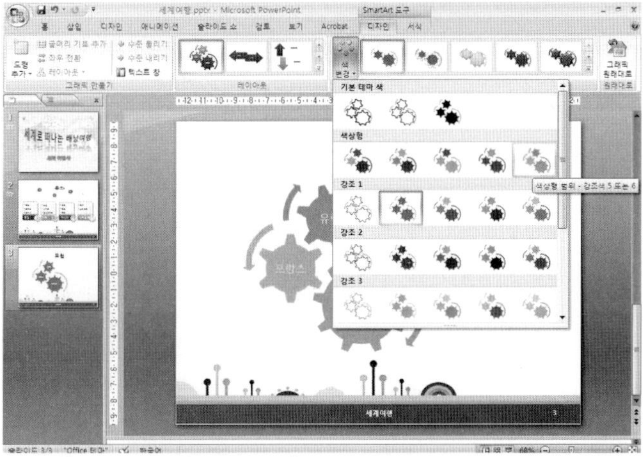

③ [SmartArt 도구]→[디자인] 탭→[SmartArt 스타일] 그룹에서 '광택 처리'를 선택합니다.

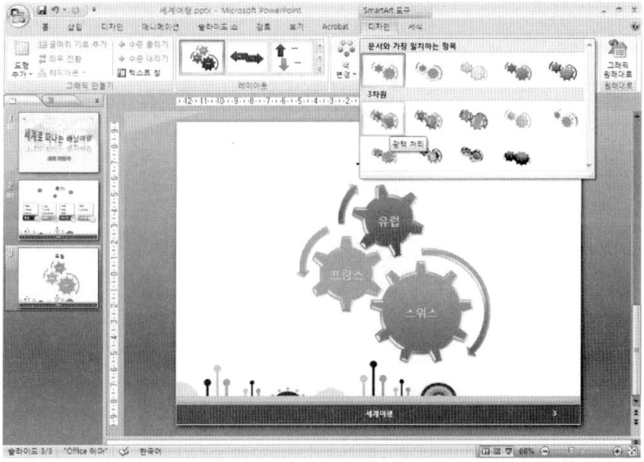

④ '톱니바퀴'를 선택한 후 마우스 오른쪽을 눌러 [도형 서식]을 선택합니다.

'도형 서식' 대화 상자에서 [채우기]→[그림 또는 질감 채우기]에서 해당 그림으로 채우기 합니다.

Step 2: 그림 꾸미기

해당 그림을 삽입한 후 [서식] 탭→[그림 스타일] 그룹→[그림 효과]→[부드러운 가장자리]→'25포인트'를 설정합니다.

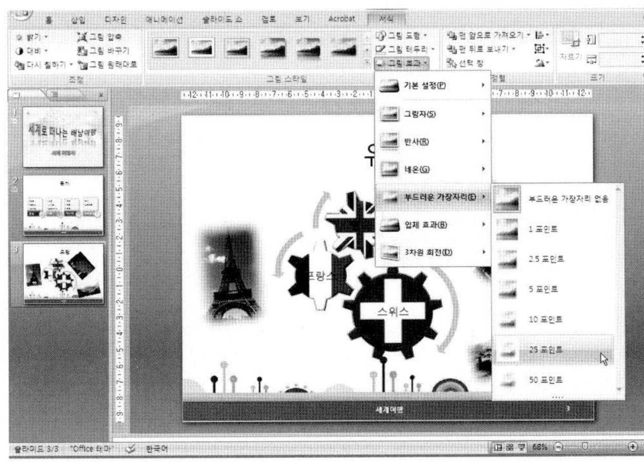

[슬라이드4 – 지시사항]

1. SmartArt(주기형–주기 행렬형)
   - 색변경: 색상형 범위–강조색 2 또는 3
   - SmartArt 스타일: 3차원–벽돌
2. 배경 그림 삽입 ➜ 투명도: 50%

[슬라이드4 – 출력형태]

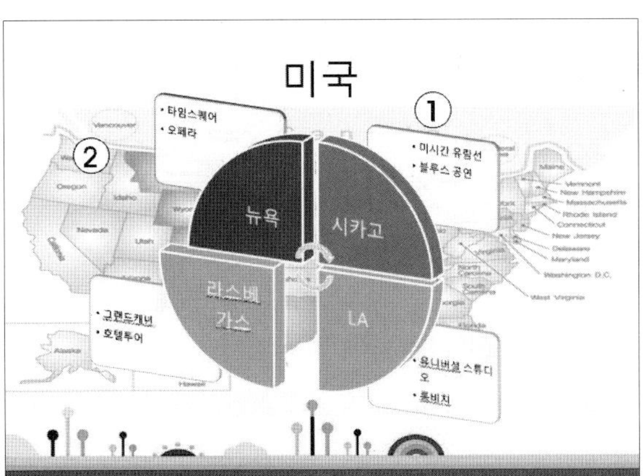

Step 1: SmartArt(주기 행렬형)

① [삽입] 탭→[일러스트레이션] 그룹→[SmartArt]을 선택합니다. 'SmartArt 그래픽 선택' 대화 상자에서 [주기형]→[주기행렬형]을 선택합니다.

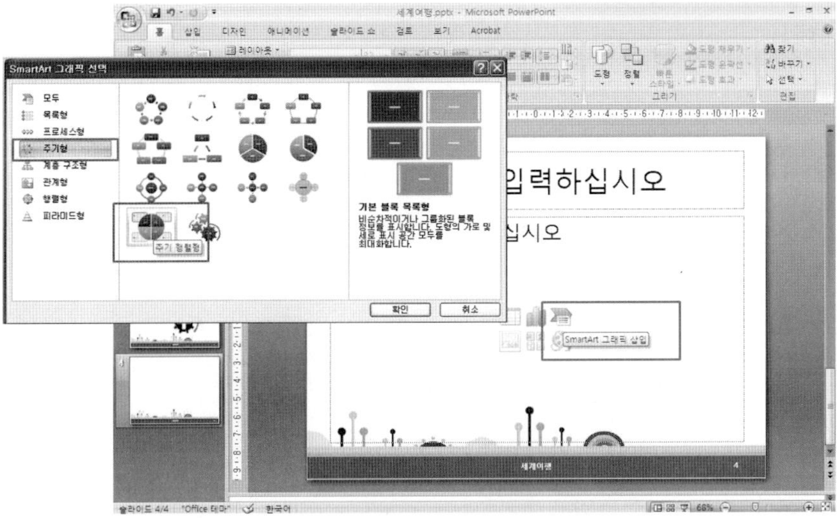

② [SmartArt 도구]→[디자인] 탭→[SmartArt 스타일] 그룹→[색변경]→'색상형 범위, 강조색 2 또는 3'을 설정합니다.

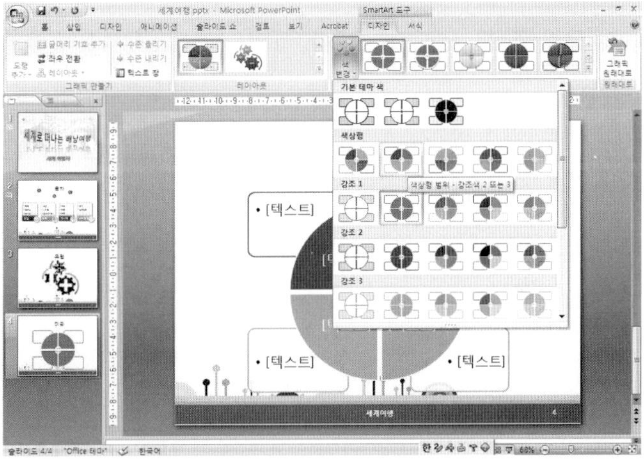

③ [SmartArt 도구]→[디자인] 탭→[SmartArt 스타일] 그룹→[SmartArt 스타일]→'벽돌'을 선택합니다.

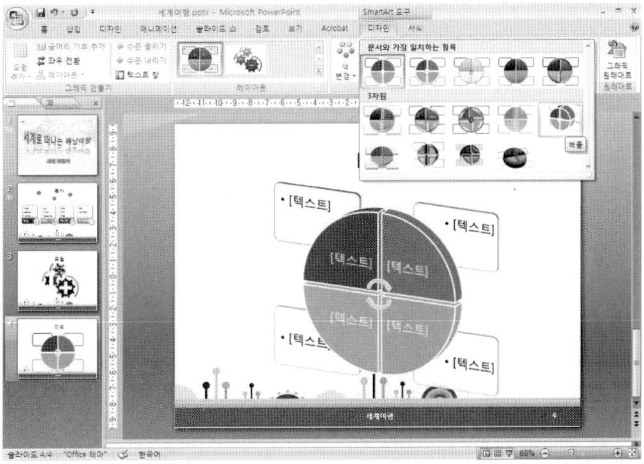

Step 2: 배경 그림 삽입

① 슬라이드에 삽입된 SmartArt를 선택하고 마우스 오른쪽을 눌러 [개체서식]을 선택합니다.

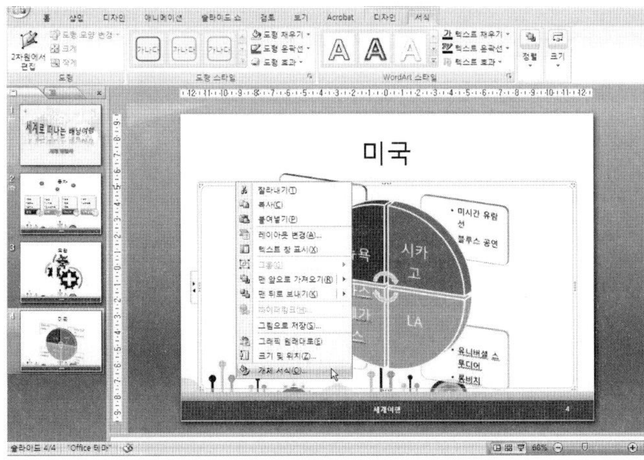

② '도형 서식' 대화 상자의 [채우기]→[그림 또는 질감 채우기]에서 해당 그림을 선택하고 투명도(50%)를 설정합니다.

[슬라이드5 – 지시사항]

1. SmartArt ➔ 프로세스형-상향 화살표형
   - 색: 그라데이션 반복-강조 1
   - SmartArt 스타일: 단순 채우기
   - 도형 효과: 도형 효과-입체효과(둥글게)
2. 그림으로 채우기 ➔ 모양 변경, 투명도: 30%
3. 배경 그림 채우기 ➔ 투명도: 50%

[슬라이드5 - 지시사항]

1. SmartArt
   - 프로세스형-상향 화살표형
   - 색: 그라데이션 반복-강조 1
   - SmartArt 스타일: 단순 채우기
   - 도형 효과: 도형 효과-입체효과(둥글게)
2. 그림으로 채우기
   - 모양 변경, 투명도: 30%
3. 배경 그림 채우기
   - 투명도: 50%

[슬라이드5 - 출력형태]

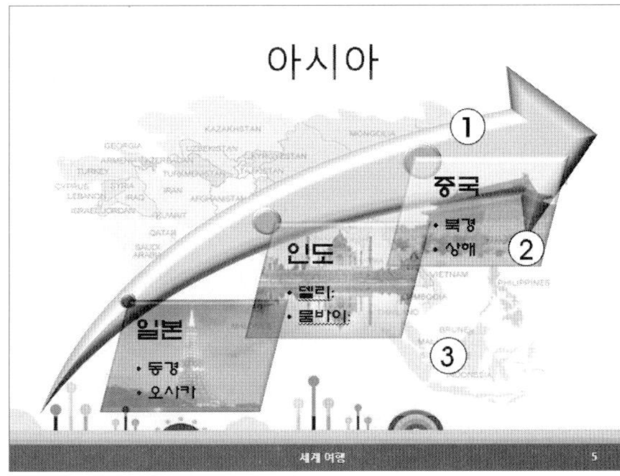

Step 1: SmartArt(프로세스형-상향화살표형)

① [삽입] 탭→[일러스트레이션] 그룹→[SmartArt]를 선택합니다. 'SmartArt 그래픽 선택' 대화 상자에서 [프로세스형]→[상향화살표형]을 선택합니다.

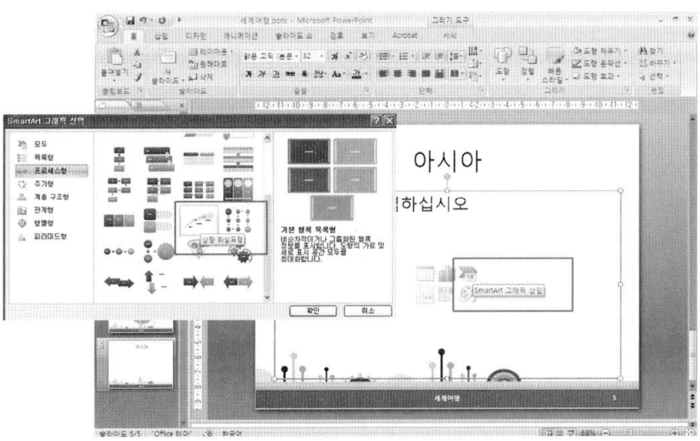

② [SmartArt 도구]→[디자인] 탭→[SmartArt 스타일] 그룹→[색 변경]→'그라데이션 반복, 강조 1'을 선택합니다.

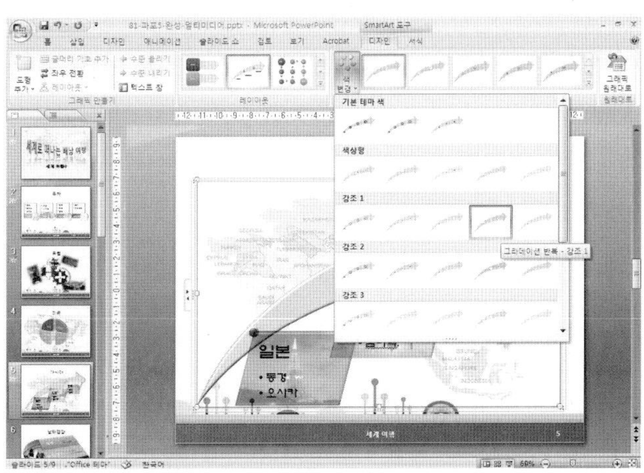

③ [SmartArt 도구]→[디자인] 탭→[SmartArt 스타일] 그룹→'단순 채우기'를 선택합니다.

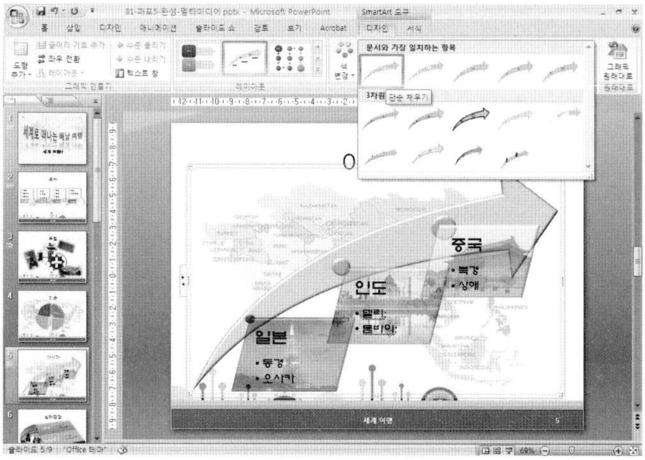

④ [서식] 탭→[도형 스타일] 그룹→[도형 효과]→[입체 효과]→'둥글게'를 선택합니다.

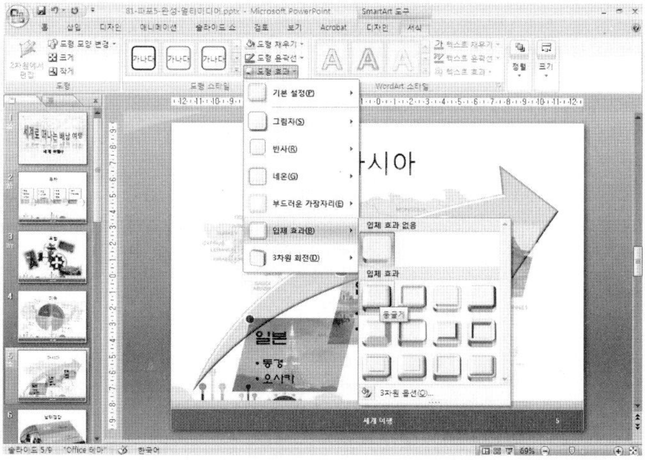

Step 2: 도형 변경 후 그림으로 채우기

① [SmartArt 도구]→[서식] 탭→[도형 스타일] 그룹→[도형 채우기]→[그림]에서 해당 그림을 선택하여 채우기 합니다.

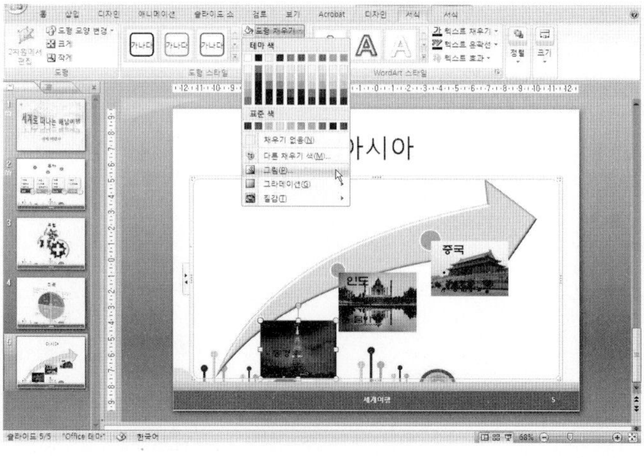

② 사각형 도형을 선택하고 [그림 도구]→[서식] 탭→[그림 도형]에서 '평행 사변형'을 선택합니다.

Step 3: 배경 그림 채우기

SmartArt를 선택하고 마우스 오른쪽을 눌러 [개체서식]을 선택합니다.

'개체 서식' 대화상자의 [채우기]→[그림 또는 질감 채우기]에서 해당 그림을 선택하고 투명도(50%)를 설정합니다.

[슬라이드6 – 지시사항]

1. SmartArt(관계형–과녁 목록형)
   - 색: 색상형–강조색
   - SmartArt 스타일: 조감도
2. 그림으로 채우기

[슬라이드6 – 출력형태]

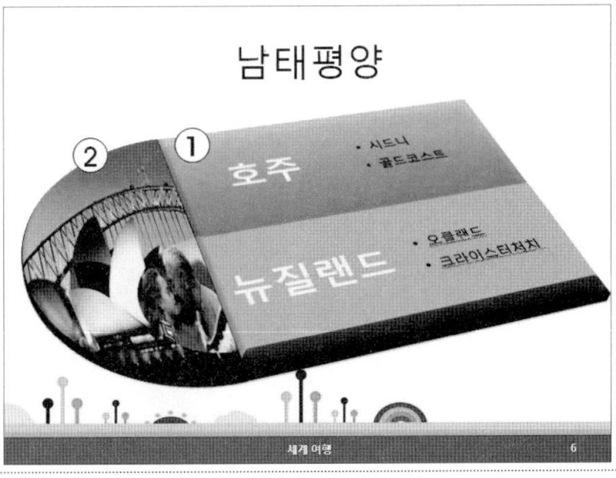

Step 1: SmartArt(관계형-과녁 목록형)

① [삽입] 탭→[일러스트레이션] 그룹→[SmartArt]를 선택합니다.

'SmartArt 그래픽 선택' 대화 상자에서 [관계형]→[과녁 목록형]을 선택하고 내용을 입력합니다.

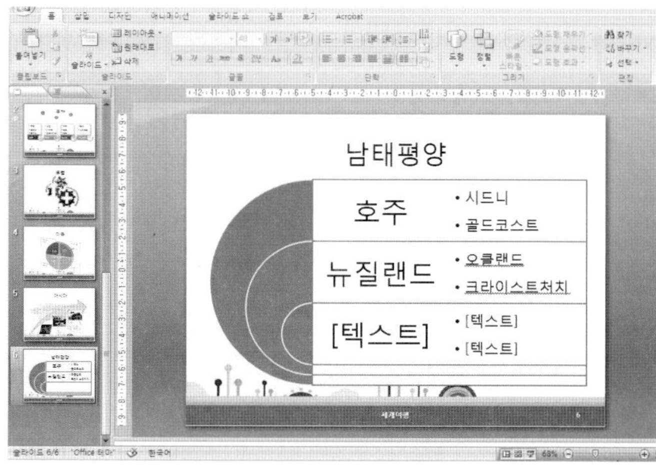

② 빈 텍스트 상자를 선택하고 Delete 를 눌러 삭제합니다. 또는 텍스트 상자에서 내용을 삭제합니다.

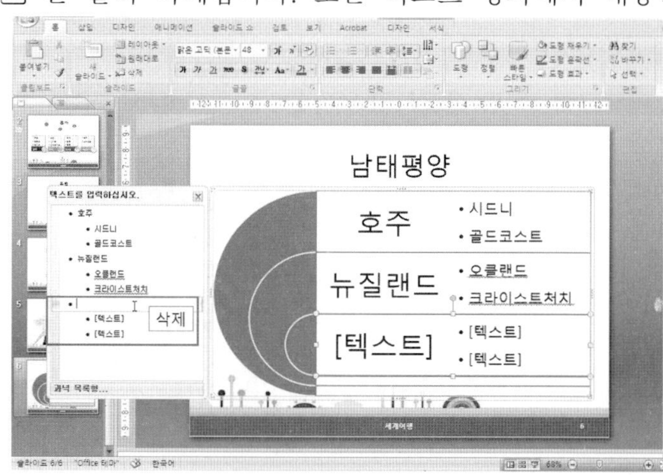

③ [SmartArt 도구]→[디자인] 탭→[SmartArt 스타일] 그룹→[색 변경]→'색상형,강조색'을 선택합니다.

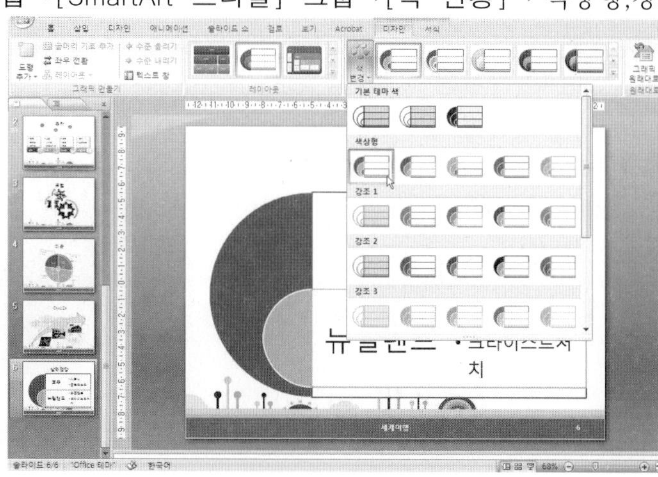

④ [SmartArt 도구]→[디자인] 탭→[SmartArt 스타일] 그룹→'조감도'를 선택합니다.

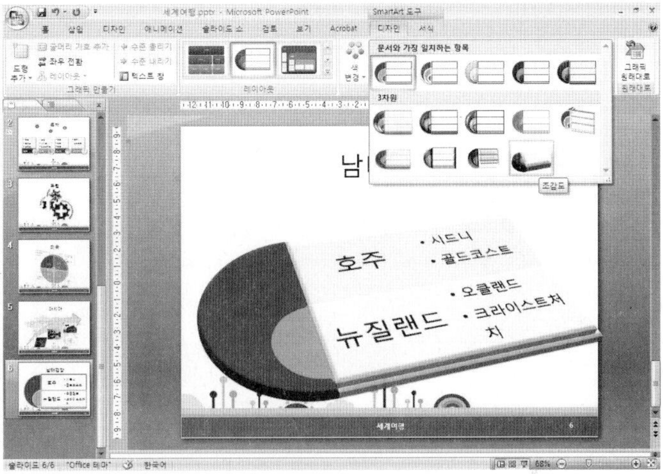

Step 2: 그림으로 채우기

도형을 선택한 후 [서식] 탭→[도형 스타일] 그룹→[도형 채우기]에서 해당 그림을 선택합니다.

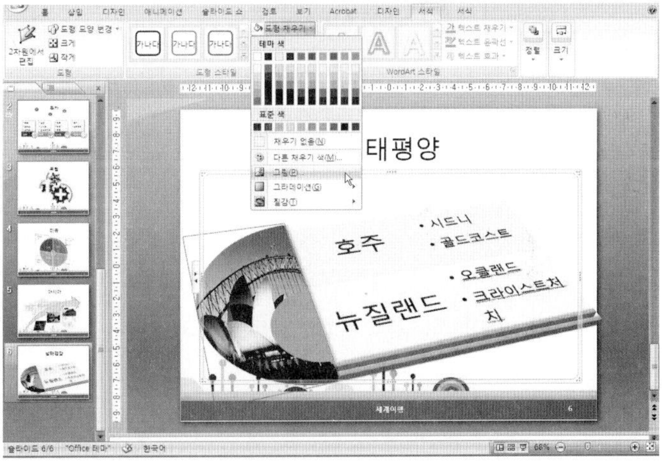

[슬라이드7 – 지시사항]

동영상 삽입

[슬라이드7 – 출력형태]

[삽입] 탭→[미디어 클립] 그룹→[동영상]→'동영상 파일'을 선택한 후 '클릭하여 실행'을 선택합니다.

[슬라이드8 - 지시사항]

1. 워드아트 ➜ 채우기-강조2, 무광택 입체
   - 텍스트: 가운데 정렬
   - 변환(모양: 단추)
2. 효과음 삽입
   - 박수 소리 삽입 - 자동으로 실행

[슬라이드8 - 출력형태]

Step 1: 워드아트

① 텍스트 상자에 내용을 입력하고 '가운데 정렬'합니다.

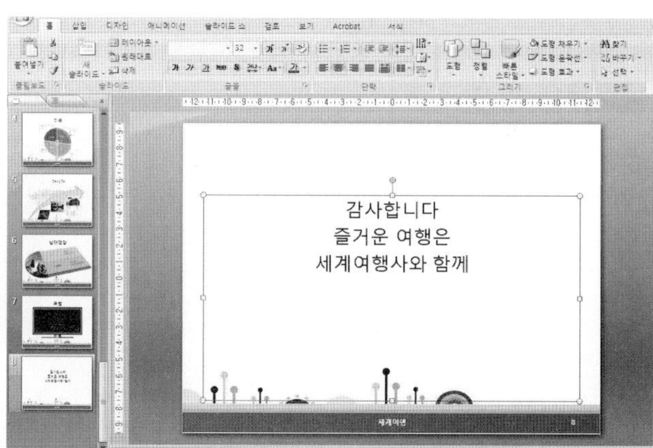

② [서식] 탭→[WordArt 스타일] 그룹→[텍스트 효과]→[변환]→'단추'를 선택합니다.

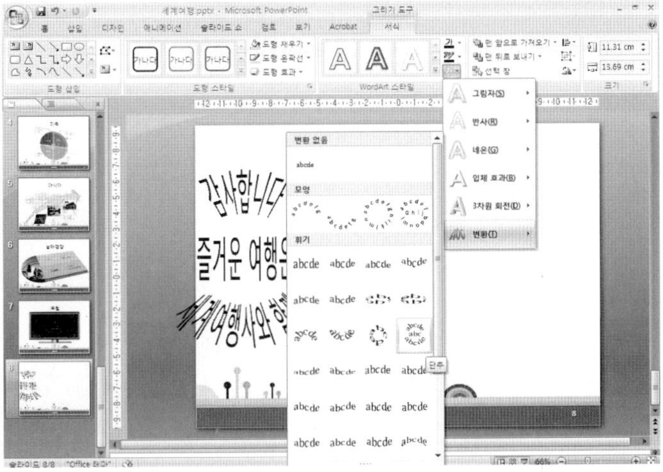

③ [서식] 탭→[WordArt 스타일] 그룹→'채우기,강조2, 무광택 입체'를 선택합니다.

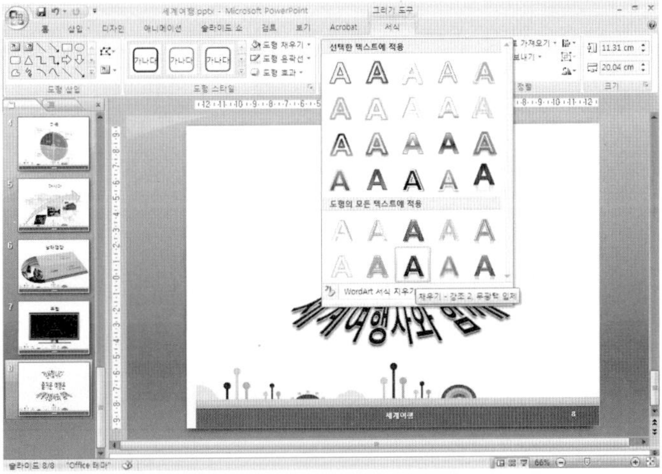

Step 2: 효과음 삽입

① [삽입] 탭→[미디어 클립] 그룹→[소리]→[Clip Organizer 소리]에서 해당 효과음(박수갈채)를 선택합니다.

② '자동 실행'을 선택하여 슬라이드 쇼 실행 시 효과음이 자동으로 실행되도록 설정합니다.

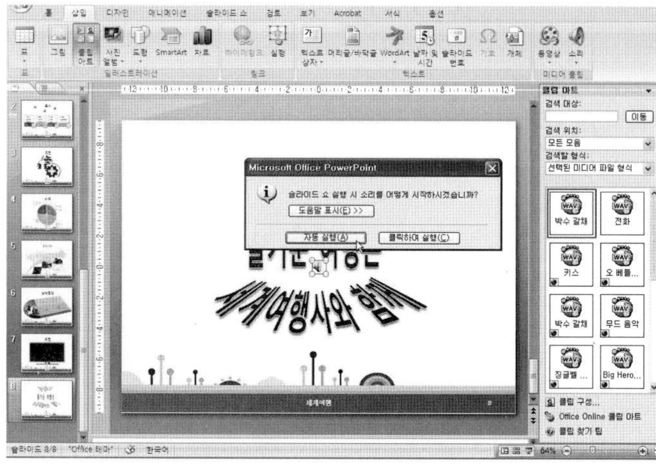

③ [소리 도구]→[옵션] 탭→[소리 옵션] 그룹→[쇼 동안 숨기기]를 선택합니다.

또는 스피커 아이콘을 슬라이드 창 밖에 두면 슬라이드 쇼 실행 시 아이콘은 보이지 않고 효과음은 들을 수 있습니다.

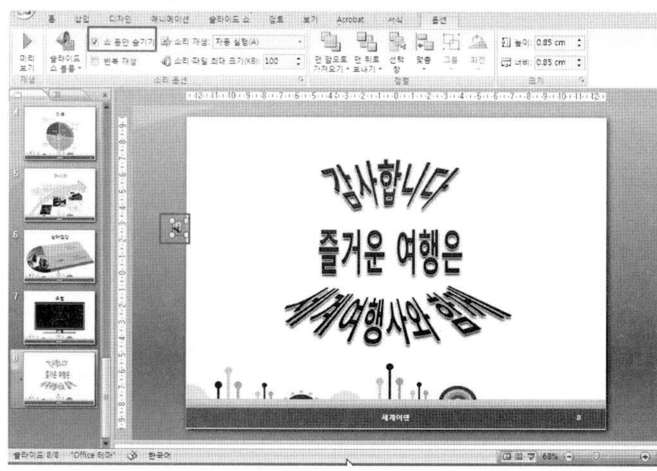

6. 연습 문제

● 아래 지시사항에 따라 슬라이드를 작성하시오.

[슬라이드1 - 지시사항]

1. 슬라이드 저장
   - 유비쿼터스.pptx
2. 슬라이드 디자인 : 광장
3. 슬라이드 번호 삽입
4. 바닥글(유비쿼터스) 삽입
5. Clip organizer 소리 삽입
   - 폭발음을 배경음악으로 설정
   - 자동으로 실행
   - 쇼동안 보이지 않음

[슬라이드1 - 출력형태]

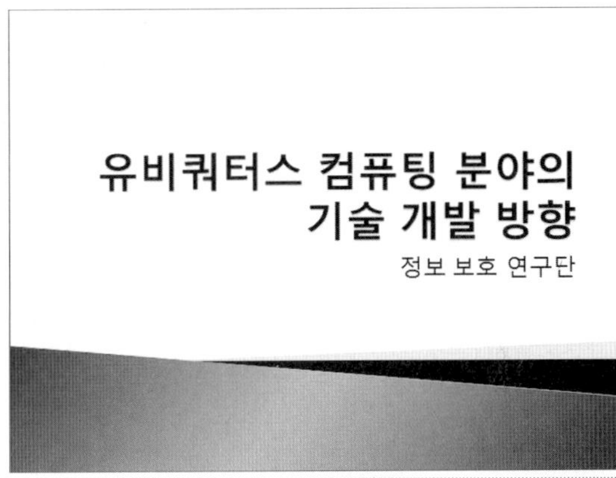

[슬라이드2 - 지시사항]

SmartArt(목록형)
- 세로 갈매기형 수장 목록형
- 색상변경: 색채우기-강조 2
- SmartArt 스타일: 3차원 광택처리
- 글꼴 속성: 크기(32pt), 글꼴(굴림)

[슬라이드2 - 출력형태]

[슬라이드3 - 지시사항]

SmartArt
- 목록형-연속 그림 목록형
- 색상변경: 색 윤곽-강조1
- 해당 그림 삽입

[슬라이드3 - 출력형태]

[슬라이드4 - 지시사항]

SmartArt

- 관계형-깔때기형
- 색변경: 색윤곽-강조1
- SmartArt 스타일-3차원 광택처리

[슬라이드4 - 출력형태]

[슬라이드5 - 지시사항]

SmartArt

- 관계형-기본 과녁형
- 색상변경: 색상형 범위 강조색 2 또는 3

[슬라이드5 - 출력형태]

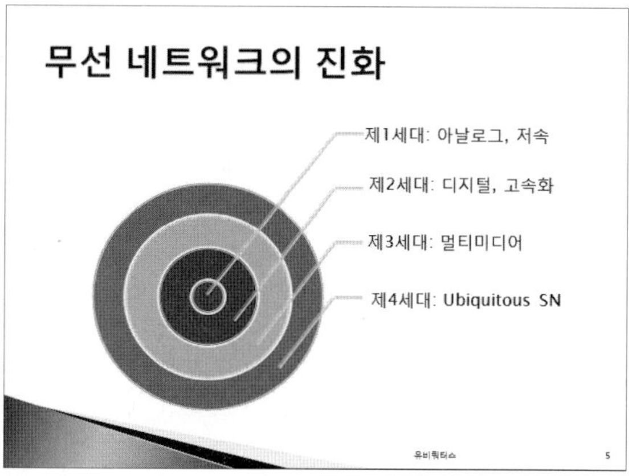

[슬라이드6 - 지시사항]

SmartArt

- 주기형 - 방사형 벤형
- 효과음: 테크노, 자동으로 실행

[슬라이드6 - 출력형태]

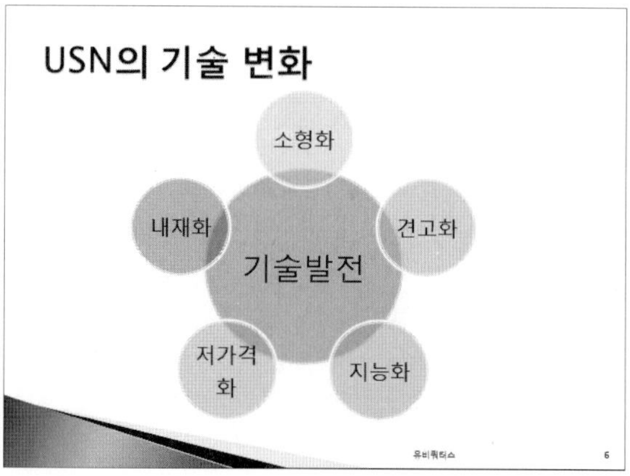

PART 03 엑셀(Excel) 2007

엑셀 01. 엑셀 기본 문서 작성

1. 엑셀(Excel) 2007 시작하기

엑셀(Excel)은 Microsoft에서 만든 오피스(Office) 프로그램으로 사무용으로 가장 많이 사용되는 통합 소프트웨어입니다. 행과 열로 구분된 셀(cell)로 구성된 스프레드시트(Spreadsheet)에 입력된 수치 데이터를 이용하여 문서 내에서 계산하고 자료를 분석하여 다양한 용도의 문서를 작성하는 것이 엑셀의 기본 용도입니다. 이외에 엑셀은 아래와 같은 다양한 기능을 가진 강력한 사무용 업무 자동화 프로그램입니다.

- 다양한 범주의 고급 함수를 이용한 복잡한 계산 가능
- 방대한 자료들을 쉽게 관리하고 분석할 수 있는 데이터베이스 기능
- 수치 자료를 한 눈에 비교하고 파악할 수 있는 차트 작성 기능
- 비주얼베이직(Visual Basic) 프로그램을 함께 연동한 매크로 기능

1.1 엑셀 2007 시작/종료

1.1.1 엑셀 2007 시작하기

엑셀 2007을 실행하기 위해서는 [시작] 메뉴를 이용하거나 바탕화면의 바로 가기 아이콘을 더블 클릭합니다.

■ [시작] 메뉴로 엑셀 2007 시작하기

윈도우 왼쪽 하단의  버튼을 누른 다음 [프로그램]→[Microsoft Office]→[Microsoft Office Excel 2007] 메뉴를 클릭하면 엑셀 2007이 실행됩니다.

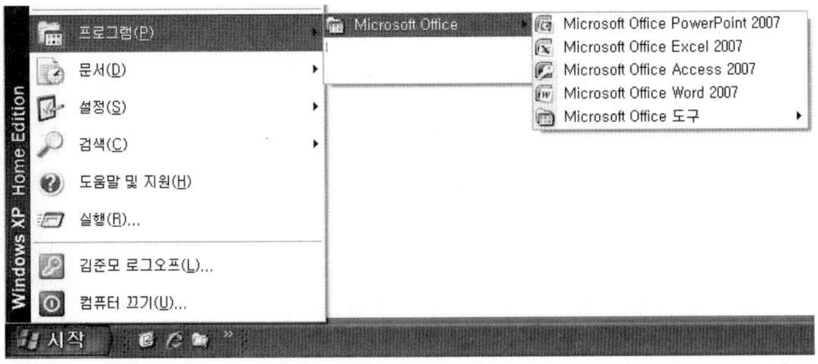

■ 바탕화면 바로가기 아이콘으로 엑셀 2007 시작하기

바탕화면의 엑셀 바로 가기 아이콘을 더블 클릭하여 실행합니다.

1.1.2 엑셀 2007 끝내기

현재 작업 중인 엑셀 문서 작업을 마치거나 프로그램을 끝내기 위해서는 [오피스단추]를 누릅니다. 또는 우측 [창 조절 단추]의 [닫기(x)]를 누릅니다.

■ [오피스단추]로 엑셀 프로그램 종료하기

엑셀 2007 프로그램의 왼쪽 상단의 [오피스 단추]를 클릭하고 [닫기]를 클릭합니다.

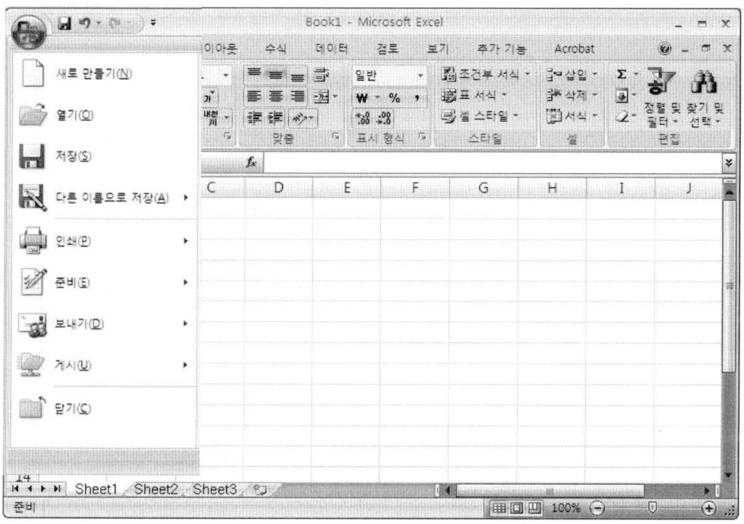

■ [창 조절 단추]로 엑셀 프로그램 종료하기

제목 표시줄 오른쪽 상단의 [창 조절 단추]에서 [닫기(x)]를 클릭하여 엑셀 2007 문서 작성을 종료하거나 프로그램을 닫습니다.

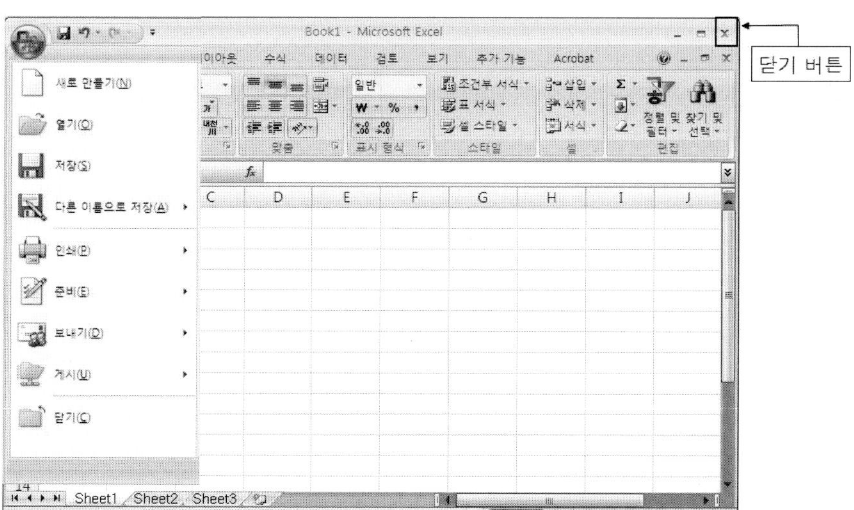

1.2 엑셀 2007 화면 메뉴 살펴보기

1.2.1 엑셀 2007 화면 구성

엑셀 2007을 실행하면 아래와 같은 화면을 볼 수 있습니다.

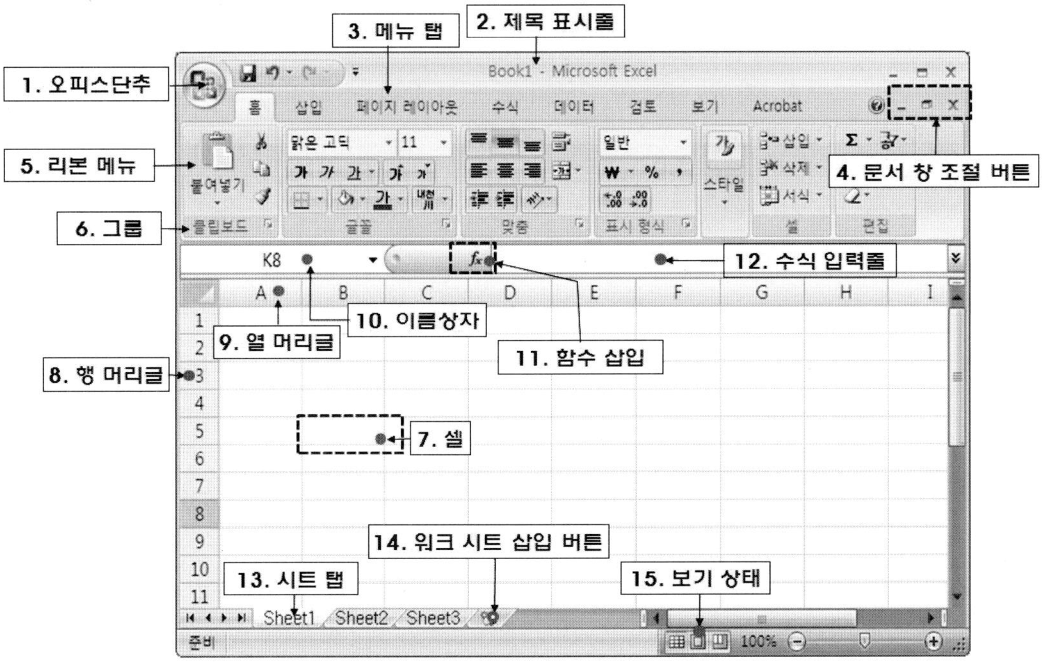

① 오피스단추: 새로 만들기, 열기, 저장 인쇄, 닫기 등의 메뉴 포함
② 제목 표시줄: 현재 작업 중인 파일 이름이 표시
③ 메뉴 탭: 엑셀 2007의 각 메뉴 모음
④ 문서 창 조절 버튼: 문서 창을 최소화, 최대화, 프로그램 닫기 버튼으로 구성
⑤ 리본 메뉴: 텍스트 형태의 메뉴와 아이콘 형태의 버튼을 모아둔 메뉴
⑥ 그룹: 리본 메뉴에서 연관된 기능을 하는 아이콘 형태의 명령 버튼 모음
⑦ 셀: 실제 데이터가 입력되는 사각 영역
⑧ 행 머리글: 행(줄) 번호가 표시되는 부분, 1~1,048,575행
⑨ 열 머리글: 열(칸) 번호가 표시되는 부분, 1~1,048,575열
⑩ 이름상자: 현재 선택된 셀 주소나 셀 이름이 표시 되는 곳
⑪ 함수 삽입 버튼: 함수 마법사를 통해 다양한 함수를 선택하기 위한 버튼
⑫ 수식 입력 줄: 선택된 셀에 입력된 데이터나 수식이 표시되는 곳
⑬ 시트 탭: 시트 이름이 표시되는 곳
⑭ 워크시트 삽입 버튼: 새 워크시트를 삽입하기 위한 버튼
⑮ 화면 보기 상태 버튼: '페이지 레이아웃', '페이지 나누기 미리보기' 등 워크시트 보기 상태를 선택

1.2.2 리본 메뉴 살펴보기

■ [홈] 탭

[홈] 탭은 글꼴, 맞춤, 숫자의 표시형식 설정, 셀 스타일, 편집에 필요한 도구들을 포함하고 있습니다.

■ [삽입] 탭

[삽입] 탭은 표, 그림, 도형과 차트 등을 삽입하는 도구와 기호를 입력할 수 있는 도구들을 포함하고 있습니다.

■ [페이지 레이아웃] 탭

[페이지 레이아웃] 탭은 여백 및 용지방향 설정과 시트 옵션 등을 선택할 수 있는 도구들을 포함하고 있습니다.

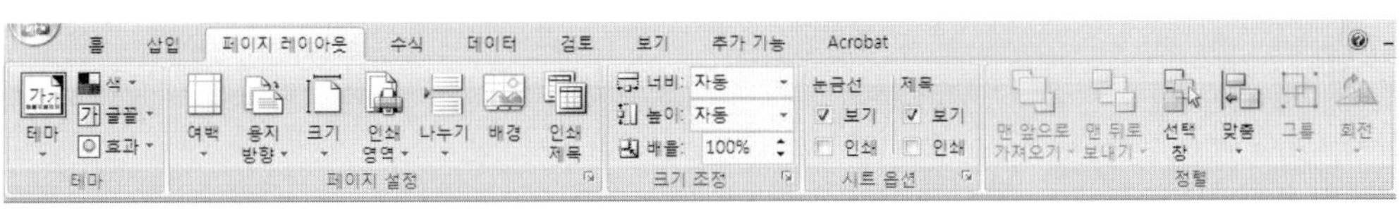

■ [수식] 탭

[수식] 탭은 다양한 범주의 함수를 선택할 수 있는 도구들이 포함하고 있습니다.

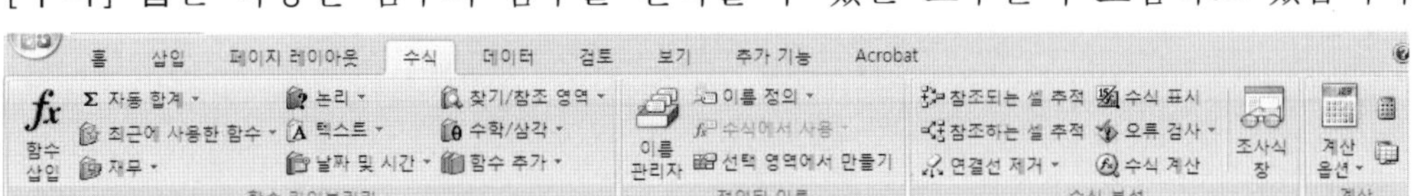

■ [데이터] 탭

[데이터] 탭은 정렬 및 필터와 데이터 분석에 필요한 기능에 필요한 도구들을 포함하고 있습니다.

■ [검토] 탭

[검토] 탭은 맞춤법 검사, 번역 및 통합 문서 보호에 관련된 기능을 하는 도구들을 포함하고 있습니다.

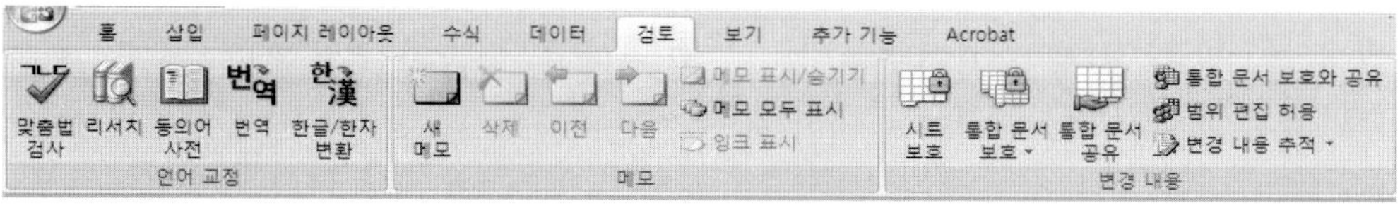

■ [보기] 탭

[보기] 탭은 통합문서의 작업환경, 표시 방법 설정 등을 할 수 있는 도구들을 포함하고 있습니다.

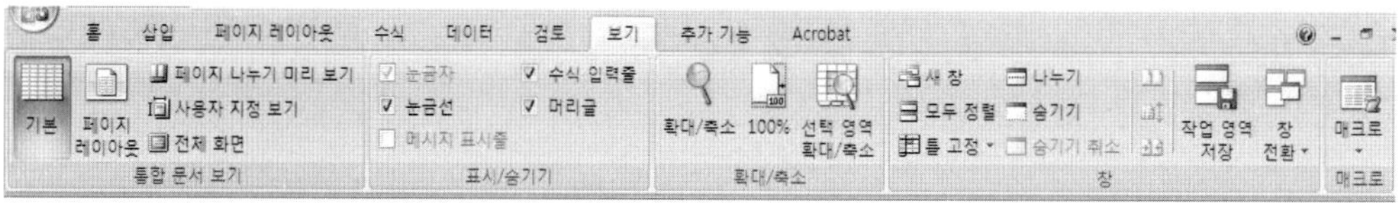

1.3 엑셀 2007 문서 저장

1.3.1 엑셀 2007 형식으로 저장하기(.xlsx)

[오피스 단추]를 클릭하고 [저장 저장(S)]을 누르거나 [빠른 실행 도구 모음]에서 저장() 아이콘을 클릭합니다.

저장위치를 지정하고 '파일 이름'을 입력한 후 [저장] 버튼을 눌러 통합 문서를 저장합니다. 각각의 워크시트는 하나의 통합 문서 파일에 저장됩니다.

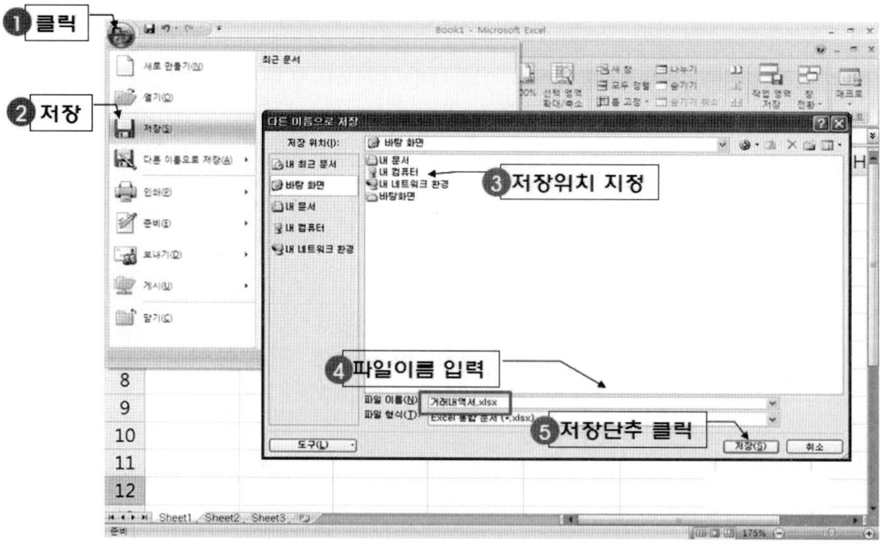

1.3.2 엑셀 97-2003 버전으로 저장하기(.xls)

엑셀 2007의 하위 버전(엑셀 97-2003)에서 파일을 열고자 할 때에는 반드시 저장 형식을 변경하여 저장하여야만 합니다.

[오피스 단추]를 클릭하고 [다른 이름으로 저장]→[Excel 97-2003 통합 문서]를 클릭합니다.

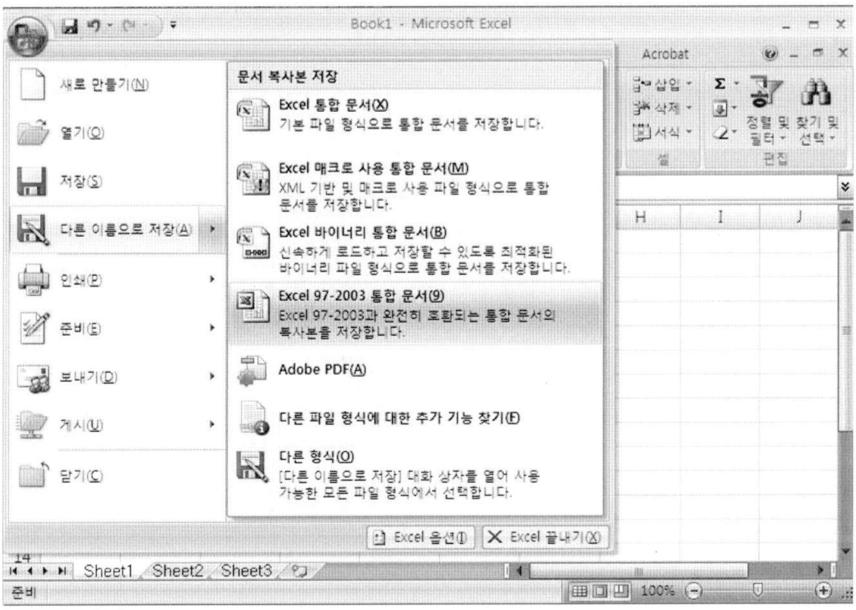

1.3.3 엑셀 2007 문서에 암호 설정

중요한 엑셀 문서를 수정할 수 없도록 문서에 암호를 설정할 수 있습니다.

[오피스 단추]→[다른 이름으로 저장]을 선택합니다. '다른 이름으로 저장' 대화 상자에서 [도구]를 클릭하고 [일반 옵션]을 선택합니다.

[열기 암호]와 [쓰기 암호] 부분에 적당한 문자를 입력한 후 [확인]을 클릭합니다.

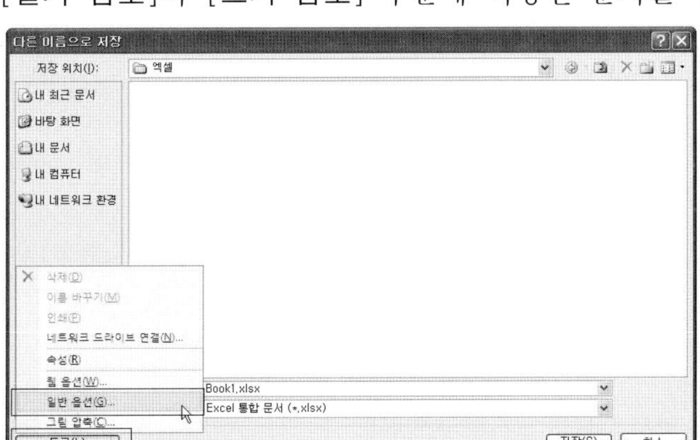

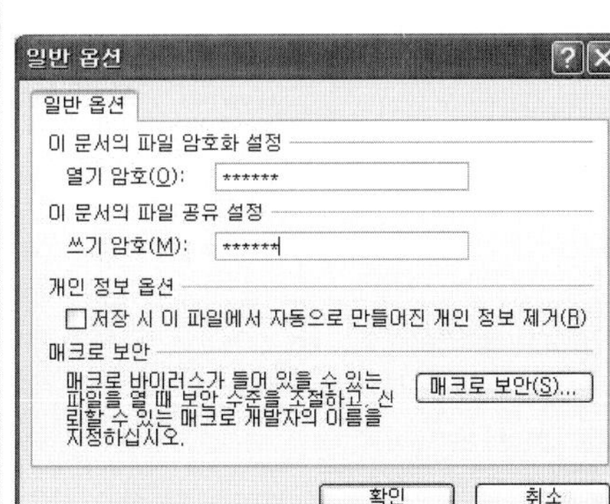

2. 엑셀 데이터 입력

2.1 데이터 입력

입력할 셀을 선택한 후에 데이터를 입력하고 [Enter↵]를 누르거나, 방향키로 다른 셀을 선택해야 셀에 데이터가 입력됩니다.

2.1.1 한 셀에 여러 줄 입력([Alt]+[Enter↵])

한 셀에 여러 줄의 데이터를 입력하고자 할 때는 내용 입력 후 [Alt]를 누른 상태에서 [Enter↵] 키를 누릅니다.

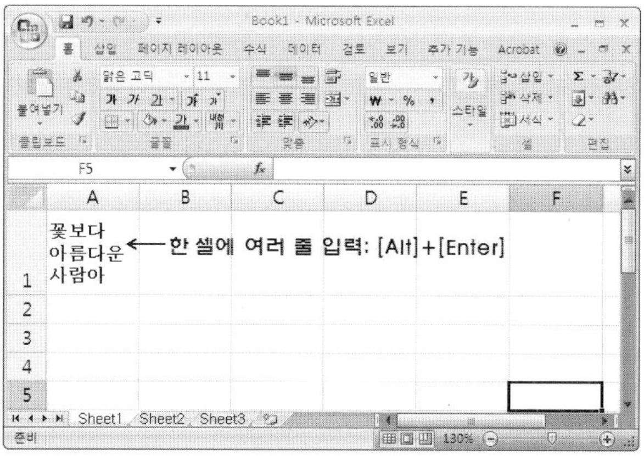

Tip 여러 셀에 동시에 내용 입력([Ctrl]+[Enter↵])

- 하나 이상의 셀을 블록으로 설정 한 뒤 마지막에 블록이 설정된 셀에 내용을 입력하고 [Ctrl]과 [Enter↵]를 동시에 누릅니다.

2.1.2 자동 완성 기능으로 데이터 입력

같은 열에 입력할 데이터와 첫 글자가 같은 문자열이 있을 때 첫 글자만 입력하면 자동으로 먼저 입력된 문자열이 셀에 표시됩니다. 이를 '데이터 자동 완성 기능' 이라고 합니다.

자동 완성된 데이터를 사용하려면 [Enter↵] 키를 누르고, 자동 완성 문자열을 사용하지 않으려면 무시하고 다른 내용을 입력하거나 [Delete]를 누르고 입력하면 됩니다.

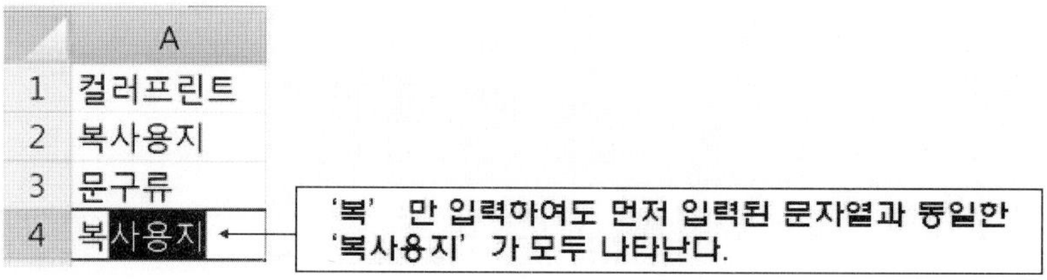

2.2 데이터 수정/삭제

2.2.1 셀 내용을 모두 지우고 새로 입력

데이터가 입력된 셀을 선택하고 입력하고자 하는 데이터를 재입력 합니다.

2.2.2 셀 내용 일부만 수정

'수식 입력 줄'을 클릭하거나 셀을 더블 클릭 한 후에 내용 일부를 수정할 수 있습니다.

2.2.3 데이터 지우기

■ 셀 내용만 지우기

셀을 선택하고 Delete를 누르면 셀에 설정된 서식(테두리, 채우기, 표시 형식)은 그대로 남고 셀에 입력된 내용만 지워집니다.

■ 서식/내용/메모 등을 선택하여 지우기

서식/내용/메모 등을 따로 지우려면 [홈] 탭→[편집] 그룹 →[지우기]→[서식 지우기]를 선택하여 각각 지울 수 있습니다.

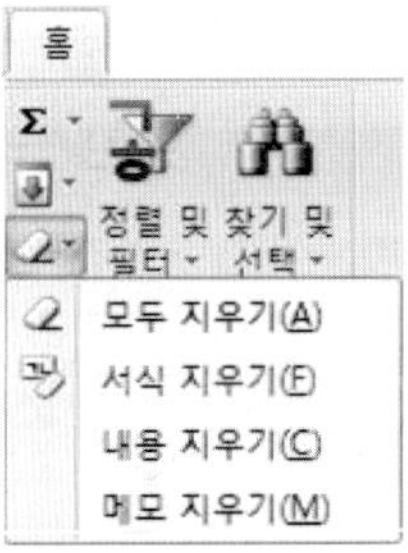

2.3 문자 데이터 입력

셀에 입력된 문자 데이터는 기본적으로 왼쪽 정렬되어 표시 됩니다.
셀에 입력되는 데이터가 열 너비 보다 길 때 오른쪽 셀에 데이터가 없어 비어져 있는 경우에는 모두 표시되지만, 비어 있지 않은 경우에는 긴 데이터는 잘려서 일부분만 표시 됩니다.

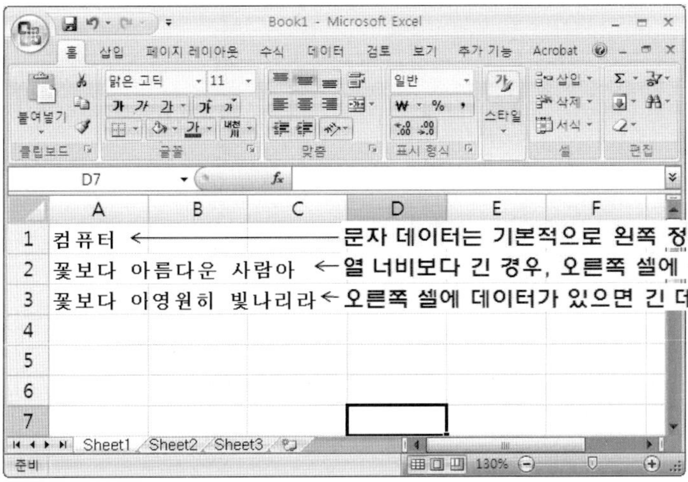

2.4 숫자 데이터 입력

엑셀에서 숫자 데이터는 0~9로 표현되는 아라비아 숫자이며 셀에 기본적으로 오른쪽 정렬되어 표시 됩니다. 12자리 이상의 숫자 데이터를 입력하면 1.23457E+11 과 같이 지수로 표시 됩니다.

셀에 입력된 숫자 데이터의 길이가 길 때 셀 너비가 좁으면 "#"으로 표시 됩니다. 이 경우에는 셀 너비를 크게 변경하면 정상적으로 숫자가 표시 됩니다.

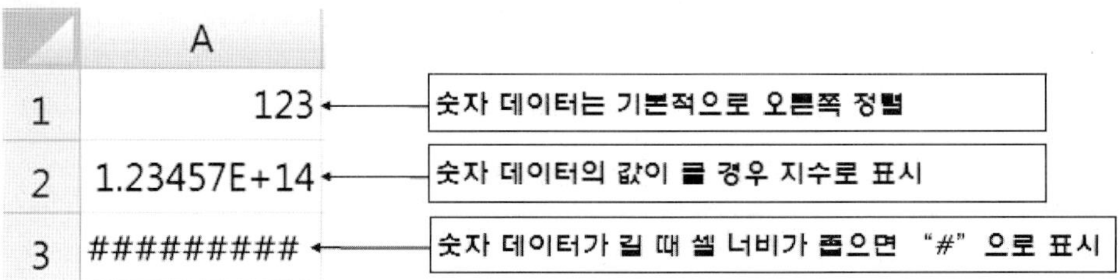

2.5 날짜 데이터 입력

엑셀에서는 셀에 숫자 사이에 하이픈(-)이나 슬래시(/)를 입력하고 Enter↵ 키를 누르면 날짜 데이터로 형식이 변경되어 입력됩니다.

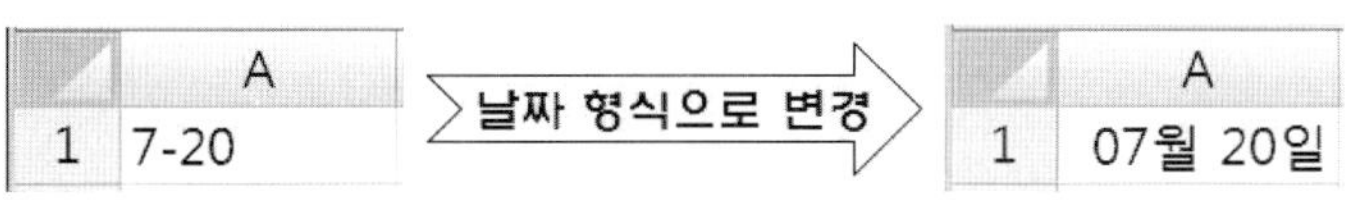

2.6 특수 문자 입력

2.6.1 [기호] 메뉴에서 입력

[삽입] 탭→[텍스트] 그룹→[기호Ω]를 눌러 표시되는 대화 상자에서 특수 문자를 선택합니다.

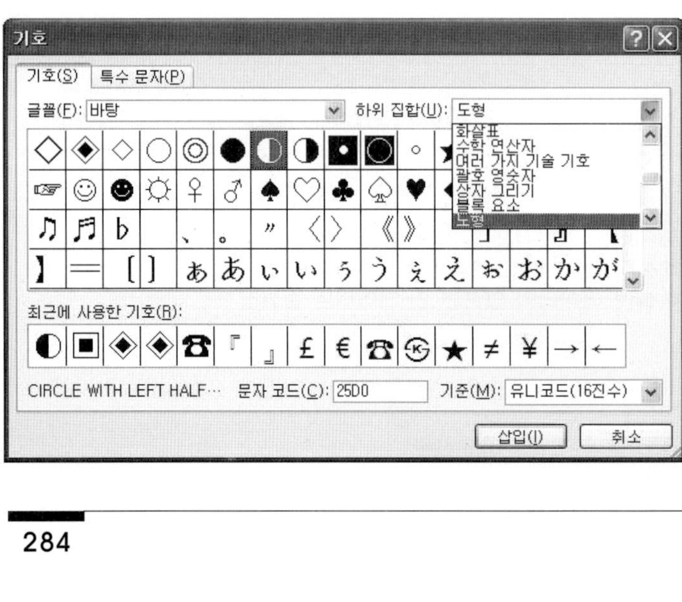

2.6.2 키보드를 이용하여 특수 문자 입력

키보드의 한글 자음(ㄱ~ㅎ) 중 하나를 입력한 후 [한자] 키를 누르면 해당 자음에 포함되어 있는 특수 문자 목록이 표시됩니다.

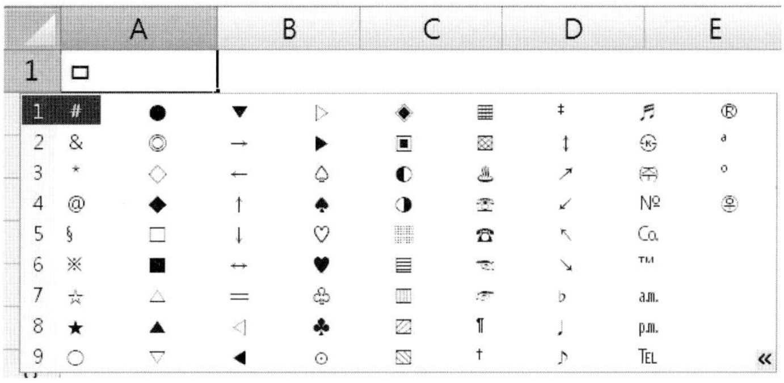

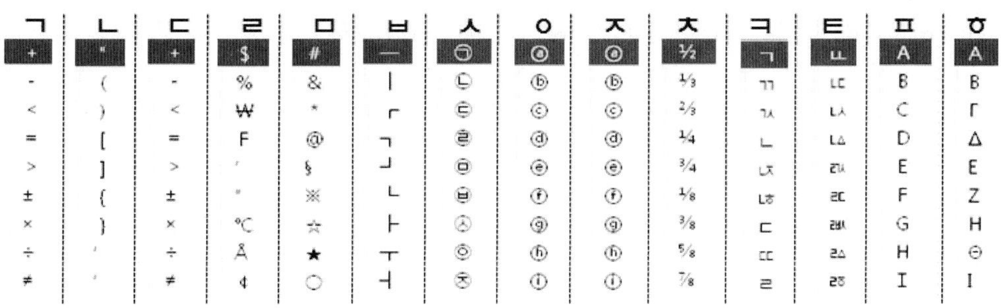

3. 셀 다루기

3.1 셀 범위 설정

3.1.1 연속된 여러 셀 선택

선택하고자 하는 셀 선택 범위의 첫 번째 셀을 클릭하고 마우스를 대각선으로 끌어 셀 범위를 선택할 수 있습니다.

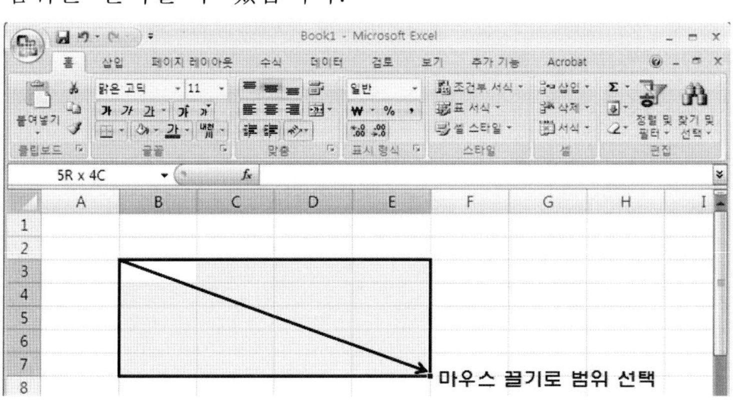

3.1.2 비연속적인 여러 셀 선택

Ctrl 키를 누른 상태에서 추가로 지정하고자 하는 셀의 범위를 마우스로 끌기하거나 각 셀을 선택하면 떨어진 위치에 있는 셀들을 범위 설정 할 수 있습니다.

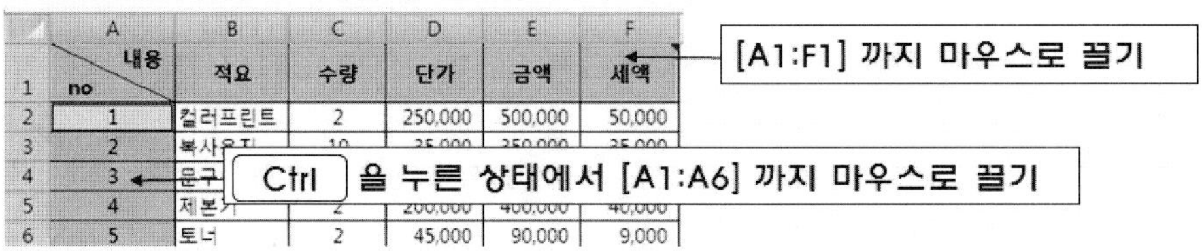

3.1.3 행/열 전체 선택

행 머리글 또는 열 머리글을 마우스로 클릭하면 행 전체 또는 열 전체가 선택 됩니다.

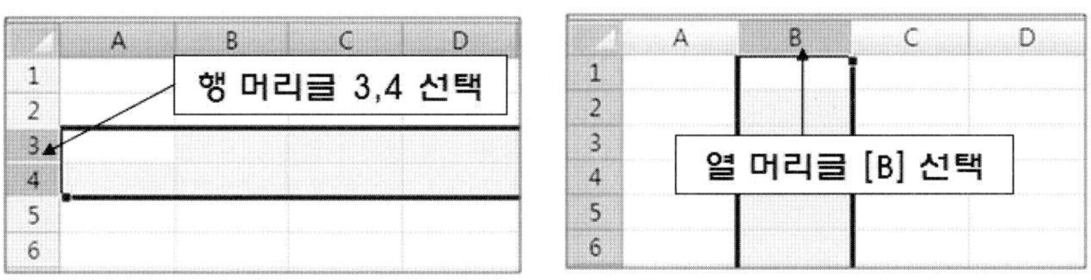

3.2 행(열) 삽입/삭제

삽입 또는 삭제하고자 하는 행(열)의 수만큼 셀을 선택합니다. 마우스 오른쪽을 눌러 [삽입] 또는 [삭제]를 누른 후 표시되는 메뉴에서 해당 작업을 선택합니다.

[◉ 행 전체]를 선택하면 위쪽에, [◉ 열 전체]를 선택하면 왼쪽에 각각의 행 또는 열이 삽입/삭제됩니다.

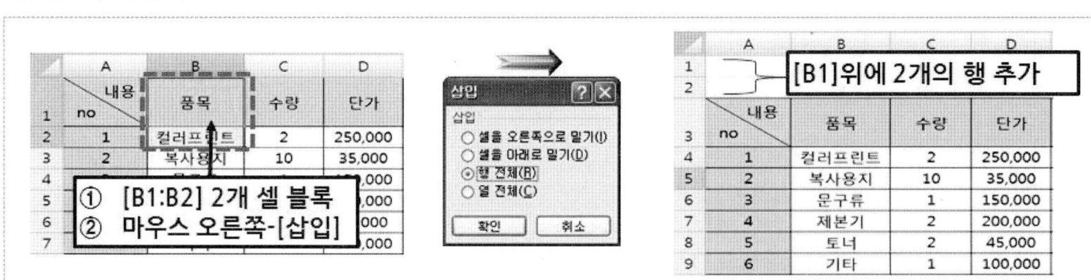

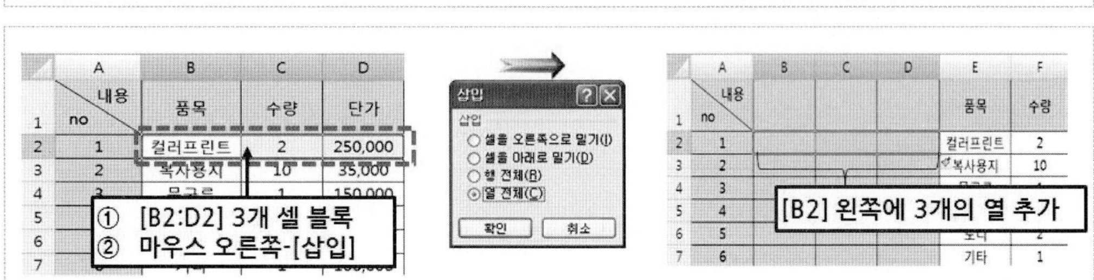

3.3 행 높이, 열 너비 변경

엑셀에서 각각의 셀 크기를 다르게 설정할 수는 없으며 '행' 전체 또는 '열' 전체의 크기가 한꺼번에 변경 됩니다.

3.3.1 마우스로 셀 크기 변경

행 또는 열 머리글 경계선에 마우스를 클릭한 후 끌어서 크기를 변경할 수 있습니다.

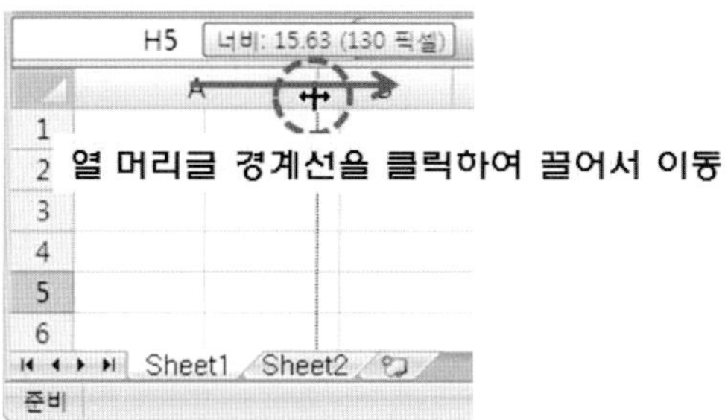

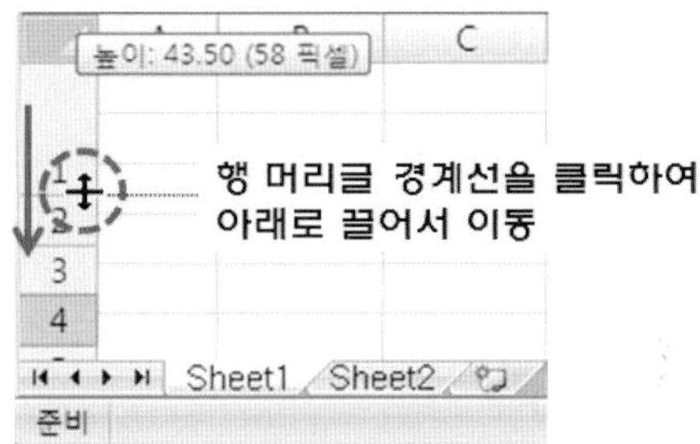

3.3.2 숫자를 직접 입력하여 셀 크기 변경

크기를 변경하고자 하는 행 또는 열 머리글을 설정한 후 마우스 오른쪽을 눌러 [행 높이] 또는 [열 너비]를 선택합니다. 표시되는 대화 상자에서 해당 숫자를 입력합니다.

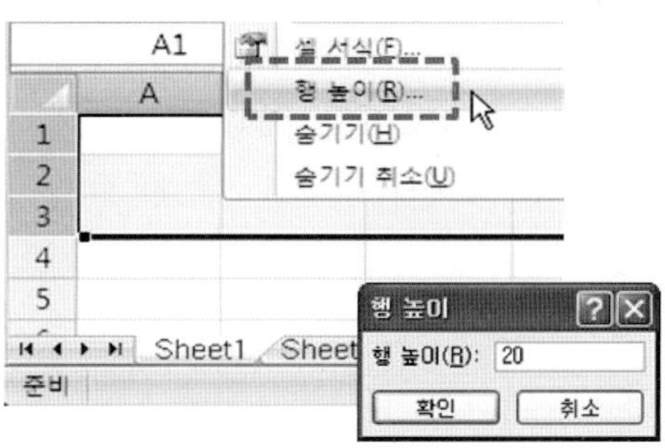

3.4 셀 이동/복사

3.4.1 셀 이동

이동하고자 하는 셀 범위를 지정한 후 마우스로 끌어서 해당 위치로 이동합니다.

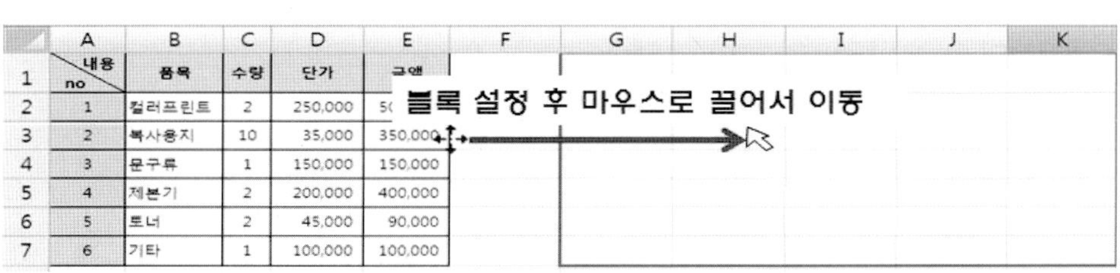

3.4.2 셀 복사

복사할 셀 범위를 지정한 후 마우스 오른쪽을 눌러 [복사]를 누른 후 복사할 위치에서 [붙여넣기]를 합니다.

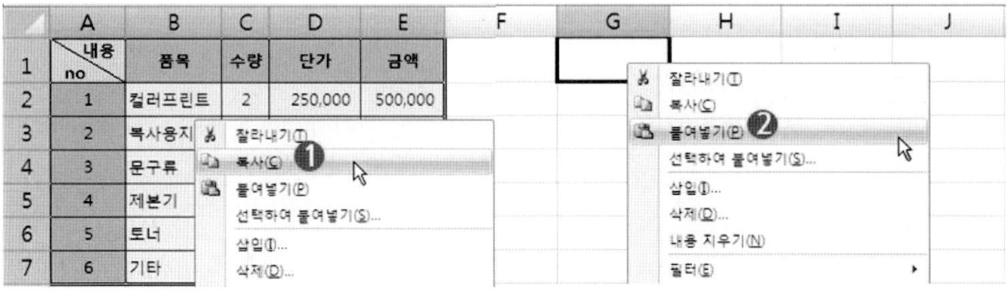

4. 워크시트 다루기

각각의 워크시트는 하나의 문서 파일로 통합되어 저장됩니다.

4.1 시트 이름 바꾸기

시트 탭에서 마우스 오른쪽을 눌러 표시되는 메뉴에서 [이름 바꾸기]를 선택한 후 시트 이름을 입력합니다.

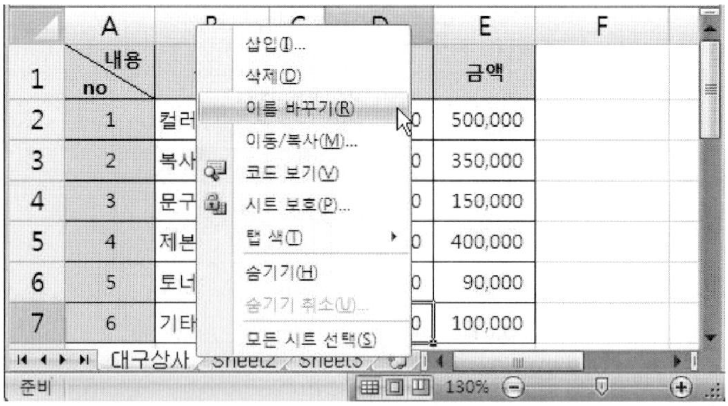

Tip 더블클릭으로 시트 이름 바꾸기!

- 시트 탭을 더블 클릭하고 시트 명을 입력한 후 Enter↵를 누르면 시트 명이 변경 됩니다.

4.2 시트 삽입/삭제

4.2.1 시트 삽입

시트 탭에서 마우스 오른쪽을 눌러 [삽입]을 클릭하거나 [워크 시트삽입] 아이콘을 클릭합니다.

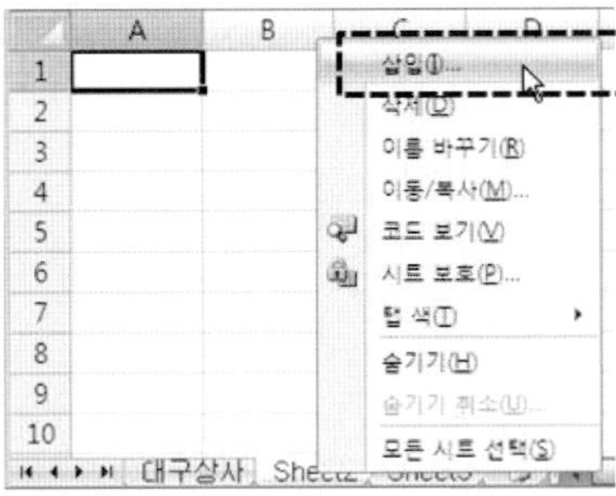

4.2.2 시트 삭제

삭제하고자 하는 시트 탭에서 마우스 오른쪽을 눌러 [삭제]를 클릭합니다.

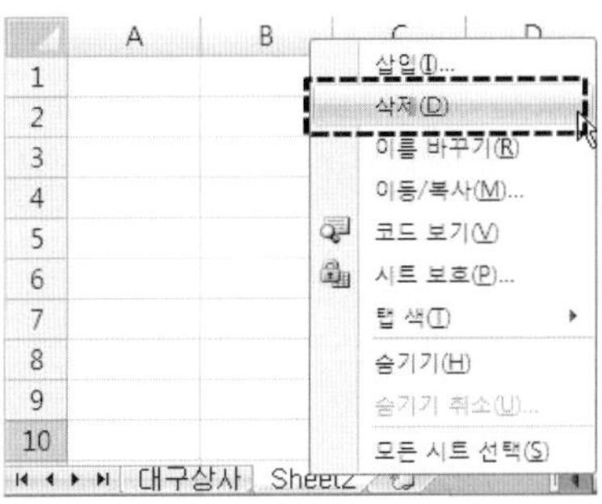

4.3 시트 이동/복사

4.3.1 시트 이동

시트 탭에서 이동하고자 하는 시트를 선택한 후 마우스로 끌어서 해당 위치로 이동합니다.

마우스로 끌어서 이동

4.3.2 시트 복사

시트 탭을 선택하고 마우스 오른쪽을 눌러 [이동/복사]를 클릭합니다. 복사하고자 하는 위치를 지정하고 ☑ 복사본 만들기(C) 를 선택합니다.

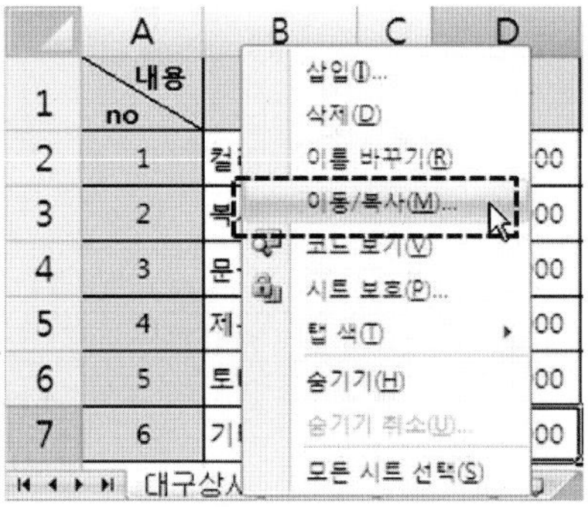

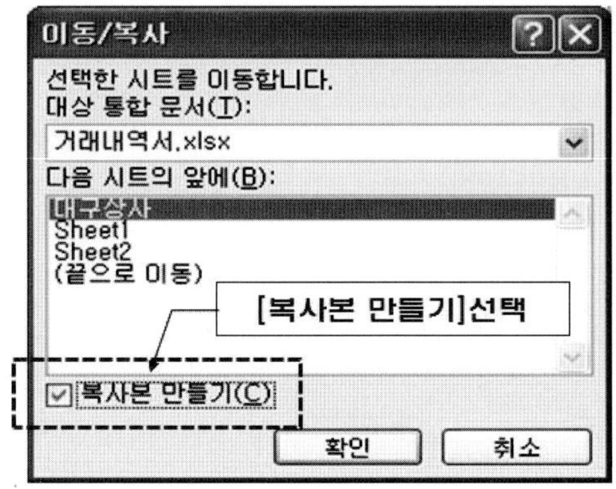

4.4 시트 그룹

4.4.1 시트 그룹

Ctrl 키를 누른 상태에서 시트를 선택하면, 시트탭이 '흰색'으로 바뀌고 여러 개의 시트가 그룹으로 설정됩니다. 시트 그룹 상태에서는 하나의 시트에 입력한 내용이 그룹으로 설정된 모든 시트에 동일하게 적용됩니다.

4.4.2 시트 그룹 해제

그룹으로 설정된 시트 탭 위에 마우스를 올리고 마우스 오른쪽을 눌러 [시트 그룹 해제]를 선택합니다.

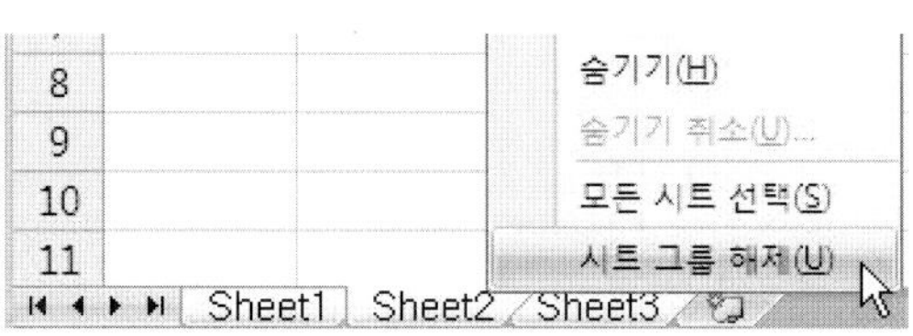

4.5 시트 보호하기

시트의 데이터를 변경하거나 이동 또는 삭제 할 수 없도록 암호를 사용하여 시트를 보호하는 기능입니다.

① 보호할 시트 탭을 선택하고 [검토] 탭→[변경 내용] 그룹→[시트 보호]를 클릭합니다.
② '시트 보호' 대화상자에서 시트 암호를 입력하고 [확인]을 클릭합니다.
③ '암호 확인' 대화상자에서 시트 암호를 다시 한 번 입력하고 [확인]을 클릭합니다.

4.6 [홈] 탭 메뉴 이용하여 셀 서식 설정

글꼴, 맞춤, 표시형식, 스타일 서식 설정은 [홈] 탭에 포함되어 있는 각 그룹의 기능을 이용하면 편리하게 셀 서식을 설정 할 수 있습니다.

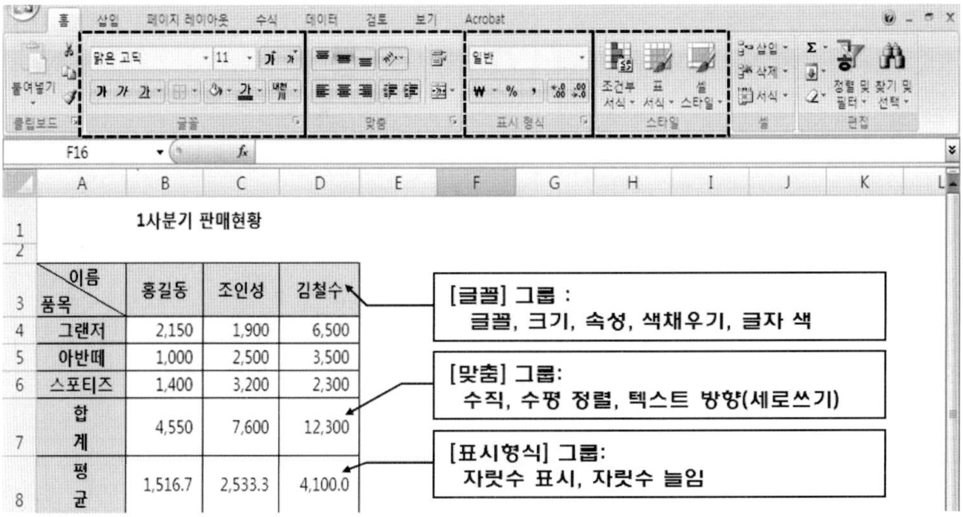

4.7 [셀 서식] 대화 상자 이용하여 셀 서식 설정

마우스 오른쪽을 눌러 [셀 서식] 메뉴에서 여러 속성을 한꺼번에 설정할 수 있습니다.

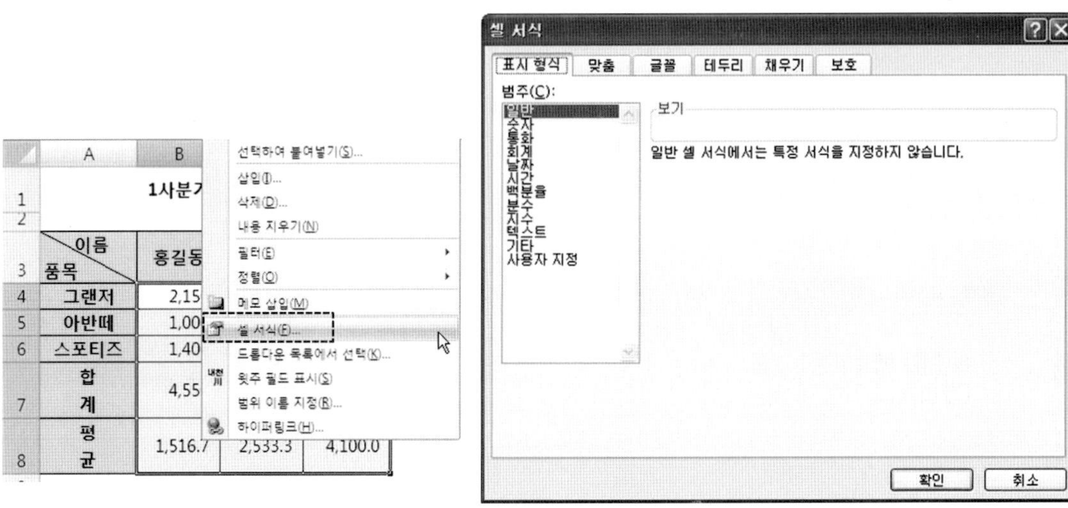

4.7.1 [셀 서식] – '표시형식' 설정

숫자, 통화, 회계, 날짜, 시간, 백분율, 텍스트 등의 입력 데이터의 표시 형식을 설정합니다.

예1) [셀서식]-[표시 형식]-[숫자]: 1000단위 구분 기호(,) 사용, 소수 자릿수 지정

예2) [셀서식]-[표시 형식]-[기타]: 숫자를 텍스트로 변환

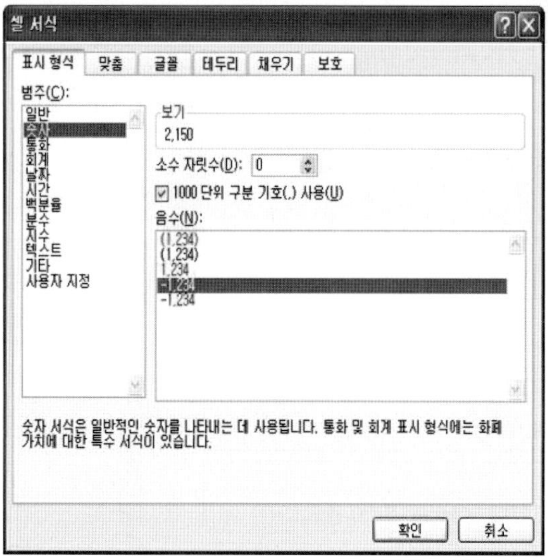

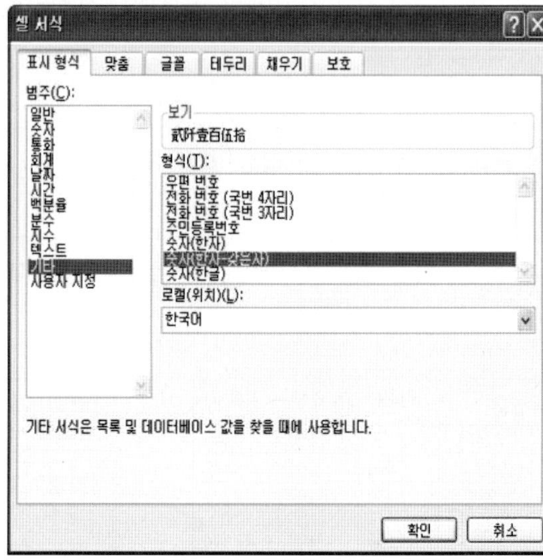

4.7.2 [셀 서식] - '맞춤' 설정

셀에 입력된 데이터의 맞춤 정렬 방법, 들여쓰기, 셀 병합, 방향 등을 설정합니다.

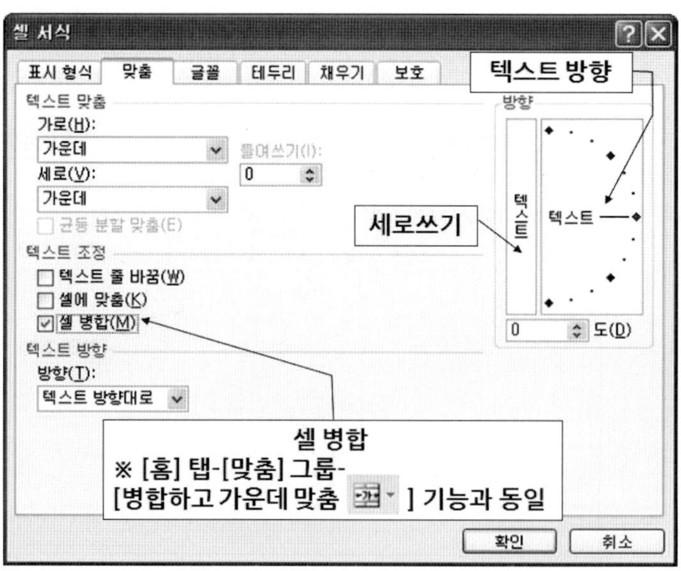

※[홈]탭-[맞춤] 그룹에서 설정 가능

4.7.3 [셀 서식] - '글꼴' 설정

글꼴, 글꼴 스타일, 크기, 밑줄, 색 설정을 합니다. [홈] 탭→[글꼴] 그룹에서도 설정할 수 있습니다.

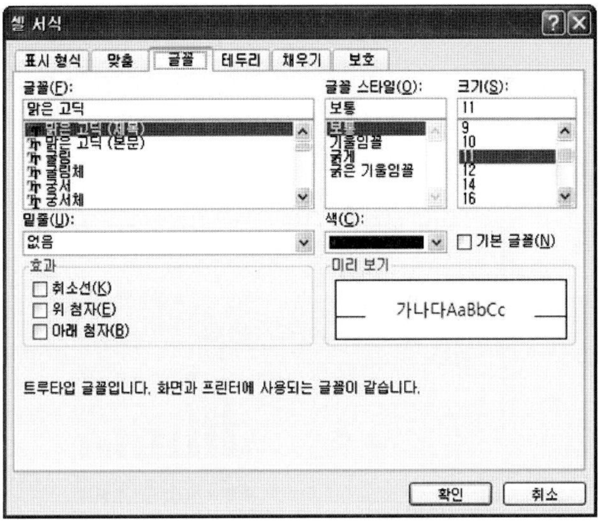

※[홈]탭-[글꼴] 그룹 에서 설정 가능

4.7.4 [셀 서식] – '테두리' 설정

셀의 테두리 스타일, 위치 등을 설정합니다. [홈] 탭→[글꼴] 그룹→[테두리]에서도 설정할 수 있습니다.

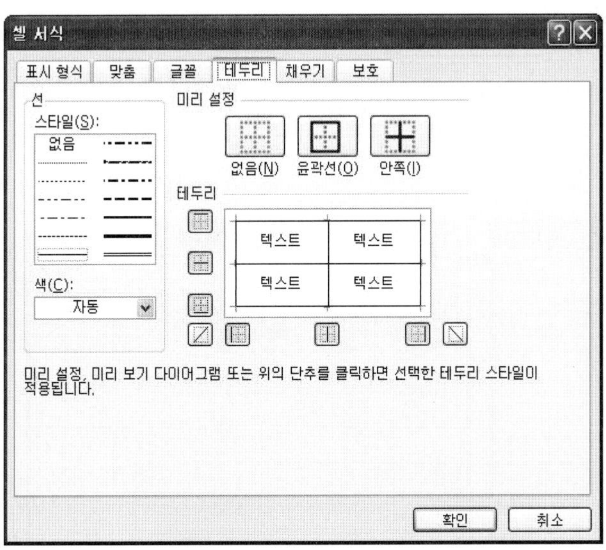

※[홈]탭-[글꼴] 그룹-[테두리] 에서 설정 가능

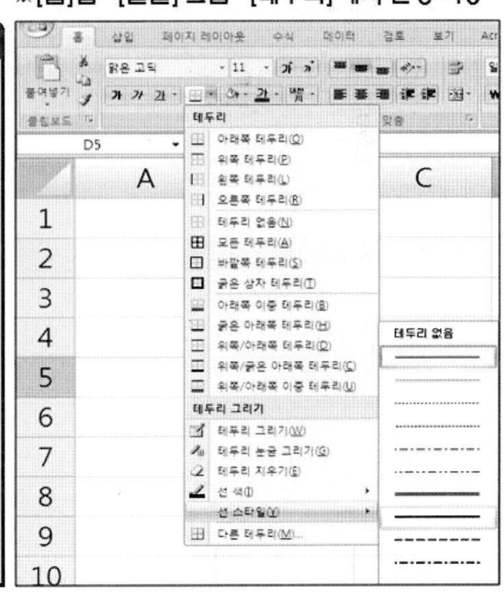

테두리 스타일 먼저 지정한 후 위치 클릭!

- 테두리를 설정할 경우에는 스타일을 먼저 지정한 후 서식을 지정할 위치(위, 아래, 왼쪽, 오른쪽, 대각선 등)를 각각 클릭하여 설정합니다.

4.7.5 [셀 서식] – '채우기' 설정

셀을 색으로 채울 수 있습니다. [홈] 탭→[글꼴] 그룹→[채우기 색]에서도 설정할 수 있습니다.

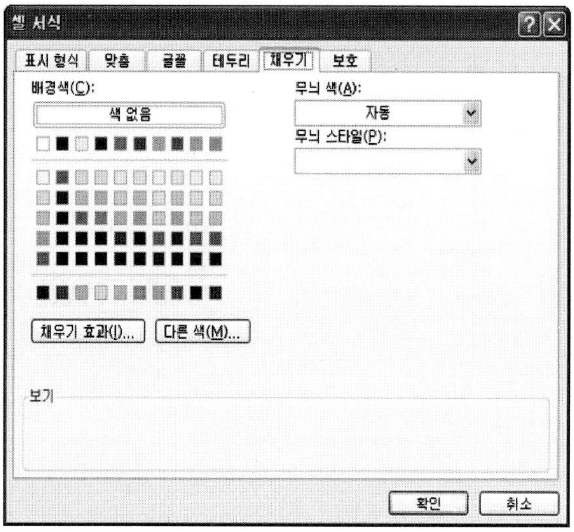

※[홈]탭–[글꼴] 그룹–[채우기] 에서 설정 가능

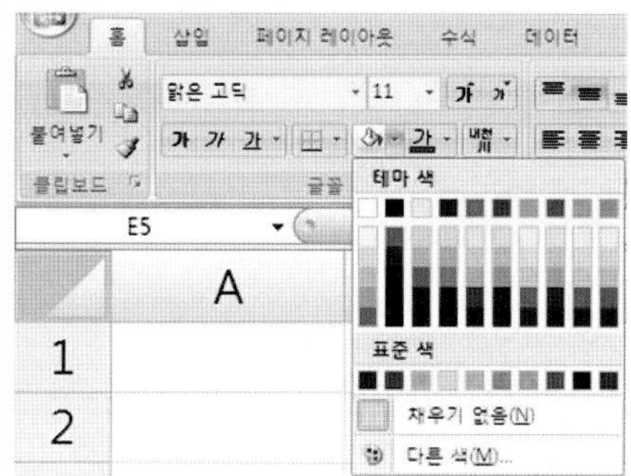

■ 그라데이션 설정

두 가지 색을 섞는 그라데이션 효과는 '셀 서식' 대화상자에서 적용할 수 있습니다.

마우스 오른쪽을 눌러 [셀 서식]을 선택합니다. '셀 서식' 대화상자의 [채우기]→[채우기 효과] 단추를 누릅니다. '채우기 효과' 대화상자의 [그라데이션] 기능을 이용하여 두 가지 색상을 혼합하여 다양한 형태의 색상으로 채울 수 있습니다.

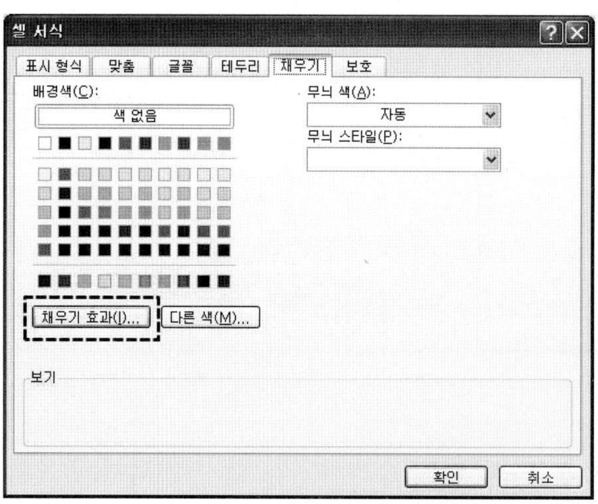

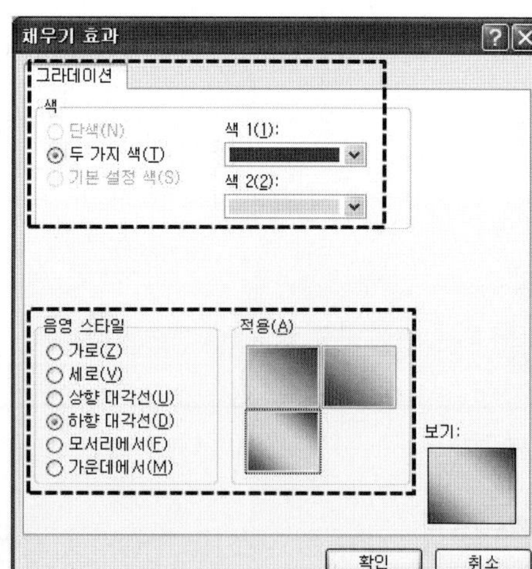

단색 채우기　　　그라데이션 채우기

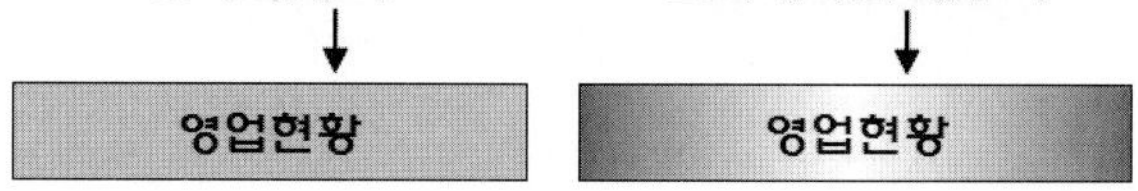

5. 엑셀에서 계산 방법

엑셀은 숫자, 날짜 등의 데이터를 이용하여 문서 내에서 다양한 방법으로 계산을 할 수 있습니다.

■ **엑셀에서 사용되는 연산자**

엑셀에서 계산식 작성을 위해 사용되는 연산자는 산술 연산자, 문자열 연산자, 비교 연산자 등이 있습니다. 아래 연산자를 적절하게 사용하여 수식을 작성합니다.

종류	기호	의미	종류	기호	기능
산술 연산자	+	더하기	비교 연산자	=	같다
	−	빼기(음수)		>	크다
	*	곱하기		<	작다
	/ (슬래시)	나누기		>=	크거나 같다
	^ (캐럿)	거듭제곱		<=	작거나 같다
	%	백분율		<>	같지 않다
텍스트 연산자	& (앰퍼샌드)	두 개의 값을 연결 (예: "대한"&"민국")	참조 연산자	: (콜론)	두 개의 참조 범위 표시 (예: B1:B10)

5.1 수식을 셀에 직접 입력하여 계산

수식을 셀에 직접 입력하여 계산할 경우에는 아래 순서에 따라 식을 작성합니다.

① **셀에 수식을 직접 입력하여 계산할 경우에는 식은 항상 등호(=)로 시작합니다.**
② **계산에 사용되는 데이터가 있는 셀을 선택합니다.**
③ **식에 사용되는 연산자(+, −, *, / 등)는 직접 입력합니다.**
④ **식 작성이 끝나면 Enter↵를 누릅니다.**

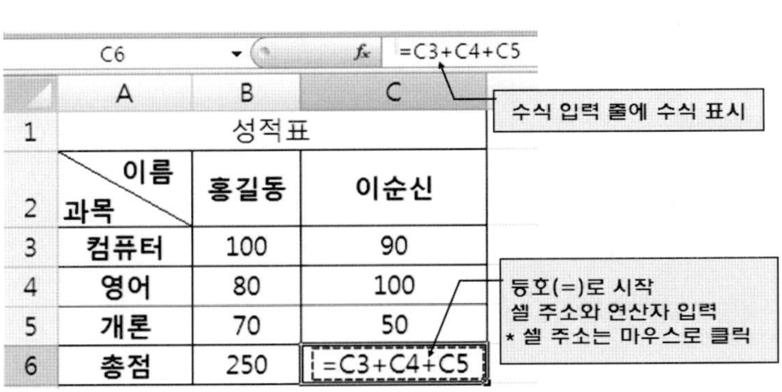

셀에는 수식 결과 값이 표시되고 실제 입력한 수식은 '수식 입력줄'에 표시됩니다.

5.2 자동 합계를 이용한 계산

자주 사용되는 계산(합계, 평균, 숫자 개수, 최대값, 최소값 등)은 [홈] 탭→[편집] 그룹→[자동 합계Σ ▾]에 등록되어 있는 아이콘을 클릭하여 쉽게 계산할 수 있습니다.

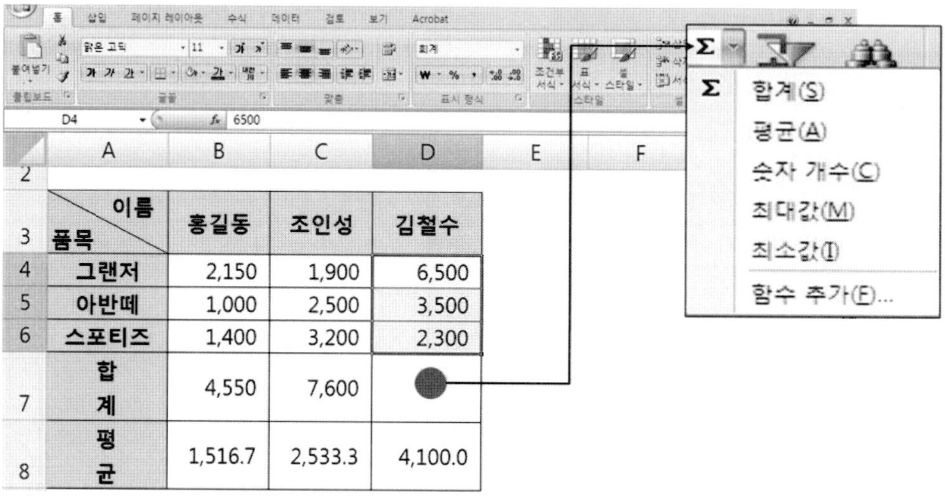

5.3 함수 마법사를 이용한 계산

엑셀에서 제공하는 다양한 범주의 함수들을 이용하여 복잡한 계산을 할 수 있습니다. [함수 삽입 fx]을 눌러 '함수 마법사' 대화 상자에서 해당 함수를 선택하여 계산합니다.

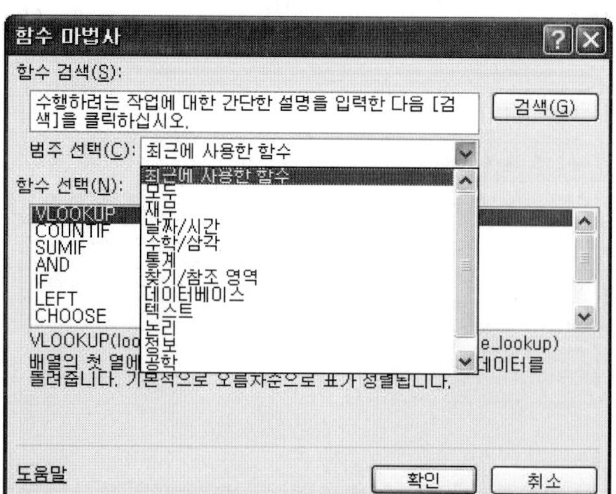

6. 엑셀 채우기 기능

엑셀은 '채우기'라는 기능을 이용하여 간단한 동작으로 많은 데이터의 복사, 계산 등의 반복 작업을 쉽게 할 수 있습니다. '채우기' 방법은 셀의 오른쪽 하단에 마우스를 살짝 올리면 채우기 핸들(+)이 표시 되고, 채우기 핸들을 끌면 해당 셀에 채우기 기능을 적용할 수 있습니다.

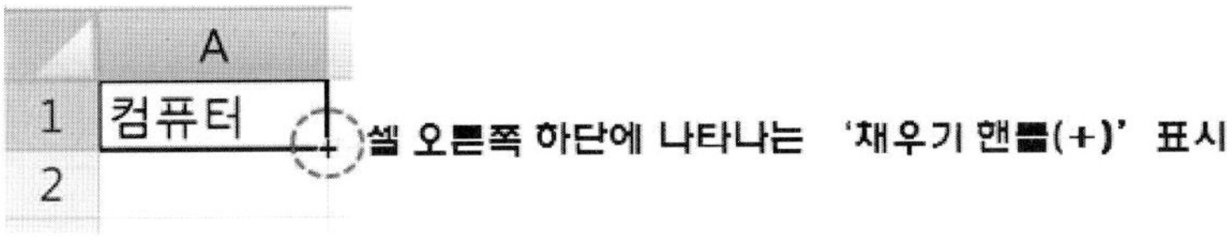

■ **채우기: '복사' 기능**

문자 또는 숫자를 동일하게 복사하거나 일련의 증감(감소) 규칙으로 내용을 변화시키면서 복사할 수 있습니다.

■ **채우기: '계산 반복' 기능**

계산된 결과 셀을 채우기 할 경우 셀의 주소는 변하지만 동일한 수식을 적용하여 결과를 얻을 수 있습니다.

6.1 문자 자동 채우기

6.1.1 문자만 입력된 셀 채우기

문자만 입력되어 있는 셀은 채우기 핸들(+)을 끌면 해당 문자가 단순 복사가 됩니다.

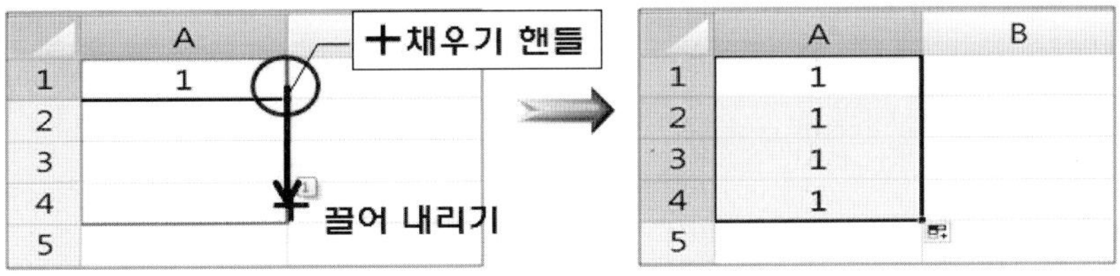

6.1.2 문자와 숫자가 혼합된 데이터 셀 채우기

문자와 숫자가 혼합된 데이터 셀의 채우기 핸들(+)을 끌면 데이터에 포함된 숫자가 증가되면서 채워집니다.

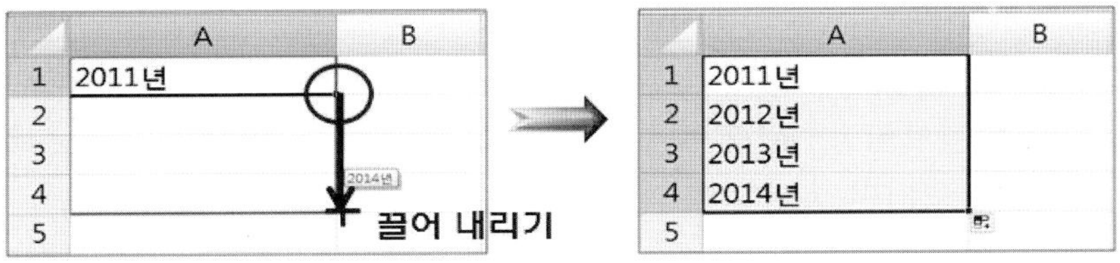

6.2 숫자 자동 채우기

6.2.1 숫자만 입력된 셀 채우기

숫자만 입력되어 있는 셀은 채우기 핸들(+)을 끌면 해당 숫자가 단순 복사가 됩니다.

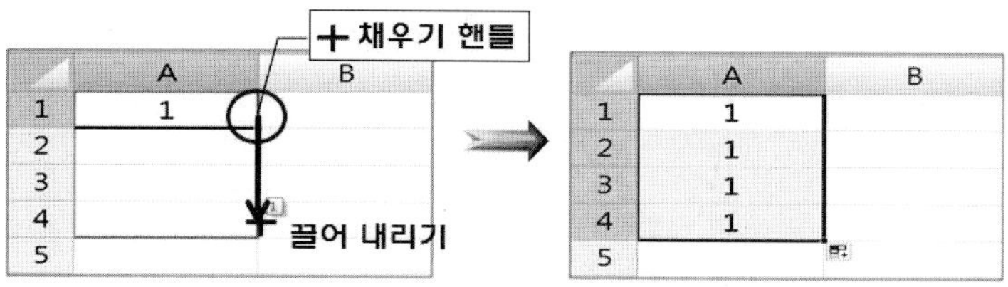

6.2.2 시작/증가 값이 혼합된 데이터 셀 채우기

시작 값과 증가(또는 감소)하는 수를 미리 두 셀에 각각 입력하고 두 셀을 블록으로 설정한 후 채우기 핸들을 끌면 범위로 설정된 데이터 값의 차이만큼 증가(또는 감소) 되면서 숫자 데이터가 채워집니다.

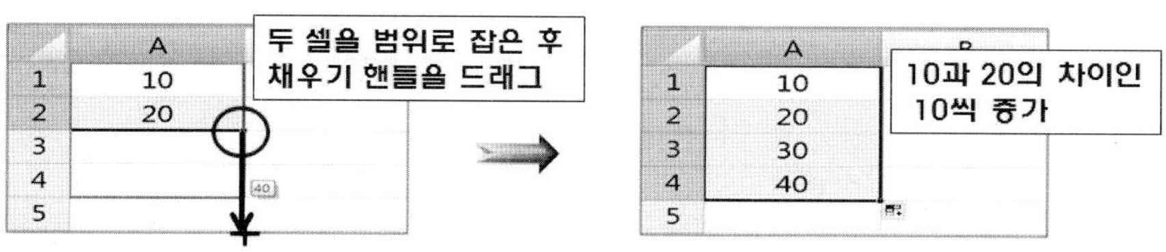

6.3 수식 자동 채우기

계산된 결과와 동일한 수식을 다른 셀에 적용할 경우 채우기 핸들(+)을 끌어서 채우기 하면 참조 되는 데이터의 주소는 변경되지만 식은 동일하게 적용되어 결과 값을 얻을 수 있습니다.

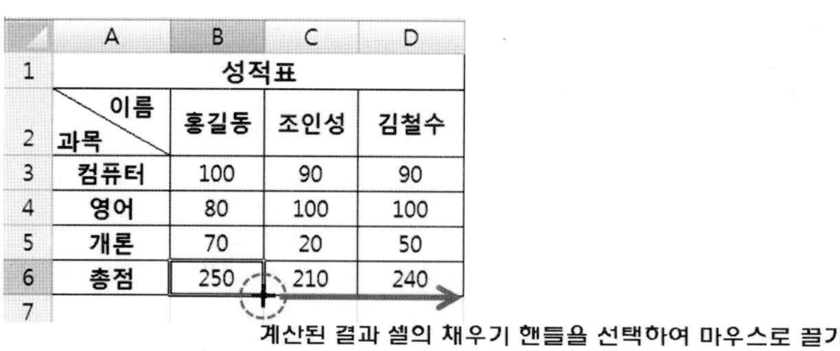

Tip 더블 클릭으로 채우기!

- 행 방향으로 수식 채우기 할 경우에는 채우기 핸들에 마우스를 두고 더블클릭하면 채우기를 쉽게 할 수 있습니다.

7. 엑셀 문서 인쇄

7.1 인쇄 미리 보기

[오피스 단추]→[인쇄]→[인쇄 미리 보기]에서 인쇄 여백 표시, 페이지 설정 등을 통하여 인쇄 후의 모양을 미리 보기 할 수 있습니다.

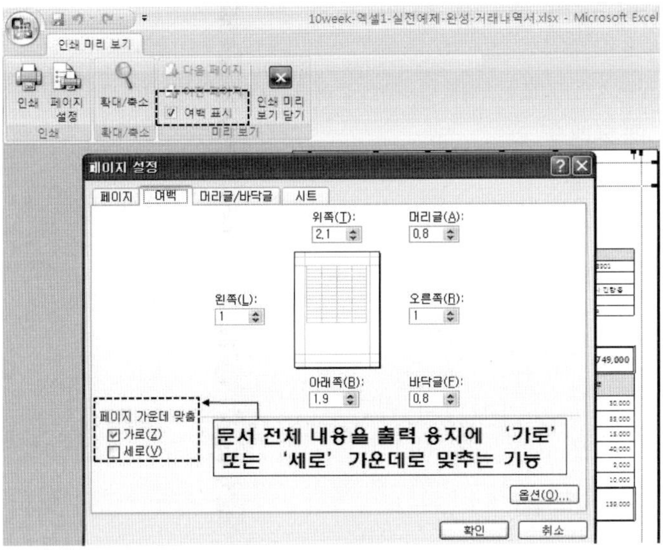

7.2 인쇄

[오피스 단추]→[인쇄]를 눌러 '인쇄' 대화 상자에서 인쇄 범위, 인쇄 대상 등을 설정할 수 있습니다.

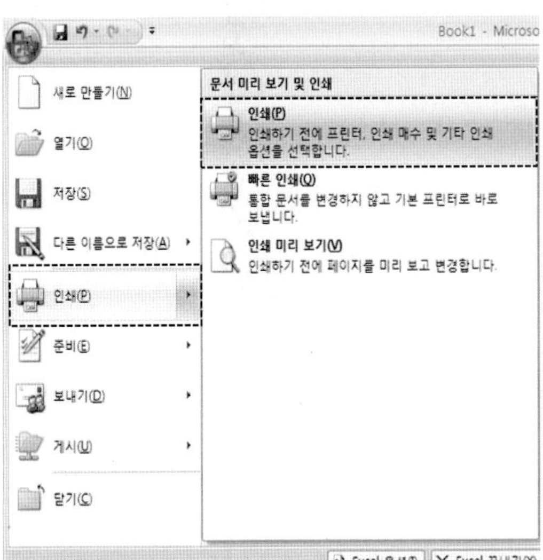

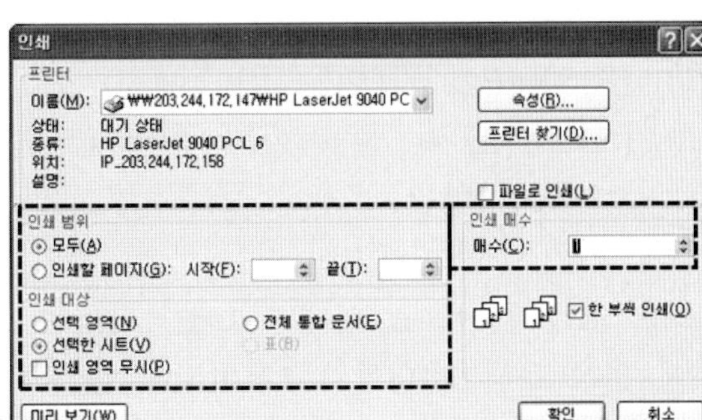

8. 실전 예제

● 학습 목표: 아래 지시사항에 따라 '거래내역서' 엑셀 문서를 완성합니다.

[지시 사항] 아래 지시사항에 따라 문서를 완성하시오.

1. 파일 저장 → 거래내역서.xlsx
2. 시트이름 변경: [Sheet1] → '대한대학교'
3. A 열 너비 → 5, [16-22] 행 높이 → 25
4. [A2] → 그림 삽입
5. [B2: F2] → 셀 병합하고 가운데 맞춤
   - 글자크기(24), 진하게
6. [A4:B6] → 셀 테두리
7. [B4]: 날짜 입력 → '00년 0월 0일' 로 표시형식 변경
8. [E4:F9] → 출력 형태와 같이 테두리, 색 설정
9. [E5:E9] → '균등분할'
10. [F5:F9] → '왼쪽 들여쓰기(1)'
11. [A13:F22] →출력형태와 같이 테두리 및 색 채우기
12. [A22] → 세로쓰기
13. 금액 [E16:E21] → [수량]*[단가]
14. 세액 [F16:F21] → [금액]*0.1
15. [E22] → [E16:E21] 금액의 합계
16. [F22] → [F16:F21] 세액의 합계
17. [D16:D21], [E16:F22] → 천 단위 자릿수(,) 표시
18. [F13]=[E22]+[F22] ('₩' 표시)
19. [B13:E13] → '셀 병합 후 가운데 맞춤'
   - [F13] 셀 값
   - [셀 서식] - [표시 형식]변경: 숫자(한글)
   - [B13]결과 값 뒤에 "원 整" 붙이기
20. 완성 문서가 A4용지 1페이지에 출력되도록 설정
   - 페이지 '가로' 가운데 맞춤

* 지시사항 이외의 내용은 아래의 '완성 출력 형태' 유사하게 작성

[완성 출력 형태]

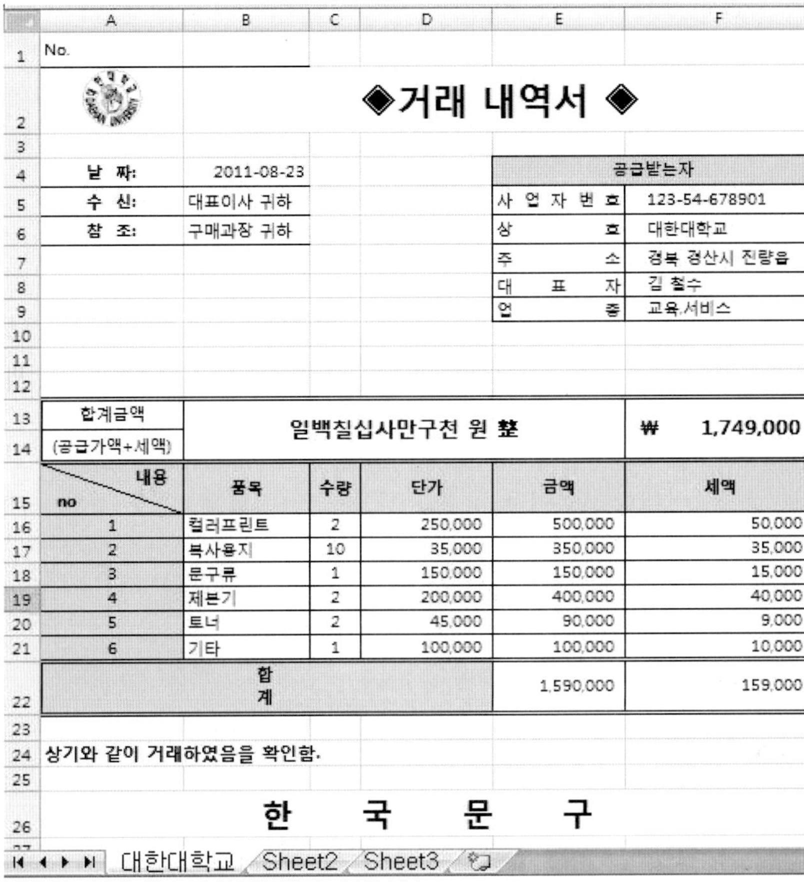

No.

◈거래 내역서 ◈

날 짜:	2011-08-23
수 신:	대표이사 귀하
참 조:	구매과장 귀하

공급받는자	
사 업 자 번 호	123-54-678901
상 호	대한대학교
주 소	경북 경산시 진량읍
대 표 자	김 철수
업 종	교육,서비스

합계금액 (공급가액+세액)	일백칠십사만구천 원 整	₩ 1,749,000

내용 / no	품목	수량	단가	금액	세액
1	컬러프린트	2	250,000	500,000	50,000
2	복사용지	10	35,000	350,000	35,000
3	문구류	1	150,000	150,000	15,000
4	제본기	2	200,000	400,000	40,000
5	토너	2	45,000	90,000	9,000
6	기타	1	100,000	100,000	10,000
합 계				1,590,000	159,000

상기와 같이 거래하였음을 확인함.

한 국 문 구

Step 1: 파일 저장: 거래내역서.xlsx

[오피스 단추]→[저장]을 누른 후 파일이름(거래내역서)을 입력합니다.

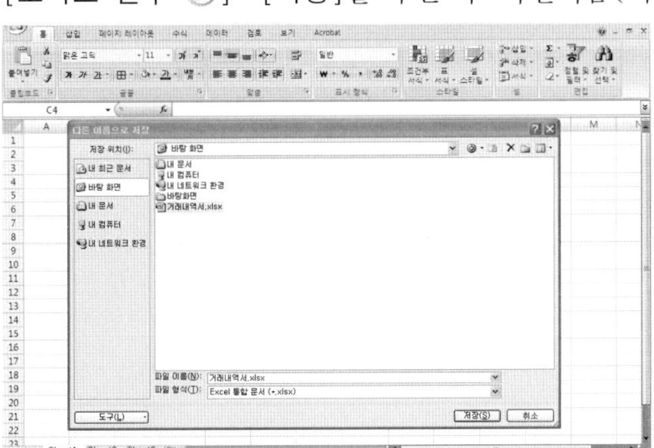

Step 2: 시트 이름 변경: [Sheet1] → 대한대학교

[Sheet1] 시트 탭을 더블 클릭한 후 '대한대학교'를 입력합니다.

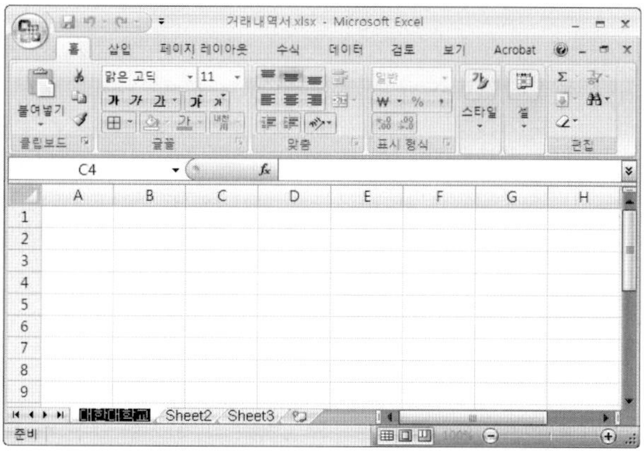

Step 3: A 열 너비(5), [16-22] 행 높이(25) 로 변경

① 열 머리글 'A'를 선택한 후 마우스 오른쪽을 눌러 [열너비]를 선택하고 대화 상자에 숫자 5를 입력합니다.

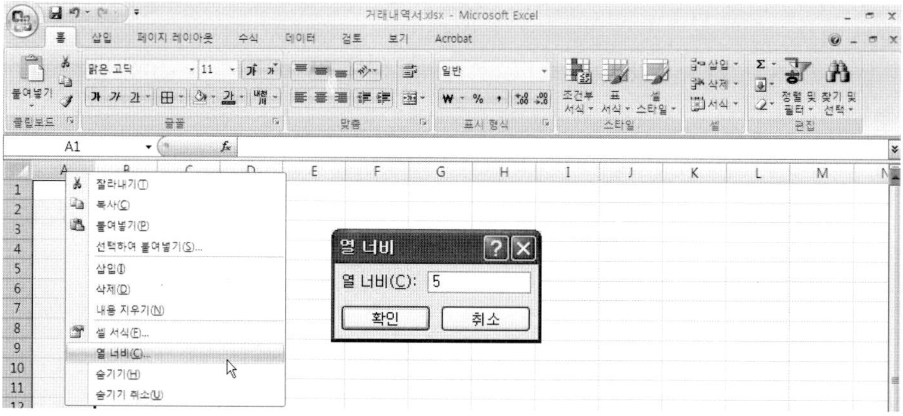

② 16-22 행 머리글을 마우스로 블록 설정한 후 마우스 오른쪽을 눌러 [행 높이]를 선택하고 숫자 25를 입력합니다.

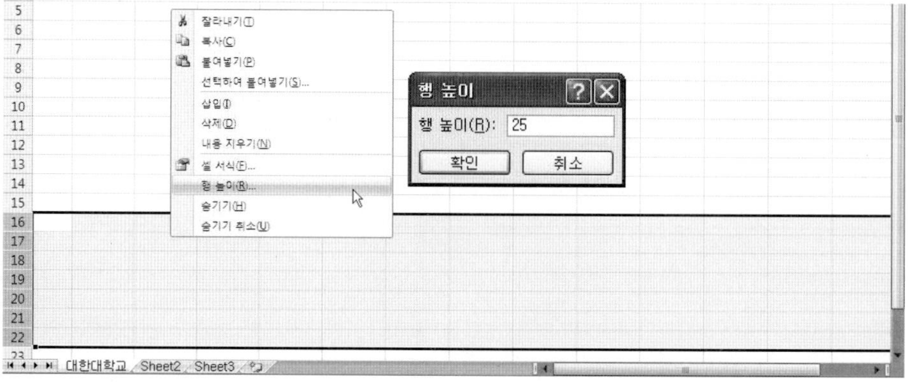

Step 4: 그림 삽입

① [삽입] 탭→[일러스트레이션]그룹 →[그림]을 누른 후 해당 그림을 선택하고 그림을 삽입합니다.

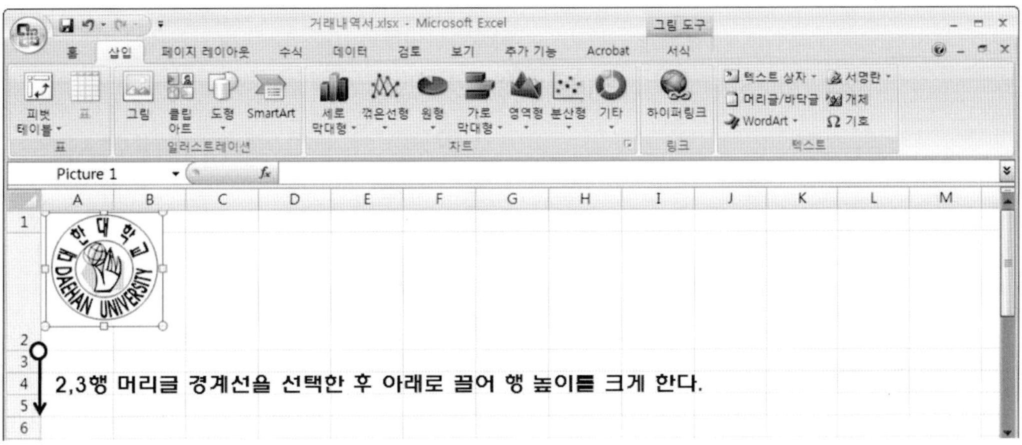

② 행 머리글 '2'와 '3' 의 경계선을 선택한 후 아래로 마우스를 끌어 행 높이를 크게 합니다.

③ 열 머리글 'A'와 'B'의 경계선을 선택한 후 오른쪽으로 마우스를 끌어 행 높이를 크게 합니다.

Step 5: [B2: F2] 셀 병합하고 가운데 맞춤-글자크기(24), 진하게

① [B2:F2] 셀을 선택한 후 [홈] 탭→[맞춤] 그룹→[셀 병합하고 가운데 맞춤]을 선택합니다. '거래 내역서'를 입력합니다.

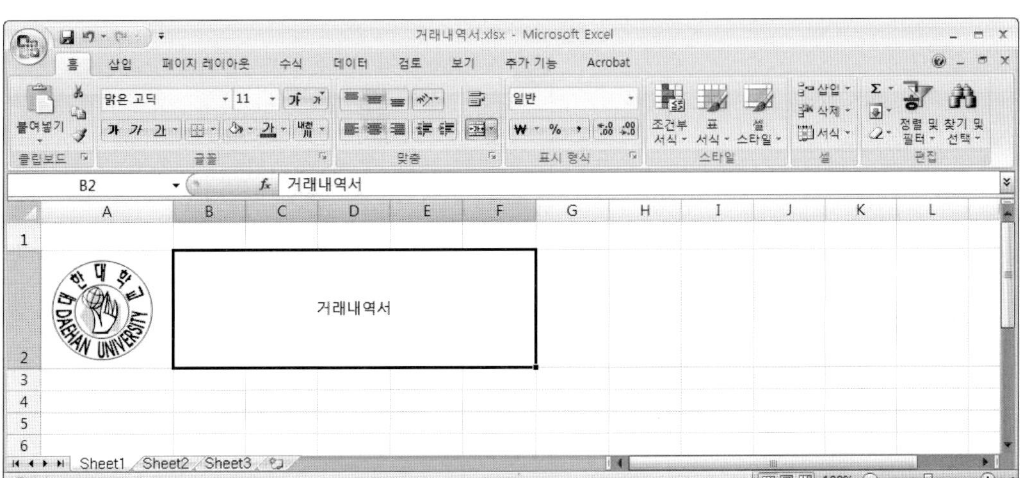

② [B2]셀을 선택한 후 [홈] 탭→[글꼴] 그룹에서 서식(글자크기 24, 진하게)을 각각 설정합니다.

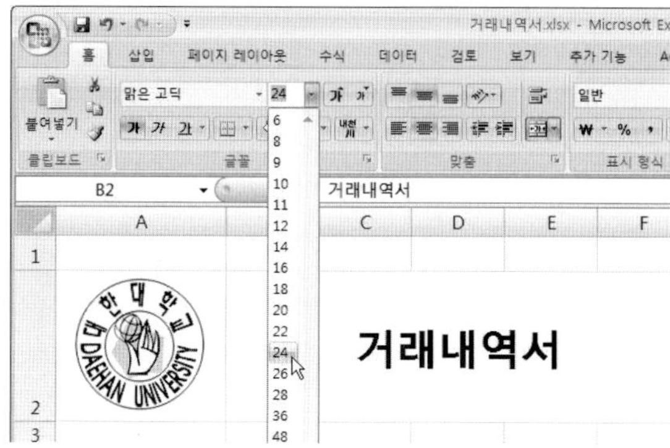

Step 6: [A4:B6] 셀 테두리 설정

① [A4:B6] 범위를 마우스로 블록을 설정한 후 마우스 오른쪽을 눌러 [셀 서식]을 누릅니다.

② '셀 서식' 대화 상자에서 [테두리]를 선택합니다.

왼쪽 '선 스타일' 목록 중에서 선 모양을 선택합니다.
오른쪽 '미리 설정'에서 '안쪽'과 '아래쪽'을 누르고 [확인] 단추를 누릅니다.

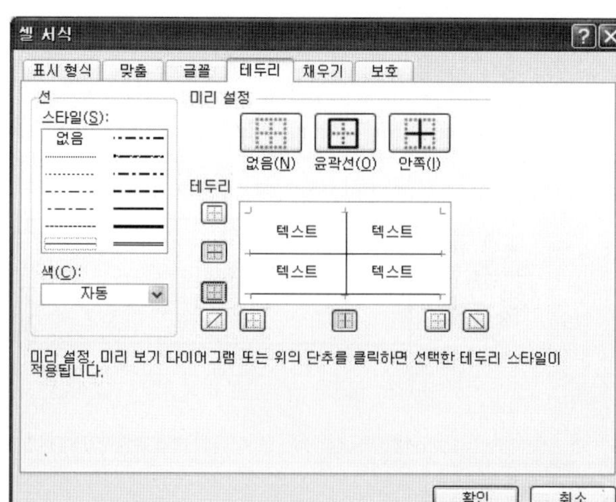

Step 7: [B4]: 날짜 입력 ➜ '00년 0월 0일'로 표시형식 변경

[B4]셀을 선택하고 숫자 사이를 하이픈(-)이나 대시(-)로 구분하여 입력합니다. 마우스 오른쪽을 눌러 [셀 서식]→[표시 형식]→[날짜]를 선택하고, 해당 형식으로 설정합니다.

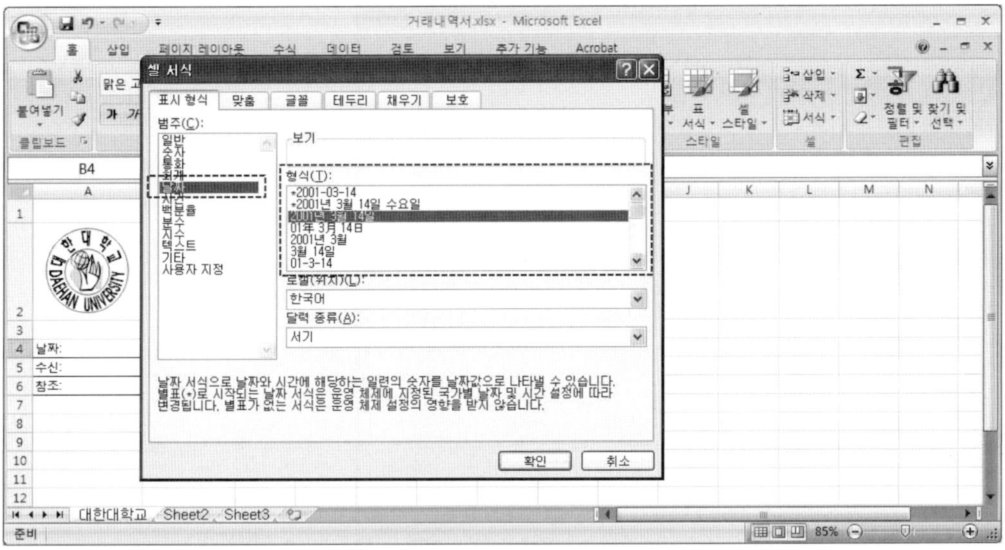

Step 8: [E4:F9]: 출력 형태와 같이 테두리, 색 설정

① [E4:F9]를 마우스로 블록 설정한 후 마우스 오른쪽을 눌러 [셀서식]을 누릅니다. '셀 서식' 대화 상자의 [테두리]에서 해당 테두리 형태로 설정합니다.

② [E4]셀을 선택하고 [홈]탭→[글꼴] 그룹→[채우기색]을 누르고 색을 선택합니다.

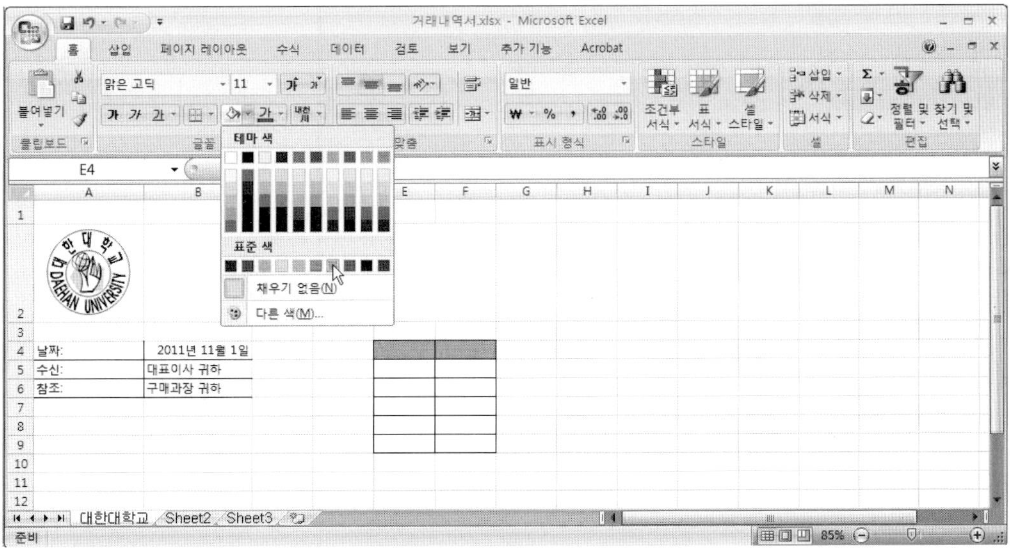

Step 9: [E5:E9]: '균등분할'

[E4:E9]를 마우스로 블록 설정한 후 마우스 오른쪽을 눌러 [셀서식]을 누릅니다. '셀 서식' 대화 상자의 [맞춤]에서 [가로]→'균등 분할(들여쓰기)'로 설정합니다.

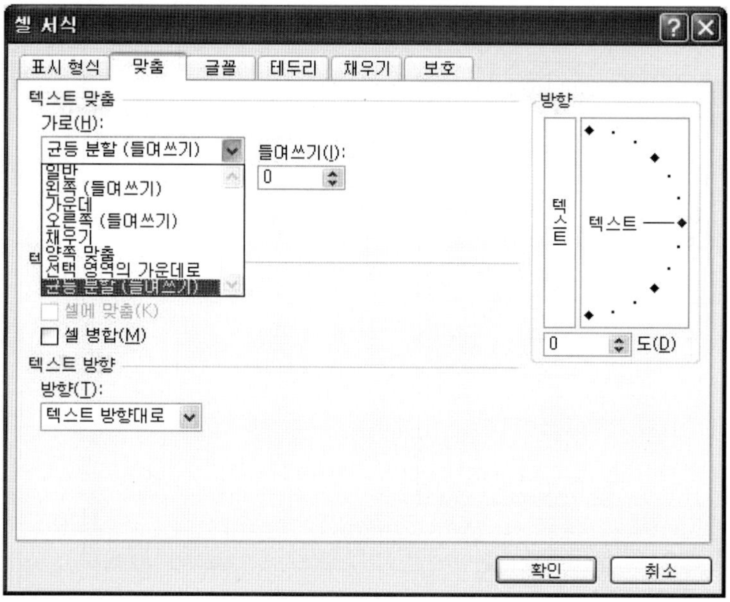

Step 10: [F5:F9]: '왼쪽 들여쓰기(1)'

[F5:F9]를 마우스로 블록 설정한 후 마우스 오른쪽을 눌러 [셀서식]을 누릅니다. '셀 서식' 대화 상자의 [맞춤]에서 [가로]→'왼쪽(들여쓰기)'를 '1'로 설정합니다.

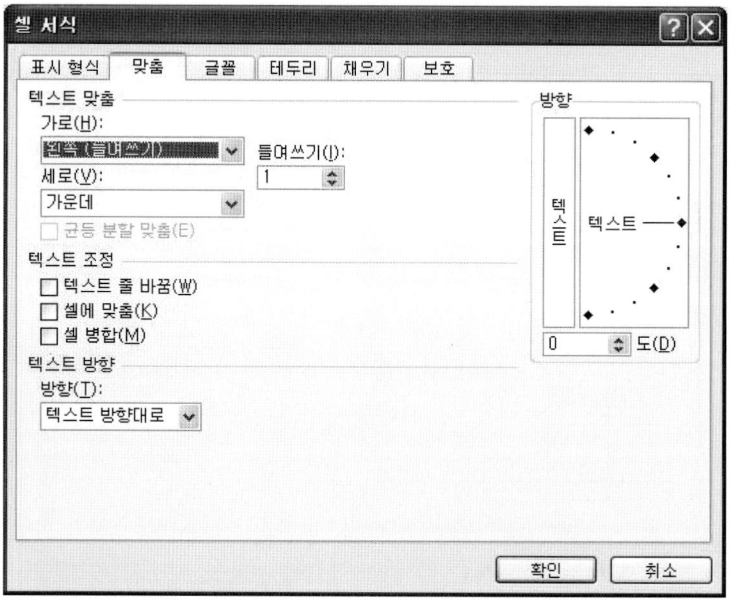

Step 11: [A13:F22]: 출력형태와 같이 테두리 및 색 채우기

[A13:F22]를 마우스로 블록 설정한 후 마우스 오른쪽을 눌러 [셀서식]을 누릅니다. '셀 서식' 대화 상자의 [테두리]에서 해당 테두리 형태로 설정합니다.

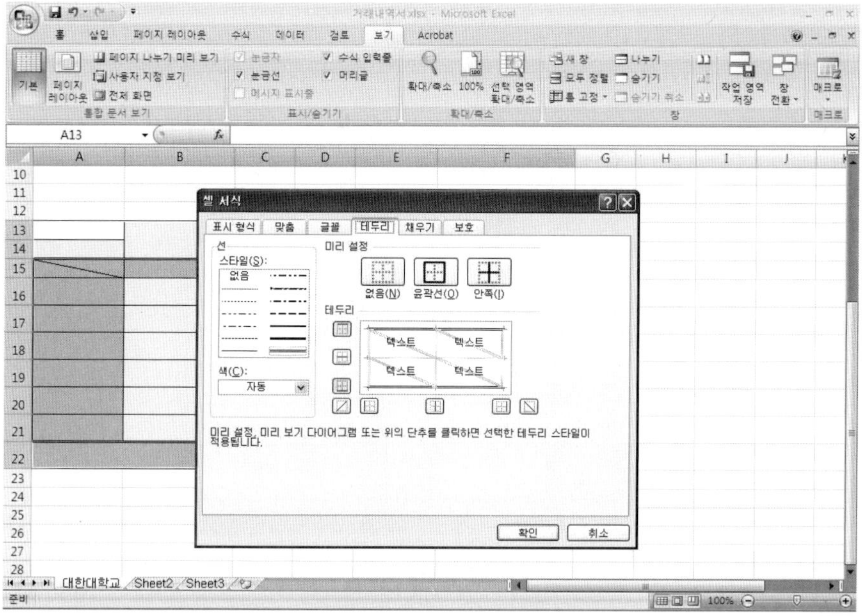

Step 12: [A22]: 세로쓰기

[A22]셀을 선택한 후 마우스 오른쪽을 눌러 [셀서식]을 누릅니다.
'셀 서식' 대화 상자의 [맞춤]에서 '방향-세로쓰기'를 설정합니다.

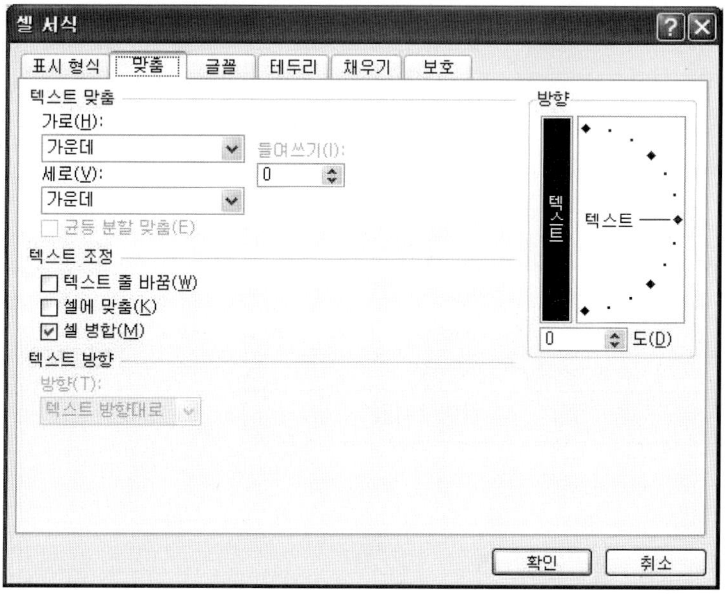

Step 13: 금액 [E16:E21]: [수량]*[단가]

① [E16]셀을 선택한 후 등호(=)를 입력합니다.
[C16]셀을 마우스로 클릭하고 곱하기(*)를 입력한 후 [D16]셀을 선택하고 Enter↵를 누릅니다.

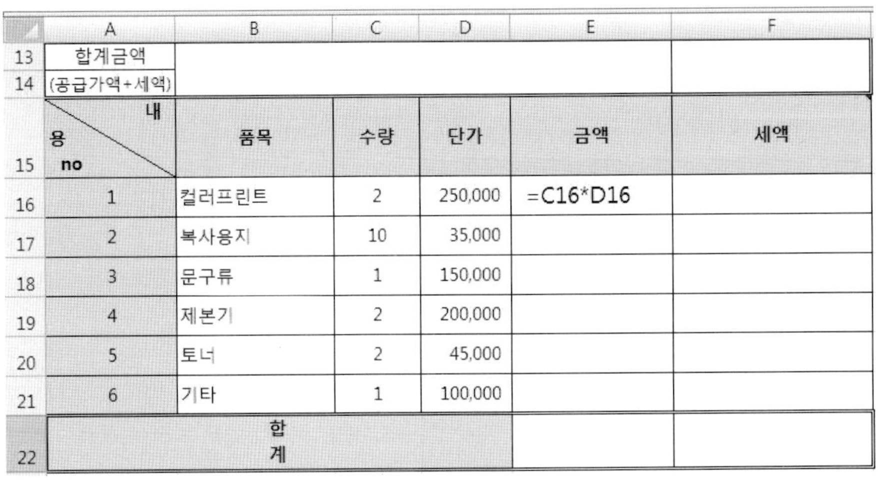

② [E16]셀의 오른쪽 아래에 마우스를 올리면 채우기 핸들(+)이 표시됩니다. '채우기 핸들(+)' 표시를 마우스로 클릭하여 끌어 당겨서 [E21]까지 채웁니다.

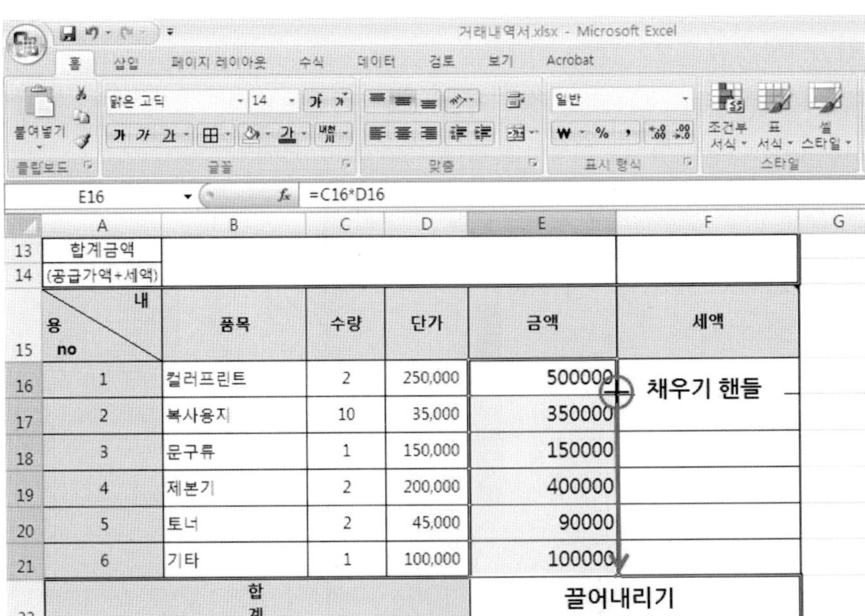

Step 14: 세액 [F16:F21]: [금액]*0.1

① [F16]셀을 선택한 후 등호(=)를 입력합니다. [E16]셀을 마우스로 클릭하고 곱하기 (*)와 숫자(0.1)를 입력한 후 Enter↵를 누릅니다.

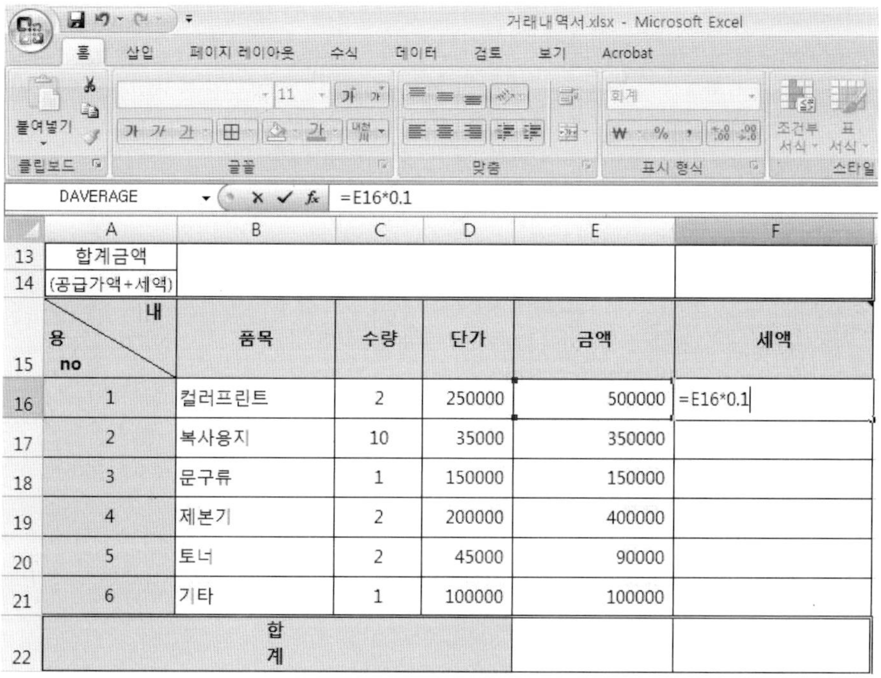

	A	B	C	D	E	F
13	합계금액					
14	(공급가액+세액)					
15	내용 no	품목	수량	단가	금액	세액
16	1	컬러프린트	2	250000	500000	=E16*0.1
17	2	복사용지	10	35000	350000	
18	3	문구류	1	150000	150000	
19	4	제본기	2	200000	400000	
20	5	토너	2	45000	90000	
21	6	기타	1	100000	100000	
22	합계					

② [F16]셀의 오른쪽 아래 '채우기 핸들(+)'을 마우스로 끌어 [F21]까지 내립니다.

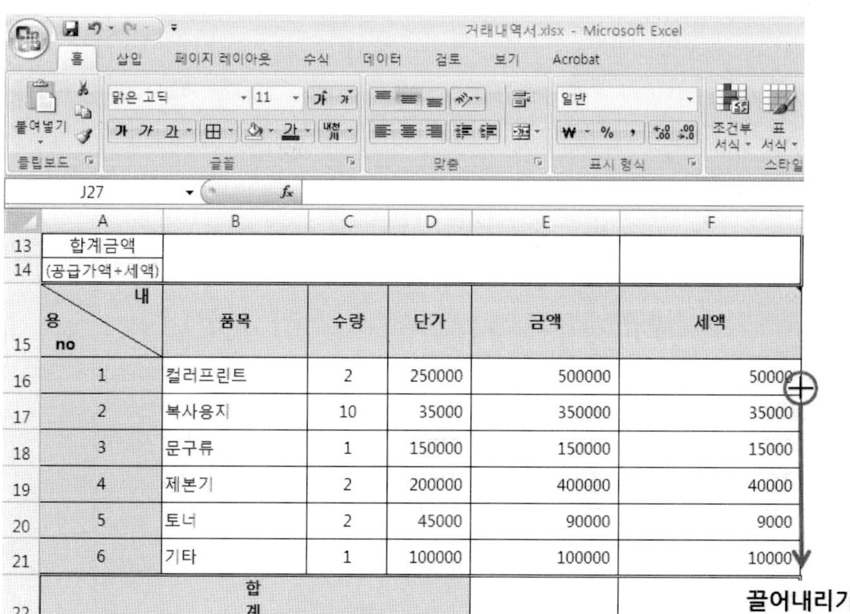

	A	B	C	D	E	F
13	합계금액					
14	(공급가액+세액)					
15	내용 no	품목	수량	단가	금액	세액
16	1	컬러프린트	2	250000	500000	50000
17	2	복사용지	10	35000	350000	35000
18	3	문구류	1	150000	150000	15000
19	4	제본기	2	200000	400000	40000
20	5	토너	2	45000	90000	9000
21	6	기타	1	100000	100000	10000
22	합계					

Step 15: [E22]: [E16:E21] 금액의 합계

계산 값을 얻고자 하는 셀 [E22]를 먼저 클릭하여 선택합니다. [E16:E21]셀을 블록 설정한 후 [홈]탭→[편집] 그룹→[자동 합계 Σ 합계(S)]를 누릅니다.

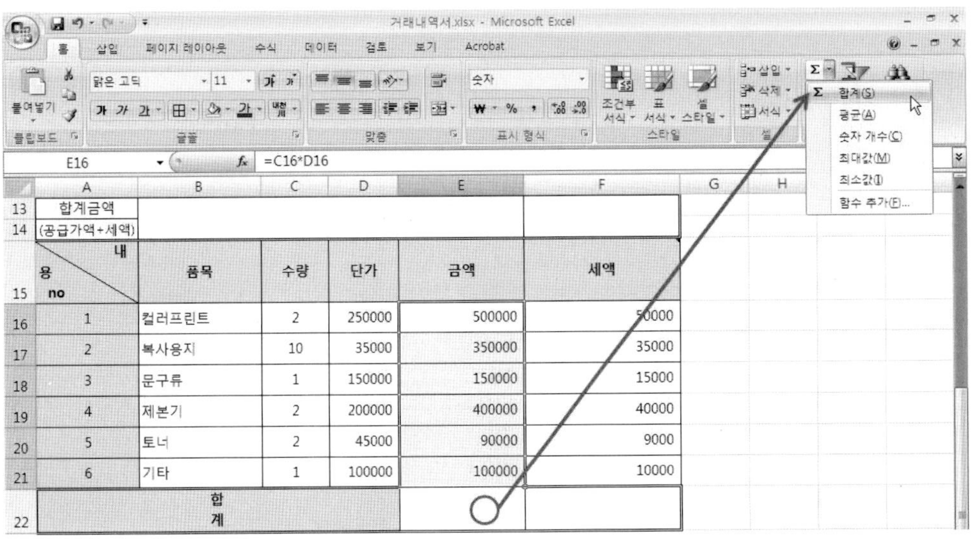

	A	B	C	D	E	F
13	합계금액					
14	(공급가액+세액)					
15	내용 no	품목	수량	단가	금액	세액
16	1	컬러프린트	2	250000	500000	50000
17	2	복사용지	10	35000	350000	35000
18	3	문구류	1	150000	150000	15000
19	4	제본기	2	200000	400000	40000
20	5	토너	2	45000	90000	9000
21	6	기타	1	100000	100000	10000
22	합계					

Step 16: [F22]: [F16:F21] 세액의 합계

금액 합계 셀 [E22]를 선택한 후 '채우기 핸들'을 눌러 오른쪽으로 끌어 세액 [F16:F21]의 합계를 자동 채우기 합니다.

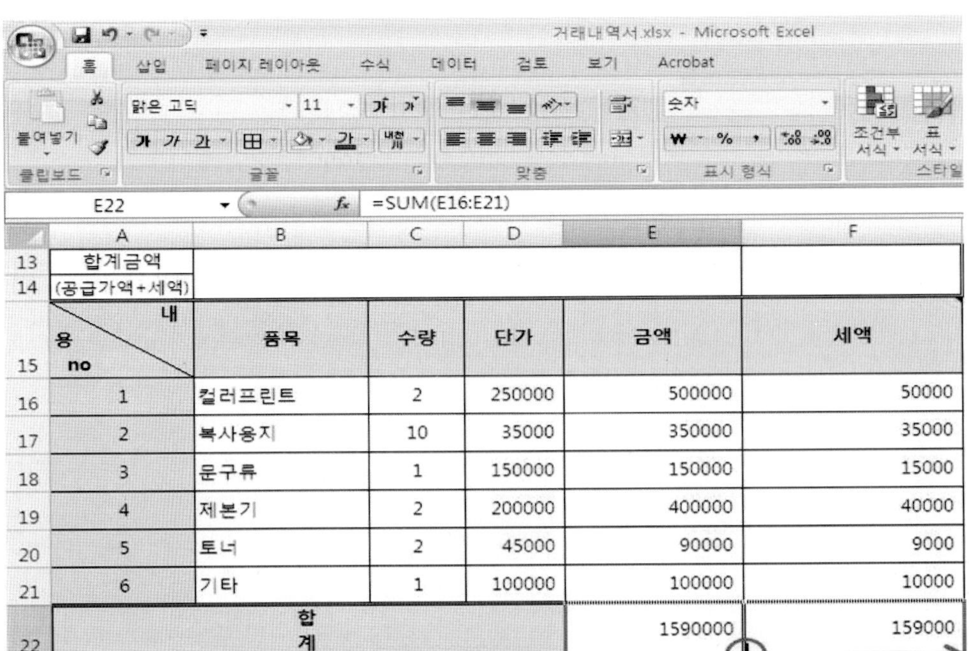

	A	B	C	D	E	F
13	합계금액					
14	(공급가액+세액)					
15	내용 no	품목	수량	단가	금액	세액
16	1	컬러프린트	2	250000	500000	50000
17	2	복사용지	10	35000	350000	35000
18	3	문구류	1	150000	150000	15000
19	4	제본기	2	200000	400000	40000
20	5	토너	2	45000	90000	9000
21	6	기타	1	100000	100000	10000
22	합계				1590000	159000

Step 17: [D16:F21], [E22:F22] : 1000단위 자릿수(,) 표시

[D16:F21]셀을 블록 설정하고 Ctrl을 누른 상태에서 나머지 셀 [E22:F22]를 블록 설정합니다. [홈] 탭→[표시 형식] 그룹에서 '자릿수 표시 ,'를 선택합니다.

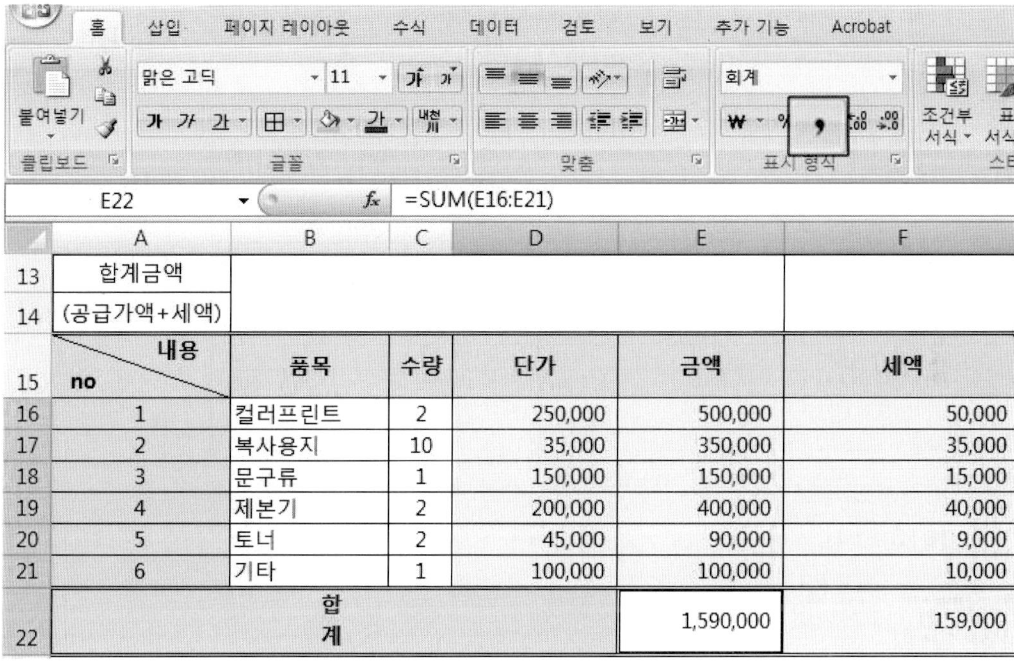

	A	B	C	D	E	F
13	합계금액					
14	(공급가액+세액)					
15	내용 / no	품목	수량	단가	금액	세액
16	1	컬러프린트	2	250,000	500,000	50,000
17	2	복사용지	10	35,000	350,000	35,000
18	3	문구류	1	150,000	150,000	15,000
19	4	제본기	2	200,000	400,000	40,000
20	5	토너	2	45,000	90,000	9,000
21	6	기타	1	100,000	100,000	10,000
22	합계				1,590,000	159,000

Step 18: [F13]=[E22]+[F22] (₩ 표시)

① [F13]셀에 아래 출력형태와 같이 식을 입력합니다.

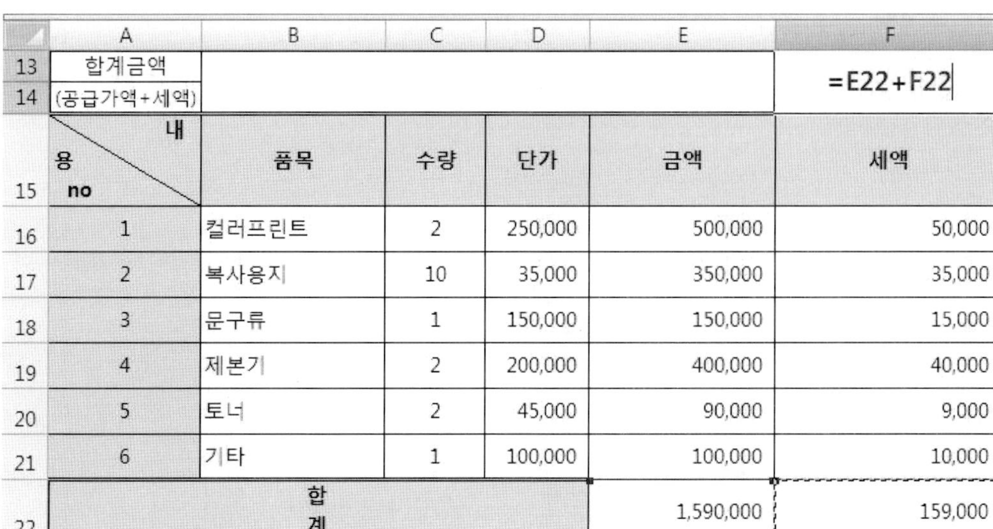

	A	B	C	D	E	F
13	합계금액					=E22+F22
14	(공급가액+세액)					
15	내용 / no	품목	수량	단가	금액	세액
16	1	컬러프린트	2	250,000	500,000	50,000
17	2	복사용지	10	35,000	350,000	35,000
18	3	문구류	1	150,000	150,000	15,000
19	4	제본기	2	200,000	400,000	40,000
20	5	토너	2	45,000	90,000	9,000
21	6	기타	1	100,000	100,000	10,000
22	합계				1,590,000	159,000

② [F13]셀을 선택하고 [홈] 탭→[표시 형식] 그룹에서 '회계표시형식 ₩'를 선택합니다.

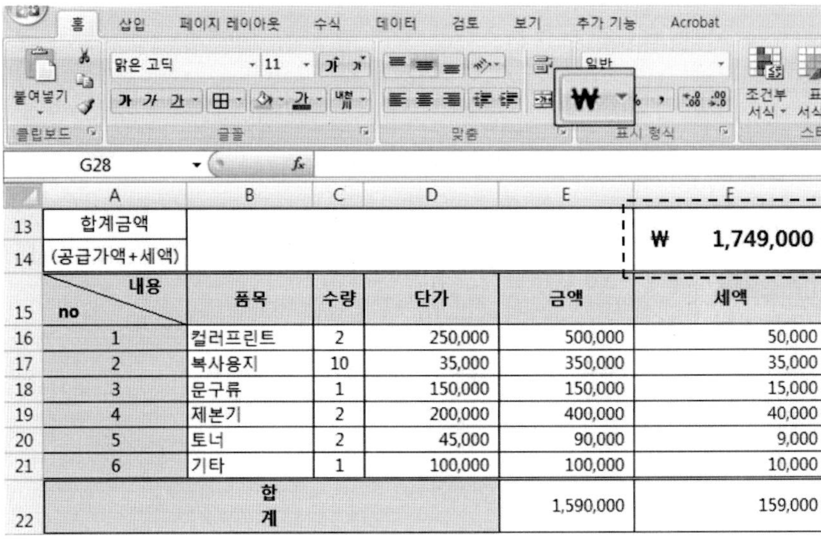

Step 19: [B13:E14]

- **'셀 병합 후 가운데 맞춤'**
- **[F13] 셀 값**
- **[셀 서식] – [표시 형식]변경: 숫자(한글)**

① [B13:E14] 셀을 선택한 후 [홈] 탭→[맞춤] 그룹→[셀 병합하고 가운데 맞춤]을 선택합니다.

② [B13] 셀에서 등호(=)를 입력하고 [F13]셀을 선택합니다.

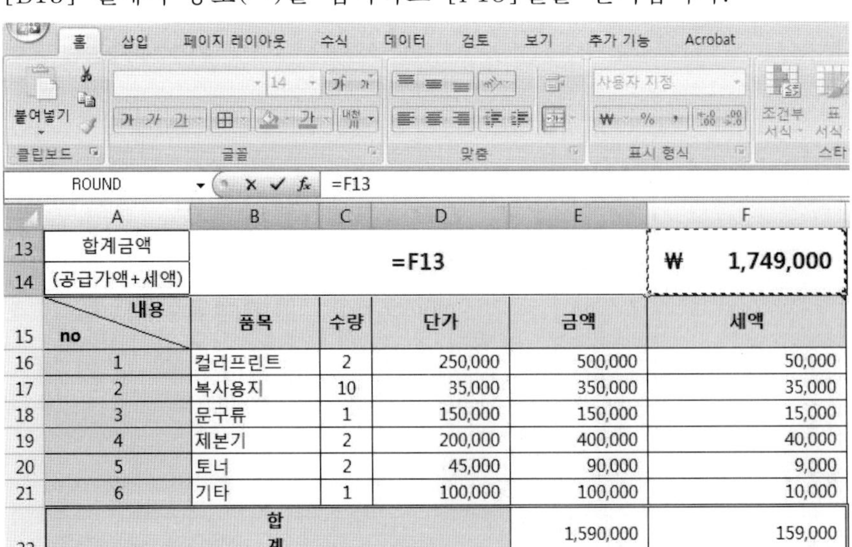

③ [B13] 셀에서 마우스 오른쪽을 눌러 [셀 서식]을 선택합니다. [표시 형식] 탭의 '범주'에서 [기타]를 선택하고 '형식'에서 [숫자(한글)]을 선택합니다.

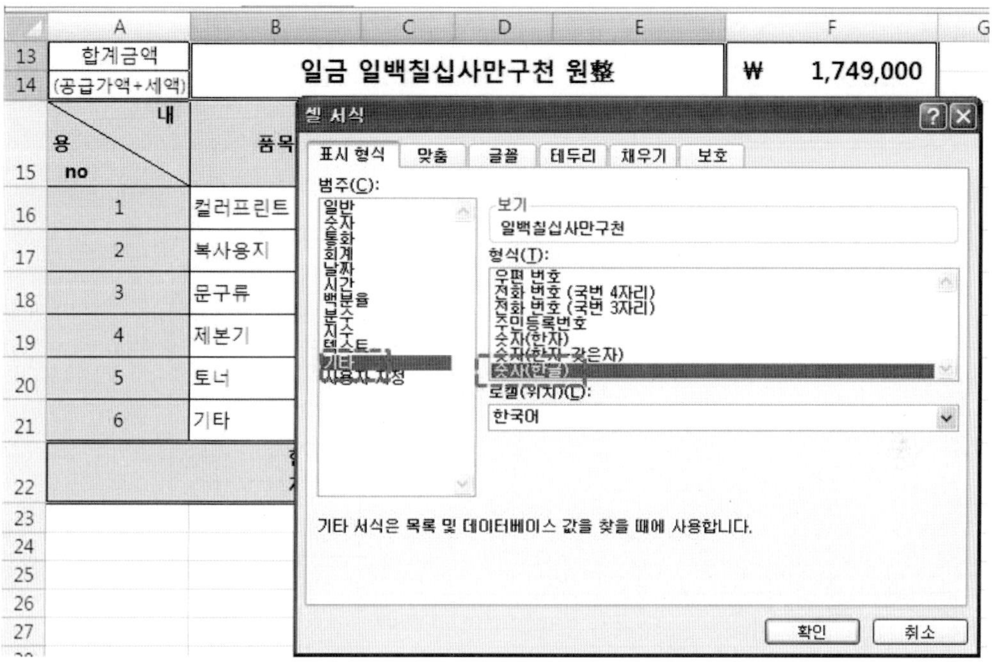

④ [B13]셀에서 마우스 오른쪽을 눌러 [셀 서식]을 선택합니다.
[표시 형식] 메뉴에서 [사용자 지정]을 선택하고 "원 整"을 입력합니다.

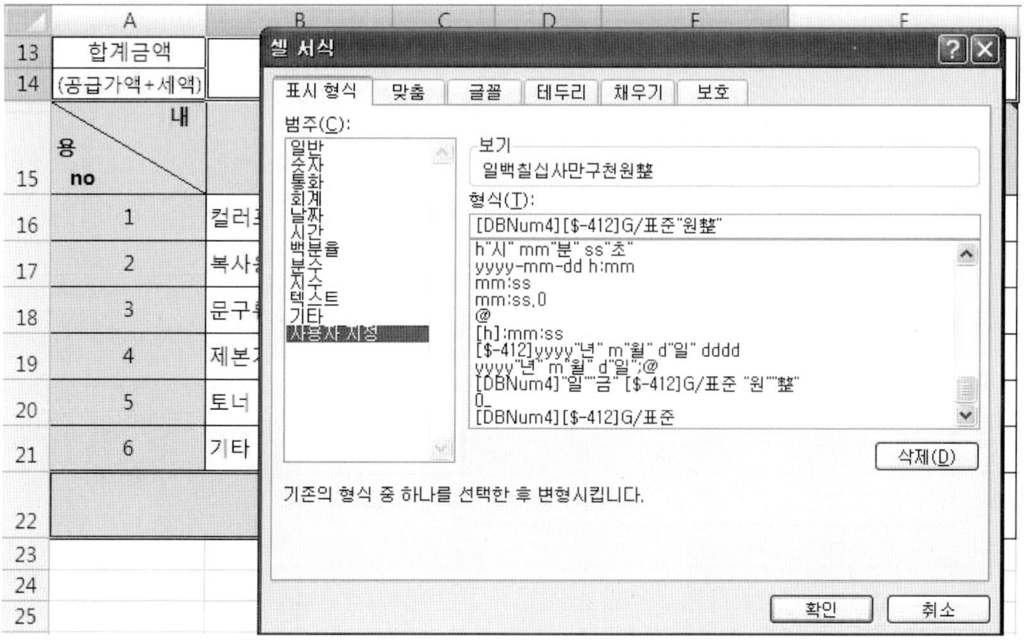

Step 20: 완성 문서가 A4용지1페이지에 출력되도록 설정(페이지 '가로' 가운데 맞춤)

① [오피스 단추]→[인쇄]→[인쇄 미리 보기]를 선택합니다.

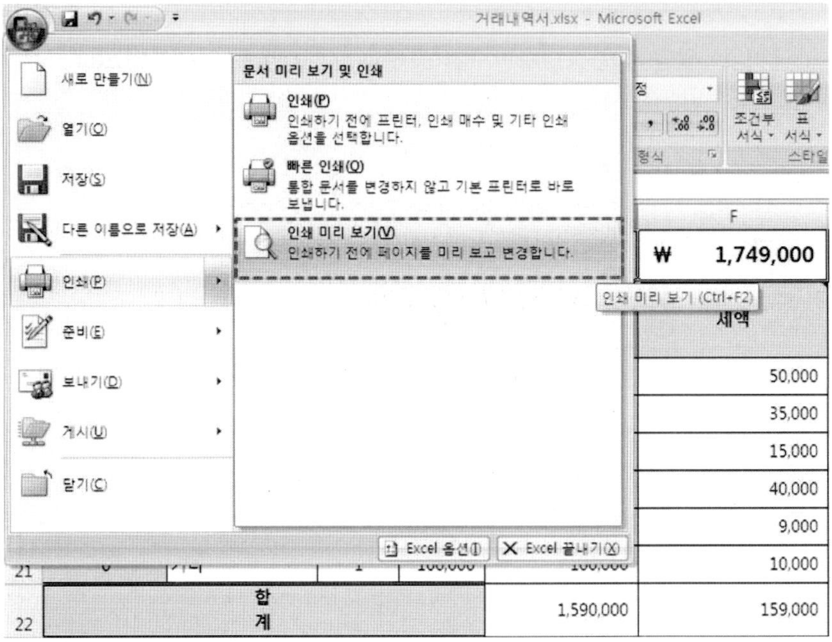

② [페이지 설정]→[여백] 탭에서 '페이지 가운데 맞춤(가로)'를 선택합니다.

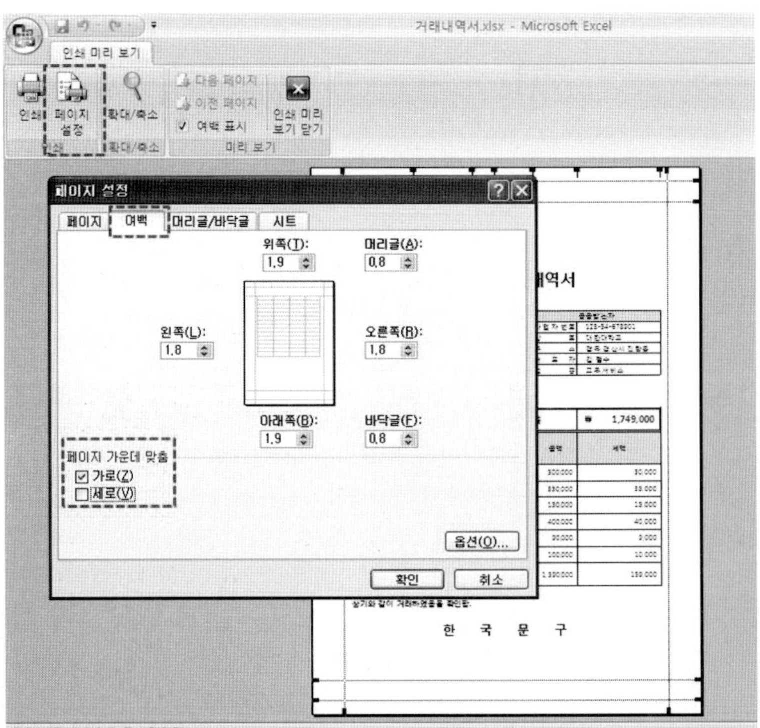

9. 연습 문제

● 아래 형태와 같이 자료를 입력하고 지시사항 조건에 맞도록 작업하시오.

[내용 입력] 엑셀 2007에 아래와 같이 내용을 입력하시오.

	A	B	C	D	E	F	G	H	I
1						결	과장	부장	대표이사
2						재			
3									
4									
5	구입요구처	총무팀				납품자	홍길동		
6	사용목적	업무용				☎	010-123-4567		
7	지불방법	후불				주소	서울시 강남구 역삼동 123		
8	인도장소	당사 지정장소				구매의뢰자	김선남(인)		
9									
10	번호	품목		규격	단위	수량	단가	금액	비고
11	1	Notebook			ea	2	1090000		
12	2	가방			ea	2	30000		
13	3	이동디스크			ea	5	45000		
14	4	프린터			ea	1	285000		
15	5	잉크카드리지(black)			ea	2	24500		
16	합 계								
17	특								
18	기								
19	사								
20	항								

[지시 사항] 아래 지시사항에 따라 문서를 완성하시오.

1. 파일 저장➜ 구매품의서.xlsx
2. 시트이름 변경: [Sheet1] ➜ '구매내역'
3. [A1:D3]➜셀 병합하고 가운데 맞춤
   - 글자크기(24), 진하게
4. [F1:I3]➜ 테두리, 채우기 색 설정
5. '5-8'행 높이➜30
6. 금액 [H11:H15]➜ [수량]*[단가]
7. 단가 합계 [G16]➜ 단가[G11:G15] 의 합계
8. 금액 합계 [E16]➜ 금액[H11:H15]의 합계
9. 완성 문서가 A4용지 1페이지에 출력되도록 설정
   - 페이지 '가로, 세로' 가운데 맞춤

* 지시사항 이외의 내용은 아래의 '완성 출력 형태' 유사하게 작성

[완성 출력 형태]

구 매 품 의 서

결재	과장	부장	대표이사

구입요구처	총무팀
사용목적	업무용
지불방법	후불
인도장소	당사 지정장소

납품자	홍길동
☎	010-123-4567
주소	서울시 강남구 역삼동 123
구매의뢰자	김선남(인)

번호	품목	규격	단위	수량	단가	금액	비고
1	Notebook		ea	2	1,090,000	2,180,000	
2	가방		ea	2	30,000	60,000	
3	이동디스크		ea	5	45,000	225,000	
4	프린터		ea	1	285,000	285,000	
5	잉크카드리지(black)		ea	2	24,500	49,000	
합 계				**12**	**1,474,500**	**2,799,000**	
특기사항							

PART 03 엑셀(Excel) 2007

엑셀 02. 기본 함수를 이용한 계산

이번 장에서는 함수 마법사를 이용하여 계산하는 방법에 대해 자세하게 알아보도록 하겠습니다. 수식 계산에 있어 간단하지만 기본적으로 사용되는 함수들을 기본함수로 분류하도록 하겠습니다.

1. 함수 식 작성

엑셀의 가장 유용한 기능은 복잡한 계산을 함수와 수식을 이용하여 쉽게 계산하는 것입니다. 함수란 지정된 순서나 구조에 따라 계산하는 미리 정의된 수식을 의미 합니다.

1.1 함수 사용하기

함수를 이용한 계산은 함수 마법사를 사용하거나 [수식] 탭→[함수 라이브러리] 그룹의 함수들을 선택하여 작성할 수 있습니다.

1.1.1 함수 마법사 함수 사용

함수 마법사는 함수와 인수에 대한 설명과 함께 함수식을 쉽게 작성할 수 있도록 제공되는 엑셀의 기능입니다. 수식 입력 줄의 '함수 삽입 버튼(f_x)'을 클릭하여 실행합니다.

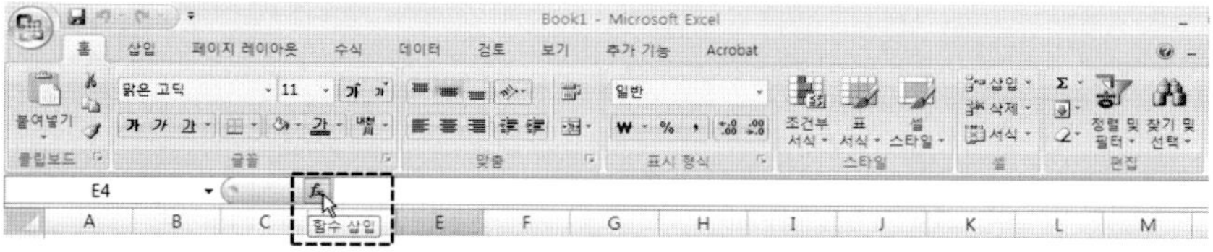

■ **함수 마법사 1단계: 함수 선택**

범주 선택 목록에서 함수를 선택합니다.

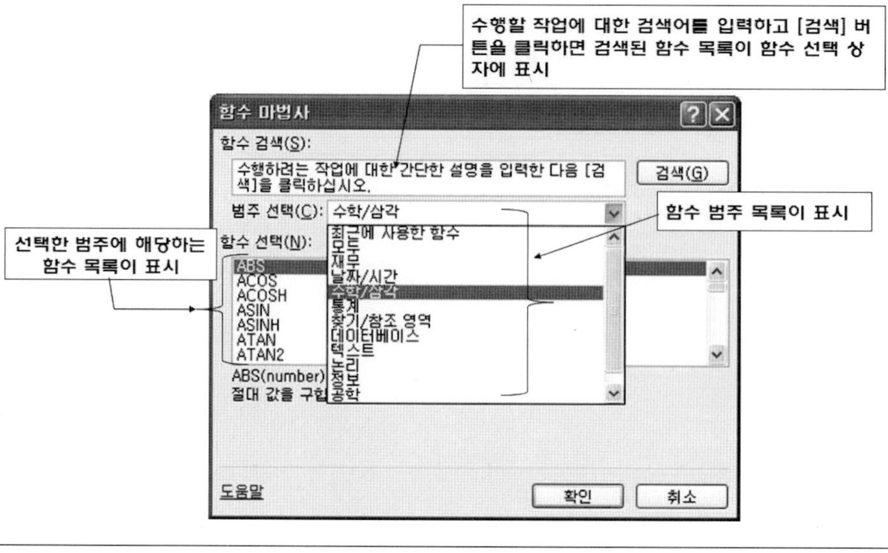

■ 함수 마법사 2단계: 인수 선택

'함수' 대화 상자에 각 인수 또는 범위 등을 입력하여 함수식을 완성합니다.

인수란 숫자, 수식, 함수, 텍스트, 논리 값, 배열, 셀 참조 등을 사용할 수 있습니다.

예) sumif 함수 사용

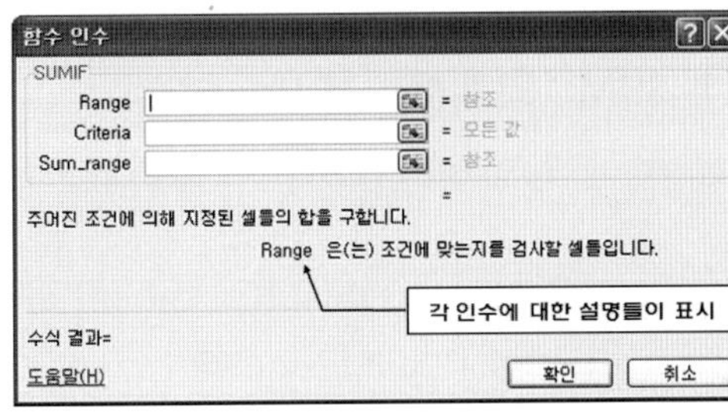

1.1.2 함수 라이브러리 사용

[수식]탭→[함수 라이브러리]그룹에서 다양한 범주의 함수를 선택할 수 있습니다.

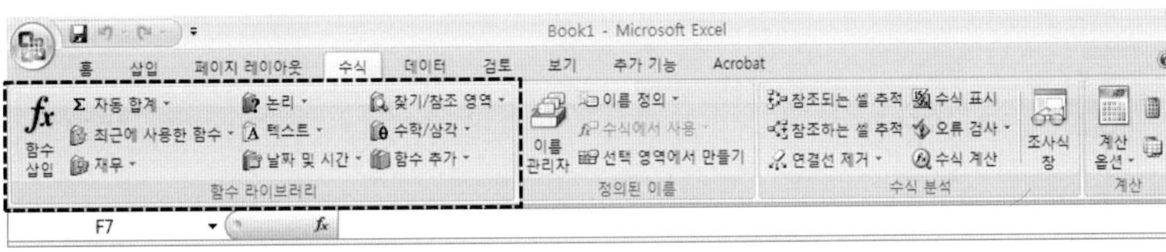

1.2 함수의 형식

함수가 사용된 수식의 형식은 아래와 같습니다. 함수 명을 알고 있다면 수식 형식에 맞추어 직접 입력하여도 됩니다.

=함수이름(인수1, 인수 2, 인수3, ……, 인수n)

(❶ =, ❷ 함수이름, ❸ 인수)

① 함수를 직접 입력하더라도 계산식이므로 등호(=) 로 시작

② 함수이름을 직접 입력

③ 함수의 형식에 알맞게 인수를 작성

예) sumif를 직접 입력한 계산식

=sumif(C3:C8, "영업부" , D3:D8)

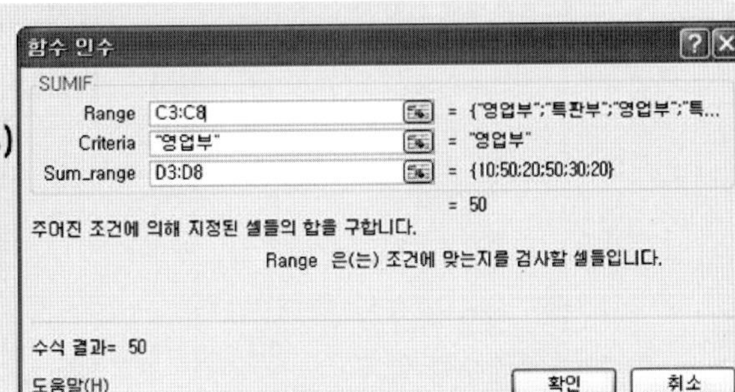

2. 수학/삼각 함수(SUM, SUMIF, ROUND)

2.1 SUM: 합계를 구하는 함수

주어진 셀 범위의 모든 숫자 데이터들의 합계를 구하는 함수입니다.

함수 형식	=SUM(Number1, Number2, …)
인수	▪ Number1, … :합계를 구하려는 셀 주소들
함수 식 예	=SUM(D3:D8)

	A	B	C	D
1	◐ 영업 실적 현황 ◑			
2	No	이름	부서	판매수량
3	1	김현준	영업부	10
4	2	신지민	특판부	50
5	3	조한결	영업부	20
6	4	김태형	특판부	50
7	5	박정호	해외사업부	30
8	6	강현우	영업부	20
9			판매수량 합계	180

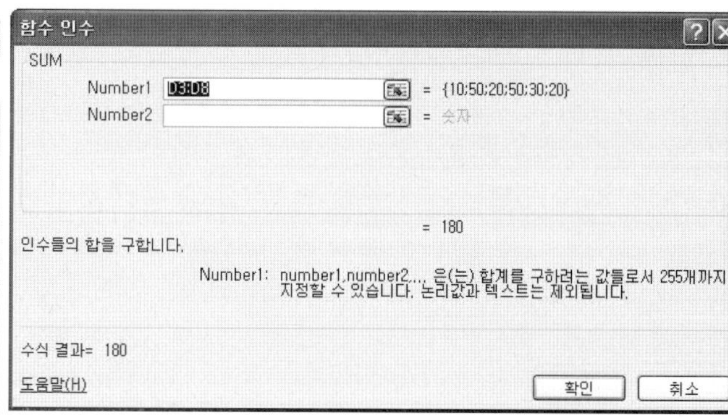

2.2 SUMIF: 조건에 맞는 데이터의 합계를 구하는 함수

주어진 셀 범위에서 지정한 조건에 맞는 데이터들의 합계를 구하는 함수입니다.

함수 형식	=SUMIF(Range, Criteria, Sum_range)
인수	▪ Range: 조건에 맞는지 검사할 셀 범위 ▪ Criteria: 합계를 계산할 조건식 ▪ Sum_range: 실제로 합계를 계산할 셀 범위
함수 식 예	=SUMIF(C3:C8, "영업부", D3:D8)

	A	B	C	D
1	◐ 영업 실적 현황 ◑			
2	No	이름	부서	판매수량
3	1	김현준	영업부	10
4	2	신지민	특판부	50
5	3	조한결	영업부	20
6	4	김태형	특판부	50
7	5	박정호	해외사업부	30
8	6	강현우	영업부	20
9			영업부의 판매수량 합계	50

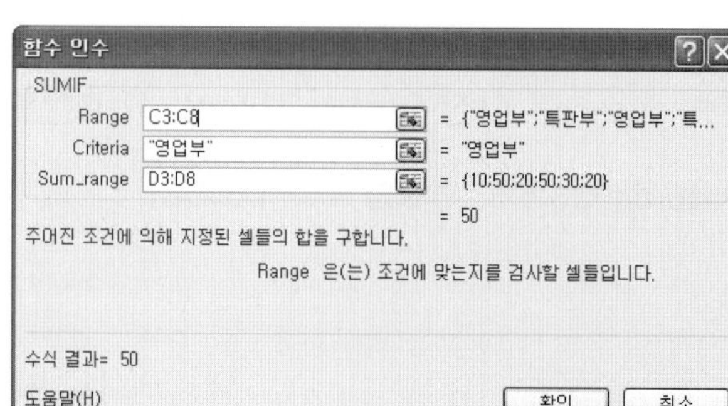

2.3 ROUND: 반올림 함수

지정한 자릿수의 다음 숫자가 5이상이면 숫자를 올리고 이하면 내린 값을 구하는 반올림 함수입니다.

함수 형식	=ROUND(Number, Num_digits)
인수	■ Number: 반올림 할 숫자 또는 셀 주소 ■ Num_digits: 반올림할 자릿수 지정 ***양수: 소수점 이하 지정 *음수: 소수점 위 정수자리 지정**
함수 식 예	=ROUND(A1,2)

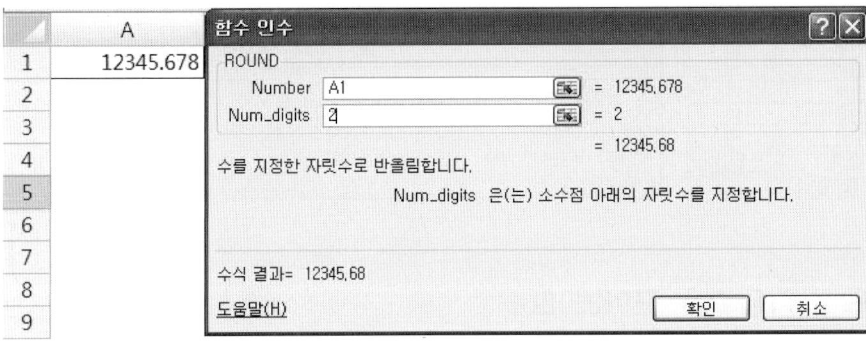

3. 통계 함수(AVERAGE, MAX, MIN, COUNT, RANK)

3.1 AVERAGE: 평균을 구하는 함수

주어진 셀 범위의 모든 숫자 데이터들의 평균을 구하는 함수입니다.

함수 형식	=AVERAGE(Number1, Number2, …)
인수	■ Number1, … :평균을 구하려는 셀 주소들
함수 식 예	=AVERAGE(D3:D8)

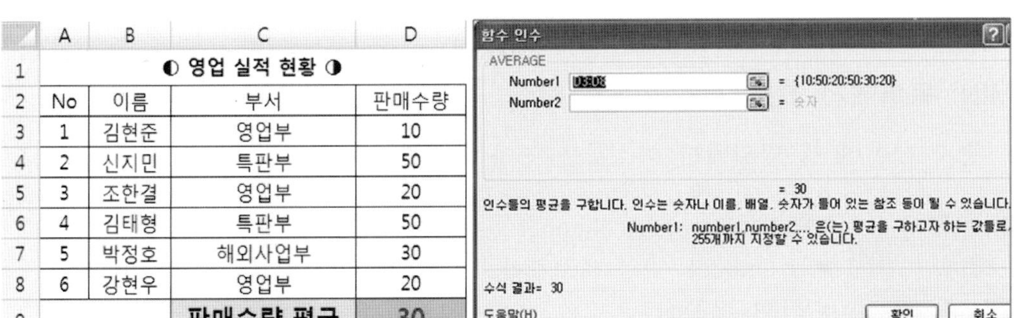

3.2 AVERAGEIF: 조건에 맞는 데이터의 평균을 구하는 함수

주어진 셀 범위에서 지정한 조건에 맞는 데이터들의 평균을 구하는 함수입니다.

함수 형식	=AVERAGEIF(Range, Criteria, Average_range)
인수	▪ Range: 조건에 맞는지 검사할 셀 범위 ▪ Criteria: 평균을 계산할 조건식 ▪ Average_range: 실제로 평균을 계산할 셀 범위
함수 식 예	=AVERAGEIF(C3:C8, "영업부", D3:D8)

	A	B	C	D
1			◐ 영업 실적 현황 ◑	
2	No	이름	부서	판매수량
3	1	김현준	영업부	10
4	2	신지민	특판부	50
5	3	조한결	영업부	20
6	4	김태형	특판부	50
7	5	박정호	해외사업부	30
8	6	강현우	영업부	20
9			영업부 판매수량 평균	16.6667

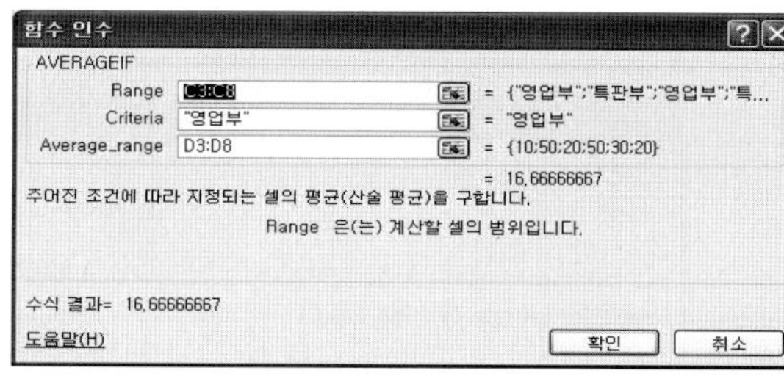

3.3 MAX: 목록에서 최대값을 구하는 함수

주어진 숫자 데이터 셀 범위에서 최대값을 구하는 함수입니다.

함수 형식	=MAX(Number1, Number2, …)
인수	▪ Number1, … : 최대값을 구하고자 하는 숫자 셀 주소
함수 식 예	=MAX(D3:D8)

	A	B	C	D
1			◐ 영업 실적 현황 ◑	
2	No	이름	부서	판매수량
3	1	김현준	영업부	10
4	2	신지민	특판부	50
5	3	조한결	영업부	20
6	4	김태형	특판부	50
7	5	박정호	해외사업부	30
8	6	강현우	영업부	20
9			판매수량 최대값	50

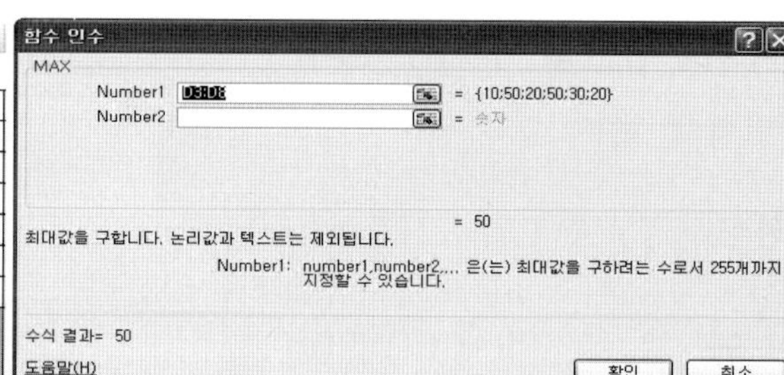

3.4 MIN: 목록에서 최소값을 구하는 함수

주어진 숫자 데이터 셀 범위에서 최소값을 구하는 함수입니다.

함수 형식	=MIN(Number1, Number2, …)
인수	▪ Number1, … : 최소값을 구하고자 하는 숫자 셀 주소
함수 식 예	=MIN(D3:D8)

3.5 COUNT: 데이터 목록 중 숫자 셀의 개수를 세는 함수

주어진 데이터 셀 범위에서 숫자 데이터 셀의 개수를 구하는 함수입니다.

함수 형식	=COUNT(Value1, Value2, …)
인수	■ Value1, … : 숫자 값이 입력되어 있는 셀 범위
함수 식 예	=COUNT(D3:D8)

	A	B	C	D
1	◐ 영업 실적 현황 ◑			
2	No	이름	부서	판매수량
3	1	김현준	영업부	10
4	2	신지민	특판부	50
5	3	조한결	영업부	
6	4	김태형	특판부	50
7	5	박정호	해외사업부	
8	6	강현우	영업부	20
9			**데이터 개수**	4

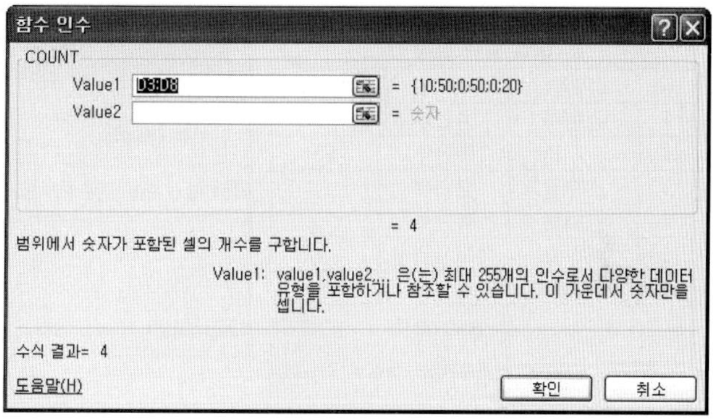

3.6 COUNTA: 데이터 목록 중 숫자, 문자 관계없이 내용이 있는 셀의 개수를 세는 함수

주어진 데이터 셀 범위에서 숫자, 문자 관계없이 내용이 있는 데이터 셀의 개수를 구하는 함수입니다.

함수 형식	=COUNTA(Value1, Value2, …)
인수	■ Value1, … : 값이 입력되어 있는 셀 범위
함수 식 예	=COUNTA(C3:C8)

	A	B	C
1	◐ 영업 실적 현황 ◑		
2	No	이름	부서
3	1	김현준	영업부
4	2	신지민	특판부
5	3	조한결	영업부
6	4	김태형	특판부
7	5	박정호	해외사업부
8	6	강현우	영업부
9		**부서개수**	6

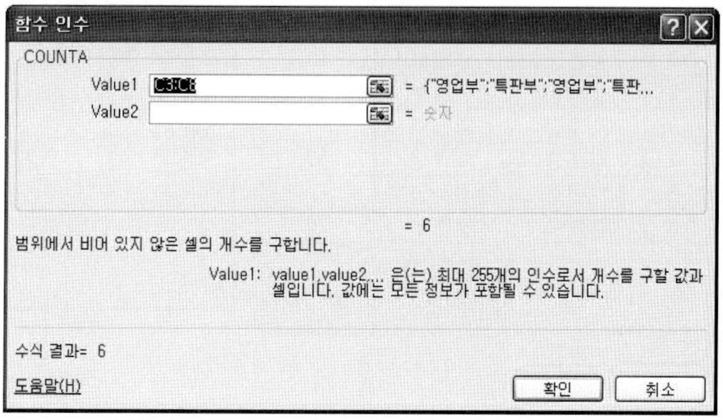

3.7 COUNTBLANK: 데이터 목록 중 비어있는 셀들의 개수를 구하는 함수

주어진 데이터 셀 범위에서 비어있는 셀들의 개수를 구하는 함수입니다.

함수 형식	=COUNTBLANK(Range)
인수	▪ Range: 검사할 셀 범위
함수 식 예	=COUNTBLANK(D3:D8)

	A	B	C	D
1	◐ 영업 실적 현황 ◑			
2	No	이름	부서	판매수량
3	1	김현준	영업부	10
4	2	신지민	특판부	50
5	3	조한결	영업부	
6	4	김태형	특판부	50
7	5	박정호	해외사업부	
8	6	강현우	영업부	20
9			미입력 데이터 수	2

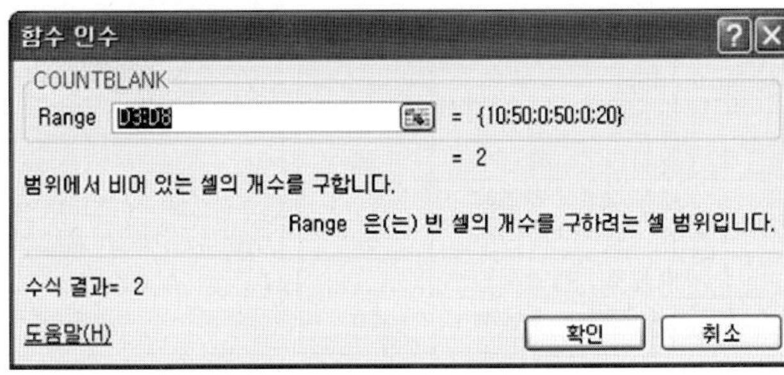

3.8 COUNTIF: 조건에 맞는 데이터의 개수를 구하는 함수

주어진 셀 범위에서 지정한 조건에 맞는 데이터들의 개수를 구하는 함수입니다.

함수 형식	=COUNTIF(Range, Criteria)
인수	▪ Range: 조건에 맞는지 검사할 셀 범위 ▪ Criteria: 개수를 세고자 하는 데이터의 조건
함수 식 예	=COUNTIF(C3:C8, "영업부")

	A	B	C	D
1	◐ 영업 실적 현황 ◑			
2	No	이름	부서	판매수량
3	1	김현준	영업부	10
4	2	신지민	특판부	50
5	3	조한결	영업부	
6	4	김태형	특판부	50
7	5	박정호	해외사업부	
8	6	강현우	영업부	20
9			영업부 개수	3

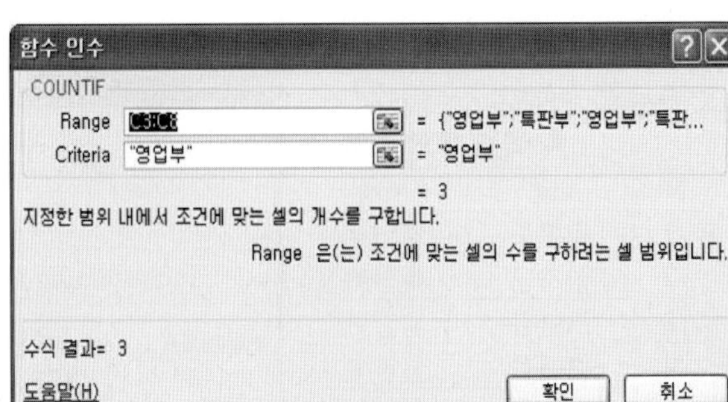

3.9 RANK: 데이터 항목의 순위를 구하는 함수

주어진 셀 범위에서 해당 항목의 순위를 구하는 함수입니다.

함수 형식	=RANK(Number, Ref, Order)
인수	▪ Number: 순위를 구할 데이터 셀 ▪ Ref: 인수가 포함되어 있는 전체 데이터 범위 ▪ Order: 순위를 구할 방법 지정 *** 내림차순: 0을 입력하거나 비워둠** *** 오름차순: 0을 제외한 숫자를 입력**
함수 식 예	=RANK(D3, $D$3:$D$8)

예) 판매수량을 기준으로 내림차순 정렬

A	B	C	D	E
◐ 영업 실적 현황 ◑				
No	이름	부서	판매수량	판매수량 순위
1	김현준	영업부	10	6
2	신지민	특판부	50	2
3	조한결	영업부	40	4
4	김태형	특판부	50	2
5	박정호	해외사업부	90	1
6	강현우	영업부	20	5

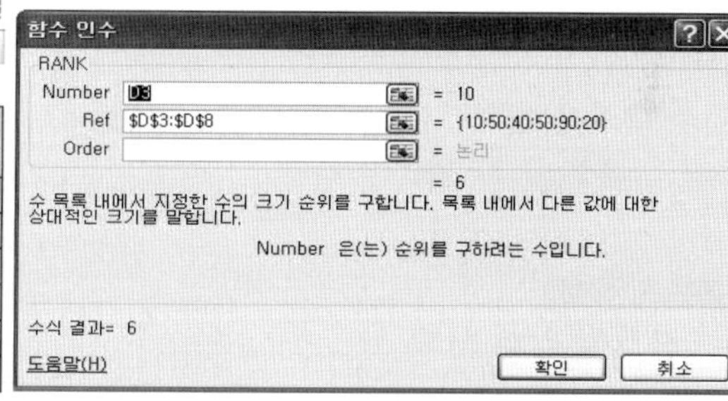

4. 논리 함수(IF)

IF 함수는 특정 조건에 따라 참과 거짓을 판별하여 서로 다른 결과를 얻고자 할 때 사용하는 함수입니다.

함수 형식	=IF(Logical_test, Value_if_true, Value_if_false)
인수	▪ Logical_test: 조건을 판단할 값이나 조건 식 ▪ Value_if_true: Logical_test 조건에 만족할 때 나타낼 값 ▪ Value_if_false: Logical_test 조건에 만족하지 않을 때 나타낼 값
함수 식 예	=IF(D3>=50, "A", "//")

예) 판매수량이 50 이상이면 "A", 그렇지 않으면 "//" 표시

B	C	D	E
◐ 영업 실적 현황 ◑			
이름	부서	판매수량	평가
김현준	영업부	10	//
신지민	특판부	50	A
조한결	영업부	40	//
김태형	특판부	50	A
박정호	해외사업부	90	A
강현우	영업부	20	//

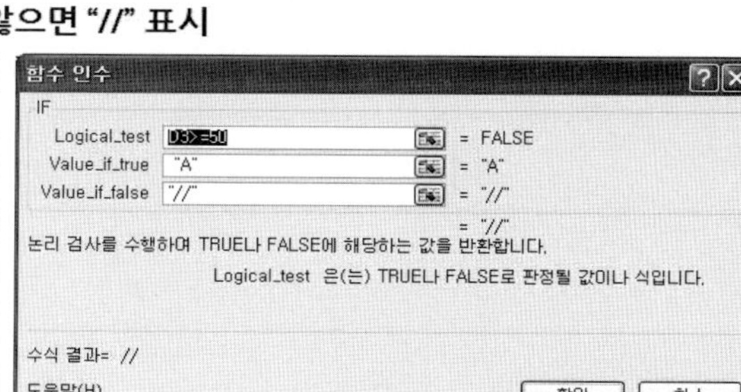

5. 함수 중첩

수식 중에 여러 종류의 함수를 사용할 경우에는 아래와 같이 함수의 인수에 또 다른 함수를 중첩하여 사용할 수 있습니다.

■ 예) ROUND 함수 내에 인수로 AVERAGE 함수를 중첩하여 계산하는 방법

① 함수 마법사를 이용하여 함수 선택
② '인수 상자' 클릭
③ '함수 목록' 클릭
④ 사용할 함수 선택

예) =ROUND(AVERAGE(E3:E8),-4)

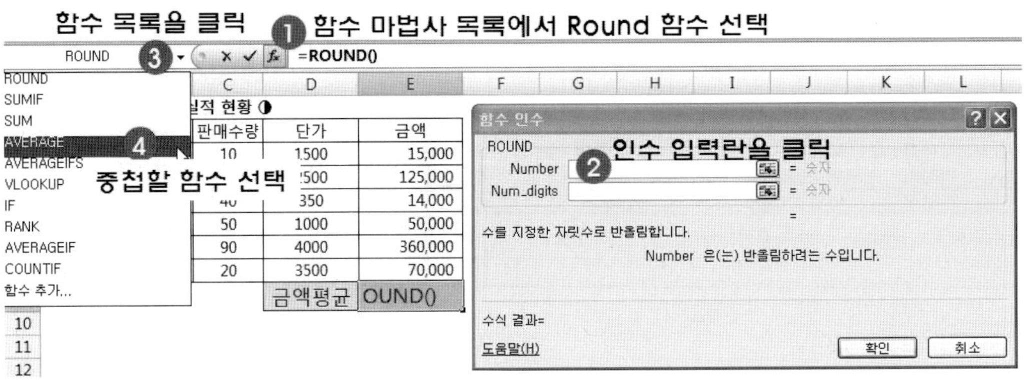

⑤ 해당 인수 입력
⑥ '수식 입력 줄'의 이전 함수 명 뒤를 클릭

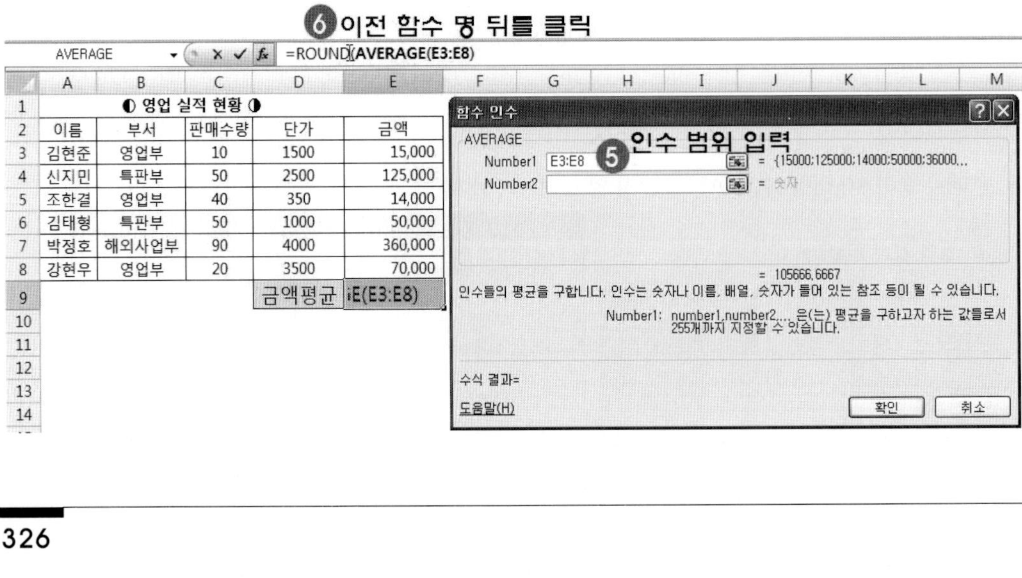

⑦ 해당 인수 입력
⑧ [Enter] 키를 눌러 결과 확인

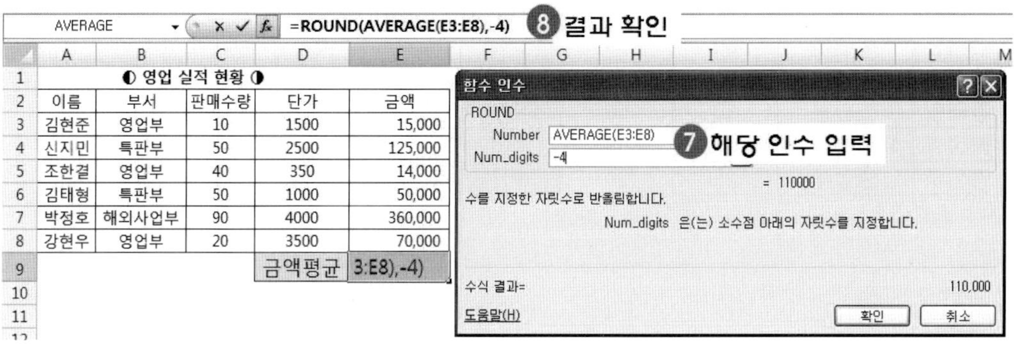

6. 셀 참조

계산을 위해 다른 셀을 사용하는 것을 '셀 참조'라고 하고 참조 유형에 따라 '상대 참조', '절대 참조', '혼합 참조'로 구분하여 설정합니다.

'상대 참조'와 '절대 참조' 그리고 '혼합 참조' 사이의 변환은 키보드 F4을 눌러 변경합니다. F4을 누르면 셀 주소의 행 또는 열 번호 앞에 '$' 표시가 보이며 누를 때 마다 사용되는 셀 주소가 차례대로 '상대 참조'→'절대 참조'→'혼합 참조' 순서대로 변경됩니다.

셀 주소를 입력하고 F4 키를 누르면 '상대참조' → '절대참조' → '혼합참조' 순서대로 참조 유형이 변경

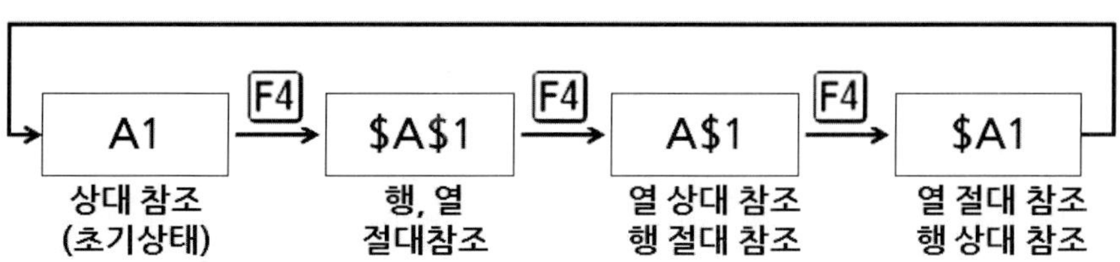

6.1 상대 참조

상대 참조는 엑셀의 수식에서 기본적으로 사용되는 참조 방식으로, 수식 채우기를 할 때와 같이 수식을 복사하면 참조하는 셀 주소도 상대적으로 자동으로 변경되어 계산되는 참조 형태입니다.

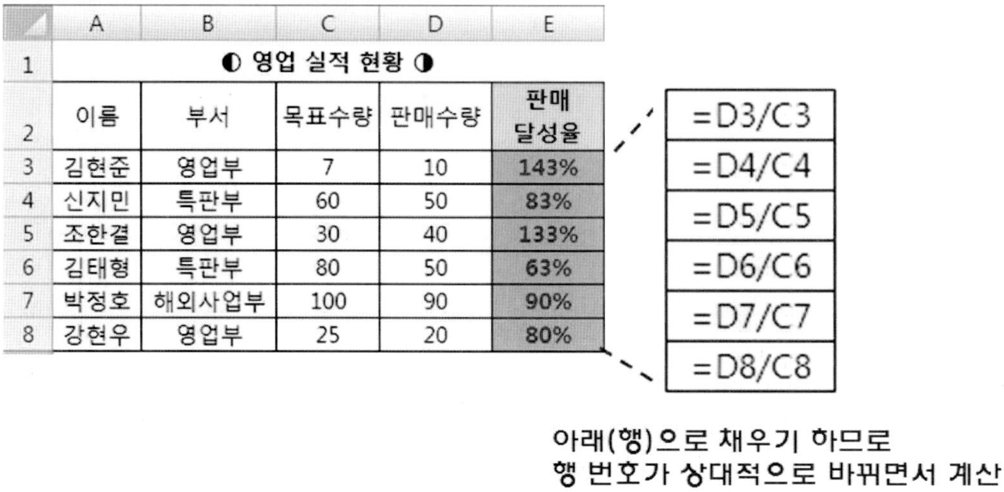

6.2 절대 참조

절대 참조는 수식 채우기를 하거나 이동하여도 수식에서 참조하는 셀 주소가 바뀌지 않도록 고정하는 참조 형태입니다.

수식에 참고하기 위해 F4를 눌러 절대 참조하면 행과 열 번호 앞에 $가 표시됩니다.

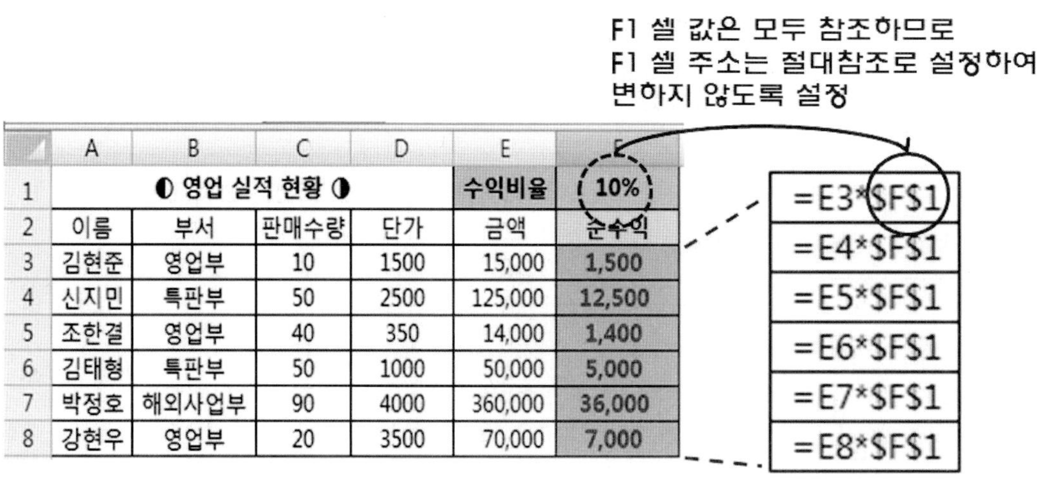

6.3 혼합 참조

혼합 참조는 행이나 열 중 하나만 절대 참조로 셀 주소를 고정하는 형태입니다.
참조 변환 키 F4를 누를 때 마다 행 고정(예: A$1)→열 고정($A1) 순서대로 변경됩니다.

7. 틀 고정

행 또는 열을 고정하여 화면을 이동하더라도 항상 보여 지도록 하는 기능이 '틀 고정' 입니다.

[보기] 탭→[창] 그룹→[틀 고정] 을 사용하여 원하는 부분을 화면에 고정시킬 수 있습니다.

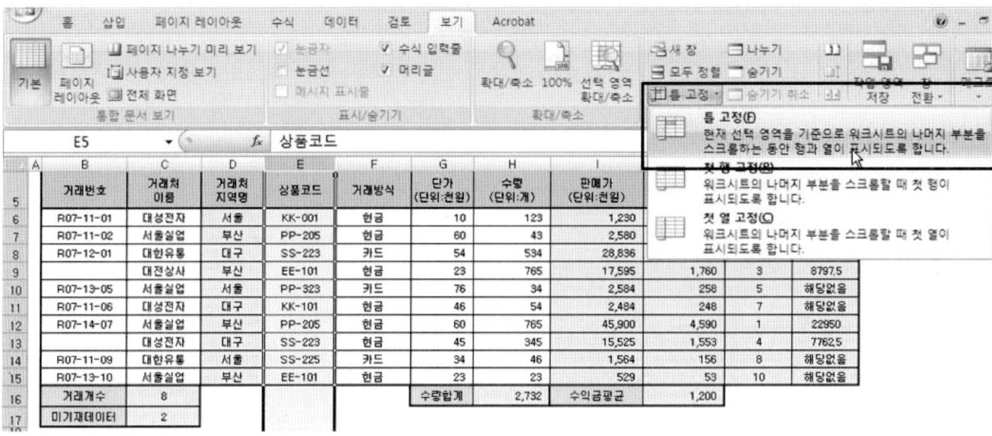

8. 메모

셀에 간단한 설명 등을 넣을 수 있는 기능입니다. 셀을 선택한 후 마우스 오른쪽을 눌러 [메모 삽입]을 선택하고 내용을 입력합니다.

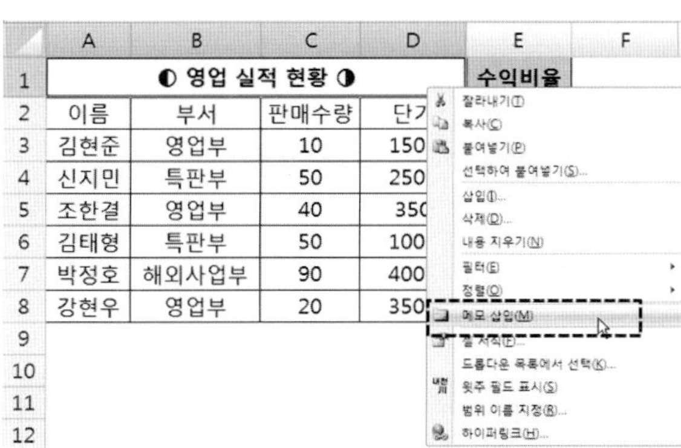

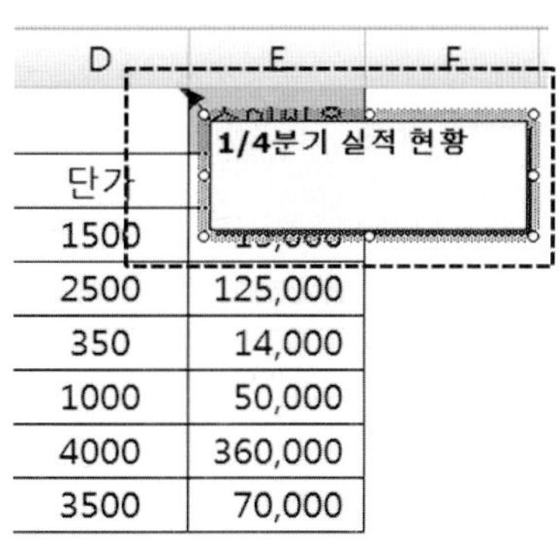

메모를 입력한 후 다른 셀을 클릭하면 메모가 보이지 않고 해당 셀에 마우스를 올릴 경우에만 메모 내용이 보입니다. 메모가 항상 보이도록 하기 위해서는 마우스 오른쪽을 눌러 [메모 표시/숨기기]를 선택합니다.

9. 유효성 검사 기능으로 데이터 입력 제한

유효성 검사는 데이터가 입력될 셀에 데이터의 유형이나 길이, 내용 등의 조건을 설정하여 부적절한 데이터 입력 시 입력을 제한하거나 목록 내에서만 입력되도록 하고 오류 발생 시 경고 메시지를 표시하도록 하는 기능입니다.

유효성 검사 기능을 적용할 셀 또는 셀 범위를 설정 한 후 [데이터] 탭→[데이터 도구] 그룹→[데이터 유효성 검사]를 클릭합니다.

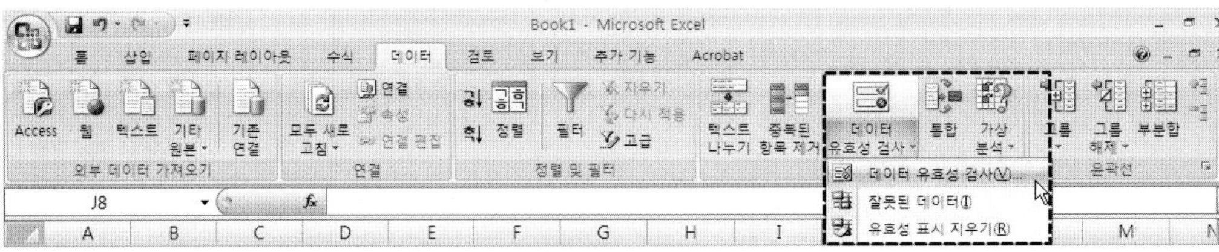

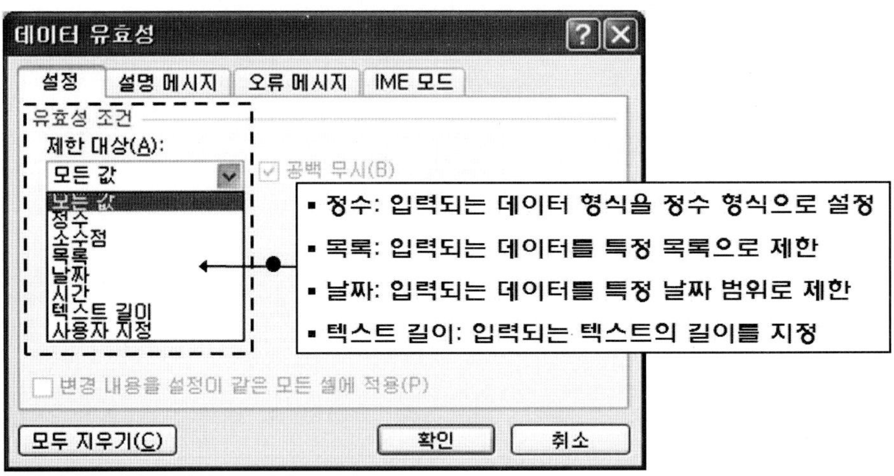

■ 오류 메시지 설정

데이터 유효성 검사 설정 규칙에 위반되는 데이터 입력 시 표시되는 메시지 작성

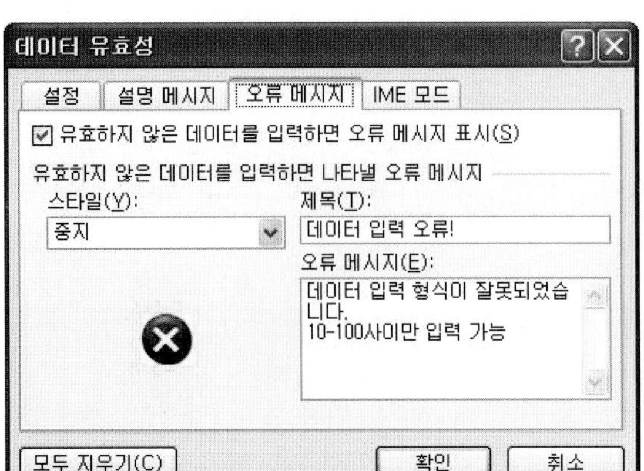

10. 실전 예제

● 학습 목표: 아래 지시사항에 따라 '납품내역서' 엑셀 문서를 완성합니다.

[내용 입력] 엑셀 2007에 아래와 같이 내용을 입력하시오.

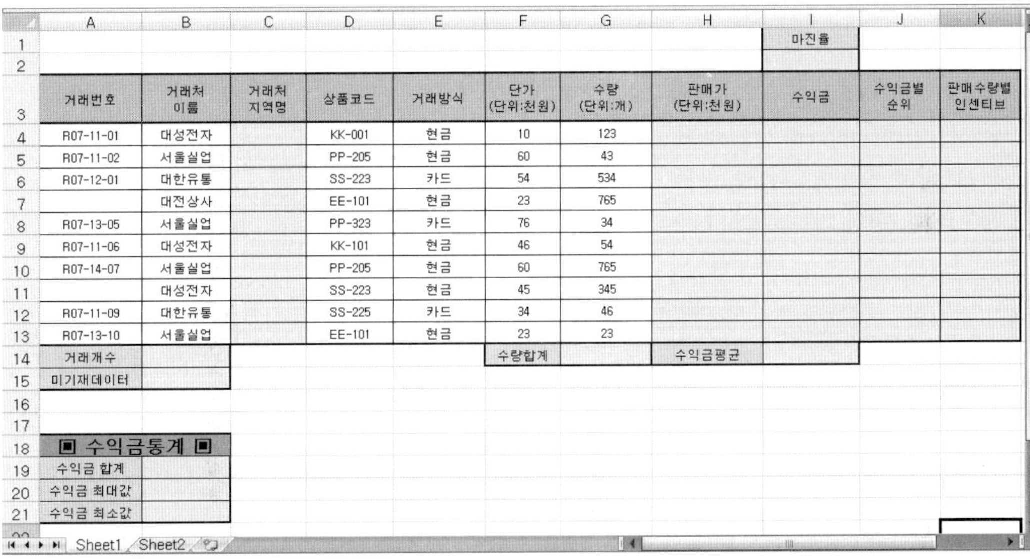

	A	B	C	D	E	F	G	H	I	J	K
1									마진율		
2											
3	거래번호	거래처 이름	거래처 지역명	상품코드	거래방식	단가 (단위:천원)	수량 (단위:개)	판매가 (단위:천원)	수익금	수익금별 순위	판매수량별 인센티브
4	R07-11-01	대성전자		KK-001	현금	10	123				
5	R07-11-02	서울실업		PP-205	현금	60	43				
6	R07-12-01	대한유통		SS-223	카드	54	534				
7		대전상사		EE-101	현금	23	765				
8	R07-13-05	서울실업		PP-323	카드	76	34				
9	R07-11-06	대성전자		KK-101	현금	46	54				
10	R07-14-07	서울실업		PP-205	현금	60	765				
11		대성전자		SS-223	현금	45	345				
12	R07-11-09	대한유통		SS-225	카드	34	46				
13	R07-13-10	서울실업		EE-101	현금	23	23				
14	거래개수					수량합계		수익금평균			
15	미기재데이터										
16											
17											
18	▣ 수익금통계 ▣										
19	수익금 합계										
20	수익금 최대값										
21	수익금 최소값										

[지시 사항 1 – 복습] 아래 지시사항에 따라 문서를 완성하시오.

1. 다른 이름으로 파일 저장 ➜ 납품내역서.xlsx
2. 시트이름 변경: [Sheet1] ➜ '대한주식회사'
3. 1행 위에 '2개 행 추가', A열 왼쪽에 '1개 열' 추가
4. A 열 너비➜ 5, [1-2] 행 높이➜ 25
5. [B1:H3] 워드아트 ➜ 출력형태와 같이 워드아트를 이용하여 제목을 완성하시오.

6. [B25:F28] 출력형태와 같이 내용입력 및 서식 설정

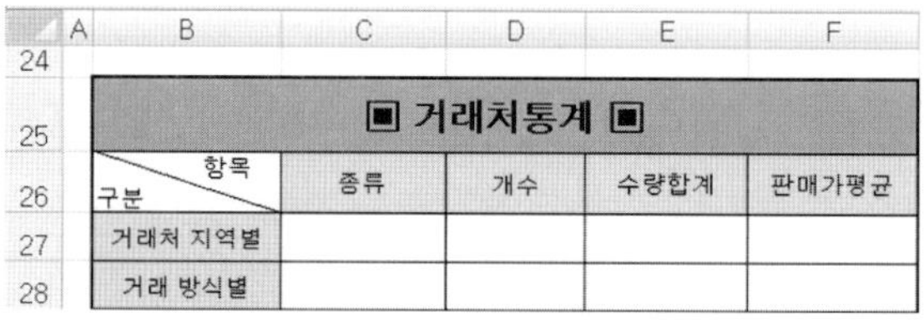

■ 거래처통계 ■				
항목 구분	종류	개수	수량합계	판매가평균
거래처 지역별				
거래 방식별				

- [B25] 제목: 병합하고 가운데 정렬, 글꼴(굴림체), 크기(16), 굵게
- [B26]: 두 줄로 입력, 대각선 설정
- [C26:F26], [B27:B28]: 채우기색(노랑)
- 출력형태와 같이 셀 테두리 설정
- [B25:F28]: 수직, 수평 가운데 정렬

7. [H16] 수량합계 ➜ 수량[H6:H15] 의 합계
8. [I6:I15] 판매가 ➜ [단가]*[수량]

* 지시사항 이외의 내용은 출력형태와 유사하게 작성하시오.

Step 1: 파일 저장: 납품내역서.xlsx

① [오피스 단추]→[다른 이름으로 저장]→[Excel 통합 문서]를 누릅니다.

② 파일이름(납품내역)을 입력합니다.

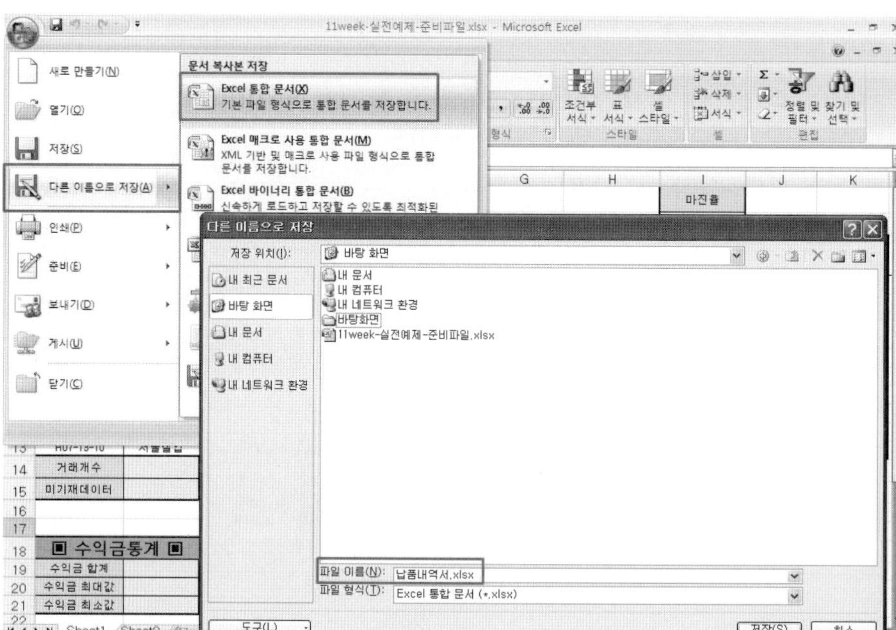

Step 2: 시트 이름 변경: [Sheet1] → 대한주식회사

[Sheet1] 시트 탭을 더블 클릭한 후 '대한주식회사'를 입력합니다.

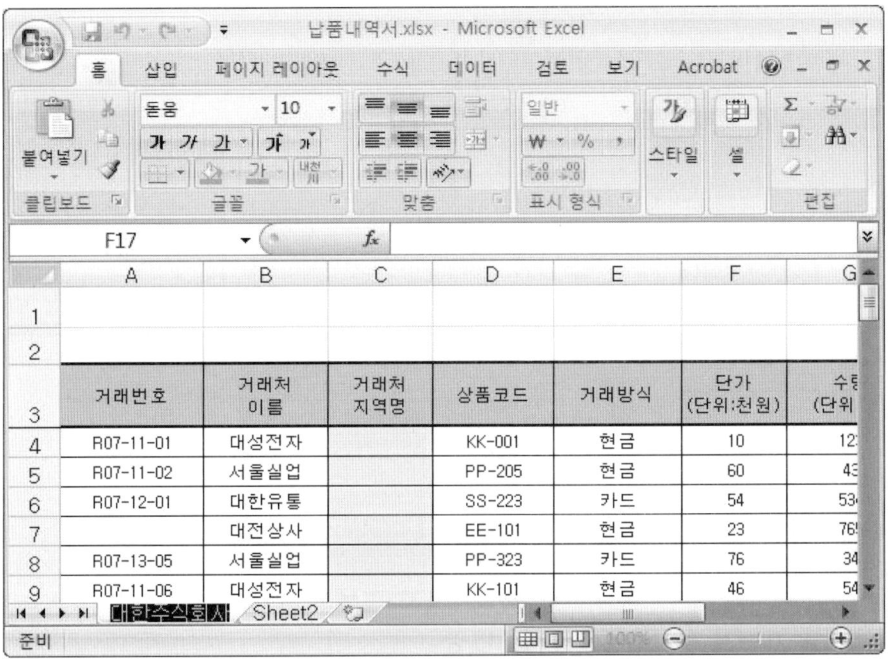

Step 3: 1행 위에 '2개 행 추가', A열 왼쪽에 '1개 열' 추가

① 1~2행 셀 중 두 개의 셀을 선택합니다. 마우스 오른쪽을 눌러 [삽입]을 누른 후 '삽입' 대화 상자에서 '행 전체 ⊙행 전체(R)'를 선택합니다.

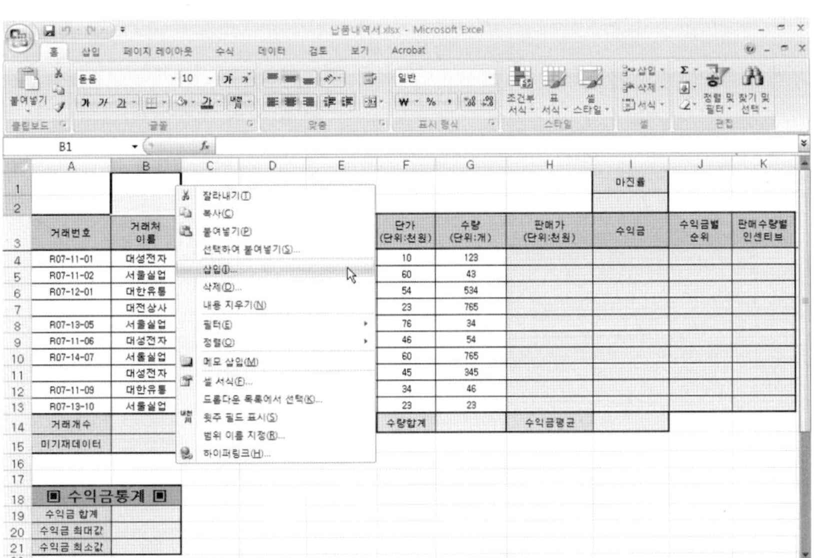

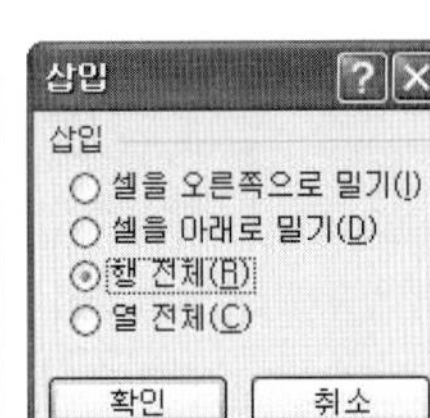

② A열 중 하나의 셀을 선택한 후 마우스 오른쪽을 눌러 [삽입]을 누른 후 '삽입' 대화 상자에서 '열 전체 ⊙열 전체(C)'를 선택합니다.

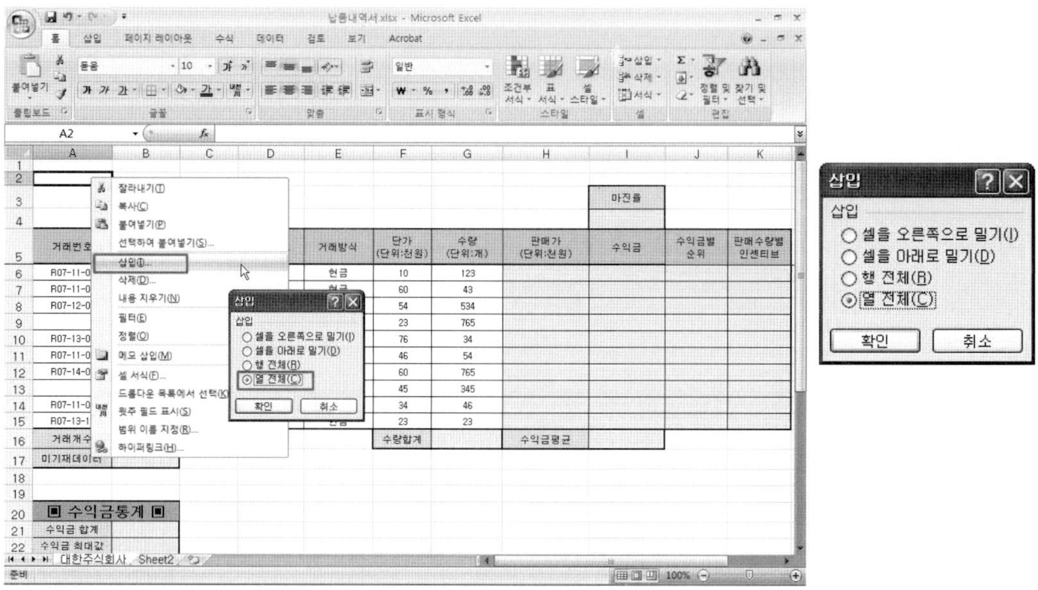

Step 4: A 열 너비(5), [1−2] 행 높이(25) 로 변경

① 열 머리글 'A'를 선택한 후 마우스 오른쪽을 눌러 [열너비] 를 선택하고 5를 입력합니다.

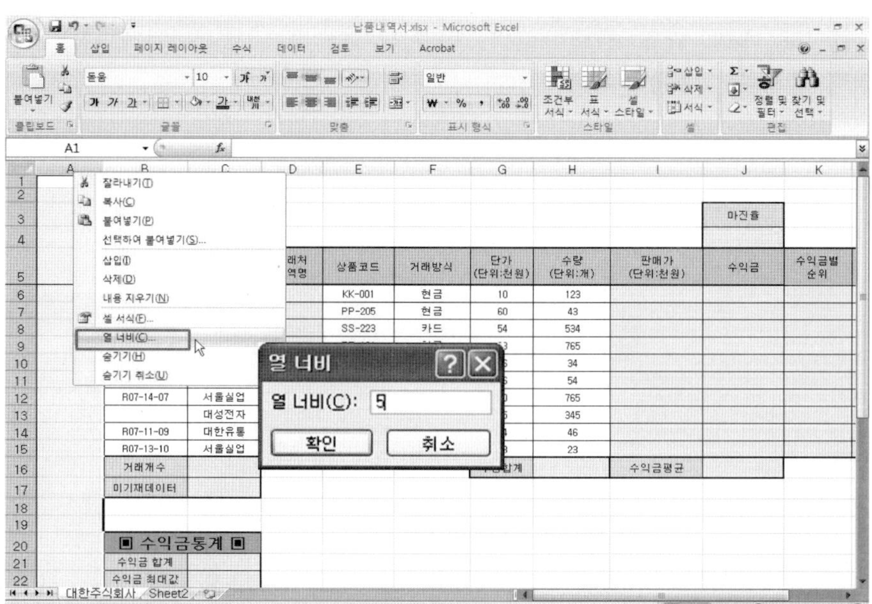

② 1~2 행 머리글을 마우스로 블록 설정한 후 마우스 오른쪽을 눌러 [행 높이]를 선택하고 25를 입력합니다.

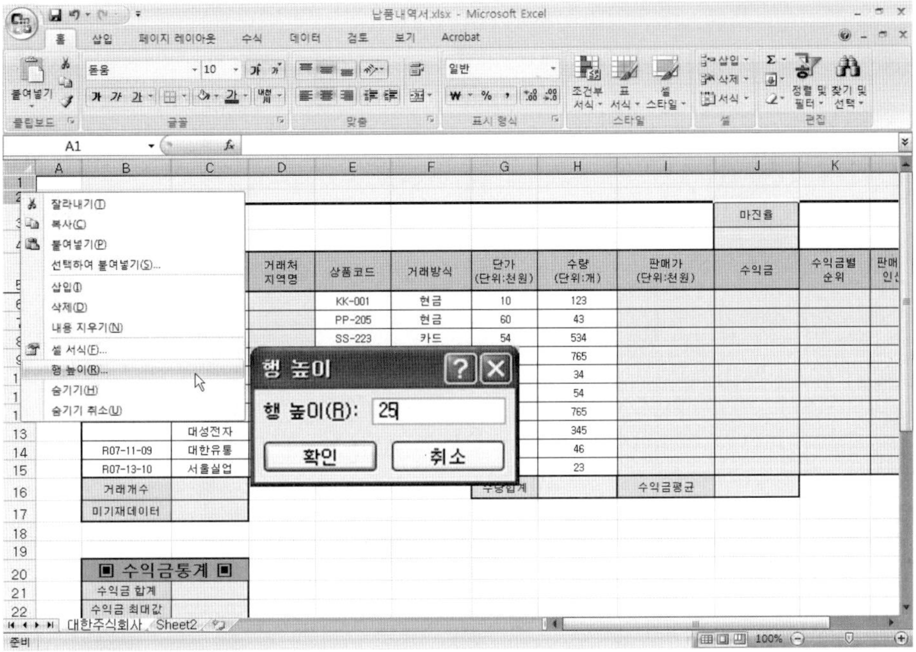

Step 5: [B1:H3] 워드아트

① [삽입] 탭→[텍스트] 그룹 →[WordArt]를 눌러 스타일을 선택합니다.

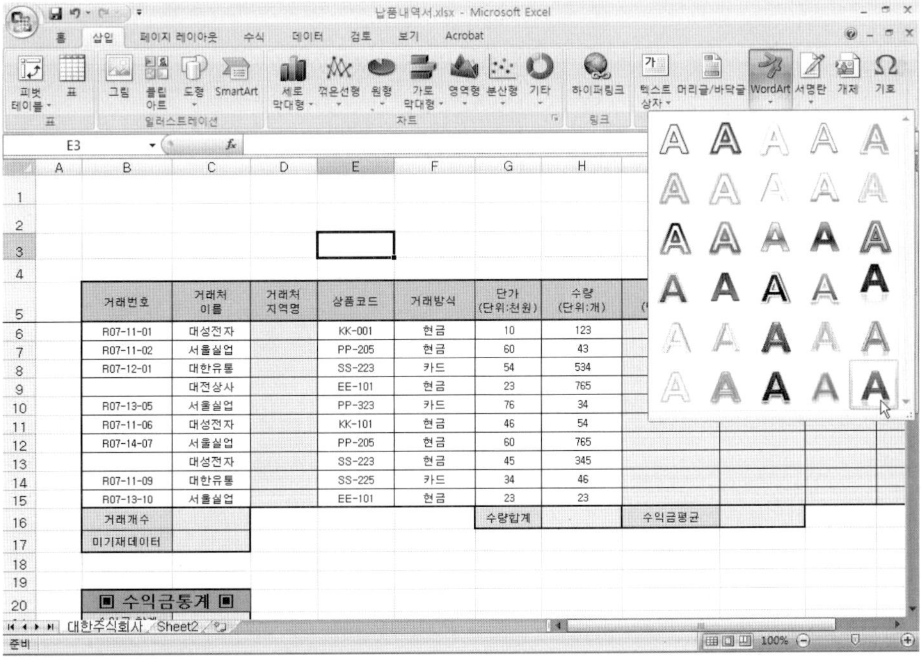

② 내용을 입력한 후 [B1:H3]셀 크기에 맞추어 놓습니다.

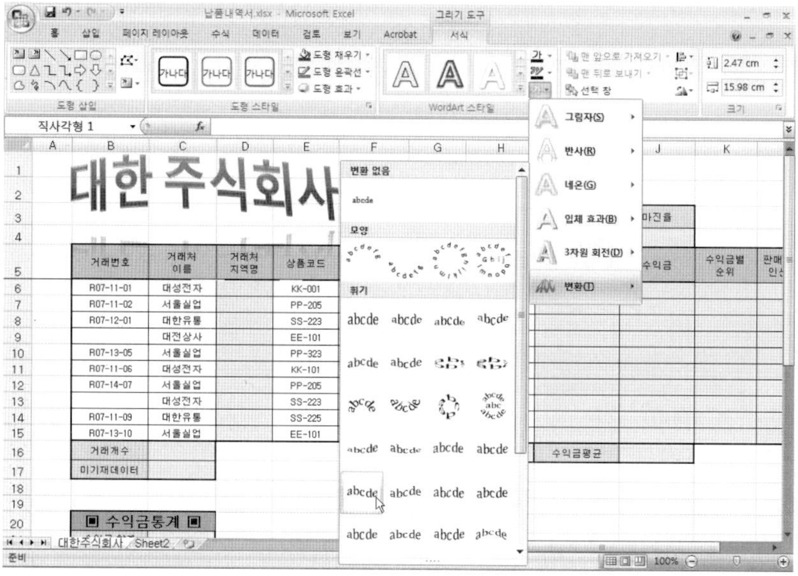

Step 6: [B25: F28] 셀 내용 입력 후 서식 설정

① [B25:F25] 셀을 선택한 후 [홈] 탭→[맞춤] 그룹→[셀 병합하고 가운데 맞춤] 을 선택합니다.

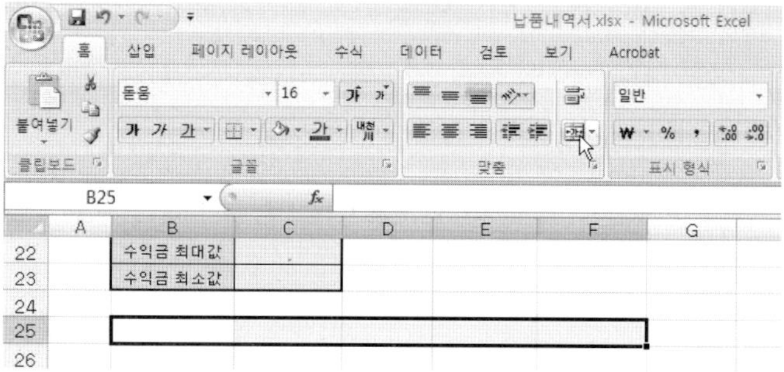

② [삽입] 탭→[텍스트] 그룹→[기호]를 선택합니다.

'기호' 대화 상자의 '하위집합' 목록에서 '블록요소'를 선택하고 해당 도형을 찾아 입력합니다.

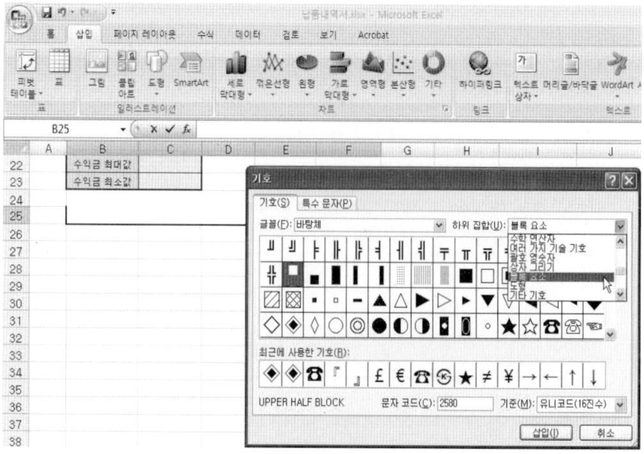

③ [B25]셀을 선택한 후 [홈] 탭→[글꼴] 그룹에서 글꼴(굴림),크기(16), '진하게'를 각각 설정합니다.

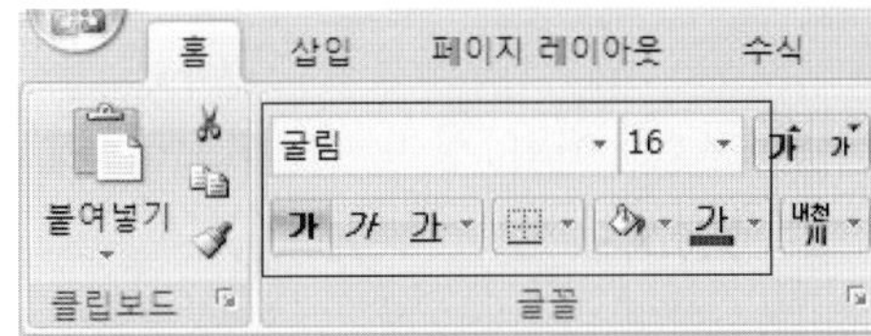

④ [B26]셀을 선택한 후 [홈] 탭→[글꼴] 그룹에서 [테두리]→[테두리 그리기]를 선택하여 대각선 구분선을 그립니다.

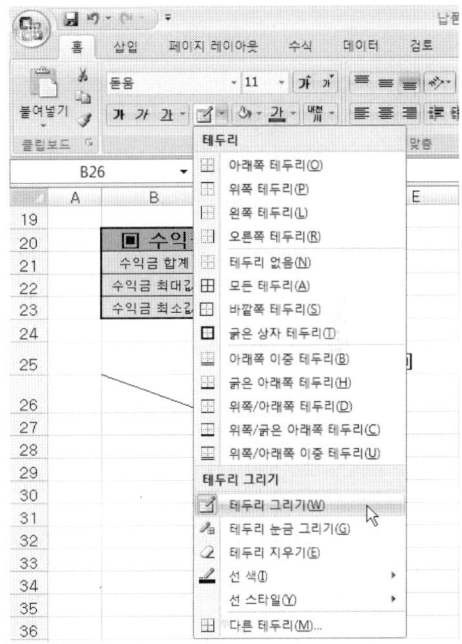

⑤ [B26]셀을 선택한 후 '항목'을 입력하고 Alt+Enter↵ 키를 누르고 '구분'을 입력하면 한 셀에 두 줄의 내용을 입력할 수 있습니다.

⑥ [C26:F26]까지 셀 블록 설정하고 Ctrl 키를 누른 상태에서 [B28:B29] 까지 셀을 블록 설정합니다. [홈] 탭→[글꼴] 그룹 →[채우기 색]에서 노랑색으로 채웁니다.

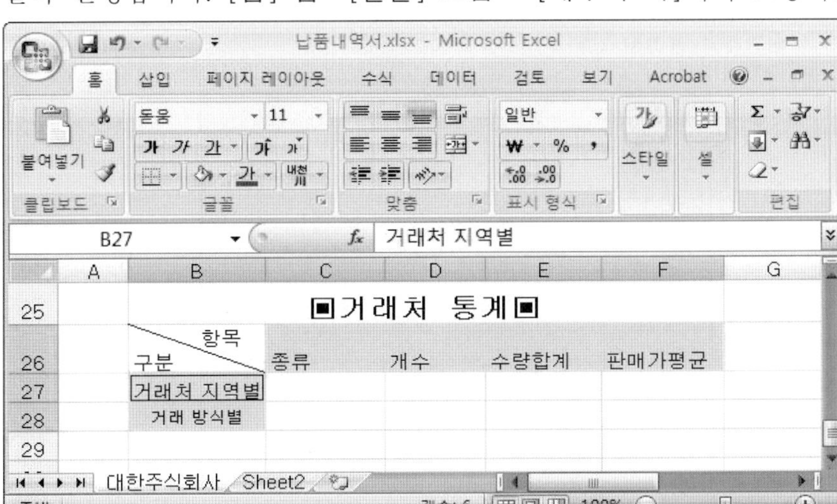

⑦ [B25:F28] 셀을 블록 설정한 후 마우스 오른쪽을 눌러 [셀 서식]을 선택합니다. '셀 서식' 대화 상자의 [테두리]메뉴에서 선 스타일과 테두리를 선택합니다.

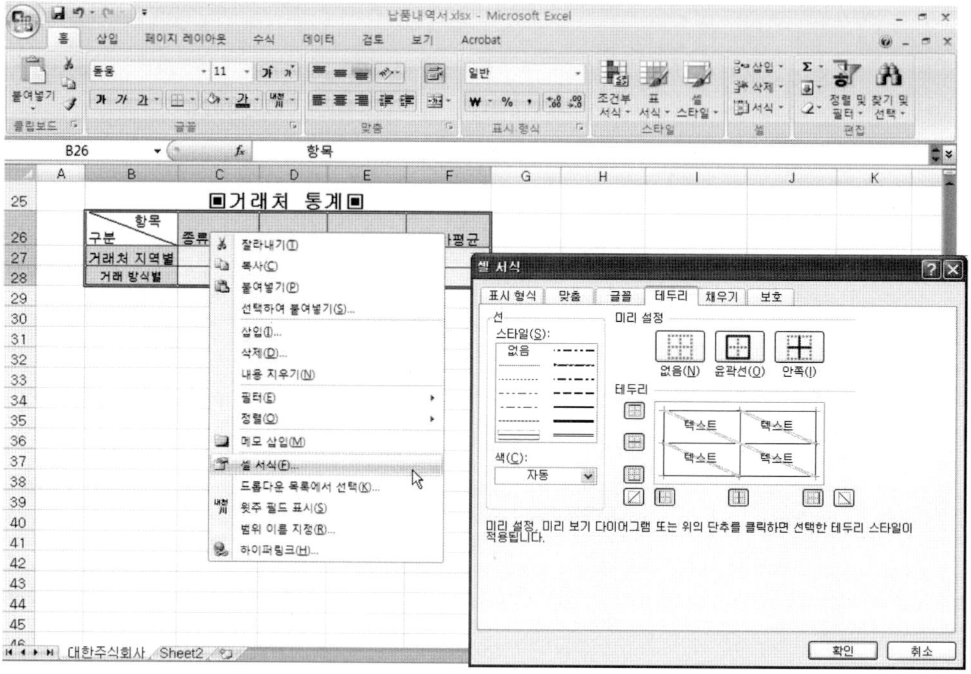

⑧ [B25:F28] 셀을 블록 설정한 후 마우스 오른쪽을 눌러 [셀 서식]을 선택합니다. '셀 서식' 대화 상자의 [맞춤]메뉴에서 '가로-가운데', '세로-가운데'를 선택합니다.

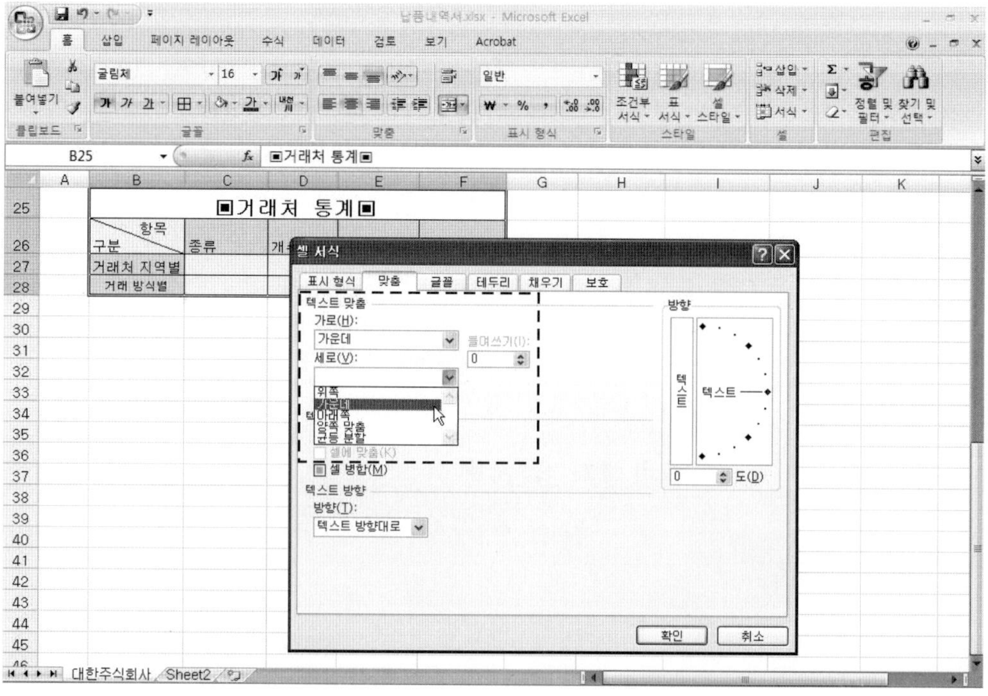

Step 7: [H16] 수량합계 ➜ 수량[H6:H15] 의 합계

[H6:H15] 셀을 블록 설정한 후 [홈] 탭→[편집] 그룹→[자동합계Σ]-[합계]를 선택합니다.

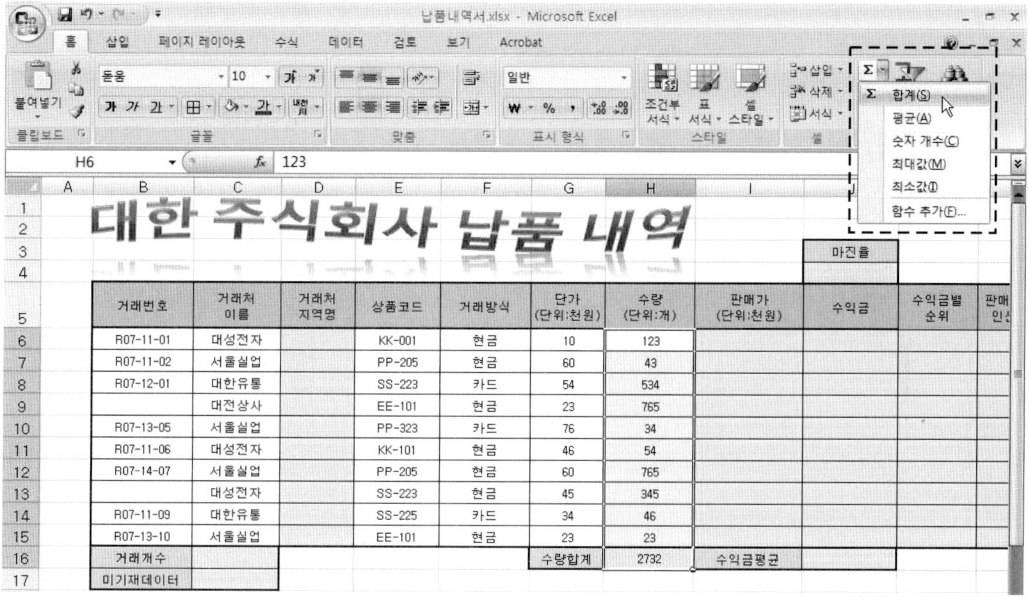

Step 8: [I6:I15] 판매가 ➜ [단가]*[수량]

① [I6] 셀을 선택한 후 등호(=)를 입력합니다. [G6]를 선택하고 '*'을 입력한 후 [H6]셀을 선택하고 Enter↵를 누르면 계산 결과가 나타납니다.

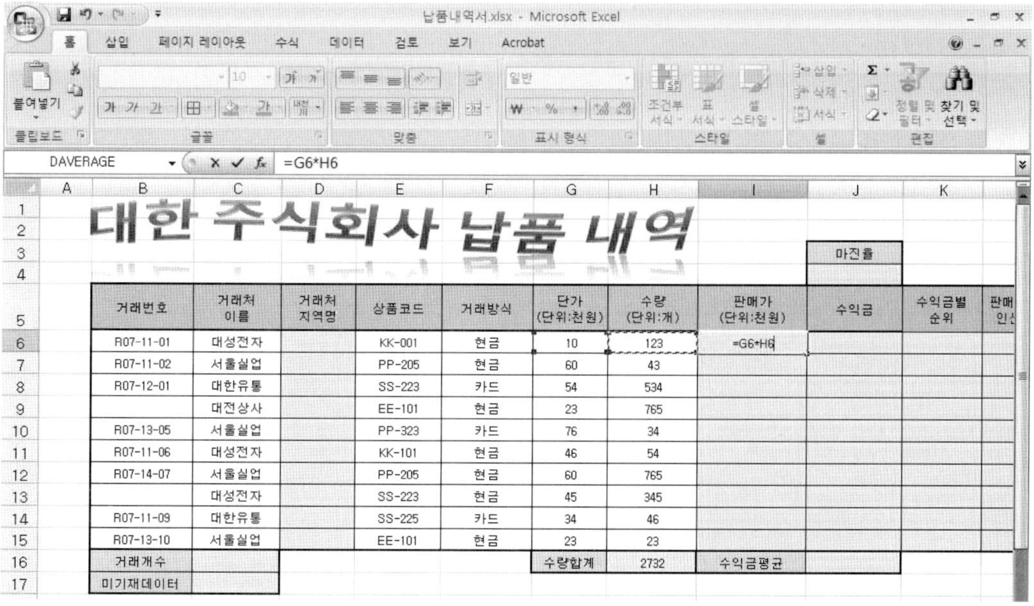

② [I6] 셀의 오른쪽 하단 '채우기 핸들'을 마우스로 누른 상태로 [I15] 셀까지 끌어내립니다.

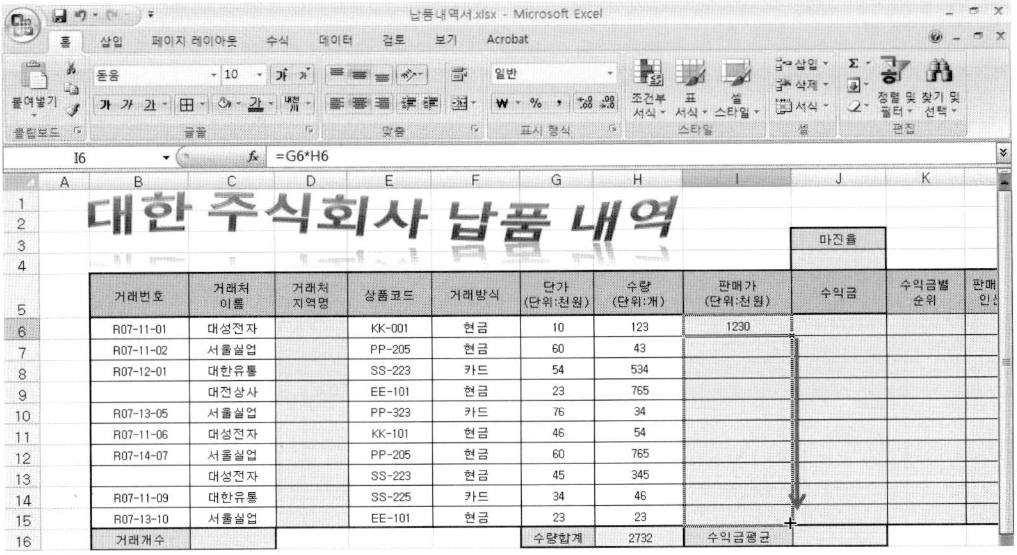

[지시 사항 2 - 유효성 검사]

1. [J4] 마진율 ➜ '10%,20%,30%'만 목록으로 표시되도록 설정
2. [D6:D15] 거래처 지역명
   - "서울,부산,대구"만 목록으로 표시되도록 설정하고 아래와 같이 표시되도록 데이터를 목록에서 선택

거래번호	거래처 이름	거래처 지역명
R07-11-01	대성전자	서울
R07-11-02	서울실업	부산
R07-12-01	대한유통	대구
	대전상사	부산
R07-13-05	서울실업	서울
R07-11-06	대성전자	대구
R07-14-07	서울실업	부산
	대성전자	대구
R07-11-09	대한유통	서울
R07-13-10	서울실업	부산

3. [G6:G15] 단가 ➜ 최소(10), 최대(100) 사이 값만 입력되도록 설정
4. [G5] 메모 삽입 ➜ 최소(10), 최대(100) 사이 값만 입력가능, 메모 항상 표시
5. [C27] 거래처 지역별 종류 ➜ '서울,부산,대구'만 목록으로 표시되도록 설정
6. [C28] 거래 방식 종류 ➜ '카드,현금'만 목록으로 표시되도록 설정

Step 1: [J4] 마진율 ➜ '10%,20%,30%' 만 목록으로 표시되도록 설정

[J4]를 선택합니다. [데이터]→[데이터 도구] 그룹→[데이터 유효성 검사]를 선택합니다. '데이터 유효성' 대화 상자에서 '제한대상'을 '목록'으로 선택하고 '원본' 란에 10%,20%,30% 을 입력합니다.

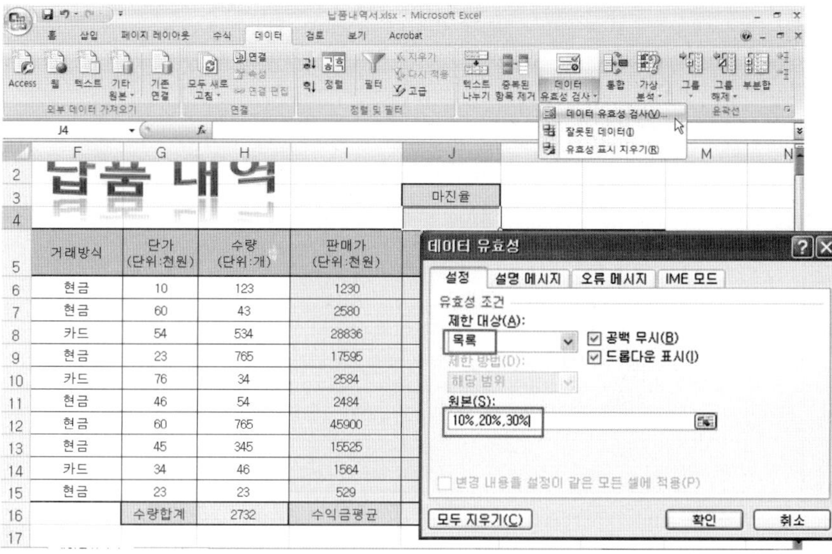

Step 2: [D6:D15] 거래처 지역명 '서울,부산,대구' 만 목록으로 표시되도록 설정

[D6:D15] 셀을 블록 설정합니다. [데이터]→[데이터 도구] 그룹→[데이터 유효성 검사]를 선택합니다. '데이터 유효성' 대화 상자에서 '제한대상-목록', '원본-서울,부산,대구'를 입력합니다.

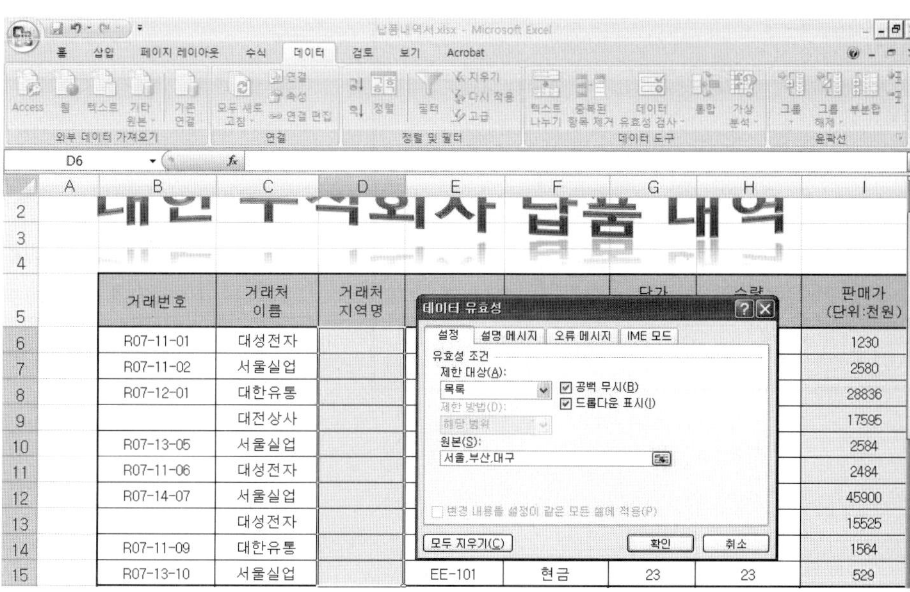

Step 3: [G6:G15] 단가 ➜ 최소(10), 최대(100) 사이 값만 입력되도록 설정

① [G6:G15] 셀을 블록 설정합니다. [데이터]→[데이터 도구] 그룹→[데이터 유효성 검사]를 선택합니다.

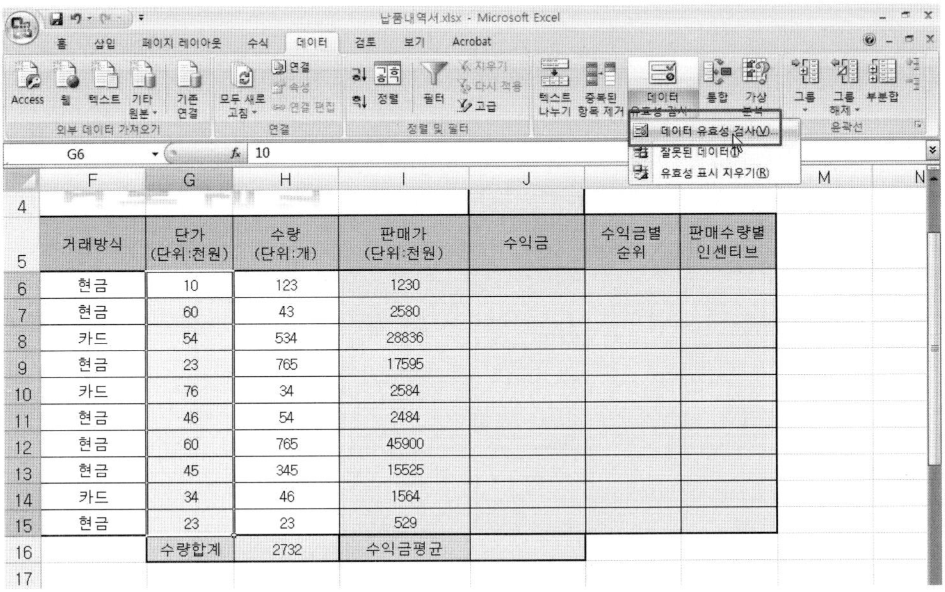

② '데이터 유효성' 대화 상자에서 '제한대상–정수', '제한방법–해당 범위'를 선택한 후 최소값(10), 최대값(100)을 입력합니다.

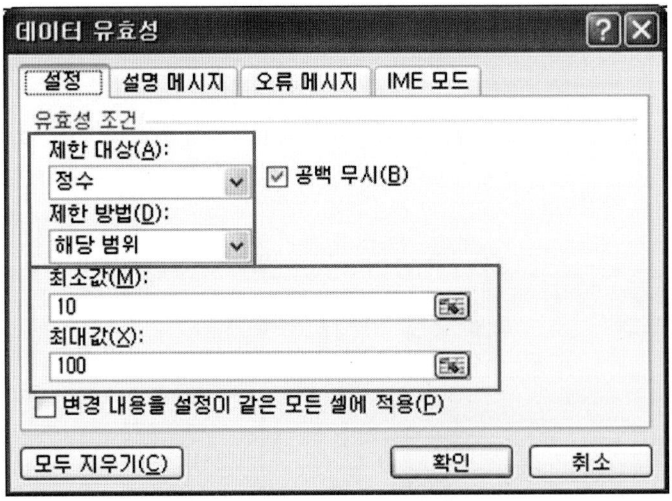

Step 4: [G5] 메모 삽입 ➔ 최소(10), 최대(100) 사이 값만 입력가능, 메모 항상 표시

① [G5] 셀을 선택합니다. 마우스 오른쪽을 눌러 [메모 삽입]을 선택한 후 메모에 내용을 입력합니다.

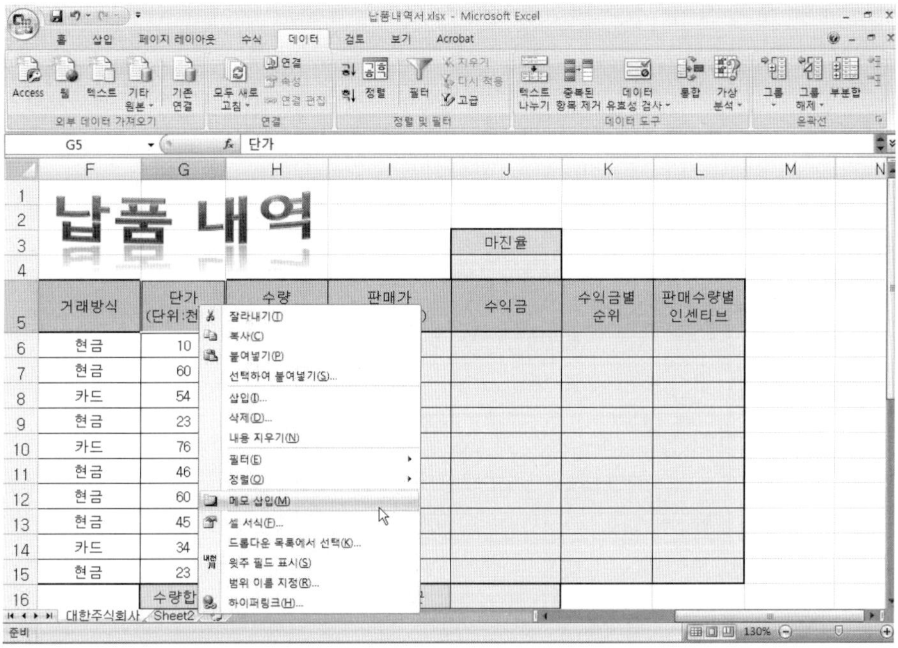

② 메모가 입력된 셀을 선택하고 마우스 오른쪽을 눌러 [메모 표시/숨기기]를 선택합니다.

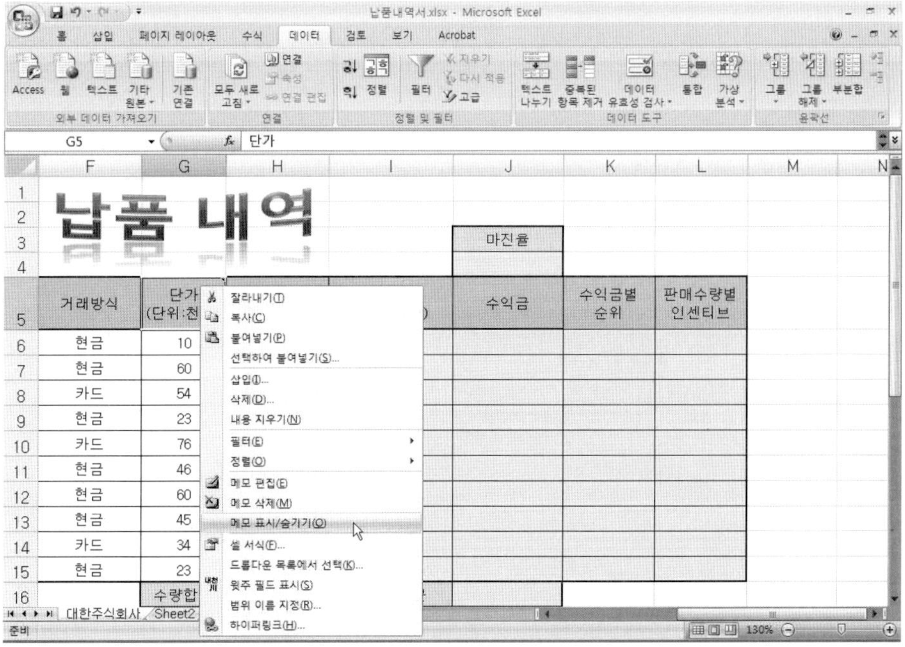

Step 5: [C27] 거래처 지역별 → '서울,부산,대구' 만 목록으로 표시되도록 설정

[C27] 셀을 선택합니다. [데이터] 탭→[데이터 도구] 그룹→[데이터 유효성 검사]를 선택합니다.

'데이터 유효성' 대화 상자에서 '제한대상-목록', '원본-서울,부산,대구'를 입력합니다.

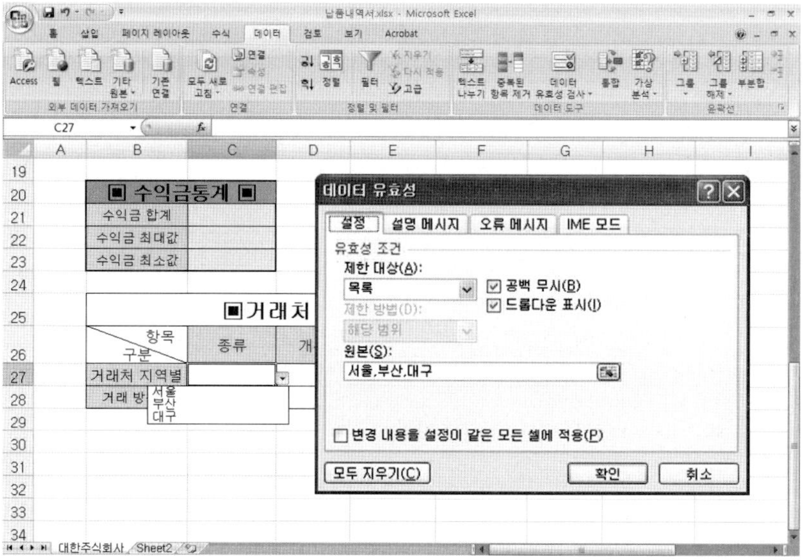

Step 6: [C28] 거래 방식 종류 → '카드,현금' 만 목록으로 표시되도록 설정

[C28] 셀을 선택합니다. [데이터] 탭→[데이터 도구] 그룹→[데이터 유효성 검사]를 선택합니다.

'데이터 유효성' 대화 상자에서 '제한대상-목록', '원본-카드,현금'을 입력합니다.

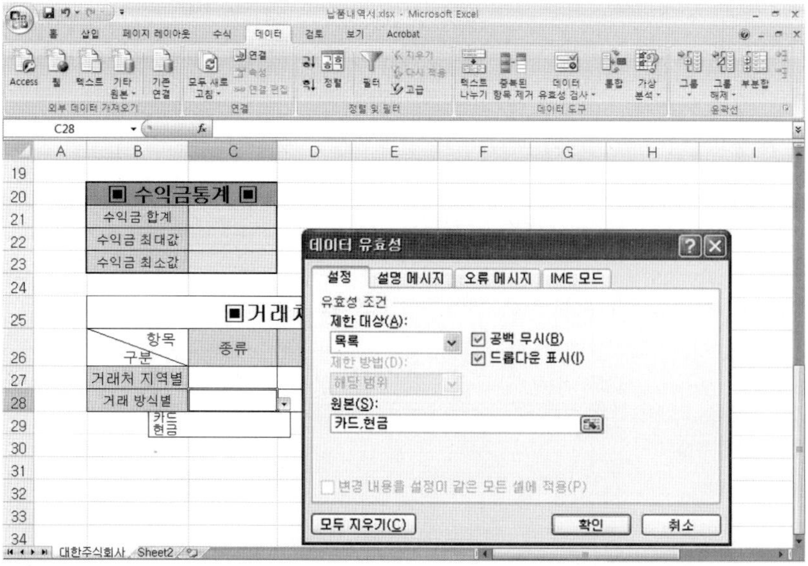

[지시 사항 3 – 기본 함수를 이용한 계산]

1. 틀고정 ➜ 5행 제목
2. [J6:J15] 수익금 ➜ [판매가]*마진율([J4]) <절대참조>
3. [J16] 수익금 평균 ➜ [J6:J15] 수익금의 평균 (※백 단위 까지만 표시) <AVERAGE, ROUND 함수>
4. [C16] 거래개수 ➜ 거래번호 [B6:B15]의 개수 <COUNTA 함수>
5. [C17] ➜ 거래번호 [B6:B15] 중 미입력 데이터 개수 <COUNTBLANK 함수>
6. [C21] 수익금 합계 ➜ [J6:J15] 수익금의 합계 <SUM 함수>
7. [C22] 수익금 최대값 ➜ [J6:J15] 수익금의 최대값 <MAX 함수>
8. [C23] 수익금 최소값 ➜ [J6:J15] 수익금의 합계 <MIN 함수>
9. [D27] 개수 ➜ [D6:D15] 범위 중에서 [C27]셀에 표시되는 값과 동일한 데이터 개수 <COUNTIF 함수>
10. [D28] 개수 ➜ [F6:F15] 범위 중에서 [C28]셀에 표시되는 값과 동일한 데이터 개수 <COUNTIF 함수>
11. [E27] 수량합계 ➜ [D6:D15] 범위 중에서 [C27]셀에 표시되는 값과 동일한 데이터들의 [H6:H15] 수량의 합계 <SUMIF 함수>
12. [E28] 수량합계 ➜ [F6:F15] 범위 중에서 [C28]셀에 표시되는 값과 동일한 데이터들의 [H6:H15] 수량의 합계 <SUMIF 함수>
13. [F27] 판매가평균 ➜ [D6:D15] 범위 중에서 [C27]셀에 표시되는 값과 동일한 데이터들의 [I6:I15] 판매가의 평균 <AVERAGEIF 함수>
14. [F28] 판매가평균 ➜ [F6:F15] 범위 중에서 [C28]셀에 표시되는 값과 동일한 데이터들의 [I6:I15] 판매가의 평균 <AVERAGEIF 함수>
15. [K6:K15] 수익금별 순위 ➜ 수익금으로 내림차순 순위 <RANK 함수>
16. [L6:L15] 판매수량별 인센티브 ➜ 판매수량이 100이상이면 [판매가]*0.5, 그렇지 않으면 “해당없음” 표시 <IF 함수>

Step 7: 틀 고정 ➜ 5행 제목

6행 머리글을 선택한 후 [보기] 탭→[창] 그룹→[틀 고정]을 선택합니다.

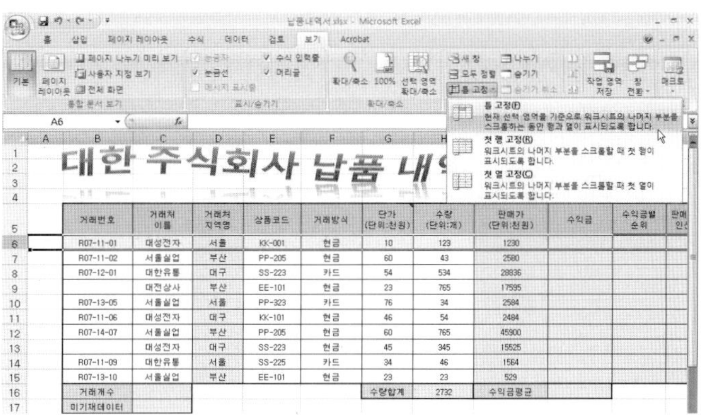

Step 8: [J6:J15] 수익금 → [판매가]*마진율([J4]) <절대참조>

① [J6]셀을 선택하고 등호(=)를 입력합니다. [I6]셀을 클릭하고 '*'를 입력합니다. [J4]셀을 마우스로 클릭한 후 F4 키를 눌러 '$J$4'와 같이 표시되도록 절대참조로 설정합니다.

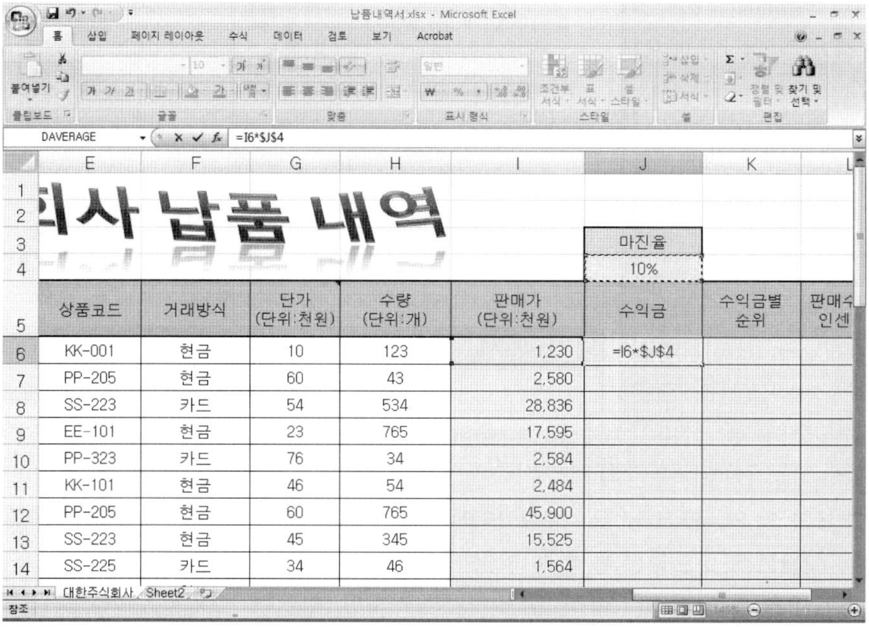

② 결과 값이 입력된 [J6] 셀의 오른쪽 하단 '채우기 핸들(+)'을 마우스로 [J15]까지 끌어내려 수식 채우기를 합니다.

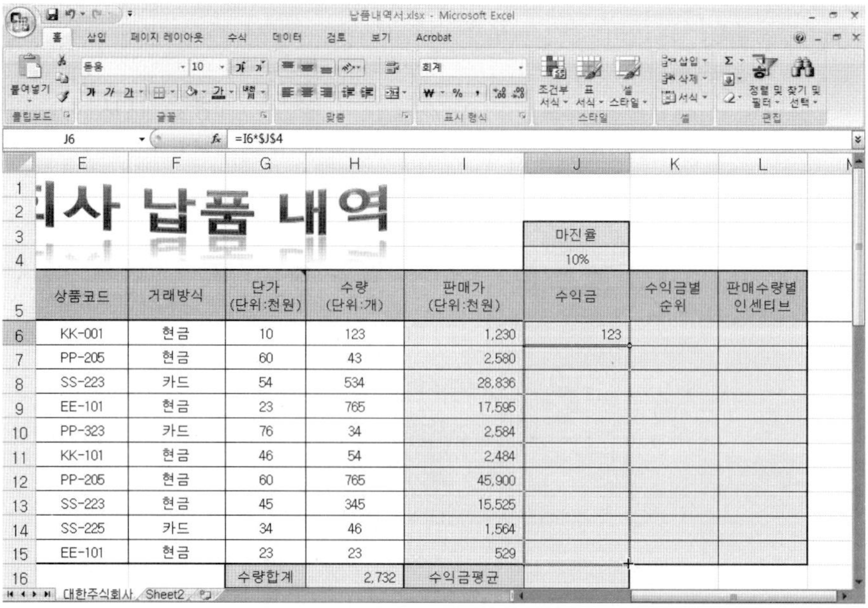

Step 9: [J16] 수익금 평균 → [J6:J15] 수익금의 평균 (※백 단위 까지만 표시) <AVERAGE, ROUND 함수>

① [J6]셀을 선택하고 함수 삽입(fx)을 눌러 ROUND 함수를 선택합니다.

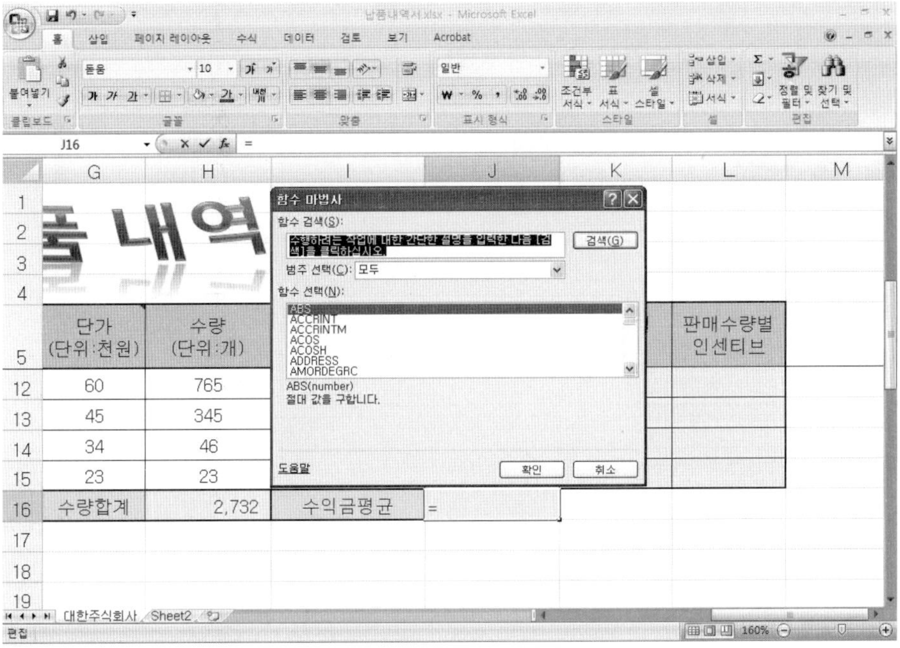

② Number 1 인수 상자를 마우스로 클릭합니다.

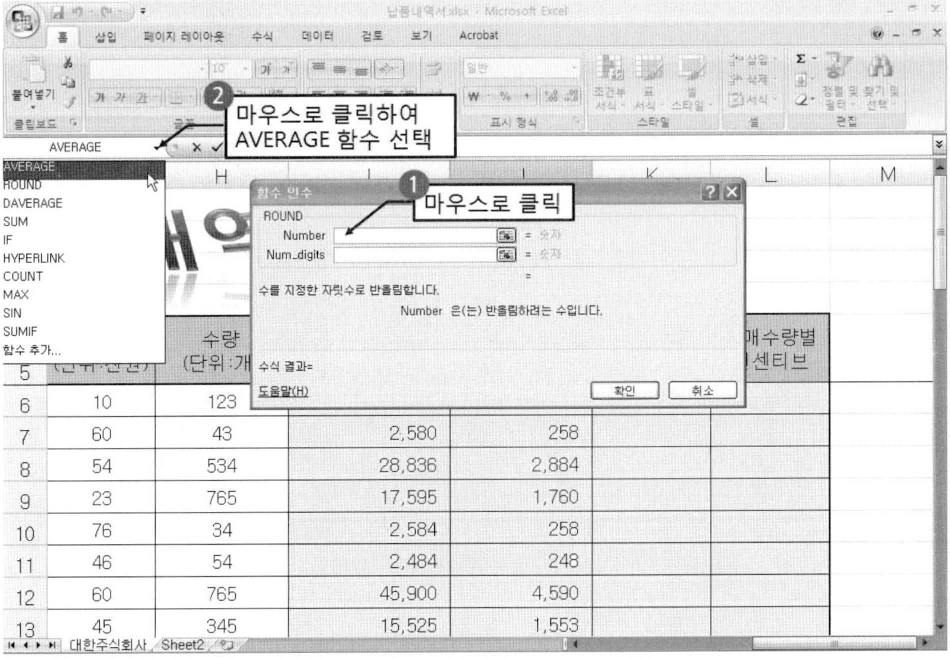

③ Number1 인수 상자에서 마우스로 [J6:J15] 까지 셀 블록을 설정한 후 수식 입력줄의 ROUND 뒤에 마우스를 클릭합니다.

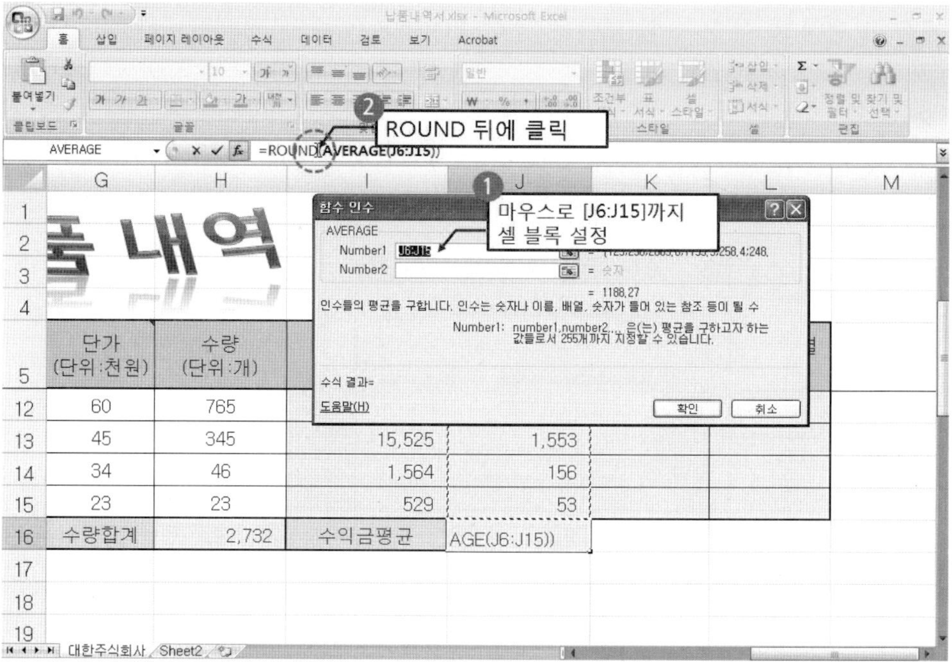

④ Num_digits 인수 상자에 -2를 입력하면 십의 자리에서 반올림된 결과가 표시됩니다.

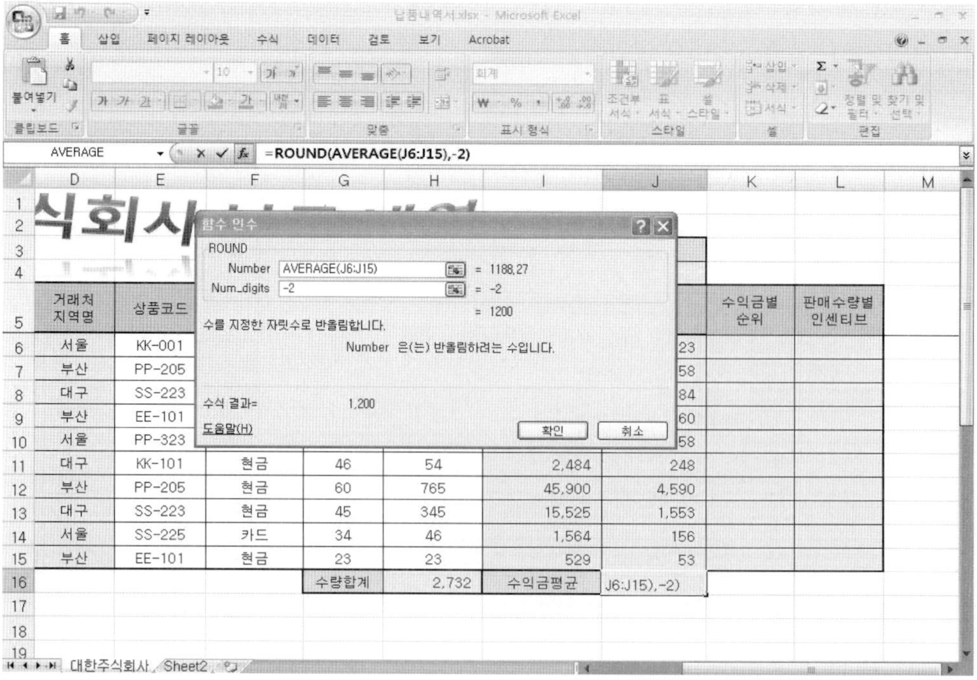

Step 10: [C16] 거래개수 → 거래번호 [B6:B15]의 개수 <COUNTA 함수>

[C16]셀을 선택하고 함수 삽입(fx)을 눌러 COUNTA 함수를 찾습니다. COUNTA 함수의 Value1 인수 상자에 마우스를 클릭한 후 [B6:B15] 셀을 블록 설정합니다.

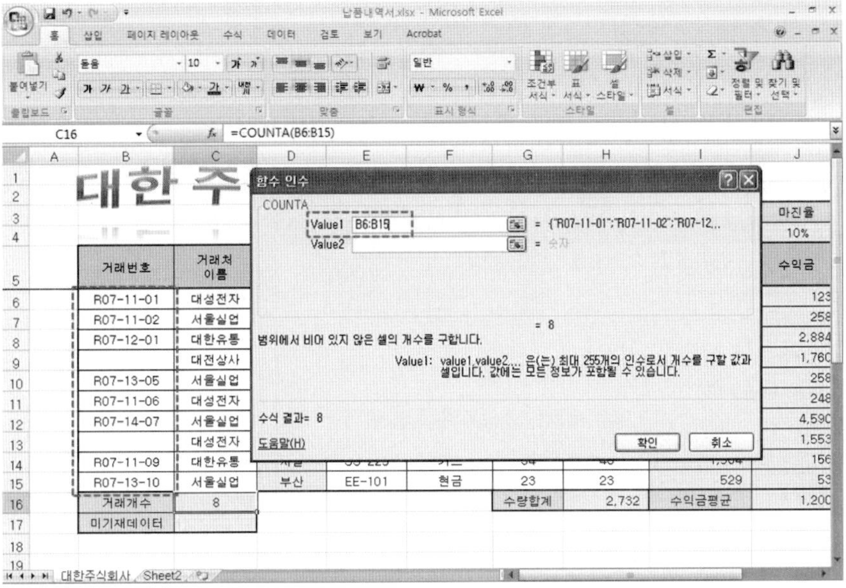

Step 11: [C17] → 거래번호 [B6:B15]중 미입력 데이터 개수 <COUNTBLANK 함수>

[C17]셀을 선택하고 함수 삽입(fx)을 눌러 COUNTBALNK 함수를 찾습니다.
Range 인수 상자를 마우스로 클릭한 후 [B6:B15] 셀을 블록 설정합니다.

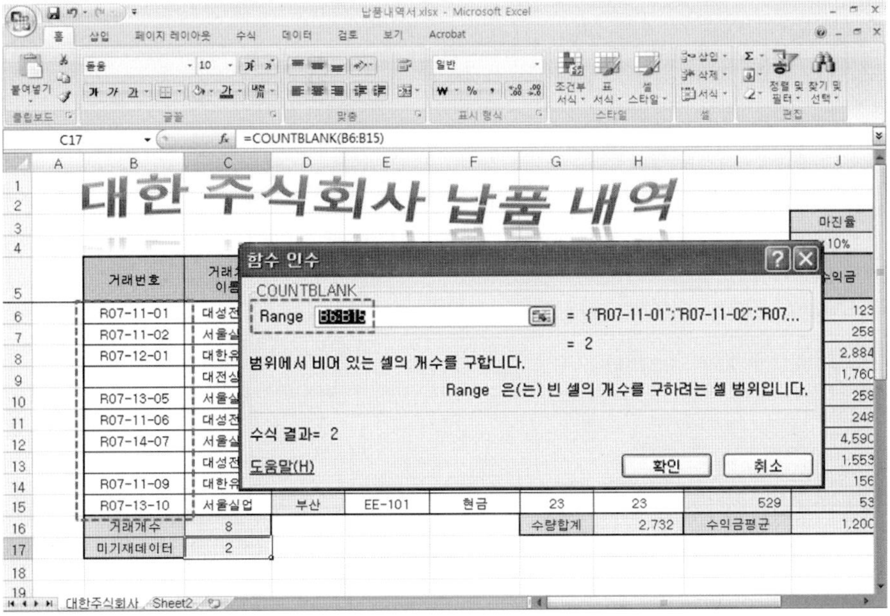

Step 12: [C21] 수익금 합계 → [J6:J15] 수익금의 합계 <SUM 함수>

[C21]셀을 선택하고 함수 삽입(f_x)을 눌러 SUM 함수를 찾습니다.
Number 1 인수 상자를 마우스로 클릭한 후 [J6:J15] 셀을 블록 설정합니다.

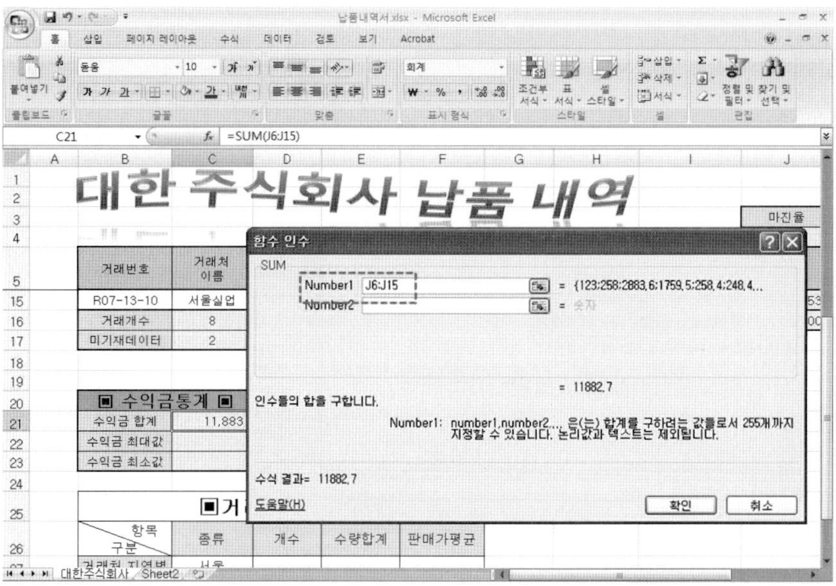

Step 13: [C22] 수익금 최대값 → [J6:J15] 수익금의 최대값 <MAX 함수>

[C22]셀을 선택하고 함수 삽입(f_x)을 눌러 MAX 함수를 찾습니다.
Number 1 인수 상자를 마우스로 클릭한 후 [J6:J15] 셀을 블록 설정합니다.

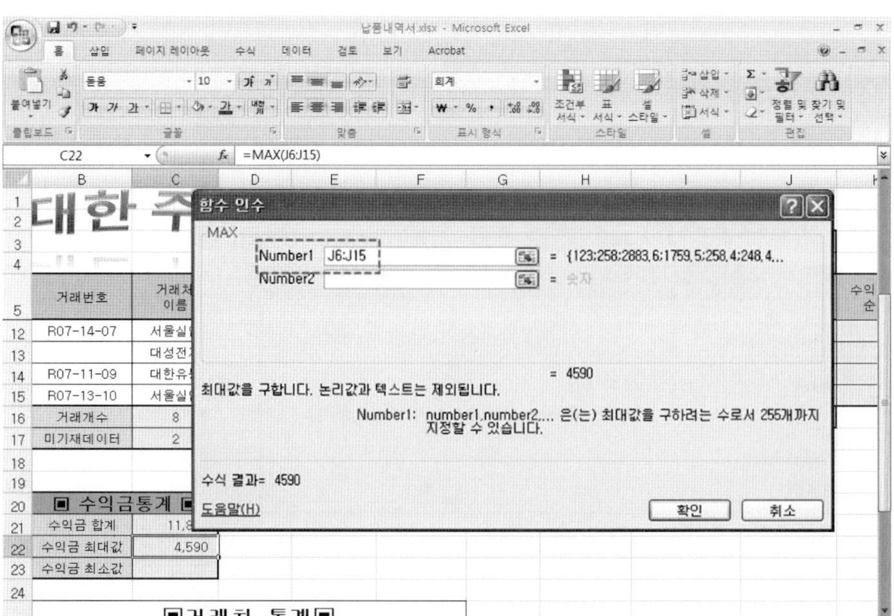

Step 14: [C23] 수익금 최소값 ➜ [J6:J15] 수익금의 합계 <MIN 함수>

[C23]셀을 선택하고 함수 삽입(fx)을 눌러 MIN 함수를 찾습니다. Number 1 인수 상자를 마우스로 클릭한 후 [J6:J15] 셀을 블록 설정합니다.

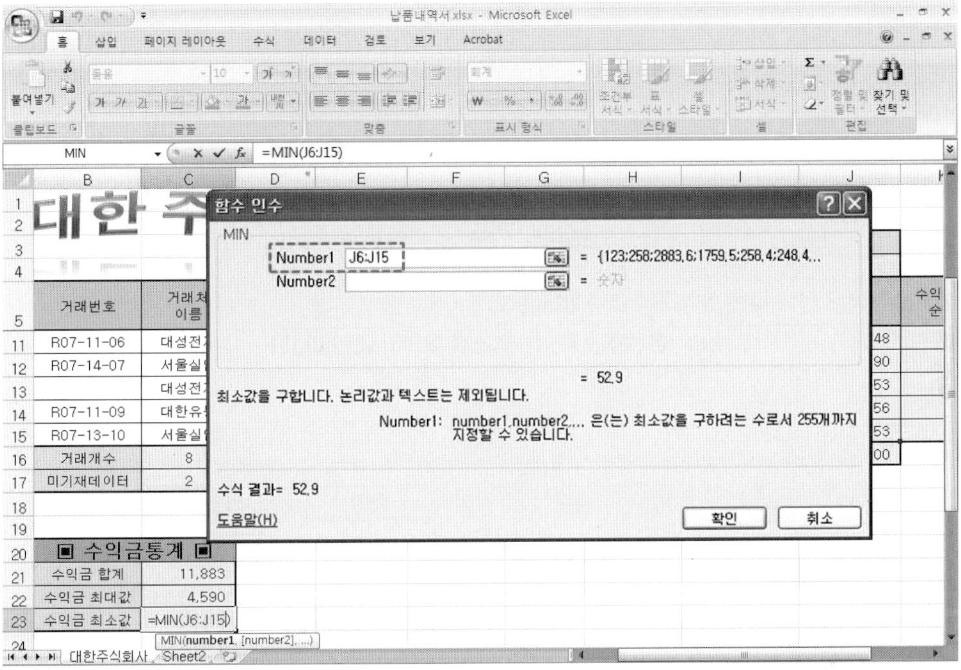

Step 15: [D27] 개수 ➜ [D6:D15] 범위 중에서 [C27]셀에 표시되는 값과 동일한 데이터 개수 <COUNTIF 함수>

[D27]셀을 선택하고 함수 삽입(fx)을 눌러 COUNTIF 함수를 찾습니다.

- Range 인수 상자를 마우스로 클릭한 후 [D6:D15] 셀을 블록 설정합니다.
- Criteria 인수 상자를 마우스로 클릭하고 [C27] 셀을 선택합니다.

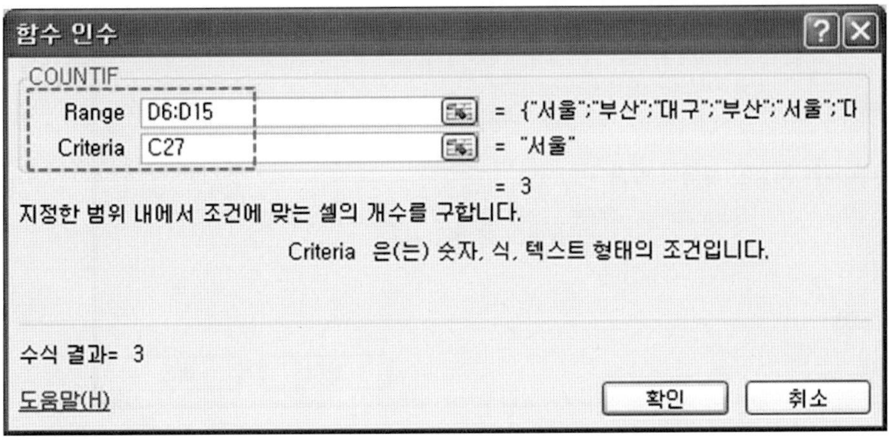

Step 16: [D28] 개수 → [F6:F15] 범위 중에서 [C28]셀에 표시되는 값과 동일한 데이터 개수<COUNTIF 함수>

[D28]셀을 선택하고 함수 삽입(fx)을 눌러 COUNTIF 함수를 찾습니다.

- Range 인수 상자를 마우스로 클릭한 후 [F6:F15] 셀을 블록 설정합니다.
- Criteria 인수 상자를 마우스로 클릭한 후 [C28] 셀을 선택합니다.

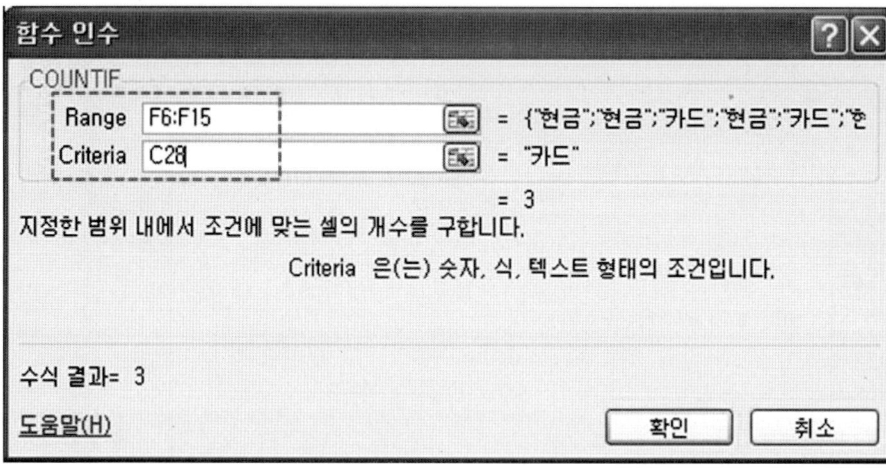

Step 17: [E27] 수량합계 → [D6:D15] 범위 중에서 [C27]셀에 표시되는 값과 동일한 데이터들의 [H6:H15] 수량의 합계 <SUMIF 함수>

[E27]셀을 선택하고 함수 삽입(fx)을 눌러 SUMIF 함수를 찾습니다.

- Range 인수 상자를 마우스로 클릭하고 [D6:D15] 셀을 블록 설정합니다.
- Criteria 인수 상자를 마우스로 클릭하고 [C27] 셀을 선택합니다.
- Sum_range 인수 상자에 수량 범위 [H6:H15]셀을 블록 설정합니다.

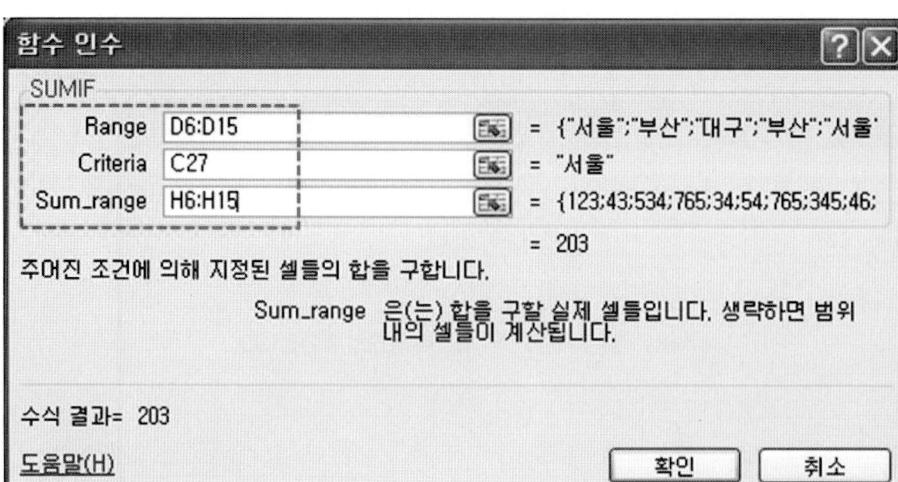

Step 18: [E28] 수량합계 → [F6:F15] 범위 중에서 [C28]셀에 표시되는 값과 동일한 데이터들의 [H6:H15] 수량의 합계 <SUMIF 함수>

[E28]셀을 선택하고 함수 삽입(fx)을 눌러 SUMIF 함수를 찾습니다.

- Range 인수 상자를 마우스로 클릭하고 [F6:F15] 셀을 블록 설정합니다.
- Criteria 인수 상자를 마우스로 클릭하고 [C28] 셀을 선택합니다.
- Sum_range 인수 상자에 수량 범위 [H6:H15]셀을 블록 설정합니다.

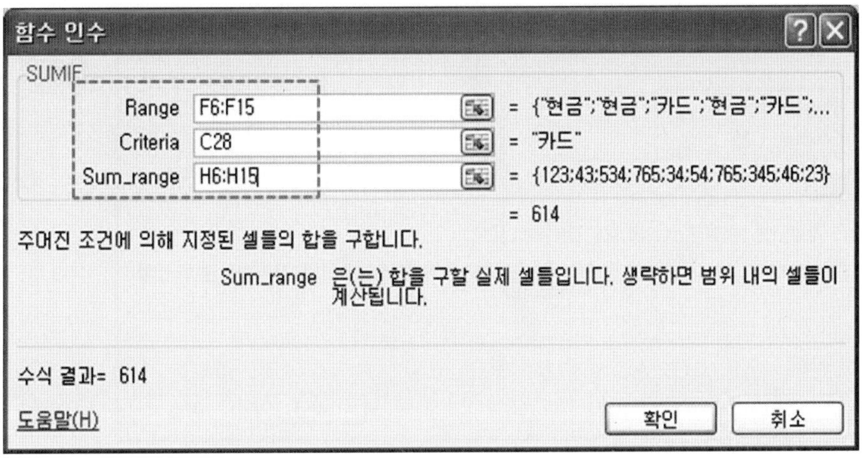

Step 19: [F27] 판매가평균 → [D6:D15] 범위 중에서 [C27]셀에 표시되는 값과 동일한 데이터들의 [I6:I15] 판매가의 평균 <AVERAGEIF 함수>

[F27]셀을 선택하고 함수 삽입(fx)을 눌러 AVERAGEIF 함수를 찾습니다.

- Range 인수 상자를 마우스로 클릭하고 [D6:D15] 셀을 블록 설정합니다.
- Criteria 인수 상자를 마우스로 클릭하고 [C27] 셀을 선택합니다.
- Average_range 인수 상자에 수량 범위 [I6:I15]셀을 블록 설정합니다.

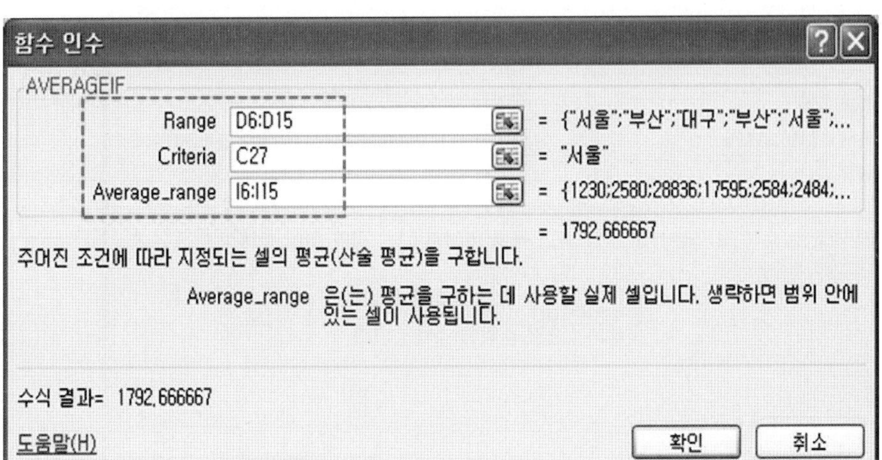

Step 20: [F28] 판매가평균 → [F6:F15] 범위 중에서 [C28]셀에 표시되는 값과 동일한 데이터들의 [I6:I15] 판매가의 평균 <AVERAGEIF 함수>

[F28]셀을 선택하고 함수 삽입(fx)을 눌러 AVERAGEIF 함수를 찾습니다.

- Range 인수 상자를 마우스로 클릭하고 [F6:F15] 셀을 블록 설정합니다.
- Criteria 인수 상자를 마우스로 클릭하고 [C28] 셀을 선택합니다.
- Average_range 인수 상자에 수량 범위 [I6:I15]셀을 블록 설정합니다.

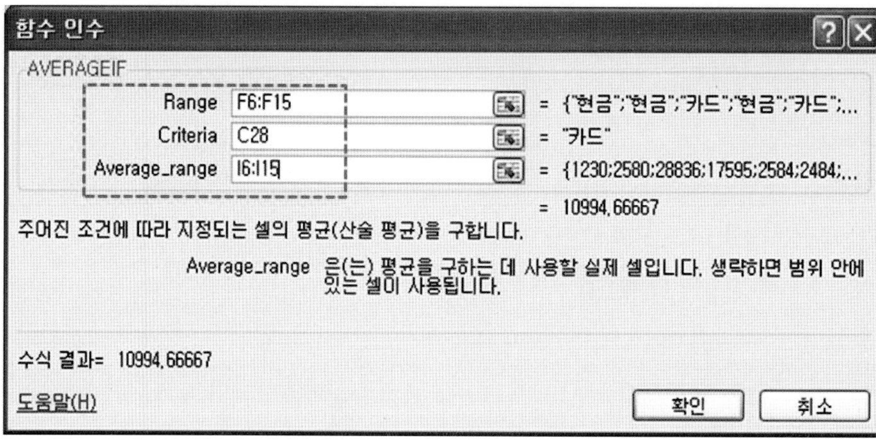

Step 21: [K6:K15] 수익금별 순위 → 수익금으로 내림차순 순위 <RANK 함수>

① [K6]셀을 선택하고 함수 삽입(fx)을 눌러 RANK 함수를 찾습니다.

- Number 인수 상자를 마우스로 클릭하고 [J6]셀을 선택합니다.
- Ref 인수 상자를 마우스로 클릭한 후 [J6:J15] 셀을 블록 설정하고 F4을 눌러 참조 셀 주소 전체에 $표시가 붙도록($J$6:$J$15) 절대참조로 설정합니다.
- Order 인수 상자에 0이 아닌 값을 지정합니다. 빈칸으로 두어도 됩니다.

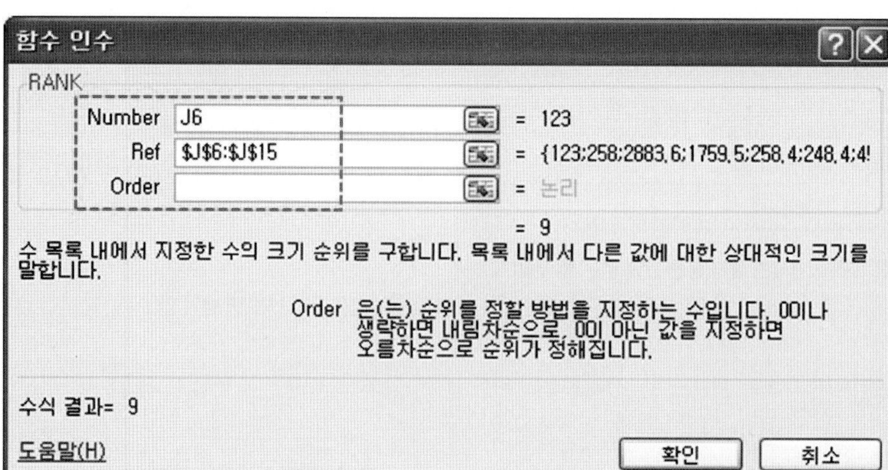

② [K6]셀을 선택하고 셀의 오른쪽 하단 '채우기 핸들(+)'을 끌어내려 수식 채우기를 하여 나머지 셀에도 순위를 각각 구합니다.

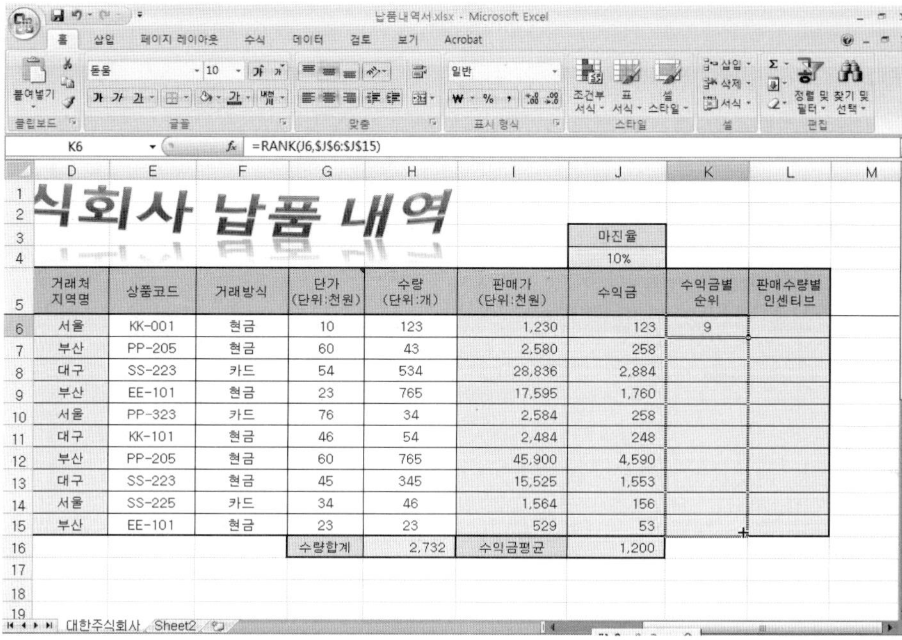

Step 22: [L6:L15] 판매수량별 인센티브 → 판매수량이 100이상이면 [판매가]*0.5, 그렇지 않으면 "해당없음" 표시 <IF 함수>

① [L6]셀을 선택하고 함수 삽입(f_x)을 눌러 IF 함수를 찾습니다.

- Logical_test 인수 상자를 마우스로 클릭한 후 [I6]셀을 선택하고 >=100 을 입력합니다.
- Value_if_true 인수 상자를 마우스로 클릭한 후 [I6]셀을 선택하고 *0.5를 입력합니다.
- Value_if_false 인수 상자를 마우스로 클릭한 후 '해당 없음' 을 입력합니다.

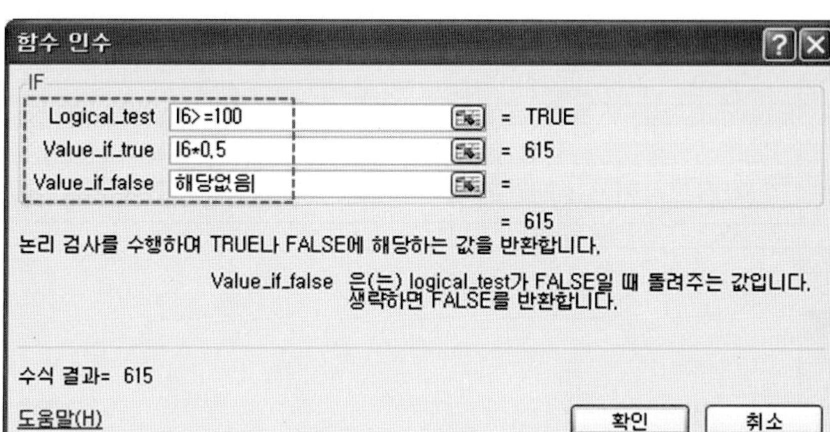

② [L6]셀을 선택하고 셀의 오른쪽 하단 '채우기 핸들'을 끌어내려 수식 채우기 합니다.

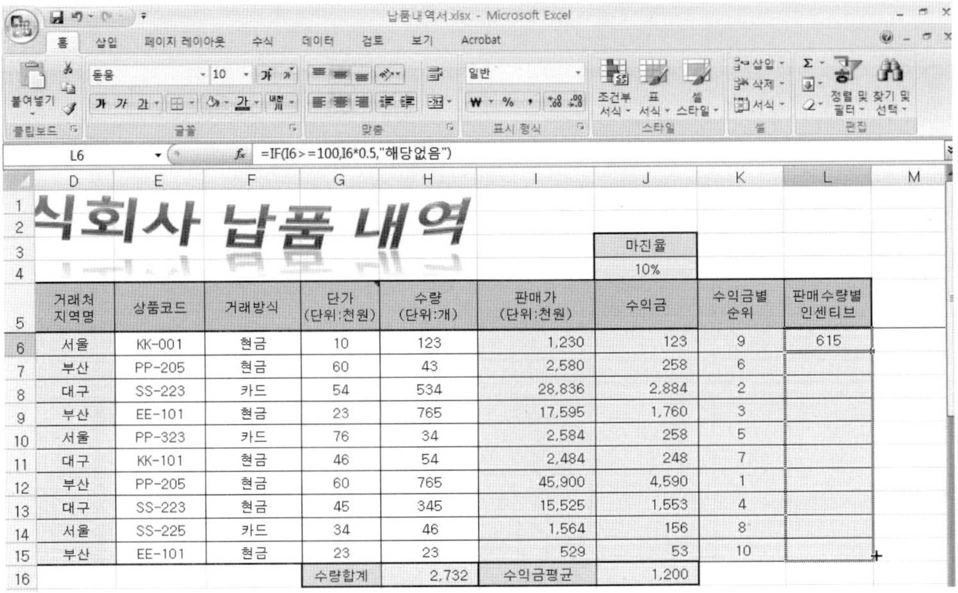

	거래처 지역명	상품코드	거래방식	단가 (단위:천원)	수량 (단위:개)	판매가 (단위:천원)	수익금	수익금별 순위	판매수량별 인센티브
3							마진율		
4							10%		
6	서울	KK-001	현금	10	123	1,230	123	9	615
7	부산	PP-205	현금	60	43	2,580	258	6	
8	대구	SS-223	카드	54	534	28,836	2,884	2	
9	부산	EE-101	현금	23	765	17,595	1,760	3	
10	서울	PP-323	카드	76	34	2,584	258	5	
11	대구	KK-101	현금	46	54	2,484	248	7	
12	부산	PP-205	현금	60	765	45,900	4,590	1	
13	대구	SS-223	현금	45	345	15,525	1,553	4	
14	서울	SS-225	카드	34	46	1,564	156	8	
15	부산	EE-101	현금	23	23	529	53	10	
16				수량합계	2,732	수익금평균	1,200		

11. 연습 문제

● 학습 목표: 아래 지시사항에 따라 '등산복점 판매 현황' 엑셀 문서를 완성합니다.

[내용 입력] 엑셀 2007에 아래와 같이 내용을 입력하시오.

	A	B	C	D	E	F	G	H	I	J	K
1								할인율			
2											
3	모델명	상품	분류	입고수량	단가	판매수량 (단위:개)	정상가	할인가	정상가별 순위	재고 보유	순수익
4	PA1-001	의류	남성용	40	160000	20					
5	PA3-002	방한복	여성용	15	56000	14					
6		등산화	공용	70	140000	52					
7	PA1-004	의류	남성용	25	150000	21					
8	PA2-001	등산화	공용	10	70000	10					
9	PA3-006	등산화	여성용	50	90000	40					
10		의류	공용	40	200000	19					
11	PA2-008	방한복	남성용	34	25000	21					
12	PA3-009	방한복	여성용	10	15000	4					
13		의류	공용	50	300000	23					
14	상품 개수		입고수량합계		판매수량평균						
15	미기재데이터 개수										
16											
17											
18	▣ 순수익금통계 ▣										
19	수익금 합계										
20	수익금 최대값										
21	수익금 최소값										

[지시 사항] 아래 지시사항에 따라 문서를 완성하시오.

1. 다른 이름으로 파일 저장 ➜ 산타등산복점.xlsx
2. 시트이름 변경: [Sheet1] ➜ '상반기현황'
3. 1행 위에 '2개 행 추가', A열 왼쪽에 '1개 열' 추가
4. A 열 너비➜10, [1-3] 행 높이➜ 25
5. [B1:H3] ➜ 출력형태와 같이 워드아트를 이용하여 제목을 완성하시오.

6. [B25:F28] 출력형태와 같이 내용입력 및 서식 설정

▣ 판매 통계 ▣				
항목 / 구분	종류	개수	판매수량합계	할인가평균
상품종류	방한복	3	39	365,000
분류별	공용	4	104	3,736,000

- [B25:F25] 제목➜ 병합하고 가운데 정렬, 글꼴(굴림체), 크기(16), 굵게
- [B26]➜ 두 줄로 입력, 대각선 설정
- [C26:F26], [B27:B28]➜ 채우기색(노랑)
- 출력형태와 같이 셀 테두리 설정
- [B25:F28]➜ 수직, 수평 가운데 정렬

7. [C16] 상품개수 ➜ [C6:C15] 데이터의 개수
8. [C17] 미기재데이터 개수 ➜ [B5:B15] 데이터중 미입력 데이터의 개수
9. [E16] 입고수량합계 ➜ 입고수량[E6:E15] 의 합계
10. [G16] 판매수량평균 ➜ 판매수량 [G6:G15] 의 평균
11. [D6:D15]
    - 유효성 검사를 이용하여 '남성용,여성용,공용'만 입력되도록 목록으로 표시
12. [H6:H15] 정상가 ➜ 단가 * 판매수량
13. [I4] 할인율
    - 유효성 검사를 이용하여 '10%,20%,30%'만 입력되도록 목록으로 표시
14. [I6:I15] 할인가 ➜ 정상가 * [I4]
15. [J6:J15] 정상가별 순위➜ 정상가를 기준으로 내림차순 순위 계산(RANK함수)
16. [K6:K15] 재고보유
    - 입고수량-판매수량이 20이상이면 "본사" 그렇지않으면 "지점입고" (IF함수)
17. [L6:L15] 순수익 ➜ 정상가-(정상가*[I4])
18. [C21] 수익금 합계 ➜ [L6:L15] 합계 (SUM 함수)
19. [C22] 수익금 최대값 ➜ [L6:L15] 최대 (MAX 함수)
20. [C23] 수익금 최소값 ➜ [L6:L15] 최소 (MIN 함수)

21. [C27] ➜ 유효성 검사를 이용하여 '방한복,의류,등산화'만 입력되도록 목록으로 표시
22. [C28] ➜ 유효성 검사를 이용하여 '공용,남성용,여성용'만 입력되도록 목록으로 표시
23. [D27] 개수 ➜ [C6:C15] 범위 중에서 [C27]셀에 표시되는 값과 동일한 데이터 개수 <COUNTIF 함수>
24. [D28] 개수 ➜ [D6:D15] 범위 중에서 [C28]셀에 표시되는 값과 동일한 데이터 개수 <COUNTIF 함수>
25. [E27] 판매수량합계 ➜ [C6:C15] 범위 중에서 [C27]셀에 표시되는 값과 동일한 데이터들의 [G6:G15] 수량의 합계 <SUMIF 함수>
26. [E28] 판매수량합계 ➜ [D6:D15] 범위 중에서 [C28]셀에 표시되는 값과 동일한 데이터들의 [G6:G15] 수량의 합계 <SUMIF 함수>
27. [F27] 할인가 평균 ➜ [C6:C15] 범위 중에서 [C27]셀에 표시되는 값과 동일한 데이터들의 [I6:I15] 할인가의 평균 <AVERAGEIF 함수>
28. [F28] 할인가 평균 ➜ [D6:D15] 범위 중에서 [C28]셀에 표시되는 값과 동일한 데이터들의 [I6:I15] 판매가의 평균 <AVERAGEIF 함수>

[완성 출력 형태]

♣산타 등산복점 판매 현황

할인율
20%

모델명	상품	분류	입고수량	단가	판매수량(단위:개)	정상가	할인가	정상가별 순위	재고 보유	순수익
PA1-001	의류	남성용	40	160,000	20	3,200,000	2,560,000	5	본사	2,560,000
PA3-002	방한복	여성용	15	56,000	14	784,000	627,200	7	지점입고	627,200
	등산화	공용	70	140,000	52	7,280,000	5,824,000	1	지점입고	5,824,000
PA1-004	의류	남성용	25	150,000	21	3,150,000	2,520,000	6	지점입고	2,520,000
PA2-001	등산화	공용	10	70,000	10	700,000	560,000	8	지점입고	560,000
PA3-006	등산화	여성용	50	90,000	40	3,600,000	2,880,000	4	지점입고	2,880,000
	의류	공용	40	200,000	19	3,800,000	3,040,000	3	본사	3,040,000
PA2-008	방한복	남성용	34	25,000	21	525,000	420,000	9	지점입고	420,000
PA3-009	방한복	여성용	10	15,000	4	60,000	48,000	10	지점입고	48,000
	의류	공용	50	300,000	23	6,900,000	5,520,000	2	본사	5,520,000
상품개수	7	입고합계	344	판매수량평균	22					
미기재데이터	3									

▣ 순수익금통계 ▣	
수익금 합계	23,999,200
수익금 최대값	5,824,000
수익금 최소값	48,000

▣ 판매 통계 ▣				
항목 / 구분	종류	개수	판매수량합계	할인가평균
상품종류	방한복	3	39	365,000
분류별	공용	4	104	3,736,000

상반기현황

PART 03 엑셀(Excel) 2007

엑셀 03. 고급 함수를 이용한 계산

이번 장에서는 엑셀 2007 함수 중에서 인수를 많이 사용하여 계산을 하는 함수에 대해 알아보도록 하겠습니다. 복잡하지만 중요하고 전문적인 분야의 계산에 편리함을 제공하는 함수들을 고급함수로 분류하도록 하겠습니다.

1. 중첩 IF

IF 함수는 특정 조건에 따라 참과 거짓을 판별하여 서로 다른 결과를 얻고자 할 때 사용하는 함수입니다.

조건이 하나 일 때는 하나의 IF를 사용하고, 2개 이상의 조건이 있는 식을 작성할 경우에는 IF함수의 인수 안에 IF 함수를 중첩하여 사용합니다.

함수 형식	=IF(Logical_test, Value_if_true, IF(Logical_test, Value_if_true, IF(… , IF(Logical_test, Value_if_true, Value_if false))…)
인수	■ Logical_test: 조건을 판단할 값이나 조건 식 ■ Value_if_true: Logical_test 조건에 만족할 때 나타낼 값 ■ Value_if_false: Logical_test 조건에 만족하지 않을 때 나타낼 값 *** Value_if_false 는 맨 마지막에 한 번 입력**
함수 식 예	=IF(E2>=90,"A",IF(E2>=80,"B",IF(E2>=70,"C", IF(E2>=60,"D","F")))) ***닫는 괄호 ')' 의 개수는 수식에 사용된 IF의 수만큼 입력**

예) 값이 90 이상이면 A, 80 이상이면 B, 70 이상이면 C, 60 이상이면 D, 나머지는 F

	A	B	C	D	E	F	G
1	성명	영어	개론	컴퓨터	평균	평점	계산식
2	지석원	100	50	80	76.67	C	=IF(E2>=90,"A",IF(E2>=80,"B",IF(E2>=70,"C",IF(E2>=60,"C","F"))))
3	김현준	70	60	30	53.33	F	=IF(E3>=90,"A",IF(E3>=80,"B",IF(E3>=70,"C",IF(E3>=60,"C","F"))))
4	이진석	90	80	90	86.67	B	=IF(E4>=90,"A",IF(E4>=80,"B",IF(E4>=70,"C",IF(E4>=60,"C","F"))))
5	오경수	100	90	85	91.67	A	=IF(E5>=90,"A",IF(E5>=80,"B",IF(E5>=70,"C",IF(E5>=60,"C","F"))))

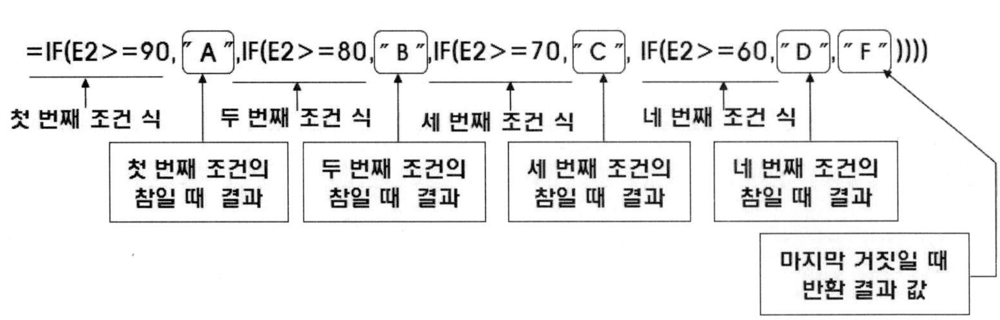

2. 논리 함수(AND, OR, NOT)

AND는 두 개 이상의 모든 조건을 동시에 만족하는 경우에 만 참(true) 값을 반환하는 함수입니다. OR 함수는 여러 조건 중 하나만 만족해도 참(true) 값을 반환하는 함수이며, NOT은 조건과 다를 때만 참값을 반환하는 함수이다.

함수 형식	=AND(Logical1, Logical2,…)	모든 조건이 참이어야 True값 반환
	=OR(Logical1, Logical2,…)	조건 중 하나만 참이어도 True값 반환
	=NOT(Logical)	조건과 다를 때 True 값 반환
인수	▪ Logical 1, … : 참(True) 이나 거짓(False)을 판단할 조건	
함수 식 예	=IF(and(B2>=60, 60, C2>=60, D2>=60),"Pass","//")	

예) 모든 과목이 60점 이상이면 "Pass" 그렇지 않으면 "//"

	A	B	C	D	E	F
1	성명	영어	개론	컴퓨터	합격여부	계산식
2	김준모	100	50	80	//	=IF(AND(B2>=60,C2>=60,D2>=60),"Pass","//")
3	김현준	70	60	30	//	=IF(AND(B3>=60,C3>=60,D3>=60),"Pass","//")
4	이진석	90	80	90	Pass	=IF(AND(B4>=60,C4>=60,D4>=60),"Pass","//")
5	오경수	100	90	85	Pass	=IF(AND(B5>=60,C5>=60,D5>=60),"Pass","//")

3. 텍스트 함수(LEFT, RIGHT, MID)

텍스트 함수는 셀에 입력된 문자 중 필요한 일부 글자를 추출하는 함수입니다.

함수 형식	=LEFT(Text, Num_chars)	왼쪽에서 몇 글자 추출
	=RIGHT(Text, Num_chars)	오른쪽에서 몇 글자 추출
	=MID(Text, Start_num, Num_chars)	가운데 지정한 위치에서 몇 글자 추출
인수	▪ Text: 추출할 문자가 들어있는 셀 주소 ▪ Num_chars: 추출할 문자 개수 지정 ▪ Start_num: 추출할 첫 문자 위치 지정	

	A	B	C	D	E	F	G
1	주민번호	출생년도	계산식 LEFT	출생월	계산식 MID	주민번호 끝자리	계산식 RIGHT
2	641005-2*****5	64	=LEFT(A2,2)	10	=MID(A2,3,2)	5	=RIGHT(A2,1)
3	671005-1*****6	67	=LEFT(A3,2)	10	=MID(A3,3,2)	6	=RIGHT(A3,1)
4	651124-1*****2	65	=LEFT(A4,2)	11	=MID(A4,3,2)	2	=RIGHT(A4,1)
5	590708-1*****9	59	=LEFT(A5,2)	7	=MID(A5,3,2)	9	=RIGHT(A5,1)
6	601225-1*****0	60	=LEFT(A6,2)	12	=MID(A6,3,2)	0	=RIGHT(A6,1)
7	610205-1*****8	61	=LEFT(A7,2)	2	=MID(A7,3,2)	8	=RIGHT(A7,1)

4. 데이터베이스 함수(DMAX, DMIN)

데이터베이스 함수는 목록이나 데이터베이스의 레코드 필드(열)에서 지정한 조건에 맞는 값을 반환하는 함수입니다. 엑셀에서 데이터베이스라고 하는 것은 데이터가 입력된 임의의 범위를 말합니다. 데이터베이스에서 열을 필드라 하고 행을 레코드라고 합니다. 목록의 첫째 행에는 각 열의 레이블이 있습니다.

DMAX는 목록이나 데이터베이스의 필드(열)에서 지정한 조건에 맞는 가장 큰 값 반환을 반환하는 함수이며, DMIN은 가장 작은 값을 반환하는 함수입니다.

함수 형식	=DMAX(Database, Field, Criteria) =DMIN(Database, Field, Criteria)
인수	■ Database: 목록으로 지정할 셀 범위 ■ Field: 함수에 사용되는 열을 나타내는 위치를 숫자로 표현 ■ Criteria: 지정하는 조건이 포함된 셀 범위 *** 열 이름과 조건 셀을 함께 블록으로 설정해야 함**
함수 식 예	=DMAX(A1:E8, 5, A11:A12), =DMIN(A1:E8, 5, A11:A12)

Tip 데이터베이스 함수 조건 설정

- 데이터베이스 함수(DMAX, DMIN)의 조건 셀 범위(Criteria)의 필드명과 데이터범위의 필드명은 반드시 동일해야 함

예) 데이터베이스(A1:E8)의 [A1:A8] 중에서 조건(A11:A12)에 맞는 가장 큰 값을 구하시오.

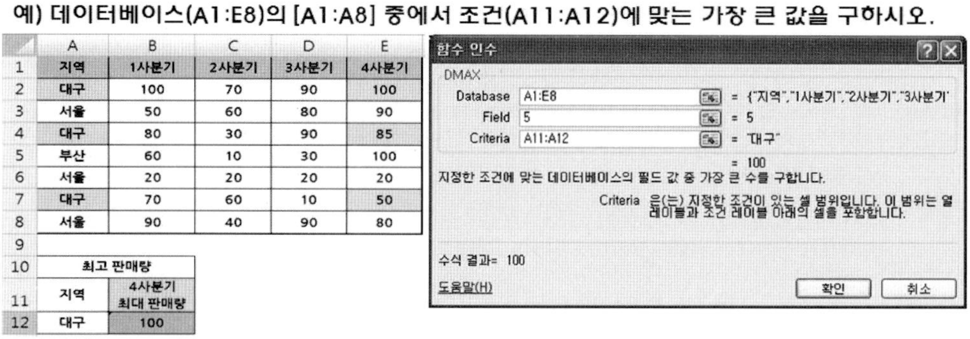

	A	B	C	D	E
1	지역	1사분기	2사분기	3사분기	4사분기
2	대구	100	70	90	100
3	서울	50	60	80	90
4	대구	80	30	90	85
5	부산	60	10	30	100
6	서울	20	20	20	20
7	대구	70	60	10	50
8	서울	90	40	90	80
9					
10	최고 판매량				
11	지역	4사분기 최대 판매량			
12	대구	100			

예) 데이터베이스(A1:E8)의 [A1:A8] 중에서 조건(A11:A12)에 맞는 가장 작은 값을 구하시오.

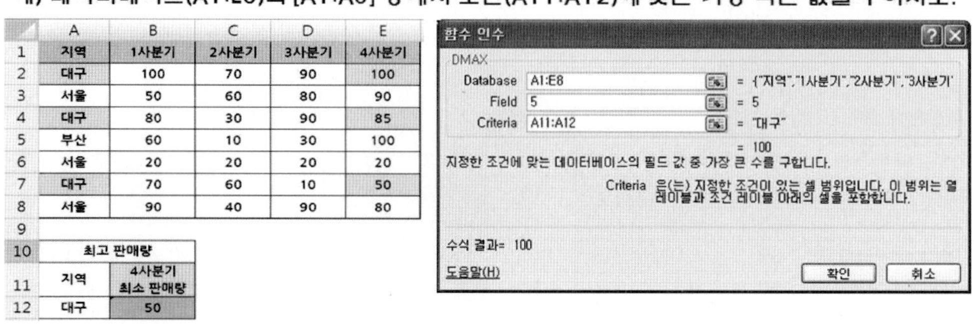

	A	B	C	D	E
1	지역	1사분기	2사분기	3사분기	4사분기
2	대구	100	70	90	100
3	서울	50	60	80	90
4	대구	80	30	90	85
5	부산	60	10	30	100
6	서울	20	20	20	20
7	대구	70	60	10	50
8	서울	90	40	90	80
9					
10	최고 판매량				
11	지역	4사분기 최소 판매량			
12	대구	50			

5. 찾기/참조 함수(VLOOKUP, CHOOSE, INDEX)

5.1 VLOOKUP(HLOOKUP): 목록의 첫 번째 열(행)의 값을 찾아 해당 행(열)의 다른 열(행) 값을 반환

대표적인 찾기/참조 함수는 VLOOKUP과 HLOOKUP이 있습니다.

VLOOKUP함수는 셀 범위의 첫 번째 열의 셀을 검색한 다음 해당 행에 있는 다른 열의 셀 값을 반환하는 함수입니다. HLOOKUP은 셀 범위의 첫 행에 있는 값을 검색한 다음 배열(셀 범위)에서 지정한 행으로부터 같은 열에 있는 값을 반환하는 함수입니다.

비교 값이 찾을 데이터보다 왼쪽 열에 있는 경우에는 VLOOKUP을 사용하고 ,비교 값이 데이터 표의 위쪽에 있을 때 지정한 행 수를 위에서 아래로 조사하려면 HLOOKUP을 사용합니다.

함수 형식	=VLOOKUP(Lookup_value, Table_array, Col_index_num, Range_lookup) =HLOOKUP(Lookup_value, Table_array, Row_index_num, Range_lookup)
인수	▪ Lookup_value: 셀 범위의 첫 번째 열에서 찾고자 하는 값 ▪ Table_array: 데이터가 들어있는 셀 범위 ▪ Col_index_num: table_array 범위에서 반환해야 하는 값이 있는 열 번호를 숫자로 표시 ▪ Range_lookup: 정확하게 일치하는 값을 찾을 것인지 근사 값을 찾을 것인지 결정 ***True 또는 생략: 근사 값을 찾아서 반환** ***False: 정확하게 일치하는 값을 찾아서 반환**
함수 식 예	=VLOOKUP(A8, A2:E5, 5, false)

예) 데이터베이스(A2:E5) 에서 [A8] 과 같은 값을 [A2:A5]에서 찾아 이에 해당하는 합격여부 열[E2:E5] 값을 찾으시오..

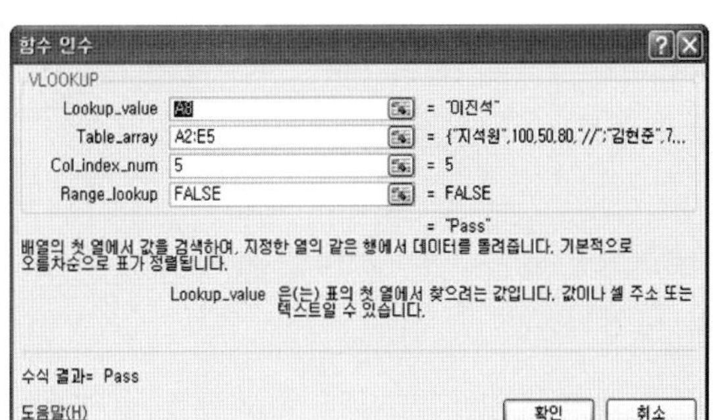

5.2 INDEX, MATCH: 두 개 이상의 검색 기준을 만족하는 값 찾기

찾기/참조 함수 중에서 검색 기준이 하나일 때에는 VLOOKUP 이나 HLOOKUP 함수를 사용합니다. 만일 두 개 이상의 검색 기준을 만족하는 값을 찾기 위해서는 INDEX, MATCH 함수를 사용하여야 합니다.

INDEX 함수는 셀 범위에서 행과 열 번호 인덱스로 선택한 데이터 범위에서 값을 반환하는 함수입니다. MATCH 함수는 셀 범위에서 지정된 항목을 검색한 다음 범위 내에서 검색된 해당 데이터의행 또는 열의 상대적 위치를 반환하는 함수입니다.

함수 형식	=INDEX(Array, MATCH(Lookup_value, Lookup_array, Match_type), Column_num)
인수	■ array: 데이터 범위 ■ Lookup_value: 셀 범위(Lookup_array)에서 찾고자 하는 값 ■ Lookup_array: Lookup_value를 검색할 데이터 범위 ■ Match_type: 검색하고자 하는 방법을 숫자로 지정 * 1: 오름차순으로 정렬하여 Lookup_value와 같거나 작은 데이터 중에서 최대값 반환 * 0: 정확하게 일치하는 값 반환 * −1: 내림차순으로 정렬하여 Lookup_value와 같거나 큰 데이터 중에서 최소값 반환 ■ Column_num: 찾을 열의 위치를 숫자로 표시
함수 식 예	=INDEX(B2:E6, MATCH(max(B2:B6), B2:B6, 0),4)

예) [B2:B6] 에서 가장 큰 값을 찾아 이에 해당하는 행의 E열 '합격여부' 결과값을 표시 (INDEX, MATCH, MAX 함수 사용)

	A	B	C	D	E
1	성명	영어	개론	컴퓨터	합격여부
2	지석원	50	50	90	//
3	김현준	70	60	40	//
4	이진석	90	80	20	Pass
5	오경수	90	30	80	//
6	김준모	100	90	50	Pass

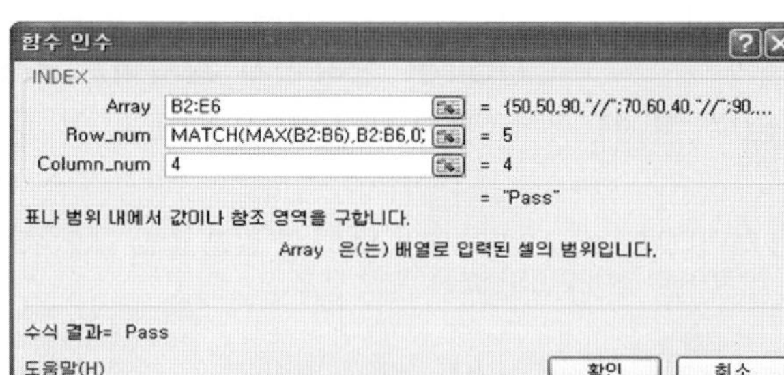

5.3 CHOOSE 함수: 1~254번까지 표시되는 색인 결과 값에 따라 순서대로 값을 지정

색인(index_num) 값 1~254에 해당하는 값에 따라 지정한 값을 반환하는 함수입니다.

조건에 따라 특정 값을 반환하는 것은 IF 함수와 유사하나 CHOOSE함수는 index_num의 결과 값에 따라 반환할 값만 설정하면 됩니다.

함수 형식	=CHOOSE(Index_num, Value1, Value2, …)
인수	▪ Index_num: 색인 값, 1~254 까지의 수 또는 수식 ▪ Value 1, …: index_num 의 값에 따라 반환할 값
함수 식 예	=CHOOSE(A2, “A반”, “B반”, “C반”, “D반”)

예) A열의 값(1~4)에 따라 차례대로 A반, B반, C반, D반을 표시

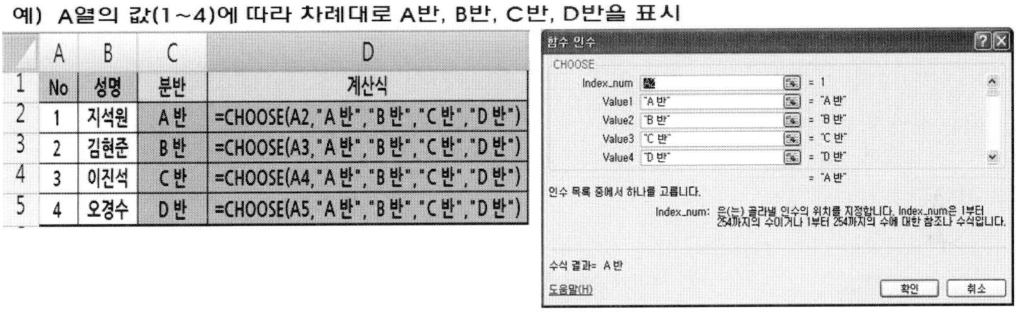

6. 조건부 서식

엑셀 2007은 최대 64개 까지 조건부 서식을 사용하여 조건을 만족하는 셀에 글꼴이나 색, 테두리, 채우기 등의 서식을 설정할 수 있습니다.

6.1 셀 강조 규칙을 사용하여 조건부 서식 설정

지정된 조건에 만족하는 셀에만 서식을 설정할 수 있습니다. [홈] 탭→[스타일] 그룹→[조건부 서식] →[셀 강조 규칙]에서 설정합니다.

예) 평균 70이상인 데이터 셀에 ‘빨강색’ 채우기

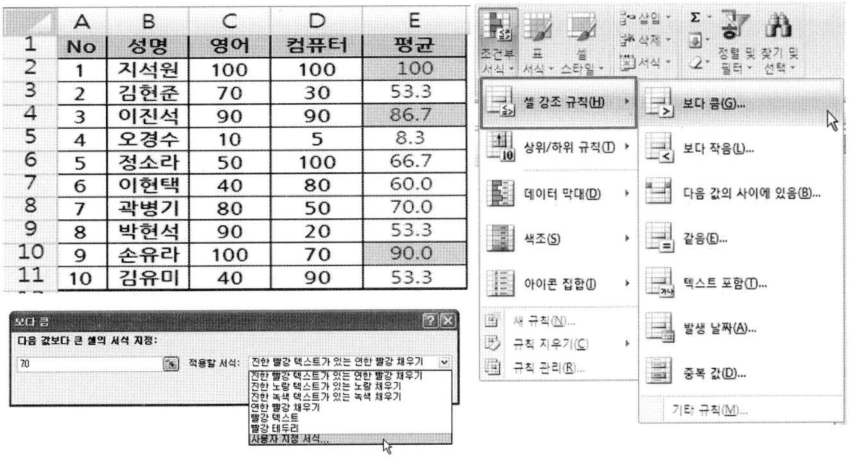

6.2 상위/하위 규칙

데이터 목록에서 상위 또는 하위에 해당하는 항목 또는 백분율 내의 데이터에 대해서만 서식을 설정할 수 있습니다. [홈] 탭→[스타일] 그룹→[조건부 서식]→[상위/하위 규칙]에서 설정합니다.

6.3 크기를 한눈에 알아보는 데이터 막대/아이콘

숫자 데이터는 데이터 막대, 색조, 아이콘 등으로 셀 값의 많고 적음을 시각적으로 나타낼 수 있습니다. [홈] 탭→[스타일] 그룹→[조건부 서식] →[데이터 막대]/[아이콘 집합]에서 설정합니다.

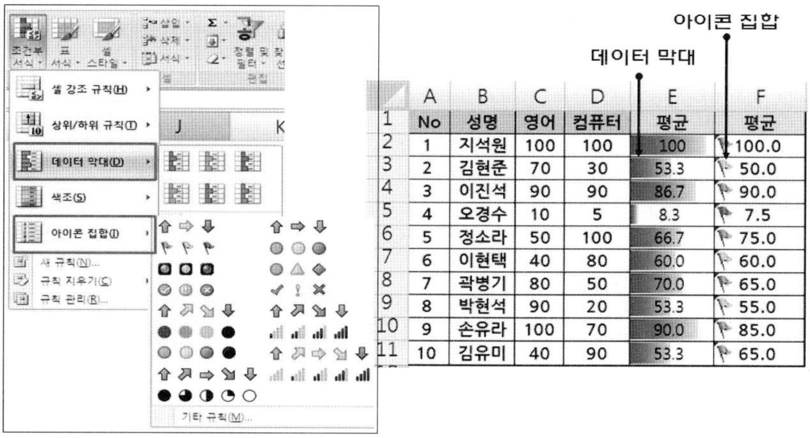

6.4 규칙 지우기

조건부 서식을 이용하여 설정한 서식을 지우는 기능입니다. [홈] 탭→[스타일] 그룹→[조건부 서식]→[규칙 지우기]→[선택한 셀의 규칙 지우기]에서 설정합니다.

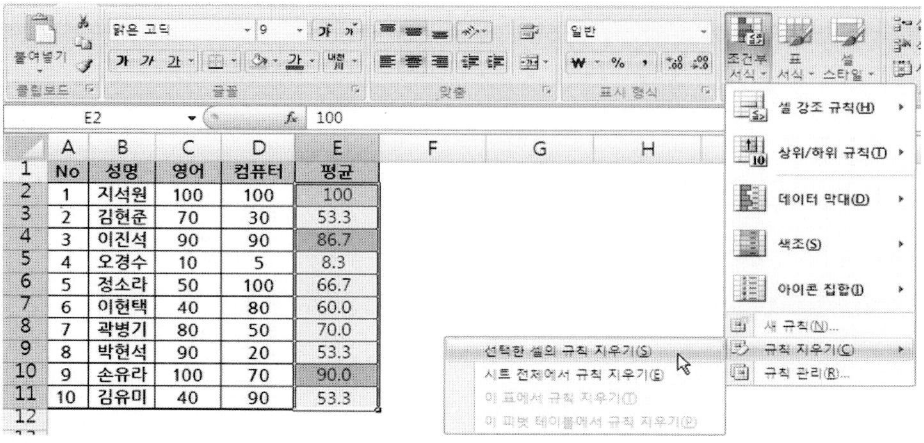

6.5 규칙 관리

셀 강조 규칙, 데이터 막대, 아이콘 집합 등의 조건부 서식에 대해 조건의 기준 값이나 지정할 효과를 편집하는 기능입니다. [홈] 탭→[스타일] 그룹→[조건부 서식]→[규칙 지우기]→[규칙 관리]에서 설정합니다.

6.6 수식을 사용하여 조건부 셀 서식 설정

수식을 조건으로 지정하는 경우에는 조건 필드의 첫 번째 셀을 기준 값으로 지정하여 해당 수식을 만족하는 셀만 서식을 설정할 수 있습니다. [홈] 탭→[스타일] 그룹→[조건부 서식]→[새 규칙]→[수식을 사용하여 서식을 지정할 셀 결정]에서 설정합니다.

예) 평균 70이상인 데이터의 행 전체 '노랑' 색 채우기

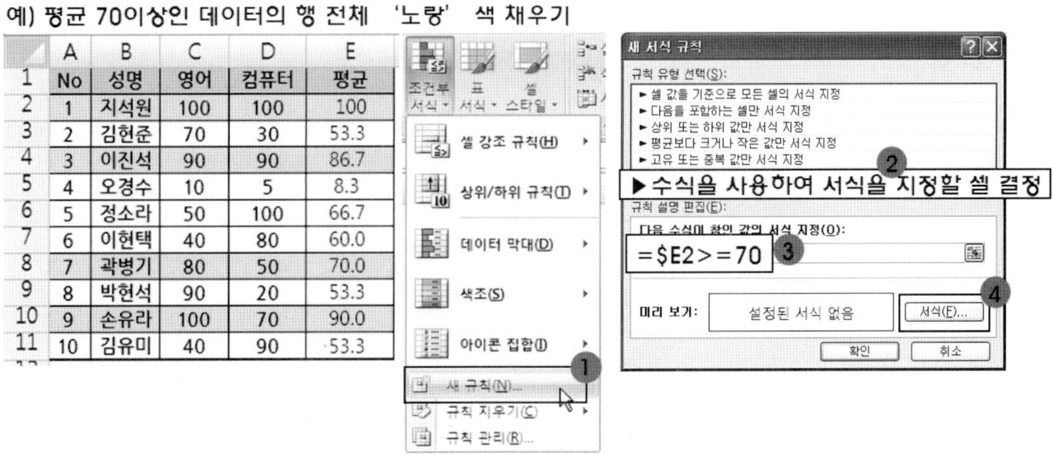

7. 목표 값 찾기

수식으로 구하려는 결과는 알지만 해당 결과를 구하는 데 필요한 입력 값을 모르는 경우에는 '목표 값 찾기' 기능을 사용합니다.

[데이터] 탭→[데이터 도구] 그룹→[가상 분석]→[목표 값 찾기]에서 설정합니다.

'목표값 찾기'에서 주어진 결과 값에 대해 하나의 입력 값만 찾기 및 변경이 가능합니다. 결과 값은 입력 값을 참조하는 수식으로 작성되어 있어야만 합니다.

예) [E3] 셀 값이 95가 되기 위해서 [D3] 셀 값이 얼마로 바뀌어야 하는가?

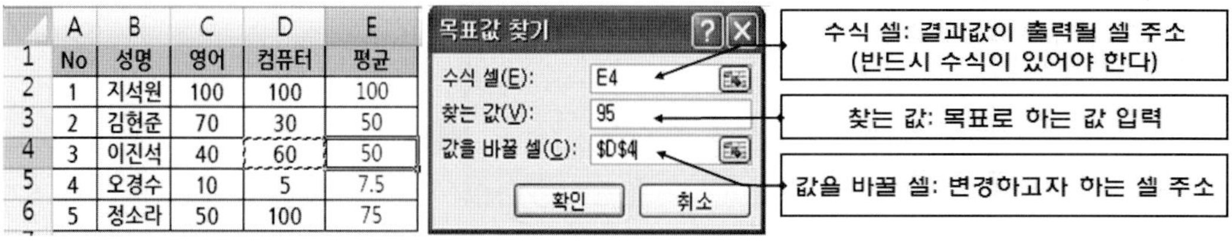

8. 데이터를 그림으로 복사

엑셀 문서의 일부 내용을 그림 형식으로 복사하여 붙여넣기 할 수 있습니다.

복사할 셀을 선택하고 [홈] 탭→[클립보드] 그룹→[붙여 넣기]→[그림 형식]→[그림으로 복사]를 클릭하여 복사합니다. '그림 복사' 대화 상자 메뉴에서 모양(⊙화면에 표시된 대로(S))과 형식(⊙그림(T))을 선택한 후, 내용을 표시하고자 하는 셀을 선택하고 마우스 오른쪽을 눌러 [붙여 넣기]를 선택합니다.

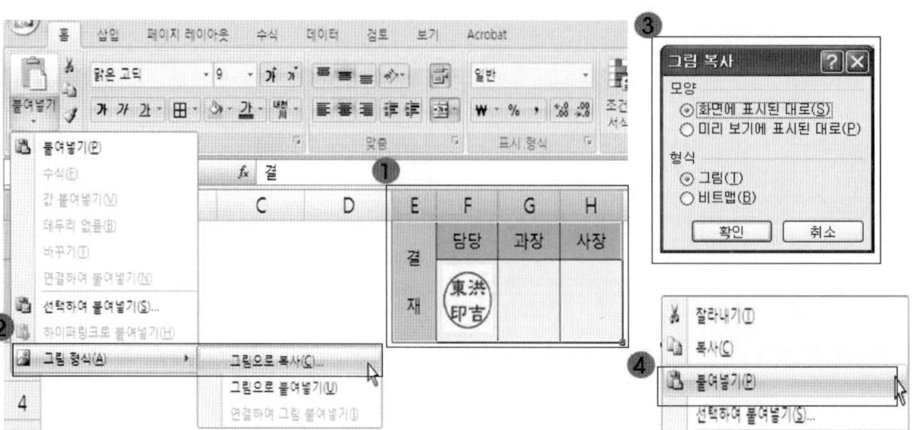

9. 실전 예제

● **학습 목표: 아래 지시사항에 따라 '금융 상품 실적 현황' 엑셀 문서를 완성합니다.**

[내용 입력] 엑셀 2007에 아래와 같이 내용을 입력하시오.

금융상품 실적 현황

성명	사원번호	직위	주민번호	성별	할당량	실적량	달성율	달성율별 수당	실적순위	달성율 평가	진급대상 여부
지석원	1-M01	과장	641005-2******		40	32					
김현준	2-P01	행원	671005-1******		43	46					
이진석	3-M01	대리	651124-1******		51	50					
오경수	4-D01	행원	590708-1******		14	2					
김준모	4-D02	행원	601225-1******		60	58					
박진성	3-M02	행원	610205-1******		52	59					
방현성	4-D03	대리	651010-2******		69	54					
이주하	2-P02	행원	691008-2******		72	62					
임지수	3-M03	과장	720710-1******		50	35					
박현성	2-P03	대리	581124-1******		24	12					
						달성율 평균					

성별	직위	실적량 합계	실적량 평균	실적량 최대값	실적량 최소값

Sheet

[지시 사항 1- 복습] 아래 지시사항에 따라 문서를 완성하시오.

1. 다른 이름으로 파일 저장➜ 금융상품실적현황.xlsx
2. 용지 설정 ➜ 용지 방향: 세로 방향 (페이지 가운데 맞춤 : 가로)
3. 셀 서식 [G4:H14] 영역에 셀 서식을 이용하여 숫자 뒤에 '건'을 표시하시오.
4. [I5:I14] 달성율 ➜ 실적량/할당량
   - 백분율로 표시, 소수점 이하 한자리 까지 표시
5. [I15] 달성율 평균 ➜ 달성율 평균(AVERAGE 함수)
6. [J4] ➜ 메모삽입 내용(달성율 100% 초과 수당 100,000)
7. [J5:J14] 달성율별 수당 (IF 함수)
   - 달성율 100% 초과시 100000 그렇지 않으면 "//"
8. [K5:M14] 실적 순위 (RANK, & 함수) ➜ 실적량을 기준으로 내림차순 정렬
   - 순위 결과 값 뒤에 '위'를 붙여 표시
9. [C17] ➜ 유효성 검사를 이용하여 '과장,행원,대리' 목록으로 표시되도록 설정
10. [D17] 실적 량 합계 ➜ [C17] 셀이 변할 때마다 자동으로 실적량[H5:H14]의 합계가 변경되도록 구하시오. (SUMIF)
11. [E17] 실적 량 평균 ➜ [C17] 셀이 변할 때마다 자동으로 실적량[H5:H14]의 평균이 변경되도록 구하시오. (AVERAGEIF)
12. [C20] ➜ 유효성 검사를 이용하여 [B5:B14] 이름 목록이 표시되도록 설정

Step 1: 다른 이름으로 파일 저장: 금융상품실적현황.xlsx

① [오피스 단추]→[다른 이름으로 저장]→[Excel 통합 문서]를 누릅니다.

② 파일이름(금융상품실적현황)을 입력합니다.

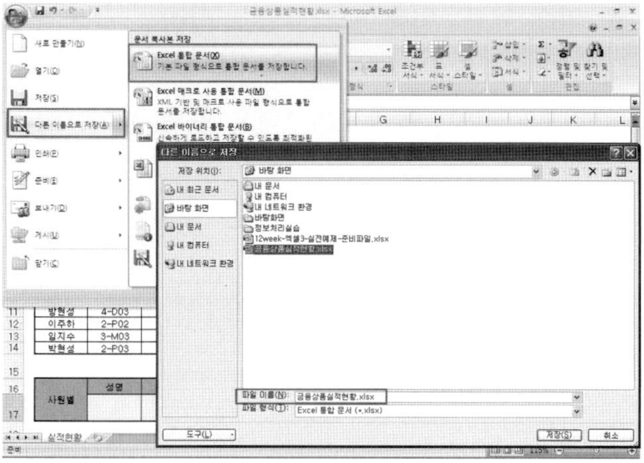

Step 2: 용지 설정: 용지 방향(세로 방향), 페이지 가운데 맞춤(가로)

① [오피스 단추]→[인쇄]→[인쇄 미리보기]를 누릅니다.

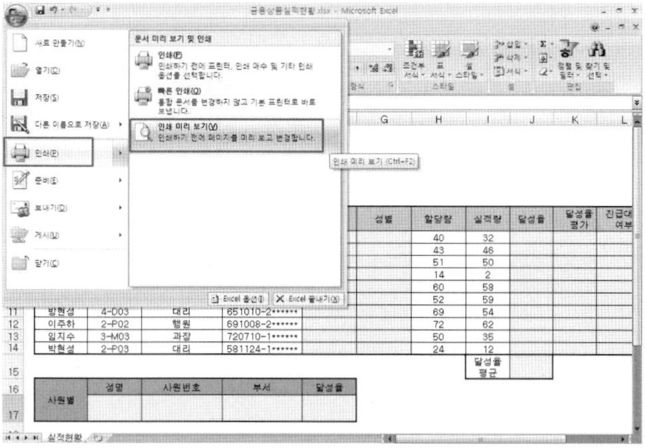

② '인쇄 미리 보기' 대화 상자의 [페이지] 메뉴에서 용지 방향을 ◉가로(L)로 설정합니다.

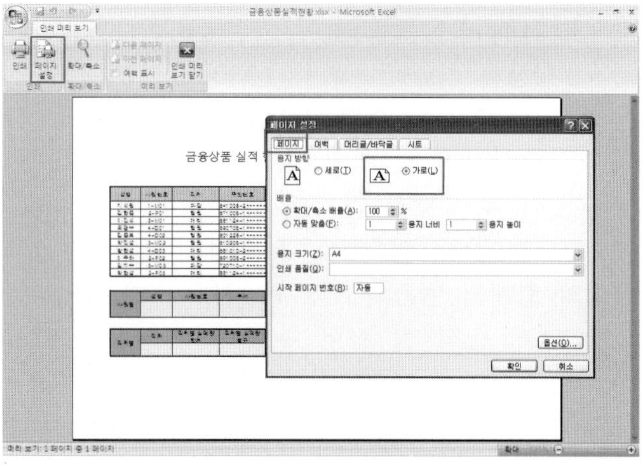

③ [여백] 메뉴에서 '페이지 가운데 맞춤' 을 '가로'로 설정합니다.

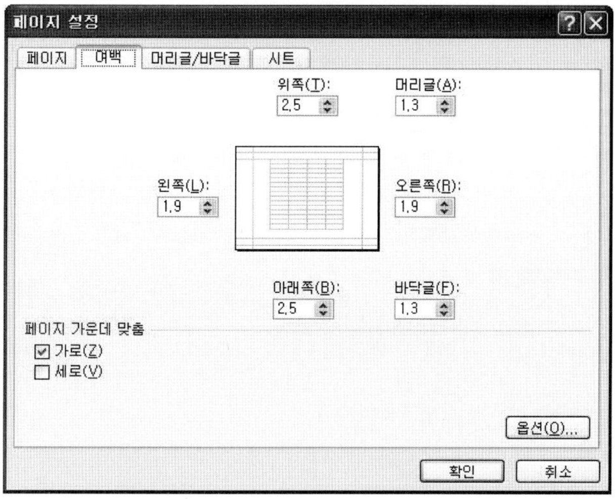

Step 3: 셀 서식 [G4:I14] 영역에 셀 서식을 이용하여 숫자 뒤에 '건' 을 표시하시오. (예: 40 → 40건)

① [G4:I4] 셀을 블록 설정하고 마우스 오른쪽을 눌러 [셀 서식]을 클릭합니다.

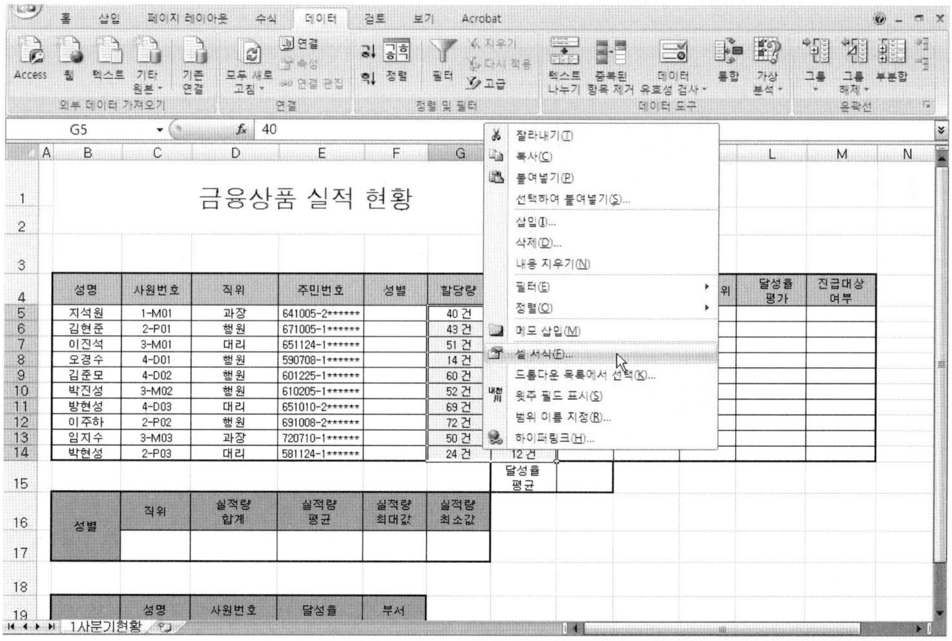

② [표시형식] 탭의 [사용자 지정]을 선택하고 '형식' 입력란의 0뒤에 "건"을 입력합니다.

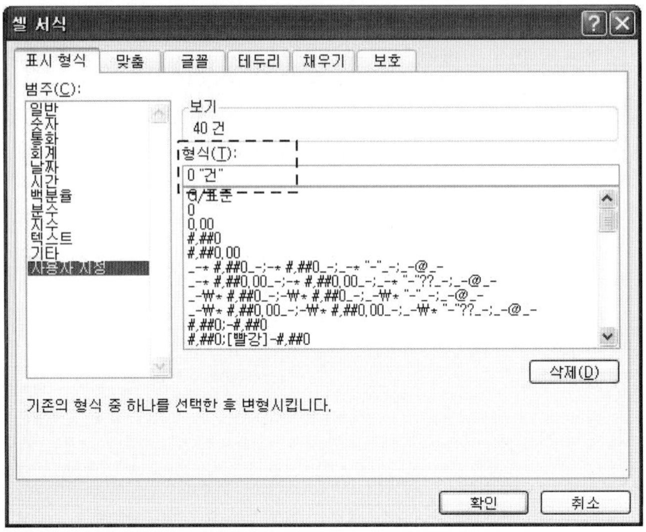

Step 4: [I5:I14] 달성율 → 실적량/할당량 (백분율로 소수점 이하 한자리 까지 표시)

① [I5] 셀을 선택합니다. 등호(=)를 먼저 입력합니다. [H5]를 클릭한 후 / 를 입력하고 [G5] 셀을 클릭한 후 Enter↵를 누릅니다.

	E	F	G	H	I
4	주민번호	성별	할당량	실적량	달성율
5	641005-2******		40 건	32 건	=H5/G5
6	671005-1******		43 건	46 건	
7	651124-1******		51 건	50 건	
8	590708-1******		14 건	2 건	
9	601225-1******		60 건	58 건	
10	610205-1******		52 건	59 건	
11	651010-2******		69 건	54 건	
12	691008-2******		72 건	62 건	
13	720710-1******		50 건	35 건	
14	581124-1******		24 건	12 건	
15				달성율 평균	
16	실적량 평균	실적량 최대값	실적량 최소값		

② [I5] 셀의 오른쪽 하단을 클릭하여 채우기 핸들을 끌어 [I14]까지 채우기 합니다.

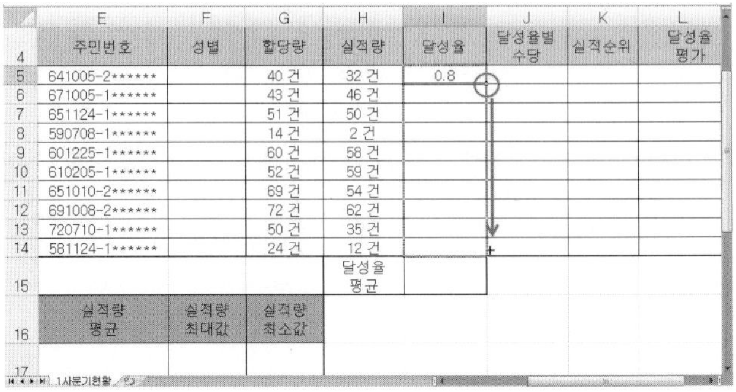

	E	F	G	H	I	J	K	L
4	주민번호	성별	할당량	실적량	달성율	달성율별 수당	실적순위	달성율 평가
5	641005-2******		40 건	32 건	0.8			
6	671005-1******		43 건	46 건				
7	651124-1******		51 건	50 건				
8	590708-1******		14 건	2 건				
9	601225-1******		60 건	58 건				
10	610205-1******		52 건	59 건				
11	651010-2******		69 건	54 건				
12	691008-2******		72 건	62 건				
13	720710-1******		50 건	35 건				
14	581124-1******		24 건	12 건				
15				달성율 평균				
16	실적량 평균	실적량 최대값	실적량 최소값					

③ [I5:I14] 셀을 블록으로 설정한 후 [홈] 탭→[표시 형식] 그룹의 '백분율(%)'을 눌러 백분율로 표시합니다. [홈] 탭 →[표시 형식] 그룹의 '자릿수 늘임( )'을 눌러 소수점 이하 첫째자리 까지 표시합니다.

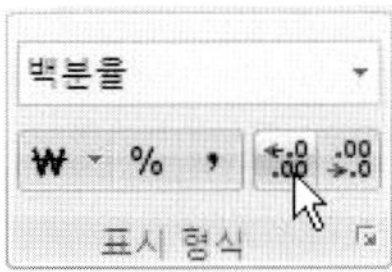

Step 5: [I15] 달성율 평균 → 달성율 평균(AVERAGE 함수)

[I15] 셀을 선택합니다. 등호(=)와 평균을 구하는 함수명 AVERAGE를 입력합니다. [I5:I14] 셀을 블록으로 범위를 설정합니다.

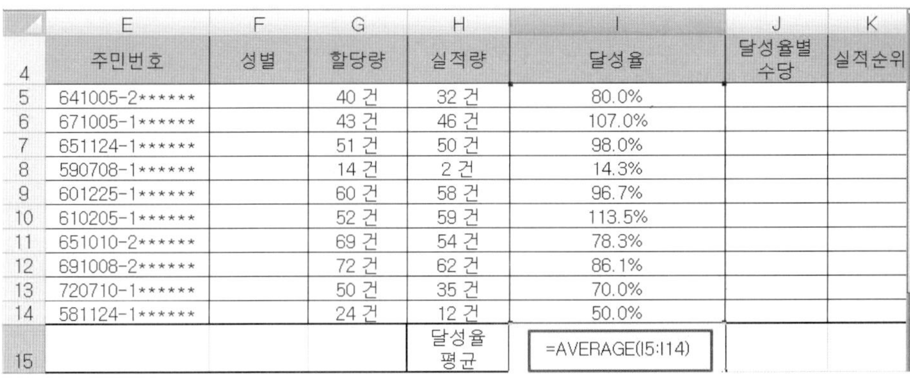

	E	F	G	H	I	J	K
4	주민번호	성별	할당량	실적량	달성율	달성율별 수당	실적순위
5	641005-2******		40 건	32 건	80.0%		
6	671005-1******		43 건	46 건	107.0%		
7	651124-1******		51 건	50 건	98.0%		
8	590708-1******		14 건	2 건	14.3%		
9	601225-1******		60 건	58 건	96.7%		
10	610205-1******		52 건	59 건	113.5%		
11	651010-2******		69 건	54 건	78.3%		
12	691008-2******		72 건	62 건	86.1%		
13	720710-1******		50 건	35 건	70.0%		
14	581124-1******		24 건	12 건	50.0%		
15				달성율 평균	=AVERAGE(I5:I14)		

Step 6: [J4] → 메모삽입 내용(달성율 100% 초과 수당 100,000)

① [J4]셀을 선택합니다. 마우스 오른쪽을 눌러 [메모 삽입]을 선택하고 내용을 입력합니다.

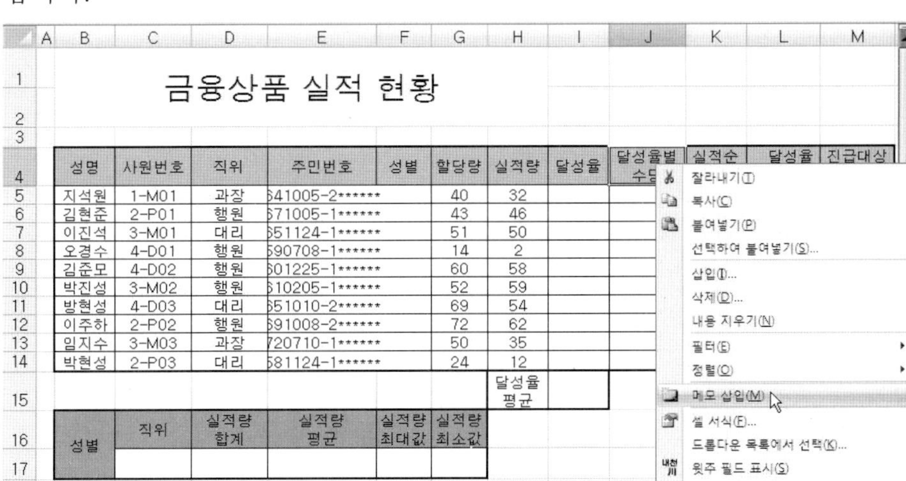

② 메모 창에 내용을 입력하고 메모 밖의 한 셀을 클릭하면 내용 입력이 완성 됩니다. 메모는 마우스를 해당 셀에 올려야 확인할 수 있습니다.

Step 7: [J5:J14] 달성율별 수당 (IF 함수)

① [J5] 셀을 선택하고 함수 삽입(*fx*)을 눌러 IF 함수를 클릭합니다.

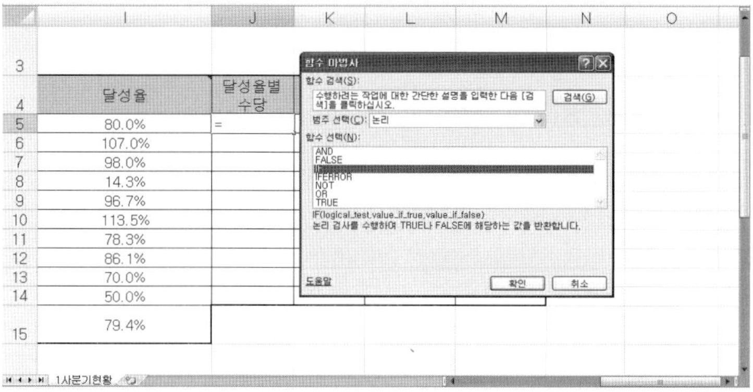

② Logical_test 인수 상자에 조건식 'I5>=100%'을 입력합니다.

- Value_if_true 인수 상자에 '100000'을 입력합니다.
- Value_if_false 인수 상자에는 "//"을 각각 입력합니다.

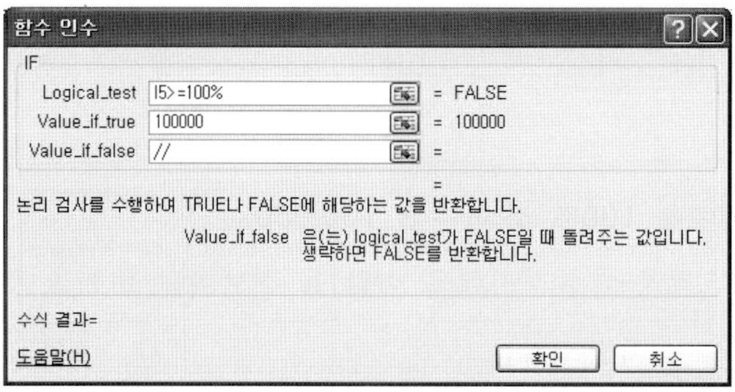

③ [J4] 셀의 채우기 핸들을 끌어 [J15] 셀 까지 끌어 내립니다.

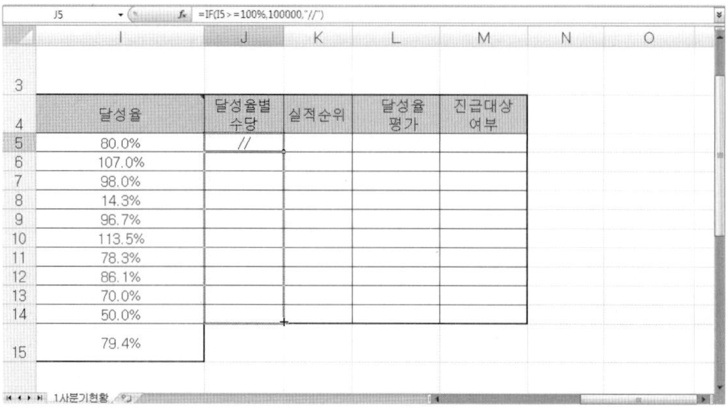

Step 8: [K5:M14] 실적량을 기준으로 내림차순 정렬 (RANK, & 함수)

① [K5] 셀을 선택하고 함수 삽입(fx)을 눌러 RANK 함수를 클릭합니다.

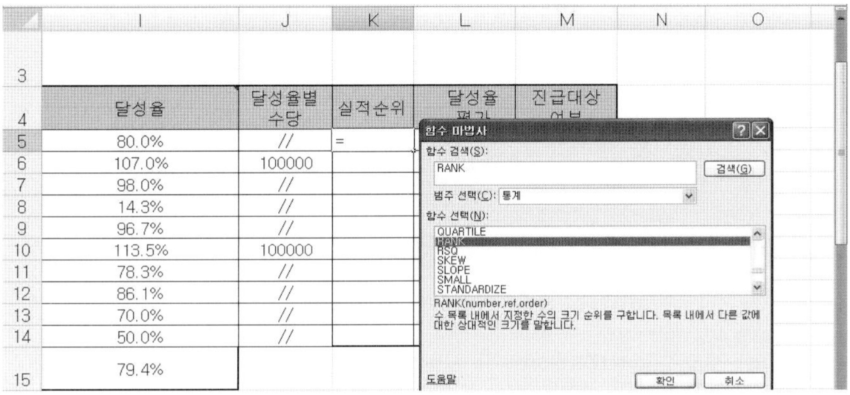

② Number 인수 상자에서 [H5] 셀을 선택합니다.
Ref 인수 상자에서 [H5:H14] 셀을 블록 설정 한 후 F4을 눌러 절대 참조 설정합니다.

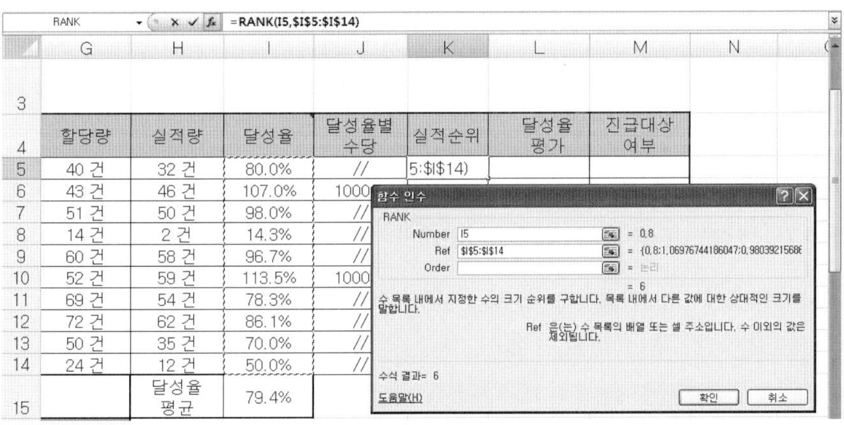

③ Enter↵를 눌러 결과를 입력합니다. 결과 수식 뒤에 & "위" 를 입력합니다.

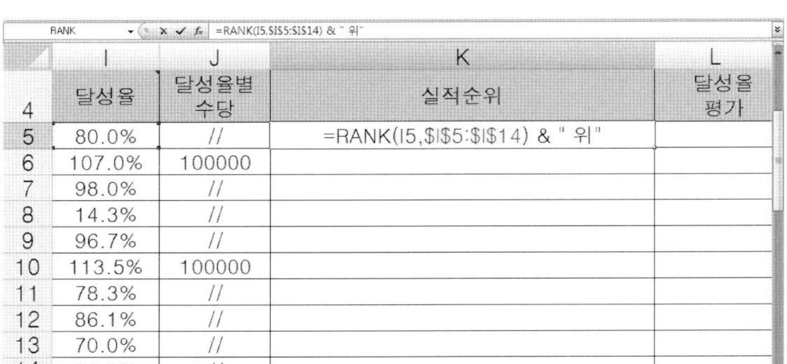

④ [K5] 셀의 채우기 핸들을 클릭하여 [K14] 까지 끌어 내립니다.

Step 9: [C17] ➜ 유효성 검사를 이용하여 '과장,행원,대리' 목록으로 표시되도록 설정

[C17] 셀을 선택합니다. [데이터] 탭→[데이터 도구] 그룹→[데이터 유효성 검사]를 클릭합니다. '제한 대상'을 '목록'으로 설정하고 '원본'은 '과장,행원,대리'를 입력합니다.

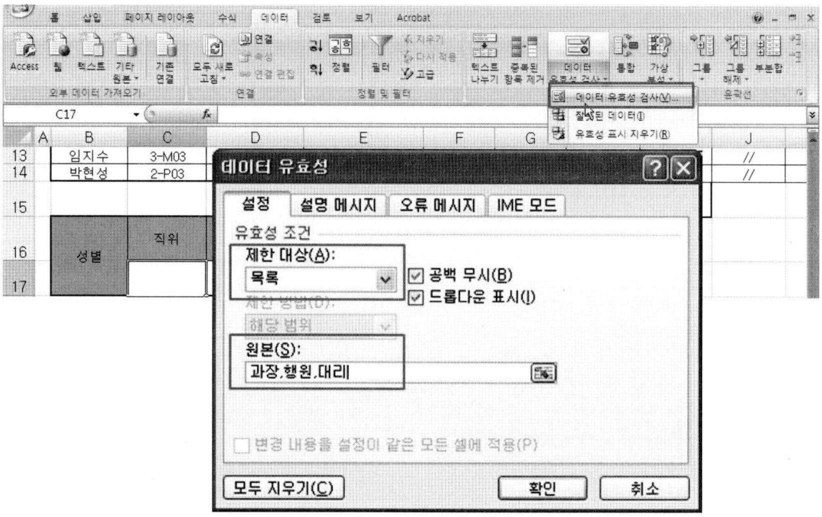

Step 10: [D17] 실적 량 합계 ➜ [C17] 셀이 변할 때마다 자동으로 실적량 [H5:H14]의 합계가 변경되도록 구하시오. (SUMIF)

[D17] 셀을 선택하고 함수 삽입(*fx*)을 눌러 SUMIF 함수를 클릭합니다.
인수 상자에 아래와 같이 각각 설정합니다.

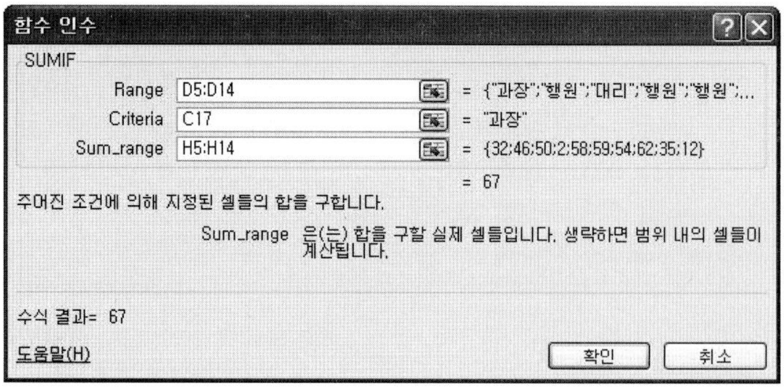

Step 11: [E17] 실적 량 평균 ➜ [C17] 셀이 변할 때마다 자동으로 실적량 [H5:H14]의 평균이 변경되도록 구하시오. (AVERAGEIF)

[E17] 셀을 선택하고 함수 삽입(*fx*)을 눌러 AVERAGEIF 함수를 클릭합니다.
인수 상자에 아래와 같이 각각 설정합니다.

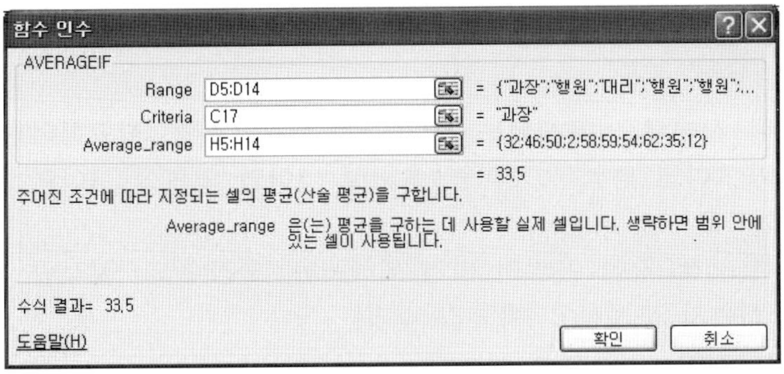

Step 12: [C20] ➜ 유효성 검사를 이용하여 [B5:B14] 이름 목록이 표시되도록 설정

[C20] 셀을 선택합니다. [데이터] 탭→[데이터 도구] 그룹→[데이터 유효성 검사]를 클릭합니다. '제한 대상'을 '목록'으로 설정하고 '원본'에 [B5:B14] 셀을 블록으로 설정합니다.

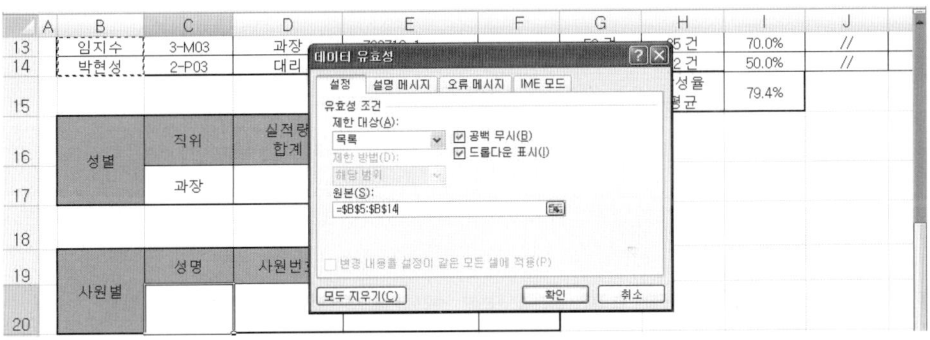

[지시 사항 2- 고급 함수를 이용한 계산]

13. [F5:F14] 성별 ➜ 주민번호를 참고하여 성별을 판별 (IF, MID 함수)
14. [L5:L14] 달성율 평가 (IF 함수)
    - 달성율이 90% 이상이면 "A", 80%이상이면 "B", 70% 이상이면 "C", 60% 이상이면 "D" 나머지 "경고"
15. [M5:M14] 진급대상 여부 ➜ 직위가 '행원'이고 '달성율'이 100% 이상이면 "진급대상" 그렇지 않으면 "해당없음" (IF, AND 함수)
16. [F17] 실적량 최대값 (DMAX 함수) ➜ [C17] 셀이 변할 때마다 자동으로 실적량[H5:H14] 의 최댓값이 변경되도록 구하시오.
17. [G17] 실적량 최소값 (DMIN 함수) ➜ [C17] 셀이 변할 때마다 자동으로 실적량[H5:H14] 의 최솟값이 변경되도록 구하시오.
18. [D20] 사원번호 (VLOOKUP 함수) ➜ [C20] 셀이 변할 때마다 자동으로 '사원번호' [C5:C14]가 변경되도록 구하시오.

[지시 사항 2- 고급 함수를 이용한 계산]

19. [F20] 부서 (CHOOSE, LEFT 함수)
20. [C20] 셀이 변할 때마다 자동으로 표시되는 [D20]의 '사원번호'를 참고하여 사원번호 첫 번째 숫자가 1이면 영업부, 2이면 홍보실, 3이면 기획실, 4이면 자금부 가 표시되도록 하시오.
21. [H8] ➜ 달성율 평균 [I15] 셀 값이 90%가 되기 위해서는 '오경수'의 '실적량'[H8]이 얼마가 되어야 하는지 구하시오.(목표값 찾기)
22. [H5:H14] ➜ '셀 강조 규칙'을 이용하여 실적량 50건 이상인 데이터의 글꼴 서식을 설정하시오. (글자색: 빨강, 굵게)
23. [I5:I14] ➜ 달성율 데이터 막대 표시
24. 조건부 서식의 수식을 이용하여 [L4:L15]의 달성율 평가 항목이 'A' 인 데이터의 전체 행을 노랑색으로 채우기 하시오.
25. [N21:R22]에 아래와 같이 결재란을 작성하고 '그림복사' 기능을 이용하여 [I1:M2] 에 그림으로 붙이기 하시오(원본은 삭제)

Step 13: [F5:F14] 성별 ➜ 주민번호를 참고하여 성별을 판별 (IF, MID 함수)

① [F5]셀을 클릭합니다. 함수 삽입(f_x)을 눌러 IF 함수를 클릭합니다.
Logical_test 인수 상자를 클릭한 후 인수 목록을 눌러 '함수 추가'를 선택합니다.

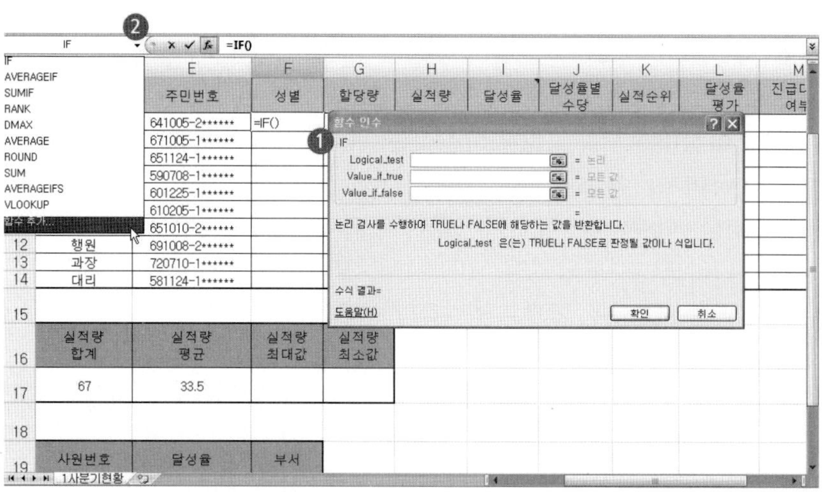

② '함수 마법사' 대화 상자에서 MID 함수를 선택합니다.

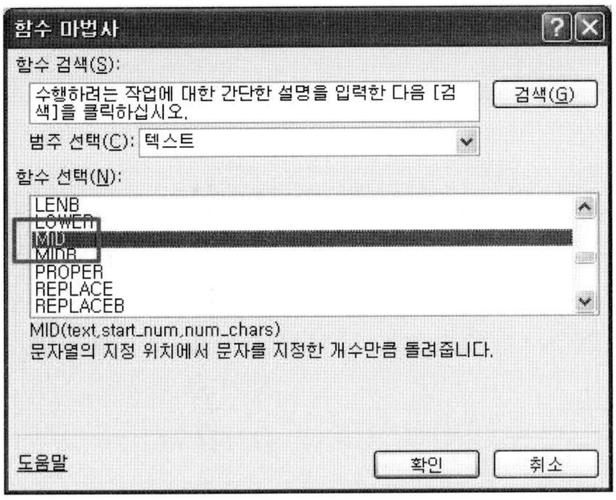

③ MID 함수의 Text 인수 상자에 'E5'를 입력합니다. Start_num 인수 상자에는 8을 입력하고, Num_chars 인수 상자에는 1을 각각 입력합니다.

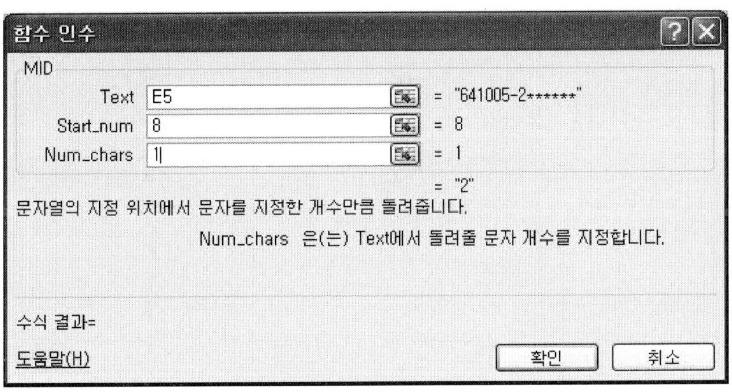

④ 수식 입력 줄의 수식 가운데 IF 함수 명 뒤에 마우스를 클릭합니다.

⑤ IF 함수의 인수 상자에 아래와 같이 입력합니다.

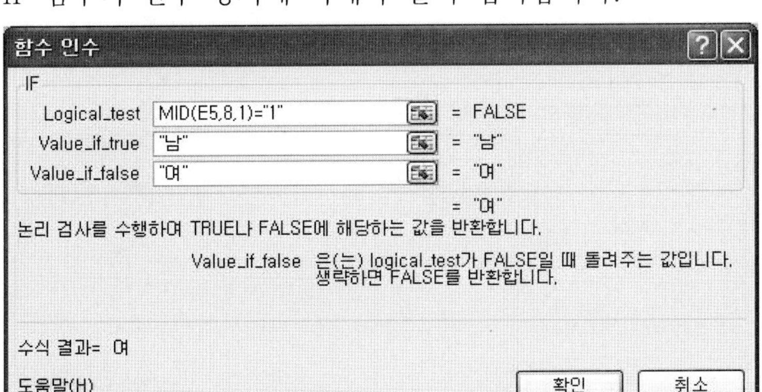

⑥ [F5] 셀의 채우기 핸들을 끌어 [F14] 셀까지 끌어 내립니다.

Step 14: [L5:L14] 달성율 평가 (IF 함수)

① 첫 번째 조건 입력:

[L5]셀을 선택합니다. 함수 삽입(f_x)을 눌러 IF 함수를 선택합니다.

- Logical_test 인수 상자에는 달성율이 90% 이상인지를 판단하는 조건식 'I5>=90%'을 입력합니다.
- Value_if_true 인수 상자에는 달성율이 90% 이상일 때 나타낼 값 'A'를 입력합니다.
- Value_if_false 인수 상자를 클릭한 후 두 번째 조건에 사용할 IF 함수를 중첩하기 위해 이름 상자의 함수목록에서 IF를 한 번 더 클릭합니다.

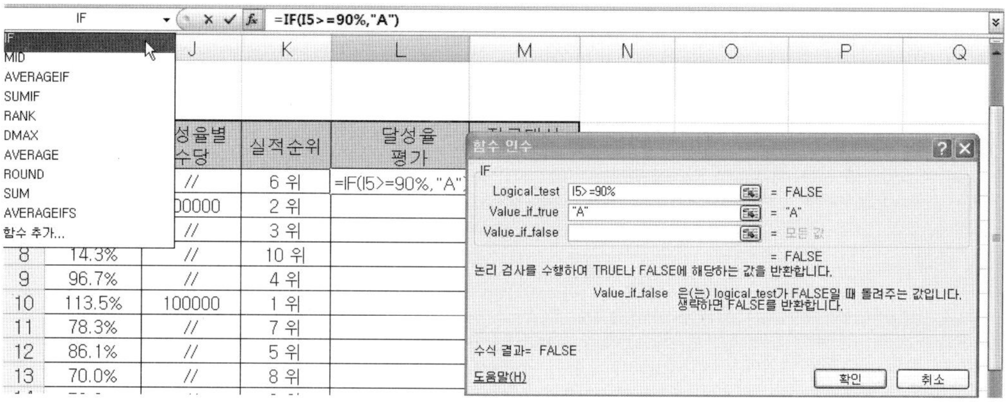

② 두 번째 조건 입력:

- Logical_test 인수 상자에는 달성율이 80% 이상인지를 판단하는 조건식 'I5>=80%' 을 입력합니다.
- Value_if_true 인수 상자에는 달성율이 80% 이상일 때 나타낼 값 'B'를 입력합니다.
- Value_if_false 인수 상자를 클릭한 후 세 번째 조건에 사용할 IF 함수를 중첩하기 위해 이름 상자의 함수목록에서 IF를 한 번 더 클릭합니다.

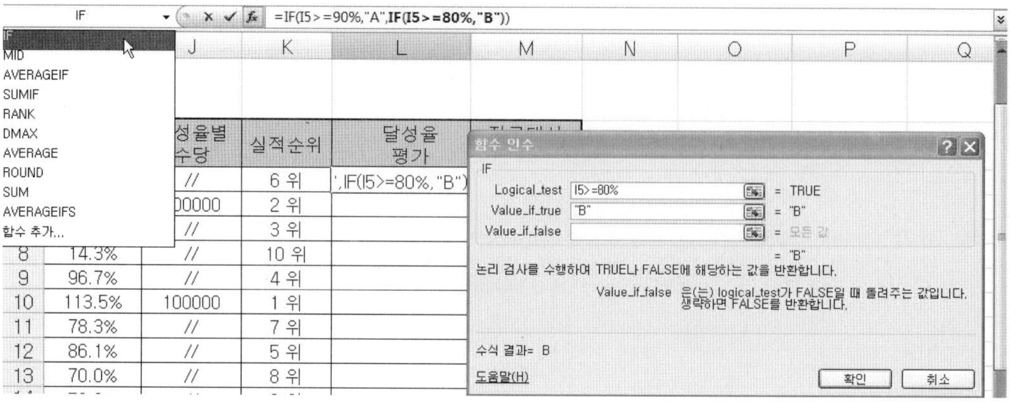

③ **세 번째 조건 입력:**

- Logical_test 인수 상자에는 달성율이 70% 이상인지를 판단하는 조건식 'I5>=70%' 을 입력합니다.
- Value_if_true 인수 상자에는 달성율이 70% 이상일 때 나타낼 값 'C'를 입력합니다.
- Value_if_false 인수 상자를 클릭한 후 세 번째 조건에 사용할 IF 함수를 중첩하기 위해 이름 상자의 함수목록에서 IF를 한 번 더 클릭합니다.

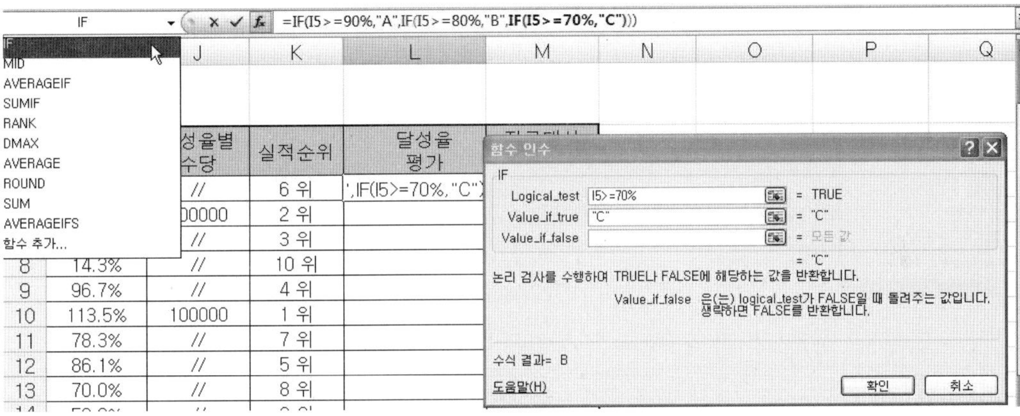

④ **네 번째 조건 입력:**

- Logical_test 인수 상자에는 달성율이 60% 이상인지를 판단하는 조건식 'I5>=60%' 을 입력합니다.
- Value_if_true 인수 상자에는 달성율이 60% 이상일 때 나타낼 값 'D'를 입력합니다.
- Value_if_false 인수 상자에는 달성율이 60% 이하인 경우에 나타낼 값 "경고"를 입력한 후 [확인]을 클릭합니다.

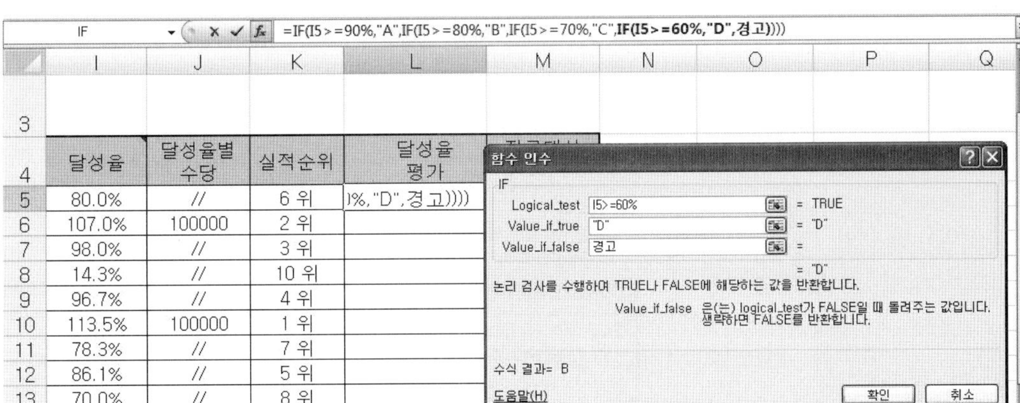

⑤ **셀에 수식 채우기**

[L5] 셀의 채우기 핸들을 마우스로 끌어 [L14]까지 채웁니다.

Step 15: [M5:M14] 진급대상 여부 → '행원'이고 '달성율'이 100% 이상이면 "진급대상" 그렇지 않으면 "해당없음" (IF, AND 함수)

① IF 함수로 조건 1 구하기

[M5]셀을 선택합니다. 함수 삽입(fx)을 눌러 IF 함수를 선택합니다.

Logical_test 인수 상자에는 여러 셀에 대한 조건을 입력해야 하고, 모든 조건을 만족하는 경우를 AND 함수를 사용하여 입력해야 하므로 이름 상자의 목록 단추를 누른 후 [함수 추가]를 클릭합니다.

② '함수 마법사' 대화 상자에서 AND 함수를 선택합니다.

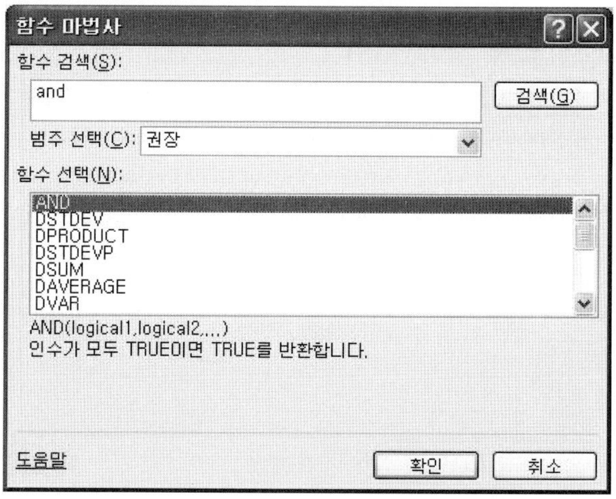

③ AND 함수의 Logical 1 인수 상자에는 직위가 행원인지를 판단하기 위해 D5="행원"을 입력합니다.

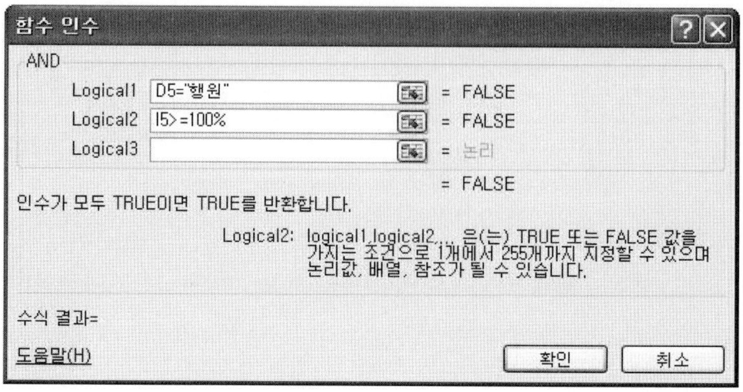

Logical 2 인수 상자에는 달성율이 100% 이상 인지를 판단하기 위한 조건식 I5>=100% 를 입력합니다.

④ IF 함수의 '함수 인수' 대화 상자로 돌아가기 위해 수식 입력 줄의 IF 를 클릭합니다.

⑤ Value_if_true 인수 상자에는 조건식에 만족할 경우에 반환할 값 "진급대상"을 입력합니다.

• Value_if_false 인수 상자에는 조건식에 만족하지 않을 경우 반환할 값 "해당없음"을 입력합니다.

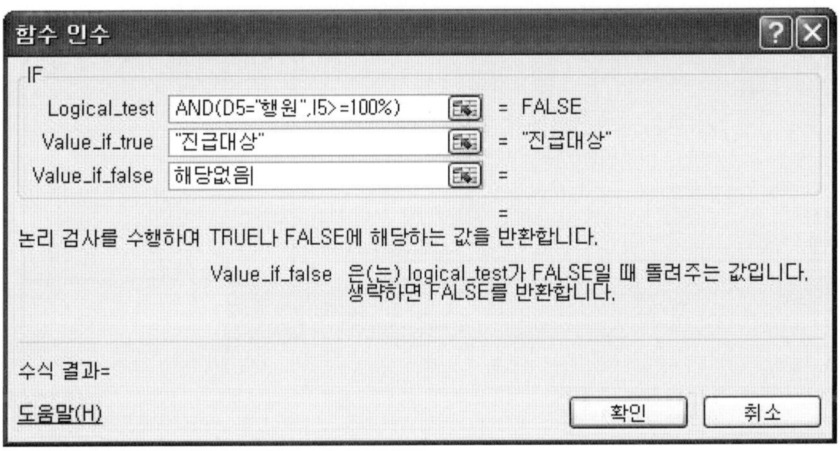

⑥ 셀에 수식 채우기: [M5] 셀의 채우기 핸들을 마우스로 끌어내려 [M14]까지 수식 채우기 합니다.

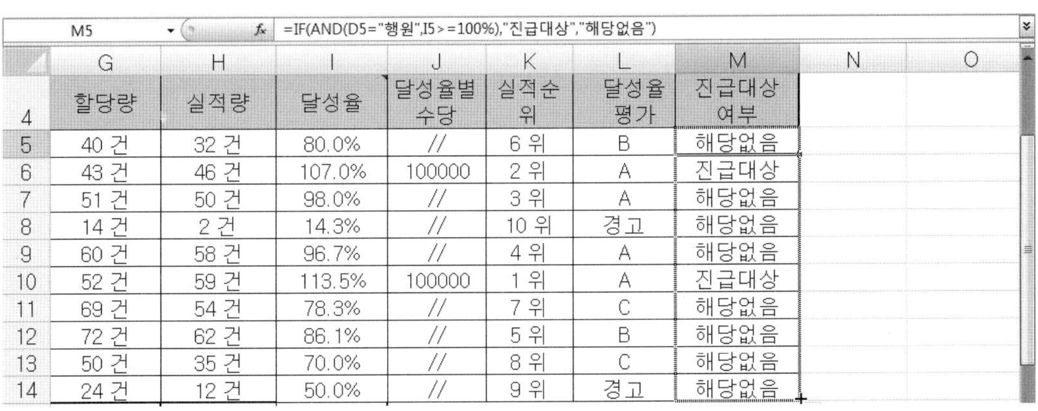

	G	H	I	J	K	L	M	N	O
4	할당량	실적량	달성율	달성율별 수당	실적순위	달성율 평가	진급대상 여부		
5	40 건	32 건	80.0%	//	6 위	B	해당없음		
6	43 건	46 건	107.0%	100000	2 위	A	진급대상		
7	51 건	50 건	98.0%	//	3 위	A	해당없음		
8	14 건	2 건	14.3%	//	10 위	경고	해당없음		
9	60 건	58 건	96.7%	//	4 위	A	해당없음		
10	52 건	59 건	113.5%	100000	1 위	A	진급대상		
11	69 건	54 건	78.3%	//	7 위	C	해당없음		
12	72 건	62 건	86.1%	//	5 위	B	해당없음		
13	50 건	35 건	70.0%	//	8 위	C	해당없음		
14	24 건	12 건	50.0%	//	9 위	경고	해당없음		

Step 16: [F17] 실적량 최대값 (DMAX 함수)

- **[C17] 셀이 변할 때마다 자동으로 실적량[H5:H14] 의 최대값이 변경되도록 구하시오.**

① [F17] 셀을 클릭합니다. 함수 삽입(fx)을 눌러 DMAX 함수를 선택합니다.

- Database 인수 상자에는 목록 셀 범위 [D4:H14]를 블록 설정합니다.

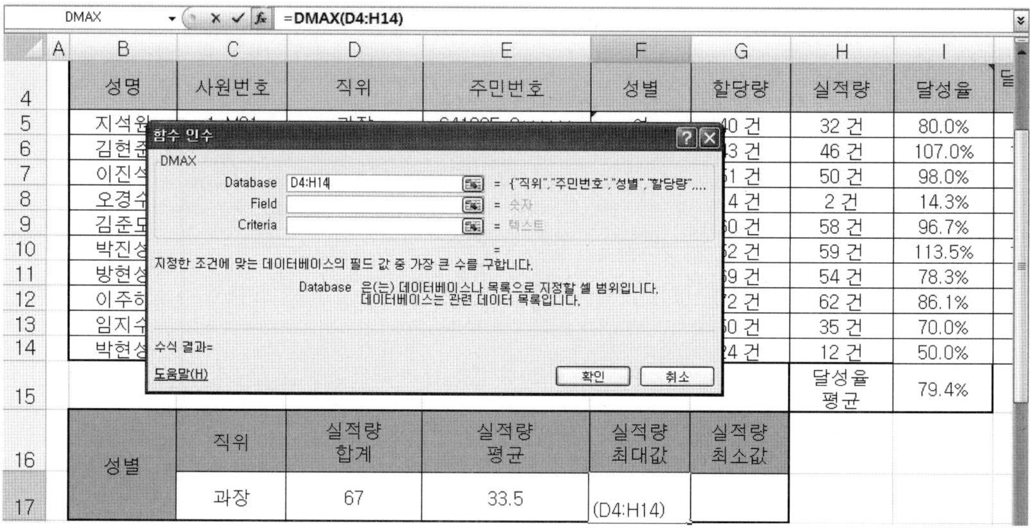

② Field 인수 상자에는 [D4:H14] 범위 중에서 최대값을 알고자하는 데이터 목록의 열 위치를 숫자로 표현하여 5를 입력합니다.

- Criteria 인수 상자에는 열 레이블과 지정한 조건이 있는 셀 범위 [C16:C17]셀을 블록으로 설정합니다.

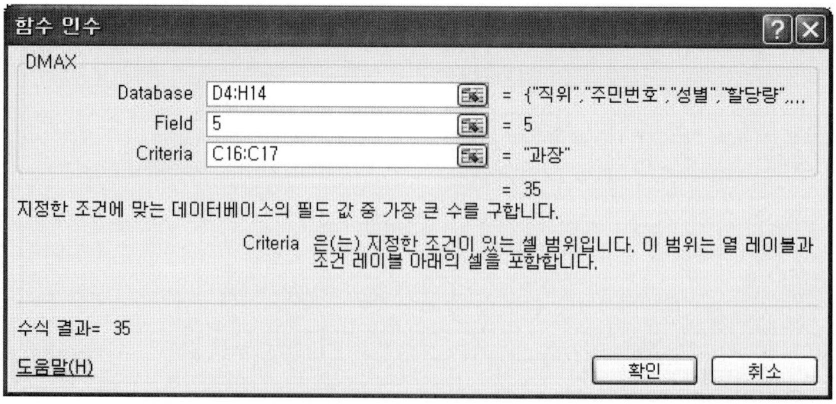

Step 17: [G17] 실적량 최소값 (DMIN 함수)

- **[C17] 셀이 변할 때마다 자동으로 실적량[H5:H14] 최소값이 변경되도록 구하시오.**

① [G17] 셀을 클릭합니다. 함수 삽입(fx)을 눌러 DMIN 함수를 선택합니다. Database 인수 상자에는 목록 셀 범위 [D4:H14]를 블록 설정합니다.

② Field 인수 상자에는 [D4:H14] 범위 중에서 최소값을 알고자하는 데이터 목록의 열 위치를 숫자로 표현하여 5를 입력합니다.

- Criteria 인수 상자에는 열 레이블과 지정한 조건이 있는 셀 범위 [C16:C17]셀을 블록으로 설정합니다.

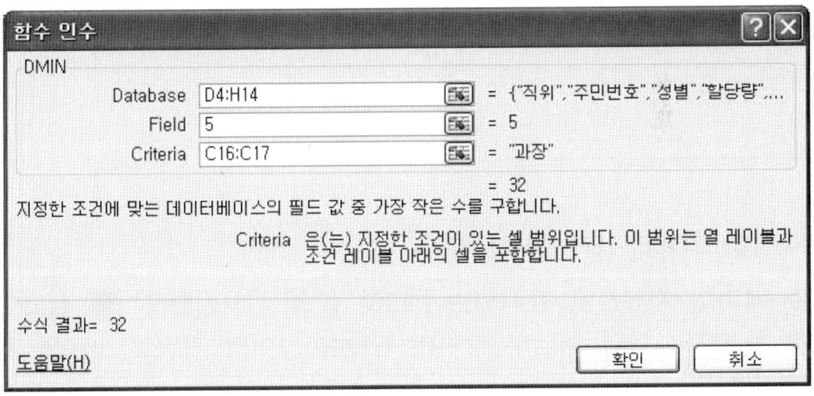

Step 18: [D20] 사원번호 (VLOOKUP 함수)

- **[C20] 셀이 변할 때마다 자동으로 '사원번호 [C5:C14]'가 변경되도록 구하시오.**

[D20] 셀을 클릭합니다. 함수 삽입(fx)을 눌러 VLOOKUP 함수를 선택합니다. 인수 상자를 아래와 같이 각각 설정합니다.

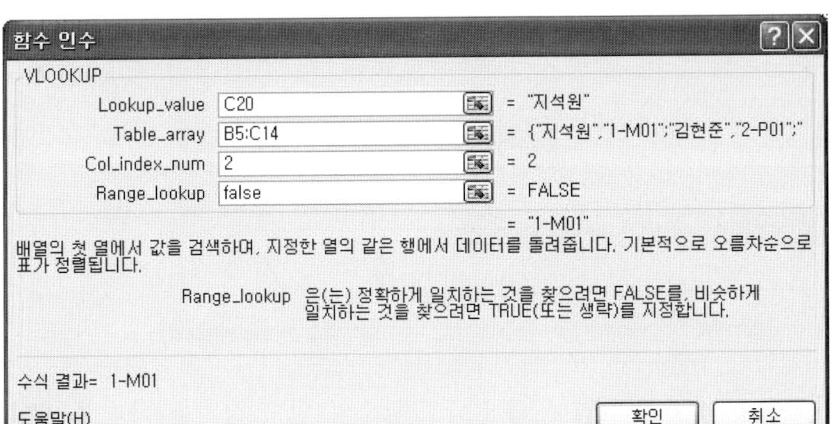

Step 19: [E20] 달성율 (VLOOKUP 함수)

- **[C20] 셀이 변할 때마다 자동으로 '달성율 [I5:I14]' 이 변경되도록 구하시오.**

[E20] 셀을 클릭합니다. 함수 삽입(fx)을 눌러 VLOOKUP 함수를 선택합니다.
인수 상자를 아래와 같이 설정합니다.

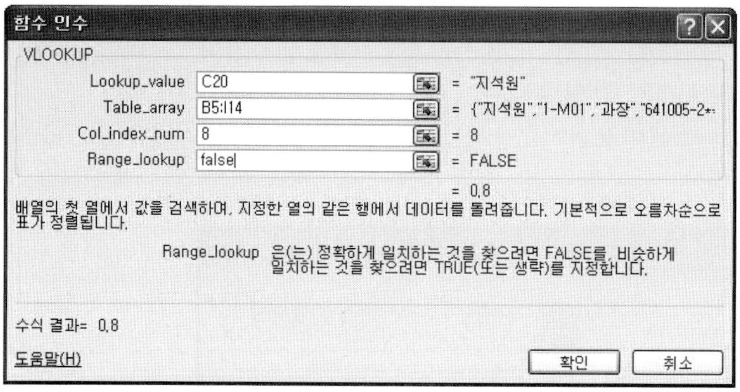

Step 20: [F20] 부서 (CHOOSE, LEFT 함수)

- **[C20] 셀이 변할 때마다 자동으로 표시되는 [D20] 셀의 '사원번호' 를 참고하여 사원번호 첫 번째 숫자가 1이면 영업부, 2이면 홍보실, 3이면 기획실, 4이면 자금부 가 표시되도록 하시오.**

① [F20]셀을 선택합니다. 함수 삽입(fx)을 눌러 Choose 함수를 선택합니다.
Index_num 인수 상자에는 사원번호의 첫 번째 숫자 구분을 위해 LEFT 함수가 필요하므로 이름 상자의 목록 단추를 누른 후 [함수 추가]를 클릭합니다.

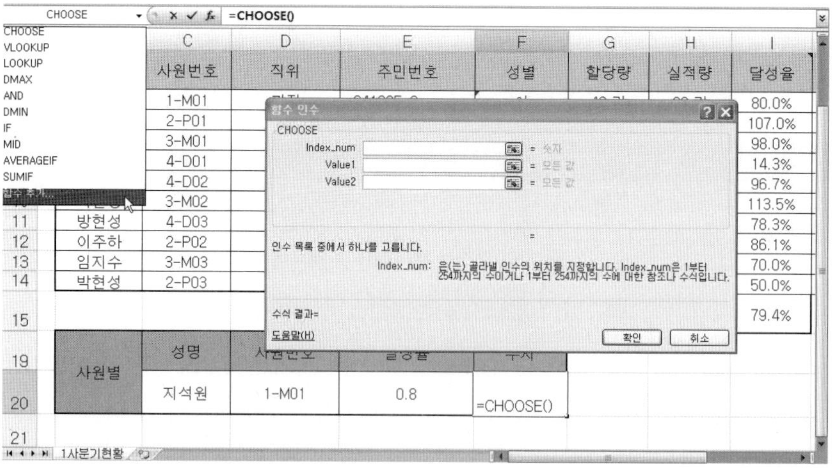

② 사원번호의 첫 번째 텍스트를 알기 위해 LEFT 함수의 인수 상자를 아래와 같이 설정합니다.

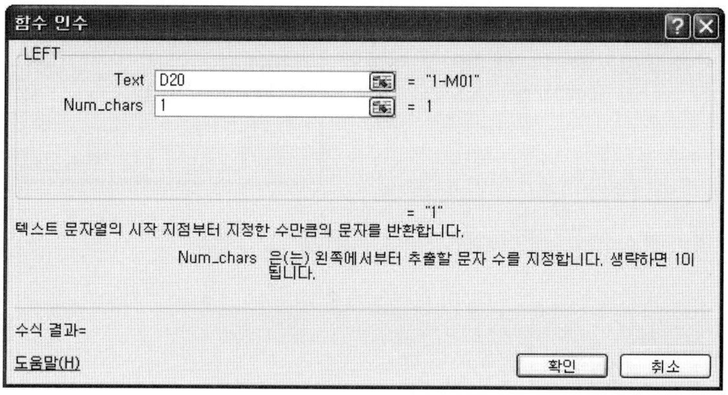

③ 수식 입력 줄의 choose 함수 명 뒤를 클릭합니다.

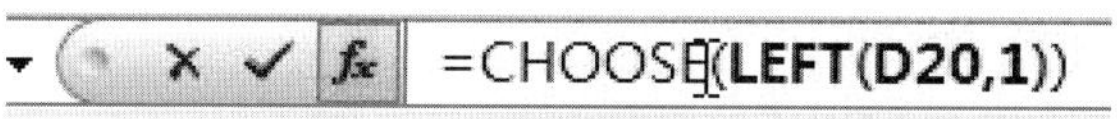

④ choose 함수의 인수 상자를 아래와 같이 설정합니다.

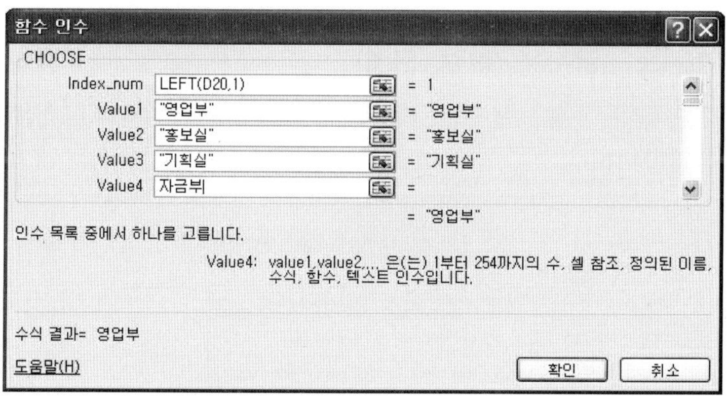

Step 21: [I15] ➜ 달성율 평균이 90%가 되기 위해서는 '오경수' 의 실적량이 얼마가 되어야 하는지 구하시오.(목표값 찾기)

① [I15] 셀을 클릭합니다. [데이터] 탭→[데이터 도구] 그룹→[가상 분석]→[목표값 찾기]를 클릭합니다.

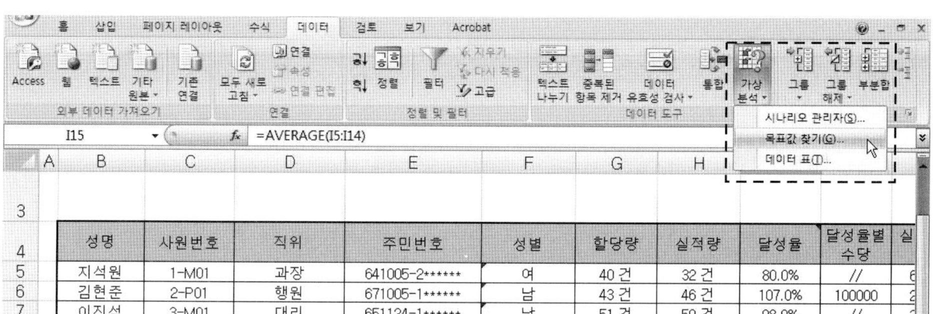

② [I5] 셀 값이 90%가 되기 위한 오경수의 실적량[H8] 셀의 예상 값을 찾기 위해 '목표값 찾기' 대화 상자를 아래와 같이 설정합니다.

③ '목표 값 찾기 상태' 대화 상자의 [확인]을 클릭합니다.

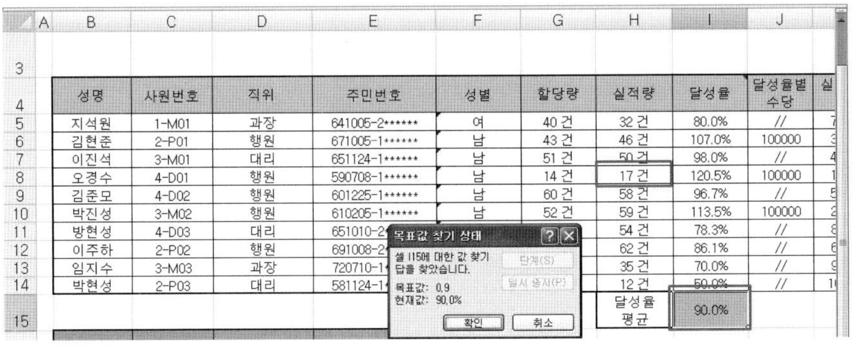

Step 22: [H5:H14] ➜ '셀 강조 규칙'을 이용하여 실적량 50건 이상인 데이터의 글꼴 서식을 설정하시오. (글자색: 빨강, 굵게)

① [H5:H14] 셀을 블록 설정합니다. [홈] 탭→[스타일] 그룹→[조건부 서식]→[셀 강조 규칙]→[보다 큼]을 선택합니다.

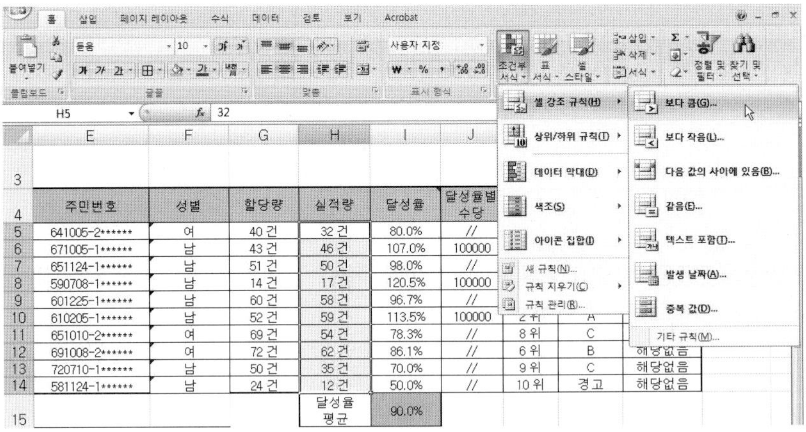

② '보다 큼' 대화 상자에서 50을 입력하고 [적용할 서식]목록에서 '사용자 지정 서식'을 클릭합니다.

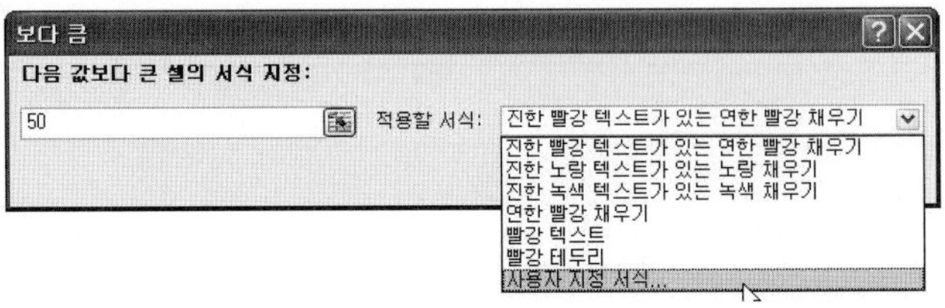

③ [글꼴] 탭의 글꼴 스타일(굵게), 색(파랑)을 설정합니다.

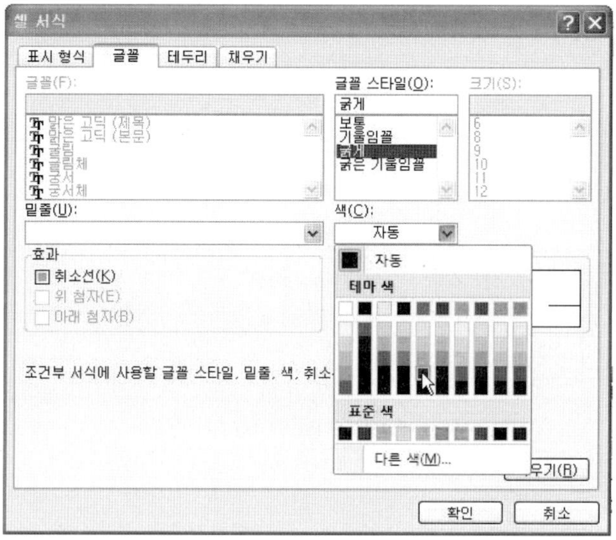

Step 23: [I5:I14] ➜ 달성율 데이터 막대 표시

[I5:I14] 셀을 블록 설정합니다. [홈] 탭→[스타일] 그룹→[조건부 서식]→[데이터 막대]에서 스타일을 선택합니다.

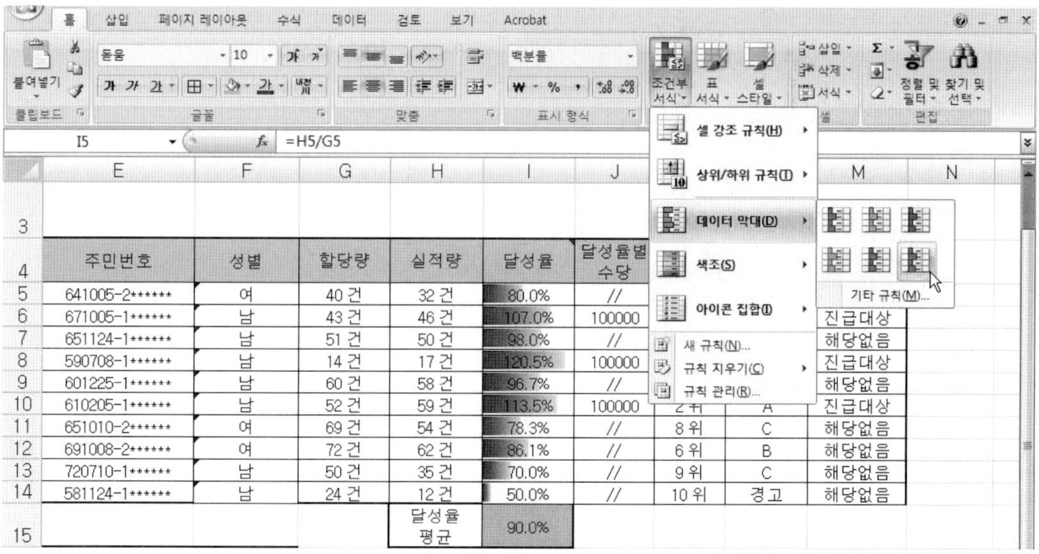

Step 24: 조건부 서식의 수식을 이용하여 [L4:L15] 중 달성율 평가 항목이 'A' 인 데이터의 전체 행을 노랑색으로 채우기 하시오.

① [B5:M14] 셀을 블록 설정합니다. [홈] 탭→[스타일] 그룹→[조건부 서식]→[새 규칙]을 클릭합니다.

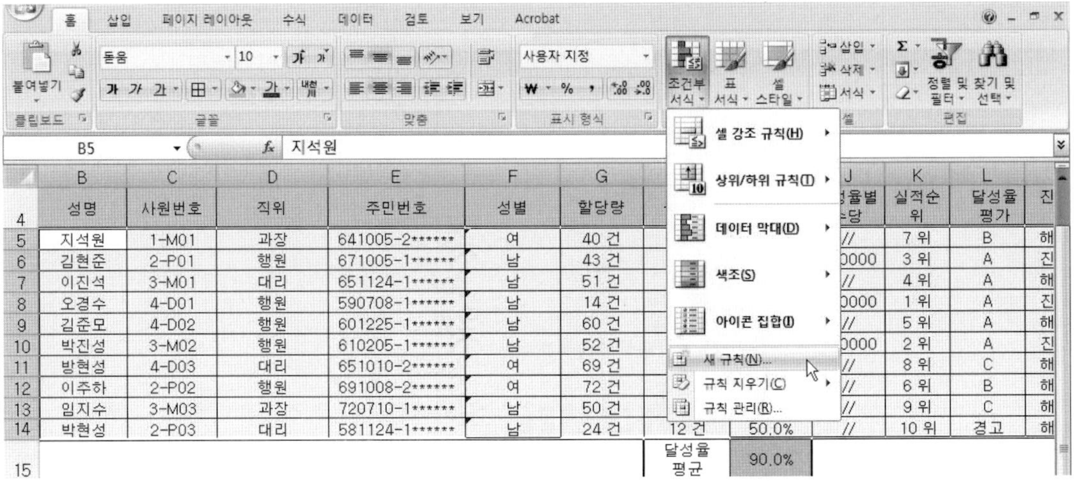

② [▶ 수식을 사용하여 서식을 지정할 셀 결정]을 선택합니다. 달성율이 'A'인 행에 서식을 적용하기 위해 수식 입력란에 '=$L5="A" '를 입력하고 [서식] 버튼을 클릭합니다.

수식을 조건으로 지정하는 경우에는 조건 필드의 첫 번째 셀을 기준값으로 지정합니다. 즉, 현재 식에서 달성율의 첫 번째 셀인 [L5]입니다. '$L5' 의 형태는 열만 고정되는 셀 참조 유형을 의미입니다.

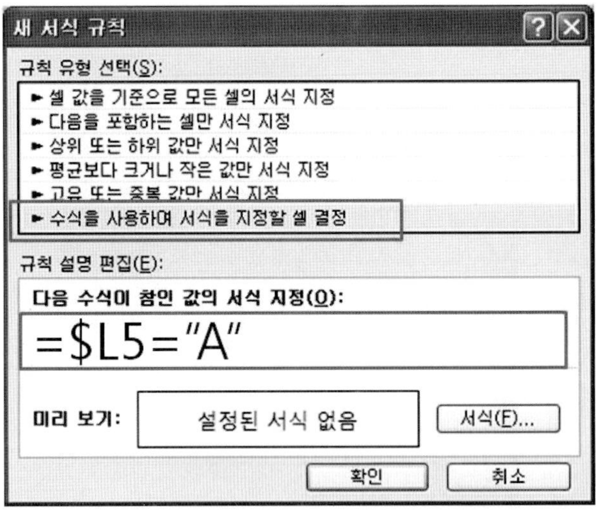

③ '셀 서식' 대화 상자의 [채우기] 탭에서 노랑색을 설정합니다.

Step 25: [N21:R22]에 결재란을 작성하고 '그림복사' 기능을 이용하여 [I1:M2] 에 그림으로 붙이기 하시오.

① [N21:R22] 셀에 내용을 입력하고 서식을 설정합니다.

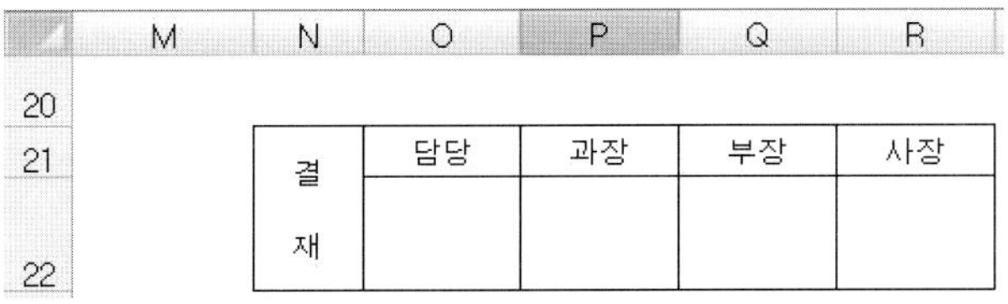

② [삽입] 탭→[일러스트레이션] 그룹→[그림]을 선택하고 해당 그림을 삽입합니다.

③ [N21:R22]를 마우스로 블록 설정합니다. [홈] 탭→[붙여넣기]→[그림 형식]→[그림으로 복사]를 선택합니다.

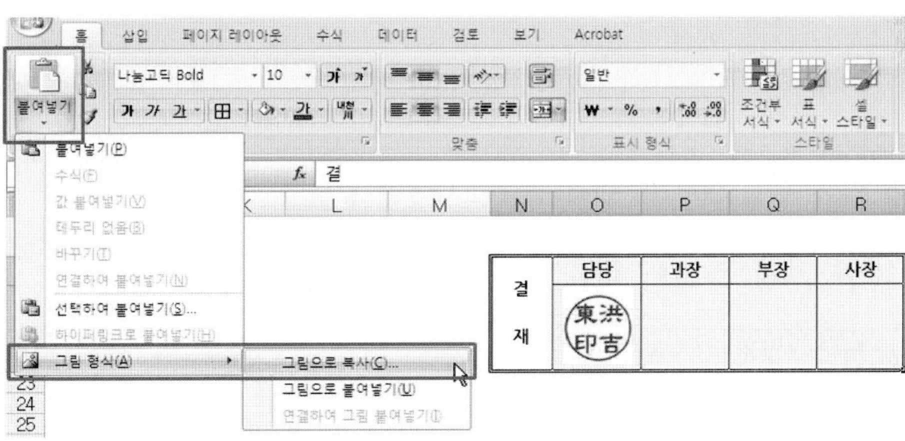

④ '그림 복사' 대화 상자에서 [모양 ⊙ 화면에 표시된 대로(S)], [형식 ⊙ 그림(T)]을 선택하고 '확인'을 누릅니다.

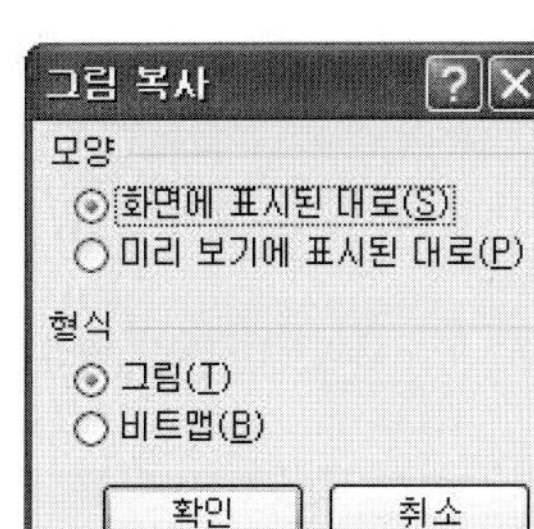

⑤ [I1] 셀을 선택하고 마우스 오른쪽을 눌러 [붙여넣기]를 클릭합니다.

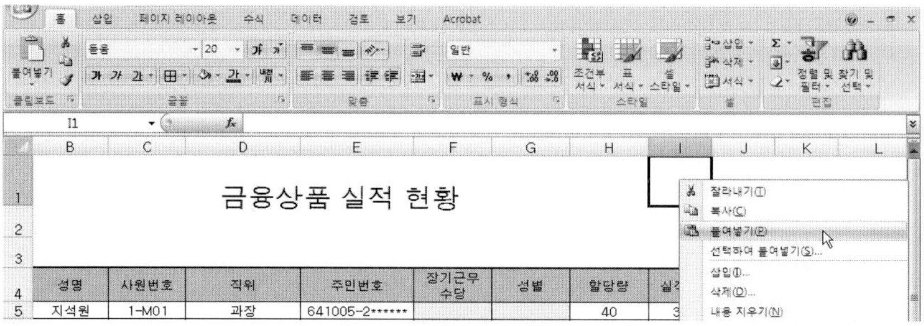

⑥ [N21:R22] 셀을 블록 설정한 후 [홈]탭→[편집] 그룹→[지우기]→[모두 지우기]를 클릭합니다.

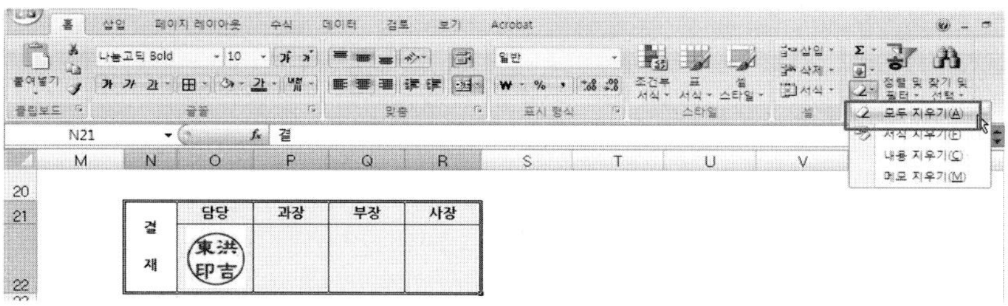

10. 연습 문제

● 학습 목표: 아래 지시사항에 따라 '1차 모의고사 결과' 엑셀 문서를 완성합니다.

[내용 입력] 엑셀 2007에 아래와 같이 내용을 입력하시오.

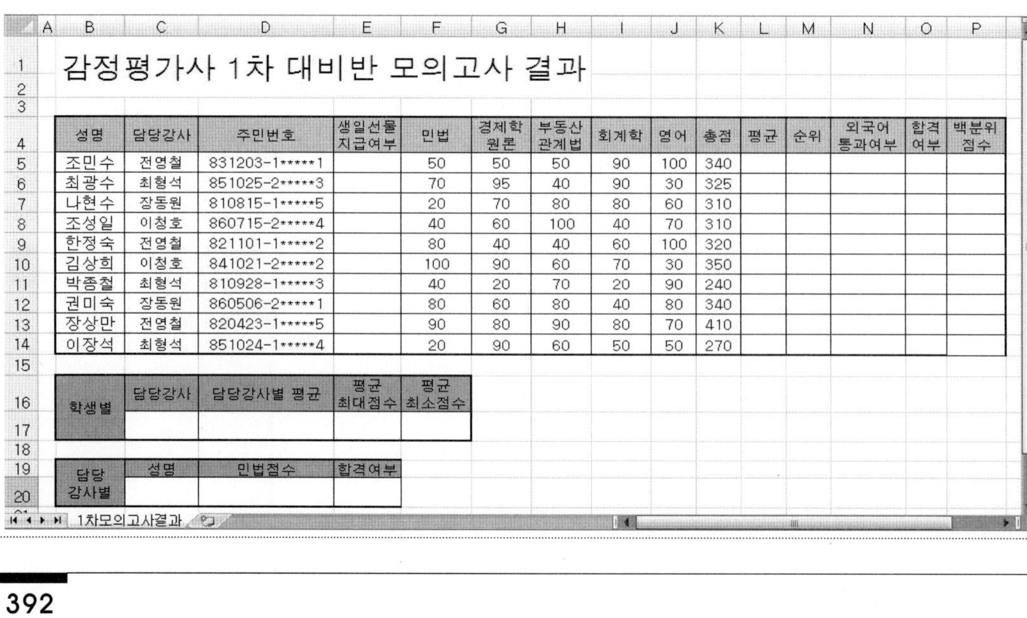

감정평가사 1차 대비반 모의고사 결과

성명	담당강사	주민번호	생일선물 지급여부	민법	경제학 원론	부동산 관계법	회계학	영어	총점	평균	순위	외국어 통과여부	합격 여부	백분위 점수
조민수	전영철	831203-1*****1		50	50	50	90	100	340					
최광수	최형석	851025-2*****3		70	95	40	90	30	325					
나현수	장동원	810815-1*****5		20	70	80	80	60	310					
조성일	이청호	860715-2*****4		40	60	100	40	70	310					
한정숙	전영철	821101-1*****2		80	40	40	60	100	320					
김상희	이청호	841021-2*****2		100	90	60	70	30	350					
박종철	최형석	810928-1*****3		40	20	70	20	90	240					
권미숙	장동원	860506-2*****1		80	60	80	40	80	340					
장상만	전영철	820423-1*****5		90	80	90	80	70	410					
이장석	최형석	851024-1*****4		20	90	60	50	50	270					

학생별	담당강사	담당강사별 평균	평균 최대점수	평균 최소점수

담당 강사별	성명	민법점수	합격여부

1차모의고사결과

[지시 사항] 아래 지시사항에 따라 문서를 완성하시오.

1. 다른 이름으로 파일 저장 ➔ 모의고사.xlsx
2. 용지 설정
   - 용지 방향(세로 방향), 페이지 가운데 맞춤(가로)
3. [Q1:T2]에 결재란을 작성하고 '그림복사' 기능을 이용하여 [I1:M2] 에 그림으로 붙이기 하시오. (원본은 삭제)
   - [Q1:T2] 에 아래와 같이 결재란을 작성하고 그림을 삽입하시오.
   -

	Q	R	S	T
1	결	담당	부장	원장
2	재			

   - 그림복사' 기능을 이용하여 [I1:M2] 에 그림으로 붙이기 하시오
4. [E5:E14] 생일선물 지급 여부 (IF, MID 함수)
   - 주민번호 [D5:D14] 의 주민번호를 참고하여 생일이 10월 인 경우 "지급대상" 그렇지 않으면 "//" 로 표시하시오.
5. 셀 서식 [K5:K14] 영역에 셀 서식을 이용하여 숫자 뒤에 '점'을 표시하시오. (예: 100 → 100점)
6. [K5:K14] 총점 (SUM 함수)
   - 민법, 경제학원론, 부동산관계법, 회계학, 영어 의 총점을 계산하시오.
7. [L5:L14] 평균 (AVERAGE 함수)
   - 민법, 경제학원론, 부동산관계법, 회계학, 영어 의 평균을 계산하시오.
8. [M5:M14] 평균 순위 (RANK, & 함수)
   - 평균을 기준으로 내림차순 정렬
   - 순위 결과 값 뒤에 '위'를 붙여 표시
9. [I5:I14] 외국어 통과 여부 (IF 함수)
   - 영어 점수가 70점 이상이면 "Pass" 그렇지 않으면 "//" 를 표시하시오.
10. [O4] 메모 삽입
    - 모든 과목이 40점 이상이고, 평균 점수 60점 이상
11. [O5:O14] 합격여부 (IF, AND 함수)
    - 평균 점수가 60점 이상이고, 모든 과목이 40점 이상이면 "합격" 그렇지 않으면 "불합격"을 표시하시오.
12. [P5:P14] 백분위 점수
    - 각 평균점수/전체 총점의 평균(AVERAGE)
    - 백분율 소수이하 첫째 자리까지 표시

13. [C17]
    - 유효성 검사를 이용하여 '전영철,최형석,장동원,이청호' 목록으로 표시되도록 설정
14. [D17] 담당강사별 평균 ➜ [C17] 셀이 변할 때마다 자동으로 평균[L5:L14]의 평균이 변경되도록 구하시오. (AVERAGEIF)
15. [E17] 평균 최대점수 (DMAX 함수) ➜ [C17] 셀이 변할 때마다 자동으로 평균점수[L5:L14] 의 최댓값이 변경되도록 구하시오.
16. [F17] 평균 최소점수 (DMIN 함수) ➜ [C17] 셀이 변할 때마다 자동으로 평균점수[L5:L14] 의 최솟값이 변경되도록 구하시오.
17. [C20] ➜ 유효성 검사를 이용하여 [B5:B14] 이름 목록이 표시되도록 설정
18. [D20] 민법점수 (VLOOKUP 함수) ➜ [C20] 셀이 변할 때마다 자동으로 '민법점수[F5:F14]' 가 변경되도록 구하시오.
19. [E20] 달성율 (VLOOKUP 함수) ➜ [C20] 셀이 변할 때마다 자동으로 '합격여부 [O5:O14]' 이 변경되도록 구하시오.
20. '최형석 평균 점수[L6]'가 65점이되기 위해 '최형석의 경제학 원론 점수[G6]'가 얼마가 되어야 하는지 구하시오.(목표값 찾기)
21. [F5:F14] ➜ '셀 강조 규칙'을 이용하여 민법이 40에서 70사이 점수 데이터에 '연한 빨강 채우기' 서식을 설정하시오.
22. [L5:L14] ➜ 평균 데이터 막대 표시
23. 조건부 서식의 수식을 이용하여 [O4:O15]의 합격여부의 '합격' 데이터의 전체 행에 글꼴 색(빨강)을 설정하시오.

[완성 출력 형태]

감정평가사 1차 대비반 모의고사 결과

결재	담당	부장	원장

성명	담당강사	주민번호	생일선물 지급여부	민법	경제학 원론	부동산 관계법	회계학	영어	총점	평균	순위	외국어 통과여부	합격 여부	백분위 점수
조민수	전영철	831203-1*****1	//	50	50	50	90	100	340 점	68	3 위	Pass	합격	21.2%
최광수	최형석	851025-2*****3	지급대상	70	95	40	90	30	325 점	65	5 위	//	불합격	20.2%
나현수	장동원	810815-1*****5	//	20	70	80	80	60	310 점	62	7 위	//	불합격	19.3%
조성일	이청호	860715-2*****4	//	40	60	100	40	70	310 점	62	7 위	Pass	합격	19.3%
한정숙	전영철	821101-1*****2	//	80	40	40	60	100	320 점	64	6 위	Pass	합격	19.9%
김상희	이청호	841021-2*****2	지급대상	100	90	60	70	30	350 점	70	2 위	//	불합격	21.8%
박종철	최형석	810928-1*****3	//	40	20	70	20	90	240 점	48	10 위	Pass	불합격	14.9%
권미숙	장동원	860506-2*****1	//	80	60	80	40	80	340 점	68	3 위	Pass	합격	21.2%
장상만	전영철	820423-1*****5	//	90	80	90	80	70	410 점	82	1 위	Pass	합격	25.5%
이장석	최형석	851024-1*****4	지급대상	20	90	60	50	50	270 점	54	9 위	//	불합격	16.8%

학생별	담당강사	담당강사별 평균	평균 최대점수	평균 최소점수
	최형석	55.66666667	65	48

담당 강사별	성명	민법점수	합격여부
	김상희	100	불합격

1차모의고사결과

PART 03 엑셀(Excel) 2007

엑셀 04. 데이터 관리

이번 장에서는 엑셀 2007에서 많은 데이터를 쉽게 정렬하고 필요한 데이터들만 필터하거나 특정항목을 기준으로 그룹화하여 계산하는 부분합에 대해 알아보도록 하겠습니다.

1. 데이터 정렬

셀에 입력된 데이터를 '사전 순' 이나 '사용자 지정 목록 순'으로 오름차순 또는 내림차순으로 정렬할 수 있습니다. 또한 색 또는 아이콘별로 행을 정렬할 수 있으며 여러 가지 조건을 기준으로 정렬할 수 있습니다.

[데이터] 탭→[정렬 및 필터] 그룹에서 실행합니다.

1.1 하나의 기준으로 정렬

엑셀 데이터 목록에서 열을 '필드'라하고 열 레이블을 '필드명'이라고 합니다. 정렬 기준은 필드명을 이용하여 조건을 설정할 수 있습니다.

하나의 필드를 기준으로 정렬하는 방법은 데이터 목록에서 정렬하고자 하는 필드의 필드명을 선택한 후 오름차순(↓) 또는 내림차순(↓) 아이콘을 눌러 정렬 방법을 선택합니다.

	A	B	C	D	E	F	G	H	I
1	카드번호	고객명	고객코드	고객구분	결제일	이용한도	혜택구분	사용금액	결제금액
2	1-010	성영호	C05292	우수고객	25	100 만원	여행	₩ 52,350	₩ 52,350
3	1-020	박준희	B07638	VIP	[illegible]	[illegible]	[illegible]	623,400	₩ 623,400
4	1-150	이수지	A07033	VVIP	1	[illegible]	[illegible]	₩ 235,260	₩ 120,000
5	1-220	박기윤	A06145	VVIP	15	200 만원	주유	₩ 324,820	₩ 324,820
6	1-520	한경옥	C07052	우수고객	15	300 만원	주유	₩ 1,233,460	₩ 1,233,460
7	1-530	박상현	A07433	VVIP	15	200 만원	영화	₩ 124,580	₩ 14,000
8	1-660	주원영	D02435	일반고객	1	200 만원	도서	₩ 349,520	₩ 14,500
9	1-740	민지영	D05526	일반고객	15	100 만원	쇼핑	₩ 92,350	₩ 5,000
10	1-790	이경남	B05001	VIP	25	500 만원	도서	₩ 658,000	₩ 45,000
11	1-880	우형철	B05139	VIP	30	500 만원	여행	₩ 556,470	₩ 556,470
12	2-000	김승현	D04104	일반고객	15	100 만원	주유	₩ 1,395,830	₩ 450,000
13	2-100	이진영	C08215	우수고객	15	100 만원	영화	₩ 356,850	₩ 356,850
14	2-170	정우성	A08113	VVIP	1	500 만원	주유	₩ 623,520	₩ 340,000
15	2-180	김삼동	D04468	일반고객	20	300 만원	주유	₩ 5,670	₩ 5,670
16	2-290	이정화	C07054	우수고객	20	200 만원	영화	₩ 542,230	₩ 56,000
17	2-440	정은희	B06639	VIP	30	200 만원	쇼핑	₩ 2,350	₩ 2,350
18	2-590	서혜숙	B07152	VIP	20	500 만원	쇼핑	₩ 533,250	₩ 13,000
19	2-620	설영준	C08522	우수고객	20	500 만원	쇼핑	₩ 24,570	₩ 24,570
20	2-660	최지원	D07236	일반고객	30	100 만원	외식	₩ 1,250	₩ 1,250

1.2 두 개 이상의 기준으로 정렬

정렬하고자 하는 조건이 두 개 이상일 경우에는 [데이터] 탭→[정렬 및 필터]→[정렬]에서 실행합니다. 아래의 예에서 실행 과정을 살펴보겠습니다.

예) '고객 구분'을 기준으로 '오름차순' 정렬하고, '고객 구분'이 동일 할 경우 '결제일'을 기준으로 '내림차순' 정렬

① 정렬하고자 하는 데이터 목록 범위 중에서 하나의 셀을 선택
② [데이터] 탭 →[정렬 및 필터] 그룹 → [정렬] 선택
③ '정렬' 대화 상자에서 첫 번째 정렬 기준과 정렬 방법 선택
④ '기준 추가 [기준 추가(A)]' 를 눌러 정렬 기준 추가
⑤ 두 번째 정렬 기준과 정렬 방법 설정

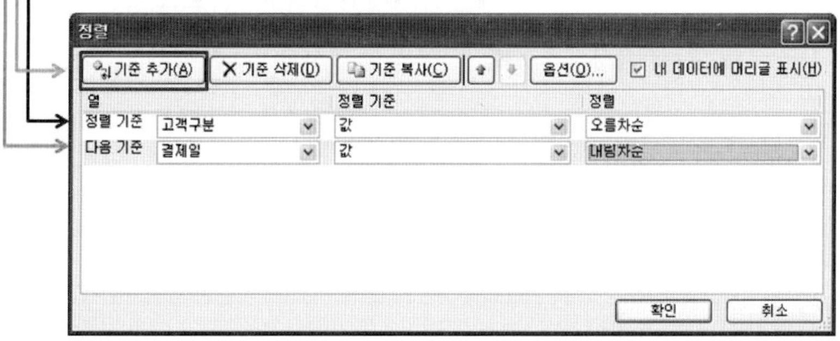

* 정렬 전

	A	B	C	D	E
1	카드번호	고객명	고객코드	고객구분	결제일
2	1-010	성영호	C05292	우수고객	25
3	1-020	박준희	B07638	VIP	30
4	1-150	이수지	A07033	VVIP	1
5	1-220	박기윤	A06145	VVIP	15
6	1-520	한경옥	C07052	우수고객	15
7	1-530	박상현	A07433	VVIP	15
8	1-660	주원영	D02435	일반고객	1
9	1-740	민지영	D05526	일반고객	15
10	1-790	이경남	B05001	VIP	25

* 정렬 후

고객 구분이 동일할 경우 결제일별 내림차순

고객구분: 오름차순 정렬

	A	B	C	D	E
1	카드번호	고객명	고객코드	고객구분	결제일
2	1-010			우수고객	25
3				우수고객	20
4	2-620	설영준	C08522	우수고객	20
5	1-520	한경옥	C07052	우수고객	15
6	2-100	이진영	C08215	우수고객	15
7	2-660	최지원	D07236	일반고객	30
8	2-180	김삼동	D04468	일반고객	20
9	1-740	민지영	D05526	일반고객	15
10	2-000	김승현	D04104	일반고객	15

■ 색(셀 색, 글꼴 색, 셀 아이콘) 을 기준으로 정렬

엑셀2007에서는 셀 색, 글꼴 색, 셀 아이콘을 기준으로 정렬할 수 있습니다.

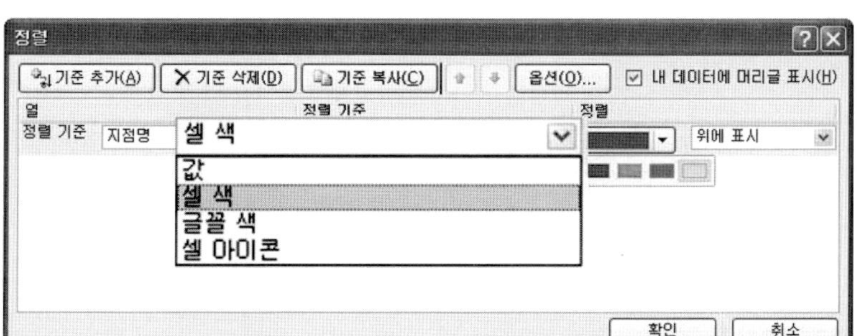

1.3 사용자 지정 목록 기준으로 정렬

오름차순이나 내림차순이 아닌 사용자가 지정한 순서대로 데이터를 정렬하는 방법입니다. 아래의 예제를 통해 실행 순서를 알아보도록 하겠습니다.

예) [A1:C25] 데이터를 결제일 기준으로 25,15,1,20,30 순 정렬하시오.

	A	B	C
1	결제일	이용한도	혜택구분
2	25	100 만원	여행
3	30	300 만원	영화
4	1	200 만원	외식
5	15	200 만원	주유
6	15	300 만원	주유
7	15	200 만원	영화
8	1	200 만원	도서
9	15	100 만원	쇼핑
10	25	500 만원	도서
11	30	500 만원	여행
12	15	100 만원	주유
13	15	100 만원	영화
14	1	500 만원	주유
15	20	300 만원	주유
16	20	200 만원	영화
17	30	200 만원	쇼핑
18	20	500 만원	쇼핑
19	20	500 만원	쇼핑
20	30	100 만원	외식
21	1	300 만원	영화
22	25	200 만원	쇼핑
23	25	100 만원	여행
24	20	200 만원	외식
25	20	500 만원	외식
26	15	100 만원	영화

① 데이터 목록 [A1:C25] 범위중 하나의 셀을 선택합니다.

② [데이터] 탭→[정렬 및 필터]→[정렬]을 실행합니다.

③ 정렬 기준 [열]을 '결제일'을 선택합니다. [정렬] 목록을 눌러 '사용자 지정 목록'을 선택합니다.

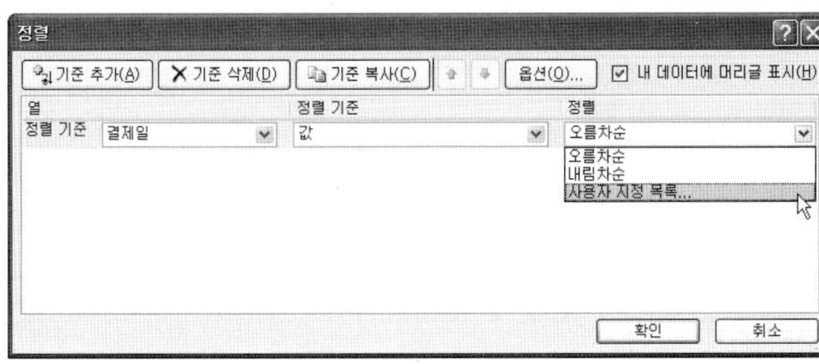

④ '사용자 지정 목록' 대화 상자의 오른쪽 '목록 항목' 창에 차례대로 정렬 기준 25, 15, 1, 20, 30을 입력합니다.
[추가] 단추를 누르면 왼쪽 [사용자 지정 목록]에 목록이 추가됩니다. [확인] 단추를 눌러 사용자 지정 목록 설정을 마칩니다.

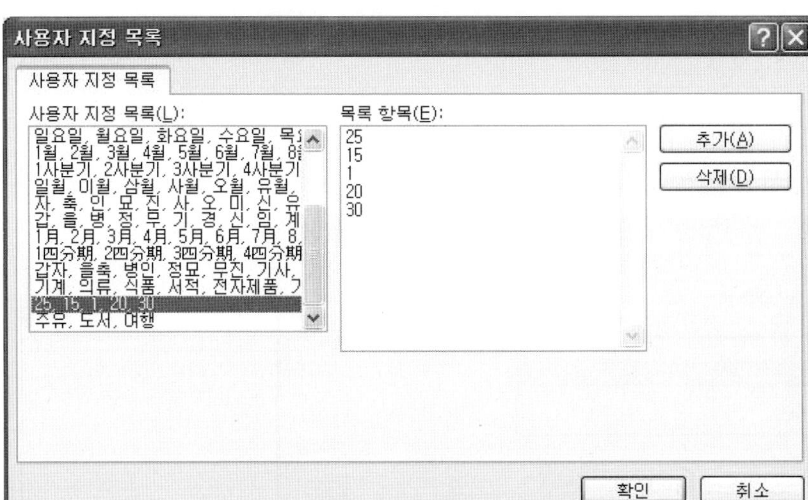

⑤ [정렬] 목록에 사용자가 지정한 목록이 표시 됩니다.

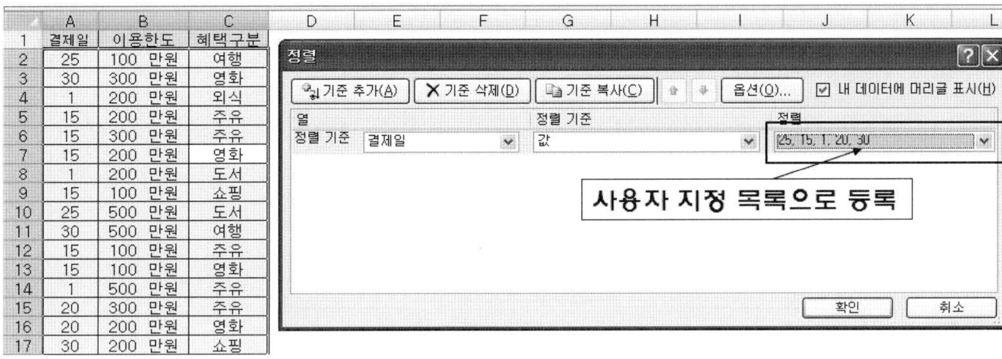

⑥ 정렬 결과입니다.

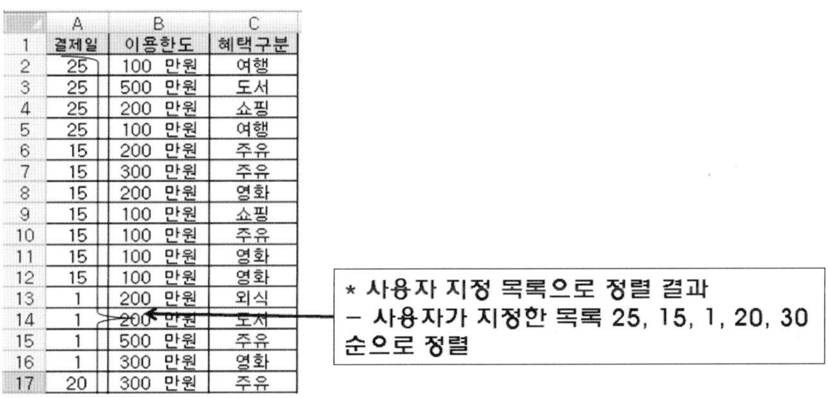

■ [Excel 옵션]에서 사용자 지정 목록 편집

[오피스단추]→[Excel 옵션]→[기본 설정]→[사용자 지정 목록 편집]에서 목록을 편집할 수 있습니다.

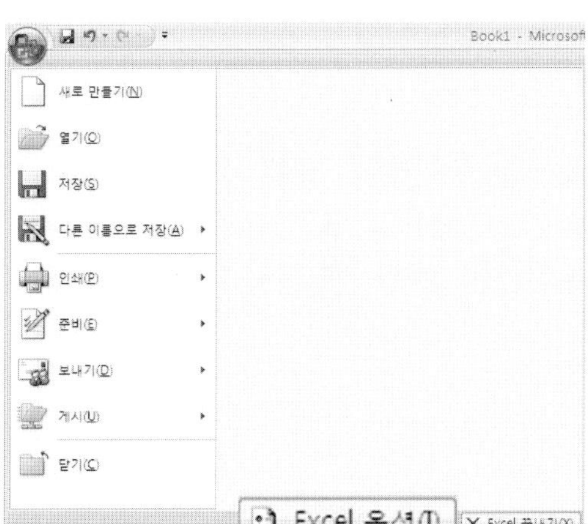

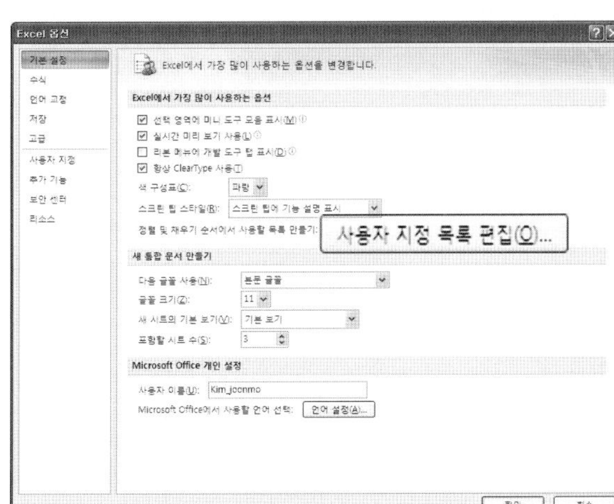

2. 데이터 필터

필터는 데이터 목록에서 특정 조건을 만족하는 데이터만을 추출하여 화면에 표시하고 나머지 행은 숨기는 기능입니다.

필터는 각 필터링 단추를 눌러 데이터에 직접 조건을 지정하는 '자동필터'와 사용자가 필터 조건을 별도로 지정하여 데이터를 추출하는 '고급필터' 두 가지 방법이 있습니다. 둘 이상의 필드에 조건을 적용하여 원하는 항목만을 추출할 수 있습니다.

2.1 자동 필터

데이터 목록 범위의 한 셀을 선택한 후 [데이터] 탭→[정렬 및 필터] 그룹→[필터] 를 선택합니다. 데이터 범위의 필드명에 표시된 '필터 단추'를 눌러 해당 조건을 선택합니다.

■ 필터 전 원본 데이터

	A	B
1	결제일	이용한도
2	25	100 만원
3	30	300 만원
4	1	200 만원
5	15	200 만원
6	15	300 만원
7	15	200 만원
8	1	200 만원
9	15	100 만원
10	25	500 만원
11	30	500 만원
12	15	100 만원
13	15	100 만원
14	1	500 만원
15	20	300 만원

■ 결제일 20, 30 필터

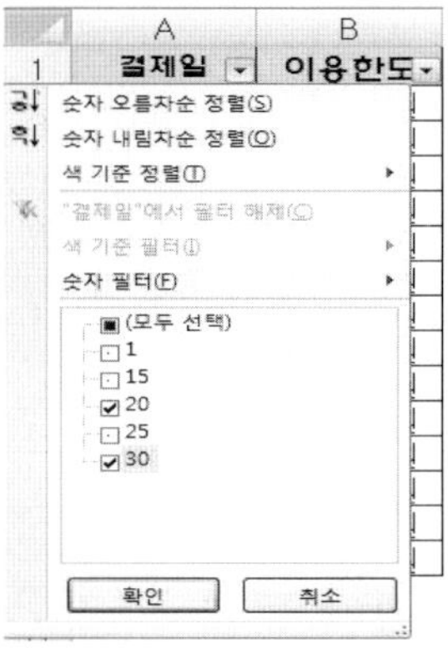

■ 필터 결과

	A	B
1	결제일	이용한도
3	30	300 만원
11	30	500 만원
15	20	300 만원

데이터의 종류에 따라 필터 조건 설정을 다양하게 할 수 있습니다.

2.1.1 '숫자' 데이터 자동 필터 조건 설정

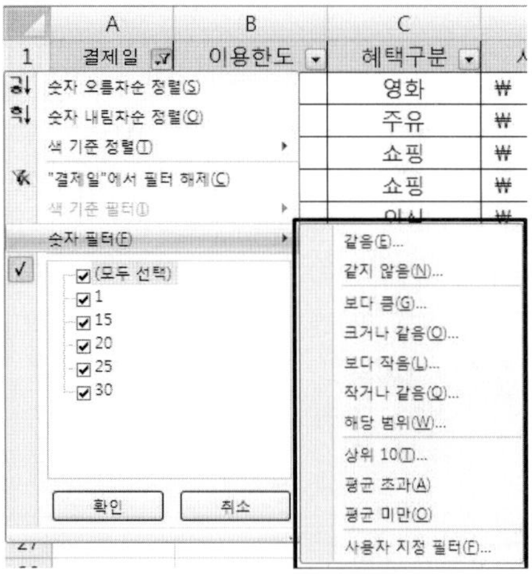

숫자 데이터인 경우에는 '같음', '같지 않음', '보다 큼', '크거나 같음', '작거나 같음' 등과 같은 다양한 형식으로 필터 세부 조건을 지정할 수 있습니다.

2.1.2 '문자' 데이터 자동 필터 조건 설정

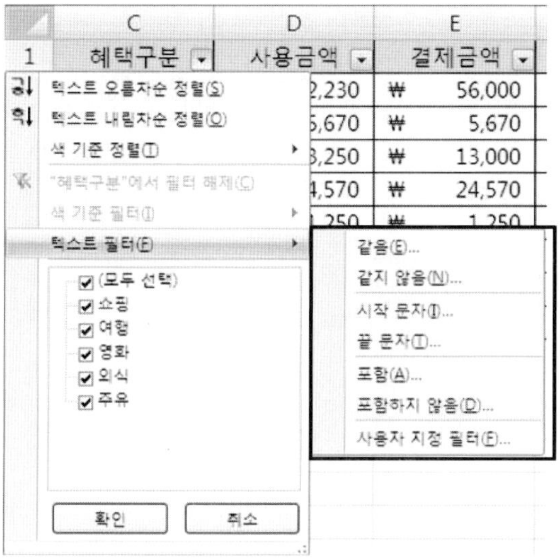

문자 데이터인 경우에는 '같음', '같지 않음', '시작 문자', '끝 문자', '포함', '포함하지 않음' 등으로 부 조건을 지정할 수 있습니다.

2.1.3 필터 지우기

필터를 적용한 데이터 목록에서 필터를 해제할 경우 [데이터] 탭→[정렬 및 필터] 그룹→[지우기 지우기]를 선택합니다. [지우기]는 필터 된 열의 내용들이 모두 표시 되고 필터 기능은 그대로 유지됩니다.

2.1.4 필터 해제

[필터 해제]는 데이터 목록에서 필터 기능을 완전히 삭제하고 모든 내용들이 표시됩니다. [데이터] 탭→[정렬 및 필터] 그룹→[필터]를 다시 한 번 클릭합니다.

■ 필터 적용 상태 '필터' 아이콘 모양

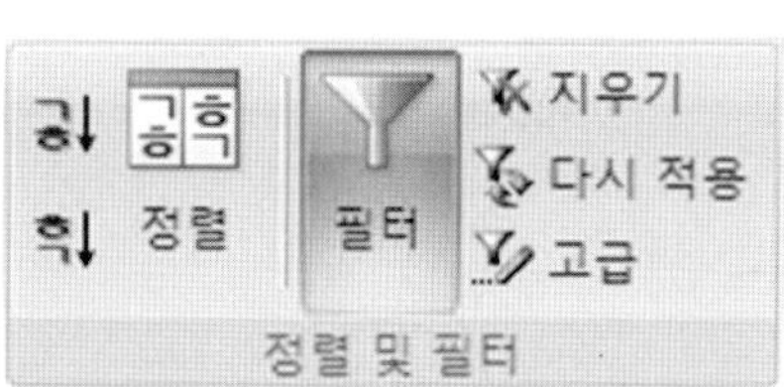

■ 필터가 완전히 해제된 상태 아이콘 모양

2.2 고급 필터

고급필터는 여러 조건을 필드에 적용하거나, 수식을 사용하여 조건을 만족하는 데이터를 필터할 때 사용합니다. 고급필터는 필터할 조건 목록을 워크시트에 별도로 작성하고 [데이터] 탭→[정렬 및 필터] 그룹→[고급]을 사용하여 필터 합니다.

2.2.1 고급 필터 조건 입력 규칙

고급 필터에 사용할 조건(식)을 명시할 때에는 일련의 규칙에 따라 작성합니다. 필터 조건은 데이터 목록과는 별도로 워크시트에 작성을 합니다.

① **필터 하고자 하는 열 레이블을 반드시 입력해야 한다.**

② **조건 목록의 열레이블은 데이터 목록의 이름과 동일해야 한다.**

③ **AND(그리고) 조건: 조건을 같은 행에 입력한다.**

- **예) 결제일이 1이고 사용금액이 500000 이상 인 필터 조건**

④ **OR(또는) 조건: 조건을 다른 행에 입력한다.**

- **예) 결제일이 1 또는 사용금액이 500000 이상 인 필터 조건**

■ 단일조건

결제일
20

■ AND 조건

결제일	사용금액
1	>=500000

■ OR 조건

결제일	사용금액
1	
	>=500000

■ 복합 조건

결제일	사용금액
1	>=300000
20	>=500000

■ 함수식을 사용한 고급 필터 조건 작성 형식

다양한 함수를 이용한 고급 필터 조건 작성 형식은 다음과 같습니다.

= "관계식" & 함수(데이터 범위)

예) 결제일이 1이고 사용금액(H1:H11)이 평균이상인 필터 조건

결제일	사용금액
1	=">="&AVERAGE(H1:H11)

2.2.2 고급 필터 실행

고급 필터는 아래 순서대로 실행합니다.

① **필터 조건을 별도로 입력**

② **[데이터] 탭→[정렬 및 필터]→[고급] 선택**

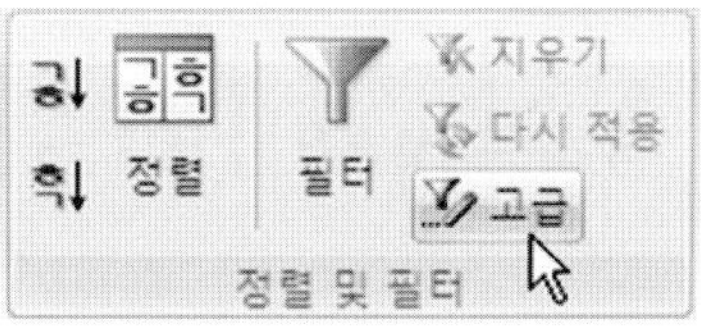

③ **[고급 필터] 대화상자에 목록 범위, 조건 범위, 복사 위치를 설정**

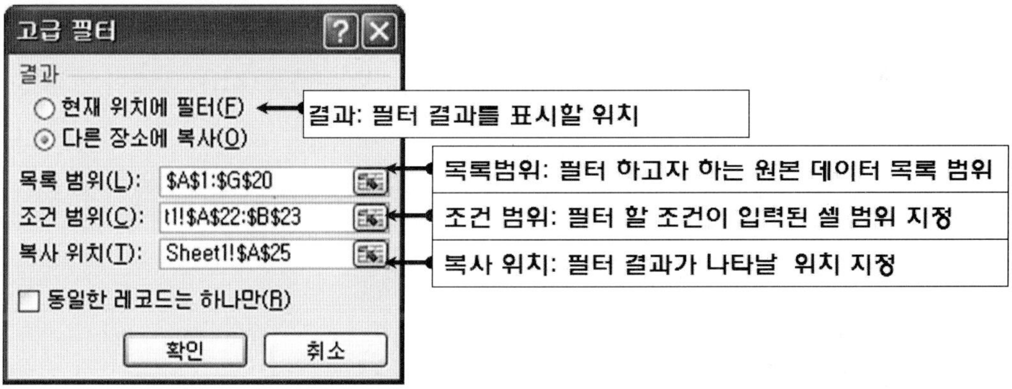

3. 부분합

부분합은 같은 항목의 데이터를 하나의 그룹으로 만들어서 각 그룹별로 다양한 값(합계, 평균, 개수 등)을 구할 수 있는 기능입니다.

부분합을 구하기 위해서는 먼저 그룹화 할 대상이 되는 항목을 기준으로 반드시 정렬되어 있어야 합니다.

■ **부분합 실행 순서**

① **그룹화할 기준이 되는 필드를 정렬**

② **[데이터] 탭→[윤곽선] 그룹→[부분합] 선택**

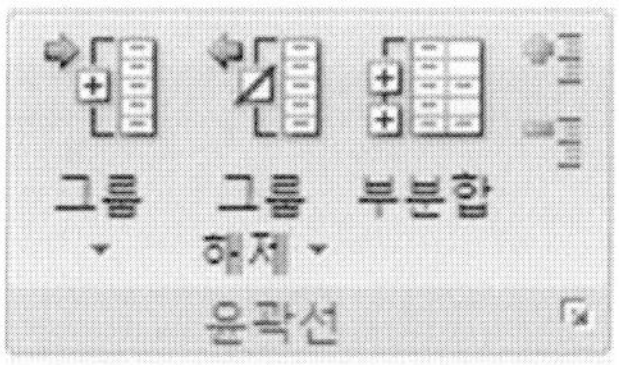

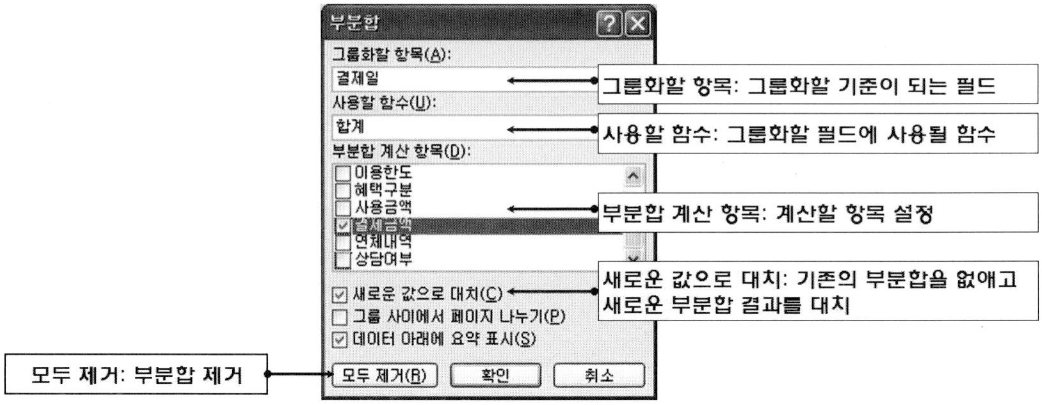

■ 윤곽 지우기

부분합을 설정하면 지정된 그룹 수준을 표시하는 표시 1 2 3 4 와 데이터를 확장 또는 축소 할 수 있도록 ⊞, ⊟ 와 같은 윤곽 기호가 표시됩니다.

예) '고객구분' 별 '사용금액의 평균' 과 '결제금액의 합계' 를 구한 부분합 결과

	B	C	D	E	F
1	고객코드	고객구분	결제일	사용금액	결제금액
2	C05292	우수고객	25	₩ 52,350	₩ 52,350
3	C07052	우수고객	15	₩ 1,233,460	₩ 1,233,460
4	C08522	우수고객	20	₩ 24,570	₩ 24,570
5		**우수고객 평균**		₩ 436,793	
6		**우수고객 요약**			₩ 1,310,380
7	D02435	일반고객	1	₩ 349,520	₩ 14,500
8	D05526	일반고객	15	₩ 92,350	₩ 5,000
9	D04104	일반고객	15	₩ 1,395,830	₩ 450,000
10	D04468	일반고객	20	₩ 5,670	₩ 5,670
11		**일반고객 평균**		₩ 460,843	
12		**일반고객 요약**			₩ 475,170
13	B07638	VIP	30	₩ 623,400	₩ 623,400
14	B05001	VIP	25	₩ 658,000	₩ 45,000
15	B05139	VIP	30	₩ 556,470	₩ 556,470
16		**VIP 평균**		₩ 612,623	
17		**VIP 요약**			₩ 1,224,870
18	A07033	VVIP	1	₩ 235,260	₩ 120,000
19	A06145	VVIP	15	₩ 324,820	₩ 324,820
20	A07433	VVIP	15	₩ 124,580	₩ 14,000
21		**VVIP 평균**		₩ 228,220	
22		**VVIP 요약**			₩ 458,820
23		**전체 평균**		₩ 436,637	

부분합 결과 화면에서 윤곽을 지우기 위해서는 [데이터] 탭→[윤곽선] 그룹→[그룹 해제]→[윤곽지우기]를 선택합니다.

4. 중복된 항목 제거

'중복된 항목 제거'는 많은 양의 데이터 목록에서 중복 입력된 항목을 검색하여 동일 데이터중 하나만 남기고 나머지는 모두 삭제하는 기능입니다.

■ 중복 값 제거 실행 순서

① 셀 범위를 선택하거나 현재 셀이 표 안에 있는지 확인합니다.

② [데이터] 탭→[데이터 도구] 그룹→[중복된 항목 제거]를 선택합니다.

③ 다음 중 하나 이상을 실행합니다.

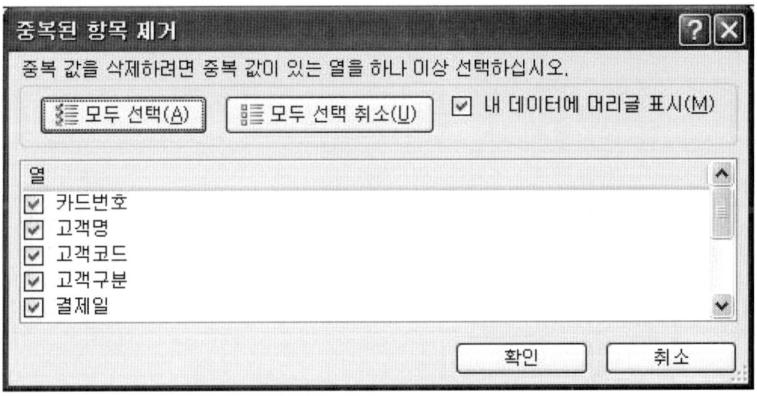

- [열] 에서 열을 하나 이상 선택합니다.
- 모든 열을 빠르게 선택하려면 [모두 선택] 을 클릭합니다.
- 모든 열을 빠르게 선택 취소하려면 [모두 선택 취소] 를 클릭합니다.
- 선택된 셀 범위나 테이블에 열이 많은 경우 열을 몇 개만 선택하려면 모두 선택 취소를 클릭하고 열에서 원하는 열을 선택하는 것이 더 편리합니다.

④ [확인] 을 클릭합니다.
제거된 중복 값의 수와 남은 고유 값의 수를 알려 주거나 제거된 중복 값이 없음을 나타내는 메시지가 표시됩니다.

Tip

'부분합' 에서는 중복 값을 제거 할 수 없어요!

- 윤곽선이 있거나 부분합이 있는 데이터에서는 중복 값을 제거할 수 없습니다.
- 중복된 항목을 제거하려면 윤곽선과 부분합을 모두 제거해야 합니다.

5. 실전 예제

● **학습 목표: 아래 지시사항에 따라 '다모아 백화점 카드 결제 관리' 엑셀 문서를 완성합니다.**

[내용 입력] 엑셀 2007에 아래와 같이 내용을 입력하시오.

다모아 백화점 카드 결제 관리

고객별 검색	
고객명	고객구분

결재일별 집계표		
결제일	결제금액합계	연체인원

	A	B	C	D	E	F	G	H	I	J	K
7	카드번호	고객명	고객코드	고객구분	결제일	이용한도	혜택구분	사용금액	결제금액	연체내역	상담여부
8	1-010	성영호	C05292		25	100 만원	여행	₩ 52,350	₩ 52,350		
9	1-020	박준희	B07638		30	300 만원	영화	₩ 623,400	₩ 623,400		
10	1-150	이수지	A07033		1	200 만원	외식	₩ 235,260	₩ 120,000		
11	1-220	박기윤	A06145		15	200 만원	주유	₩ 324,820	₩ 324,820		
12	1-520	한경옥	C07052		15	300 만원	주유	₩ 1,233,460	₩ 1,233,460		
13	1-530	박상현	A07433		15	200 만원	영화	₩ 124,580	₩ 14,000		
14	1-660	주원영	D02435		1	200 만원	도서	₩ 349,520	₩ 14,500		
15	1-740	민지영	D05526		15	100 만원	쇼핑	₩ 92,350	₩ 5,000		
16	1-790	이경남	B05001		25	500 만원	도서	₩ 658,000	₩ 45,000		
17	1-880	우형철	B05139		30	500 만원	여행	₩ 556,470	₩ 556,470		
18	2-000	김승현	D04104		15	100 만원	주유	₩ 1,395,830	₩ 450,000		
19	2-100	이진영	C08215		15	100 만원	영화	₩ 356,850	₩ 356,850		
20	2-170	정우성	A08113		1	500 만원	주유	₩ 623,520	₩ 340,000		
21	2-180	김삼동	D04468		20	300 만원	주유	₩ 5,670	₩ 5,670		
22	2-290	이정화	C07054		20	200 만원	영화	₩ 542,230	₩ 56,000		
23	2-440	정은희	B06639		30	200 만원	쇼핑	₩ 2,350	₩ 2,350		
24	2-590	서혜숙	B07152		20	500 만원	쇼핑	₩ 533,250	₩ 13,000		
25	2-620	설영준	C08522		20	500 만원	쇼핑	₩ 24,570	₩ 24,570		
26	2-660	최지원	D07236		30	100 만원	외식	₩ 1,250	₩ 1,250		
27	2-860	원용민	A08482		1	300 만원	영화	₩ 623,420	₩ 623,420		
28	2-870	장덕수	C06299		25	200 만원	쇼핑	₩ 1,435,640	₩ 1,435,640		
29	2-880	성수지	B08363		25	100 만원	여행	₩ 2,346,360	₩ 2,346,360		
30	2-900	전상기	D08567		20	200 만원	외식	₩ 62,340	₩ 45,000		
31	2-930	진형규	C06714		20	500 만원	외식	₩ 72,350	₩ 72,350		
32	3-010	나경은	B06380		15	100 만원	영화	₩ 25,810	₩ 25,810		
33	3-200	정이연	C05169		30	100 만원	주유	₩ 2,476,590	₩ 100,000		
34	3-210	이용원	A04462		30	500 만원	여행	₩ 542,230	₩ 30,000		
35	3-290	김승아	C04541		1	300 만원	주유	₩ 754,520	₩ 754,520		
36	3-330	강동원	A01348		1	100 만원	주유	₩ 542,230	₩ 250,000		
37	3-330	강동원	A01348		1	100 만원	주유	₩ 542,230	₩ 250,000		
38	3-530	강현석	C02460		25	200 만원	도서	₩ 340,590	₩ 340,590		
39	3-710	민성철	A06759		15	100 만원	도서	₩ 72,350	₩ 72,350		
40	3-730	하준영	C08678		20	300 만원	도서	₩ 532,490	₩ 230,000		
41	3-880	염상석	C07559		15	200 만원	쇼핑	₩ 396,730	₩ 396,730		
42	3-960	지민석	C03668		15	300 만원	외식	₩ 124,690	₩ 124,690		
43	4-220	윤정은	B03280		25	500 만원	주유	₩ 987,220	₩ 987,220		
44	4-530	진승욱	A05610		1	500 만원	쇼핑	₩ 13,460	₩ 500		
45	4-550	송성엽	C04458		30	500 만원	영화	₩ 47,890	₩ 47,890		
46	4-720	서주영	D08085		20	100 만원	영화	₩ 12,350	₩ 12,350		
47	4-740	최정준	C08445		25	300 만원	외식	₩ 4,357,910	₩ 4,357,910		
48	4-850	김현도	A05185		20	300 만원	외식	₩ 530,950	₩ 12,500		
49	4-860	이휘연	C05555		15	300 만원	도서	₩ 134,520	₩ 134,520		
50	4-870	유승호	B04509		20	200 만원	외식	₩ 340,250	₩ 250,000		

원본 / 정렬 / 필터 / 고급필터 / 부분합

[지시 사항 I -복습] 아래 지시사항에 따라 문서를 완성하시오.

*** '원본' 시트에 작업**

1. 틀 고정
   - [D8]셀을 '틀 고정'하여 [A-C]열과 [1-7] 행이 항상 보이도록 설정하시오.
2. [D8:D50] 고객구분 (IF, LEFT 함수)
   - '고객코드' 데이터의 왼쪽에서 첫 번째 문자를 참고하여 'A'이면 "VVIP", 'B'이면 "VIP", 'C'이면 "우수고객", 그 외는 "일반고객"이 입력되도록 계산하시오.
3. [J8:J50] 고객구분 (IF 함수)
   - '결제금액' - '사용금액' 계산 결과가 음수 "연체" 그렇지 않으면 공백으로 표시하시오.
4. [K8:K50] 상담여부 (IF, AND 함수)
   - 연체내역이 '연체' 이면서 결제일이 '20일 이전' 일 경우에 "상담요"를 그렇지 않으면 공백으로 표시하시오.
5. [B5] 고객명
   - 유효성 검사를 이용하여 고객명 [B8:B50] 값이 목록으로 표시되도록 설정하시오.
6. [C5] 고객구분(VLOOKUP 함수)
   - [B5] 셀이 변할 때마다 자동으로 '고객구분 [D8:D50]' 이 변경되도록 구하시오.
7. [H5] 결제일
   - 유효성 검사를 이용하여 '1, 15, 20, 25, 30'이 표시되도록 목록으로 설정하시오.
8. [H5] 결제일
   - [표시형식]-[사용자 지정]을 이용하여 숫자 뒤에 "일"이 표시되도록 설정하시오.
9. [I5] 결제금액합계 (SUMIF 함수)
   - [H5] 셀이 변할 때마다 자동으로 결제금액[I8:I50] 의 합계가 변경되도록 구하시오.
10. [J5] 연체인원 (COUNTIF 함수)
    - [J8:J50] 셀에서 연체 인원을 구하시오.
11. [J5:J50]
    - '셀 강조 규칙'을 이용하여 '연체' 항목의 데이터의 글꼴 서식을 설정하시오. (글자색: 빨강, 굵게)
12. [H5:H50] ➔ 사용금액 데이터 막대 표시

Step 1: 틀 고정→[D8]셀을 '틀 고정'하여 [A–C]열과 [1–7] 행이 항상 보이도록 설정

[D8] 셀을 선택하고 [보기] 탭→[창] 그룹→[틀 고정]을 선택합니다.

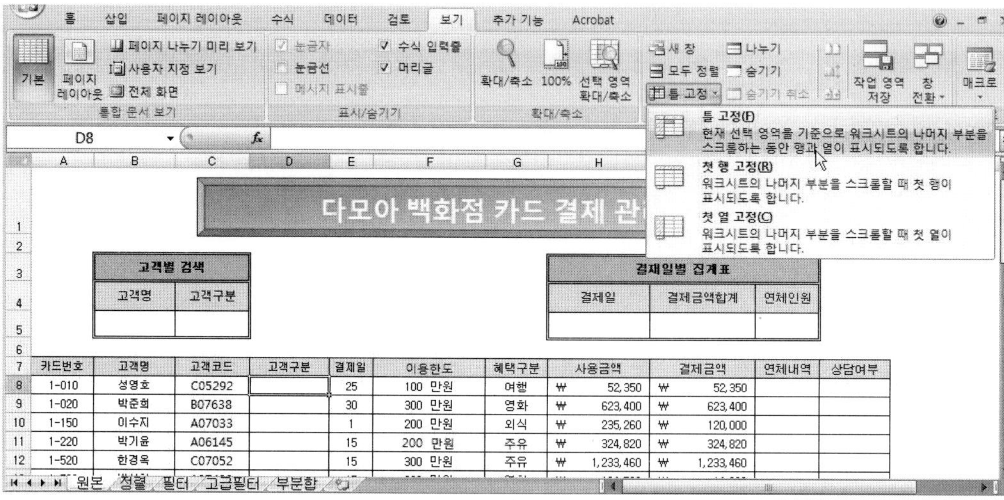

Step 2: [D8:D50] 고객구분 (IF, LEFT 함수)

- **'고객코드' 데이터의 왼쪽에서 첫 번째 문자를 참고하여 'A'이면 "VVIP", 'B'이면 "VIP", 'C'이면 "우수고객", 그 외는 "일반고객"이 입력되도록 계산하시오.**

① [D8]셀을 클릭하고 수식 입력줄의 함수 삽입 아이콘(f_x)을 선택합니다.

② IF 함수를 선택하고 아래와 같이 Logical_test 인수 상자에 left(C8,1)="A" 를 입력합니다. Value_if_true 인수 상자에는 "VVIP"를 입력합니다.

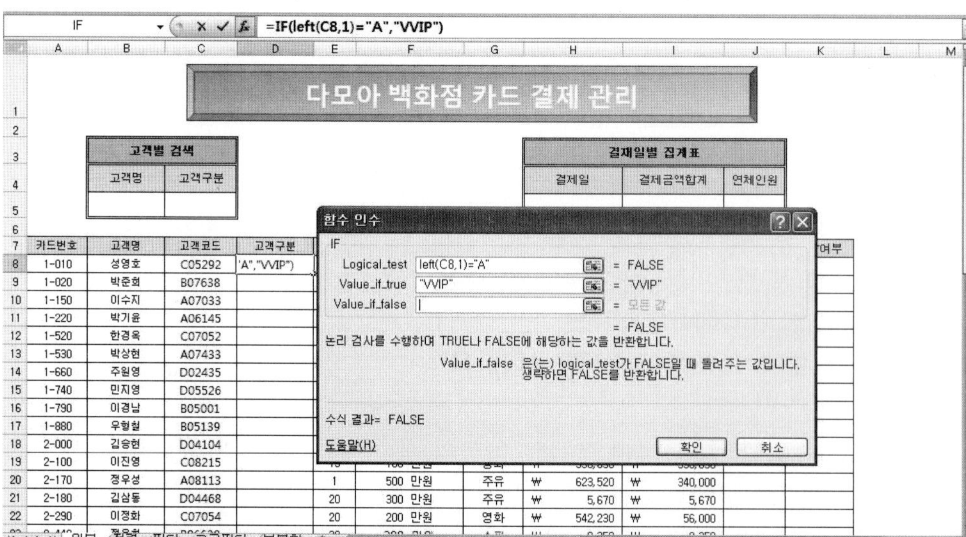

③ Value_if_false 인수 상자를 클릭합니다. 함수 목록 화살표를 클릭하여 IF를 선택합니다.

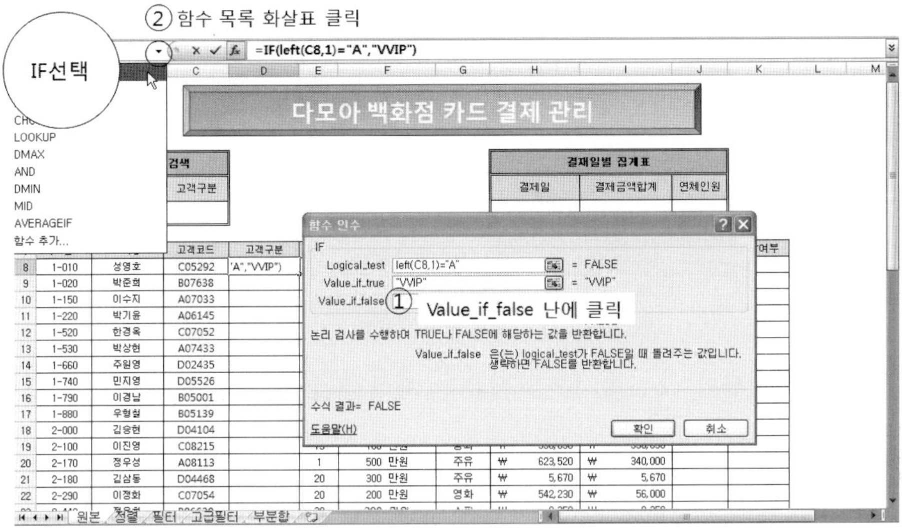

④ 'IF' 대화 상자에 동일한 방법으로 두 번째 조건과 결과 값을 각각 입력합니다.

- Logical_test 인수 상자에 left(C8,1)="B"를 입력합니다.
- Value_if_true 인수 상자에 "VIP"를 입력합니다.

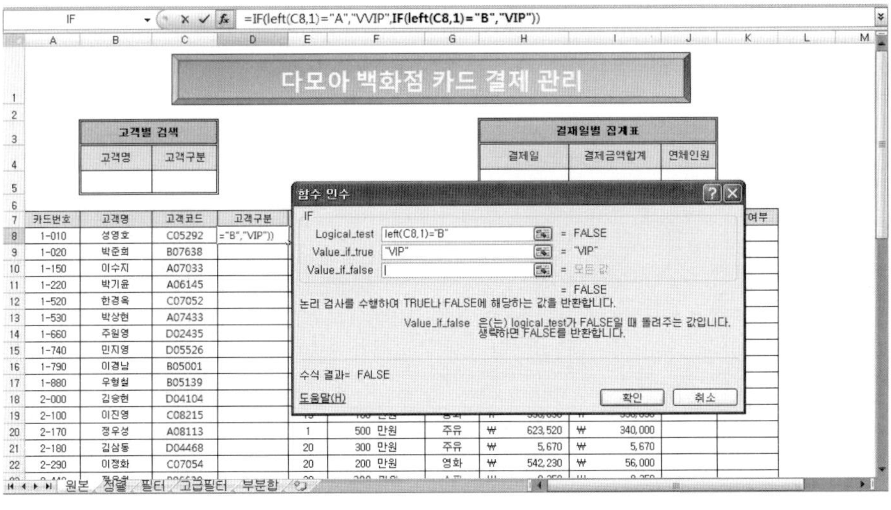

⑤ 함수 목록 화살표를 클릭하여 IF를 선택합니다. 'IF' 대화 상자에 세 번째 조건과 결과 값을 각각 입력합니다.

- Logical_test 인수 상자에 left(C8,1)="C" 를 입력합니다.
- Value_if_true 인수 상자에 "우수고객"를 입력합니다.
- Value_if_false 인수 상자에는 나머지 결과 값 "일반고객"을 입력합니다.

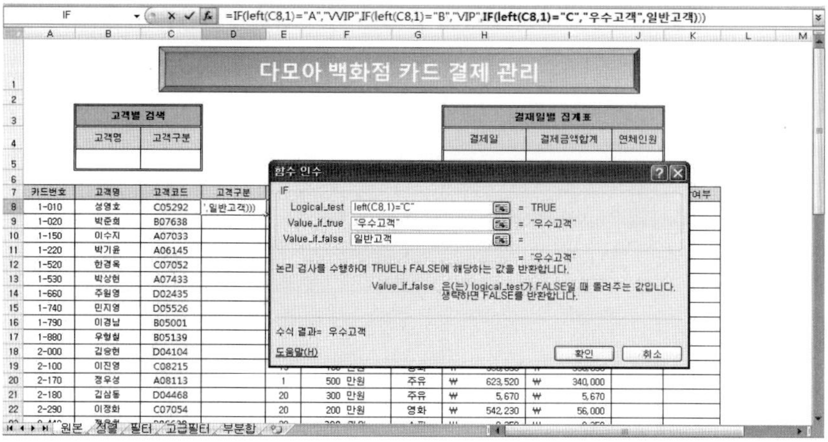

⑥ 결과가 입력된 [D8]셀의 오른쪽 하단 채우기 핸들을 클릭하고 [D50] 셀까지 끌어내립니다.

Step 3: [J8:J50] 고객구분 (IF 함수) → '결제금액－사용금액' 계산 결과가 음수이면 "연체" 그렇지 않으면 공백으로 표시하시오.

① [J8]셀을 선택하고 함수 마법사에서 IF 함수를 선택합니다.

- Logical_test 인수 상자에 조건식 I8－H8<0 를 입력합니다.
- Value_if_true 인수 상자에 "연체"를 입력합니다.
- Value_if_false 인수 상자에는 공백 표시를 위해 " "를 입력합니다.

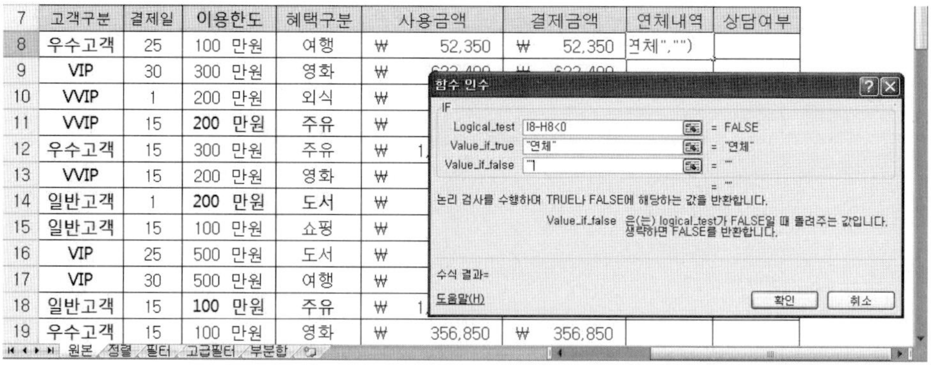

② 결과 값이 입력된 [J8]셀의 오른쪽 하단 채우기 핸들을 더블클릭하여 수식 채우기 합니다.

Step 4: [K8:K50] 상담여부 (IF, AND 함수) → 연체내역이 '연체' 이면서 결제일이 '20일 이전' 일 경우에 '상담요' 를 그렇지 않으면 공백으로 표시하시오.

① [K8]셀에서 수식 입력줄의 함수 삽입 아이콘(f_x)을 눌러 IF 함수를 선택하고 Logical_test 인수 상자를 클릭한 후 함수 목록에서 AND 함수를 클릭합니다.

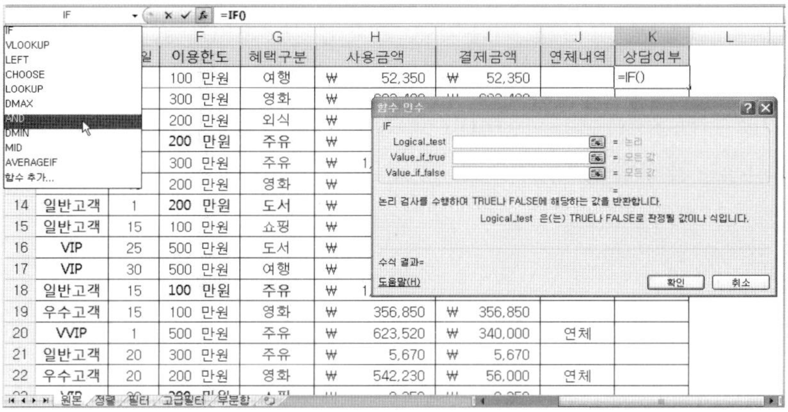

② AND 함수의 Logical1인수 상자에 '연체내역이 연체'인 조건을 입력하기 위해 J8= "연체"를 입력합니다.

• Logical2 인수 상자에는 '결제일이 20일 이전' 조건을 작성하기 위해 E8<20을 입력합니다.

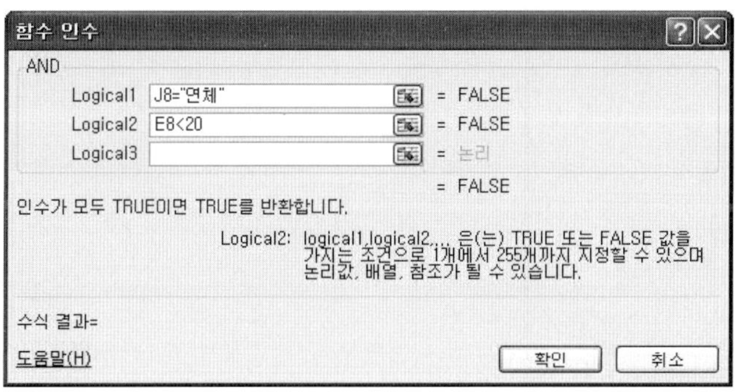

③ IF 함수의 조건이 끝나지 않았으므로 'IF' 함수 대화 상자의 인수 상자로 돌아가기 위해서 수식 입력 줄의 IF 뒤를 마우스로 클릭합니다.

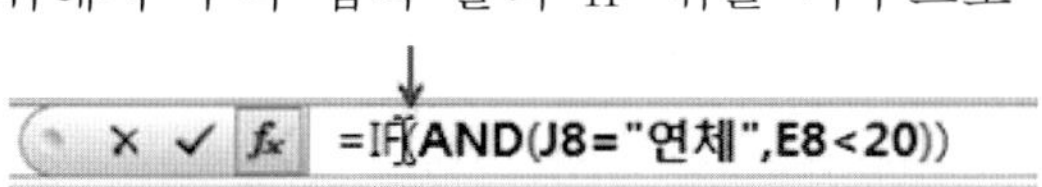

④ Value_if_true 인수 상자에 "상담요"를 입력합니다.

• Value_if_false 인수 상자에 " "를 입력합니다.

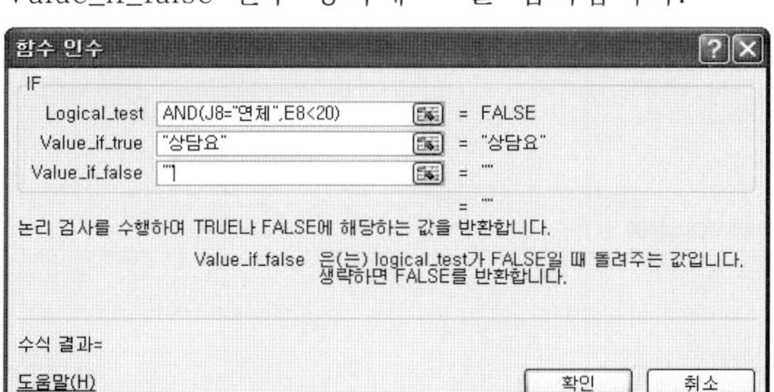

Step 5: [B5] 고객명 → 유효성 검사를 이용하여 고객명 [B8:B50] 값이 목록으로 표시되도록 설정하시오.

① [B5]셀을 클릭합니다. [데이터] 탭→[데이터 도구] 그룹→[데이터 유효성 검사]→[데이터 유효성 검사]를 클릭합니다.

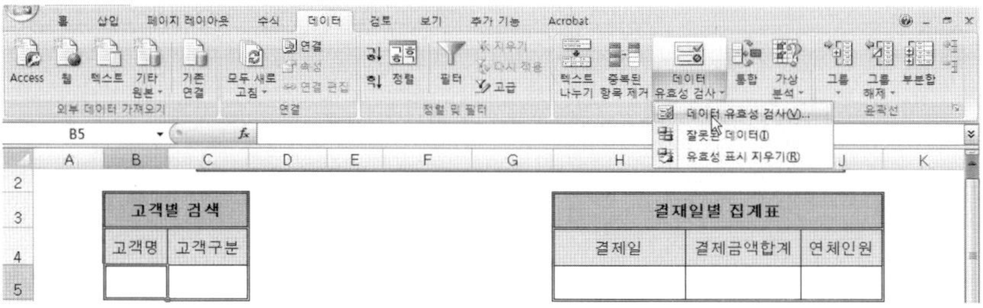

② [제한 대상]에는 '목록'으로 설정하고 원본에 [B8:B50]을 블록으로 설정합니다.

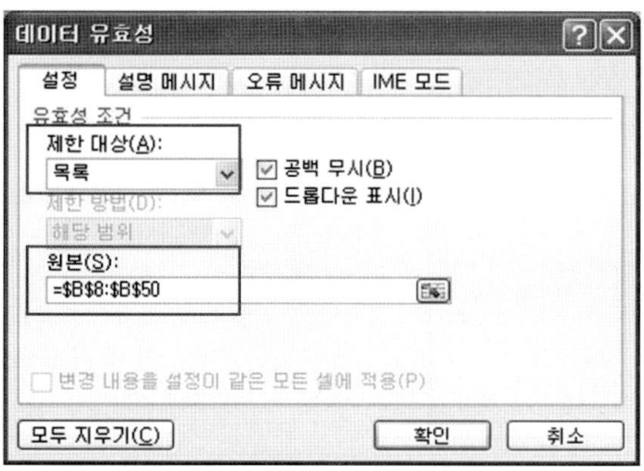

Step 6: [C5] 고객구분(VLOOKUP 함수) → [B5] 셀이 변할 때마다 자동으로 '고객구분 [D8:D50]' 이 변경되도록 구하시오.

① [C5]셀에서 함수 마법사의 [범주 선택]→[찾기/참조 영역]에서 VLOOKUP 함수를 찾습니다.

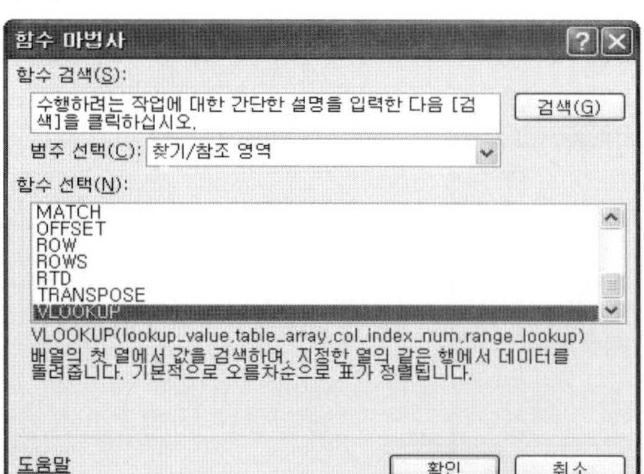

② 각 인수 상자에 아래와 같이 입력합니다.

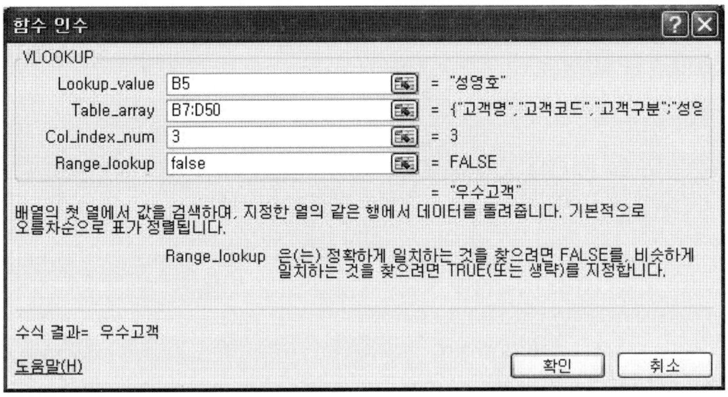

③ [B5] '고객명' 목록 내용이 변경되면 해당 고객구분의 값이 표시됩니다.

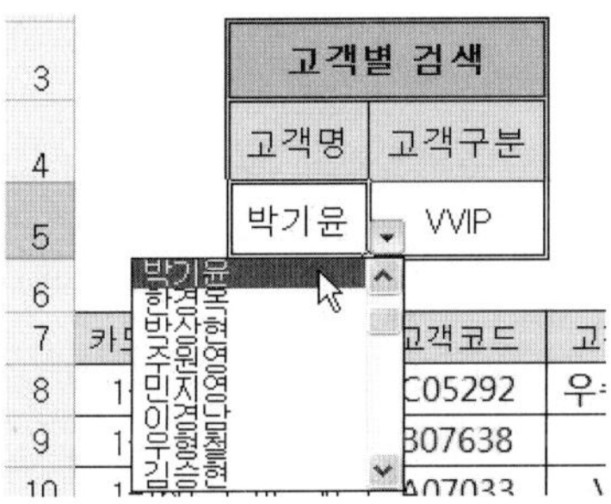

Step 7: [H5] 결제일 → 유효성 검사를 이용하여 '1, 15, 20, 25, 30'가 표시되도록 목록으로 설정하시오.

[H5]셀을 클릭합니다. [데이터] 탭→[데이터 도구] 그룹→[데이터 유효성 검사]→[데이터 유효성 검사]를 클릭합니다.
제한 대상을 '목록'으로 선택하고 원본에 '1,10,15,20,25,30'을 입력합니다.

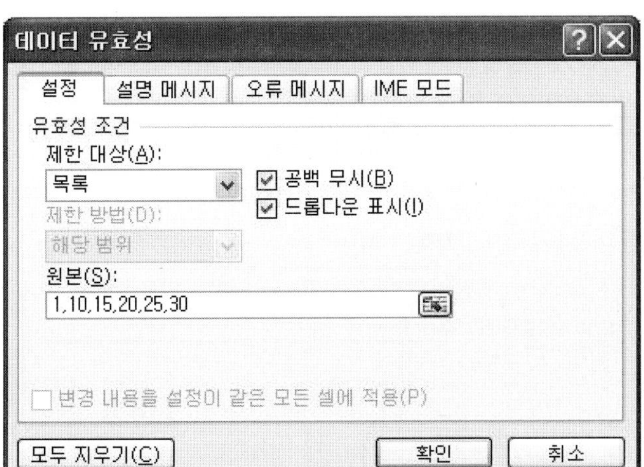

Step 8: [H5] 결제일➜ [표시형식]-[사용자 지정]을 이용하여 숫자 뒤에 "일" 이 표시되도록 설정하시오.

① [H5]셀을 클릭합니다. 마우스 오른쪽을 눌러 [셀 서식]을 선택합니다.

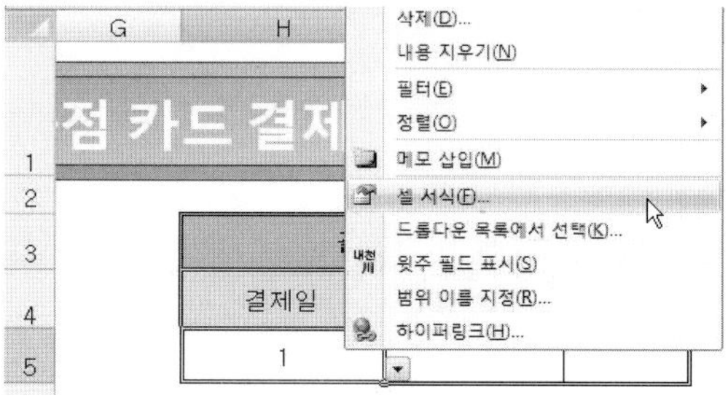

② [표시형식] 메뉴의 [사용자 지정]을 선택합니다. 형식 입력란에 "일"을 입력합니다.

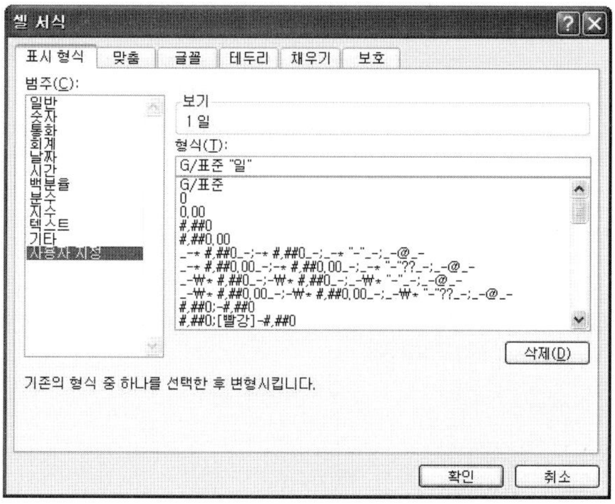

Step 9: [I5] 결제금액합계 (SUMIF 함수) ➜ [H5] 셀이 변할 때마다 자동으로 결제금액[I8:I50] 의 합계가 변경되도록 구하시오.

① [I5]셀을 클릭합니다. 함수 마법사의 [수학/삼각] 범주에서 SUMIF를 선택하고 Range, Criteria, Sum_range 인수 상자에 아래와 같이 입력합니다.

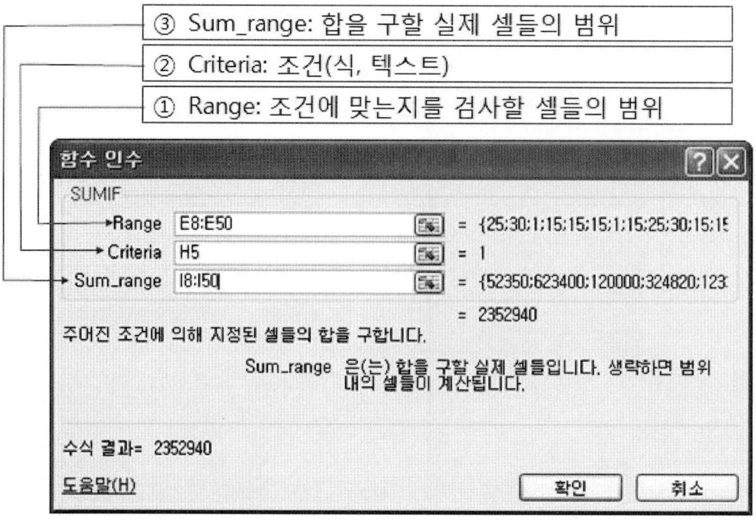

② 표시형식에서 "₩"을 눌러 통화표시 합니다.

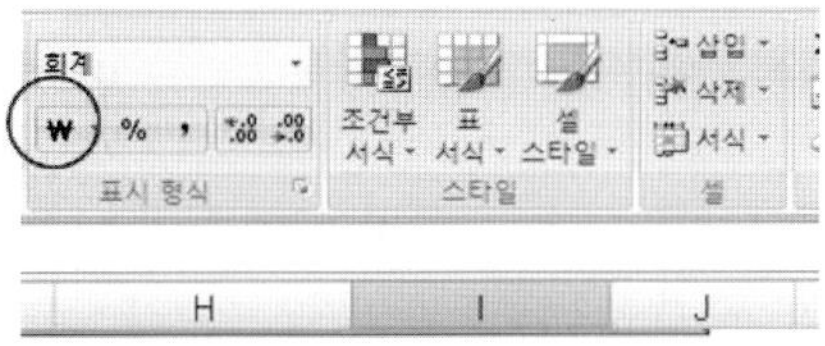

결재일별 집계표		
결제일	결제금액합계	연체인원
1 일	₩ 2,352,940	

Step 10: [J5] 연체인원 (COUNTIF 함수) → [J8:J50] 셀에서 연체 인원을 구하시오.

[J5]셀에서 함수 마법사의 [통계] 범주에서 COUNTIF를 선택합니다.

- Range 인수 상자에 [J8:J50] 범위를 설정합니다.
- Criteria 인수 상자에 "연체"를 입력합니다.

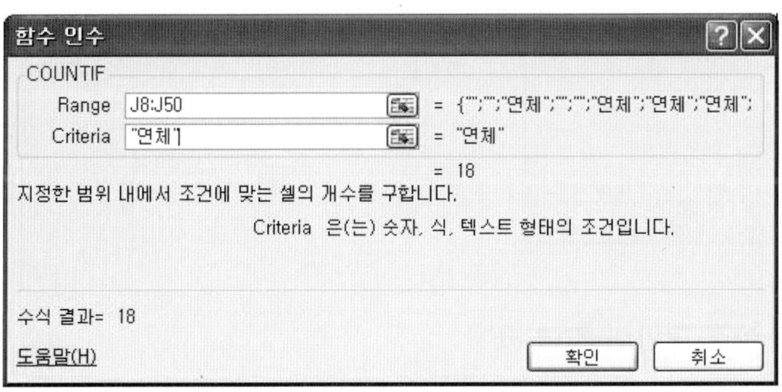

Step 11: [J5:J50] → '셀 강조 규칙'을 이용하여 '연체' 항목의 데이터의 글꼴 서식을 설정하시오. (글자색: 빨강, 굵게)

① [J5:J50] 셀을 블록으로 설정합니다. [홈] 탭→[스타일] 그룹→[조건부 서식]→[셀 강조 규칙]→[같음]을 선택합니다.

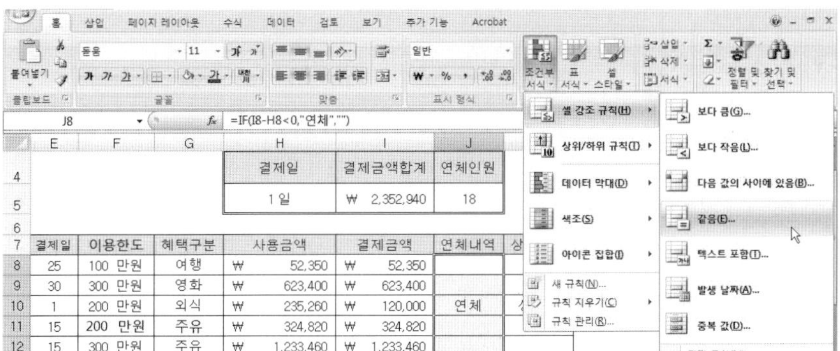

② 연체를 입력합니다. 적용할 서식 목록에서 '사용자 지정 서식'을 선택합니다.

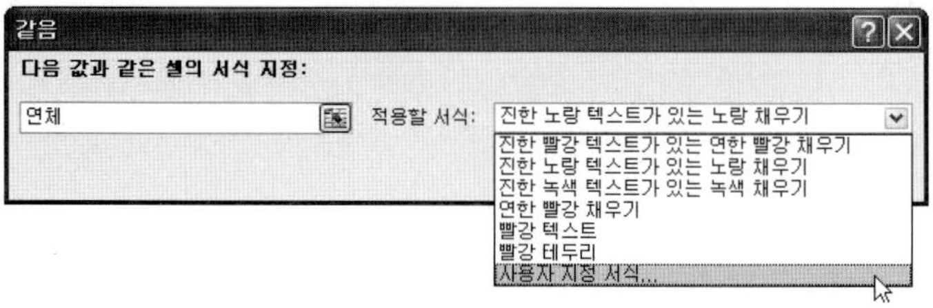

③ '셀 서식' 대화 상자에서 '굵게', 글자색(빨강)을 설정합니다.

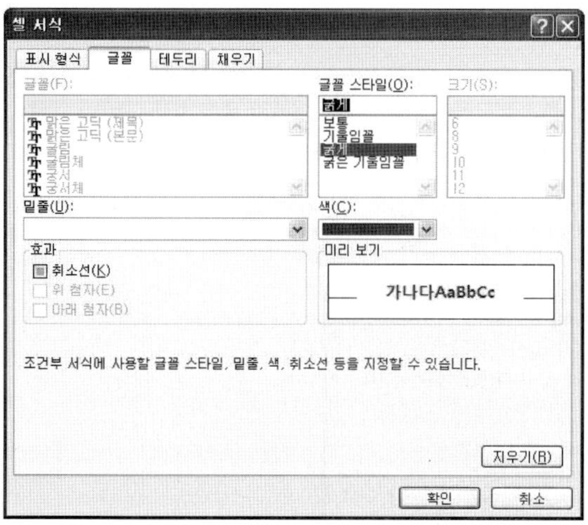

Step 12: [H5:H50] → 사용금액 데이터 막대 표시

사용금액 [H5:H50] 셀을 블록으로 설정합니다.
[홈] 탭→[스타일] 그룹→[조건부 서식]→[데이터 막대]→[색상]을 선택합니다.

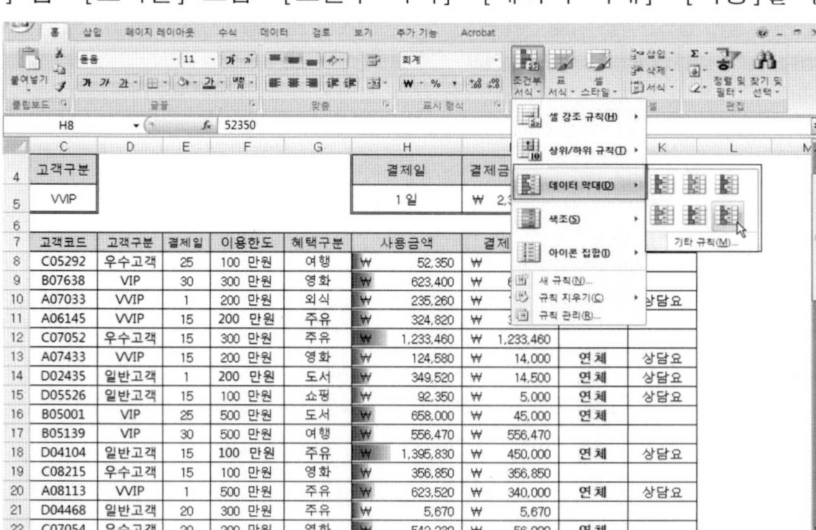

Step 13: 36행과 37행의 레코드가 중복된다. '고객명' 이 동일한 중복 데이터를 삭제하시오.

① 마우스 커서를 [A7:K50] 범위 내에 위치합니다. [데이터] 탭→[데이터 도구] 그룹→[중복된 항목 제거]를 선택합니다.

② [모두 선택 취소]를 선택합니다.

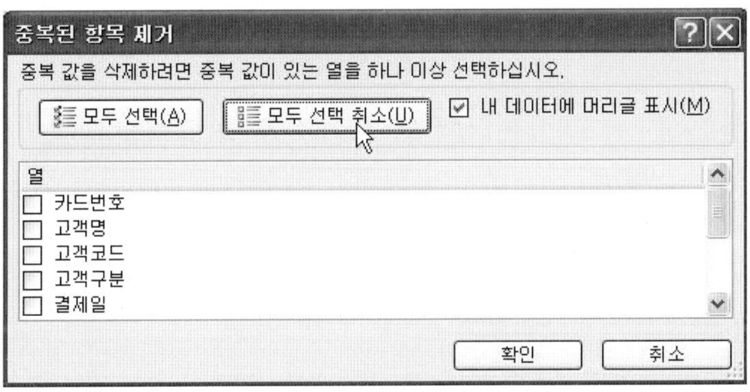

③ '고객명'을 선택하고 [확인]을 누릅니다.

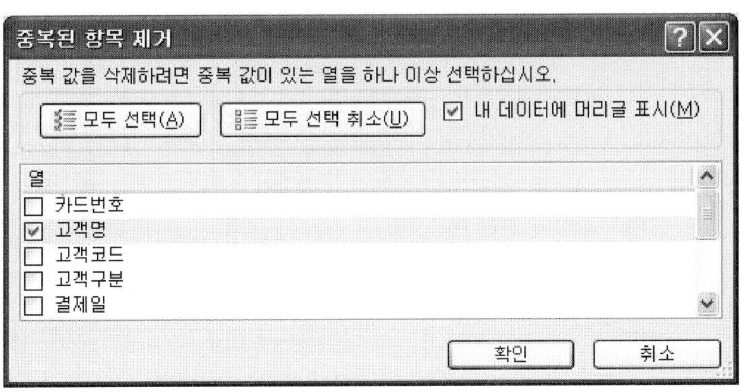

④ 중복된 값 제거 확인 메시지가 표시됩니다.

[지시 사항 2 – 정렬]

*** 아래 내용을 '정렬' 시트에 작업하시오.**

1. '원본' 시트의 [A7:K49] 데이터를 복사하여 '정렬' 시트의 [A1] 셀에 붙여 넣으시오.
2. '결제일' 을 오름차순으로 정렬하시오.
3. '고객 구분'으로 오름차순으로 정렬하고, 같은 등급의 고객에 대해서는 '결제일' 순으로 내림차순 정렬을 한 후에, 같은 '결제일'에 대해서는 '사용금액' 순으로 내림차순 정렬하시오.
4. '결제일'을 사용자 지정 목록(15,25,10,20,30,1) 순으로 정렬하시오.

Step 1: '원본' 시트의 [A7:K49] 데이터를 복사하여 '정렬' 시트의 [A1] 셀에 붙여 넣으시오.

① '원본' 시트의 [A7:K49]셀을 마우스로 블록 설정한 후 마우스 오른쪽을 눌러 [복사]를 선택합니다.

② '정렬' 시트의 [A1]을 선택한 후 마우스 오른쪽을 눌러 [붙여넣기]를 클릭합니다.

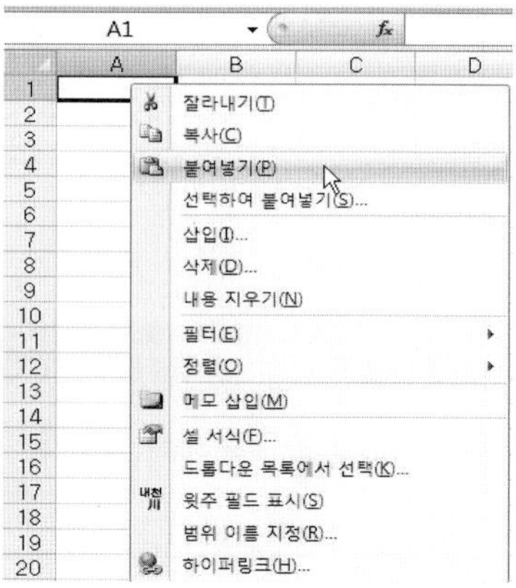

Step 2: '결제일' 을 오름차순으로 정렬하시오.

[E1] 결제일 셀을 선택합니다. [데이터]탭→[정렬 및 필터] 그룹→[오름차순 정렬 아이콘( )]을 클릭합니다.

Step 3: '고객 구분'으로 오름차순으로 정렬하고, 같은 등급의 고객에 대해서는 '결제일' 순으로 내림차순 정렬을 한 후에 같은 '결제일'에 대해서는 '사용금액' 순으로 내림차순 정렬하시오.

① [데이터]탭→[정렬 및 필터] 그룹→[정렬 아이콘( )]을 클릭합니다.

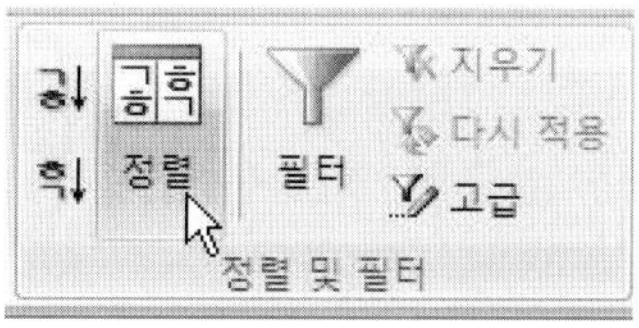

② 첫 번째 [정렬 기준] '고객 구분'을 선택하고 [정렬]은 '오름차순'으로 설정합니다.

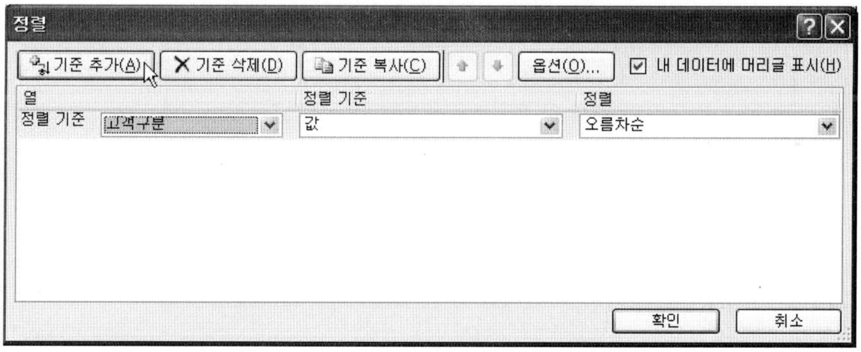

③ 정렬 기준을 추가하기 위해 [기준 추가[기준 추가(A)]]를 누릅니다.
두 번째 정렬 기준인 '결제일'을 선택하고 정렬 방법은 '내림차순'으로 선택합니다.

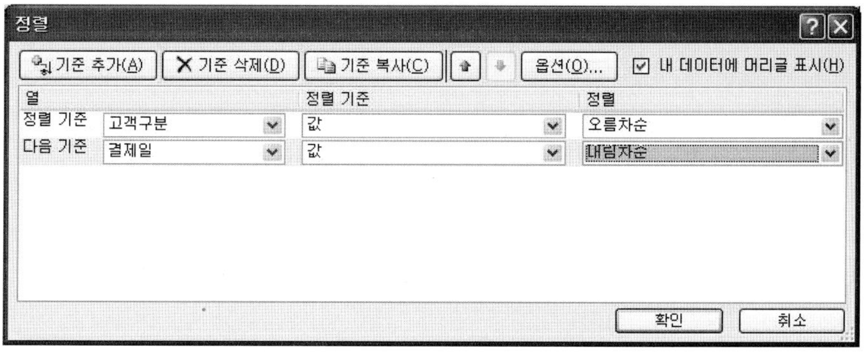

④ 정렬 기준을 추가하기 위해 [기준 추가[기준 추가(A)]]를 누릅니다.
세 번째 정렬 기준인 '사용금액'을 선택하고 '내림차순'으로 선택합니다.

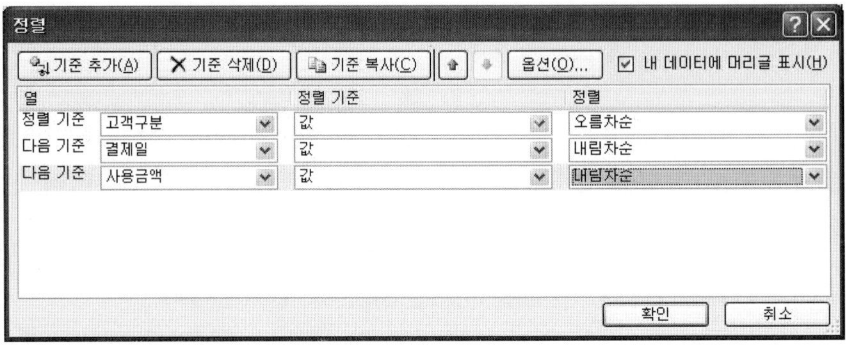

Step 4: '결제일' 을 사용자 지정 목록(15,25,10,20,30,1) 순으로 정렬하시오.

① [데이터]탭→[정렬 및 필터] 그룹→[정렬 아이콘( )]을 클릭합니다.
[정렬 기준]은 '결제일'을 선택하고 [정렬]은 '사용자 지정 목록'으로 선택합니다.

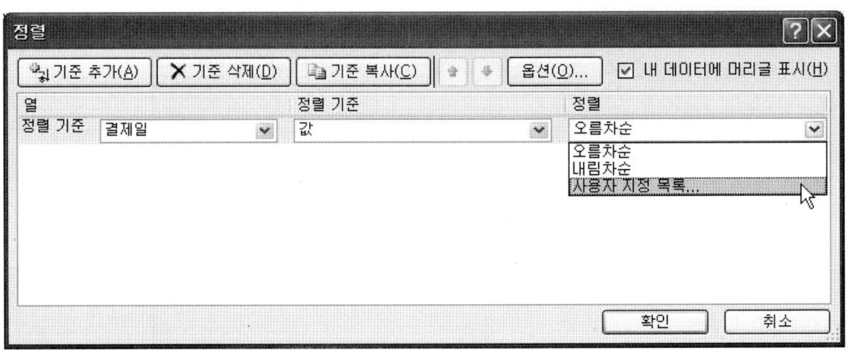

② [목록 항목] 란에 '15,25,10,20,30,1'을 입력한 후 [추가]를 누릅니다.

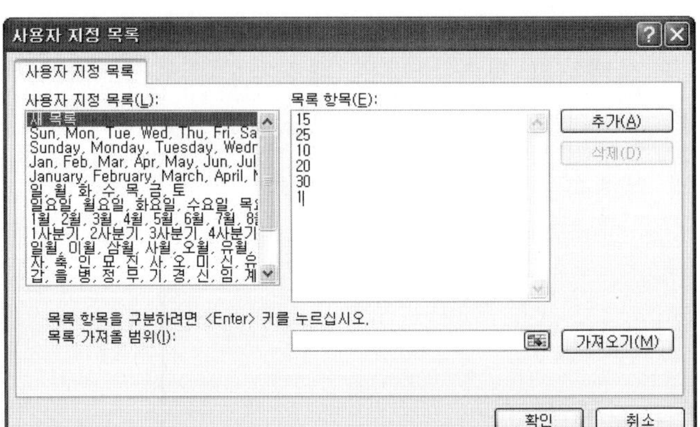

③ 결재일을 사용자 지정 목록에 따라 정렬되도록 설정한 후 [확인]을 누릅니다.

[지시 사항 3 – 필터]

*** 아래 내용을 '필터' 시트에 작업하시오.**

▶ '원본' 시트의 [A7:K49] 데이터를 복사하여 '필터' 시트의 [A1] 셀에 붙여 넣으시오.

1. '고객 구분'이 VVIP 인 고객중에서 '이용 한도'가 300, 500만원 레코드만 추출하시오.

	B	C	D	E	F	G	H	I	J	K
1	고객명	고객코드	고객구분	결제일	이용한도	혜택구분	사용금액	결제금액	연체내역	상담여부
14	정우성	A08113	VVIP	1	500 만원	주유	₩ 623,520	₩ 340,000	연체	상담요
21	원용민	A08482	VVIP	1	300 만원	영화	₩ 623,420	₩ 623,420		
28	이용원	A04462	VVIP	30	500 만원	여행	₩ 542,230	₩ 30,000	연체	
37	진승욱	A05610	VVIP	1	500 만원	쇼핑	₩ 13,460	₩ 500	연체	상담요
41	김현도	A05185	VVIP	20	300 만원	외식	₩ 530,950	₩ 12,500	연체	

2. 필터를 지우시오.
3. '이용 한도'가 100만원 레코드 중에서 '사용 금액'이 100만원 이상인 레코드만 추출하시오.

	B	C	D	E	F	G	H	I	J	K
1	고객명	고객코드	고객구분	결제일	이용한도	혜택구분	사용금액	결제금액	연체내역	상담여부
12	김승현	D04104	일반고객	15	100 만원	주유	₩ 1,395,830	₩ 450,000	연체	상담요
23	성수지	B08363	VIP	25	100 만원	여행	₩ 2,346,360	₩ 2,346,360		
27	정이연	C05169	우수고객	30	100 만원	주유	₩ 2,476,590	₩ 100,000	연체	

4. 필터를 해제하시오.
5. '사용 금액'이 100만원 이상 500만원 이하인 레코드만 추출하여 [A45] 셀에 복사하여 붙여 넣으시오.

– 필터를 지우시오.

고객명	고객코드	고객구분	결제일	이용한도	혜택구분	사용금액	결제금액	연체내역	상담여부
한경옥	C07052	우수고객	15	300 만원	주유	₩ 1,233,460	₩ 1,233,460		
김승현	D04104	일반고객	15	100 만원	주유	₩ 1,395,830	₩ 450,000	연체	상담요
장덕수	C06299	우수고객	25	200 만원	쇼핑	₩ 1,435,640	₩ 1,435,640		
성수지	B08363	VIP	25	100 만원	여행	₩ 2,346,360	₩ 2,346,360		
정이연	C05169	우수고객	30	100 만원	주유	₩ 2,476,590	₩ 100,000	연체	
최정준	C08445	우수고객	25	300 만원	외식	₩ 4,357,910	₩ 4,357,910		

6. '고객 코드'의 시작 문자가 A 또는 B로 시작하면서 '연체 내역'이 연체 인 레코드를 필터하시오.

K12 =IF(AND(J12="연체",E12<20),"상담요","")

	B	C	D	E	F	G	H	I	J	K
1	고객명	고객코드	고객구분	결제일	이용한도	혜택구분	사용금액	결제금액	연체내역	상담여부
4	이수지	A07033	VVIP	1	200 만원	외식	₩ 235,260	₩ 120,000	연체	상담요
7	박상현	A07433	VVIP	15	200 만원	영화	₩ 124,580	₩ 14,000	연체	상담요
10	이경남	B05001	VIP	25	500 만원	도서	₩ 658,000	₩ 45,000	연체	
14	정우성	A08113	VVIP	1	500 만원	주유	₩ 623,520	₩ 340,000	연체	상담요
18	서혜숙	B07152	VIP	20	500 만원	쇼핑	₩ 533,250	₩ 13,000	연체	
28	이용원	A04462	VVIP	30	500 만원	여행	₩ 542,230	₩ 30,000	연체	
30	강동원	A01348	VVIP	1	100 만원	주유	₩ 542,230	₩ 250,000	연체	상담요
37	진승욱	A05610	VVIP	1	500 만원	쇼핑	₩ 13,460	₩ 500	연체	상담요
41	김현도	A05185	VVIP	20	300 만원	외식	₩ 530,950	₩ 12,500	연체	
43	유승호	B04509	VIP	20	200 만원	외식	₩ 340,250	₩ 250,000	연체	

Step 1: '고객 구분' 이 VVIP 인 고객중에서 '이용 한도' 가 300, 500만원 레코드 만 추출하시오.

① [A1:K43] 데이터 목록의 임의의 셀을 클릭합니다.

② [데이터] 탭→[정렬 및 필터] 그룹 →[필터]를 선택합니다.

③ '고객구분' 필드의 필터 단추(▾)를 클릭하고 텍스트 필드에서 모두 선택을 해제합니다. 'VVIP'를 체크하고 확인을 누르면 VVIP 레코드만 보여 집니다.

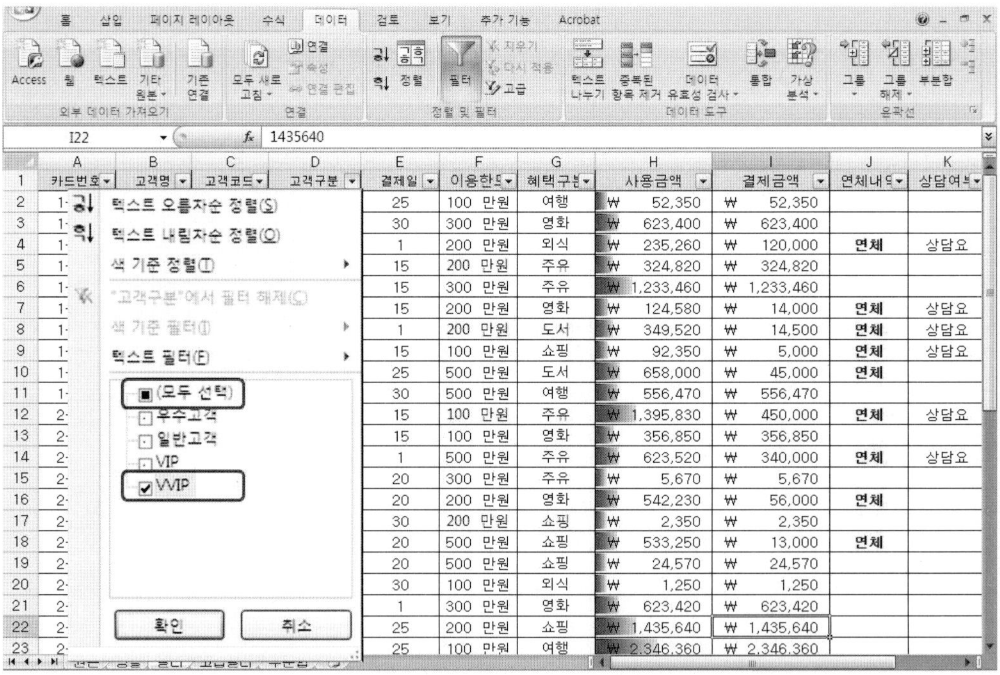

④ 동일한 방법으로 '이용한도' 필드의 필터 단추(▾)를 클릭하고 텍스트 필드에서 모두 선택을 해제합니다.

⑤ 300만원과 500만원을 각각 체크하고 확인을 누르면 VVIP 레코드중에서 300만원과 500만원 레코드만 보여 집니다.

Step 2: 필터를 지우시오.

[데이터]탭→[정렬 및 필터]그룹→[지우기]를 누릅니다. 또는 [홈]탭→[편집]그룹 →[정렬 및 필터]→[지우기]를 사용해도 됩니다.

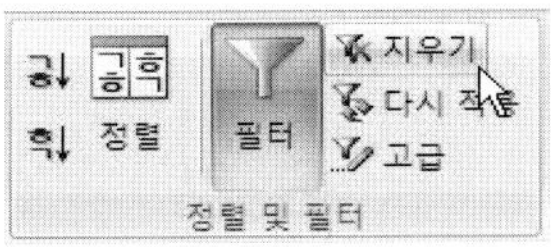

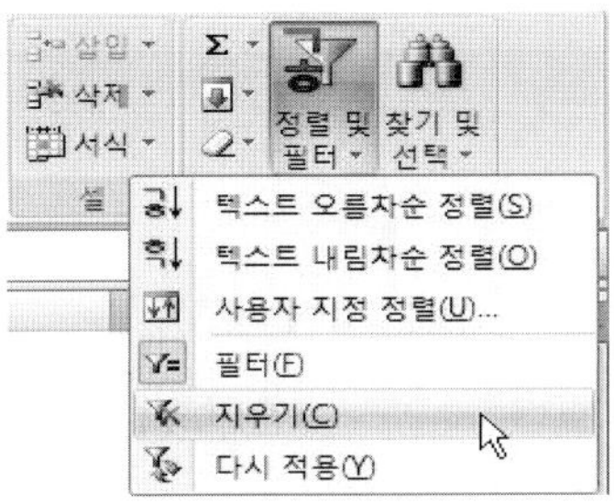

Step 3: '이용 한도'가 100만원 레코드 중에서 '사용 금액'이 100만원 이상인 레코드 만 추출하시오.

① '이용한도' 필드의 필터 단추( )를 클릭하고 텍스트 필드에서 모두 선택을 해제합니다. 100만원을 체크하고 확인을 누릅니다.

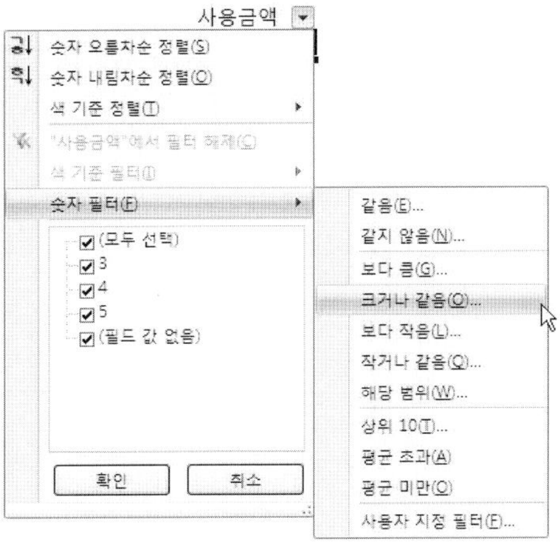

② '사용금액' 필드의 필터 단추( )를 클릭하고 숫자 필터에서 '크거나 같음'을 선택합니다.
'사용자 지정 자동 필터' 대화 상자에서 1000000을 입력하고 확인을 누릅니다.

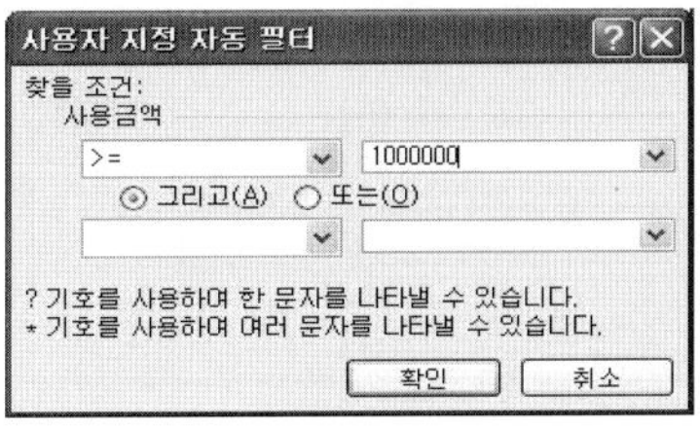

Step 4: 필터를 해제하시오.

[데이터]탭→[정렬 및 필터]그룹→[필터]를 누르면 필터가 모두 해제됩니다.

Step 5: '사용 금액' 이 100만원 이상 500만원 이하인 레코드만 추출하여 [A45] 셀에 복사하여 붙여 넣으시오.

① [A1:K43] 데이터 목록의 임의의 셀을 클릭하고 [데이터] 탭→[정렬 및 필터] 그룹→[필터]를 선택합니다. '사용금액' 필드의 필터 단추( )를 클릭하고 '숫자 필터'에서 [해당 범위]를 선택합니다.

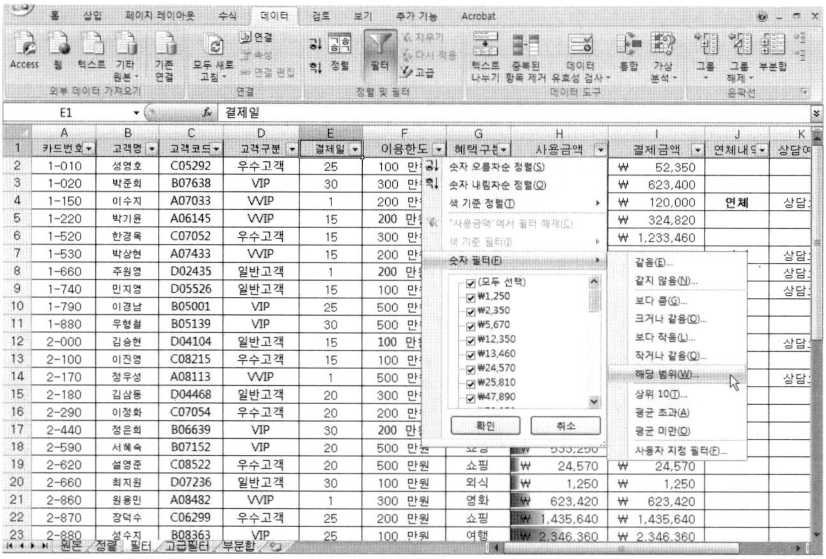

② '사용자 지정 자동 필터' 대화 상자에서 아래 화면과 같이 입력합니다.

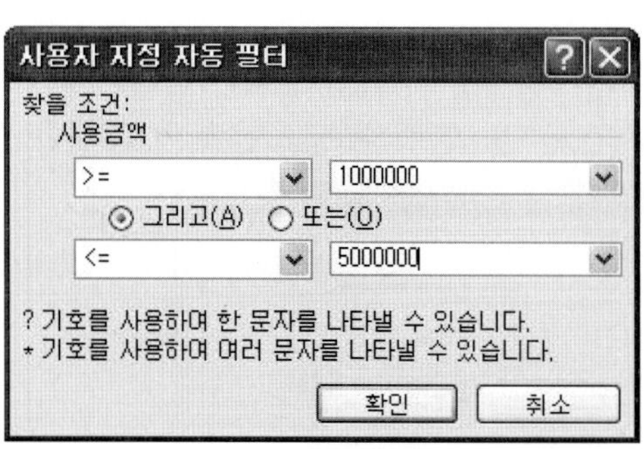

③ 필터 결과를 마우스로 블록 설정하고 마우스 오른쪽을 눌러 [복사]를 선택합니다. [A45]셀을 마우스로 클릭하고 마우스 오른쪽을 눌러 [붙여넣기] 합니다.

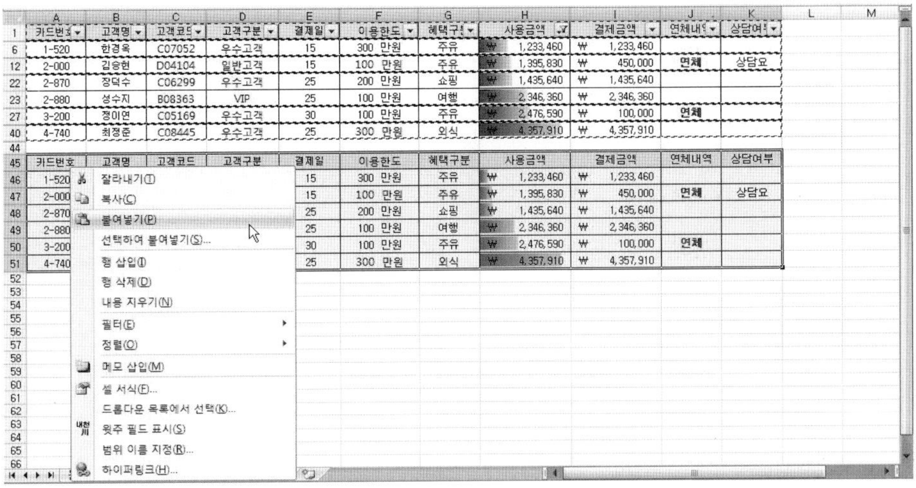

④ [데이터] 탭→[정렬 및 필터] 그룹→[지우기]를 클릭합니다.

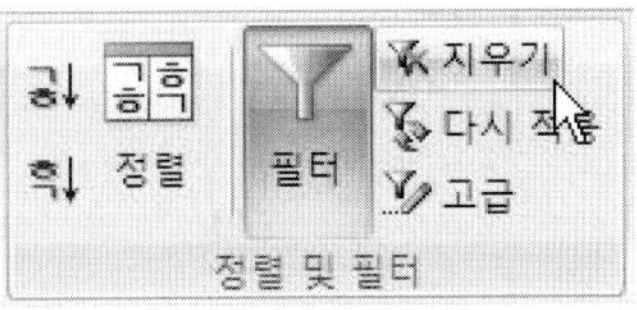

Step 6: '고객 코드'의 시작 문자가 'A' 또는 'B'로 시작하면서 '연체 내역'이 '연체' 인 레코드를 필터 하시오.

① '고객코드'필드의 필터 단추를 누르고 [텍스트 필터]→[시작 문자]를 선택합니다. '시작 문자' 'A' 또는 'B'를 각각 아래 화면과 같이 설정합니다.

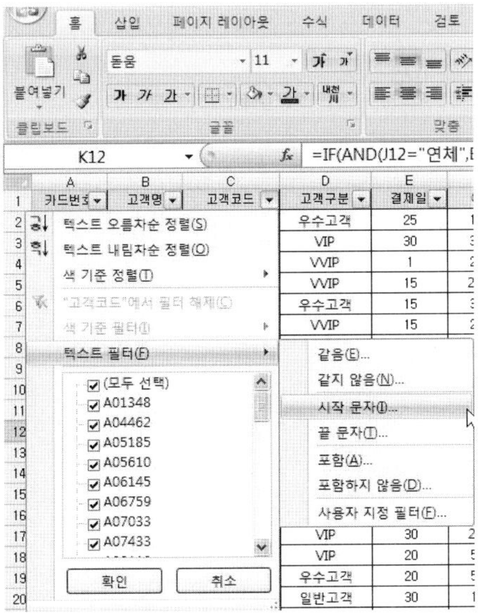

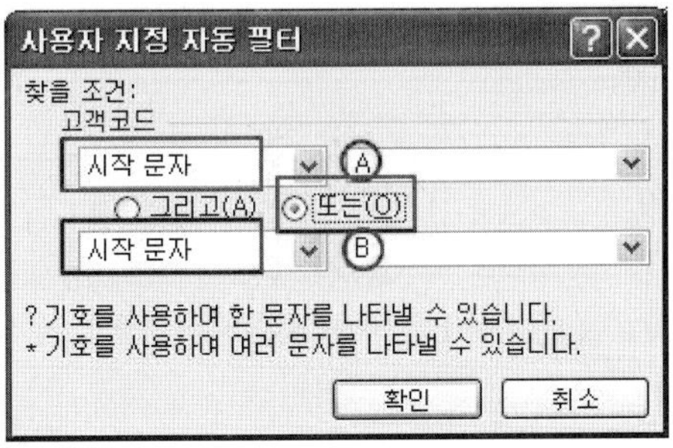

② '연체 내역' 필드의 필터 단추를 눌러 '연체'만 선택합니다.

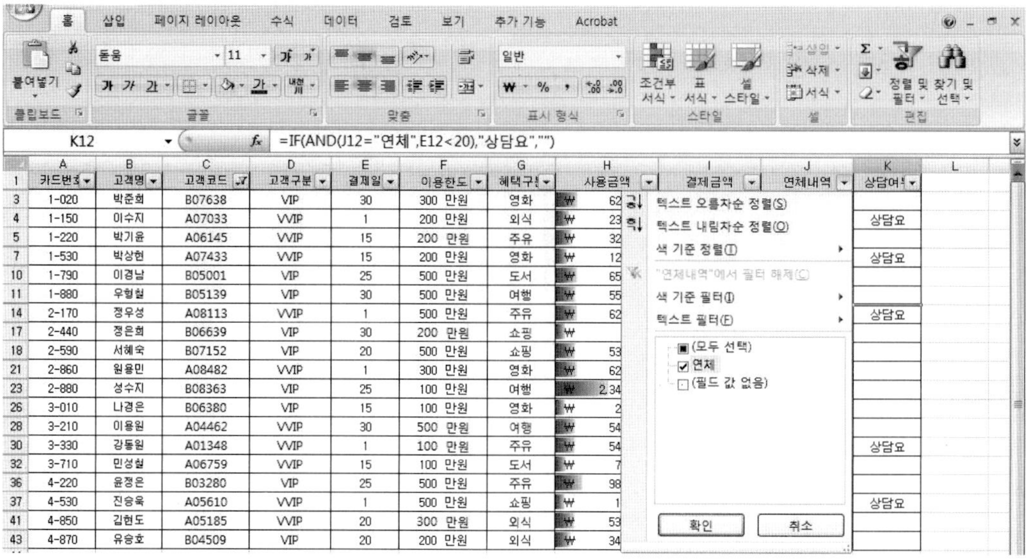

③ 고객코드가 'A' 또는 'B'로 시작하면서 '연체'인 레코드만 필터 된 결과입니다.

K12 =IF(AND(J12="연체",E12<20),"상담요","")

	고객명	고객코드	고객구분	결제일	이용한도	혜택구분	사용금액	결제금액	연체내역	상담여부
4	이수지	A07033	VVIP	1	200 만원	외식	₩ 235,260	₩ 120,000	연체	상담요
7	박상현	A07433	VVIP	15	200 만원	영화	₩ 124,580	₩ 14,000	연체	상담요
10	이경남	B05001	VIP	25	500 만원	도서	₩ 658,000	₩ 45,000	연체	
14	정우성	A08113	VVIP	1	500 만원	주유	₩ 623,520	₩ 340,000	연체	상담요
18	서혜숙	B07152	VIP	20	500 만원	쇼핑	₩ 533,250	₩ 13,000	연체	
28	이용원	A04462	VVIP	30	500 만원	여행	₩ 542,230	₩ 30,000	연체	
30	강동원	A01348	VVIP	1	100 만원	주유	₩ 542,230	₩ 250,000	연체	상담요
37	진승욱	A05610	VVIP	1	500 만원	쇼핑	₩ 13,460	₩ 500	연체	상담요
41	김현도	A05185	VVIP	20	300 만원	외식	₩ 530,950	₩ 12,500	연체	
43	유승호	B04509	VIP	20	200 만원	외식	₩ 340,250	₩ 250,000	연체	

[지시 사항 4 – 고급필터]

*** 아래 내용을 '고급필터' 시트에 작업하시오.**

▶ '원본' 시트의 [A7:K49] 데이터를 복사하여 '고급 필터' 시트의 [A1] 셀에 붙여넣으시오.

1. 고급 필터를 이용하여 [A1:K43] 데이터 목록 중에서 고객구분이 'VVIP' 고객이면서 '연체내역'이 '연체' 인 레코드를 필터하시오.
   - 조건 입력: [A45:B46]
   - 결과 복사 위치: [A48]부터

48	카드번호	고객명	고객코드	고객구분	결제일	이용한도	혜택구분	사용금액	결제금액	연체내역	상담여부
49	1-150	이수지	A07033	VVIP	1	200 만원	외식	₩ 235,260	₩ 120,000	연체	상담요
50	1-530	박상현	A07433	VVIP	15	200 만원	영화	₩ 124,580	₩ 14,000	연체	상담요
51	2-170	정우성	A08113	VVIP	1	500 만원	주유	₩ 623,520	₩ 340,000	연체	상담요
52	3-210	이용원	A04462	VVIP	30	500 만원	여행	₩ 542,230	₩ 30,000	연체	
53	3-330	강동원	A01348	VVIP	1	100 만원	주유	₩ 542,230	₩ 250,000	연체	상담요
54	4-530	진승욱	A05610	VVIP	1	500 만원	쇼핑	₩ 13,460	₩ 500	연체	상담요
55	4-850	김현도	A05185	VVIP	20	300 만원	외식	₩ 530,950	₩ 12,500	연체	

2. 고급 필터를 이용하여 [A1:K43] 데이터 목록 중에서 '결제일'이 '1' 이거나 '상담여부'가 '상담요'인 레코드를 필터하시오.
   - 조건 입력: [A58:B60]
   - 결과 복사 위치: [A62]부터

	A	B	C	D	E	F	G	H	I	J	K
1	카드번호	고객명	고객코드	고객구분	결제일	이용한도	혜택구분	사용금액	결제금액	연체내역	상담여부
57											
58	결제일	상담여부									
59	1										
60		상담요									
61											
62	카드번호	고객명	고객코드	고객구분	결제일	이용한도	혜택구분	사용금액	결제금액	연체내역	상담여부
63	1-150	이수지	A07033	VVIP	1	200 만원	외식	₩ 235,260	₩ 120,000	연체	상담요
64	1-530	박상현	A07433	VVIP	15	200 만원	영화	₩ 124,580	₩ 14,000	연체	상담요
65	1-660	주원영	D02435	일반고객	1	200 만원	도서	₩ 349,520	₩ 14,500	연체	상담요
66	1-740	민지영	D05526	일반고객	15	100 만원	쇼핑	₩ 92,350	₩ 5,000	연체	상담요
67	2-000	김승현	D04104	일반고객	15	100 만원	주유	₩ 1,395,830	₩ 450,000	연체	상담요
68	2-170	정우성	A08113	VVIP	1	500 만원	주유	₩ 623,520	₩ 340,000	연체	상담요
69	2-860	원용민	A08482	VVIP	1	300 만원	영화	₩ 623,420	₩ 623,420		
70	3-290	김승아	C04541	우수고객	1	300 만원	주유	₩ 754,520	₩ 754,520		
71	3-330	강동원	A01348	VVIP	1	100 만원	주유	₩ 542,230	₩ 250,000	연체	상담요
72	4-530	진승욱	A05610	VVIP	1	500 만원	쇼핑	₩ 13,460	₩ 500	연체	상담요

3. 고급 필터를 이용하여 [A1:K43] 데이터 목록 중에서 '혜택구분'이 '영화' 이면서 '사용금액'이 '평균이상'인 고객 레코드를 필터 하시오. (AVERAGE 함수 사용)
   - 조건 입력: [A75:B76]
   - 결과 복사 위치: [A78]부터

	A	B	C	D	E	F	G	H	I	J	K
78	카드번호	고객명	고객코드	고객구분	결제일	이용한도	혜택구분	사용금액	결제금액	연체내역	상담여부
79	1-520	한경옥	C07052	우수고객	15	300 만원	주유	₩ 1,233,460	₩ 1,233,460		
80	2-000	김승현	D04104	일반고객	15	100 만원	주유	₩ 1,395,830	₩ 450,000	연체	상담요
81	2-170	정우성	A08113	VVIP	1	500 만원	주유	₩ 623,520	₩ 340,000	연체	상담요
82	3-200	정이연	C05169	우수고객	30	100 만원	주유	₩ 2,476,590	₩ 100,000	연체	
83	3-290	김승아	C04541	우수고객	1	300 만원	주유	₩ 754,520	₩ 754,520		
84	4-220	윤정은	B03280	VIP	25	500 만원	주유	₩ 987,220	₩ 987,220		

Step 1: 고급 필터를 이용하여 [A1:K49] 데이터 목록 중에서 고객구분이 'VVIP' 고객이면서 '연체내역'이 '연체' 인 레코드를 필터하시오.

① [A45:B46]에 '고객구분'이 'VVIP'이면서 '연체내역'이 '연체'인 조건을 아래와 같이 입력합니다.

	A	B
45	고객구분	연체내역
46	VVIP	연체

② [데이터] 탭→[정렬 및 필터] 그룹→[고급]을 선택합니다.

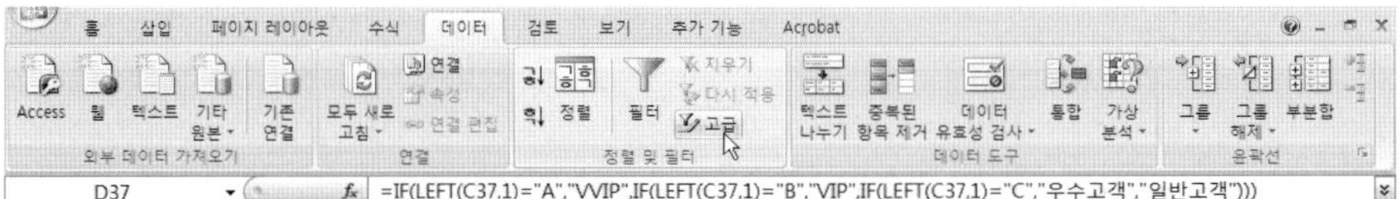

	A	B	C	D	E	F	G	H
1	카드번호	고객명	고객코드	고객구분	결제일	이용한도	혜택구분	사용금액
37	4-530	진승욱	A05610	VVIP	1	500 만원	쇼핑	₩ 13,460
38	4-550	송성엽	C04458	우수고객	30	500 만원	영화	₩ 47,890
39	4-720	서주영	D08085	일반고객	20	100 만원	영화	₩ 12,350
40	4-740	최정준	C08445	우수고객	25	300 만원	외식	₩ 4,357,910
41	4-850	김현도	A05185	VVIP	20	300 만원	외식	₩ 530,950
42	4-860	이휘연	C05555	우수고객	15	300 만원	도서	₩ 134,520
43	4-870	유승호	B04509	VIP	20	200 만원	외식	₩ 340,250
44								
45	고객구분	연체내역						
46	VVIP	연체						

③ '고급 필터' 대화 상자에서 [다른 장소에 복사]를 선택하고 아래와 같이 각각 설정합니다.

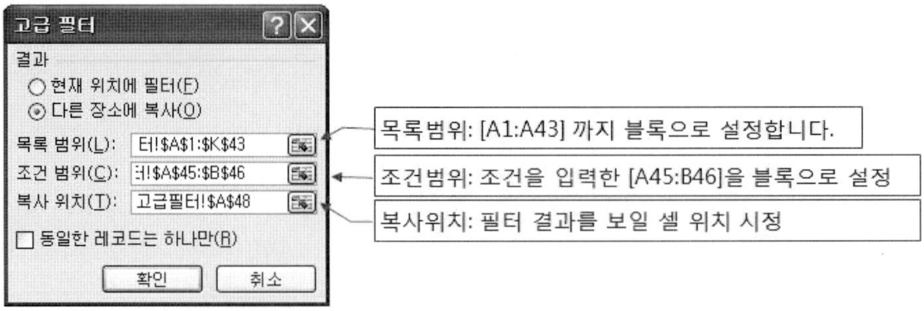

④ 아래와 같은 필터 결과를 얻을 수 있습니다.

48	카드번호	고객명	고객코드	고객구분	결제일	이용한도	혜택구분	사용금액	결제금액	연체내역	상담여부
49	1-150	이수지	A07033	VVIP	1	200 만원	외식	₩ 235,260	₩ 120,000	연체	상담요
50	1-530	박상현	A07433	VVIP	15	200 만원	영화	₩ 124,580	₩ 14,000	연체	상담요
51	2-170	정우성	A08113	VVIP	1	500 만원	주유	₩ 623,520	₩ 340,000	연체	상담요
52	3-210	이용원	A04462	VVIP	30	500 만원	여행	₩ 542,230	₩ 30,000	연체	
53	3-330	강동원	A01348	VVIP	1	100 만원	주유	₩ 542,230	₩ 250,000	연체	상담요
54	4-530	진승욱	A05610	VVIP	1	500 만원	쇼핑	₩ 13,460	₩ 500	연체	상담요
55	4-850	김현도	A05185	VVIP	20	300 만원	외식	₩ 530,950	₩ 12,500	연체	

Step 2: 고급 필터를 이용하여 [A1:K43] 데이터 목록 중에서 '결제일'이 '1' 이거나 '상담여부 '가 '상담요 '인 레코드를 필터하시오.

- **조건 입력: [A58:B60], 결과 복사 위치: [A62]부터**

① [A58:B60]에 '결제일'이 '1' 이거나 '상담여부'가 '상담요'인 조건을 아래와 같이 입력합니다.

	A	B	C	D	E	F	G	H
1	카드번호	고객명	고객코드	고객구분	결제일	이용한도	혜택구분	사용금액
55	4-850	김현도	A05185	VVIP	20	300 만원	외식	₩ 530,95(
56								
57								
58	결제일	상담여부						
59	1							
60		상담요						

② [데이터] 탭→[정렬 및 필터] 그룹→[고급]을 선택합니다. '고급 필터' 대화 상자에서 '다른 장소에 복사'를 선택하고 아래 화면과 같이 설정합니다.

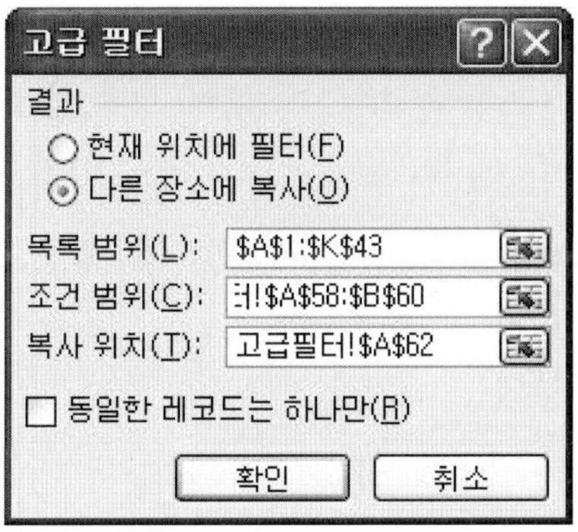

③ [A62]부터 필터 결과를 볼 수 있습니다.

	A	B	C	D	E	F	G	H	I	J	K
1	카드번호	고객명	고객코드	고객구분	결제일	이용한도	혜택구분	사용금액	결제금액	연체내역	상담여부
57											
58	결제일	상담여부									
59	1										
60		상담요									
61											
62	카드번호	고객명	고객코드	고객구분	결제일	이용한도	혜택구분	사용금액	결제금액	연체내역	상담여부
63	1-150	이수지	A07033	VVIP	1	200 만원	외식	₩ 235,260	₩ 120,000	연체	상담요
64	1-530	박상현	A07433	VVIP	15	200 만원	영화	₩ 124,580	₩ 14,000	연체	상담요
65	1-660	주원영	D02435	일반고객	1	200 만원	도서	₩ 349,520	₩ 14,500	연체	상담요
66	1-740	민지영	D05526	일반고객	15	100 만원	쇼핑	₩ 92,350	₩ 5,000	연체	상담요
67	2-000	김승현	D04104	일반고객	15	100 만원	주유	₩ 1,395,830	₩ 450,000	연체	상담요
68	2-170	정우성	A08113	VVIP	1	500 만원	주유	₩ 623,520	₩ 340,000	연체	상담요
69	2-860	원용민	A08482	VVIP	1	300 만원	영화	₩ 623,420	₩ 623,420		
70	3-290	김승아	C04541	우수고객	1	300 만원	주유	₩ 754,520	₩ 754,520		
71	3-330	강동원	A01348	VVIP	1	100 만원	주유	₩ 542,230	₩ 250,000	연체	상담요
72	4-530	진승욱	A05610	VVIP	1	500 만원	쇼핑	₩ 13,460	₩ 500	연체	상담요

Step 3: 고급 필터를 이용하여 [A1:K43] 데이터 목록 중에서 '혜택구분 '이 '주유' 이면서 '사용금액 '이 평균이상인 고객 데이터를 필터하시오. (AVERAGE 함수 사용)

- **조건 입력: [A75:B76] , 결과 복사 위치: [A78]부터**

① '혜택구분'이 '주유' 이면서 '사용금액'이 '평균 이상'을 나타내는 조건을 함수를 사용하여 [A75:B76]에 입력합니다.

	A	B
75	혜택구분	사용금액
76	주유	=">="&AVERAGE(H2:H43)

② [데이터] 탭→[정렬 및 필터] 그룹→[고급]을 선택합니다. 아래와 같이 '고급 필터' 대화 상자에 입력합니다.

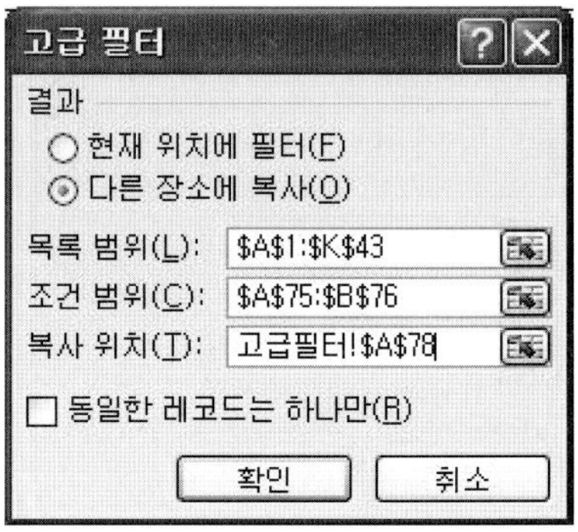

[지시 사항 5 – 부분합]

＊ 아래 내용을 '부분합' 시트에 작업하시오.

▶ '원본' 시트의 [A7:K49] 데이터를 복사하여 '부분합' 시트의 [A1] 셀에 붙여 넣으시오.

1. '고객구분' 을 기준으로 오름차순 정렬하시오.
2. 부분합 기능을 이용하여 '고객구분'별 '사용금액'의 합계와 '결제금액'의 평균을 구하시오.
3. 윤곽을 지우시오.

Step 1: '고객구분' 을 기준으로 오름차순 정렬하시오.

[D1] '고객구분' 셀을 선택합니다. [데이터] 탭→[정렬 및 필터]→[오름차순]을 선택합니다.

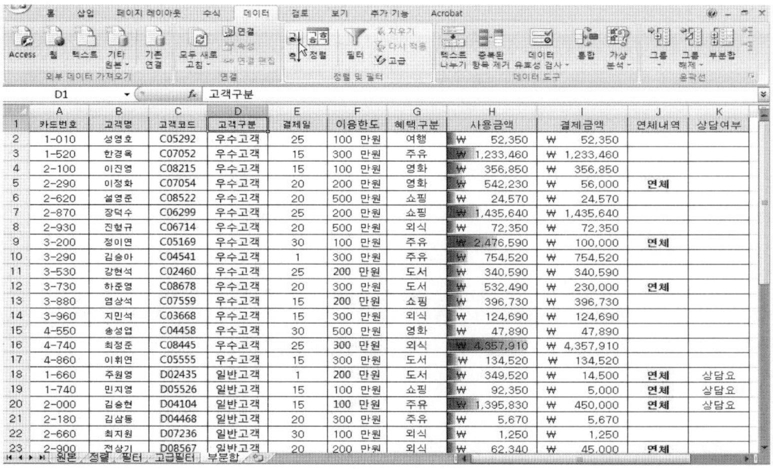

	A	B	C	D	E	F	G	H	I	J	K
1	카드번호	고객명	고객코드	고객구분	결제일	이용한도	혜택구분	사용금액	결제금액	연체내역	상담여부
2	1-010	성영호	C05292	우수고객	25	100 만원	여행	₩ 52,350	₩ 52,350		
3	1-520	한경옥	C07052	우수고객	15	300 만원	주유	₩ 1,233,460	₩ 1,233,460		
4	2-100	이진영	C08215	우수고객	15	100 만원	영화	₩ 356,850	₩ 356,850		
5	2-290	이정화	C07054	우수고객	20	200 만원	영화	₩ 542,230	₩ 56,000	연체	
6	2-620	설영준	C08522	우수고객	20	500 만원	쇼핑	₩ 24,570	₩ 24,570		
7	2-870	장덕수	C06299	우수고객	25	200 만원	쇼핑	₩ 1,435,640	₩ 1,435,640		
8	2-930	진형규	C06714	우수고객	20	500 만원	외식	₩ 72,350	₩ 72,350		
9	3-200	정이연	C05169	우수고객	30	100 만원	주유	₩ 2,476,590	₩ 100,000	연체	
10	3-290	김승아	C04541	우수고객	1	300 만원	주유	₩ 754,520	₩ 754,520		
11	3-530	강현석	C02460	우수고객	25	200 만원	도서	₩ 340,590	₩ 340,590		
12	3-730	하준영	C08678	우수고객	20	300 만원	도서	₩ 532,490	₩ 230,000	연체	
13	3-880	염상석	C07559	우수고객	15	200 만원	쇼핑	₩ 396,730	₩ 396,730		
14	3-960	지민석	C03668	우수고객	15	300 만원	외식	₩ 124,690	₩ 124,690		
15	4-550	송성엽	C04458	우수고객	30	500 만원	영화	₩ 47,890	₩ 47,890		
16	4-740	최정준	C08445	우수고객	25	300 만원	외식	₩ 4,357,910	₩ 4,357,910		
17	4-860	이휘연	C05555	우수고객	15	300 만원	도서	₩ 134,520	₩ 134,520		
18	1-660	주원영	D02435	일반고객	1	200 만원	도서	₩ 349,520	₩ 14,500	연체	상담요
19	1-740	민지영	D05526	일반고객	15	100 만원	쇼핑	₩ 92,350	₩ 5,000	연체	상담요
20	2-000	김승현	D04104	일반고객	15	100 만원	주유	₩ 1,395,830	₩ 450,000	연체	상담요
21	2-180	김삼동	D04468	일반고객	20	300 만원	주유	₩ 5,670	₩ 5,670		
22	2-660	최지원	D07236	일반고객	30	100 만원	외식	₩ 1,250	₩ 1,250		
23	2-900	전상기	D08567	일반고객	20	200 만원	외식	₩ 62,340	₩ 45,000	연체	

Step 2: 부분합 기능을 이용하여 '고객구분' 별 '사용금액' 의 합계와 '결제금액' 의 평균을 구하시오.

① [데이터] 탭-[윤곽선]그룹-[부분합]을 선택합니다.
'부분합' 대화 상자에서 '그룹화할 항목-고객구분', '사용할 함수-합계', '부분합 계산 항목-사용금액' 을 선택합니다.

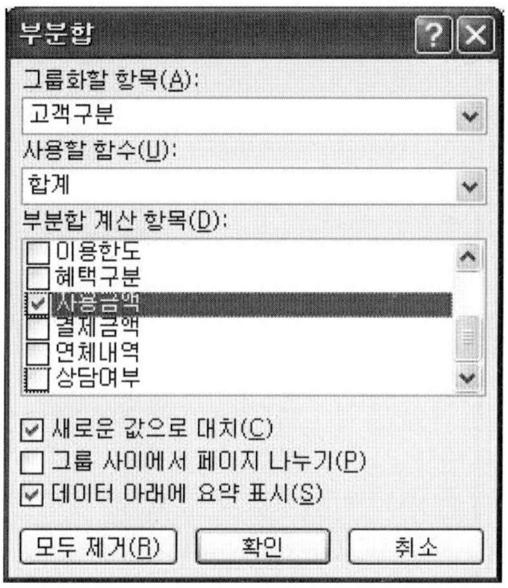

② 결제 금액의 평균을 구하기 위해 다시 한 번 [데이터] 탭→[윤곽선]그룹→[부분합]을 선택합니다. 아래와 같이 대화 상자의 각 항목을 설정합니다.

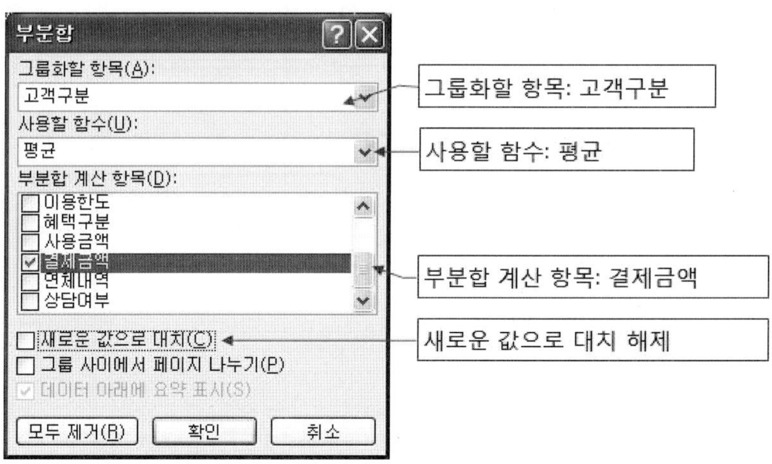

Step 3: 윤곽을 지우시오.

[데이터]탭→[윤곽선]그룹→[그룹 해제]→[윤곽 지우기]를 선택합니다.

6. 연습 문제

● 학습 목표: 아래 지시사항에 따라 '대구 택배 관리' 엑셀 문서를 완성합니다.

[내용 입력] 엑셀 2007에 아래와 같이 내용을 입력하시오.

* 원본 시트에 내용을 입력합니다.

◐ 대구 택배 관리◑

택배기사	물품명	배송시간	택배비	물품개수	물품 수령자
S01	서적	오전	₩3,000	3	본인
S03	전자제품	오후	₩5,000	5	가족
S02	기타	오후	₩2,500	8	기타
S01	식품	오후	₩2,800	2	본인
S05	기계	저녁	₩4,000	9	가족
S04	전자제품	오전	₩3,500	4	기타
S02	서적	오후	₩3,200	2	본인
S04	기계	저녁	₩2,900	1	가족
S04	기타	오전	₩2,800	1	가족
S05	의류	저녁	₩3,500	4	기타
S02	전자제품	오후	₩10,000	2	기타
S03	서적	오전	₩5,000	4	가족
S01	식품	저녁	₩7,500	3	가족
S05	의류	오후	₩3,500	1	본인
S02	기계	오전	₩10,000	2	가족
S01	기타	오전	₩5,000	5	가족
S02	기계	저녁	₩2,800	3	기타
S05	서적	오후	₩3,000	1	기타
S01	식품	오후	₩3,500	10	가족
S04	전자제품	저녁	₩10,000	5	가족
S02	식품	오전	₩5,000	6	기타
S05	기계	오전	₩7,500	2	가족
S01	의류	저녁	₩2,800	1	기타
S05	기계	오후	₩3,000	3	본인
S01	서적	오전	₩7,500	6	가족
S03	전자제품	오전	₩2,800	1	기타

원본 / 정렬 / 필터 / 고급필터 / 부분합

[지시 사항 1-정렬] 아래 지시사항에 따라 문서를 완성하시오.

***아래 내용을 '정렬' 시트에 작업하시오.**

1. '원본' 시트의 [B4:G30] 데이터를 복사하여 '정렬' 시트의 [A1] 셀에 붙여 넣으시오.
2. '택배기사' 필드를 오름차순으로 정렬하고 택배기사가 동일할 경우 '물품명'을 사용자 지정 목록(기계,의류,식품,서적,전자제품,기타) 순으로 정렬하시오.

[정렬 완성 출력 형태]

	A	B	C	D	E	F
1	택배기사	물품명	배송시간	택배비	물품개수	물품 수령자
2	S01	의류	저녁	₩2,800	1	기타
3	S01	식품	오후	₩3,500	10	가족
4	S01	식품	오후	₩2,800	2	본인
5	S01	식품	저녁	₩7,500	3	가족
6	S01	서적	오전	₩7,500	6	가족
7	S01	서적	오전	₩3,000	3	본인
8	S01	기타	오전	₩5,000	5	가족
9	S02	기계	오전	₩10,000	2	가족
10	S02	기계	저녁	₩2,800	3	기타
11	S02	식품	오전	₩5,000	6	기타
12	S02	서적	오후	₩3,200	2	본인
13	S02	전자제품	오후	₩10,000	2	기타
14	S02	기타	오후	₩2,500	8	기타
15	S03	서적	오전	₩5,000	4	가족
16	S03	전자제품	오전	₩2,800	1	기타
17	S03	전자제품	오후	₩5,000	5	가족
18	S04	기계	저녁	₩2,900	1	가족
19	S04	전자제품	오전	₩3,500	4	기타
20	S04	전자제품	저녁	₩10,000	5	가족
21	S04	기타	오전	₩2,800	1	가족
22	S05	기계	오전	₩7,500	2	가족
23	S05	기계	오후	₩3,000	3	본인
24	S05	기계	저녁	₩4,000	9	가족
25	S05	의류	오후	₩3,500	1	본인
26	S05	의류	저녁	₩3,500	4	기타
27	S05	서적	오후	₩3,000	1	기타

[지시 사항 2 -필터] 아래 지시사항에 따라 문서를 완성하시오.

***아래 내용을 '필터' 시트에 작업하시오.**

▶ '원본' 시트의 [B4:G30] 데이터를 복사하여 필터 시트의 [A1] 셀에 붙여 넣으시오.

1. '물품명'이 '기계'인 데이터 중에서 배송시간이 오전, 오후인 레코드만 추출하시오.

	A	B	C	D	E	F
1	택배기사	물품명	배송시간	택배비	물품개수	물품 수령자
4	S02	기계	오전	₩10,000	2	가족
6	S05	기계	오전	₩7,500	2	가족
7	S05	기계	오후	₩3,000	3	본인

2. 필터를 지우시오.
3. '물품수령자'가 가족인 데이터 중에서 '물품개수'가 5개 이상인 레코드만 추출하시오.

	A	B	C	D	E	F
1	택배기사	물품명	배송시간	택배비	물품개수	물품 수령자
3	S03	전자제품	오후	₩5,000	5	가족
6	S05	기계	저녁	₩4,000	9	가족
17	S01	기타	오전	₩5,000	5	가족
20	S01	식품	오후	₩3,500	10	가족
21	S04	전자제품	저녁	₩10,000	5	가족
26	S01	서적	오전	₩7,500	6	가족

4. 필터를 해제하시오.
5. '택배비'가 4000 이상 5000 이하인 레코드만 추출하여 [A30] 셀에 복사하여 붙여 넣으시오. - 필터를 지우시오.

	A	B	C	D	E	F
1	택배기사	물품명	배송시간	택배비	물품개수	물품 수령자
3	S03	전자제품	오후	₩5,000	5	가족
6	S05	기계	저녁	₩4,000	9	가족
13	S03	서적	오전	₩5,000	4	가족
17	S01	기타	오전	₩5,000	5	가족
22	S02	식품	오전	₩5,000	6	기타

[지시 사항 3 -고급 필터] 아래 지시사항에 따라 문서를 완성하시오.

***아래 내용을 '고급필터' 시트에 작업하시오.**

▶'원본' 시트의 [B4:G30] 데이터를 복사하여 고급필터 시트의 [A1] 셀에 붙여 넣으시오.

1. 고급 필터를 이용하여 [A1:F27] 데이터 목록 중에서 배송시간이 '오전' 고객이면서 '물품개수'가 3이상 인 레코드를 필터하시오.

- 조건 입력: [A30:B31]
- 결과 복사 위치: [A33]부터

	A	B	C	D	E	F
30	배송시간	물품개수				
31	오전	>=3				
32						
33	택배기사	물품명	배송시간	택배비	물품개수	물품 수령자
34	S01	서적	오전	₩3,000	3	본인
35	S04	전자제품	오전	₩3,500	4	기타
36	S03	서적	오전	₩5,000	4	가족
37	S01	기타	오전	₩5,000	5	가족
38	S02	식품	오전	₩5,000	6	기타
39	S01	서적	오전	₩7,500	6	가족

2. 고급 필터를 이용하여 [A1:F27] 데이터 목록 중에서 배송시간이 '저녁' 이거나 '물품수령자'가 '본인'인 레코드를 필터하시오.

- 조건 입력: [A42:B44]
- 결과 복사 위치: [A46]부터

	A	B	C	D	E	F
42	배송시간	물품수령자				
43	저녁					
44		본인				
45						
46	택배기사	물품명	배송시간	택배비	물품개수	물품 수령자
47	S05	기계	저녁	₩4,000	9	가족
48	S04	기계	저녁	₩2,900	1	가족
49	S05	의류	저녁	₩3,500	4	기타
50	S01	식품	저녁	₩7,500	3	가족
51	S02	기계	저녁	₩2,800	3	기타
52	S04	전자제품	저녁	₩10,000	5	가족
53	S01	의류	저녁	₩2,800	1	기타

3. 고급 필터를 이용하여 [A1:F27] 데이터 목록 중에서 물품명이 '전자제품' 이면서 '택배비'가 '평균이상'인 레코드를 필터하시오.(AVERAGE 함수 사용)
   - 조건 입력: [A56:B57]
   - 결과 복사 위치: [A59]부터

	A	B	C	D	E	F
56	물품명	택배비				
57	전자제품	>=4696.15384615385				
58						
59	택배기사	물품명	배송시간	택배비	물품개수	물품 수령자
60	S03	전자제품	오후	₩5,000	5	가족
61	S02	전자제품	오후	₩10,000	2	기타
62	S04	전자제품	저녁	₩10,000	5	가족

[지시 사항 4 –부분합] 아래 지시사항에 따라 문서를 완성하시오.

***아래 내용을 '부분합' 시트에 작업하시오.**

▶ '원본' 시트의 [B4:G30] 데이터를 복사하여 '부분합' 시트의 [A1] 셀에 붙여넣으시오.

1. '택배기사' 를 기준으로 오름차순 정렬하시오.
2. 부분합 기능을 이용하여 '택배기사'별 '택배비'의 합계와 '물품개수'의 개수를 구하시오.
3. 윤곽을 지우시오.

[부분합 완성 출력 형태]

	A	B	C	D	E	F
1	택배기사	물품명	배송시간	택배비	물품개수	물품 수령자
2	S01	서적	오전	₩3,000	3	본인
3	S01	식품	오후	₩2,800	2	본인
4	S01	식품	저녁	₩7,500	3	가족
5	S01	기타	오전	₩5,000	5	가족
6	S01	식품	오후	₩3,500	10	가족
7	S01	의류	저녁	₩2,800	1	기타
8	S01	서적	오전	₩7,500	6	가족
9	**S01 개수**				7	
10	**S01 요약**			₩32,100		
11	S02	기타	오후	₩2,500	8	기타
12	S02	서적	오후	₩3,200	2	본인
13	S02	전자제품	오후	₩10,000	2	기타
14	S02	기계	오전	₩10,000	2	가족
15	S02	기계	저녁	₩2,800	3	기타
16	S02	식품	오전	₩5,000	6	기타
17	**S02 개수**				6	
18	**S02 요약**			₩33,500		
19	S03	전자제품	오후	₩5,000	5	가족
20	S03	서적	오전	₩5,000	4	가족
21	S03	전자제품	오전	₩2,800	1	기타
22	**S03 개수**				3	
22	**S03 개수**				3	
23	**S03 요약**			₩12,800		
24	S04	전자제품	오전	₩3,500	4	기타
25	S04	기계	저녁	₩2,900	1	가족
26	S04	기타	오전	₩2,800	1	가족
27	S04	전자제품	저녁	₩10,000	5	가족
28	**S04 개수**				4	
29	**S04 요약**			₩19,200		
30	S05	기계	저녁	₩4,000	9	가족
31	S05	의류	저녁	₩3,500	4	기타
32	S05	의류	오후	₩3,500	1	본인
33	S05	서적	오후	₩3,000	1	기타
34	S05	기계	오전	₩7,500	2	가족
35	S05	기계	오후	₩3,000	3	본인
36	**S05 개수**				6	
37	**S05 요약**			₩24,500		
38	**전체 개수**				26	
39	**총합계**			₩122,100		

PART 03 엑셀(Excel) 2007

엑셀 05. 피벗 테이블, 차트

이번 장에서는 많은 양의 데이터를 쉽게 요약할 때 사용할 수 있는 대화형 테이블인 피벗테이블과 데이터를 시각적으로 표현하는 차트에 대해 알아보도록 하겠습니다.

1. 피벗 테이블

피벗 테이블은 엑셀 데이터를 테이블로 구성하고 행과 열을 중심축으로 하여 원본 데이터를 다르게 요약하여 보거나, 데이터를 필터링할 수 있고, 관심 있는 영역의 하위 수준을 나타낼 때 사용되는 대화형 테이블입니다.

피벗 테이블은 부분합과 필터 기능이 포함되어 있어서 많은 양의 데이터를 피벗 테이블로 구성하면 데이터를 다양한 형태의 표로 구성할 수 있으며 내용을 한눈에 쉽게 파악할 수 있습니다.

1.1 피벗 테이블 만들기

1.1.1 피벗 테이블 1 – 피벗테이블 만들기

① 셀 범위에서 셀을 선택하거나 데이터 범위 안에 커서를 놓습니다.

② [삽입] 탭→[표] 그룹→[피벗 테이블]을 선택합니다.

③ '피벗 테이블' 대화 상자에서 데이터 목록과 넣을 위치를 설정합니다.

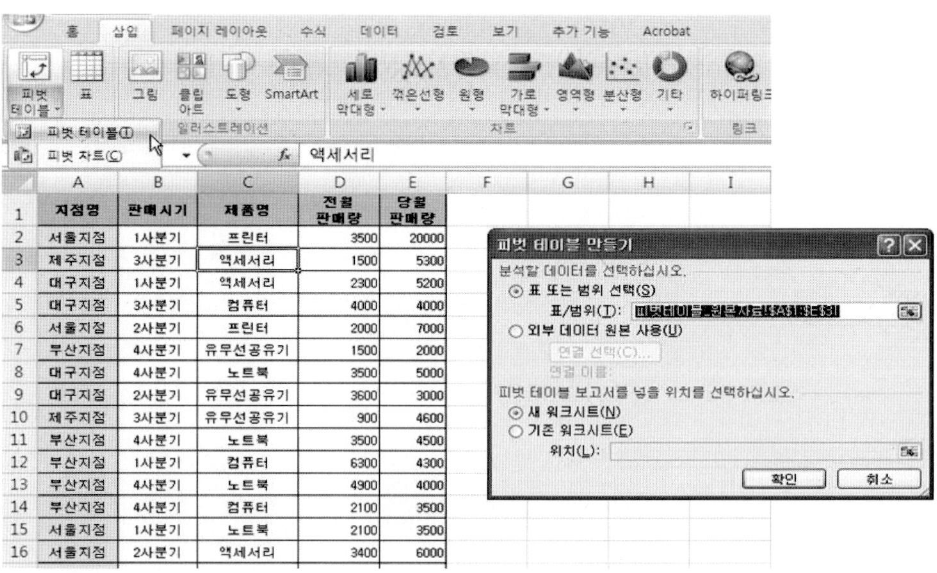

Tip 열 머리글이 있어야 해요!

- 피벗 테이블을 만들 데이터 목록에는 반드시 열 머리글이 있어야 합니다.

1.1.2 피벗 테이블 2 – 필드 레이아웃 설정

[피벗 테이블 필드 목록]에서 피벗 보고서에 추가할 필드를 선택하고 아래 각 영역까지 마우스로 끌어 놓습니다.

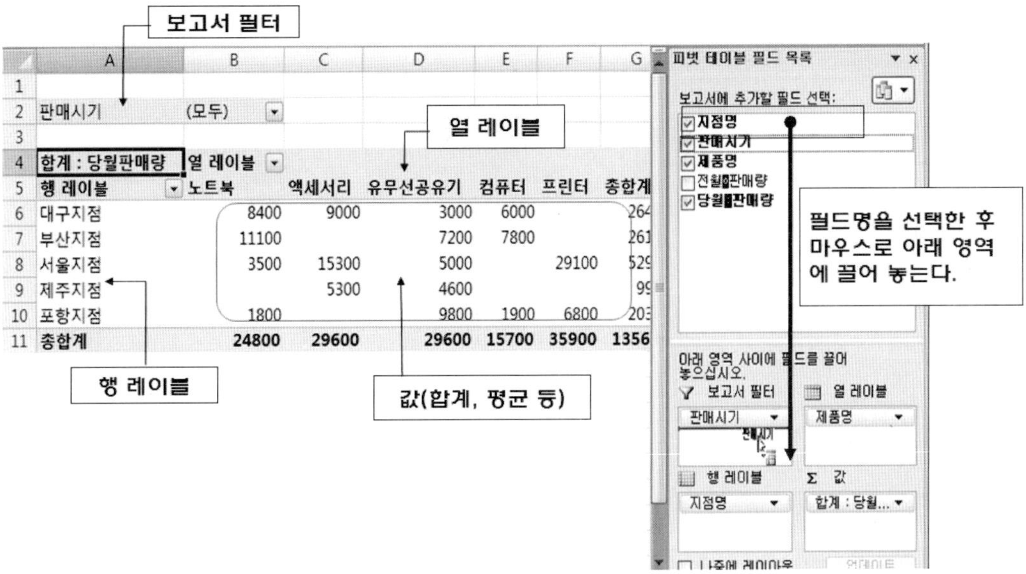

1.2 피벗 테이블 편집

1.1.1 피벗 테이블 구성 요소 편집

피벗테이블의 한 셀을 마우스로 클릭하면 [피벗 테이블 도구] 메뉴가 표시 되고 [옵션] 탭→[표시/숨기기] 그룹→[필드 목록]을 누르면 오른쪽에 창이 나타납니다.

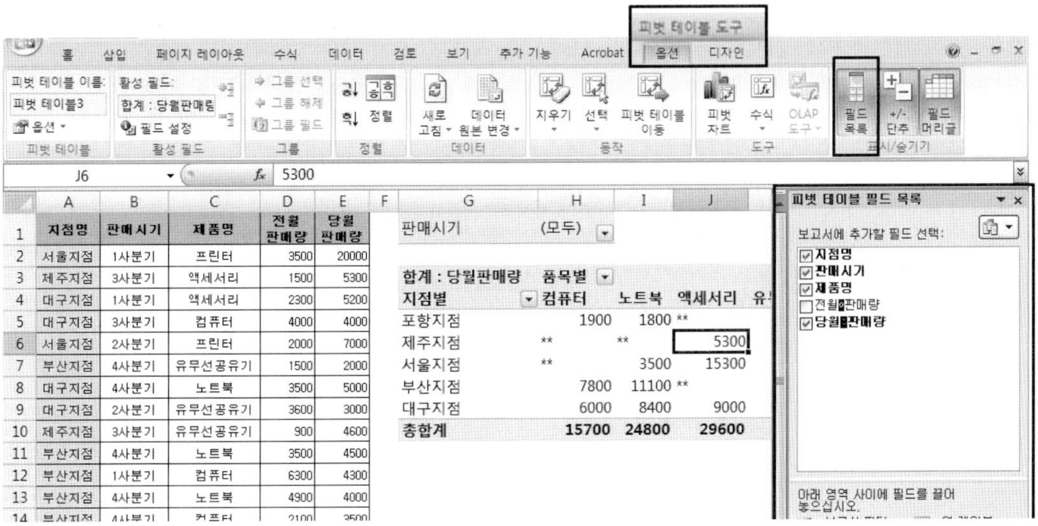

1.1.2 피벗테이블 정렬

만들어진 피벗테이블에서 특정 행(열) 레이블 명을 기준으로 정렬할 수 있습니다. 행 또는 열 레이블 목록 단추를 눌러 정렬 기준을 선택합니다.

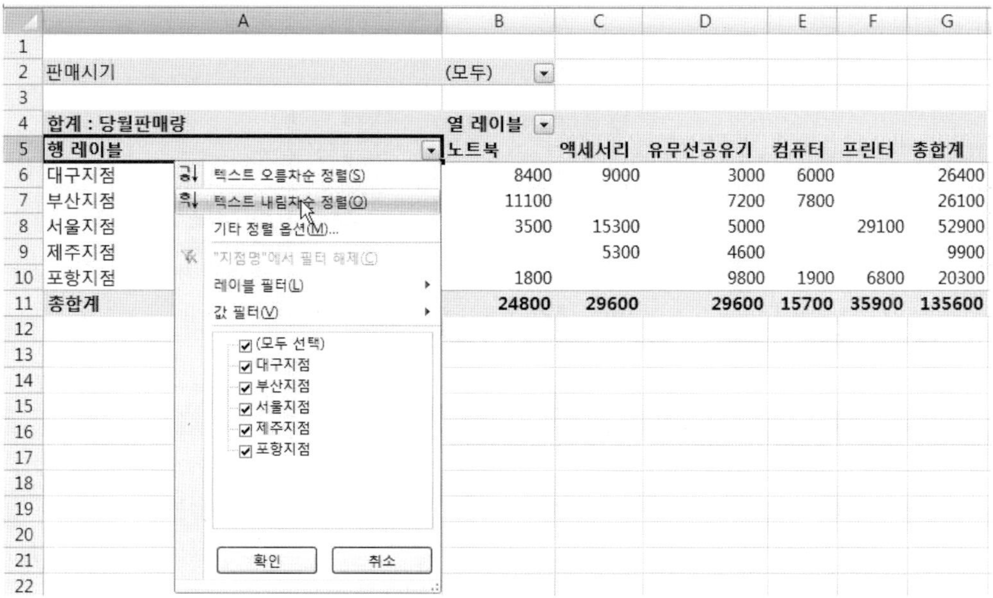

1.1.3 빈 셀 표시

피벗 테이블에 있는 모든 빈 셀에 특정 내용으로 채울 수 있습니다. 피벗 테이블 셀 하나를 선택하고 마우스 오른쪽을 눌러 '피벗 테이블 옵션'을 선택합니다. 대화 상자에서 '빈 셀 표시' 항목을 선택하고 내용을 입력합니다.

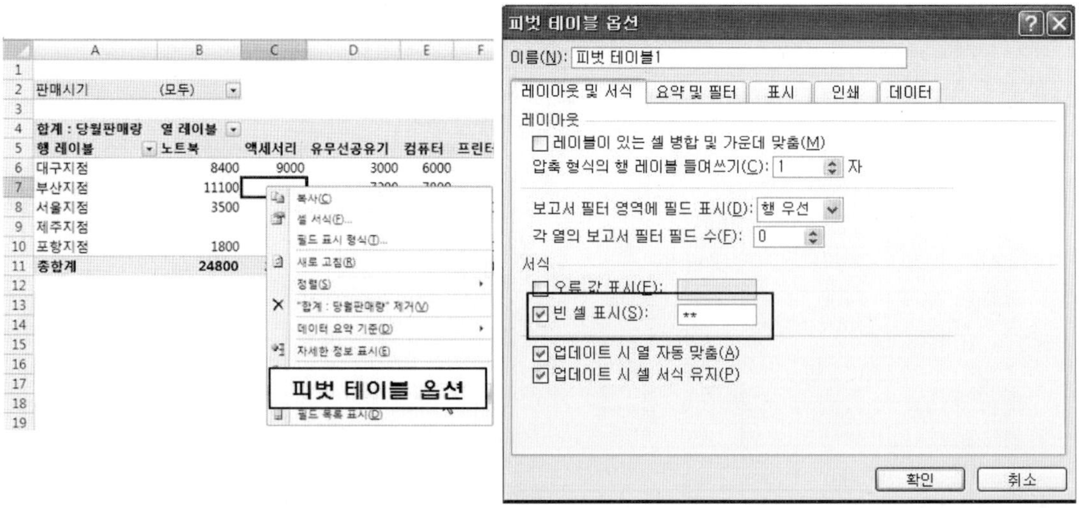

1.1.4 표시 형식 설정

피벗 테이블을 구성하고 있는 숫자 데이터의 형식을 설정할 수 있습니다. 피벗 테이블의 숫자 데이터 셀을 하나 선택하고 마우스 오른쪽을 눌러 [필드 표시 형식]을 선택합니다. '셀 서식' 대화 상자의 '범주'에서 '숫자'를 선택하고 오른쪽 창의 [1000단위 구분 기호(,) 사용]을 선택합니다.

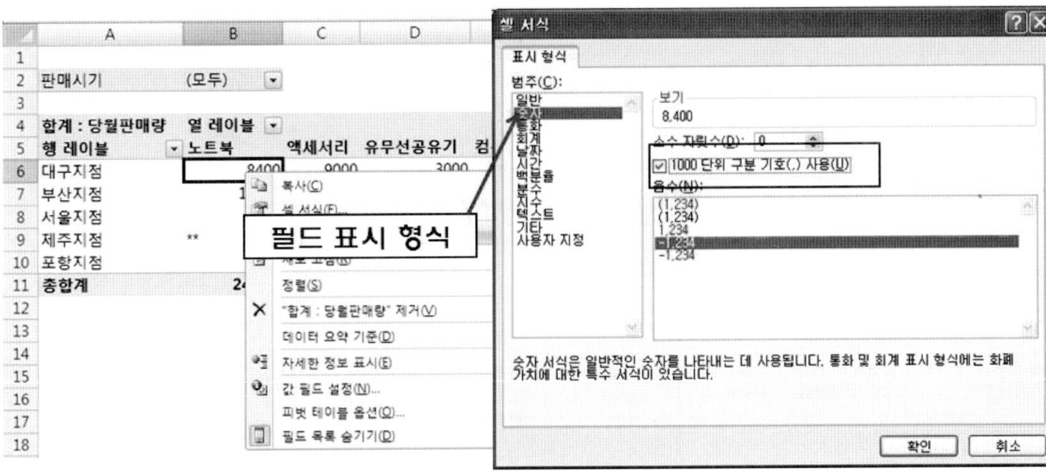

1.1.5 디자인 설정

피벗 테이블에 색, 테두리 설정을 쉽게 할 수 있는 기능입니다.
피벗 테이블 셀을 선택하고 [디자인] 탭→[피벗 테이블 스타일] 그룹에서 디자인을 선택합니다.

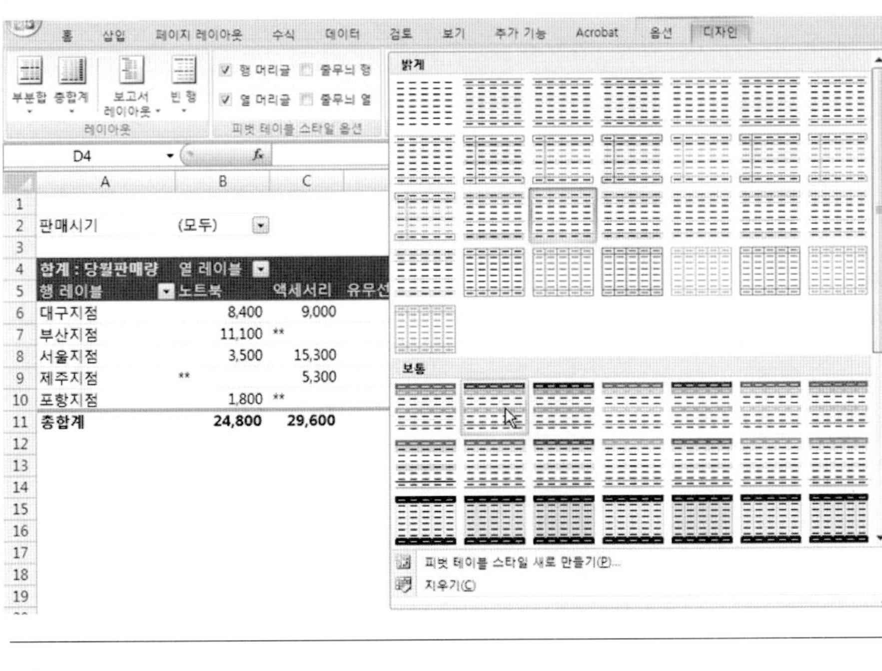

1.3 피벗 차트

피벗 테이블을 이용하여 피벗 차트를 만들 수 있습니다. 피벗 테이블의 한 셀을 선택하고 [피벗 테이블] 도구→[옵션] 탭→[도구] 그룹→[피벗 차트]를 선택합니다.

1.1.6 차트 종류 선택

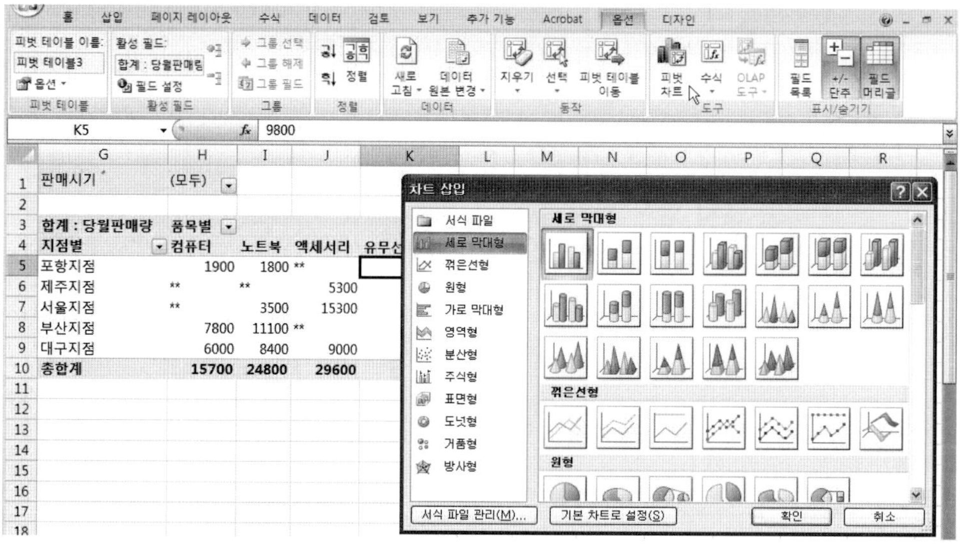

1.1.7 피벗 차트 구성 요소 변경

피벗 테이블의 한 셀을 선택합니다. [피벗 차트] 도구→[분석] 탭→[표시/숨기기] 그룹→[필드목록]을 선택하여 목록에서 차트 구성요소를 변경할 수 있습니다. [피벗 차트 필터]에서 차트에서 표시 하고자 하는 내용을 필터할 수 있습니다.

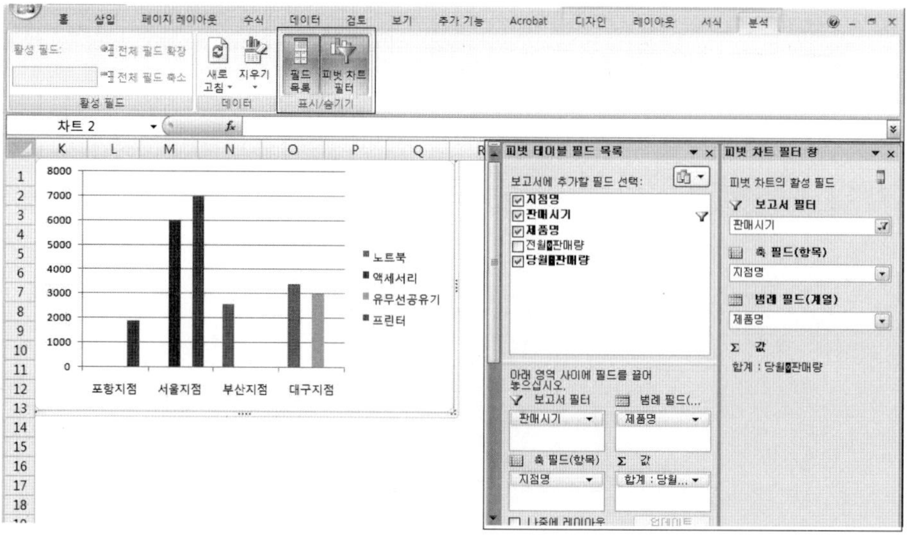

2. 차트

차트 기능을 이용하여 입력된 데이터들의 추세 또는 유형 등을 한 눈에 비교할 수 있는 전문가 수준의 차트를 쉽게 만들 수 있습니다. 엑셀 2007은 리본 메뉴에서 차트 종류, 차트 레이아웃 및 차트 스타일만 선택하면 전문적인 형식으로 차트를 즉시 만들 수 있도록 하였습니다.

2.1 차트 만들기

차트로 만들고자 하는 엑셀 데이터 셀을 블록으로 설정하고 [삽입] 탭→[차트] 그룹에 표시된 차트 종류중 하나를 선택하면 워크시트에 차트가 생성됩니다.

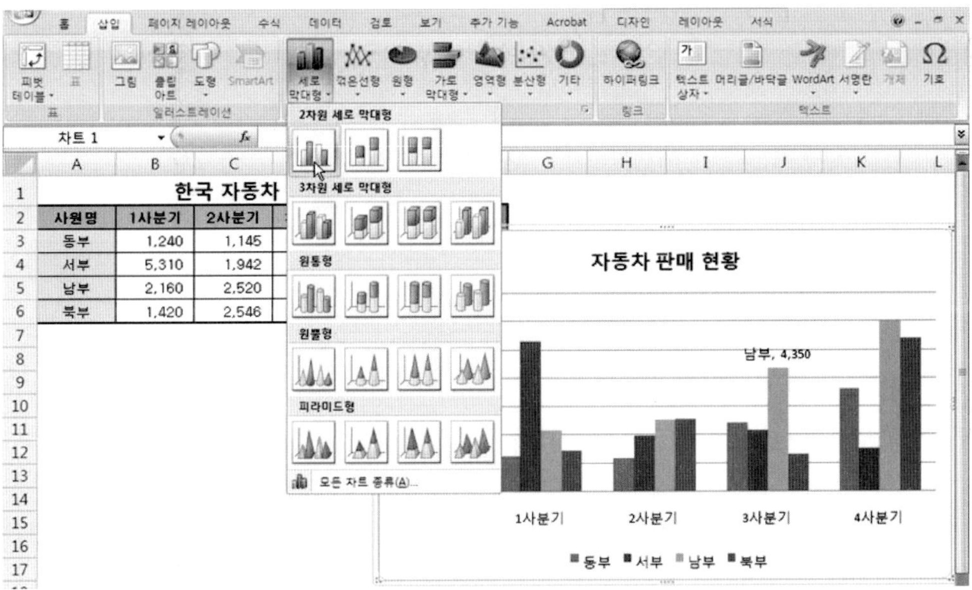

■ 워크시트에 삽입된 차트를 다른 시트로 이동

워크시트에 삽입된 차트를 다른 시트로 이동하려면 [차트] 도구→[디자인] 탭→[위치] 그룹에서 '차트 이동'을 누릅니다. 차트를 넣을 위치를 선택합니다.

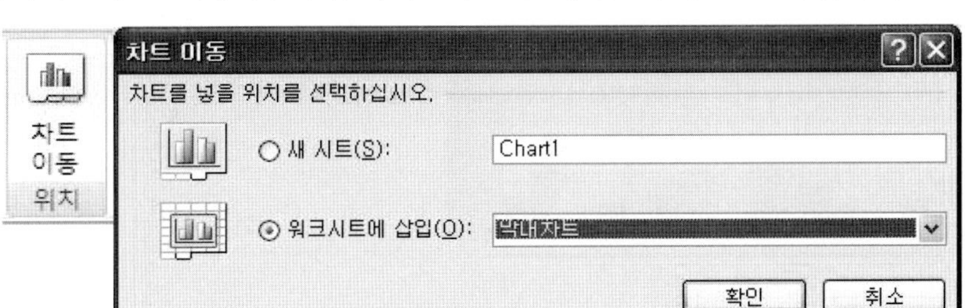

2.2 차트 레이아웃 변경

워크시트에 만들어진 차트를 선택하고 [차트] 도구→[디자인] 탭→[레이아웃] 그룹의 '자세히( )' 단추를 눌러 차트의 레이아웃을 변경합니다.

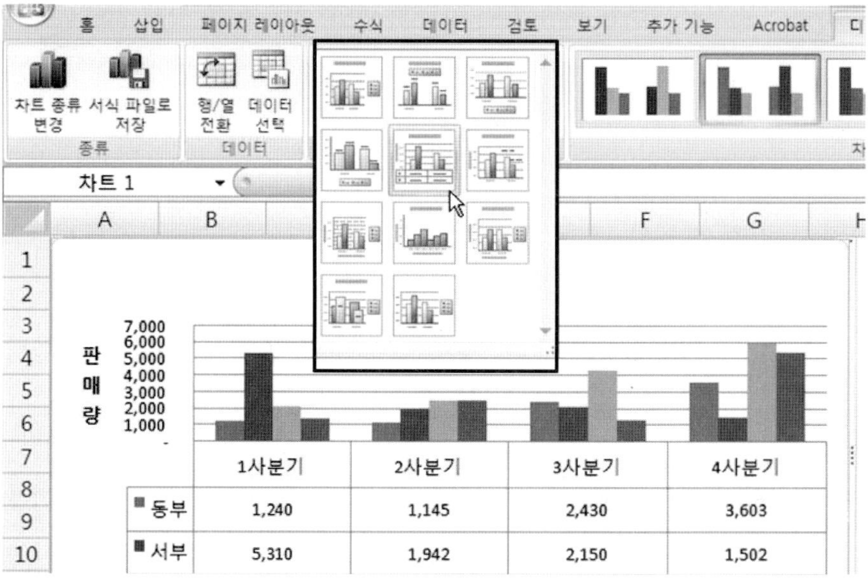

2.3 차트 구성요소 서식 설정

차트 제목, 축, 범례, 레이블, 표 등 차트 구성요소를 삽입 또는 설정하기 위해서는 [차트] 도구→[레이아웃] 탭→[레이블] 그룹, [축] 그룹, [배경] 그룹에서 각각 실행합니다.

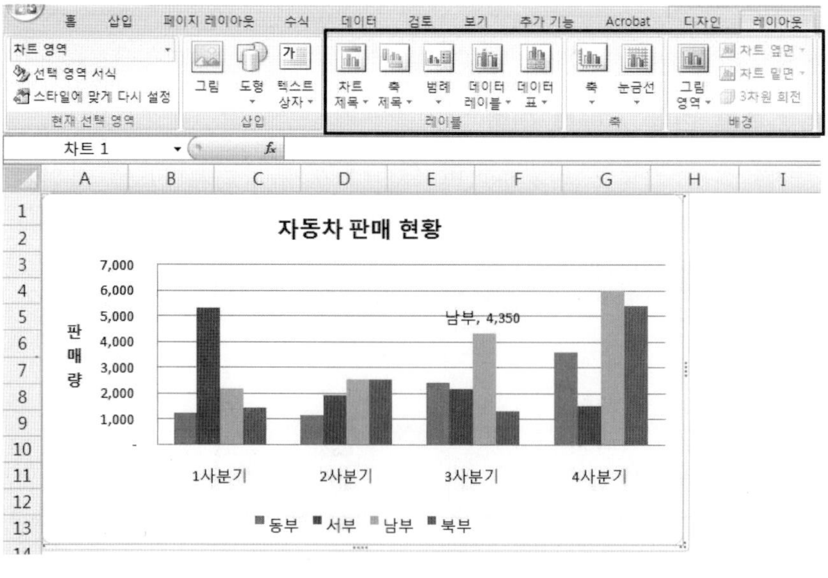

■ 차트 구성 요소

워크시트에 삽입된 차트는 다음과 같은 구성 요소들로 표시됩니다.

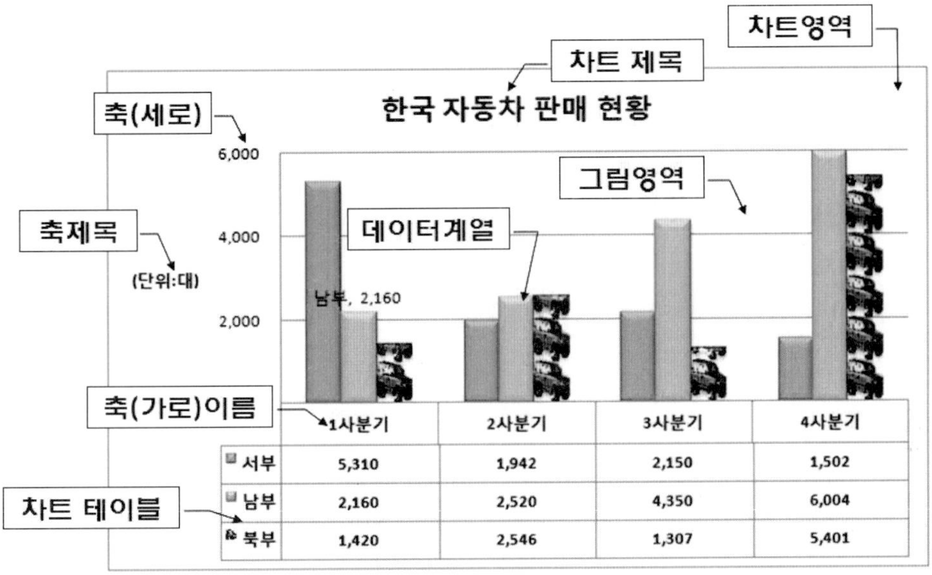

2.4 주식형 차트

주식형 차트는 주가 변동을 나타내는데 가장 많이 사용되는 차트입니다.
주식형 차트를 사용하여 주가 변동을 표시하는 경우 거래량을 포함할 수 있습니다.

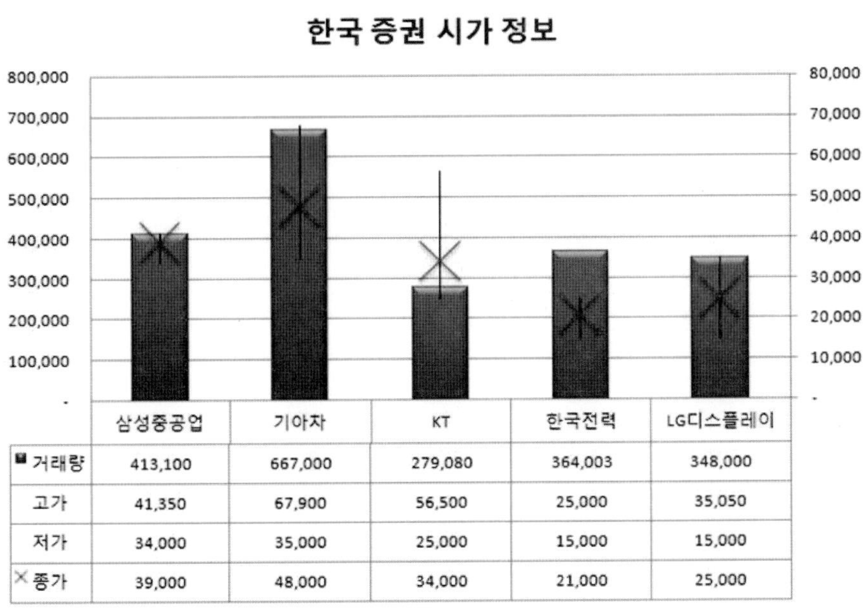

3. 실전 예제

● 학습 목표: 아래 지시사항에 따라 '피벗테이블' 과 '차트' 를 완성합니다.

[내용 입력] 엑셀 2007에 아래와 같이 내용을 입력하시오.

* 피벗 테이블 시트에 내용을 입력하시오.

	A	B	C	D	E
1	지점명	판매시기	제품명	전월 판매량	당월 판매량
2	서울지점	1사분기	프린터	3500	20000
3	제주지점	3사분기	액세서리	1500	5300
4	대구지점	1사분기	액세서리	2300	5200
5	대구지점	3사분기	컴퓨터	4000	4000
6	서울지점	2사분기	프린터	2000	7000
7	부산지점	4사분기	유무선공유기	1500	2000
8	대구지점	4사분기	노트북	3500	5000
9	대구지점	2사분기	유무선공유기	3600	3000
10	제주지점	3사분기	유무선공유기	900	4600
11	부산지점	4사분기	노트북	3500	4500
12	부산지점	1사분기	컴퓨터	6300	4300
13	부산지점	4사분기	노트북	4900	4000
14	부산지점	4사분기	컴퓨터	2100	3500
15	서울지점	1사분기	노트북	2100	3500
16	서울지점	2사분기	액세서리	3400	6000
17	대구지점	1사분기	컴퓨터	2300	2000
18	서울지점	4사분기	유무선공유기	3500	5000
19	대구지점	1사분기	액세서리	1400	3800
20	서울지점	3사분기	액세서리	2300	9300
21	포항지점	1사분기	프린터	3000	2000
22	포항지점	4사분기	유무선공유기	1500	4800
23	서울지점	3사분기	프린터	700	2100
24	포항지점	1사분기	컴퓨터	1300	1900
25	포항지점	1사분기	유무선공유기	4000	5000
26	포항지점	2사분기	프린터	1700	1900
27	포항지점	4사분기	프린터	1500	2900
28	대구지점	2사분기	노트북	1200	3400
29	부산지점	3사분기	유무선공유기	3500	5200
30	포항지점	3사분기	노트북	600	1800
31	부산지점	2사분기	노트북	2000	2600

[지시 사항 I －피벗테이블] 아래 지시사항에 따라 문서를 완성하시오.

* **'피벗 테이블' 시트에 작업**

1. 피벗 테이블 결과 ➜ 새로운 시트에 작성(시트명: 피벗테이블)
2. 피벗 테이블 구성요소 변경

▪ 보고서 필터 － 판매시기	▪ 행 레이블 － 지점명
▪ 열 레이블 － 제품명	▪ 값 － 당월 판매량 합계

3. 빈 셀 표시: **
4. 피벗 테이블 데이터 표시 형식 변경(자릿수 표시)
5. 디자인 적용➜ 피벗 스타일 보통 2
6. 행 정렬 ➜ 행 레이블(지점별)은 '지점명'별 내림차순으로 정렬하시오.
7. 열 이동 ➜ 열 레이블(제품명) 중 '컴퓨터' 열을 가장 왼쪽으로 이동하시오.

*** 피벗테이블 결과 일부***

	A	B	C	D	E	F	G
1	판매시기	(모두)					
2							
3	합계 : 당월판매량	판매품목					
4	지점별	노트북	액세서리	유무선공유기	컴퓨터	프린터	총합계
5	대구지점	8,400	9,000	3,000	6,000	**	26,400
6	부산지점	11,100	**	7,200	7,800	**	26,100
7	서울지점	3,500	15,300	5,000	**	29,100	52,900
8	제주지점	**	5,300	4,600	**	**	9,900
9	포항지점	1,800	**	9,800	1,900	6,800	20,300
10	**총합계**	**24,800**	**29,600**	**29,600**	**15,700**	**35,900**	**135,600**

8. 피벗 차트 ➜ 피벗 테이블을 이용하여 아래와 같은 피벗 차트를 작성하시오.

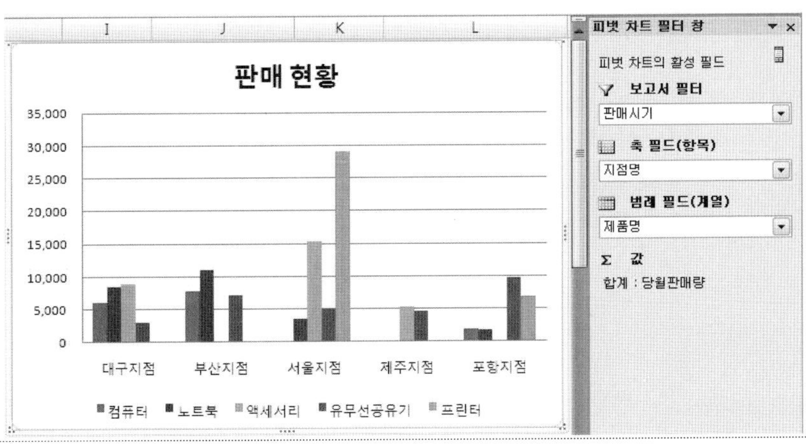

Step 1: 피벗테이블 작성(시트명: 피벗 테이블)

① 피벗 테이블을 만들고자 하는 셀 범위에서 셀을 선택하고 [삽입]탭→[표] 그룹→[피벗테이블]을 클릭합니다.

② '피벗 테이블 만들기' 대화 상자에서 [표 또는 범위 선택] 설정을 확인합니다.
피벗 테이블 보고서를 넣을 위치는 [새 워크시트]로 선택합니다.

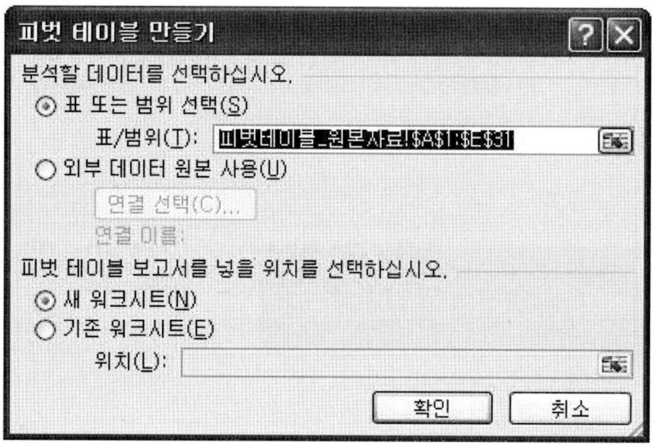

③ 피벗 테이블이 만들어진 시트의 이름 'Sheet1'을 더블클릭하여 시트 명을 '피벗테이블'로 변경합니다.

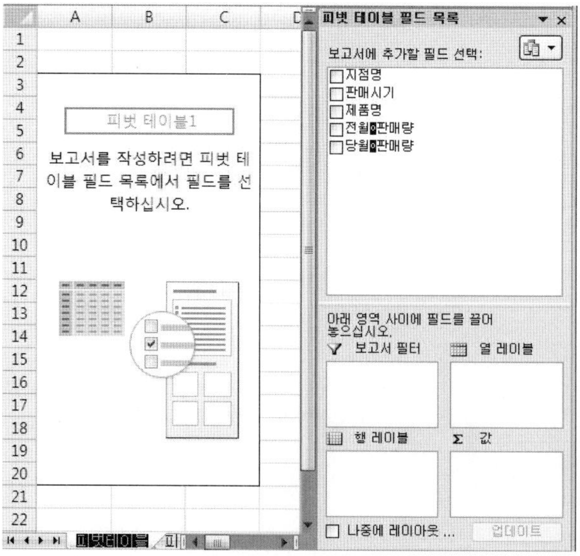

Step 2: 피벗테이블 구성

① **보고서 필터**: 판매시기

[피벗 테이블 필드 목록] 창의 [보고서에 추가할 필드 선택] 목록 중 '판매시기' 필드를 마우스로 선택한 후 아래쪽 '보고서 필터' 영역으로 끌어 내립니다.

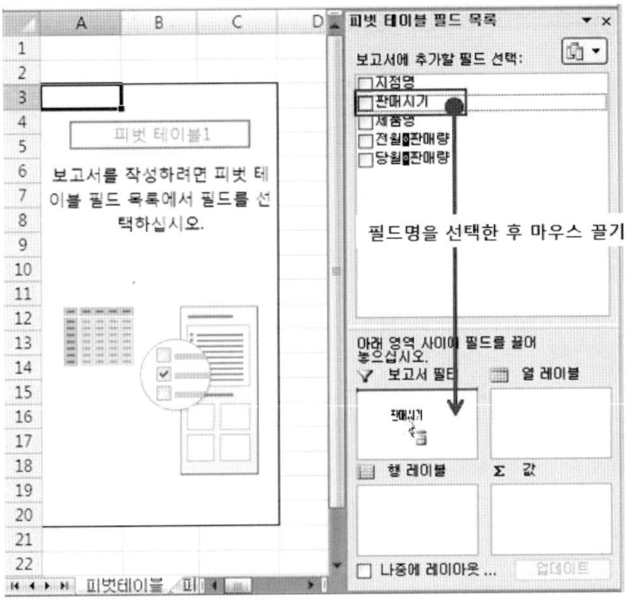

② **열 레이블**: 제품명

제품명 필드를 마우스로 선택한 후 아래쪽 [열 레이블] 영역으로 끌어 내립니다.

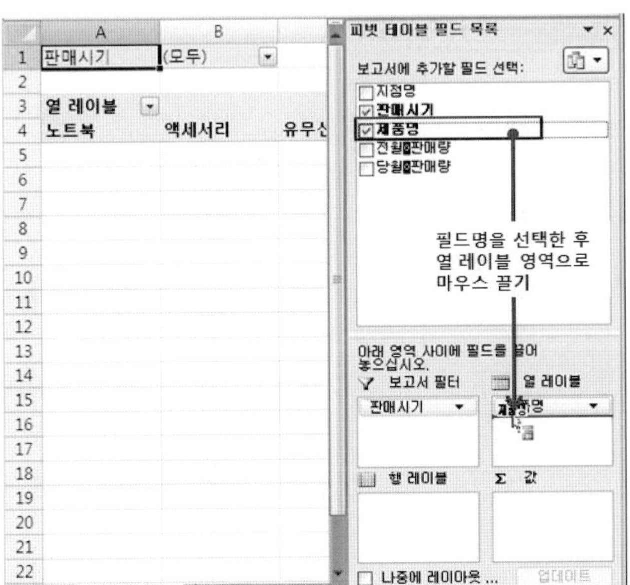

③ **행 레이블**: 지점명

지점명 필드를 마우스로 선택한 후 아래쪽 [행 레이블] 영역으로 끌어 내립니다.

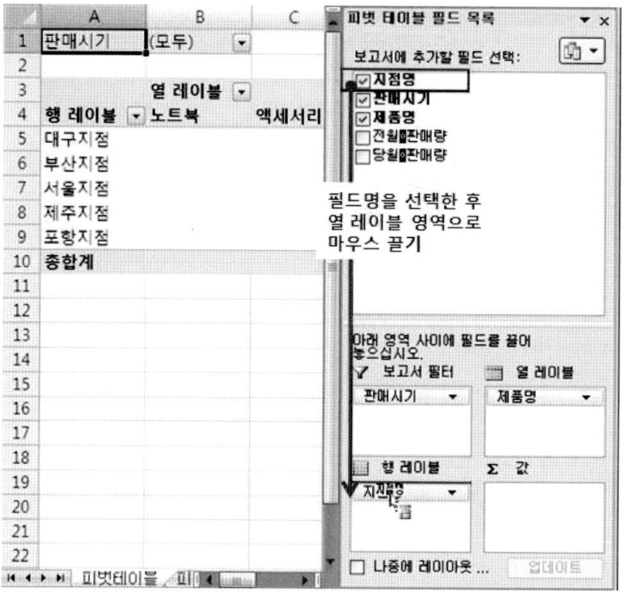

④ **값**: 당월 판매량 합계

당월판매량 필드를 마우스로 선택한 후 아래쪽 '값' 영역으로 끌어 내립니다.

Step 3: 빈/셀 표시: **

① 만들어진 '피벗 테이블' 셀 중 하나를 선택하고 마우스 오른쪽을 눌러 [피벗 테이블 옵션]을 선택합니다.

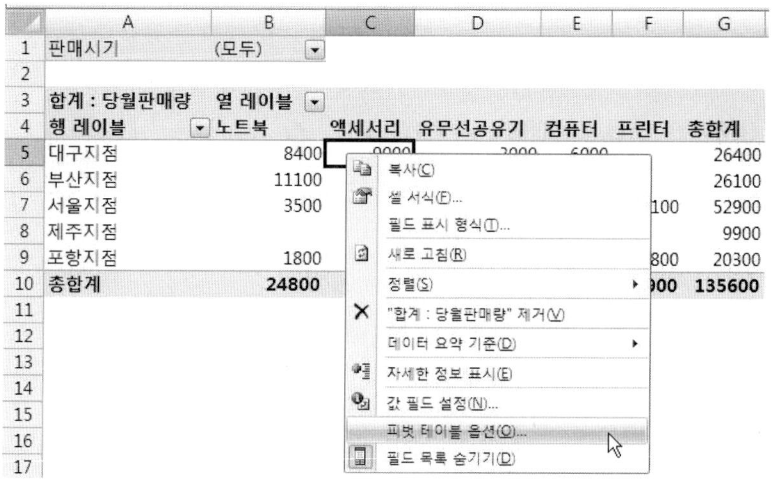

② '피벗 테이블 옵션' 대화 상자에서 [빈 셀 표시]에 **를 입력하고 [확인]을 누릅니다.

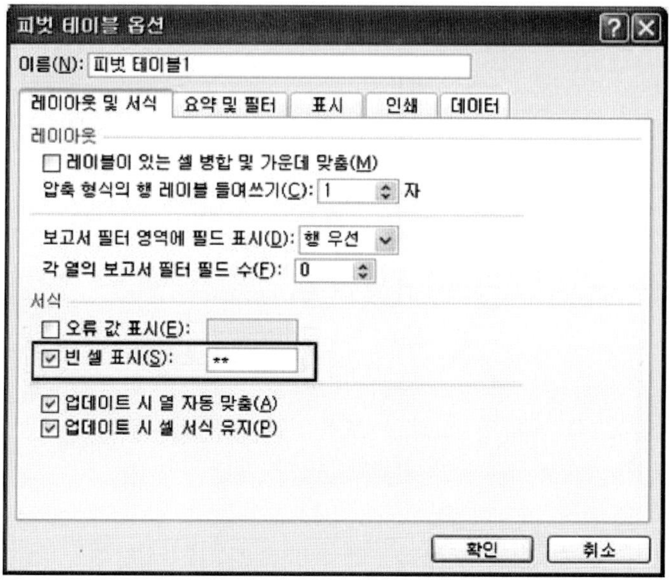

Step 4: 데이터 표시 형식 변경(자릿수 표시)

① 만들어진 '피벗 테이블'의 값 셀 중 하나를 선택하고 마우스 오른쪽을 눌러 [필드 표시 형식]을 선택합니다.

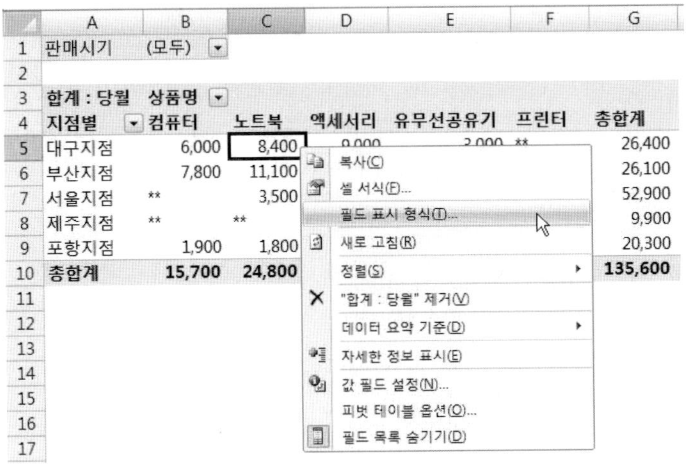

② '셀 서식' 대화 상자의 [숫자] 범주에서 '1000 단위 구분 기호(,) 사용'을 선택합니다.

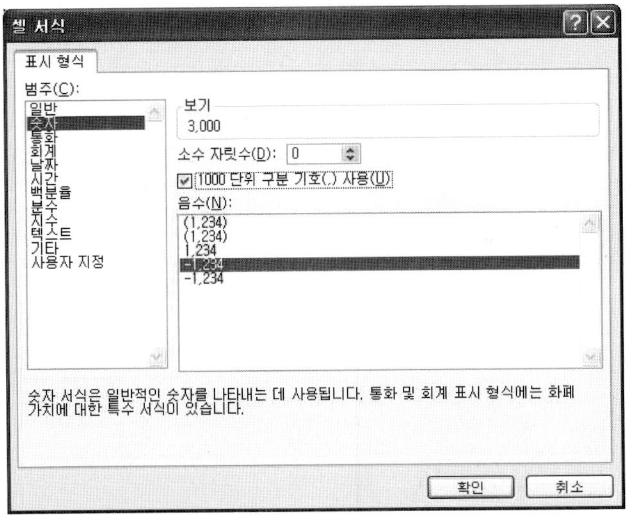

Step 5: 디자인 적용(보통 2)

[디자인]탭→[피벗 테이블 스타일]그룹→'피벗 스타일 보통2'를 선택합니다.

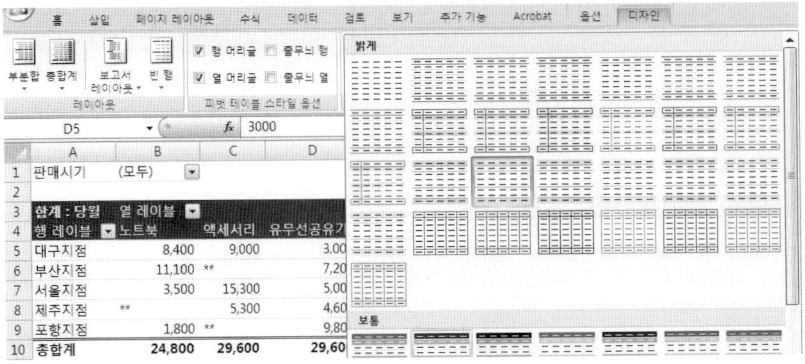

Step 6: 행 정렬– 행 레이블(지점별): '지점명' 별 내림차순으로 정렬

① [A4]와 [B4] 셀을 각각 더블클릭한 뒤 행레이블 이름을 '지점별'과 '상품명'으로 각각 변경합니다.

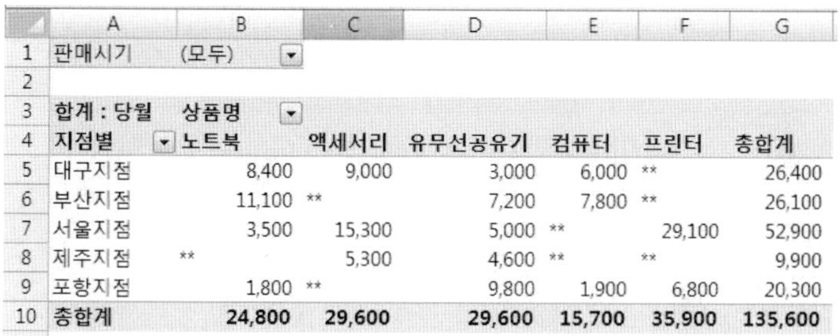

② [A4] '지점별' 열 레이블의 화살표(▼)를 클릭하고, 정렬방법(텍스트 오름차순 정렬)을 선택하면 지점별 오름차순 정렬이 됩니다.

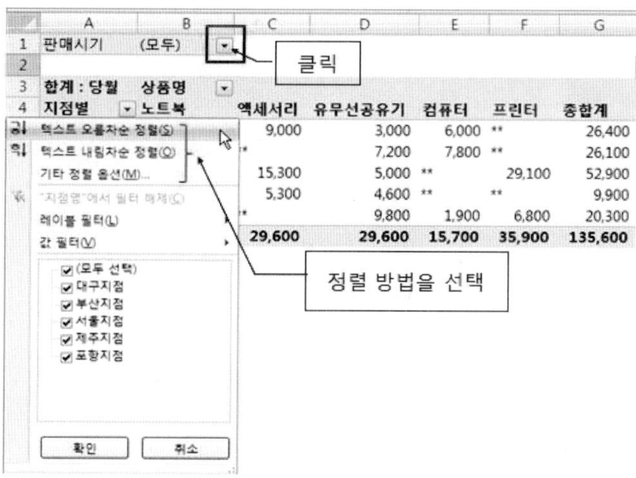

Step 7: 열 이동 – 열 레이블(제품명) 중 "컴퓨터" 열을 가장 왼쪽으로 이동하시오.

[E4] '컴퓨터' 셀을 선택한 후 마우스로 끌어서 '노트북' 앞으로 이동합니다.

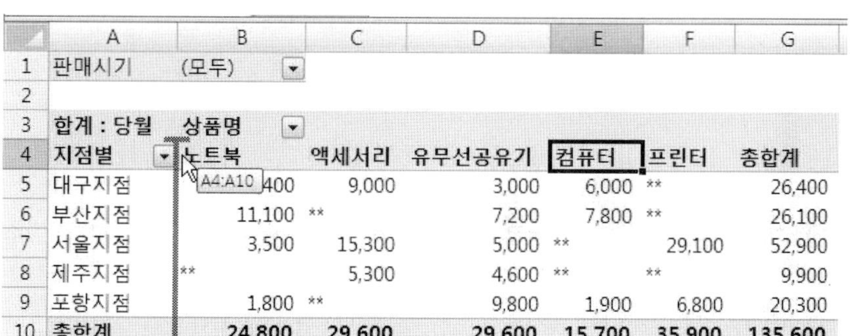

Step 8: 피벗 차트: 피벗 테이블을 이용하여 세로막대형 차트를 작성하시오.

① 피벗테이블의 셀을 선택하고 [옵션] 탭→[도구] 그룹→[피벗 차트]를 선택합니다.

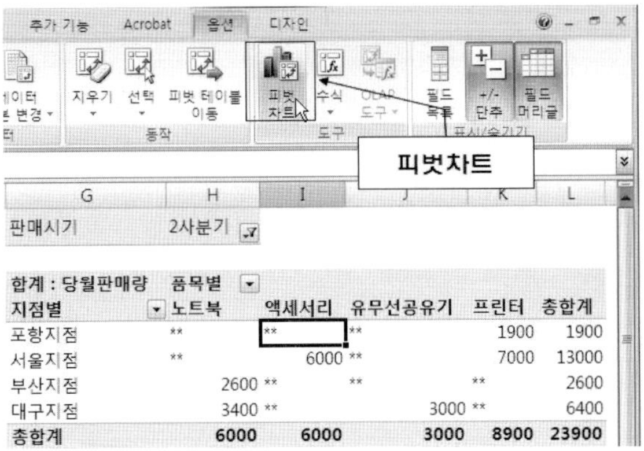

② 세로막대형을 선택합니다.

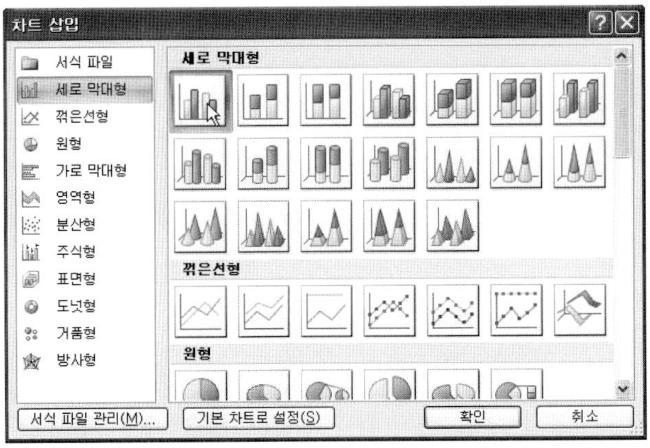

③ [피벗 차트 필터 창]의 [보고서 필터]의 목록단추(▼)를 눌러 각 항목별로 선택하면 필터 된 차트 결과를 확인할 수 있습니다.

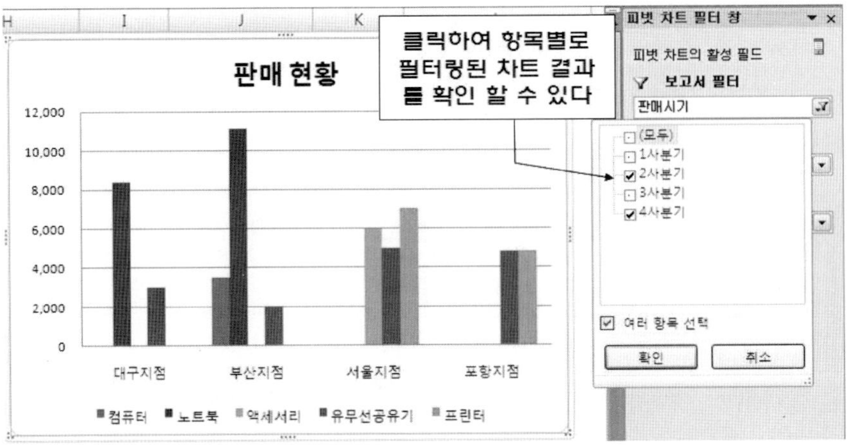

④ [디자인] 탭→[차트 레이아웃] 그룹→'레이아웃 3'을 선택합니다.

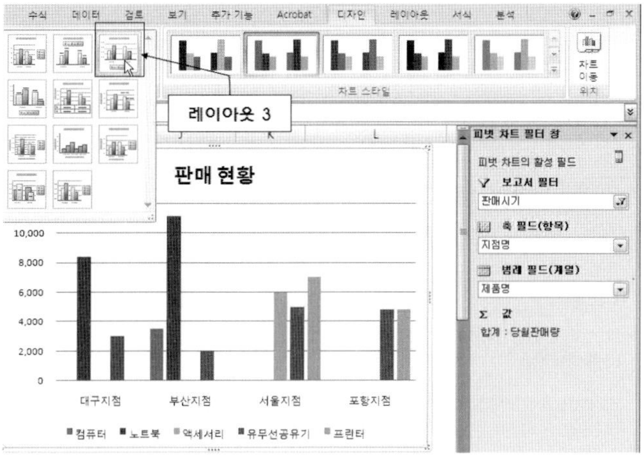

⑤ 차트의 제목 영역을 마우스로 선택하고 제목(판매현황)을 입력합니다.

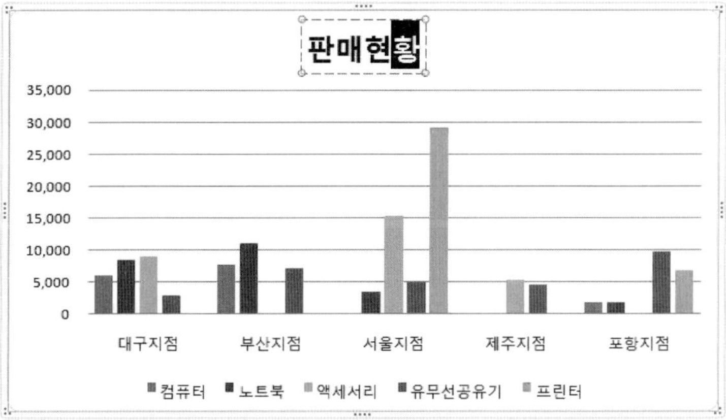

[지시 사항 2 –막대차트] 아래 지시사항에 따라 문서를 완성하시오.

*** '막대차트' 시트에 아래의 내용을 입력합니다.**

	A	B	C	D	E
1	한국 자동차 판매 현황				
2	사원명	1사분기	2사분기	3사분기	4사분기
3	동부	1,240	1,145	2,430	3,603
4	서부	5,310	1,942	2,150	1,502
5	남부	2,160	2,520	4,350	6,004
6	북부	1,420	2,546	1,307	5,401

*** 아래 지시사항에 따라 '2차원 묶은 세로 막대형 차트' 를 작성하시오.**

1. [A2:E6] 데이터를 이용하여 '2차원 세로 막대형 차트'를 작성하시오.
2. 차트 레이아웃을 '레이아웃 5'로 변경하시오.

3. 차트 전체 글자 서식 설정: 글꼴(굴림), 크기(10)
4. 차트 제목 설정 ➜ 글자크기(16), 굵게
5. Y축 서식 ➜ 주 단위 변경(2,000)
6. 축 제목 서식 ➜ 텍스트 방향(가로)
7. 데이터 계열 서식 ➜ 색상 변경
8. '남부' 데이터 계열 ➜ 그림으로 채우기, 배율(1000)에 맞게 쌓기
9. '서부' 데이터 계열 ➜ 데이터 레이블 설정(값, 계열 이름)

* 기타 사항은 아래 출력형태와 같게 작성

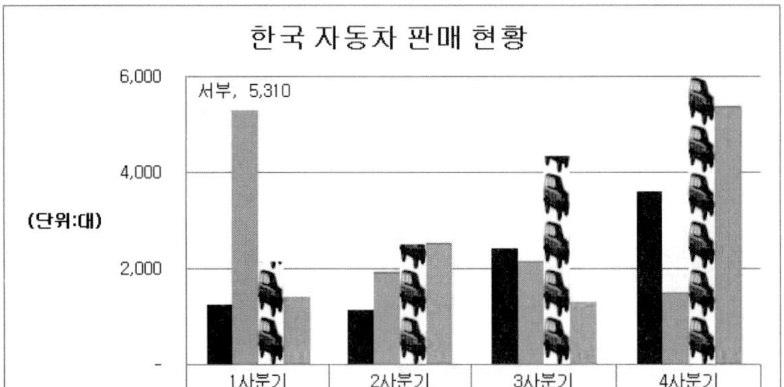

	1사분기	2사분기	3사분기	4사분기
동부	1,240	1,145	2,430	3,603
서부	5,310	1,942	2,150	1,502
남부	2,160	2,520	4,350	6,004
북부	1,420	2,546	1,307	5,401

Step 1: [A2:E6] 데이터를 이용하여 '세로 막대형 차트'를 작성하시오.

[A2:E6] 셀을 블록으로 설정한 후 [삽입] 탭→[차트] 그룹→[세로막대형]→[2차원 세로 막대형]을 선택합니다.

Step 2: 차트 레이아웃을 '레이아웃 5'로 변경하시오.

만들어진 차트를 선택하고 [차트 도구]→[디자인] 그룹→[차트 레이아웃] 메뉴의 화살표를 클릭하여 '레이아웃 5'를 선택합니다.

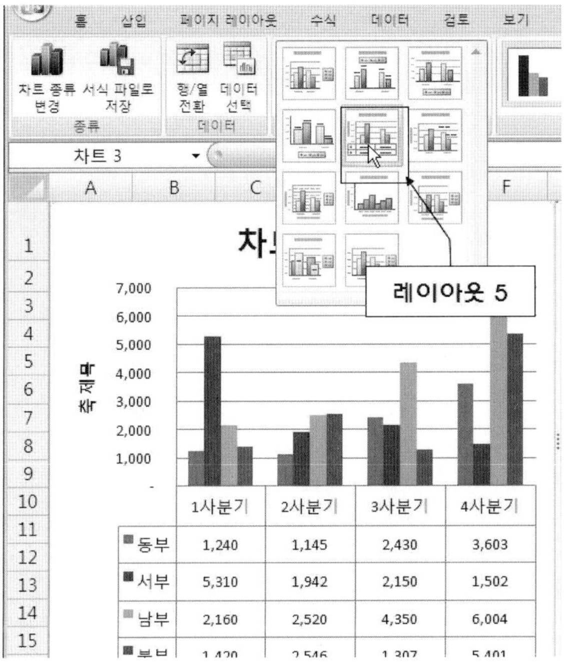

Step 3: 차트 전체 글자 서식 설정: 글꼴(굴림), 크기(10)

차트를 선택하고 [홈]탭→[글꼴] 그룹에서 글꼴(굴림), 크기(10)로 설정합니다.

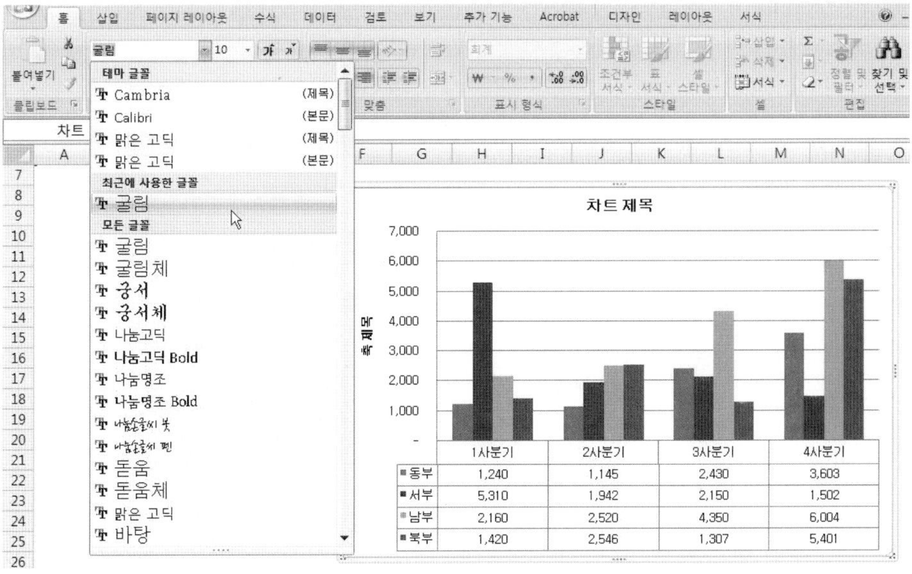

Step 4: 차트 제목 설정: 글자크기(16), 굵게

차트 제목 영역에 제목 '한국 자동차 판매 현황'을 입력하고 크기(16)와 서식(굵게)를 설정합니다.

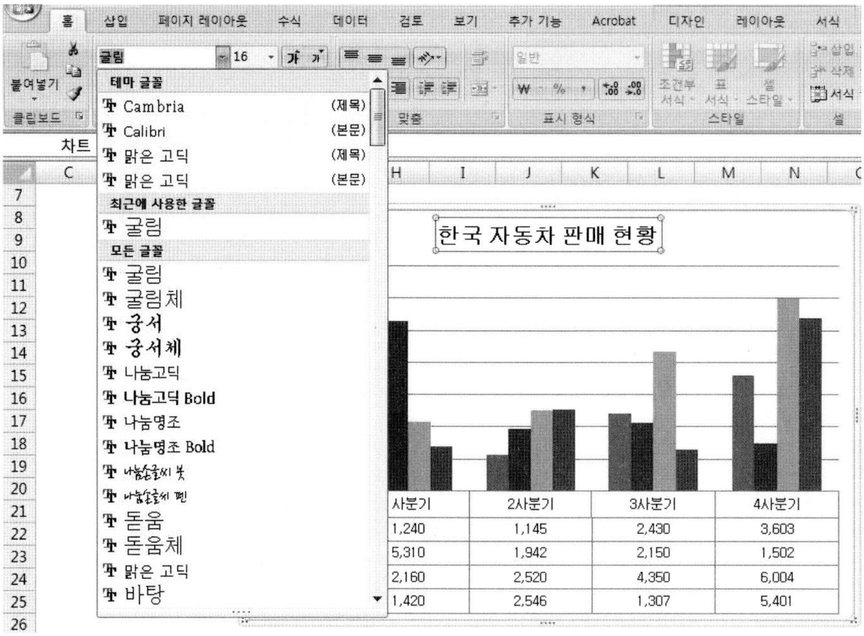

Step 5: Y축 서식: 주 단위 변경(2,000)

마우스로 차트의 축을 선택하고 마우스 오른쪽을 눌러 [축 서식]을 선택합니다. '축 서식' 대화 상자에서 [축 옵션]을 선택합니다.
'최대값'의 '고정'을 선택하고 단위(6000)을 '주 단위'의 '고정' 값을 2000으로 설정합니다.

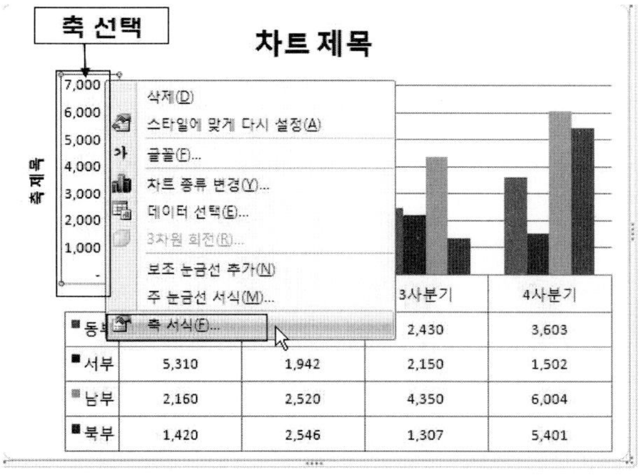

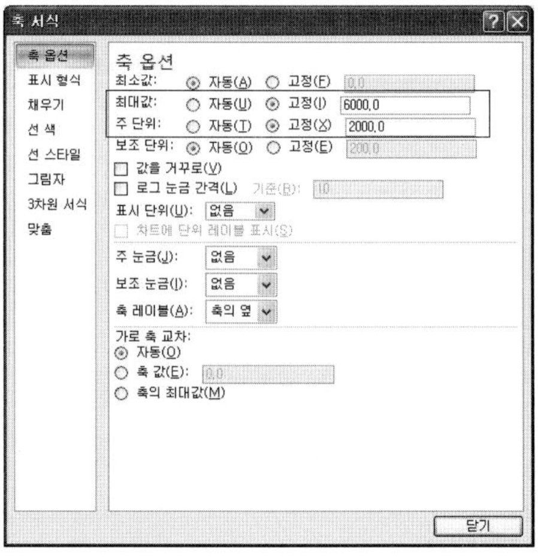

Step 6: 축 제목 서식: 텍스트 방향(가로)

Y축 제목 영역을 선택하고 제목(단위:대)를 입력합니다.
축 제목 영역을 선택하고 마우스 오른쪽을 눌러 [축 제목 서식]을 선택합니다. '축 제목 서식' 대화 상자에서 [맞춤]을 선택하고 '텍스트 방향-가로'를 선택합니다.

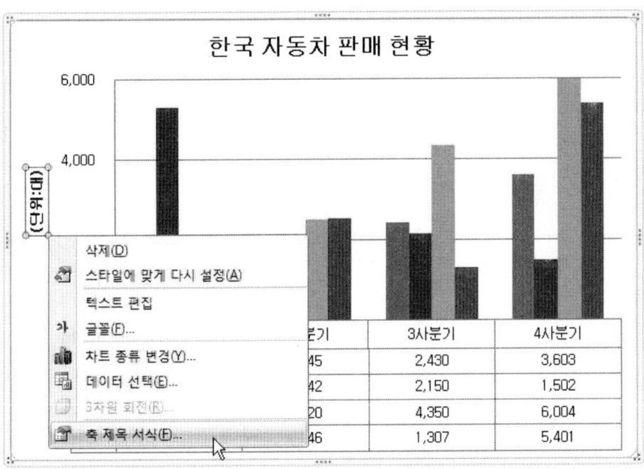

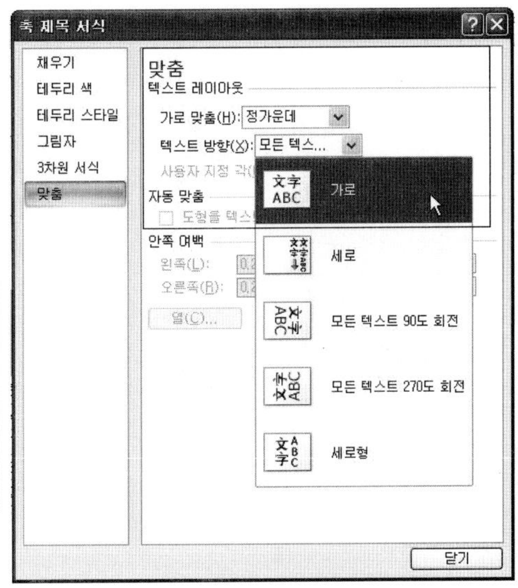

Step 7: 데이터 계열 서식: 색상 변경

① 계열 막대를 선택하고 마우스 오른쪽을 눌러 [데이터 계열 서식]을 선택합니다.
② [채우기]→[단색 채우기]를 선택하고 색상을 선택합니다.

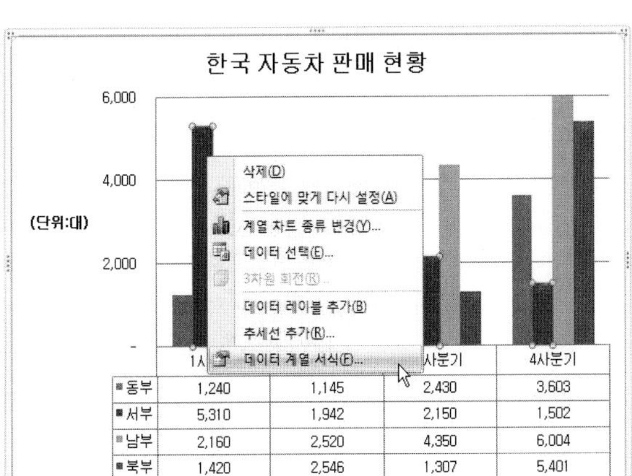

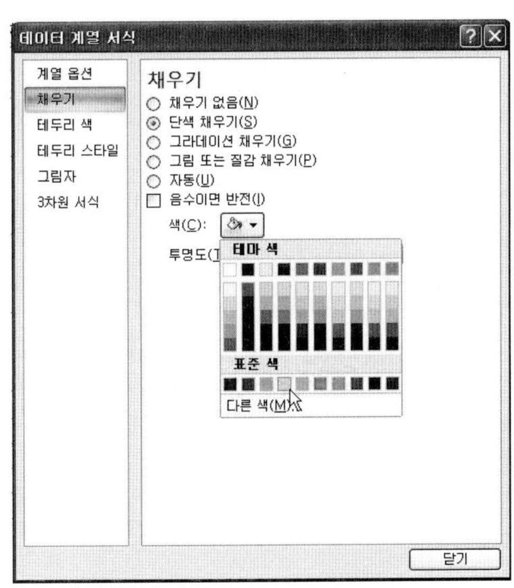

Step 8: '남부' 데이터 계열: 그림으로 채우기, 배율(1000)에 맞게 쌓기

① '남부' 계열을 선택하고 마우스 오른쪽을 눌러 [데이터 계열 서식]을 선택합니다.

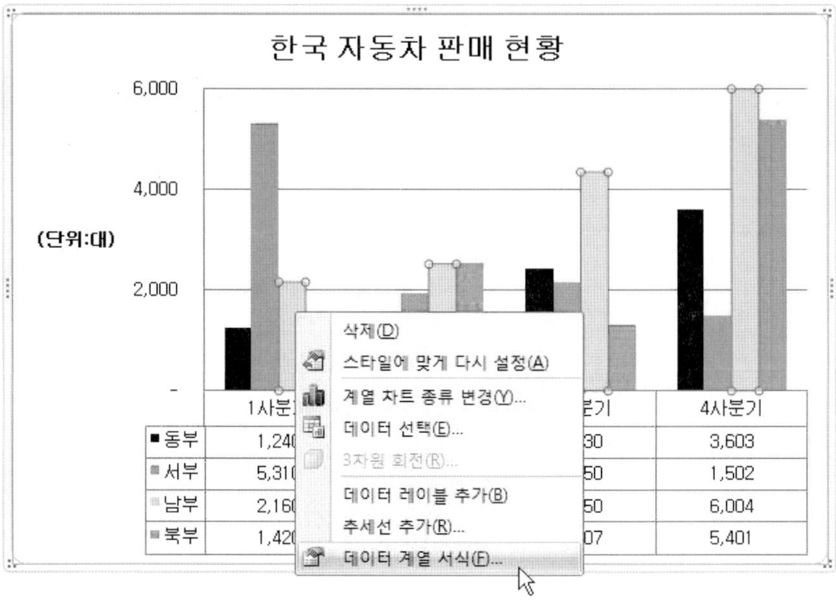

② [채우기]→[그림 또는 질감 채우기]를 선택하고 [파일]을 눌러 해당 그림을 선택합니다.

[○ 다음 배율에 맞게 쌓기]를 선택하고 1000을 입력합니다.

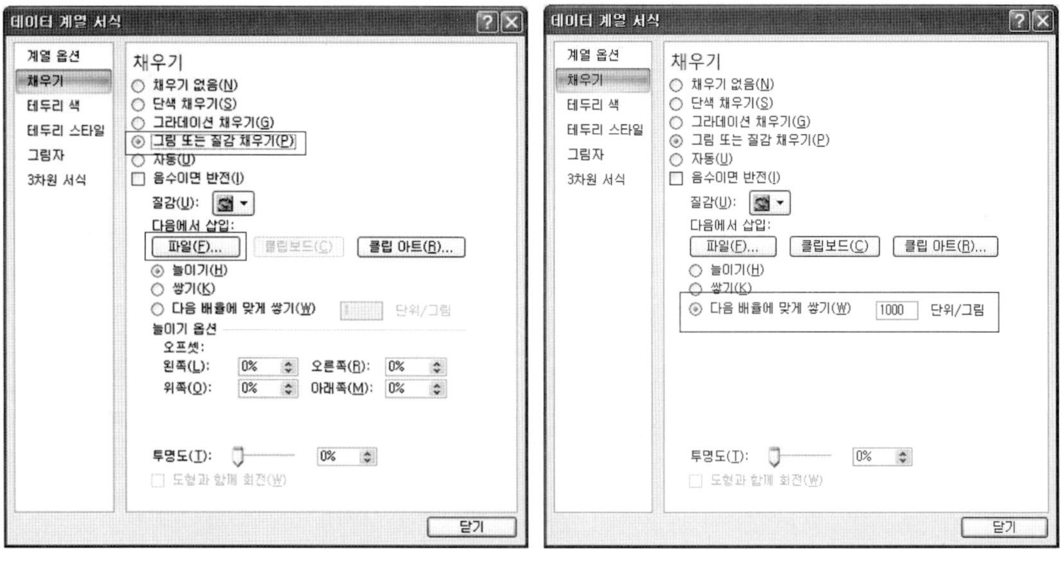

Step 9: '서부' 데이터 계열 : 데이터 레이블 설정(값, 계열 이름)

① '서부' 계열 중 하나의 막대를 선택하면 4개의 막대가 모두 선택됩니다.
선택된 서부 계열의 막대 중에서 '1사분기' 막대만 한 번 더 마우스로 클릭하면 하나의 막대만 선택이 됩니다.

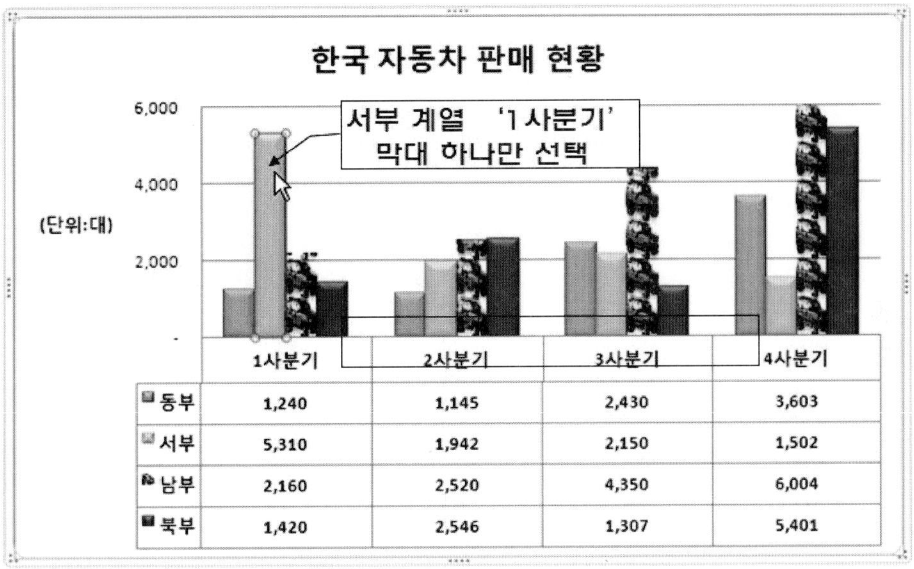

② 선택된 '서부' 계열의 '1사분기' 막대위에서 마우스 오른쪽을 눌러 [데이터 레이블 추가]를 선택합니다.

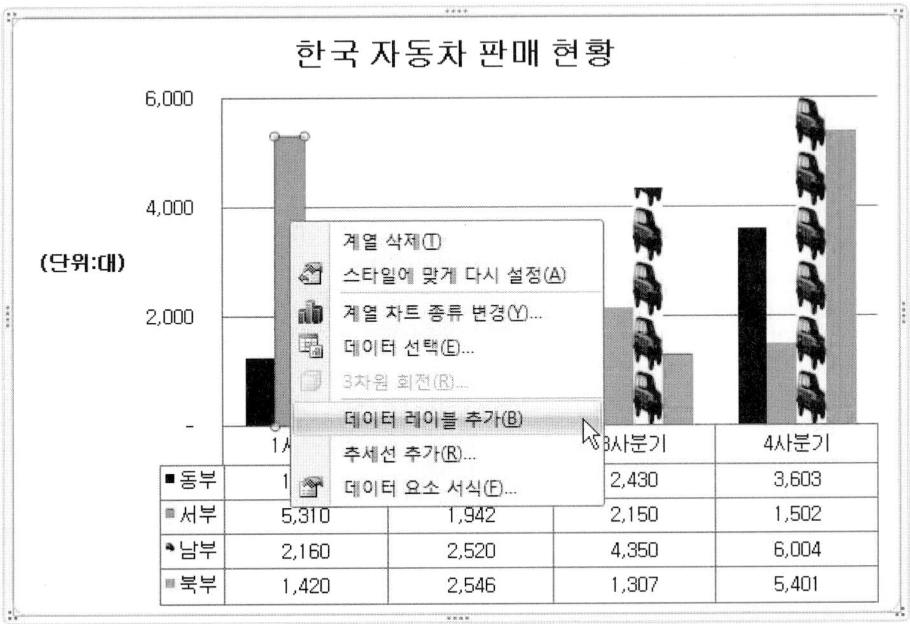

③ 계열 레이블 이름을 추가하기 위해서 입력된 '값 레이블'을 선택하고 마우스 오른쪽을 눌러 [데이터 레이블 서식]을 선택합니다.

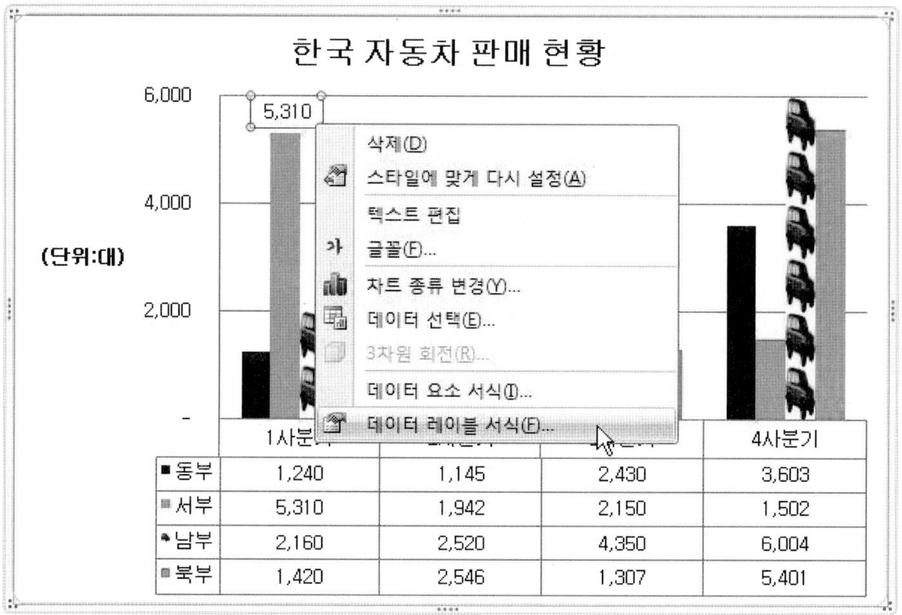

④ '계열 이름'과 '값'을 각각 선택하여 레이블을 추가 합니다.

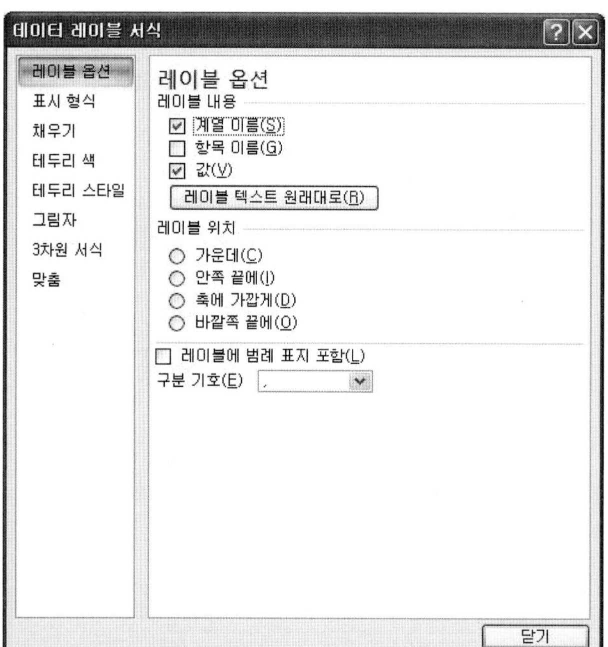

[지시 사항 3 –원형차트] 아래 지시사항에 따라 문서를 완성하시오.

▶ '원형차트' 시트에 아래의 내용을 입력합니다.

	A	B	C	D	E	F
1	한국 자동차 판매 현황					
2	사원명	1사분기	2사분기	3사분기	4사분기	총계
3	동부	1,240	1,145	2,430	3,603	8,418
4	서부	5,310	1,942	2,150	1,502	10,904
5	남부	2,160	2,520	4,350	6,004	15,034
6	북부	1,420	2,546	1,307	5,401	10,674

* 아래 지시사항에 따라 '3차원 쪼개진 원형 차트' 를 작성하시오.

1. '사원명'과 '총계' 열 데이터를 이용하여 '3차원 쪼개진 원형 차트'를 작성하시오.
2. 범례 위치 설정 ➜ 아래쪽
3. 데이터 레이블 ➜ 항목, 백분율 표시(가운데)
4. 데이터 계열 ➜ 3차원 서식 – 입체효과 설정
5. '동부' 데이터 계열 ➜ 회전

* 기타 사항은 아래 출력형태와 같게 작성

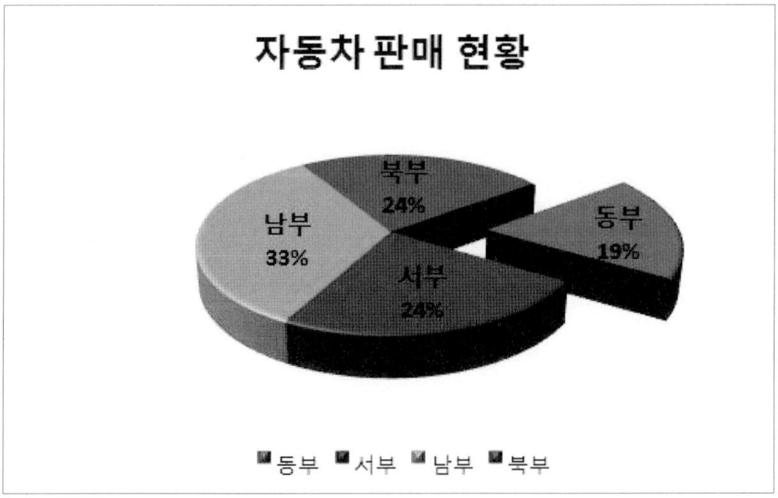

Step 1: '사원명'과 '총계' 열 데이터를 이용하여 '3차원 쪼개진 원형 차트'를 작성

[A2:A6]를 블록으로 설정하고 Ctrl을 누른 상태에서 [F2:F6] 셀을 블록으로 설정합니다.

[삽입] 탭→[차트] 그룹→[원형]→[3차원 쪼개진 원형]을 선택합니다.

Step 2: 범례 위치 설정: 아래쪽

[레이아웃] 탭→[레이블] 그룹→[범례]→[아래쪽에 범례 표시]를 선택합니다.

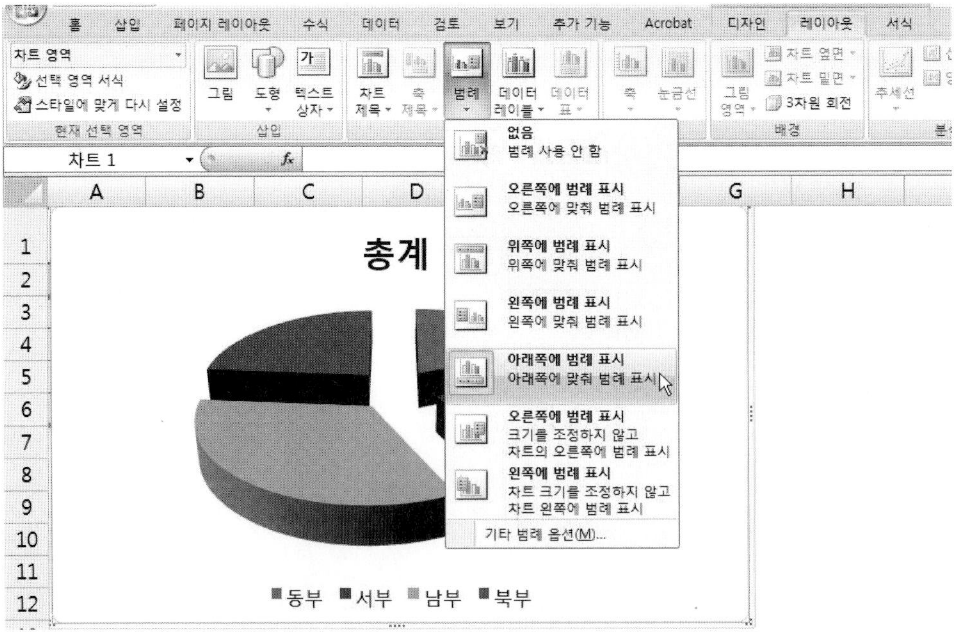

Step 3: 데이터 레이블: 항목, 백분율 표시(가운데)

① [차트] 도구→[레이아웃]탭→[데이터 레이블] 그룹→[기타 데이터 레이블 옵션]을 선택합니다.

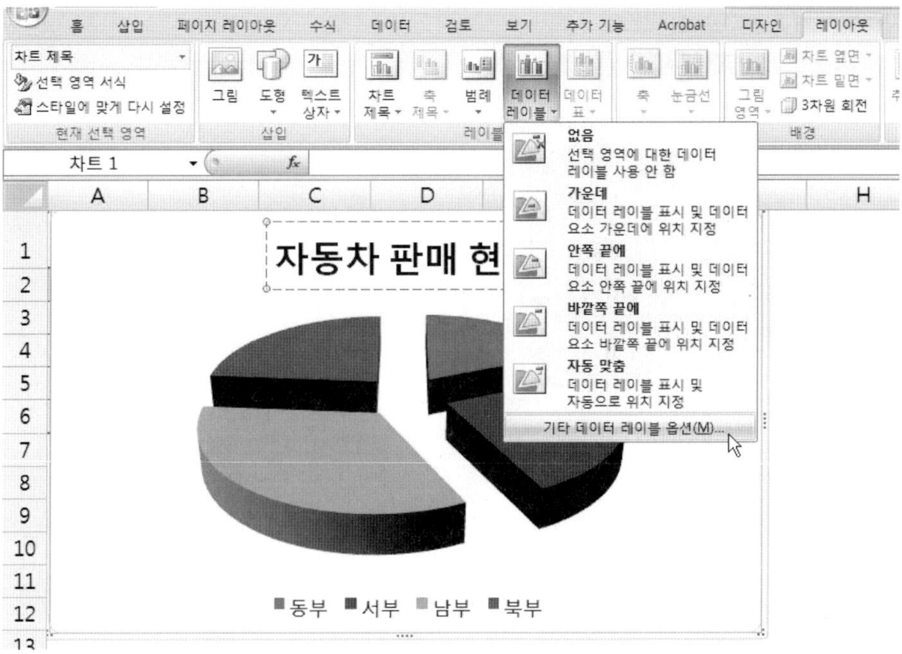

② [레이블 옵션]에서 '항목이름'과 '백분율'을 선택하고 레이블 위치는 '가운데'를 설정합니다.

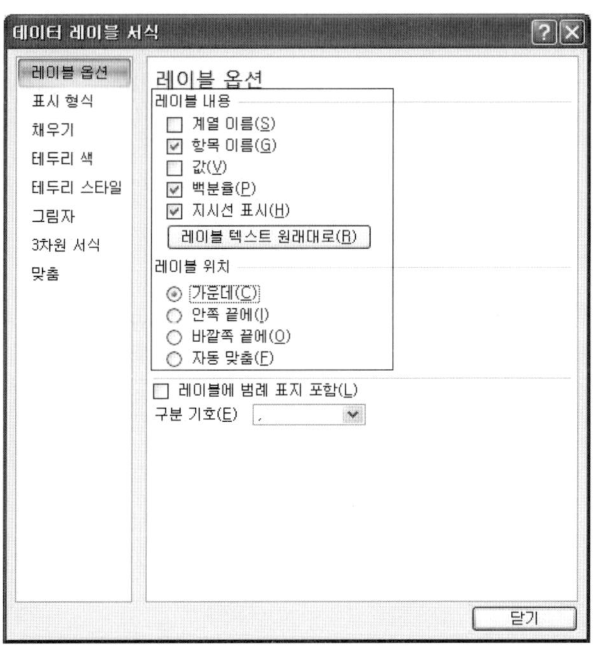

Step 4: 데이터 계열: 3차원 서식 – 입체효과 설정

① 차트의 계열(조각)을 하나 선택하고 마우스 오른쪽을 눌러 [데이터 계열 서식]을 선택합니다.

② [3차원 서식]→[입체 효과]→[둥글게]를 선택하고 '너비'와 '높이'를 설정합니다.

Step 5: '동부' 데이터 계열: 회전

① '동부' 계열 조각 만 선택하고 마우스 오른쪽을 눌러 [데이터 요소 서식]을 선택합니다.

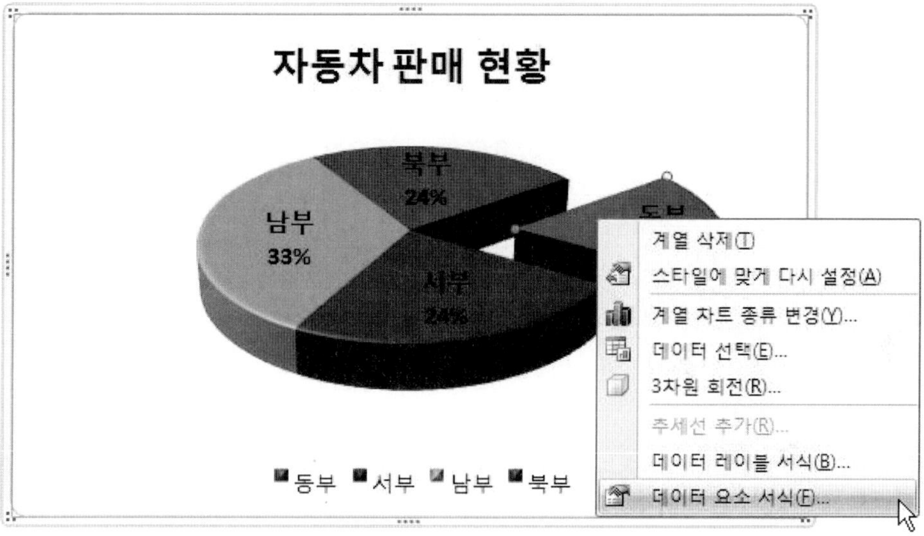

② 회전 각도를 설정합니다.

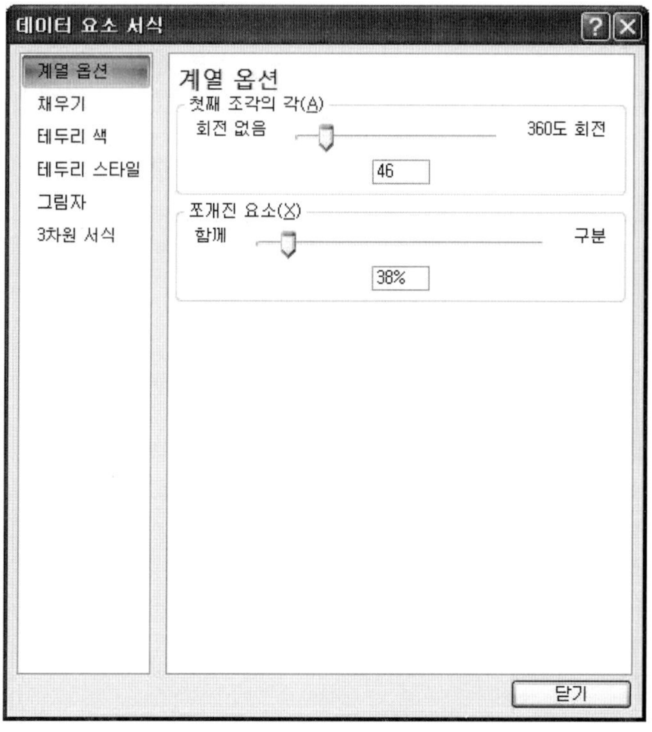

[지시 사항 4 –주식형차트] 아래 지시사항에 따라 문서를 완성하시오.

⋆ '주식형차트' 시트에 아래의 내용을 입력합니다.

	A	B	C	D	E
1	종목	거래량	고가	저가	종가
2	삼성중공업	413,100	41,350	34,000	39,000
3	기아차	667,000	67,900	35,000	48,000
4	KT	279,080	56,500	25,000	34,000
5	한국전력	364,003	25,000	15,000	21,000
6	LG디스플레이	348,000	35,050	15,000	25,000

⋆ 아래 지시사항에 따라 '주식형 차트'를 작성하시오.

1. [A1:E6] 의 데이터를 이용하여 '거래량–고가–저가–종가' 형 차트를 작성하시오.
2. 레이아웃 변경 ➜ 차트 레이아웃 4
3. 디자인 ➜ 차트 스타일 27
4. 차트 제목 ➜ 글자크기(16), 굵게
5. '종가' 데이터 계열 서식 ➜ 표식 변경(색상, 크기)

⋆ 기타 사항은 아래 출력형태와 같게 작성

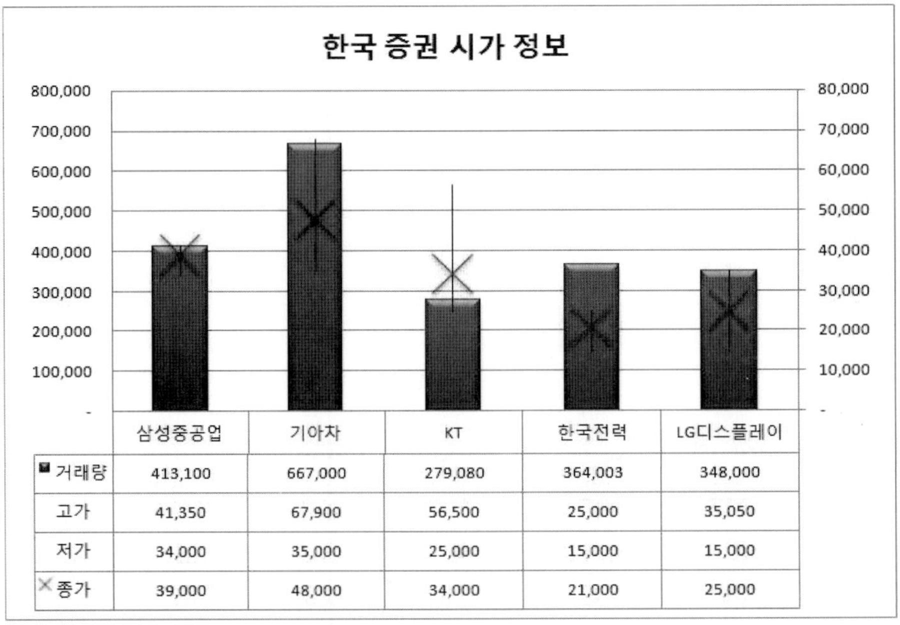

Step 1: [A1:E6] 의 데이터를 이용하여 '거래량-고가-저가-종가' 형 차트를 작성하시오.

[A1:E6] 셀을 블록으로 설정하고 [삽입] 탭→[차트] 그룹→[기타]→[주식형]→[거래량-고가-저가-종가]를 선택합니다.

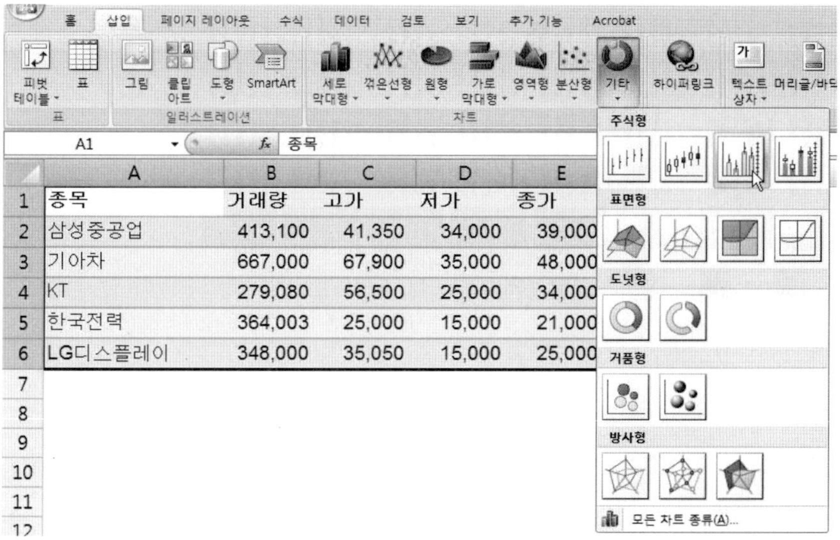

Step 2: 레이아웃 변경: 차트 레이아웃 4

차트를 선택하고 [차트] 도구→[디자인] 탭→[차트 레이아웃]→[레이아웃4]를 선택합니다.

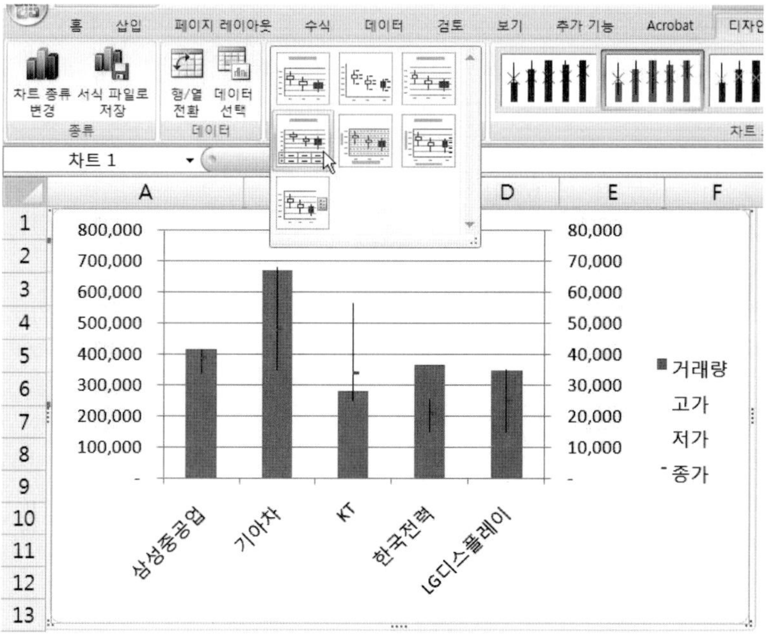

Step 3: 디자인: 차트 스타일 27

[차트] 도구→[[디자인]→[차트 스타일]→[차트 스타일27]을 선택합니다.

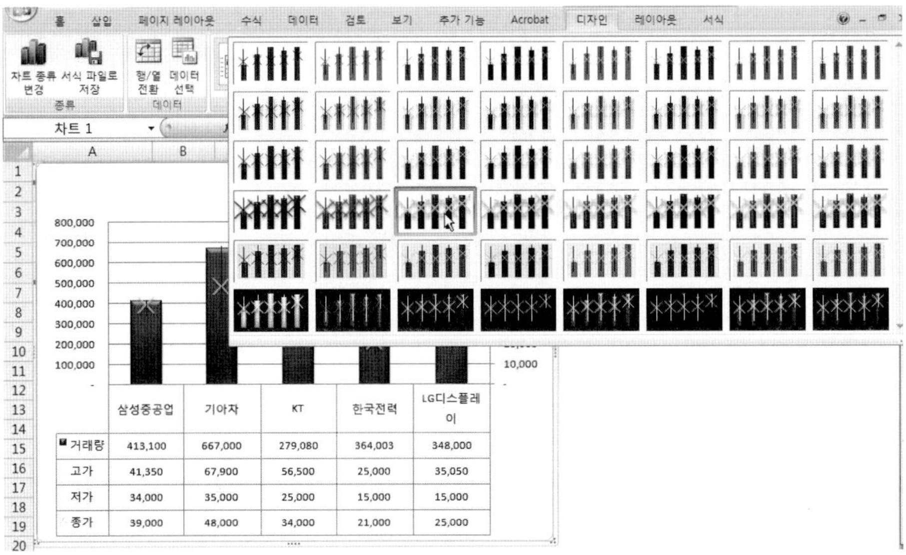

Step 4: 차트 제목: 글자크기(16), 굵게

차트의 제목 영역을 선택한 후 제목을 입력합니다. 제목 영역을 선택하고 글자크기(16)와 서식(굵게)을 설정합니다.

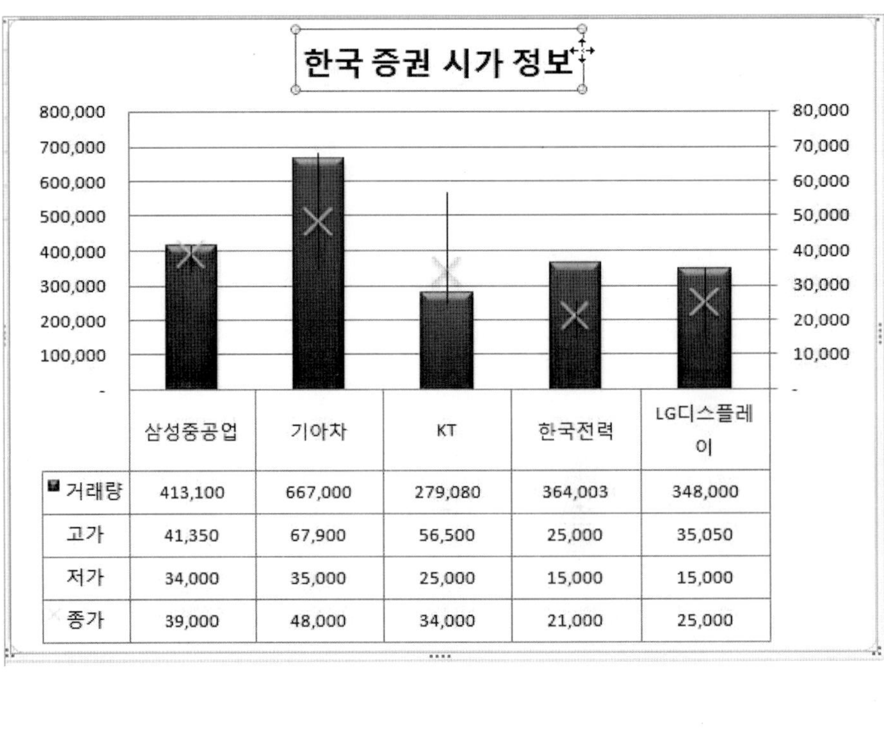

Step 5: '종가' 데이터 계열 서식 : 표식 변경(색상, 크기)

① '종가' 데이터 계열을 선택하고 마우스 오른쪽을 눌러 [데이터 계열 서식]을 선택합니다.

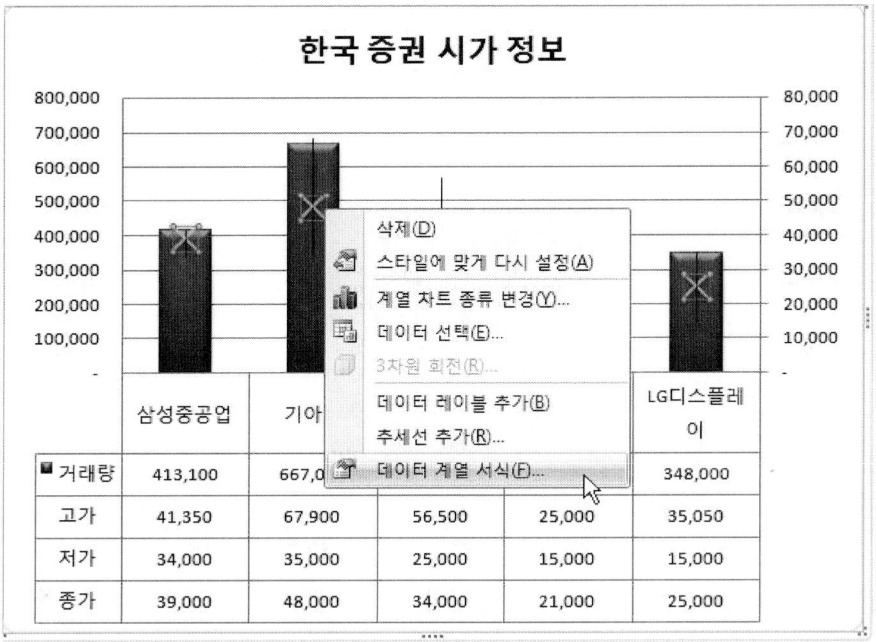

② [표식 옵션]에서 형식과 크기를 설정합니다.

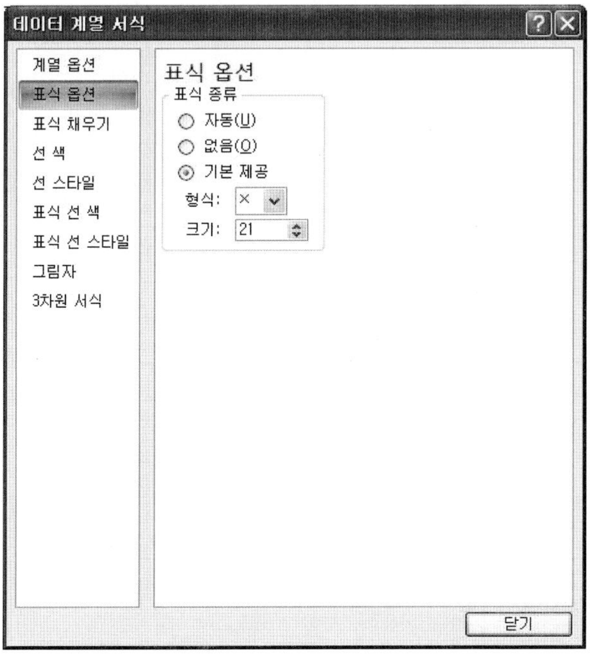

4. 연습 문제

● 학습 목표: 아래 지시사항에 따라 엑셀 문서를 완성합니다.

[내용 입력 1 –피벗테이블]

* 피벗 테이블 시트에 내용을 입력하시오.

	A	B	C	D	E	F	G
1	고객구분	이용한도	성별	고객명	사용금액	결제금액	연체내역
2	우수고객	100 만원	여성	성영호	₩ 52,350	₩ 52,350	정상결재
3	VIP	300 만원	남성	박준희	₩ 623,400	₩ 623,400	정상결재
4	VVIP	200 만원	여성	이수지	₩ 235,260	₩ 120,000	연체
5	VVIP	200 만원	여성	박기윤	₩ 324,820	₩ 324,820	정상결재
6	우수고객	300 만원	남성	한경옥	₩ 1,233,460	₩ 1,233,460	정상결재
7	VVIP	200 만원	여성	박상현	₩ 124,580	₩ 14,000	연체
8	일반고객	200 만원	남성	주원영	₩ 349,520	₩ 14,500	연체
9	일반고객	100 만원	여성	민지영	₩ 92,350	₩ 5,000	연체
10	VIP	500 만원	여성	이경남	₩ 658,000	₩ 45,000	연체
11	VIP	500 만원	여성	우형철	₩ 556,470	₩ 556,470	정상결재
12	일반고객	100 만원	남성	김승현	₩ 1,395,830	₩ 450,000	연체
13	우수고객	100 만원	남성	이진영	₩ 356,850	₩ 356,850	정상결재
14	VVIP	500 만원	여성	정우성	₩ 623,520	₩ 340,000	연체
15	일반고객	300 만원	남성	김삼동	₩ 5,670	₩ 5,670	정상결재
16	우수고객	200 만원	여성	이정화	₩ 542,230	₩ 56,000	연체
17	VIP	200 만원	여성	정은희	₩ 2,350	₩ 2,350	정상결재
18	VIP	500 만원	남성	서혜숙	₩ 533,250	₩ 13,000	연체
19	우수고객	500 만원	여성	설영준	₩ 24,570	₩ 24,570	정상결재
20	일반고객	100 만원	남성	최지원	₩ 1,250	₩ 1,250	정상결재
21	VVIP	300 만원	남성	원용민	₩ 623,420	₩ 623,420	정상결재
22	우수고객	200 만원	남성	장덕수	₩ 1,435,640	₩ 1,435,640	정상결재
23	VIP	100 만원	여성	성수지	₩ 2,346,360	₩ 2,346,360	정상결재
24	일반고객	200 만원	남성	전상기	₩ 62,340	₩ 45,000	연체
25	우수고객	500 만원	여성	진형규	₩ 72,350	₩ 72,350	정상결재
26	VIP	100 만원	여성	나경은	₩ 25,810	₩ 25,810	정상결재
27	우수고객	100 만원	남성	정이연	₩ 2,476,590	₩ 100,000	연체
28	VVIP	500 만원	남성	이용원	₩ 542,230	₩ 30,000	연체
29	우수고객	300 만원	여성	김승아	₩ 754,520	₩ 754,520	정상결재
30	VVIP	100 만원	남성	강동원	₩ 542,230	₩ 250,000	연체
31	우수고객	200 만원	남성	강현석	₩ 340,590	₩ 340,590	정상결재
32	VVIP	100 만원	남성	민성철	₩ 72,350	₩ 72,350	정상결재
33	우수고객	300 만원	남성	하준영	₩ 532,490	₩ 230,000	연체
34	우수고객	200 만원	남성	염상석	₩ 396,730	₩ 396,730	정상결재
35	우수고객	300 만원	여성	지민석	₩ 124,690	₩ 124,690	정상결재

[지시 사항 I -피벗테이블] 아래 지시사항에 따라 문서를 완성하시오.

*** '피벗 테이블' 시트에 작업**

1. 피벗 테이블 결과 ➜ 새로운 시트에 작성(시트명: 피벗테이블)
2. 피벗 테이블 구성요소 변경

▪ 보고서 필터 - 성별	▪ 행 레이블 - 고객구분
▪ 열 레이블 - 연체내역	▪ 값 - 사용금액 합계

3. 피벗 테이블 데이터 표시 형식 변경(자릿수 표시)
4. 디자인 적용 ➜ 피벗 스타일 보통 3
5. 행 정렬 ➜ 행 레이블(고객구분)은 '고객구분'별 내림차순으로 정렬하시오.
6. 열 이동 ➜ 열 레이블(제품명) 중 '정상결재' 열을 가장 왼쪽으로 이동하시오.

*** 피벗테이블 결과***

	A	B	C	D
1	성별	남성		
2				
3	**합계 : 사용금액**	연체 구분		
4	고객구분	정상결재	연체	총합계
5	VVIP	695,770	1,628,870	2,324,640
6	VIP	1,610,620	533,250	2,143,870
7	일반고객	19,270	1,807,690	1,826,960
8	우수고객	3,897,790	3,009,080	6,906,870
9	**총합계**	**6,223,450**	**6,978,890**	**13,202,340**

7. 피벗 차트: 피벗 테이블을 이용하여 아래와 같은 피벗 차트를 작성하시오.
   ➜ 세로막대형-묶은 원뿔형(차트 레이아웃 3)

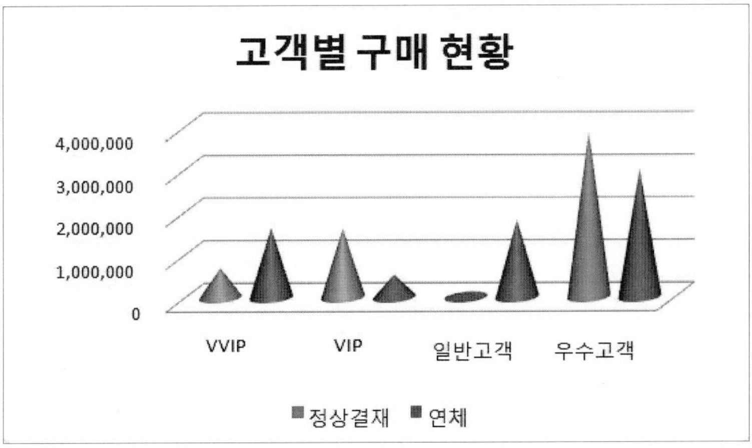

[내용 입력 2-차트]

* '막대 차트' 시트에 아래 내용을 입력하시오.

	A	B	C	D	E	F
1	다모아 백화점 고객별 구매 현황					
2						
3	고객구분	1사분기	2사분기	3사분기	4사분기	평균
4	우수고객	₩ 570,000	₩ 894,000	₩ 625,000	₩ 340,000	₩ 607,250
5	일반고객	₩ 3,650,000	₩ 2,850,000	₩ 4,210,000	₩ 3,860,000	₩ 3,642,500
6	VIP	₩ 9,430,000	₩ 10,350,000	₩ 6,802,300	₩ 12,540,000	₩ 9,780,575
7	VVIP	₩ 16,540,000	₩ 19,250,000	₩ 15,230,000	₩ 17,340,000	₩ 17,090,000

[지시사항 2 -차트] 아래 지시사항에 따라 문서를 완성하시오.

* **'차트' 시트에 작업**

1. [A2:E6] 데이터를 이용하여 '2차원 세로 막대형 차트'를 작성하시오.
2. 차트 레이아웃을 '레이아웃 5'로 변경하시오.
3. 아래 출력형태와 같이 각 세부항목을 설정하시오.
   - 차트 전체 글자 서식 설정 ➔글꼴(굴림), 크기(10)
   - 차트 제목 설정 ➔ 글꼴(궁서). 크기(14)
   - Y축 서식 ➔ 주 단위 변경(10,000)
   - 축 제목 서식 ➔ 텍스트 방향(가로)
   - 'VVIP-3사분기'➔ 데이터 레이블 설정(값, 계열 이름)

* 기타 사항은 아래 출력형태와 같게 작성

* **차트 결과**

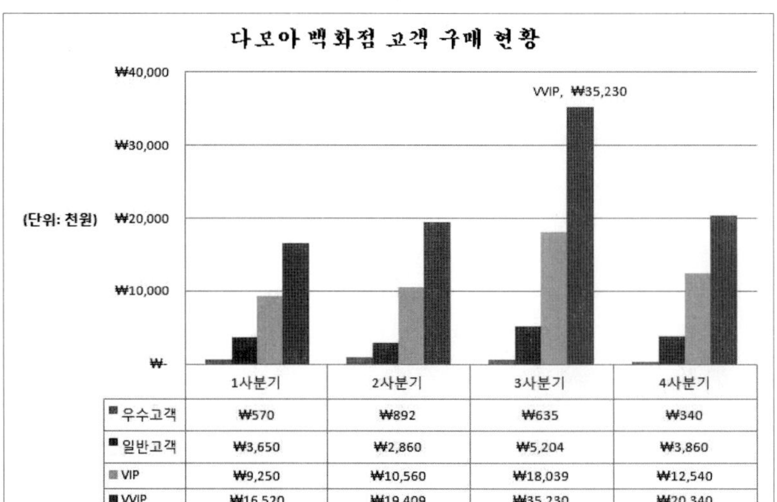